Hubert Heinhold

Recht für Flüchtlinge

Ein Leitfaden durch das
Asyl- und Ausländerrecht
für die Praxis

Herausgegeben von
PRO ASYL

 VON LOEPER LITERATURVERLAG

Die Deutsche Bibliothek – CIP Einheitsaufnahme
Ein Titeldatensatz für diese Publikation ist bei
Der Deutschen Bibliothek erhältlich

Gehen Sie uns „ins Netz"!
Besuchen Sie uns im Internet unter
www.vonLoeper.de

Gerne senden wir Ihnen kostenlos ausführliche Informationen
zu unserem Verlagsprogramm zu und informieren Sie regelmäßig
über wichtige Neuerscheinungen zum Thema. (Adresse siehe unten)

Ausführliche Zusatzinformationen zu diesem Buch,
Hinweise zum Autor, wichtige Links und weiteres Bonus-Material
finden Sie im Internet unter
www.vonloeper.de/recht_fuer_fluechtlinge.html

Originalausgabe
7. vollständig überarbeitete Auflage 2015
© 2015 by von Loeper Literaturverlag
im Ariadne Buchdienst, Karlsruhe

Alle Teile dieses Buches dürfen ohne ausdrückliche schriftliche
Genehmigung weder mechanisch, elektronisch oder fotografisch ver-
vielfältigt oder in elektronischen Systemen oder Kommunikationsmit-
teln eingespeichert werden. Dies gilt insbes. für Fotokopien, Auszüge
für Lehrmaterialien, Nachdrucke, Speicherungen auf CD-ROM oder
anderen Trägern und Speicherung oder Veröffentlichung im Internet.

Gesamtherstellung und Vertrieb:
Ariadne Buchdienst,
Daimlerstraße 23, 76185 Karlsruhe
Tel. (0721) 46 47 29 0
Fax (0721) 46 47 29 099
E-Mail: Info@vonLoeper.de
Internet: www.vonLoeper.de

ISBN 978-3-86059-590-9

Inhaltsverzeichnis

Zum Geleit	19
A Vorwort	21
B Allgemeine Ratschläge	**24**
I. Die Gesetze	25
II. Der Flüchtling	28
III. Die Behörden	33
1. Behörden und Gerichtsaufbau	33
2. Das BAMF, die Ausländerbehörde und sonstige Behörden	35
3. Umgang mit Behörden	36
IV. Der Beistand	37
V. Der Anwalt	39
VI. Das Geld	42
1. Beratungs- und Prozesskostenhilfe	45
2. Rechtshilfefonds	48
3. Die Rechtsanwälte	48
C Einige Begriffe und Grundsätze des deutschen Rechts	**51**
I. Verwaltungsverfahren	51
II. Der Verwaltungsakt	52
III. Ermessen und Beurteilungsspielraum	53
D Das behördliche asylrechtliche Asylverfahren	**56**
I. Zuständigkeit	56
II. Die Dublin-III-Regelung	59
1. Erweiterung des Anwendungsbereichs	60
2. Rechte im Dublin-III-Verfahren	61
3. Rangfolge der Kriterien	63
3.1. Art. 8 Minderjährige	63
3.2. Art. 9 Familiäre Bindungen zu Begünstigten des internationalen Schutzes	65
3.3. Art. 10 Familiäre Bindungen zu Antragstellern auf internationalen Schutz	65
3.4. Art. 11 Familienverfahren	66

	3.5. Art. 12 Einreise mit Aufenthaltstitel oder Visum	67
	3.6. Art. 13 Illegale Einreise oder illegaler Aufenthalt	68
	3.7. Aufenthalt in verschiedenen Mitgliedsstaaten	68
	3.8. Visumfreie Einreise	68
	3.9. Transit	69
	3.10. Auffangzuständigkeiten	69
	3.11. Systemische Mängel	69
	3.12. Fristen im Dublin-Verfahren	70
4.	Humanitäre und Ermessensklauseln	71
	4.1. Art. 16 I	71
	4.2. Art. 16 II	72
5.	Selbsteintrittsrecht	72
6.	Pflichten und Verfahren des zuständigen Mitgliedsstaates	73
7.	Aufnahmeverfahren, Art. 21, 22 und 29	74
	7.1. Art. 21 Aufnahmegesuch	74
	7.2. Antwortfrist	74
8.	Wiederaufnahmeverfahren Art. 23, 24, 25 und 29	75
	8.1. Wiederaufnahmeersuchen	75
	8.2. Wiederaufnahmeersuchen oder Rückführung	75
	8.3. Antwortfrist	76
9.	Verfahrensgarantien	76
	9.1. Zustellung des Überstellungsbescheids	76
	9.2. Rechtsmittel	77
10.	Inhaftnahme zum Zwecke der Überstellung	79
11.	Überstellung	80
12.	Praktische Erwägungen	81
	12.1. Erwägungen im Vorfeld	82
	12.2. Anhörung im Dublin-Verfahren	84
	12.3. Die Entscheidung	85
13.	Exkurs	88
III.	Grundlagen des Asylverfahrens in Deutschland	89
IV.	Die Asylbeantragung	91
	1. Asylantrag und Asylersuchen	91
	1.1. Asylantrag	91
	1.2. Das Asylersuchen	95
	1.3. Zurückweisung im Grenzbereich	98
	2. Die Stellung des Asylantrags	99
	2.1. Die persönliche Antragstellung	99
	2.2. Asylantrag und illegale Einreise	101

		2.3. Der schriftliche Asylantrag	105
		2.4. Verlauf nach Antragstellung; Pflichten des Asylsuchenden	105
		2.5. Ladung zur Anhörung	107
V.	Die Anhörung beim BAMF		108
	1. Videoanhörungen		114
	2. Grundlegende Bedingungen der Anhörung		115
	3. Dolmetscher		116
	4. Die Psychologie der Anhörung		117
	5. Die Protokollierung		119
	6. Wesentlicher Inhalt des Protokolls		121
VI.	Mitwirkungspflichten		128
	1. Umfang der Mitwirkungspflichten		129
	2. Sprachanalyse und Mitwirkungspflichten		130
	3. Mitteilungspflicht der Adresse		132
VII.	Rechtsstellung während des Asylverfahrens		135
	1. Aufenthaltsrecht		135
		1.1. Die Aufenthaltsgestattung	135
		1.2. Das Erlöschen der Aufenthaltsgestattung	137
		1.3. Die räumliche Beschränkung des Aufenthalts	138
	2. Die Unterbringung		140
	3. Asylbewerberleistungsgesetz		144
		3.1. Leistungen	144
		3.2. Kürzung	145
		3.3. Medizinische Versorgung	145
		3.4. Sonstige Leistungen	146
	4. Erwerbstätigkeit		147
	5. Weitere Auflagen		148
VIII.	Flughafenverfahren		148
	1. Anwendungsbereich		149
	2. Befragung durch die Bundespolizei		150
	3. Das eigentliche Flughafenverfahren		152
	4. Gerichtlicher Rechtsschutz		154
	5. Festhaltung im Transitverfahren		156
	6. Kritik am Flughafenverfahren		156
IX.	Folgeantrag; Zweitantrag		159
	1. Grundlegendes		159
	2. Voraussetzungen für ein weiteres Asylverfahren		161
	3. 3-Monats-Frist		165
	4. Persönliche Antragstellung		170

5. Gewillkürte Nachfluchttatbestände im
　　　　Folgeverfahren　　172
　　6. Abschiebungsverbote im Folgeverfahren　　175
　　7. Rechtsschutz　　177
　　　　7.1. Verweigerung der Durchführung eines
　　　　　　　Folgeverfahrens　　178
　　　　7.2. Verweigerung des Wiederaufgreifens im
　　　　　　　Hinblick auf Abschiebungsverbote　　180
　　8. Übersicht: Rechtsschutz beim
　　　　Asylfolgeverfahren　　181

E Das materielle Flüchtlingsrecht　　182

　I.　Übersicht　　182
　　　1. Die Entwicklung des Flüchtlingsrechts　　183
　　　2. Entwicklung des Menschenrechtsschutzes　　185
　　　3. Gemeinsames europäisches Asylsystem　　188
　　　4. Aktuelles Schutzsystem im deutschen Recht　　190
　　　　　4.1. Das Asylgrundrecht aus Art. 16a GG　　190
　　　　　4.2. Das europäische System　　190
　　　　　4.3. Die deutschen Abschiebungsverbote　　190
　II.　Der asylrechtliche Schutz　　192
　　　1. Rechtsgrundlagen und Entwicklung　　192
　　　2. Art. 16a GG – Asylgrundrecht　　194
　　　　　2.1. Begriff der politischen Verfolgung　　194
　　　　　2.2. Politische Verfolgung ist staatliche
　　　　　　　　Verfolgung　　195
　　　　　2.3. Asylrelevanz der Eingriffe　　198
　　　　　2.4. Kausalität zwischen Verfolgung und
　　　　　　　　Flucht　　199
　　　　　2.5. Individuelle Verfolgungsbetroffenheit　　200
　　　　　2.6. Verfolgungsprognose　　201
　　　　　2.7. Inländische Fluchtalternative　　204
　　　3. Sichere Drittstaaten　　206
　　　　　3.1. Grundgesetzänderung　　206
　　　　　3.2. Sichere Drittstaaten, § 26a AsylVfG　　207
　　　　　3.3. Sonstiger Drittstaat, § 29 AsylVfG　　209
　　　　　3.4. Anderweitige Sicherheit, § 27 AsylVfG　　209
　　　4. Sichere Herkunftsstaaten, § 29a AsylVfG　　212
　III.　Zuerkennung der Flüchtlingseigenschaft,
　　　　§ 3 bis 3e AsylVfG　　214
　　　1. Subjektiver Maßstab　　215
　　　2. Verfolgung　　216
　　　　　2.1. Verfolgungshandlung　　216
　　　　　2.2. Schwerwiegende Verletzung　　218
　　　　　2.3. Individuelle Betroffenheit　　218

3. Verfolgungsgründe 219
  3.1. Rasse 219
  3.2. Religion 220
  3.3. Nationalität/Staatsangehörigkeit 221
  3.4. Bestimmte soziale Gruppe 222
  3.5. Geschlechtsspezifische Verfolgungsgründe 223
  3.6. Politische Überzeugung 224
  3.7. Zuschreibung von Verfolgungsgründen 224
4. Urheber der Verfolgung 225
5. Verknüpfung zwischen Verfolgungshandlung und -gründen 226
6. Interner Schutz 226
7. Verfolgungsprognose 227
8. Ausschlussgründe 228
  8.1. Abschiebungsschutz trotz Vorliegens von Ausschlussgründen 230
  8.2. Prüfungsschema Flüchtlingsschutz 231
IV. Internationaler subsidiärer Schutz 232
  1. Systematik 233
  2. Prüfung durch das BAMF 234
    2.1. Isolierter nationaler Schutzantrag 235
  3. Internationaler subsidiärer Schutz 236
    3.1. Drohende Todesstrafe 236
    3.2. Folter und unmenschliche Behandlung 237
    3.3. Bürgerkrieg 238
    3.4. Allgemeine Grundsätze 239
    3.5. Prüfungsschema internationaler subsidiärer Schutz 240
V. Familienasyl 241
  1. Familienasyl für Ehegatten 241
    1.1. Voraussetzungen 241
    1.2. Kritische Prüfung 242
    1.3. Wirksame Ehe 243
    1.4. Einreise über sicheren Drittstaat 243
    1.5. Unanfechtbarkeit der Anerkennung 243
  2. Familienasyl für Kinder 244
  3. Familienasyl für die Eltern 245
  4. Familienasyl für Geschwister 246
  5. Familienabschiebungsschutz bei Flüchtlingen und international subsidiär Schutzberechtigten 247
  6. Ausschlussgründe 248
VI. Nationaler subsidiärer Schutz 249
  1. § 60 V AufenthG 249

2. § 60 VII AufenthG, Gefahr für Leib und Leben 251
VII. Inlandsbezogene Abschiebungsverbote 254
VIII. Rechtsfolgen 257
1. Flüchtlingsschutz 258
2. Internationaler subsidiärer Schutz 258
3. Nationaler zielstaatsbezogener Schutz 258
4. Inlandsbezogene Abschiebungsverbote 259
IX. Sonstige humanitäre Aufenthaltsgründe 259
1. § 22 AufenthG – Aufnahme aus dem Ausland 259
2. § 23 AufenthG 260
   2.1. Aufenthaltsgewährung durch die obersten Landesbehörden 260
   2.2. Aufnahme bei besonders gelagerten politischen Interessen 262
3. § 23a AufenthG – Aufenthaltsgewährung in Härtefällen 263
4. § 24 AufenthG – vorübergehender Schutz 266
5. § 25 AufenthG 268
   5.1. Aufenthaltserlaubnis gemäß § 25 I, II und III AufenthG 268
   5.2. Aufenthaltserlaubnis für einen vorübergehenden Zweck, § 25 IV 1 AufenthG 268
   5.3. Aufenthaltsverlängerung wegen außergewöhnlicher Härte, § 25 IV 2 AufenthG 271
   5.4. Aufenthaltserlaubnis für Opfer einer Straftat, § 25 IVa AufenthG 272
   5.5. Aufenthaltserlaubnis für Opfer der Schwarzarbeit, § 25 IVb AufenthG 273
   5.6. Aufenthaltserlaubnis bei rechtlicher oder tatsächlicher Unmöglichkeit der Ausreise, § 25 V AufenthG 273
X. Dauer der Aufenthaltstitel, § 26 AufenthG 280
1. Aufenthaltserlaubnis 280
2. Niederlassungserlaubnis gemäß § 26 III AufenthG 281
   2.1. Anrechenbare Zeiten 281
3. Niederlassungserlaubnis gemäß § 26 IV AufenthG 282
   3.1. Allgemeine Voraussetzungen 282
   3.2. Zeitliche Voraussetzungen 283
4. Niederlassungserlaubnis für Kinder, § 26 IV AufenthG i. V. m. § 35 AufenthG 283
5. Duldungen 284

F Die Entscheidung des BAMF 286

- I. Grundsätzliches — 286
- II. Dublin III: Unzulässiger Asylantrag — 289
  1. Dublin-Verfahren, § 27a AsylVfG — 289
  2. Antragsrücknahme, § 32 AsylVfG; Verzichtserklärung gemäß § 14a AsylVfG — 291
  3. Rücknahmefiktion gemäß § 33 I AsylVfG — 292
  4. Rücknahmefiktion gemäß § 33 II AsylVfG — 293
- III. Unterschiedliche Formen negativer Entscheidungen des Bundesamtes — 295
  1. Unbeachtliche und unzulässige Asylanträge — 295
  2. Offensichtlich unbegründete Asylanträge — 296
     - 2.1. Allgemeines — 296
     - 2.2. Offensichtlich unbegründet nach § 30 II AsylVfG — 297
     - 2.3. Offensichtlich unbegründet nach § 30 III AsylVfG — 298
     - 2.4. Offensichtlich unbegründet nach § 30 IV AsylVfG und § 3 II AsylVfG — 300
     - 2.5. Offensichtlich unbegründet nach § 30 V AsylVfG — 301
     - 2.6. Offensichtlich unbegründet nach § 29a AsylVfG — 301
     - 2.7. Rechtsfolgen der offensichtlich-unbegründet-Entscheidung — 303
  3. Unbegründete Asylanträge — 304
- IV. Entscheidungen bei Eingreifen der Drittstaatenregelung — 304
  1. Asylberechtigte gemäß Art. 16a GG und Flüchtlinge gemäß § 3 I AsylVfG — 306
  2. Subsidiär Schutzberechtigte, § 4 I AsylVfG — 307
  3. Nationale Abschiebungsverbote, § 60 V und VII 1 AufenthG — 308
  4. Ablehnende Entscheidungen des BAMF: Ausreisepflichtige / Geduldete — 309
- V. Rechtsfolgen der Entscheidungen des BAMF — 306

G Das gerichtliche Verfahren 310

- I. Fristen — 311
  1. Exkurs: Widerspruchsfrist — 314
  2. Klagefrist — 314
  3. Fristbeginn – Zustellung – Wiedereinsetzung — 315
- II. Die Klage — 319

Inhaltsverzeichnis

1. Allgemeines — 319
2. Klageinhalt und Klagebegründung; gerichtliche Anordnungen zur Vorbereitung der Verhandlung — 321
   - 2.1. Klagebegründung — 321
   - 2.2. Richterliche Begründungsfristen — 322
   - 2.3. Betreibensaufforderung — 323
   - 2.4. Fortführung des Verfahrens nach Ausreise — 324
3. Der Verfahrensgang, die Verhandlung — 325
   - 3.1. Der Richter — 327
   - 3.2. Der Beweisantrag — 329
   - 3.3. Das Protokoll der mündlichen Verhandlung — 333
4. Die Entscheidung — 333
   - 4.1. Entscheidung durch Gerichtsbescheid — 333
   - 4.2. Das Urteil — 334
   - 4.3. Entscheidung über den Antrag auf Herstellung der aufschiebenden Wirkung nach § 80 V VwGO — 335
5. Rechtsmittel — 335

H Verfassungsbeschwerde — 340

I Petitionen und Eingaben — 343

J Kirchenasyl — 348

K Endlich anerkannt! — 352

I. Aufenthaltsrechtliche Situation — 355
   1. Asylberechtigte und Flüchtlinge im Sinne der GFK — 355
   2. Zubilligung von internationalem subsidiären Schutz gemäß § 4 AsylVfG — 355
   3. Nationaler subsidiärer Schutz gemäß § 60 V und VII 1 AufenthG — 356
   4. Duldung — 357

II. Reiseausweise nach der GFK — 358
   1. Reiseausweise nach der GFK — 358
   2. Passbeschaffung bei subsidiärem Schutz. — 358
   3. Passbeschaffung und Ausreisepflicht — 360

III. Freizügigkeit, Auslandsreisen — 360
   1. Schutzberechtigte mit Aufenthaltserlaubnis — 360
      - 1.1. Umzug in Deutschland — 361
      - 1.2. Auslandsreisen — 362

		2. Personen mit Duldung oder Grenzübertrittsbescheinigung	364
	IV.	Integrationskurse	365
	V.	Erwerbstätigkeit, Studium	365
		1. Asylberechtigte und international Schutzberechtigte	365
		2. Personen mit humanitärer Aufenthaltserlaubnis	366
		3. Geduldete Personen	367
	VI.	Führerschein	368
	VII.	Soziale Leistungen	370
		1. Asylberechtigte und Flüchtlinge im Sinne der GFK, §§ 25 I und 25 II 1 1. Alt. AufenthG	370
		2. International subsidiär Schutzberechtigte gem. § 4 AsylVerfG, § 25 II 1 2. Alt. AufenthG	370
		3. Personen mit subsidiärem Aufenthaltsstatus gemäß § 60 V und VII 1 AufenthG i. V. m. § 25 III AufenthG	370
		4. Personen mit Aufenthaltserlaubnis nach § 25 V AufenthG	371
		5. Personen mit Duldungen	372

L Familiennachzug zu Flüchtlingen   374

	I.	Familiennachzug zu Asylberechtigten und GFK-Flüchtlingen	374
		1. Ehegatten und minderjährige Kinder	374
		2. Elternnachzug zu minderjährigen Flüchtlingen und Asylberechtigten, § 36 Abs.1 AufenthG	376
		3. Sonstige Familienangehörige von Flüchtlingen und Asylberechtigten	378
	II.	Familiennachzug zu subsidiär Schutzberechtigten gemäß § 4 AsylVfG	379
	III.	Familiennachzug zu Personen mit einer Aufenthaltserlaubnis gemäß § 25 III AufenthG, § 22 AufenthG oder § 23 I AufenthG	380
	IV.	Sonstiger „humanitärer" Familiennachzug	381

M Widerrufs- und Rücknahmeverfahren der Statusentscheidungen   382

I. Prüfung des Widerrufs/der Rücknahme	382
II. Widerruf und Rücknahme des asylrechtlichen Schutzes	383
III. Rücknahme des subsidiären Schutzes nach § 4 AsylVfG	385

IV.	Ausländische Anerkennung als Flüchtling, § 73a AufenthG	385
V.	Rechtsmittel	386
VI.	Rechtsfolgen	386
	1. Pflicht zur Rückgabe des GFK-Passes und des Anerkennungsbescheids	387
	2. Aufenthaltsbeendigung	387

N Das Erlöschen der Rechtsstellung eines Flüchtlings 390

O Übersicht über das allgemeine Ausländerrecht 394

I. Ausgangssituation und gesetzliche Systematik 394
II. Einreise und Aufenthalt – Allgemeines 397
   1. Aufenthaltstitel 397
      1.1. Allgemeine Voraussetzungen 397
      1.2. Versagungsgründe 399
   2. Visum 399
   3. Aufenthaltserlaubnis 400
   4. Niederlassungserlaubnis 400
      4.1. Niederlassungserlaubnis gemäß § 9 AufenthG 401
      4.2. Niederlassungserlaubnis nach § 26 AufenthG 401
   5. Erlaubnis zum Daueraufenthalt-EU 402
   6. Blaue Karte EU, § 19a AufenthG 403
III. Die Aufenthaltserlaubnisse 403
   1. Aufenthaltserlaubnis zur Ausbildung 403
   2. Aufenthaltserlaubnis zur Erwerbstätigkeit 404
      2.1. Aufenthalt zur Beschäftigung, § 18 AufenthG 404
      2.2. Aufenthalt zur qualifizierten Beschäftigung, §§ 18a bis 20 AufenthG 404
   3. Aufenthaltserlaubnis aus humanitären Gründen 405
      3.1. Übernahme aus dem Ausland, § 22 AufenthG 405
      3.2. Länderregelung, Übernahme, § 23 AufenthG 406
      3.3. Aufenthaltsgewährung in Härtefällen, § 23a AufenthG 407
      3.4. Aufenthaltsgewährung zum vorübergehenden Schutz, § 24 AufenthG 407
      3.5. Aufenthaltserlaubnis gemäß § 25 I und II 1 1. Alt. AufenthG 407

	3.6. Aufenthaltserlaubnis gemäß § 25 II 1 2. Alt. AufenthG	408
	3.7. Aufenthaltserlaubnisse gemäß § 25 III AufenthG	408
	3.8. Aufenthaltserlaubnisse gemäß § 25 IV AufenthG	408
	3.9. Aufenthaltserlaubnis nach § 25 IVa und b AufenthG	408
	3.10. Aufenthaltserlaubnis nach § 25 V AufenthG	409
	3.11. Aufenthaltserlaubnis gemäß § 25a AufenthG	409
4.	Aufenthaltserlaubnis aus familiären Gründen	409
	4.1 Ehegattennachzug zu Ausländern	411
	4.2. Kindernachzug zu Ausländern, § 32 AufenthG	413
	4.3. Familiennachzug zu Deutschen	415
5.	Besondere Aufenthaltstitel	416
	5.1. Wiederkehroption, § 37 AufenthG	416
	5.2. Aufenthaltserlaubnis für ehemalige Deutsche, § 38 AufenthG	416
	5.3. Aufenthaltserlaubnis für langfristig Aufenthaltsberechtigte aus anderen Unionsstaaten	416
	5.4. Aufenthaltserlaubnis gemäß § 7 I 3 AufenthG	416
	5.5. Altfallregelungen, §§ 104a und b AufenthG	417
6.	Die Fiktionsbescheinigung	417
IV.	Die Duldung	418
V.	Die Grenzübertrittbescheinigung	419
VI.	Erwerb der deutschen Staatsangehörigkeit	420
	1. Staatsangehörigkeitserwerb durch Geburt	421
	2. Die Einbürgerung	421
	2.1. Die Anspruchseinbürgerung, § 10 StAG	422
	2.2. Die Ermessenseinbürgerung, § 8 StAG	424
VII.	Die Adoption	426
VIII.	Staatenlosigkeit	427

P Die Aufenthaltsbeendigung 429

I.	Zurückweisung und Zurückschiebung	429
II.	Begründung der Ausreisepflicht, §§ 50 bis 56 AufenthG	429
	1. Die Ausreisepflicht	429
	1.1. Grundsätzliches zur Ausreisepflicht	430

	1.2.	Beendigung der Rechtmäßigkeit des Aufenthalts	431
	1.3.	Beendigung des rechtmäßigen Aufenthalts beim Asylbewerber	431
2.	Ausreisepflicht nach Besitz eines Aufenthaltstitels		432
	2.1.	Beseitigung eines Aufenthaltstitels nach Beendigung des Schutzstatus	432
3.	Erlöschen eines Aufenthaltstitels nach Ausreise, § 51 I AufenthG		434
	3.1.	Endgültige Ausreise, § 51 I Nr. 6 AufenthG	434
	3.2.	Ausnahmen	434
	3.3.	Erlöschen bei 6-monatigem Auslandsaufenthalt, § 51 I Nr. 7 AufenthG	436
	3.4.	Erlöschen bei Daueraufenthalt-EU	436
	3.5.	Rechtsfolgen des Erlöschens	437
	3.6.	Rechtsmittel	437
4.	Rücknahme und Widerruf eines Aufenthaltstitels		438
	4.1.	Rechtsmittel	439
5.	Die Ausweisung		439
6.	Die Abschiebungsanordnung, § 58a AufenthG		441

III. Die Vollziehbarkeit der Ausreisepflicht — 442
IV. Die Abschiebungsandrohung und die Abschiebung — 443
　1. Die Abschiebungsandrohung — 443
　2. Der Zielstaat — 444
　3. Rechtsmittel — 444
　4. Duldung — 445
　5. Der Vollzug der Abschiebung — 446

Q Abschiebungshaft — 448

I Einführung — 448
II. Allgemeines zu den Anforderungen — 450
III. Vorbereitungshaft — 452
IV. Sicherungshaft — 452
　1. Reguläre Sicherungshaft — 452
　2. Kleine Sicherungshaft, § 62 III 2 AufenthG — 453
　3. Dauer der Abschiebungshaft — 454
　4. Übersicht — 454
　　4.1. Vorbereitungshaft, § 62 II AufenthG — 455
　　4.2. Sicherungshaft — 456
　5. Behördliches Festnahmerecht — 458

V.	Abschiebungshaft und Asylantragstellung	458
VI.	Dublin-III-Verfahren und Haft	459
VII.	Rechtsmittel	459

R Verstoß gegen das Verbot der Rechtsberatung — **461**

S Unbegleitete minderjährige Flüchtlinge — **463**

I.	Aufnahme	463
II.	Clearing-Verfahren	464
	16-Jahres-Grenze	464
III.	Nach der Clearing-Phase	465
	Asylverfahren: ja oder nein	465
IV.	Situation im Verfahren	466
	Schulpflicht	467
V.	Schutz der UMF	467
	§ 58 (1a) AufenthG	468
VI.	Aufenthalt nach dem Asylverfahren	468
	UMF in Ausbildung	469

Formularmuster — **471**

Abkürzungsverzeichnis — **501**

Linkliste — **504**

Literaturhinweise — **507**

Stichwortverzeichnis — **508**

Zum Geleit

Als im Jahre 2007 „Recht für Flüchtlinge" in einer veränderten Neuauflage erschien, waren die Zugangszahlen für Asylsuchende in Deutschland so gering wie nie seit den frühen 1980er Jahren. Das Reizthema Asyl war aus den Schlagzeilen verschwunden. Von der Öffentlichkeit weitgehend unbemerkt blieb deshalb zunächst auch jene für die Zukunft so bedeutsame Entwicklung, die sich aus der damals begonnenen Umsetzung der europäischen Asyl-Harmonisierung ergab.

Das Bild hat sich gewandelt: Heute steht das Thema unter dem Titel „Migration und Flucht" wieder ganz oben auf der innen- wie europapolitischen Agenda. Mehr Menschen als jemals zuvor seit dem zweiten Weltkrieg sind weltweit auf der Flucht vor Verfolgung, Menschenrechtsverletzungen und allgemeiner Gewalt. Der blutige Konflikt in Syrien hat die Hälfte der Zivilbevölkerung zur Flucht aus ihren Heimatorten und -regionen gezwungen. Die Zahl der Menschen aus den Krisen- und Konfliktgebieten, die in Europa Zuflucht suchen, hat erheblich zugenommen, wenngleich sie immer noch gering bleibt, vergleicht man sie beispielsweise mit der Millionenzahl syrischer Flüchtlinge, die jeweils der Libanon oder auch die Türkei aufgenommen haben.

In dieser angespannten Situation diskutiert Deutschland wieder verstärkt über seine Verantwortung gegenüber Asylsuchenden und Flüchtlingen. Umso bemerkenswerter ist die Tatsache, dass angesichts hoher Zugangszahlen sich überall im Lande Tausende von Menschen bereitfinden, ehrenamtliches Engagement zugunsten der Schutzsuchenden zu zeigen. Gewiss muss man mit Blick auf fremdenfeindliche Aktivitäten, Übergriffe bis hin zu eklatanten Straftaten besorgt und achtsam sein, gewiss darf man aber auch durchaus mit Selbstvertrauen darauf verweisen, dass die Zivilgesellschaft in Deutschland für sich in Anspruch nehmen kann, die Stimme der oftmals schweigenden Mehrheit zu sein.

Die nun vorliegende Neuauflage des Leitfadens „Recht für Flüchtlinge" kommt deshalb zur rechten Zeit. Der Autor Hubert Heinold versteht es, interessierte, engagierte, aber nicht unbedingt juristisch versierte Leserinnen und Leser durch das komplizierte Geflecht asyl- und flüchtlingsrechtlicher Vorschriften zu führen. Der Leitfaden weist so einen Pfad durch einen nicht nur auf den ersten Blick undurchsichtigen Paragraphendschungel. Leider hat die europäische Asylharmonisierung mit ihren gemeinsamen Rechtsvorschriften auch in diesem Punkt nicht zu einer Verbesserung beigetragen, diesmal im Sinne von Vereinfachung.

Dennoch ist es richtig, da unabdingbar, dass der Autor auf das europäische Recht und hier in besonderer Weise auf die umstrittene Dublin-Verordnung eingeht. Wer sich für den Flüchtlingsschutz engagiert, kommt nicht umhin, sich Kenntnisse anzueignen und kontinuierlich weiterzubilden, will man in der Praxis am Ball bleiben. Zu einem Zeitpunkt, wo sich immer mehr Menschen pro Flüchtlinge einsetzen, wächst der Beratungsbedarf auf allen Seiten. Auch ehrenamtliche Berater schutzsuchender Menschen finden sich oft mit Fragen und Situationen konfrontiert, in denen sie für ihr Engagement Beratung brauchen.

„Recht für Flüchtlinge" kann in diesem Zusammenhang vieles leisten, der Leitfaden ist so ein Stück Willkommenskultur. Vielleicht kann das Engagement seiner Leserinnen und Leser auch dazu beitragen, staatlicherseits intensiver darüber nachzudenken, die ehren- und hauptamtliche Beratungsarbeit stärker miteinander zu verzahnen und entsprechende Strukturen finanziell zu fördern. Denn: Kenntnis und Bekenntnis bleiben unverzichtbare Säulen für einen effektiven Flüchtlingsschutz im Grundsatz, Recht und in der Praxis.

Hans ten Feld
Vertreter UNHCR Deutschland

A Vorwort

Der „Leitfaden durch das Asyl- und Ausländerrecht" liegt nunmehr in seiner 5. Fassung und 7. Auflage vor. Das Recht hat sich seitdem enorm weiterentwickelt. Es ist europäischer geworden. Vieles musste geändert werden. Der Reformeifer des Gesetzgebers war auch der Grund, warum die Leser so lange auf die Neuauflage warten mussten. Immer wieder musste ich bereits fertige Kapitel umschreiben. Um weitere doppelte Arbeit zu vermeiden, habe ich schließlich, nach der Ankündigung weiterer Änderungen gewartet; kaum lag diese Änderung vor und war eingearbeitet, kam schon die nächste. Ein weiteres Abwarten bzw. eine fortlaufende Überarbeitung hätte die Fertigstellung noch länger verzögert, weshalb ich mich schließlich entschlossen habe, einfach weiterzumachen und zwischenzeitliche Gesetzesänderungen laufend einzuarbeiten. Das Buch beruht auf dem Gesetzesstand vom 23. Dezember 2014. Natürlich gibt es auch aktuell noch Gesetzesvorhaben, die mehr oder weniger weit gediehen und mehr oder weniger strittig sind. Aber irgendwann muss einmal Schluss sein, wenn man auf den Markt will und die Nachfragen befriedigen will. Ich habe aber auch die Änderungen, die voraussichtlich bald kommen werden, erwähnt.

Die Überarbeitung eines Buches dessen Erstfassung mehr als 20 Jahre zurückliegt, führt automatisch zu Vergleichen zwischen damals und heute. Die Bilanz ist zwiespältig: einigen Verbesserungen stehen Verschlechterungen gegenüber, für Kritik bleibt jedenfalls genügend Raum. Beispielhaft zeigt sich die Zwiespältigkeit an der Europäisierung des Schutzrechts. Einerseits ist diese Europäisierung zu begrüßen, andererseits führte sie im Ergebnis zur Preisgabe des Asylgrundrechts. Dies mag in der alltäglichen Praxis nicht sonderlich spürbar sein, doch bedeutet der Verlust des Asylgrundrechts die Entwertung einer historisch begründeten „Selbstverpflichtung" zur Humanität gegenüber Schutzbedürftigen. Das Asylgrundrecht war nicht nur eine „Zierde unserer Verfassung", sondern auch eine ständige Mahnung, unsere Geschichte nicht zu vergessen und Wiederholungen die Stirn zu bieten. Die tendenzielle Wiedererstarkung rassistischer und nationalistischer Strömungen (nicht nur in Deutschland) zeigt, wie wichtig dieser Ankerpunkt immer noch ist. Nicht übersehen werden kann andererseits, dass die Europäisierung des Asylrechts zu einer Erweiterung sowohl des asylrechtlichen Schutzbegriffs als auch des humanitären Schutzes insgesamt geführt hat. Die Kehrseite der Europäisierung ist die damit verbundene Bürokratisierung, die den Namen „Dublin" trägt. Dieses Zuständigkeitssystem behandelt nicht nur Menschen wie Waren und trägt den individuellen Bedürfnissen nur unzureichend und individuellen Wünschen überhaupt keine Rechnung, sondern hat dazu geführt, dass etwa ein Drittel der Entscheidungen des Bundesamtes für Migration und Flüchtlinge inhaltsleer sind, denn sie befassen sich nicht mit der Frage, ob Schutz gewährt werden muss, sondern damit, welches Land dafür zuständig ist. Die zunehmend rigidere Praxis der Dublin-III-Verfahren hat es bisher nicht geschafft, die sog. Binnenwanderung zu stoppen; sie wird auch künftig damit scheitern, da sie die menschlichen Interessen und Bedürfnisse weitgehend ignoriert und einer sinnentleerten Bürokratie opfert.

Die Flüchtlingszahlen nehmen wieder zu. Dies ist einerseits den neuen Konfliktherden im Nahen Osten geschuldet, andererseits aber zwangsläufiges Ergebnis der Globalisierung. Die Welt ist näher zusammengerückt; damit springt uns, den wohlhabenden Staaten Europas, die Not und das Elend direkt an. Wir können uns davon nicht fernhalten, nicht mit Mauern und Zäunen und auch nicht mit militärischen Mitteln. Stattdessen müssen wir nach neuen Antworten suchen – jetzt und nicht erst dann, wenn die Flüchtlingszahlen durch etwa immer mehr Umweltflüchtlinge neue Dimensionen erreichen.

Für den Text des Leitfadens gilt das, was ich im Vorwort der letzten Auflage geschrieben habe, nach wie vor. Ich wiederhole es deshalb:

Das Buch will kein juristischer Kommentar sein und keine Streitschrift wider die herrschende Auffassung. Es soll den ehrenamtlichen Helfern und den Flüchtlingen, die imstande sind, sich selbst zu helfen, einen Überblick verschaffen und im Sinne einer ersten Hilfe Handlungsmöglichkeiten aufzeigen. In diesem Sinne ist es nicht neutral. Es ist gespeist von meinen Erfahrungen, die ich als Asylanwalt machen musste, und denen meiner Kollegen, die mit mir im Netz der RECHTSBERATER-KONFERENZ, in Zusammenarbeit mit PRO ASYL, den Landesflüchtlingsräten und den karitativen Verbänden arbeiten. Die Essenz dieser Erfahrungen ist die, dass wir Anwälte ohne die Unterstützung dieser Organisationen und ihrer zahlreichen ehrenamtlichen Helfer noch weniger bewirkt hätten, als dies in der Vergangenheit geschah. Wir standen meist in einer Abwehrfront gegen eine weitere Einschränkung der Schutzrechte und der Lebensbedingungen für Asylsuchende. Wenn wir gleichwohl einzelne Erfolge erzielen konnten – ich denke nur an die Erweiterung des Schutzbereichs von § 60 I AufenthG im Hinblick auf die Problematik der nicht-staatlichen Verfolgung oder die Durchsetzung einer Bleiberechtsregelung für Kettengeduldete – ist dies weniger den Aufsätzen und Appellen der Anwälte oder der Verbände geschuldet als vielmehr der relativ breiten Basis, die wir in den ehrenamtlichen Helfern hinter uns wussten. Ohne deren Engagement vor Ort und gegenüber der Politik und ohne ihren oft lautstarken Protest wären unsere Forderungen, auch wenn sie juristisch gut begründet waren, wirkungslos verhallt. Den engagierten Helfern gilt daher mein Dank.

Bei der Korrektur fiel auf, dass der Text oft keine geschlechtsneutrale Sprache verwendet, sondern meist die männliche Form. Das tut mir leid. Zur Entschuldigung kann ich nur darauf verweisen, dass die einschlägigen Gesetze, das AufenthG nicht weniger als das AsylVfG durchgehend die männliche Form verwenden. Sie kennen im Singular nur „den" Ausländer, den Abschiebungsgefangenen, den Unionsbürger und den Flüchtling. Da der Leitfaden vom Recht handelt, ist es notwendig, die gesetzlichen Begriffe zu verwenden - auch wenn die Gesetzessprache fraglos diskriminierend ist. Vom Gesetz nicht verwendete Formulierungen wie „Ausländer/in", „Ehegatte(in)" oder AsylbewerberIn" oder Ähnliches schienen mir nicht angebracht. Wenn es mit dem Plural ging, habe ich versucht, das Problem durch die Verwendung der Mehrzahl zu lösen.

Danken will ich Bernd Mesovic und Volker Maria Hügel, die den Text Korrektur gelesen, manchen Fehler korrigiert und mir viele wichtige Hinweise gegeben haben.

Ein besonderer Dank gilt meiner Familie und meiner Kanzlei, denen ich die Stunden der Arbeit an diesem Buch vorenthalten musste, und ganz besonders meiner Mitarbeiterin Gabi Mayr, ohne die dieses Buch nicht realisierbar gewesen wäre.

Hubert Heinhold

B Allgemeine Ratschläge

Das Ausländer- und Flüchtlingsrecht ist kompliziert und selbst für nichtspezialisierte Anwälte oft nicht durchschaubar. Hüten Sie sich daher, Ihre Fähigkeiten zu überschätzen. Bedenken Sie, dass jeder Rat eine grundlegende Weichenstellung im Leben eines Asylsuchenden bewirken kann. Möglicherweise hängen von Ihrer Beratung Leben und Freiheit oder zumindest die künftige Lebensgestaltung des Flüchtlings ab. Bedenken Sie dies auch vor einem eventuellen Ratschlag, sich gegen eine Maßnahme zu wehren. Wenn nach Ihrer Einschätzung nicht mehr zu gewinnen ist, als dass der Zeitpunkt der Ausreise hinausgeschoben wird, sollten Sie das auch offen sagen. Das Leben in deutschen Asylbewerberunterkünften ist nicht so angenehm, dass es in allen Fällen dem Leben in der Heimat vorzuziehen ist. Möglicherweise sind die so gewonnenen Monate vergeudete Lebenszeit. Möglicherweise aber benötigt ihr Gegenüber gerade diese Zeit, um für seine Probleme eine andere Lösung zu finden. Informieren Sie ihn deshalb so, dass er die Lage beurteilen und selbst entscheiden kann, was für ihn das Beste ist.

Holen Sie sich fachkundigen Rat bei einem der spezialisierten Rechtsanwälte, wenn Sie sich der Sache nicht sicher sind. Aber: Beachten Sie unbedingt die kurzen Fristen, die im Asylrecht gelten. Beachten Sie auch, dass das Gericht Ausschlussfristen zur Begründung setzen kann und davon manchmal gerade dann Gebrauch macht, wenn Anwälte nicht bestellt sind. Die Missachtung solcher Fristen kann zum Rechtsverlust führen. Schalten Sie, bevor Sie ein Fristversäumnis riskieren, lieber einen Rechtsanwalt ein (selbstverständlich verbunden mit einem ausdrücklichen Hinweis auf die nach Ihrer Meinung demnächst ablaufende Frist). Wenn Sie sich nicht auskennen oder auch – etwa infolge von Sprach- oder sonstigen Verständnisproblemen – nicht zu helfen wissen und einen Anwalt nicht erreichen können, schicken Sie den Flüchtling ganz einfach zum Verwaltungsgericht, aber geben Sie ihm einen Zettel (mit Datum!) in die Hand, auf dem steht, dass der Flüchtling gegen die Maßnahme ... bzw. den Bescheid vom ... gerichtliche Hilfe will und dass man ihm dabei helfen soll. Dort gibt es jemanden, der verpflichtet ist, Klagen und Anträge von anwaltlich nicht vertretenen Menschen entgegenzunehmen (Rechtsantragsstelle).

Auf diese Weise haben Sie die Verantwortung an das Gericht weitergereicht. Erkennt der Beamte bei der Rechtsantragsstelle nicht, was zu tun ist oder versäumt er die Frist, kann Ihnen und dem Flüchtling Verschulden nicht vorgeworfen werden, eventuelle Versäumnisse sind dann noch korrigierbar!

Notfalls schreiben Sie für den Flüchtling in seinem Namen einen Widerspruch oder eine Klage. Das asylrechtliche Verfahren ist gerichtskosten- und gebührenfrei. Stellt sich später der Widerspruch oder die Klage als überflüssig heraus, kann dies ohne weiteres rückgängig gemacht werden. Ist jedoch die Frist versäumt, kann dies weitreichende und möglicherweise nicht wiedergutzumachende Folgen haben. Verfahren, die nicht nach dem Asylverfahrensgesetz zu entscheiden sind, sind aber nicht gerichtskostenfrei. Geht es also um eine Aufenthaltserlaubnis, eine Duldung oder eine Auflage oder die Beseitigung eines Arbeitsverbots darin, müssen – zum Teil erhebliche – Gerichtskosten bezahlt werden. Soweit keine Prozesskostenhilfe in Frage kommt, werden diese vom Gericht vorab verlangt. Damit nicht unnötige Gebühren anfallen, sollten Sie die Erfolgsaussichten in diesem Fall besonders gründlich prüfen.

Beachten Sie grundsätzlich, dass die rechtliche Beratung von Flüchtlingen nicht eine originäre Aufgabe der Sozialberatung ist, sondern in die Hände von fachkundigen Rechtsanwälten gehört. Soweit Sie auch in rechtlichen Dingen helfen müssen, tun Sie dies als Not-Hilfe und nur dann, wenn anwaltliche Hilfe nicht erreichbar ist. Versuchen Sie, sich durch Kooperation mit einem Anwalt oder durch Rückfragen bei anderen fachkundigen Stellen zu vergewissern, dass Sie das Richtige tun.

I. Die Gesetze

Voraussetzung jeder Beratung sind Grundkenntnisse des Asyl- und Ausländerrechts. Lesen Sie nicht nur diesen Leitfaden durch, sondern ziehen Sie stets auch den Gesetzestext heran. Beachten Sie bei der Lektüre des Gesetzestextes stets, dass Sie die gesamte Vorschrift lesen müssen. Oft wird im zweiten Absatz das, was der erste Absatz verspricht, wieder eingeschränkt. Damit Sie den Zusammenhang verstehen, in dem sich die jeweilige Vorschrift befindet, ist es stets ratsam, die Gesetzessystematik zu kennen. Schlagen Sie im Inhaltsverzeichnis nach oder blättern Sie das Gesetz durch: Jedes Gesetz ist in

Abschnitte und Unterabschnitte gegliedert. So verstehen Sie die Zusammenhänge besser und können vielleicht Querverbindungen zu anderen Vorschriften herstellen.

Mit der Gesetzeslektüre allein ist es nicht getan. Denn jede Vorschrift bedarf der Auslegung. Nicht selten ist das Ergebnis der juristischen Interpretation eines Paragraphen das Gegenteil von dem, was der Laie darunter versteht. Sie müssen sich daher auch mit der Auslegung der Gesetzesbestimmung durch die sog. „herrschende Meinung" befassen. Als „herrschende Meinung" definiert man das Substrat der Auslegung einer Norm durch die Gerichte. Hat sich eine „herrschende Meinung" noch nicht gebildet, hat also ein Obergericht noch nicht mit der Faust auf den Tisch geschlagen und für die nächste Zeit eine Auslegung als verbindlich zementiert, gilt es für den Praktiker die Tendenz, vor allem im eigenen Gerichtsbezirk, zu erkennen. Oft ist es so, dass im Hinblick auf die Verfolgungssituation in einem bestimmten Land die Gerichte eines Bundeslandes bereits zu einer einheitlichen Rechtsprechung gefunden haben – meist, weil das Obergericht eine bestimmte Rechtsauffassung geäußert hat –, die Verwaltungsgerichte eines anderen Bundeslandes aber noch über die richtige Entscheidung streiten. In einem solchen Fall müssen Sie, wenn Sie eine verantwortungsvolle und effektive Beratung leisten wollen, als Erstes herausfinden, ob es in Ihrem Gerichtssprengel bereits eine einheitliche Meinung gibt oder ob möglicherweise sogar an ein und demselben Verwaltungsgericht die Richter unterschiedlicher Auffassung sind. Natürlich können Sie dann auch in Baden-Württemberg mit der Bremer Meinung argumentieren, gleichwohl müssen Sie Ihren Klienten darauf vorbereiten, dass die Entscheidung des badischen Verwaltungsgerichts Freiburg eine andere sein kann. Mit diesem Beispiel will ich aufzeigen, dass die bloße Gesetzeskenntnis nicht viel bedeutet. Erforderlich für einen effektiven Rat und eine qualifizierte Hilfestellung ist die Kenntnis der Gesetzesinterpretation nicht nur bundesweit, sondern auch die Ihres Gerichts bzw. Ihres Oberverwaltungsgerichts (in manchen Bundesländern Verwaltungsgerichtshof, VGH). Nur wenn Sie insoweit firm sind, können Sie wirklich qualifiziert Hilfe leisten.

Mit diesem Hinweis will ich Sie nicht entmutigen, sondern nur vor einer Selbstüberschätzung warnen.

Auch ohne derartige Kenntnisse können Sie natürlich Nothilfe leisten, also eine Klage einreichen oder allgemeine Ausführungen zur Lage im Verfolgerstaat machen. Wenn es aber um Juristerei im eigentlichen Sinn geht oder wenn der Flüchtling für seine Lebensplanung eine objektive Information über die Chancen wünscht, sollten Sie sich ihre beschränkten Kenntnisse eingestehen und gegebenenfalls weitere Erkundigungen einziehen.

Es ist oft nicht sinnvoll, den Rat Suchenden im Einzelnen die Vorschriften zu erklären. Vielfach stiften Sie dadurch nur Verwirrung. Erklären Sie die zentralen Punkte und machen Sie deutlich, was zu tun ist.

Am Anfang jeder Beratung sollten Sie sich bewusst machen, dass der Flüchtling nicht Ihren Informationsstand besitzt. Selbst wenn Sie erstmals im Kontext eines Fluchtschicksals um Hilfe angegangen werden und noch gar nichts vom Flüchtlingsrecht kennen, wissen Sie mehr, denn Ihnen ist das deutsche Rechtssystem eher vertraut. Sie wissen, dass die Behörden nicht allmächtig sind und keine willkürlichen Entscheidungen treffen dürfen. Sie wissen, dass die Behörden nicht bestechlich und die Mitarbeiter nicht durch Freundlichkeiten von einer rechtlich vorgesehenen Entscheidung abzuhalten sind. Auch wenn Sie wenig vom Recht kennen, wissen Sie, dass Bescheide nicht hingenommen werden müssen, sondern dass dagegen Widerspruch, Einspruch oder Klage möglich sind. Sie kennen die Bedeutung von Fristen und wissen vor allem, dass ein Fristverstoß dazu führt, dass selbst der Nachweis, dass man Recht hat, nicht zur Änderung der Formelentscheidung als unzulässig führt und das falsche Ergebnis hinzunehmen ist. Sie kennen – jedenfalls in Grundzügen – das Selbstverständnis der Behörden und der Richter und wissen, wenn Sie sich mit der Materie befasst haben, zumindest in etwa, worauf es ankommt. Damit haben Sie im Regelfall einen enormen Wissensvorsprung gegenüber einem Flüchtling, der aus einem anderen Kulturkreis und Rechtssystem kommt. Manche Flüchtlinge haben abenteuerliche Vorstellungen von der Relevanz bestimmter Fakten und vom Recht oder unserem Rechtssystem. Sie leisten daher in vielen Fällen schon einiges, wenn Sie dem Flüchtling die Grundzüge unseres Rechtssystems erklären und ihm deutlich machen, worauf es in seinem Fall ankommt, was wichtig ist.

Oft gibt es nicht nur einen, sondern mehrere Wege, die zum Ziel führen und mehrere Möglichkeiten, wie ein Problem gelöst werden kann. In diesem Fall sollten Sie in der Beratung die Entscheidungsalternativen mit ihren jeweiligen Vor- und Nachteilen aufzeigen, ohne den Asylsuchenden zu bevormunden. Bitte bedenken Sie dabei auch, dass Sie, wenn Sie die Rolle des Ratgebers übernommen haben, diesem Menschen gegenüber verantwortlich sind. Sie müssen Ihr allgemein-politisches Engagement gegebenenfalls zurückstellen, wenn das Interesse des Einzelnen dies verlangt. Es ist eine große Versuchung für Engagierte, einen „Parade-Fall" vom Gericht entscheiden zu lassen, weil man glaubt, damit anderen, weniger eindeutigen Fällen ebenfalls helfen zu können. Wird dieser Person dann aber ein sachgerechter Kompromiss angeboten, müssen Sie ihm zur Annahme des Kompromisses raten, auch wenn Sie damit die erhoffte Grundsatz-Entscheidung nicht bekommen. Und umgekehrt müssen Sie dem Flüchtling auch in einem „hoffnungslosen" Fall beim Versuch der Durchsetzung helfen, wenn die Sache nicht völlig aussichtslos und kontraproduktiv ist, auch wenn Sie annehmen, dass das Ergebnis eine negative Präzedenz-Entscheidung ist.

II. Der Flüchtling

Voraussetzung einer guten Beratung ist es zu wissen, was der Flüchtling will. Dies setzt ein Vertrauensverhältnis voraus, das Sie zunächst erarbeiten müssen.

Geht es um die Anerkennung als Asylberechtigter oder um die Gewährung eines Abschiebungsschutzes, müssen Sie das Fluchtschicksal kennen. Wenn Sie es dem Asylsuchenden zutrauen, bitten Sie ihn, alles niederzuschreiben, was er erlebt hat und was für die Schutzgewährung wichtig sein kann. Da Flüchtlinge oftmals die absurdesten Vorstellungen über die Voraussetzungen des Schutzes haben, müssen Sie ihn vorher darüber informieren, was wichtig ist. Im Mittelpunkt steht natürlich das persönliche Verfolgungsschicksal. Von Bedeutung sind jedoch auch der familiäre Hintergrund, der berufliche Werdegang und der Fluchtweg. Weisen Sie den Flüchtling darauf hin, dass alle Dokumente – selbst Zeugnisse und private Briefe – von Bedeutung sein können. Übersehen Sie bitte auch nicht, dass gerade Flüchtlinge mit guter Bildung viel bessere Informationen über ihr Herkunftsland haben, als Sie sie aus der Lektüre von Gutachten, Lageberichten und vielen Büchern je besitzen können. Auch allgemeine Informationen über das Herkunftsland können im Einzelfall von großem Gewicht sein.

Bei Personen, die nicht imstande sind, die wesentlichen Punkte schriftlich abzufassen, ist es ratsam, diese Informationen gemeinsam zu erarbeiten und niederzulegen. Ein großes Problem stellt dabei oft die Sprachbarriere dar. Können Sie sich mit dem Flüchtling nicht ausreichend verständigen, machen Sie keine halben Sachen, indem Sie das, was Sie verstehen, niederlegen, sondern versuchen Sie mit Hilfe eines Dolmetschers oder eines Landsmannes einen vollständigen Überblick zu gewinnen. Aber achten Sie darauf, dass auch wirklich korrekt übersetzt wird. Oft versuchen Landsleute in guter Absicht „ihren Senf" hinzuzufügen, worüber das, was der Flüchtling sagen will, verloren gehen kann oder entstellt wird.

Bei manchen Menschen kommen Sie trotz größter Sorgfalt und intensivster Beschäftigung nicht weiter. Sie haben das Gefühl, vor einer Barriere zu stehen; ihnen notwendig erscheinende Detailinformationen oder Aufklärungen werden nicht geliefert, obwohl Sie dem Asylsuchenden glauben und davon überzeugt sind, dass er oder sie die Wahrheit sagt. Wenn dies der Fall ist, müssen Sie daran denken, dass hier möglicherweise eine schwere, vielleicht sogar krankhafte, psychische Blockade vorliegen könnte. Wenn es Anhaltspunkte für eine Traumatisierung gibt, sei es durch Folter, einen Angriff auf die Geschlechtsehre oder andere schwerwiegende Erlebnisse, versuchen Sie nicht weiter, auf den Menschen einzudringen. Sie könnten die vorhandenen Verletzungen vertiefen und so zur Verstärkung der psychischen Blockaden und Traumatisierung beitragen. Versuchen Sie lieber in diesem Fall, eine fachkundige Hilfe zu organisieren, indem Sie den Flüchtling zu einer psycho-sozialen Einrichtung weitervermitteln oder zu einem Facharzt für Psychotherapie oder zu einem Psychologen. Achten Sie aber darauf, dass der Arzt oder Psychologe entweder bereits Fachkenntnisse auf diesem Gebiet besitzt oder genügend Einfühlungsvermögen und Lernbereitschaft hat, sich auf dieses neue Feld einzulassen. Leider gibt es auch Fälle, in denen schwer traumatisierte Personen von Nervenärzten mit Pillen abgespeist wurden, ohne dass man sich dort auch nur die Mühe gemacht hätte, durch Beiziehung eines Dolmetschers eine vertiefende Abklärung zu versuchen.

Sobald Sie informiert sind, überlegen Sie, wie Sie dieses Wissen einbringen. Die Möglichkeit, einen umfassenden Vortrag vor der entscheidenden Anhörung beim Bundesamt für Migration und Flüchtlinge geordnet vorzulegen, ist oft nicht gegeben – meist ist der Flüchtling vom Bundesamt schon gehört, bevor er zu Ihnen kommt. Gleichwohl gibt es diese Fallkonstellation. Hier gilt es nun, „taktisch" zu überlegen. Die Erfahrung hat gezeigt, dass ein ausführlicher schriftlicher Vortrag manchen Entscheidern des Bundesamtes nur dazu dient, angebliche Widersprüche zu finden. In Bundesamtsbescheiden las man beispielsweise, der Flüchtling habe in seinem schriftlichen Vortrag davon gesprochen, dass sich ein bestimmtes Ereignis am 3. Mai zugetragen habe, während er bei der Anhörung beim Bundesamt dieses Ereignis auf Mitte Mai platziert habe. Deshalb sei er unglaubwürdig.

Wenn Sie das Gefühl haben, dass der Flüchtling aufgrund seiner Bildung oder Persönlichkeitsstruktur oder aufgrund von Traumatisierung Daten und Fakten in freier Rede nicht präzise wiedergeben kann, ist die vorherige Vorlage eines umfassenden Vortrages eher schädlich. Sie dürfen – dies ist traurig, aber wahr – beim Bundesamt nicht immer auf eine wohlwollende Anhörung hoffen, sondern müssen davon ausgehen, dass alles, was gesagt wird, gegen den Schutzsuchenden verwendet werden kann. Im Zweifel ist es daher ratsam, diese vorbereiteten Informationen nur als Hintergrundwissen parat zu halten. Liegt das Bundesamtsprotokoll am Ende der Anhörung vor (dies ist leider nicht immer der Fall) und sehen Sie, dass zentrale Punkte nicht oder nur unvollständig dargestellt wurden, ist es Ihnen gemeinsam mit dem Flüchtling aufgrund dieses Hintergrundwissens möglich, noch rechtzeitig ergänzende Ausführungen zu machen, ohne dass dem Flüchtling der Fallstrick der Widersprüchlichkeit gedreht werden könnte.

Haben Sie mit dem Flüchtling an der Anhörung persönlich teilgenommen, geben Sie die Ihnen erforderlich erscheinende Korrektur oder Ergänzung sofort zu Protokoll, wenn Sie dies noch bei der Anhörung bemerken. Entdecken Sie ein Problem erst später, zu Hause, bei der Lektüre des Protokolls, reichen Sie Ihre Anmerkungen so rasch wie möglich nach.

Erhält der Flüchtling bzw. Sie das Protokoll erst zusammen mit dem Bundesamtsbescheid, ist eine Korrektur nicht mehr möglich und sinnvoll. Sie können dann nur darauf achten, dass dies in der Klageschrift oder Klagebegründung bei Gericht vorgetragen wird.

Haben Sie an der Anhörung selbst nicht teilgenommen und beklagt sich der Flüchtling danach in allgemeiner Weise über die Anhörung, ohne dass Sie die Berechtigung der Klagen anhand des Bundesamtsprotokolls überprüfen können (weil dieses noch nicht vorliegt), sollten Sie im Normalfall darauf achten, dass in diesem Stadium ein ergänzender Vortrag unterbleibt. Sie wissen nicht, was gesagt und insbesondere nicht, was protokolliert wurde. Oft führt ein ergänzender inhaltlicher Vortrag nur dazu, dass neue „Widersprüche" auftauchen. In diesem Falle sollten Sie sich an das Bundesamt wenden – falls möglich, telefonisch – und um eine rasche vorherige Zusendung des Protokolls bitten. Dann können Sie gegebenenfalls in Kooperation mit dem Asylsuchenden noch Korrekturen oder Ergänzungen einbringen. Beklagt sich der Flüchtling dagegen darüber, dass er z. B. den Dolmetscher nicht verstanden hat, dass er beispielsweise krank war oder er etwa zur unangemessenen Eile gedrängt wurde (etwa, weil der Anhörer von Anfang an sagte, er habe nur eine halbe Stunde Zeit), sollten Sie diese Kritik vorbringen und auf einen neuen Termin drängen.

Geht es nicht um die Schutzgewährung selbst, sondern um Nebenfragen oder ausländerrechtliche Fragestellungen, müssen Sie erst ermitteln, was der Flüchtling wirklich will und ob die Verfolgung dieses Zieles in seinem wahren Interesse liegt. Will er zum Beispiel aus der Unterkunft ausziehen, überlegen Sie, welche Konsequenzen es haben könnte, wenn Sie ihn dabei unterstützen, diesen Wunsch gerichtlich durchzusetzen. Leider gibt es die Erfahrung, dass Behördenmitarbeiter auf solche Aktionen beleidigt reagieren und dann ihr Ermessen in anderen Bereichen zu Lasten des Flüchtlings gebrauchen. Die Verpflichtung zur Mitwirkung, das in Teilen immer noch praktizierte Sachleistungsprinzip, und die Lagerunterbringung bieten vielfache Möglichkeiten, Asylsuchende zu kujonieren. Diese Hinweise sollen nicht besagen, dass die Ausländerbehörden generell und durchgängig negativ eingestellt sind, gleichwohl müssen Sie daran denken, dass manche Forderung, die der Flüchtling aus seiner Sicht berechtigt erhebt, weit negativere Folgen provozieren kann. Sie sollten als jemand, der einen kühleren Kopf besitzt als der Betroffene, diesen Aspekt mit bedenken.

Auch im Bereich des Ausländerrechts gilt es, solche taktischen Überlegungen anzustellen. Ein Antrag auf Erteilung einer Aufenthaltserlaubnis aus humanitären Gründen kann dazu führen, dass ein förmlicher, negativer Bescheid ergeht und eine Aufenthaltserlaubnis verweigert wird mit dem Argument, dass dem Flüchtling eine freiwillige Ausreise möglich sei und diese nur daran scheitere, dass er nicht mitwirke. Damit wird dann ein negatives Faktum in den Akten festgelegt, das sich später, wenn es möglicherweise eine Altfallregelung gibt, zu Lasten des Betroffenen auswirken kann. Unter Umständen ist es bei einer solchen Fallkonstellation dann günstiger, auf die Durchsetzung des vermeintlichen Aufenthaltsrechts jetzt zu verzichten und einen bereits gestellten Antrag zurückzunehmen und dem Flüchtling zu raten, sich weiterhin mit einer Duldung zu begnügen, um die Chance, in eine erhoffte, spätere Altfallregelung hineinzukommen, offen zu lassen. Sie dürfen nicht nur auf die aktuelle Situation blicken, sich nicht von der aktuellen Not des Flüchtlings überrennen lassen, sondern müssen die gesamte Situation vorausschauend im Auge haben. Sie sind dazu leichter imstande als der Betroffene selbst!

Generell muss bedacht werden, ob gerade der vorliegende Fall geeignet ist, eine Entscheidung mit Präzedenzwirkung zu erzwingen. Eine negative Entscheidung der Behörde, des Verwaltungsgerichtes oder gar eines Obergerichtes führt leider sehr oft zu einer restriktiven Gesetzesauslegung oder zementiert eine schon vorhandene. Diese wird dann auch auf Fallkonstellationen angewendet, bei denen vorher die Chance bestanden hätte, einen Durchbruch zu einer Änderung der Rechtspraxis zu erreichen. Im Interesse aller Flüchtlinge sollte daher Geduld aufgebracht und Grundsatzfragen nur anhand wirklich geeigneter Fälle geklärt werden. Falscher Eifer hat in der Vergangenheit nicht unerheblichen Schaden angerichtet.

Ohnedies sollte die Klärung solcher grundsätzlicher Fragen den Anwälten, und hierbei wiederum den auf das Asyl- und Ausländerrecht spezialisierten Anwälten, überlassen bleiben. Die Rechtsprechung im Asyl- und Ausländerrecht ist zu weiten Teilen eine „Fall-Rechtsprechung", also eine Jurisdiktion, die sich an Einzelfällen herausgebildet und über diese Einzelfälle dann allgemeinverbindliche Grundsätze formuliert hat. Sind solche Prinzipien erst einmal formuliert, ist es schwer, sie wieder zu beseitigen. Wenn Sie für jemanden, der als Straftäter (oder gar Drogendealer) unbeliebt ist, eine Ermessensleistung einklagen, provozieren Sie durch die vorhersehbare negative Entscheidung möglicherweise eine restriktive Praxis, die nicht bestünde, wenn Sie einen geeigneteren Kläger zur Klärung der Grundsatzfrage ausgewählt hätten. Wenn Sie diese Beschreibung der Praxis empört, habe ich mein Ziel erreicht: So funktioniert die Rechtsfindung, jedenfalls im Bereich des Asyl- und Ausländerrechtes. Hierauf sollten Sie sich einstellen!

III. Die Behörden

Vielen von Ihnen wird der Behördenaufbau und die Behördenorganisation in Deutschland – jedenfalls im Großen und Ganzen – bekannt sein. Die meisten hier aufgewachsenen Menschen wissen, dass bestimmte Aufgaben den Gemeinden als Kommunalbehörden zugewiesen sind und dass andere Aufgaben von Landes- und Bundesbehörden wahrgenommen werden. Aber schon, dass Bundesgesetze von unteren Landesbehörden ausgeführt werden und diese dabei Spielräume haben, die dazu führen, dass ein und das selbe Gesetz in einem Bundesland ganz anders als in einem anderen angewandt wird, erstaunt viele. Wenn man dann noch weiß, dass es außerhalb des Behördenaufbaus unabhängige Bundesbehörden gibt und alle diese Behörden selbstständig nebeneinander agieren, weiß man sicherlich mehr als der Durchschnitt der Bevölkerung. Einem nach Deutschland neu Zuziehenden – vor allem aus einem Land mit einem völlig anderen Staatsaufbau – erscheint die deutsche Behördenvielfalt als der reinste „Behördendschungel". Damit er sich hierin nicht verirrt, müssen Sie ihm die Grundstrukturen erklären.

1. Behörden und Gerichtsaufbau

Als Erstes müssen Sie den föderalen Aufbau der Bundesrepublik Deutschland aufzeigen und die daraus resultierende Folge, dass es einerseits Bundesbehörden gibt – z. B. das Bundesamt für Migration und Flüchtlinge (BAMF) – und Landesbehörden, wie z. B. die Ausländerbehörden. Dass es dabei jeweils obere Behörden/ Dienststellen und Unterbehörden gibt, ist noch leicht verständlich. Auch dass Bundesgesetze wie z. B. das Aufenthaltsgesetz im Regelfall von den Landesbehörden durchgeführt werden, soweit nicht auch hierfür eine Bundesbehörde existiert – wie beispielsweise das BAMF –, müssen Sie erklären. Dies ist die Stelle, an welcher Sie erläutern können, dass die Konsequenz dieses Systems ist, dass ein und dasselbe Gesetz in einzelnen Bundesländern durchaus unterschiedlich ausgelegt wird. Eine der häufigsten Klagen mit denen Sie konfrontiert werden, ist nämlich, dass ein Freund, der in einem anderen Bundesland lebt, das eine oder andere darf, was ihm in Ihrem Bundesland verwehrt bleibt.

Als nächstes sollten Sie in Grundzügen den Behördenaufbau schildern: Dass es eine untere Verwaltungsbehörde (in unserem Fall z. B. die Ausländerbehörde) gibt, über der eine Mittelbehörde steht, die Weisungen erteilen kann (z. B. die Regierungen oder Regierungspräsidien) und über allen wiederum dann das Landesministerium. Für uns sind das Selbstverständlichkeiten, weil wir mit diesem System groß geworden sind, für Menschen aus anderen Ländern keineswegs.

Normal für uns, nicht aber für viele Flüchtlinge ist es, dass Behördenentscheidungen widersprochen werden darf, ohne dass deshalb negative Konsequenzen drohen und dass über solche Klagen unabhängige Gerichte urteilen, deren Entscheidungen auch für die Staatsmacht verbindlich sind.

Dem schließt sich dann die Erläuterung des Gerichtsaufbaus an, der ja grundsätzlich auch auf Länderebene organisiert ist. Im Verwaltungsrecht ist das Eingangsgericht das Verwaltungsgericht, darüber steht das Oberverwaltungsgericht, das in manchen Bundesländern Verwaltungsgerichtshof heißt. Über diesen beiden Gerichten steht dann als erstes Bundesgericht das Bundesverwaltungsgericht, das durch eine Korrektur der Länderrechtsprechung die unterschiedliche Behörden- und Gerichtspraxis ausgleichen kann. Über allen Gerichten thront das Bundesverfassungsgericht, das keine Super-Revision darstellt, sondern lediglich die Einhaltung der Grundrechte überwachen darf.

Die Landesverfassungsgerichte spielen im Bereich des Asyl- und Ausländerrechts kaum eine Rolle; nur der Vollständigkeit halber sei gesagt, dass sie dieselbe Aufgabe wie das Bundesverfassungsgericht haben, nämlich die Überwachung der Länder-Grundrechte. Da es im Asyl- und Ausländerrecht aber weniger um landesrechtliche Bestimmungen geht (wenn dasselbe durch Bundesrecht geregelt ist, geht dieses vor), haben die Landesverfassungsgerichte nur eine sehr eingeschränkte Prüfungskompetenz.

Beim gerichtlichen System wichtig ist auch die Darlegung, dass es im Asylrecht nur eine Tatsacheninstanz – nämlich das Verwaltungsgericht – gibt und nur im Ausnahmefall eine zweite, nämliche das Oberverwaltungsgericht. Damit man diese zweite Tatsacheninstanz erreicht, muss ein Antrag auf Zulassung der Berufung gestellt werden, der jedoch nur selten Erfolg verspricht.

2. Das BAMF, die Ausländerbehörde und sonstige Behörden

Neben der föderalen Struktur müssen Sie auch erklären, dass es unterschiedliche funktionelle Zuständigkeiten gibt, wobei sich diese Zuständigkeiten mit dem föderalen Aufbau überschneiden. So ist das Bundesamt für Migration und Flüchtlinge beispielsweise eine Bundesbehörde, während die Ausländerbehörden auf Landesebene angesiedelt sind.

Das **Bundesamt für Migration und Flüchtlinge (BAMF)** hat nach dem deutschen System (unter anderem) die funktionale Zuständigkeit zur Prüfung, ob und gegebenenfalls welche Verfolgungsgründe vorliegen oder nicht mehr vorliegen. Dies geschieht im Asylverfahren, das vom BAMF durchgeführt wird und dessen Ergebnis dann für die anderen Behörden verbindlich ist.

Für die Regelung des Aufenthalts sind im Grundsatz die **Ausländerbehörden** zuständig (nur ganz am Anfang des Verfahrens gibt es einige Überschneidungen). Die Ausländerbehörde erteilt und verlängert die Aufenthaltsgestattung, ebenso ist sie für die Gestattung der Erwerbstätigkeit zuständig usw. In manchen Bundesländern ist ein Teil der Aufgaben an Zentrale Ausländerbehörden delegiert, so etwa die Aufenthaltsbeendigung oder die Umverteilung in ein anderes Bundesland.

Mit sozialrechtlichen Fragen wiederum sind die entsprechenden Fachbehörden befasst, also beispielsweise die **Sozialämter** für die Auszahlung von Leistungen nach dem Asylbewerberleistungsgesetz oder dem SGB XII, die Kindergeldstellen für das Kindergeld usw.

Diese Behördenvielfalt durchschauen die Flüchtlinge natürlich nicht: Sie müssen sie zumindest in Ansätzen erklären und auch noch dazu fügen, dass es auch noch übergeordnete Stellen gibt, an die man sich mit Rechtsmitteln wenden kann, also beispielsweise das Bundesinnenministerium wegen des BAMF oder die Regierung und sonstige Mittelbehörden sowie die Länderregierungen wegen der Ausländerbehörden. Wenn Sie jetzt denken, Sie würden den Flüchtling damit ja nur verwirren, haben Sie wahrscheinlich Recht. Der Versuch lohnt gleichwohl. Vielleicht haben Sie damit ja eines erreicht, nämlich, dass er die Vielfalt der Behörden begreift und damit auch die Notwendigkeit die jeweilige Behörde z. B. über einen Adresswechsel oder einen sonstigen relevanten Sachverhalt zu informieren. Es gehört zu den regelmäßigen Erfahrungen eines Rechtsanwalts, dass das BAMF weder von einer Umverteilung unterrichtet wird noch von der Geburt von Kindern, weil der Flüchtling ja meint, mit der Ummeldung beim Einwohnermeldeamt und der Registrierung beim Standesamt habe er ja schon die (vermeintlich eine Einheit darstellende) Behörde unterrichtet. Wenn Flüchtlingen dies erst klar wird, wenn eine Frist versäumt ist, ist es vielleicht schon zu spät.

3. Umgang mit Behörden

Dass die meisten Ausländer den Ausländer- und Asylbehörden skeptisch gegenüberstehen, sollte niemanden verwundern. Viele haben schlechte Erfahrungen gemacht. Gleichwohl dürfen Sie den/die einzelne/n Sachbearbeiter/in nicht als Feind ansehen – es gibt darunter auch sehr nette und hilfsbereite Menschen. Vorsicht ist jedoch angesagt. Blauäugigkeit kann schaden. Bevor Sie einen schwierigen Fall in aller Offenheit dem zuständigen Sachbearbeiter des Ausländeramtes unterbreiten, sollten Sie sich zunächst – und gegebenenfalls anonym – erkundigen. Schon oft hat z. B. die naive Anfrage nach einem Aufenthaltsrecht im Falle einer Eheschließung dazu geführt, später einen Scheineheverdacht zu begründen. Manche Nachfrage nach der Verlängerung eines Besuchsvisums hat dem/der Betreffenden einen Stempel „zur Ausreise aufgefordert" eingebracht. Nicht selten kommt es vor, dass die Frage, ob es nicht möglich ist, einen Verwandten zu Besuch einzuladen, garantiert, dass dieser Verwandte die nächste Zeit ganz sicher kein Visum bekommt. Seien Sie also lieber skeptisch, erkundigen Sie sich zunächst allgemein und anonym, bevor Sie Namen nennen. Ist der Fall nicht klar und sieht das Gesetz keinen Rechtsanspruch (sondern ein Ermessen) vor, holen Sie lieber fachkundigen Rat ein. Gerade weil die Spielräume im Ausländerrecht vielfach sehr eng sind, lohnt diese Investition.

IV. Der Beistand

Jeder hat das Recht, sich durch einen Bevollmächtigten vertreten zu lassen. Der Bevollmächtigte muss kein Rechtsanwalt sein; auch Sie können grundsätzlich als Bevollmächtigter auftreten. Tun Sie dies jedoch öfter, insbesondere als Mitglied einer Flüchtlingsinitiative und sind Sie kein Rechtsanwalt, kann es zu Problemen wegen unerlaubter Rechtsberatung kommen (siehe hierzu Kapitel R).

Vom Bevollmächtigten zu unterscheiden ist der Beistand. Der Unterschied zwischen Bevollmächtigtem und Beistand besteht darin, dass der Bevollmächtigte eine umfassende Vollmacht hat: Er kann im Namen des Mandanten auftreten und in seinem Namen Erklärungen auch rechtsverbindlicher Art abgeben. Der Beistand hingegen ist, wie schon der Name nahe legt, nichts anderes als ein Unterstützer. Er kann nicht anstelle des Flüchtlings handeln, sondern diesem lediglich beistehen.

Grundsätzlich und im Regelfall sollten Personen, die nicht Rechtsanwälte sind, auch nicht als Bevollmächtigte auftreten, sondern sich auf die Rolle eines Beistandes beschränken. Gleichwohl weiß ich, dass die besondere Not und Umstände im Einzelfall immer wieder auch ehrenamtliche Helfer veranlassen, als Bevollmächtigte aufzutreten.

Ungeachtet der gesondert abgehandelten Problematik einer unerlaubten Rechtsberatung sollten Sie als Bevollmächtigter nur dann auftreten, wenn Sie regelmäßigen und guten Kontakt zu dem Flüchtling haben und auch imstande sind, für ihn umgehend tätig zu werden, also beispielsweise einen Schriftsatz zu fertigen oder innerhalb kurzer Frist zu klagen. Sie helfen ihm wenig, wenn Sie aus Überarbeitung, Unkenntnis oder Nachlässigkeit eine Frist versäumen und dies später durch Eifer wieder wettmachen wollen. Wenn Sie ihm helfen, denken Sie daran, dass Sie dann für den Flüchtling die Verantwortung übernommen haben. Da auch bestimmte Formalien zu beachten sind, sollten Sie dies nur tun, wenn Sie über entsprechende Kenntnisse verfügen, ein Notfall vorliegt oder Sie sich vorher mit einem Rechtsanwalt beraten haben. Prinzipiell sollte die Rolle des Bevollmächtigten den hierzu ausgebildeten Rechtsanwälten vorbehalten sein.

Hingegen ist es sehr sinnvoll, den Flüchtling als Beistand bei Behördengängen und insbesondere bei der Anhörung beim Bundesamt zu begleiten. Welche Rechte Sie als Beistand haben, ist im Verwaltungsverfahrensgesetz (VerwVfG) festgelegt. Im Zweifel müssen Sie sich die Rechte nehmen, die Sie benötigen. Selbstverständlich haben Sie das Recht auf körperliche Anwesenheit. Lassen Sie sich also nicht einfach vor die Tür schicken. Das Anwesenheitsrecht haben Sie auch für die Anhörung beim Bundesamt. Die Behördenleitung weiß und respektiert dies, in der Praxis verwehren jedoch manchmal das Wachpersonal oder Dolmetscher den Zutritt von Begleitern. Selbst erfahrene Ehrenamtliche klagen, dass sie nicht einmal in den Warteraum des Bundesamtes gelassen wurden. Es liegt hier ausschließlich an Ihnen, sich durchzusetzen. Verlangen Sie in einem solchen Fall den Anhörer zu sprechen, den Leiter der Außenstelle oder eine andere Führungsperson. Kurz: Schlagen Sie Krach, denn Sie bzw. der Flüchtling, der Ihre Begleitung wünscht, sind im Recht! § 14 I 1 VwVfG, der von der Bestimmung des § 25 VI AsylVfG nicht verdrängt wird, gibt Ihnen das Recht auf Teilnahme. Eine spezielle Gestattung durch den Leiter des Bundesamtes benötigt der Beistand nicht.

Bei der Anhörung selbst dürfen Sie nicht anstelle des Flüchtlings sprechen. Ihre Rolle beschränkt sich im Wesentlichen darauf, auf den korrekten Ablauf zu achten und psychologische Unterstützung zu geben. Sie können jedoch – selbstverständlich in Abstimmung mit dem Beamten – ergänzende und nachfassende Fragen stellen, auf eine richtige Protokollierung der Antworten drängen und – falls eine Richtigstellung verweigert wird – darauf drängen, dass der Protest im Protokoll festgehalten wird.

Gleichviel, ob Sie nun als Bevollmächtigter oder als Beistand auftreten, beachten Sie stets, dass der Flüchtling derjenige ist, der sein Schicksal darstellen muss. Ändern Sie daher niemals seinen Vortrag – auch nicht in der Form – ab, ohne dass Sie vorher mit ihm darüber gesprochen haben. Sie könnten sich sonst dem Vorwurf der Verleitung zu falschen Angaben aussetzen. Wenn Sie das Gefühl haben, dass die Aussagen missverständlich oder unverständlich sind, erklären Sie das dem Flüchtling und versuchen Sie, einvernehmlich mit ihm einen klaren, widerspruchsfreien und vollständigen Vortrag zu finden. Auch wenn Sie den Eindruck haben, dass der Flüchtling sein Schicksal nicht dramatisch genug darstellt, bedenken Sie bitte, dass jede Entscheidung auch durch psychologische Faktoren beeinflusst wird. Ein dramatischer Vortrag eines zurückgenommenen, introvertierten Menschen wirkt möglicherweise unglaubhaft, während umgekehrt die zurückhaltende Schilderung eines objektiv dramatischen

Vorfalles durch einen derartigen Menschen aufgrund seiner Persönlichkeitsstruktur gerade deshalb überzeugend wirkt.

Dies bedeutet jedoch nicht, dass Sie nicht darauf drängen sollten, wesentliche Gesichtspunkte, die der Flüchtling vielleicht für nebensächlich hält, darzustellen. Wenn er z. B. eine verständliche Scheu hat, erlittene Folterungen oder sexuelle Misshandlungen zu schildern, ermuntern Sie ihn, diese Erlebnisse gleichwohl nicht zu verschweigen. Bringen Sie diesen Punkt ins Gespräch, so dass der Anhörer oder die Anhörerin von sich aus nachfragt. Stellen gegebenenfalls Sie ergänzende Fragen.

Bei einer Vorsprache beim Ausländeramt gilt ähnliches, wobei Sie hier, da es nicht auf die Schilderung von eigenen Erlebnissen ankommt, auch als „Sprecher" auftreten können, also das Begehren anstelle des Asylsuchenden in seinem Namen formulieren können. Verhelfen Sie ihm im Bereich des Ausländerrechtes zu einem vollständigen Vortrag im Hinblick auf die erforderlichen Voraussetzungen, also beispielsweise der Darstellung einer ausreichenden Sicherung des Lebensunterhaltes, des Vorliegens von besonderen Härtegründen oder, im Bereich des Ausweisungsrechtes, der persönlichen Umstände, die eine Wiederholungsgefahr ausschließen. Unterstützen Sie ihn bei der Beschaffung erforderlicher Unterlagen.

Ich weiß, dass eine solche Begleitung lästig und oftmals zeitaufwendig ist. Gleichwohl liegt hier ein wichtiges Tätigkeitsfeld für ehrenamtlich Engagierte, wie mir viele Mandanten berichtet haben. Sie stärken durch eine solche Begleitung nicht nur dem Flüchtling den Rücken gegen die als feindlich erlebten Behörden, sondern erwecken auch bei dem staatlichen Gegenüber den Eindruck, dass dieser Fall wichtig und ernst zu nehmen ist. Beide Gesichtspunkte zusammen bewirken unter Umständen viel!

Generell gilt: Ihre Rolle ist die des Helfers und Mittlers und nicht die des Zensors oder Aufputschers!

V. Der Anwalt

Viele Flüchtlinge haben sich bereits einen Rechtsanwalt genommen, wenn sie zu Ihnen kommen. Gleichzeitig stehen sie in Kontakt zu Ihnen. Hieraus resultieren Konflikte. Möglicherweise haben Sie den Eindruck, dass sich der Anwalt nicht genügend einsetzt. Möglicherweise beschwert sich der Flüchtling auch über seinen Rechtsanwalt. Gute Anwälte sind stets Individuen und manche solche mit Marotten.

Versuchen Sie in diesen Fällen nicht, der Anwalt des Flüchtlings gegenüber seinem eigenen Rechtsanwalt zu sein. Oft ist der Grund der Beschwerde die verständliche Ungeduld des Asylsuchenden und seine nachvollziehbare Sorge. Ihre ideale Rolle im Verhältnis Anwalt – Mandant ist die eines Sprachmittlers und Zuarbeiters. Oft kennen Sie den Flüchtling besser als er. Weil Sie häufiger Kontakt zu ihm haben als sein Rechtsanwalt, haben Sie oft auch detailliertere Kenntnisse über das Fluchtschicksal und die Hintergründe. Möglicherweise erzählt Ihnen der Flüchtling auch für das Asylverfahren wichtige Details, die er dem Anwalt aus Scham verschweigt. Geben Sie diese Informationen in Absprache mit dem Flüchtling dem Rechtsanwalt – am besten schriftlich – weiter. Berücksichtigen Sie beim Kontakt mit dem Rechtsanwalt jedoch, dass gerade die engagierten unter ihnen oft überlastet sind. Er kann nicht glücklich sein, wenn er wegen einer Frage, die er dem Mandanten schon beantwortet hat, noch von verschiedenen Unterstützern oder Beratern angerufen wird. Klären Sie daher auch ab, ob sich der Asylsuchende schon an anderer Stelle beraten ließ und handeln Sie erst nach Absprache mit anderen schon mit dem Fall befassten Beratern.

Ist der Anwalt zu einer Kooperation nicht bereit, seien Sie nicht beleidigt. Beurteilen Sie aufgrund der Informationen, die Sie besitzen oder erhalten können, ob der Anwalt den Flüchtling gewissenhaft vertritt. Abgesehen von den materiell-rechtlichen, juristischen Fragen, die Sie wahrscheinlich nur schwer beurteilen können, gehört zu einer gewissenhaften Vertretung selbstverständlich die Einhaltung von Fristen und die zeitnahe Übersendung von Fotokopien der wesentlichen Schriftsätze. Ebenfalls dazu gehören auch ein oder mehrere ausführliche Mandantengespräche über die Fluchtgründe. Ein weiteres Kriterium ist auch, inwieweit der Anwalt in seinen Schriftsätzen auf den Individualfall eingeht. Selbstverständlich darf und muss auch der Anwalt (und nicht nur das Bundesamt und das Gericht) mit Textbausteinen arbeiten, in denen die allgemeine Lage im Verfolgerstaat dargestellt wird und in welchen Beweisanträge vorbereitet sind. Mit solchen Darlegungen allein jedoch wird ein Prozess kaum gewonnen werden. Entscheidend ist vielmehr, ob der individuelle Fall auf allgemeine Verhältnisse bezogen wurde, also beispielsweise dargelegt wurde, dass bei einem ähnlichen Vorkommnis die XY-Zeitung berichtet hat. Wichtig ist, ob das Einzelschicksal abgehandelt und zum Gegenstand des Prozesses gemacht wurde. Ist dies nicht der Fall, ist Misstrauen angebracht und Nachfragen sind berechtigt.

Wenn Sie meinen, dass der Anwalt seine Arbeit gewissenhaft erledigt, ziehen Sie sich zurück und überlassen Sie das Weitere der Interaktion zwischen dem Flüchtling und seinem Rechtsanwalt. Ihre Rolle ist dann die, dem Anwalt zuzuarbeiten, etwa indem Sie bei der Übersetzung helfen, etwaige schriftliche Fragen des Gerichtes mit dem Mandanten vorbesprechen oder behilflich sind, Papiere aus der Heimat zu beschaffen oder den Kontakt zu eventuellen Zeugen aufzunehmen etc. Wenn Sie aber das Gefühl haben, dass sich der Anwalt nicht ausreichend mit dem Fall befasst oder keine Fachkenntnisse auf diesem Gebiet besitzt, sprechen Sie das offen an. Will der Flüchtling gleichwohl bei diesem Anwalt bleiben, haben Sie dies auch dann zu akzeptieren, wenn Sie es für falsch halten. Sie sind nicht der Vormund des Flüchtlings. Will er den Anwalt wechseln, unterstützen Sie ihn dabei. Denn es geht um sein Schicksal.

Oft wollen Flüchtlinge den Anwalt auch deshalb wechseln, weil angeblich ein anderer Rechtsanwalt eine schnellere oder als einziger eine positive Entscheidung erreichen kann. Es versteht sich von selbst, dass an derartigen Gerüchten so gut wie nichts dran ist.

Problematisch ist ein Anwaltswechsel dann, wenn der Rechtsstreit schon weit fortgeschritten ist, also etwa das Verwaltungsgericht bereits einen Termin anberaumt hat. In diesem Fall sind die Weichen meist schon gestellt, so dass auch ein Anwaltswechsel nicht mehr viel hilft. Denn vom bereits gemachten – oder nicht gemachten – Vortrag kann man dann meist nicht mehr zurück. Falls Beweisanträge nicht gestellt sind, können spätere unter Umständen wegen Verfristung abgelehnt werden. Ein Anwaltswechsel in diesem späten Stadium ist daher oft sinnlos.

Erst recht gilt dies dann, wenn bereits die mündliche Verhandlung stattgefunden hat oder gar das Verfahren erstinstanzlich schon abgeschlossen ist. In diesen Fällen kann der neue Anwalt, wenn die Frist noch offen ist, allenfalls einen Antrag auf Zulassung der Berufung einreichen. Ein solcher Antrag ist jedoch nur in seltenen Fällen Erfolg versprechend. Noch schwieriger ist die Lage, wenn der Antrag auf Zulassung der Berufung bereits gestellt oder die Frist bereits abgelaufen ist, aber eine Entscheidung des Oberverwaltungsgerichts noch nicht vorliegt. Der neue Anwalt ist dann hilflos. Er muss abwarten, bis das Oberverwaltungsgericht entschieden hat, ob die Berufung zugelassen wird, weil nach Fristablauf ein neuer Rechtsvortrag nicht mehr beachtlich und ein neuer Tatsachenvortrag ohnedies nicht mehr zulässig ist. Erst dann besteht die Chance, wirksam einzugreifen. Ebenso kompliziert ist die Lage, wenn das Asylverfahren schon rechtskräftig abgeschlossen ist. Dann gibt es nur noch die Möglichkeit, einen Asylfolgeantrag oder einen Wiederaufgreifensantrag im Hinblick auf Abschiebungsverbote zu stellen oder inlandsbezogene Abschiebungshindernisse geltend zu machen, evtl. auch einen Härtefallantrag zu stellen – wenn die Voraussetzungen hierfür ausnahmsweise vorliegen. Mit anderen Worten: Der neue Anwalt kann im Regelfall nur noch wenig bewirken. Gleichwohl versprechen manche Anwälte den Flüchtlingen dann noch immer das Blaue vom Himmel herunter, ohne die Versprechungen später einlösen zu können. Ein Anwaltswechsel in diesem Stadium ist oft überflüssig: Auch der beste Anwalt kann dann nichts mehr machen, als die traurige Wahrheit auszusprechen. Informieren Sie in diesem Falle den Flüchtling von dieser Situation, also davon, dass der neue Anwalt vermutlich nur noch wenig machen kann und sich seine Rolle wahrscheinlich darauf beschränkt, den bisherigen Verlauf zu überprüfen, eventuelle Lücken zu suchen und im Regelfall nur noch das weitere Schicksal begleiten kann.

Zu bedenken ist auch, dass ein Anwaltswechsel stets Mehrkosten verursacht, weil zumindest die Verfahrensgebühr, oft aber auch sämtliche Gebühren, zweifach anfallen. Da diese doppelten Gebühren selbst im Erfolgsfall nicht erstattet werden, gilt es auch den finanziellen Aspekt vor einem Anwaltswechsel zu bedenken.

Tragen Sie ihm auch diese Aspekte vor und beraten Sie ihn. Will er – eventuell gegen Ihren Rat – den Anwalt gleichwohl wechseln, müssen Sie dies akzeptieren und sollten dann den neuen Rechtsanwalt genauso unterstützen wie den bisherigen!

VI. Das Geld

Rechtsanwälte arbeiten für Honorar. Sie müssen ihre oft hohen Bürokosten tragen und leben von ihren Mandanten. Der Wunsch nach einem angemessenen Honorar ist daher noch kein Grund zum Misstrauen.

Die Frage nach der Höhe des angemessenen Honorars ist schwer zu beantworten. Seitdem die Anwaltsgebühren 2013 erhöht wurden, kann man einen Asylfall auf der Grundlage der gesetzlichen (Mindest-)Gebühren ordnungsgemäß durchführen. Im Gegensatz zu früher ist es nicht mehr vonnöten, eine Honorarvereinbarung abzuschließen, damit man als Anwalt nicht draufzahlt. Dennoch ist eine Honorarvereinbarung im Einzelfall durchaus nicht nur vertretbar, sondern auch gerechtfertigt. Dies kann dann der Fall sein, wenn es sich um einen schwierigen, komplizierten Sachverhalt handelt, insbesondere, wenn Recherchearbeiten erforderlich sind. Gleiches gilt, wenn der Fall in rechtlicher Hinsicht kompliziert ist, also Grundsatzfragen zu diskutieren sind. Wenn man die herrschende Meinung kippen oder den Obergerichten widersprechen will, muss man sich intensiv mit deren Argumenten auseinandersetzen und oftmals vertiefende, rechtstheoretische und grundsätzliche Ausführungen erarbeiten. Dies kostet Zeit und damit für den Anwalt Geld. Andere Gründe für eine Honorarvereinbarung liegen in der Person des Flüchtlings. Manche erwarten eine Vorzugsbehandlung, andere eine Rundumbetreuung. Wer die anwaltliche Begleitung bei jeder Verlängerung der Aufenthaltsgestattung wünscht, wer erwartet, dass jede zu lange Wartezeit auf der Ausländerbehörde oder zu kurze Verlängerung der Aufenthaltsgestattung durch einen Schriftsatz gerügt wird oder alle zwei Wochen einen Zwischenbericht vom asylrechtlichen Verfahren wünscht, darf sich nicht wundern, wenn er hierfür extra bezahlen muss. Gleiches gilt für Nebenkampfplätze: Man kann darüber streiten, ob das Verlangen auf Herausgabe von abgegebenen Dokumenten mit der Vertretungs-Gebühr im Asylverfahren abgedeckt ist; die Beantragung einer Arbeitserlaubnis gegenüber der Arbeitsagentur ist jedenfalls ebenso eine eigenständige Angelegenheit wie der Streit um Leistungen nach dem Asylbewerberleistungsgesetz, der Antrag auf Umverteilung oder auf Gestattung der privaten Wohnsitznahme oder die Vertretung in einem Strafverfahren. All dies kann und darf der Anwalt einzeln abrechnen. Manchen Kollegen ist dies zu mühsam, sie vereinbaren Pauschalen für das gesamte Verfahren inklusive der Nebenkosten, die dann natürlich über den gesetzlichen Mindestgebühren liegen. Ein solches Vorgehen des Anwalts ist noch kein Anlass zum Misstrauen, sondern berechtigt. Misstrauisch sollte man jedoch dann werden, wenn ein Anwalt generell und ohne Differenzierung Honorarvereinbarungen auch in Asylverfahren abschließt, und vor allem dann, wenn diese Gebührenpraxis in einem auffälligen Missverhältnis zu den tatsächlichen Leistungen steht. Am besten sieht man dies durch die Kopien von Schriftsätzen, deren Weiterleitung zu den selbstverständlichen Anwaltspflichten zählt.

Die wenigsten Mandanten können das Anwaltshonorar auf einmal bezahlen. Ratenzahlungen sind deshalb unvermeidlich und werden üblicherweise auch eingeräumt. Hierbei muss der Anwalt das Gesamthonorar, die voraussichtliche Verfahrensdauer und die Erfolgschancen bedenken. Wenn beispielsweise für das gerichtliche Verfahren voraussichtlich 1.000 € anfallen und nach der örtlichen Gerichtspraxis das Verfahren in einem halben Jahr abgeschlossen sein wird, kann kein Anwalt monatliche Ratenzahlungen von 50 € akzeptieren. Denn dann hat er bei Abschluss der Instanz gerade einmal 300 € eingenommen und wird nun vom Mandanten bedrängt, ein Rechtsmittel einzulegen, für das nochmals mindestens 500 € anfallen. Das geht natürlich nicht; der Anwalt muss vielmehr, will er nicht selbst draufzahlen, auf einem angemessenen Vorschuss bestehen und einer Ratenzahlung, die in Relation zur Verfahrensdauer steht. Kann das Geld nicht aufgebracht werden, kann der Flüchtling keine anwaltliche Vertretung erhalten oder jedenfalls nicht die optimale. Zwar ist ein Rechtsanwalt, der ein Mandat annimmt, auch dann, wenn er sein Honorar (voraussichtlich) nicht erhält, zu einer ordnungsgemäßen Leistung verpflichtet – anderenfalls hätte er das Mandat nicht annehmen dürfen –, doch ist der Spielraum hier natürlich auch für den Anwalt weit. Eine ordnungsgemäße Vertretung kann auch schon dann gegeben sein, wenn der Anwalt nur die Klage einreicht, auf den Vortrag des Mandanten im Asylverfahren verweist und weiter keine Ausführungen macht. Wird der Anwalt angemessen bezahlt, wird er sich damit aber im Regelfall nicht begnügen, sondern ins Detail gehen, die Argumentation des BAMF zerpflücken, Wort gegen Wort setzen, juristische Argumente anführen und Beweise zu den tatsächlichen Verhältnissen im Verfolgerstaat recherchieren und vielleicht auch noch Parallelentscheidungen anderer Verwaltungsgerichte suchen und anführen. Dies kann mühsam sein, kostet Zeit und verlangt eine angemessene Honorierung.

1. Beratungs- und Prozesskostenhilfe

Der Erkenntnis, dass Recht auch vom Geldbeutel abhängt, hat der Gesetzgeber dadurch Rechnung getragen, dass er Beratungs- und Prozesskostenhilfe eingeführt hat. Leider sind diese Instrumente gerade im Bereich des Asylrechts wenig hilfreich. Die Beratungshilfe deckt die außergerichtliche Beratung und Vertretung durch einen Rechtsanwalt ab. Hierzu muss sich der Flüchtling einen Beratungshilfeschein beim Amtsgericht holen. In manch einem Amtsgerichtsbezirk macht das schon Probleme, weil argumentiert wird, im Bereich des Verwaltungsrechts brauche es keine Beratungshilfe, weil ja die Behörden nach dem Verwaltungsverfahrensgesetz verpflichtet sind, den Rechtsuchenden zu beraten. Immer wieder werden Flüchtlinge von manchen Rechtspflegern der Amtsgerichte an das BAMF oder die Ausländerbehörde verwiesen. Dies ist – mit Verlaub gesagt – lächerlich. Beim BAMF gibt es schon keine Ansprechperson, die bereit wäre, allgemeine Fragen eines Flüchtlings im Vorfeld zu beantworten und Ratschläge zu erteilen. Der Flüchtling würde am Pförtner gar nicht vorbeikommen. Bei der Ausländerbehörde gibt es immerhin Sachbearbeiter, die sich jedoch, wenn es um Flüchtlingsfragen geht, oft nicht auskennen, sondern ihrerseits an das BAMF verweisen oder an die Regierungsaufnahmestelle oder die Sozialbehörde oder, oder … Kurz: Eine Beratung erhält ein Asylsuchender von Behördenseite faktisch nicht. Hat er das dem Rechtspfleger klargemacht und stellt der dann einen Beratungshilfeschein aus, kann der Flüchtling damit zum Rechtsanwalt gehen, der dann auch – im Rahmen seines Zeitkontingents und seiner Belastung – zur Beratung verpflichtet ist. Gleiches gilt dann für die außergerichtliche Vertretung. Die Gebühren sind gering und nicht kostendeckend. Hinzu kommt, dass dann, wenn die Beratungshilfe abgerechnet werden soll, manche Rechtspfleger sich geradezu einen Spaß daraus machen, den Anwalt bürokratisch zu schurigeln. Bei einer Vertretung werden beispielsweise nicht nur die Vorlage der Schriftsätze verlangt, sondern manchmal auch inhaltliche Erläuterungen, warum eine anwaltliche Vertretung in diesem Fall erforderlich gewesen sei; an der Anzahl geltend gemachter Kopien wird herumgekrittelt, kurz, der bürokratische Aufwand wird so gestaltet, dass die Abrechnung mehr kostet als das Honorar, das man dann einnimmt. Den traurigen Höhepunkt meiner Negativ-Erfahrungen mit der Beratungshilfe erlebte ich vor mehr als 20 Jahren beim Amtsgericht München. Der Flüchtling war mit einem Beratungshilfeschein gekommen, in dem stand „Asylverfahren und Aufenthalt". Nachdem ich das Asylverfahren schon abgerechnet hatte, kam der Mandant ein halbes Jahr später wieder, weil er im Straßenverkehr angefahren worden war und Schmerzensgeld wollte. Ich habe dann einen neuen Antrag auf nachträgliche Beratungshilfe gestellt, der vom Rechtspfleger abgelehnt wurde mit der Begründung, der vorherige Beratungshilfeschein habe für die Zeit, während der der Betreffende in Deutschland sei, alle Rechtsfälle abgedeckt. Trotz Beschwerde blieb auch der Amtsrichter dabei und verweigerte die Erstattung der neuen Gebühren. Gottlob hatte der Mandant keine weiteren Probleme, etwa mit einem Kaufvertrag, mit seiner Ehe, seinen Kindern oder Ähnlichem; ich hätte ihn jahrelang kostenlos in allen Lebenslagen vertreten müssen. Aufgrund ähnlicher Erfahrungen lassen sich viele Kollegen auf Beratungshilfe nicht ein. Lieber arbeiten sie das eine oder andere Mal umsonst, als sich diesem bürokratischen Irrsinn zu unterwerfen. Ich verstehe das sehr gut.

Nicht ganz so problematisch ist es mit der Prozesskostenhilfe (PKH), die es für das gerichtliche Verfahren gibt. Das Problem bei der PKH liegt darin, dass diese Erfolgsaussichten zum Zeitpunkt der Entscheidung über die PKH voraussetzt. Da die PKH-Entscheidung natürlich im Vorfeld der Verhandlung und Entscheidung ergehen muss (und nicht erst nach der Verhandlung – der Anwalt muss ja wissen, ob er mit zum Gerichtstermin gehen kann), hat er die Wahl zwischen Pest und Cholera: Entweder er begründet die Klage vollumfänglich und versucht dem Richter klarzumachen, dass die Klage Erfolg haben wird. Dann hat er einen Großteil seiner Arbeit schon gemacht, ohne finanziell abgesichert zu sein. Hat er das Gericht nicht überzeugt, steht er ohne Geld da, er hat Lotterie gespielt. Das war die Pest. Die Cholera sieht so aus, dass der Anwalt nur das Nötigste macht, nämlich die Klage einreicht und zur Begründung auf die Ausführungen des Mandanten gegenüber dem BAMF verweist. Er legt dann die Entscheidung über die Erfolgsaussichten sozusagen vertrauensvoll in die Hände des Richters, er erwartet, dass der Richter die Ausführungen des BAMF kritisch liest und den Angaben des Mandanten gegenüberstellt. Die wenigsten Richter tun dies. Meist ist dann zu lesen, die PKH sei abzulehnen gewesen, da den ausführlichen Begründungen des BAMF nichts Substantielles entgegengesetzt wurde.

Diese verbreitete Gerichtspraxis hilft dem Flüchtling natürlich wenig. Hinzu kommt bei beiden Varianten noch der Nachteil, dass man in der mündlichen Verhandlung den Richter dann nicht nur davon überzeugen muss, dass das BAMF mit seiner Bewertung Unrecht hatte, sondern auch davon, dass der Richter selbst bei seiner Vor-Entscheidung im PKH-Beschluss den Fall falsch beurteilt hat. Man muss nicht Psychologie studiert haben, um zu wissen, dass die Aufgabe damit schwieriger geworden ist. Nur Wenige sind so souverän, ihre eigenen Vor-Urteile kritisch zu hinterfragen und über Bord zu werfen.

Die Reform des Prozesskostenhilferechts im Jahr 2013 hat einen weiteren, nicht unerheblichen Nachteil gebracht. Die PKH ist für einen Zeitraum von fünf Jahren gleichsam provisorisch. Bei jeder relevanten Veränderung erfolgt eine Neuberechnung. Die PKH kann vollständig aufgehoben werden, eventuelle Ratenzahlungen können verändert werden. Der Rechtsuchende ist verpflichtet, jede ins Gewicht fallende Änderung seiner persönlichen und wirtschaftlichen Verhältnisse dem Gericht unaufgefordert mitzuteilen, jedenfalls aber auf gerichtliche Nachfrage. Relevant ist eine Änderung des Einkommens von 100 € im Monat. Dies bedeutet mit anderen Worten, dass der Betroffene auf Anfrage des Gerichts einmal im Jahr das PKH-Formular neu ausfüllen und mit erforderlichen Nachweisen an das Gericht schicken muss (über den Anwalt) und jede Gehaltserhöhung oder sonstige Änderungen der Einkommensverhältnisse von mehr als 100 € pro Monat unaufgefordert mitzuteilen hat. Ein Monster an Bürokratie!

Aus den genannten Gründen rate ich, im Asylverfahren keine Prozesskostenhilfe in Anspruch zu nehmen bzw. nur dann, wenn der Prozesskostenhilfeantrag auch ordnungsgemäß begründet ist. Dies kann der Anwalt wiederum nur dann tun, wenn er wenigstens einen Teil der Gebühren durch einen Vorschuss erhalten hat. Scheut der Flüchtling dann den bürokratischen Aufwand nicht, kann man in Ruhe die PKH-Entscheidung abwarten und dann immer noch entscheiden, ob er die weiteren Gebühren zahlt oder sich der Einschätzung des Gerichts, dass keine Erfolgsaussichten vorhanden sind, insofern beugt, als dass er ohne Anwalt in die mündliche Verhandlung geht. So ist die Situation, die Sie als Berater dem Flüchtling auch erklären sollten.

2. Rechtshilfefonds

Neben der Beratungs- und Prozesskostenhilfe gibt es im Einzelfall auch noch die Möglichkeit, Unterstützung durch verschiedene Rechtshilfefonds zu erhalten. Örtliche Betreuungseinrichtungen haben manchmal kleinere Fonds zur Verfügung, in einzelnen Gemeinden gibt es bei den Kirchen oder Flüchtlingsinitiativen Hilfstöpfe, die jedenfalls für die Anzahlung sorgen können. PRO ASYL hat einen bundesweiten Rechtshilfefonds, an den man über die Landes-Flüchtlingsräte herantreten kann. Dieser Rechtshilfefonds übernimmt manchmal die gesamten Rechtsanwaltsgebühren, leistet oft einen Zuschuss, hat aber keine unbeschränkten finanziellen Ressourcen. Wenn es jedoch um einen besonderen Einzelfall geht, werden Sie dort nicht umsonst anklopfen. Als förderungswürdig werden nicht nur Fälle von Grundsatzbedeutung angesehen, sondern auch solche, die PRO ASYL aus rechtspolitischen Gründen für relevant hält. So wurden beispielsweise in der Vergangenheit Fälle unterstützt, bei denen es um die Residenzpflicht oder Essenspakete, Kritik am Asylbewerberleistungsgesetz oder mangelnde Krankenversorgung ging, also Problemkreise, gegen die PRO ASYL kämpft. Auch humanitäre Einzelfälle oder solche, bei denen das Kindeswohl oder familiäre Gesichtspunkte im Mittelpunkt stehen, haben gute Chancen auf Unterstützung.

3. Die Rechtsanwälte

Zum Schluss des Kapitels noch ein Wort zu den Anwälten: Ich kenne viele Asylanwälte, die sich mit Herz und Verstand, mit überpflichtgemäßem Engagement und bis an die Grenzen ihrer Leistungsfähigkeit, manche in Kooperation mit den Wohlfahrtsverbänden und Flüchtlingsräten, die anderen als Einzelkämpfer, für Flüchtlinge einsetzen. Sie verdienen nicht nur Respekt, sondern müssen auch Geld verdienen, was von Ehrenamtlichen manchmal vergessen wird.

Es soll allerdings nicht verschwiegen werden, dass es leider gerade im Bereich des Asyl- und Ausländerrechts auch Anwälte gibt, die tatsächlich nur auf das schnelle Geld aus sind und es verstehen, durch falsche Versprechungen an das Geld der Mandanten zu kommen. Ihnen kann nur dadurch das Wasser abgegraben werden, dass man die Flüchtlinge warnt (meistens weiß man ja vor Ort nach einiger Zeit die betreffenden Anwälte einzuschätzen) und dass man ihnen konsequent eine Leistung abverlangt, die der Bezahlung entspricht. Gegebenenfalls kann auch die Standesaufsicht der Rechtsanwaltskammer eingeschaltet werden. Ein Erfolg mag im Einzelfall nicht sichtbar sein; auf die Dauer – bei wiederholten Beschwerden gegen ein und denselben Kollegen – bewirkt auch dieses Instrumentarium etwas.

Die Flüchtlinge durchschauen das System der Anwaltsfinanzierung natürlich nur selten. Oftmals meinen sie, der eine Anwalt sei besonders tüchtig, weil er ja so teuer sei, andere meinen, sie hätten einen Rechtsanspruch auf einen Anwalt, den der Staat bezahle. Wieder andere glauben, ein besonders billiger Anwalt mit vielen Mandanten (der effektiv nichts tut) sei der Richtige. Ihrer Kenntnis (auch der örtlichen Verhältnisse) ist es anvertraut, den Asylsuchenden die Kriterien zur Unterscheidung zu vermitteln.

▶ Tipp

1. Rechtsberatung gehört grundsätzlich in die Hände von Rechtsanwälten und ist nicht Ihr Job! Versuchen Sie dafür Fachanwälte zu gewinnen.

2. Ihre Rolle Unterstützer und Berater ist die eines Beistands!

3. Beschränken Sie sich im juristischen Bereich auf Nothilfe. Schicken Sie, wenn Fristen eingehalten werden müssen und eine anwaltliche Vertretung nicht möglich ist, den Flüchtling zur Rechtsantragsstelle beim Verwaltungsgericht.

4. Reichen Sie nur in Ausnahmefällen selbst Klagen oder gerichtliche Anträge ein!

5. Wenn Sie gleichwohl im juristischen Bereich tätig werden, achten Sie immer auf die teilweise sehr kurzen Fristen.

6. Im Mittelpunkt Ihres Bemühens muss stets der Flüchtling stehen. Versuchen Sie herauszubekommen, was seinem Interesse entspricht. Sie dürfen nicht der Versuchung unterliegen, am des Flüchtlings ein interessantes Problem durchfechten zu wollen, obwohl ihm ein vernünftiger Kompromiss angeboten wurde, der ihm mehr geholfen hätte!

7. Akzeptieren Sie Ihre Rolle, die idealerweise darin besteht, dass Sie ein nicht-juristischer Beistand sind. Wenn Sie Flüchtlinge zu Behördengängen begleiten, ihnen beispielsweise die juristischen Formulierungen erklären oder sonst tätige Hilfe im Alltag leisten, helfen Sie oft mehr als wenn Sie für sie Rechtsstreitigkeiten führen.

8. Helfen Sie Flüchtlingen auch beim Kontakt mit dem Rechtsanwalt. Informieren Sie sie, was sie von ihm erwarten können und was nicht und erklären Sie ihnen auch die finanzielle Situation. Verstehen Sie sich gegenüber dem Rechtsanwalt als Zuarbeiter und Vermittler.

C Einige Begriffe und Grundsätze des deutschen Rechts

Das Recht ist kompliziert und den meisten Flüchtlingen nicht bekannt. Oft kommen sie aus anderen Rechtskreisen, so dass das uns selbstverständliche Rechtssystem ihnen fremd ist. Erst recht gilt dies für einige, immer wiederkehrende Begriffe.

Natürlich kann ich an dieser Stelle keine Darstellung des deutschen Rechts im Allgemeinen oder des Verwaltungsrechts im Besonderen liefern. Ich will nur einige Grundzüge aufzeigen, die Ihnen und damit auch den Menschen, die Sie begleiten, klar sein sollten.

I. Verwaltungsverfahren

Flüchtlinge sind zugleich Subjekt und Objekt einer Vielzahl von Verwaltungsverfahren.

Mit der Asylantragstellung ist dies zunächst das Asylverfahren, das im Asylverfahrensgesetz geregelt ist, in dem eine Anhörung stattfindet und das mit einem Bescheid endet. Parallel dazu gibt es ein sozialrechtliches Verfahren, nämlich auf Leistungen nach dem Asylbewerberleistungsgesetz. Auch hier ist ein Antrag zu stellen, das Verfahren endet auch hier mit einem Bescheid. In manchen Regionen ist man bei der Verfahrensausgestaltung etwas lässiger, der Antrag gilt als stillschweigend gestellt, die Leistungen werden einfach durch Auszahlung des Geldes erbracht. Regelgemäß ist aber auch hier ein Antrag auf Leistungen zu stellen und förmlich zu verbescheiden, jedenfalls dann, wenn man mit der zugebilligten Leistung nicht einverstanden ist.

Daneben kann es noch jede Menge anderer Verwaltungsverfahren geben, etwa, wenn die Umverteilung in ein anderes Bundesland gewünscht wird oder die Gestattung einer Privatwohnsitznahme oder die Streichung einer Auflage. Die Verwaltungsverfahren enden mit einem Bescheid, den man nicht akzeptieren muss, sondern gegen den ein Rechtsmittel eingelegt werden kann. Allerdings: diese Rechtsmittel sind fristgebunden. Die Versäumung dieser Frist kann zum Ausschluss des Rechts führen. Einzelheiten zur Fristproblematik siehe Kapitel G.

Im Bereich des Sozialhilferechts und des Ausländerrechts ist grundsätzlich ein Vorverfahren durchzuführen. Wie jede Regel hat auch diese Ausnahmen: In manchen Bundesländern ist im ausländerrechtlichen Verfahren das Vorverfahren abgeschafft; dort muss sofort Klage erhoben werden. Das Vorverfahren beginnt durch die Einlegung eines Widerspruchs oder Einspruchs. Die Entscheidung der Behörde wird dann von der nächst übergeordneten Behörde (den Mittelbehörden wie den Regierungen bzw. Regierungspräsidien) überprüft. Erst gegen deren Widerspruchs- bzw. Einspruchsbescheid kann dann Klage eingelegt werden.

Widerspruch und Klage haben im Normalfall aufschiebende Wirkung. Dies bedeutet, dass erst mit Bestandskraft bzw. Rechtskraft der endgültigen Entscheidung die vorherige Entscheidung bzw. Anordnung wirksam wird. In vielen Fällen – insbesondere im Ausländerrecht – ist jedoch die aufschiebende Wirkung durch das Gesetz ausgeschlossen. Daneben kann die Behörde die aufschiebende Wirkung im Einzelfall ausschließen, also den sog. Sofortvollzug anordnen. Hierfür braucht es jedoch besondere Gründe, die im Einzelnen von der Behörde dargelegt werden müssen. Hat der Widerspruch oder die Klage entweder generell oder im Einzelfall keine aufschiebende Wirkung, muss parallel zur Klage ein Antrag auf Anordnung bzw. Wiederherstellung der aufschiebenden Wirkung eingereicht werden (Antrag gemäß § 80 V VwGO).

II. Der Verwaltungsakt

Ein wichtiger Begriff im Verwaltungsrecht ist der des Verwaltungsaktes. Darunter versteht man eine verbindliche behördliche Anordnung, die einen Einzelfall gegenüber einem Betroffenen regelt, z. B. die Gewährung von Sozialhilfe oder die Erteilung oder Versagung einer Aufenthaltserlaubnis. Von einem Verwaltungsakt zu unterscheiden ist eine allgemeine Regelung, die eine Vielzahl von Menschen abstrakt trifft, sowie eine innerbehördliche Entscheidung, die keine „Außenwirkung" entfaltet. Gesetze, Verordnungen, aber auch Verwaltungsvorschriften, Hausordnungen etc. sind keine Verwaltungsakte, sondern Allgemein-Verfügungen, die erst noch einer Konkretisierung im Einzelfall bedürfen. Ein Beispiel für eine innerbehördliche Mitwirkungshandlung ist die Zustimmung der Arbeitsagentur bei der Frage, ob eine Aufenthaltserlaubnis zur Erwerbstätigkeit berechtigt oder die Zustimmung der Ausländerbehörde gegenüber der deutschen Botschaft im Fall der Erteilung eines Visums. Wenn die Arbeitsagentur oder die Ausländerbehörde die Zustimmung verweigert, kann dieses „Nein" nicht mit einem Widerspruch oder einer Klage direkt angefochten werden; vielmehr muss sich der Widerspruch oder die Klage gegen den Verwaltungsakt, also die Versagung des Visums oder die Beschränkung in der Aufenthaltserlaubnis, richten. Gegner ist dann auch nicht (im ersten Beispiel) die Arbeitsagentur, sondern die Ausländerbehörde. Beim zweiten Beispiel ist Gegner die Bundesrepublik Deutschland, aber nicht die die Zustimmung zur Visumerteilung verweigernde Ausländerbehörde.

III. Ermessen und Beurteilungsspielraum

Ein wichtiger juristischer Begriff ist der des Ermessens. Unter Ermessen versteht der Jurist, dass der Verwaltung eine bestimmte Entscheidung nicht zwingend vorgeschrieben ist. Die Entscheidung ist offen. Theoretisch kann sowohl ein Ja als auch ein Nein richtig sein. Wie das Ergebnis im konkreten Fall auszusehen hat, ergibt sich nur nach Abwägung sämtlicher in diesem Fall relevanter Umstände. Meist stehen auf der einen Seite die Interessen des Individuums und auf der anderen Seite die des Staates. Wenn dieser Abwägungsvorgang formal korrekt vorgenommen wurde, also sämtliche relevanten Tatsachen insgesamt sachgerecht bedacht wurden, ist die Entscheidung auch dann rechtmäßig und vom Gericht nicht änderbar, wenn es meint, dass einzelne der Interessen zu stark und andere zu schwach berücksichtigt wurden. Das Gericht darf (und muss) eine Ermessensentscheidung nur dann korrigieren, wenn das Ermessen auf null reduziert ist oder entscheidende Umstände überhaupt nicht berücksichtigt sind. Im letzteren Fall liegt eine sog. Ermessensunterschreitung vor. Wird das Ermessen nicht noch vor Gericht nachgeholt, hebt das Gericht die Entscheidung auf. Die Behörde hat nochmals neu abzuwägen.

Nur dann, wenn das Gericht der Auffassung ist, dass es im vorliegenden Fall nur eine einzige, richtige Entscheidung geben kann oder entscheidende Gesichtspunkte überhaupt unberücksichtig blieben, darf das Gericht die Behördenentscheidung durch seine eigene Überzeugung ersetzen.

Vom Ermessen zu unterscheiden ist der Beurteilungsspielraum. Der Beurteilungsspielraum ist auf der sog. Tatbestandsseite, das Ermessen auf der sog. Rechtsfolgenseite angesiedelt. Unter Tatbestand versteht man den Lebenssachverhalt, der Grundlage der juristischen Überprüfung ist, unter Rechtsfolgen das juristische Ergebnis. Ich will dies an einem einfachen Beispiel deutlich machen: Wenn Ihnen jemand verspricht „Wenn morgen die Sonne scheint, bekommst du ein schönes Geschenk.", ist die Voraussetzung „Wenn morgen die Sonne scheint" die Tatbestandsseite und die Rechtsfolge ist „dann bekommst du ein schönes Geschenk". Wenn Sie dann am nächsten Tag darüber streiten, ob die Sonne scheint, obwohl einige Wolken am Himmel sind, haben Sie einen typischen Streit über den Beurteilungsspielraum. Sie oder ein Freund, den Sie als Schiedsrichter eingeschaltet haben, müssen dann beurteilen, ob die Bedingung „die Sonne scheint" eingetreten ist. Wenn Sie dann das versprochene Geschenk erhalten, ist der Streit darüber, ob das Geschenk schön ist, oder nicht, eine Frage des Ermessens. Der Schenker kann bestimmen, was ein „schönes" Geschenk ist. Da nicht nur der von Ihnen erhoffte Ring, sondern auch ein Fläschchen Parfum als schönes Geschenk angesehen werden kann, müssten Sie sich mit dem Fläschchen Parfum zufrieden geben, obwohl Sie sich einen Ring erhofft haben; der Schiedsrichter könnte Ihnen den Ring nicht zusprechen.

Wenn wir dieses Beispiel jetzt auf eine ausländerrechtliche Konstellation übertragen, könnte das Beispiel wie folgt aussehen: „Wenn eine familiäre Lebensgemeinschaft besteht, kann eine Aufenthaltserlaubnis erteilt werden." Ob eine familiäre Lebensgemeinschaft besteht, ist eine Frage des Beurteilungsspielraums. Auf der Rechtsfolgenseite steht die Ermessensentscheidung, ob eine Aufenthaltserlaubnis erteilt wird – oder auch nicht. Im Ergebnis unterscheiden sich die beiden Begriffe dadurch, dass beim Beurteilungsspielraum im Prinzip nur eine Entscheidung richtig ist, dass man aber darüber streiten kann, welche, während beim Ermessen sowohl das eine Ergebnis als auch das andere richtig sein kann.

Ich hoffe, ich habe Sie jetzt nicht verwirrt. Deshalb eine Kontrollfrage: Wann liegt im Bereich des Asylrechts und des Ausländerrechts Ermessen und wann ein Beurteilungsspielraum vor? Richtig: Bei der Frage, ob asylrechtlicher oder subsidiärer Schutz zu gewähren ist, gibt es kein Ermessen, sondern nur einen Beurteilungsspielraum. Es gibt eine Verfolgungsgefahr oder es gibt sie nicht.

Ermessen gibt es aber z. B. bei der Frage der Erteilung einer Aufenthaltserlaubnis gemäß § 26 I 4 AufenthG: Dort heißt es, dass die Aufenthaltserlaubnis für „mindestens ein Jahr" erteilt wird, eine Erteilung für zwei oder drei Jahre liegt im Ermessen der Ausländerbehörde.

D Das behördliche asylrechtliche Asylverfahren

Ob jemand in der Bundesrepublik Deutschland Schutz vor politischer Verfolgung erhält, wird in einem staatlichen Anerkennungsverfahren geprüft. Zuständige Behörde ist das Bundesamt für Migration und Flüchtlinge (BAMF) in Nürnberg: Bundesamt für Migration und Flüchtlinge, Frankenstraße 210, 90461 Nürnberg, Telefon: 0911/943-0, Telefax: 0911/943-1000. Daneben gibt es in den Bundesländern zahlreiche Außenstellen. Das BAMF entscheidet über Asylanträge im Sinne des Art. 16a GG sowie über Anträge auf internationalen Schutz nach der sog. Qualifikations-Richtlinie (Richtlinie 2011/95/EU des Europäischen Parlaments und des Rates vom 13.12.11), wie § 1 I AsylVfG bestimmt. Daneben hat es gemäß § 26 AsylVfG über familien-asylrechtlichen Schutz zu entscheiden. Wurde ein asylrechtliches Schutzbegehren gestellt, hat es daneben auch das Vorliegen von Abschiebungsverboten nach § 60 V und VII AufenthG zu prüfen. Wurde nie ein Asylantrag gestellt, ist für die isolierte Entscheidung über die letzteren, den nationalen Schutz, jedoch die Ausländerbehörde zuständig, nachdem vorher das BAMF beteiligt wurde (§ 72 II AufenthG).

I. Zuständigkeit

Vor jeder inhaltlichen Überprüfung steht jedoch die Prüfung der Zuständigkeit. Die Europäisierung des Asylrechts, die in Deutschland seit der Änderung des Grundrechts des Art. 16 II 2 GG begann und das Konzept der sicheren Dritt- und Herkunftsstaaten einführte und im Vertrag von Amsterdam vom 02.10.1997 die Zuständigkeit der EU für die Harmonisierung des Asylrechts in Deutschland begründete, beseitigte die frühere generelle Zuständigkeit Deutschlands im Fall eines hier gestellten Asylantrags. Heute ist als Erstes zu prüfen, ob die Bundesrepublik Deutschland für diesen Antrag überhaupt zuständig ist. In einem vorgeschalteten Verfahren prüft das BAMF, ob Deutschland für die Prüfung des Asylbegehrens zuständig ist oder ob nicht die Zuständigkeit eines anderen Mitgliedsstaats besteht.
Dies ist das sog. Dublin-Verfahren.

Rechtsgrundlage hierfür ist die Verordnung EU NR. 604/2013 des Europäischen Parlaments und des Rates vom 26.06.13 (Abl. L 180 vom 29.06.13), die sog. Dublin-III-VO. Inhalt und Zweck der Dublin-Regelung ist es, das sog. ‚Asylshopping' zu verhindern. Vor „Dublin" kam es vor, dass ein Asylsuchender, der in einem europäischen Staat erfolglos blieb, weiterreiste und sein „Glück" im Nachbarstaat erneut versuchte, ohne dass er, wenn das Asylrecht als Anspruch (oder wie in Deutschland gar als Verfassungsanspruch) ausgestaltet war, darauf verwiesen werden konnte, dass sein Schutzbegehren bereits von einem anderen EU-Staat geprüft wurde. Da die Europäische Union die Harmonisierung des Asylrechts beabsichtigt und verschiedene Verordnungen und Richtlinien diese in Teilen schon verwirklicht haben, ist die Regelung grundsätzlich nicht zu beanstanden. Das Problem ist jedoch, dass die Harmonisierung keineswegs vollständig erfolgt ist, und es erhebliche Differenzen zwischen den einzelnen europäischen Staaten gibt. Relativ unproblematisch sind die Unterschiede hinsichtlich der Ausgestaltung des Verfahrens, die Ausfluss der jeweiligen nationalen Rechtssysteme sind. Größere Probleme bereiten hingegen die oftmals mangelhafte Umsetzung der Verfahrensregeln und die unterschiedliche Entscheidungspraxis. Die sog. Schutzquote hinsichtlich ein- und desselben Herkunftslandes differiert erheblich, teilweise liegt sie bei nur 10 % in dem einen oder aber bei circa 70 % in dem anderen EU-Staat. Ein sehr großes Problem sind auch die unterschiedlichen Lebensbedingungen, die die Asylsuchenden während des Verfahrens in den verschiedenen Ländern vorfinden. Auch wenn die Umstände in Deutschland nicht gut sind, sind sie besser als in Staaten, in denen Flüchtlinge inhaftiert oder zumindest unter schlechten Bedingungen kaserniert werden und keine ausreichende Krankenversorgung und Leistungen zur Existenzsicherung erhalten. Der nächste Grund, warum das Dublin-System derzeit nicht funktioniert, ist, dass auch im Fall einer positiven Entscheidung die Folgen höchst unterschiedlich sind. In Deutschland gibt es Integrationsmaßnahmen und Sprachkurse für Flüchtlinge und in gewissem Umfang auch berufliche Förderungsmaßnahmen. Schutzberechtigte haben die Chance zur Integration in den Arbeitsmarkt und damit auch in die Gesellschaft. Es gibt eine Krankenversorgung und Sozialleistungen, soweit erforderlich. In manchen anderen

EU-Staaten gibt es nichts dergleichen, oft nicht einmal eine ausreichende Sozial- und Krankenversicherung. Selbst anerkannte Flüchtlinge landen sprichwörtlich auf der Straße und haben keine Perspektive. Weil dies so ist und die Menschen dies wissen, steht das Dublin-III-System auf tönernen Füßen. Die Flüchtlinge nehmen die Perspektivlosigkeit nicht einfach hin und werden sie auch künftig nicht akzeptieren, so lange nicht zwei wesentliche Voraussetzungen geschaffen sind, die bereits im Stockholmer Programm der EU von 2010 festgeschrieben sind: Die Erste ist eine Harmonisierung des Rechts in allen EU-Staaten und zwar sowohl der Aufenthaltsbedingungen während des Verfahrens als auch der Anerkennungskriterien. Die zweite Bedingung ist, dass nach erfolgter positiver Entscheidung dem Flüchtling Freizügigkeit eingeräumt wird (entsprechend den Regelungen für Unionsbürger). Die logische Konsequenz einer Zuständigkeitsregelung müsste die Verbindlichkeit der getroffenen Entscheidung sein. Ein Beispiel soll dies verdeutlichen: In Deutschland gibt es eine Vielzahl von Gerichten, die einen Rechtsfall zu prüfen haben; entsprechend dem föderalen System sind sie in den jeweiligen Bundesländern angesiedelt. Welches Gericht zuständig ist, ist gesetzlich festgelegt, meistens danach, wo der Beklagte seinen Sitz hat. Verklage ich eine Hamburger Firma, gilt das Urteil, das das Landgericht Hamburg gesprochen hat, selbstverständlich im ganzen Bundesgebiet. Ich kann mit dem Titel das Lager der Firma in München pfänden und so zu meinem Recht kommen. Nicht so beim Dublin-System: Die Anerkennung aus Rumänien hat nur dort volle Wirksamkeit. Die einzige relevante Konsequenz für Deutschland besteht darin, dass es die Gefährdungsentscheidung akzeptieren muss, also nicht in den Verfolgerstaat abschieben darf. Richtig wäre es, dass die rumänische Entscheidung in allen Unionsstaaten volle Wirksamkeit entfaltet (so wie das Hamburger Urteil in ganz Deutschland), so dass die Flüchtlinge in der ganzen Europäischen Union den „Inhalt des internationalen Schutzes", den die Qualifikations-Richtlinie in Kapitel 7 festgelegt hat, in Anspruch nehmen können.

Da bislang die Freizügigkeit nur innerhalb eines Staates gewährleistet ist (Art. 33 Qualifikations-Richtlinie), muss auf europäischer Ebene eine Änderung erfolgen. Das Argument, dass dann eine Wanderung in die Sozialsysteme anderer Staaten erfolgen würde, trägt nicht. Zum einen schon deshalb nicht, weil eine weitgehende Gleichstellung des sozialrechtlichen Status ohnedies Ziel der europaweiten Regelung und Teil der „Harmonisierung" ist. Zum Zweiten aber auch deshalb nicht, weil entsprechend den Regelungen des EU-Freizügigkeitsrechts eine dauerhafte Wohnsitzverlegung in einen anderen Unionsstaat an die dort gegebenen Voraussetzungen geknüpft werden könnte (etwa den Nachweis eines Arbeitsplatzes oder der sonstigen Sicherung des Lebensunterhalts, z. B. durch eine Verpflichtungserklärung). Ein so harmonisiertes europäisches Asylrecht würde die Aussage, dass Europa ein Raum der Freiheit und des Rechts sei, einlösen. Gegenwärtig entspricht das Bild einer Festung, in der selbst die Flüchtlinge, die hineingelangten und anerkannt wurden in einzelnen Räumen festgehalten werden, eher der Realität.

Seit langem wird über eine Reform der Dublin-VO diskutiert. Dabei wird jedoch nur überlegt, ob nicht ein anderes Verteilersystem – etwa von Länderquoten - besser wäre. Richtig wäre es, schon bei der Wahl des Zufluchtslandes die Menschen entscheiden zu lassen (und ggf. für einen finanziellen Ausgleich zu sorgen) und nach der Anerkennung Freizügigkeit zu gewähren. Leider ist nicht zu erwarten, dass der grundlegende Geburtsfehler in Bälde beseitigt wird. Mit den unerwünschten und enorme Verwaltungskapazität bindenden Wanderungsbewegungen (und Rücküberstellungen) werden wir daher noch länger leben müssen.

II. Die Dublin-III-Regelung

Die Verordnung (EU) Nr. 604 des Europäischen Parlaments und des Rates vom 26.06.13 (Dublin-III-VO) ersetzte ab 01.01.14 die Vorgängerregelung der VO (EG) Nr. 343/2003 (Dublin-II-VO). Sie gilt für alle EU-Staaten. Für die Nicht-EU Staaten Island und Liechtenstein sowie Norwegen und Schweiz ist sie ebenfalls anwendbar, sobald diese sie in innerstaatliches Recht umgesetzt haben. Bis dahin findet für diese Staaten noch die Dublin-II-VO Anwendung.

Die Dublin-III-VO ist die speziellere Vorschrift als die Drittstaatenregelung des § 26a AsylVfG, die deshalb keine Anwendung findet.

1. Erweiterung des Anwendungsbereichs

Das europäische Ziel der Schaffung eines Gemeinsamen Europäischen Asylsystems (GEAS) führte – entsprechend den Regelungen in der sog. Qualifikations-Richtlinie (Richtlinie 2011/95/EU des Europäischen Parlaments und Rates vom 13.12.13) – dazu, dass die Dublin-III-VO nunmehr nicht nur, wie die Dublin-II-VO, auf Personen, die die Anerkennung der Flüchtlingseigenschaft begehrten, Anwendung findet, sondern auf alle Personen, die **„internationalen Schutz"** begehren (Art. 1). Art. 2b verweist zur Definition des internationalen Schutzes auf Art. 2h Qualifikations-Richtlinie. Die Dublin-III-VO spricht dementsprechend durchgehend von dem „Antrag auf internationalen Schutz". Damit unterfällt auch ein Antrag, der allein auf (internationalen) subsidiären Schutz gemäß § 4 AsylVfG gerichtet ist, der Dublin-III-VO. Die bisherige Möglichkeit, durch eine Rücknahme des Antrags auf Asylanerkennung oder Zuerkennung des Flüchtlingsstatus im Sinne der Genfer Flüchtlingskonvention (GFK) aus dem Dublin-Verfahren auszuscheiden (solange noch keine erste Entscheidung vorlag), ist damit entfallen.

Inwieweit noch die Möglichkeit besteht, die Dublin-III-VO faktisch zu umgehen, indem der Antrag auf nationalen Abschiebungsschutz gemäß § 60 V oder VII 1 AufenthG begrenzt wird, ist noch nicht geklärt. Meines Erachtens ist dies jedenfalls dann der Fall, wenn ein Abschiebungsverbot geltend gemacht wird, das vom Unionsrecht nicht abgedeckt wird, wie etwa das Abschiebungsverbot aus § 60 VII 1 AufenthG bei Krankheitsfällen. Beruft sich jemand auf die Gefahr einer menschenrechtswidrigen Behandlung im Sinne von § 60 V AufenthG, meint hingegen das BAMF, dass dann die Regelung des § 60 II AufenthG i. V. m. § 4 AsylVfG vorrangig sei. Für dieses Argument spricht die inhaltliche Übereinstimmung der beiden Normen; dagegen spricht, dass das Bundesverwaltungsgericht ausdrücklich § 60 V AufenthG neben Unionsbestimmungen zum internationalen Schutz für anwendbar hält. Man kann einen solchen isolierten Schutzantrag versuchen, in der Praxis allerdings wird dies Schwierigkeiten machen und der Antrag u. U. an das BAMF als angeblicher Asylantrag gemäß § 13 I 2. Alt. AsylVfG verwiesen werden. Wenn es dennoch gelingt, kann eine Dublin-Überstellung vermieden werden.

1.1. Die Ausdehnung des Anwendungsbereichs auf internationalen subsidiären Schutz hat Folgewirkungen auch bei den abgeleiteten Zuständigkeitskriterien. Nach Art. 9 Dublin-III-VO ist nunmehr der Mitgliedsstaat für die Bearbeitung des Asylgesuchs eines Familienangehörigen zuständig, in dem sich bereits ein aufenthaltsrechtlich Begünstigter mit internationalem Schutz befindet – der frühere Art. 7 Dublin-II-VO sah eine solche abgeleitete Zuständigkeit nur bei Flüchtlingen im Sinne der GFK vor.

2. Rechte im Dublin-III-Verfahren

Die Dublin-III-VO hat die Rechtspositionen des Individuums im Vergleich zur Dublin-II-VO gestärkt. Dies zeigt sich besonders deutlich in den Erwägungsgründen, von denen die Gründe Nr. 13 und 14 hervorgehoben seien: Sowohl das Kindeswohl als auch das Gebot der Achtung des Familienlebens soll danach eine vorrangige Erwägung der Mitgliedsstaaten bei der Anwendung der Dublin-III-VO sein. Das Kindeswohl ist nicht nur in den Erwägungsgründen hervorgehoben, sondern auch als „Garantie" in Art. 6 ausdrücklich normiert und in Art. 8 konkret umgesetzt. Ähnliches gilt für das Familienleben und den Grundsatz der Einheit der Familie. Meines Erachtens folgt daraus eine Stärkung der individuellen Rechtsposition der Betroffenen.

Die bisher beobachtete Praxis und die Rechtsprechung teilen diese Auffassung nicht durchgehend. Aufbauend auf Entscheidungen zur Dublin-II-VO sehen manche Verwaltungsgerichte diese Regelungen als solche, die ausschließlich dem staatlichen Interesse dienen. Selbst wenn Zuständigkeitsbestimmungen nicht beachtet werden, seien Rechte des Betroffenen – weil die Normen angeblich nicht dessen Interessen schützen sollen – nicht verletzt. Ich halte diese Auffassung für falsch. Sie macht den einzelnen zum Objekt staatlichen Handelns und widerspricht zudem vielen Regelungen in der Dublin-III-VO, die dann überflüssig wären, wie Art. 4 und 5 Dublin-III-VO.

- Art. 4 konstatiert ein „Recht auf Information" des Asylsuchenden über die Dublin-III-VO und die Kriterien, das Verfahren und die ihn betreffenden Daten einschließlich eines Berichtigungs- oder Löschungsrechts. Gemäß Art. 4 Ic werden Angaben über die Anwesenheit von

Familienangehörigen, Verwandten oder Personen jeder anderen verwandtschaftlichen Beziehung in den Mitgliedsstaaten eingeholt, nach Art. 4 If ist der Betreffende über das Auskunftsrecht bezüglich seiner Daten und den Berichtigungsanspruch zu belehren. Dies kann formblattmäßig geschehen, muss aber, wenn dies „für das richtige Verständnis des Antragstellers notwendig ist" auch mündlich erfolgen.

- Nach Art. 5 ist mit dem Betroffenen ein persönliches Gespräch zu führen, bevor über eine Überstellung in einen anderen Dublin-Staat entschieden wird. Das Gespräch ist zeitnah und in jedem Fall vor der Entscheidung über die Überstellung zu führen und das Protokoll dem Antragsteller zuzuleiten.

Das Informations- und Anhörungsrecht dient dazu sicherzustellen, dass die individuellen Interessen des Betroffenen – jedenfalls soweit der familiäre und menschenrechtliche Bereich betroffen ist – erfasst und im Interesse einer sachgerechten und richtigen Entscheidung berücksichtigt werden. Dem dient auch die Erstellung des Protokolls, das zumindest die wesentlichen Angaben des Antragstellers enthalten muss und ihm oder seinem Rechtsbeistand zeitnah zu übermitteln ist.

- Art. 6 legt unter Hinweis auf den Vorrang des Kindeswohls Garantien für Minderjährige fest. Minderjährige haben einen Anspruch auf einen Vertreter, der Zugang zu dem Inhalt der einschlägigen Dokumente und Akten hat (Art. 6 II).
- Absatz 3 verlangt, dass bei der Würdigung des Kindeswohls insbesondere zu berücksichtigen sind die Möglichkeiten der Familienzusammenführung (Buchstabe a), das Wohlergehen und die soziale Entwicklung des Minderjährigen (Buchstabe b) und seine Ansichten entsprechend seinem Alter und seiner Reife (Buchstabe d). Diese Vorgaben sind jedenfalls bei der Anwendung der humanitären Klausel von Art. 16 und 17 heranzuziehen.
- Nach Art. 6 IV müssen die Mitgliedsstaaten so bald wie möglich geeignete Schritte unternehmen, um die Familienangehörigen, Geschwister und Verwandte des unbegleiteten Minderjährigen im Hoheitsgebiet der Mitgliedsstaaten zu ermitteln, Einzelheiten soll eine von der Kommission zu erlassende Durchführungsrechtsakte festschreiben.

Diese Regelungen dienen natürlich auch dazu, den Staaten eine sachgerechte Entscheidung über die Zuständigkeit zu ermöglichen. Sie dienen aber eindeutig auch dem Interesse des Betroffenen, denn was sollen detaillierte Beteiligungsrechte, wenn deren Missachtung unbeachtlich wäre?

3. Rangfolge der Kriterien

Die **Zuständigkeitskriterien** folgen im Wesentlichen der bisherigen Regelung.
Art. 7 I bestimmt, dass sich die Kriterien nach der in Kapitel III. genannten Rangfolge richten. Hierbei kommt es auf den Zeitpunkt der **erstmaligen Antragstellung** an (Absatz 2); sofern jedoch **Familienangehörige** bei der Zuständigkeitsbestimmung eine Rolle spielen, sind diese Fakten zu berücksichtigen, solange ein anderer Mitgliedsstaat **noch nicht** über ein Aufnahme- oder Wiederaufnahmegesuch entschieden oder noch keine Erst-Entscheidung getroffen hat (Absatz 3).

3.1. Art. 8 Minderjährige

3.1.1. Nach Art. 8 I 1 ist bei einem unbegleiteten Minderjährigen der Staat zuständig, in dem sich ein Familienangehöriger oder eines der Geschwister des unbegleiteten minderjährigen Flüchtlings rechtmäßig aufhält, sofern dies dem Wohl des Kindes entspricht.
Nach Art. 2 g sind **Familienangehörige**
- der Ehegatte oder sein nicht verheirateter rechtlich gleichgestellter Partner,
- die minderjährigen Kinder des im ersten Spiegelstrich genannten Paars oder des Antragstellers, sofern diese nicht verheiratet sind,
- bei einem minderjährigen unverheirateten Antragsteller der Vater, die Mutter oder ein anderer rechtlich verantwortlicher Erwachsener,
- bei einem unverheirateten minderjährigen international subsidiär Schutzberechtigten der Vater, die Mutter oder ein anderer Verantwortlicher.

Voraussetzung ist allerdings, dass die Eigenschaft als Familienangehöriger schon im Herkunftsstaat bestanden hat.
Soweit ein „rechtmäßiger" Aufenthalt verlangt wird, kann hiermit nicht der Besitz eines Aufenthaltstitels gemeint sein.

Der Begriff des rechtmäßigen Aufenthalts ist durch die Dublin-III-VO nicht definiert. Da diese, ebenso wie schon die Dublin-II-VO, im Gegensatz zum Begriff des rechtmäßigen Aufenthalts an verschiedenen Stellen den Begriff des Aufenthalts mit einem Visum oder einem Aufenthaltstitel verwendet, kann aus dem Nicht-Gebrauch dieser Begriffe abgeleitet werden, dass das Unionsrecht es dem jeweiligen nationalen Recht freistellt, ab wann ein Aufenthalt als rechtmäßig definiert wird. Da nach deutschem Recht ein Asylantragsteller mit der Antragstellung ein Aufenthaltsrecht in Form der Aufenthaltsgestattung erwirbt (§ 55 AsylVfG), ist auch der Aufenthalt von Asylbewerbern rechtmäßig.

3.1.2. Art. 8 I 2 betrifft verheiratete Minderjährige. Befindet sich der Ehepartner nicht rechtmäßig im Hoheitsgebiet des Mitgliedsstaats, ist der Mitgliedsstaat zuständig, in dem sich der Vater, die Mutter oder ein anderer rechtlich Verantwortlicher oder eines seiner Geschwister aufhält. Der Ehe kommt in diesem Fall also Nachrang zu gegenüber der familiären Bindung kraft Abstammung. Selbst wenn der Ehepartner sich rechtmäßig im Zweit-Mitgliedsstaat aufhält und sich die Eltern nicht rechtmäßig im dritten Mitgliedsstaat aufhalten, ist der dritte Mitgliedsstaat als zuständig anzusehen.

3.1.3. Art. 8 II enthält eine Regelung für den unbegleiteten Minderjährigen, dessen Verwandter sich in einem Mitgliedsstaat aufhält.

Verwandter ist in Art. 2h definiert als volljähriger Onkel, volljährige Tante oder Großelternteil, der oder die sich im Hoheitsgebiet eines Mitgliedsstaats aufhalten, wobei es gleich ist, ob der Antragsteller ehelich, unehelich oder adoptiert ist. Wurde anhand einer Einzelfallprüfung festgestellt, dass der Verwandte für den Antragsteller sorgen kann, so führt der Mitgliedsstaat, in dem sich der Verwandte aufhält, den Minderjährigen und seine/n Verwandten zusammen und wird somit zuständig, sofern dies dem Wohl des Minderjährigen dient.

3.1.4. Art. 8 III regelt die Fallkonstellation, dass sich Familienangehörige, Geschwister oder Verwandte im Sinne der Absätze 1 und 2 in mehr als einem Mitgliedsstaat aufhalten. In diesem Fall wird der zuständige Mitgliedsstaat nach dem Kindeswohl bestimmt.

3.1.5. Ist kein Familienangehöriger, Geschwister oder Verwandter im Sinne der Absätze 1 und 2 in einem Mitgliedsstaat aufhältig, ist der Staat zuständig, in dem der Antrag auf internationalen Schutz gestellt wurde, sofern dies dem Wohl des Minderjährigen dient.

Die hierzu ergangene Rechtsprechung des EuGH (Urteil vom 06.06.13, C-648/11), wonach bei einer Mehrfachantragstellung eines unbegleiteten minderjährigen Flüchtlings der letzte Asylantrag maßgeblich fortzuführen ist, sofern der im Erst-Mitgliedsstaat gestellte Asylantrag noch nicht abschließend entschieden ist, ist weiterhin anzuwenden. Die Entscheidung konnte bei der Neufassung der Dublin-III-VO noch nicht berücksichtigt werden; da jedoch keine inhaltliche Änderung der Regelung eingetreten ist, besteht Konsens zwischen den Mitgliedsstaaten, dass die Rechtsprechung des EuGH insoweit zu respektieren ist. Eine Anpassung der VO ist vorgesehen.

3.1.6. Absatz 5 und 6 von Art. 8 ermächtigen schließlich die Kommission, Durchführungsbestimmungen zur Ermittlung der Familienangehörigen u. a. und der Bedingungen der Konsultation des Informationsaustauschs zwischen den Mitgliedsstaaten zu erlassen.

3.2. Art. 9 Familiäre Bindungen zu Begünstigten des internationalen Schutzes

Sofern der Antragsteller einen Familienangehörigen im Sinne von Art. 2g besitzt, der in einem Mitgliedsstaat bereits internationalen Schutz erhalten hat, ist dieser Mitgliedsstaat zuständig, selbst wenn die Familie nicht im Herkunftsstaat bestanden hat. Der Wunsch muss auch „den betreffenden Personen" schriftlich kundgetan werden.

3.3. Art. 10 Familiäre Bindungen zu Antragstellern auf internationalen Schutz

Hat ein Antragsteller in einem Mitgliedsstaat einen Familienangehörigen, über dessen Antrag noch keine Entscheidung ergangen ist, so ist gleichwohl dieser Staat für die Prüfung zuständig, sofern die betreffenden Personen diesen Wunsch schriftlich kundtun. Im Unterschied zu Art. 9 muss in diesem Fall die Familie bereits im Herkunftsstaat bestanden haben.

Eine praxisgerechte Handhabung setzt voraus, dass die in Art. 8 (5) und (6) vorgesehenen Durchführungsbestimmungen zur Ermittlung von Familienangehörigen existieren. Sind die erforderlichen Ermittlungen nicht erfolgt, existiert aber ein Familienangehöriger im vorgenannten Sinne und wünschen die betreffenden Personen die Familienzusammenführung, wäre ein gleichwohl durchgeführtes Aufnahme-/Wiederaufnahmeverfahren inklusive eines eventuellen Überstellungsbescheids regelwidrig gewesen. Ein dennoch ergangener Bescheid ist aufzuheben, der Vollzug ist auszusetzen.

3.4. Art. 11 Familienverfahren

Art. 11 regelt die Fallkonstellation, dass mehrere Familienangehörige und/oder unverheiratete minderjährige Geschwister im selben Staat gleichzeitig oder in so großer zeitlicher Nähe einen Antrag auf internationalen Schutz stellen, dass die Verfahren zur Bestimmung des zuständigen Mitgliedsstaats gemeinsam durchgeführt werden können und eine unterschiedliche Behandlung eine Trennung zur Folge haben könnte.

Bei dieser Fallkonstellation gilt:

3.4.1. Zuständig ist der Staat, der nach den allgemeinen Kriterien für die Aufnahme des größten Teils der Familie zuständig ist. In diesem Fall ist also zunächst eine isolierte Zuständigkeitsprüfung im Hinblick auf jede einzelne Person durchzuführen. Ist danach ein Staat für den „größten Teil" von ihnen zuständig, gilt dies für alle Familienangehörigen. Unklar bleibt, ob der „größte Teil" sich nach der Gesamtpersonenzahl richtet oder relativ ist, mit anderen Worten, ob beispielsweise bei 10 Familienangehörigen ein Staat für mindestens 6 zuständig sein muss, oder ob es genügt, wenn ein Staat für 2 Personen zuständig ist, weil die anderen auf 8 verschiedene Staaten verteilt sind. Die Rechtsprechung wird hier für Klarheit sorgen müssen.

3.4.2. Ergibt sich daraus keine Zuständigkeit, ist der Mitgliedstaat zuständig, der nach den allgemeinen Kriterien „für die Prüfung des von dem ältesten von ihnen gestellten Antrags zuständig ist", es kommt also darauf an, wer aus dem Familienverband als erster einen Antrag auf internationalen Schutz im Dublin-Land gestellt hat.

3.5. Art. 12 Einreise mit Aufenthaltstitel oder Visum

3.5.1. Nach Absatz 1 ist grundsätzlich der Mitgliedsstaat zuständig, der einen Aufenthaltstitel ausgestellt hat. Die Definition des Aufenthaltstitels enthält Art. 2f.

3.5.2. Nach Absatz 2 ist der Mitgliedsstaat zuständig, der ein Visum erteilt hat (Definition siehe Art. 2m), sofern nicht das Visum im Auftrag eines anderen Mitgliedsstaats erteilt wurde (in diesem Fall ist dieser zuständig).

3.5.3. Art. 12 III regelt die Fallkonstellation, dass ein Antragsteller mehrere gültige Aufenthaltstitel oder Visa verschiedener Mitgliedsstaaten besitzt. Die Zuständigkeitsreihenfolge ist dann wie folgt:
3.5.3.1. An erster Stelle steht der Mitgliedsstaat, der den Aufenthaltstitel mit der längsten Gültigkeitsdauer erteilt hat; bei gleicher Gültigkeitsdauer ist der Mitgliedsstaat zuständig, der den zuletzt ablaufenden Aufenthaltstitel ausgestellt hat.
3.5.3.2. Bei gleichartigen Visa ist der Mitgliedsstaat zuständig, der das zuletzt ablaufende Visum erteilt hat.
3.5.3.3. Bei nicht gleichartigen Visa ist der Mitgliedsstaat zuständig, der das Visum mit der längeren Gültigkeitsdauer erteilt hat, oder, bei gleicher Gültigkeitsdauer, das zuletzt ablaufende Visum erteilt hat.

3.5.4. Absatz 4 regelt schließlich die Zuständigkeit in dem Fall, in dem ein Antragsteller aufgrund eines Aufenthaltstitels oder Visums eingereist war, aber nicht ausgereist ist. Die Absätze 1, 2 und 3 sind dann entsprechend anzuwenden. Wenn jedoch die Aufenthaltstitel oder Visa schon länger als 2 Jahre ungültig waren, ist der Mitgliedsstaat zuständig, in dem der Antrag auf internationalen Schutz gestellt wird. Die Regelung dürfte wohl auf der Überlegung beruhen, dass es nicht mehr sachgerecht erscheint, dem den Aufenthaltstitel/das Visum ausstellenden Staat nach mehr als 2 Jahren die Verantwortlichkeit aufzubürden.

3.5.5. Art. 12 V 1 stellt klar, dass die Zuständigkeit des Mitgliedsstaates nicht dadurch ausgehebelt werden kann, dass der Aufenthaltstitel oder das Visum aufgrund einer falschen oder missbräuchlich verwendeten Identität oder durch Vorlage von gefälschten, falschen und ungültigen Dokumenten erteilt wurde. Anderes soll nach Absatz 2 jedoch dann gelten, wenn nachgewiesen werden kann, dass „nach Ausstellung des Titels oder des Visums eine betrügerische Handlung vorgenommen wurde". Damit ist wohl eine nachträgliche Veränderung des Titels oder Visums gemeint, beispielsweise durch die Verlängerung der Gültigkeitsdauer. Die Beweislast trifft den Staat.

Da Art. 12 generell davon ausgeht, dass der Aufenthaltstitel oder das Visum „gültig" sein muss, geht Absatz 5 dann ins Leere, wenn das Visum oder der Aufenthaltstitel gefälscht ist, also nicht von den Behörden eines Mitgliedstaats ausgestellt ist. In diesem Fall liegt keine Verantwortlichkeit des Ausstellerstaates und damit kein Grund für die Übernahme der Zuständigkeit vor.

3.6. Art. 13 Illegale Einreise oder illegaler Aufenthalt

3.6.1. Nach Art. 13 I ist der Staat zuständig, über dessen Außengrenze ein Antragsteller eingereist ist. Dies muss aufgrund von Beweismitteln oder Indizien festgestellt werden.

Wie bisher endet die Zuständigkeit **12 Monate nach dem Tag des illegalen Grenzübertritts**, sofern nicht in dieser Zeitspanne ein Asylantrag gestellt wurde.

3.6.2. Ungeachtet dessen ist der Mitgliedstaat zuständig (Art. 13 (2) 1), dem nachgewiesen werden kann, dass sich der Betreffende vor der Antragstellung dort mindestens 5 Monate ununterbrochen aufgehalten hat.

3.7. Aufenthalt in verschiedenen Mitgliedstaaten

Art. 13 II 2 enthält schließlich eine Regelung für Asylantragsteller, die sich über längere Zeiträume in verschiedenen Mitgliedstaaten aufgehalten haben. Zuständig ist in diesem Fall der Mitgliedstaat, in dem sich der Betreffende zuletzt mindestens 5 Monate aufgehalten hat; spätere kürzere Aufenthalte bleiben ebenso außer Betracht wie längere frühere.

3.8. Visumfreie Einreise

Darf der Drittstaatsangehörige visumfrei einreisen, ist der Einreisestaat zuständig (Art. 14 I).

Reist er jedoch in einen anderen Mitgliedstaat weiter – für den er ebenfalls kein Visum benötigt – und stellt er dort den Antrag auf internationalen Schutz, ist dieser Staat für die Prüfung zuständig (Art. 14 II).

3.9. Transit

Stellt jemand im internationalen Transitbereich eines Flughafens einen Antrag auf internationalen Schutz, so ist dieser Mitgliedsstaat für die Prüfung des Antrags zuständig, Art. 15.

3.10. Auffangzuständigkeiten

Als Generalklausel bestimmt schließlich Art. 3 II, dass dann, wenn sich anhand der Kriterien der Dublin-III-VO der zuständige Mitgliedsstaat nicht bestimmen lässt, der erste Mitgliedsstaat, in dem ein Antrag auf internationalen Schutz gestellt wurde, für die Prüfung zuständig ist.

3.11. Systemische Mängel

Art. 3 II 2 regelt die Zuständigkeit, wenn in dem an sich zuständigen Mitgliedsstaat systemische Mängel herrschen. In diesem Fall setzt der prüfende Mitgliedsstaat die Prüfung fort um festzustellen, ob ein anderer Mitgliedsstaat als zuständig bestimmt werden kann. Hieraus wird man wohl die Schlussfolgerung ziehen können, dass bei einem Ausfall des an sich zuständigen Staats der nach der Rangfolge der Kriterien an zweiter Stelle stehende Staat als zuständig anzusehen ist. Scheitert jedoch eine Überstellung auch an diesen, gleich aus welchen Gründen, ist der die Zuständigkeit prüfende Mitgliedsstaat zuständig (Art. 3 II 3).

Abschließend sei nochmals daran erinnert, dass die Zuständigkeitskriterien hierarchisch zu prüfen sind: ein vorrangiger Artikel verdrängt die Zuständigkeit eines späteren.

3.12. Fristen im Dublin-Verfahren

	Rechtsfolge bei Verstreichen
Aufnahmeersuchen	
Frist: ■ 3 Monate ab Asylantrag ■ 2 Monate bei Eurodac-Treffer-Eingang	Zuständigkeit geht auf Deutschland über
Antwortfrist des angefragten Staates: ■ 2 Monate ■ 1 Monat bei Dringlichkeit	Zuständigkeit geht auf Dublin-III-Staat über
Wiederaufnahmeersuchen	
Frist: ■ 3 Monate ab Asylantrag oder Bekanntwerden der anderen Zuständigkeit ■ 2 Monate ab Eurodac-Treffer-Eingang	Zuständigkeit geht auf Deutschland über
Antwortfrist des angefragten Staates: ■ 1 Monat ■ 2 Wochen bei Eurodac-Treffer	Zuständigkeit geht auf Dublin-III-Staat über
Überstellung	
Frist für die Durchführung: ■ 6 Monate ab Bestandskraft des Bescheids oder, falls Eilrechtsschutz eingereicht, ab Zustellung des negativen Eilbeschlusses (umstritten!), aber bei erfolgreichem Eilantrag ab Rechtskraft des Hauptsacheverfahrens ■ 12 Monate, wenn inhaftiert ■ 18 Monate, wenn flüchtig	Zuständigkeit geht auf Deutschland über
Besonderheiten bei Abschiebungshaft	
Frist für Aufnahme-/Wiederaufnahmeersuchen: ■ 1 Monat ab Asylantrag oder Bekanntwerden der anderen Zuständigkeit	Zuständigkeit geht auf Deutschland über
Antwortfrist: ■ 2 Wochen	Zuständigkeit geht auf Dublin-III-Staat über
Haftentlassung: ■ 6 Wochen nach Zustimmung(sfiktion)	Haftentlassung
Überstellung: ■ keine Besonderheit	

4. Humanitäre und Ermessensklauseln

Wie schon Dublin-II enthält auch die Dublin-III-VO Normen, die ein Absehen von der strengen Hierarchie erlauben. Diese sind in Kapitel IV in den Artikeln 16 und 17 geregelt.

4.1. Art. 16 I

Art. 16 I normiert als Regel, dass „abhängige Personen" unter den dort genannten Voraussetzungen „nicht zu trennen bzw. … zusammenzuführen sind". Die Regelung ist sehr detailliert und ausgefeilt. Im Fall einer restriktiven Interpretation der einzelnen Tatbestandsmerkmale ist deshalb die Gefahr eines sinnwidrigen Ergebnisses nicht auszuschließen. Aus diesem Grunde ist es angezeigt, an die in den Erwägungsgründen 13 und 14 enthaltenen Grundsätze des Vorrangs des Kindeswohls und des Familienschutzes zu erinnern.

Den besonderen Schutz aus Art. 16 I genießen Antragsteller, die wegen Schwangerschaft, eines neugeborenen Kindes, schwerer Krankheit, ernsthafter Behinderung oder hohen Alters auf die Unterstützung eines Kindes, eines der Geschwister oder eines Elternteils, die sich rechtmäßig in einem Mitgliedsstaat aufhalten, angewiesen sind oder umgekehrt, wenn „sein Kind, eines seiner Geschwister oder ein Elternteil" auf die Unterstützung des Antragstellers angewiesen ist. In diesem Fall entscheiden die Mitgliedsstaaten „in der Regel" von einer Trennung abzusehen bzw. eine Zusammenführung durchzuführen. Im wechselseitigen Verhältnis können sich damit Kinder und Eltern und Geschwister untereinander auf diese Vorschrift berufen. Entgegen der früheren Regelung kommt es auf ein „Ersuchen" eines Mitgliedsstaates nicht an. Allerdings enthält die Norm die weitere Voraussetzung, dass die familiäre Bindung bereits im Herkunftsland bestanden haben muss – ein nicht unbedingt sachgerechtes Kriterium. Zum Begriff des rechtmäßigen Aufenthalts siehe die Darlegungen zu Art. 8. Flüchtlingsschicksale sind oft dadurch geprägt, dass es zu einer Trennung schon im Herkunftsstaat gekommen ist. Wenn wechselseitig und schriftlich der Unterstützungswunsch und die Bereitschaft hierzu erklärt wurde und das Kind, Geschwister oder Elternteil in der Lage ist, die abhängige Person zu unterstützen, ist dieser Wunsch im Regelfall zu respektieren; das Ermessen ist gebunden.

Für die Praxis gilt es darauf zu achten, dass die in Art. 8 V und VI beispielhaft erwähnten Ermittlungen, Konsultationen und der Informationsaustausch auch wirksam durchgeführt werden. Auf der Grundlage der bisherigen Praxis liefe die Regelung von Art. 16 I weitgehend ins Leere; gegebenenfalls ist auf die Erwägungsgründe Nr. 13 bis 17 hinzuweisen.

4.2. Art. 16 II

Art. 16 II enthält eine Zuständigkeitsregelung für den (abhängigen) Antragsteller, dessen Kind, Geschwister oder Elternteil sich in einem anderen Mitgliedsstaat rechtmäßig befindet. Dieser wird als zuständig bezeichnet, sofern der Gesundheitszustand den Antragsteller nicht längerfristig daran hindert, in diesen Mitgliedsstaat zu reisen. Ist dies der Fall, ist der Aufenthaltsort des Antragstellers zuständiger Mitgliedsstaat, der jedoch nach Satz 3 dann nicht verpflichtet werden kann, das Kind, das Geschwister oder den Elternteil aus dem anderen Mitgliedsstaat zu übernehmen.

Die Regelung ist fragwürdig. Denn der abhängige Antragsteller ist in diesem Fall in besonderem Umfang auf den familiären Beistand angewiesen. Dass ihm dies hier verwehrt wird, kann nur auf nicht akzeptablen Kostenüberlegungen beruhen (weil dem Mitgliedsstaat, in dem der nicht reisefähige Antragsteller lebt, nicht die „Last" der Aufnahme der Familienangehörigen aufgebürdet werden soll). Dies ist weder „humanitär" noch steht es im Einklang mit den Erwägungsgründen Nr. 13 bis 17 und es widerspricht dem Schutzgebot aus Art. 8 EMRK und Art. 7 der EU-Grundrechtecharta.

4.2.1. Es bleibt zu hoffen, dass die Kommission die ihr nach Art. 16 III und IV übertragene Befugnis, Rechtsakte mit Kriterien zu erlassen, nutzt, um dem Schutz der Familie und der Humanität zum Erfolg zu verhelfen.

5. Selbsteintrittsrecht

Art. 17 I räumt den Mitgliedsstaaten abweichend von Art. 3 I Dublin-III-VO das Recht zum Selbsteintritt nach Prüfung des Antrags auf internationalen Schutz ein. Wie bisher ist ungeklärt, ob der Selbsteintritt eine förmliche Erklärung verlangt oder auch stillschweigend erfolgen kann. Letzteres dürfte zutreffen. Allein eine Anhörung, insbesondere das vom BAMF im Rahmen des Dublin-Verfahrens gemäß Art. 5 durchzuführende Gespräch, stellt jedoch keinen Selbsteintritt dar. Entscheidend ist, ob die Anhörung sich auf den Prüfungsgegenstand des Dublin-Verfahrens beschränkt oder ob der Antragsteller auch zu den Asylgründen gehört wird. Ist dies der Fall, wird man von einer stillschweigenden Ausübung des Selbsteintrittsrechts ausgehen müssen.

Geklärt ist durch den Wortlaut des Art. 17 I die Streitfrage, ob das Selbsteintrittsrecht einen Aufenthalt des Antragstellers verlangt (oder auch von einem anderen Mitgliedstaat aus möglich ist). Art. 17 I spricht ausdrücklich von einem „bei ihm ... gestellten Antrag auf internationalen Schutz".

Wie Art. 17 I Unterabs. 1 klarstellt, führt allein der Beschluss des Mitgliedstaats, den Antrag auf internationalen Schutz zu prüfen, zur Zuständigkeit. Der EuGH hat diese – bei manchen Fallkonstellationen durchaus missliche und das Problem eines effektiven Rechtsschutzanspruchs tangierende – Konsequenz ausdrücklich bei den vergleichbaren Regelungen einer Zuständigkeitsübernahme in der Dublin-II-VO gebilligt. Inwiefern dies, nachdem die Dublin-III-VO die Rechte der Betroffenen ausgeweitet hat, bei einer auf falschen Voraussetzungen beruhenden (stillschweigenden!) Übernahme noch zutrifft, wird zu diskutieren sein.

Nach Art. 17 II ist es – wie auch bisher schon – dem Mitgliedsstaat freigestellt, jederzeit einen anderen Mitgliedstaat zu ersuchen, aus humanitären Gründen einen Antragsteller aufzunehmen und zusammenzuführen, auch wenn eine Zuständigkeit des anderen Mitgliedsstaates an sich nicht gegeben ist. Die betroffenen Personen müssen dem zustimmen.

6. Pflichten und Verfahren des zuständigen Mitgliedsstaates

Art. 18 verpflichtet den zuständigen Mitgliedstaat wie bisher zur Aufnahme und Wiederaufnahme und zur abschließenden Prüfung des Antrags auf internationalen Schutz.

Art. 19 normiert hierzu Ausnahmen: Nach Absatz 1 geht die Zuständigkeit auf einen anderen Mitgliedstaat über, wenn dieser einen Aufenthaltstitel erteilt.

Nach Absatz 2 erlöschen die Pflichten aus Art. 18, wenn der Mitgliedstaat nachweisen kann, dass der Antragsteller das Hoheitsgebiet der Mitgliedstaaten für mindestens 3 Monate verlassen hat, sofern er nicht im Besitz eines Aufenthaltstitels eines anderen Mitgliedsstaates ist. Ein später gestellter Asylantrag löst eine neue Zuständigkeitsprüfung aus.

Nach Absatz 3 erlöschen die Pflichten aus Art. 18, wenn der zuständige Mitgliedsstaat nachweisen kann, dass der Antragsteller vorher das Hoheitsgebiet der Mitgliedsstaaten aufgrund eines Rückführungsbeschlusses oder einer Abschiebungsanordnung verlassen hat. Auch in diesem Fall gilt ein nach dem Vollzug gestellter Antrag als neuer Antrag mit der Folge einer erneuten Zuständigkeitsbestimmung.

7. Aufnahmeverfahren, Art. 21, 22 und 29

7.1. Art. 21 Aufnahmegesuch

Ein Aufnahmegesuch liegt vor, wenn ein Mitgliedsstaat einen anderen Mitgliedsstaat für zuständig hält einen Antrag auf internationalen Schutz zu prüfen. Das Aufnahmegesuch ist so bald wie möglich, in jedem Fall aber **innerhalb von 3 Monaten nach Antragstellung, spätestens aber innerhalb von 2 Monaten nach Erhalt der Eurodac-Treffermeldung**, zu stellen.

Nach Art. 20 II gilt ein Antrag auf internationalen Schutz als gestellt, wenn den national zuständigen Behörden ein vom Antragsteller eingereichtes Formblatt oder ein behördliches Protokoll zugegangen ist (Art. 20 II 1). Bei einem nicht schriftlich gestellten Antrag muss das Protokoll so rasch wie möglich erstellt werden.

Wird das Aufnahmegesuch nicht innerhalb der genannten Fristen dem vermeintlich zuständigen Staat unterbreitet, **so geht die Zuständigkeit über (Art. 21 I 3)**.

Nach Art. 21 (2) kann im Fall einer Einreiseverweigerung oder einer Festnahme wegen illegaler Einreise oder des Erlasses einer Abschiebungsandrohung der ersuchende Staat unter Angabe der Gründe eine dringende Antwort binnen einer Frist von wenigstens 1 Woche anfordern.

7.2. Antwortfrist

Der ersuchte Mitgliedsstaat muss nach Art. 22 (1) das Ersuchen überprüfen und innerhalb von **2 Monaten** nach Erhalt des Gesuchs entscheiden (Art. 22 (1)), im Falle eines Dringlichkeitsersuchens spätestens innerhalb **eines Monats** (Art. 22 (6) 2), wobei dann noch mitgeteilt werden muss, warum eine vom ersuchenden Mitgliedsstaat eventuell gesetzte kürzere Frist nicht eingehalten wurde.

Nach Art. 22 (7) wird ein Schweigen auf das Ersuchen als Stattgabe gewertet. Konsequenz ist die Verpflichtung des ersuchten Staates, die Person aufzunehmen.

8. Wiederaufnahmeverfahren Art. 23, 24, 25 und 29

8.1. Wiederaufnahmeersuchen

Das Wiederaufnahmeersuchen setzt schon begrifflich voraus, dass bereits ein Asylantrag gestellt wurde. Art. 18 Ib betrifft die Fallkonstellation einer Weiterwanderung nach Antragstellung und während einer laufenden Prüfung im Erststaat, Art. 18 Ic die eines Antragstellers, der während der Antragsprüfung seinen Antrag zurückgezogen hat und gleichwohl weitergewandert ist. Art. 18 Id betrifft den Fall, dass der Betreffende nach Ablehnung des Asylantrags in einem anderen Mitgliedsstaat einen weiteren Asylantrag gestellt hat, ohne im Besitz eines Aufenthaltstitels zu sein. In all diesen Fällen kann ein Wiederaufnahmeersuchen gestellt werden. Das Gesetz differenziert zwischen Art. 23, der ein Wiederaufnahmegesuch bei erneuter Antragstellung regelt, und Art. 24, der den Fall betrifft, dass kein neuer Asylantrag gestellt wurde.

Art. 24 II erlaubt ein Wiederaufnahmegesuch auch dann, wenn kein neuer Asylantrag gestellt wurde, wenn und weil der Staat des aktuellen Aufenthalts der Auffassung ist, dass ein anderer Mitgliedsstaat zuständig sein könnte.

Im Fall eines Eurodac-Treffers ist das Gesuch um Wiederaufnahme so bald wie möglich, jedenfalls aber **innerhalb von 2 Monaten** zu stellen (Art. 23 II), bei einer Bezugnahme auf **andere Beweismittel innerhalb von 3 Monaten** (Art. 24 II). Werden diese **Fristen versäumt**, geht auch in diesem Fall die **Zuständigkeit über**, dem Betroffenen ist Gelegenheit zu geben, einen neuen Antrag zu stellen (Art. 24 III).

8.2. Wiederaufnahmeersuchen oder Rückführung

Wenn das Asylgesuch des Betreffenden in einem anderen Mitgliedsstaat zuvor abgelehnt worden war (Art. 18 Id), hat der Mitgliedsstaat ein Wahlrecht zwischen der Einleitung eines Wiederaufnahmeverfahrens oder eines Rückkehrverfahrens nach der Rückführungs-Richtlinie. Ein Wiederaufnahmeersuchen schließt dann die Anwendung der Rückführungs-Richtlinie aus (Art. 24 IV 2).

Mit dieser Bestimmung wird eine sich ausschließende Bipolarität der Normen deutlich: Der Mitgliedsstaat hat sich zu entscheiden, ob er ein Wiederaufnahmeersuchen stellt oder von den Möglichkeiten der Rückführungs-Richtlinie Gebrauch macht. Entscheidet er sich für ein Rücküberahmeersuchen, erklärt er implizit, dass er gegebenenfalls das Asylverfahren durchführen wird. Denn dies ist – wie Art. 23 III, Art. 24 III zeigen –, die in Kauf genommene Konsequenz eines Wiederaufnahmeersuchens. Diese Folge soll nicht nur eintreten, wenn das Wiederaufnahmeersuchen nicht fristgerecht gestellt wurde, sondern eben auch dann, wenn ihm nicht entsprochen wurde. Eine mehr oder weniger automatische Rückführung nach der Rückführungs-Richtlinie findet dann nicht mehr statt, vielmehr ist nun eine inhaltliche Prüfung verlangt.

8.3. Antwortfrist

Nach Art. 25 I beträgt die **Antwortfrist 1 Monat bzw. 2 Wochen** im Fall eines vorherigen Eurodac-Treffers. Schweigen bedeutet auch hier eine Stattgabe mit der Folge der Wiederaufnahmeverpflichtung (Art. 25 II) und der Verpflichtung, angemessene Vorkehrungen für die Ankunft zu treffen.

9. Verfahrensgarantien

Der IV. Abschnitt enthält in Art. 26 und 27 Verfahrensregelungen.

9.1. Zustellung des Überstellungsbescheids

Art. 26 schreibt vor, dass eine eventuelle Überstellungsentscheidung dem Antragsteller nebst einer Rechtsbehelfsbelehrung mitzuteilen ist. Über Rechtsmittel muss er informiert werden. Die Entscheidung muss daneben Informationen enthalten über die Frist für die Durchführung der Überstellung mit erforderlichen Angaben über den Ort und den Zeitpunkt, an dem oder zu dem sich die Person zu melden hat, wenn sie sich auf eigene Initiative in den zuständigen Mitgliedsstaat begibt.

Zwar schreibt auch die Dublin-III-VO nicht bindend vor, dass dem Betroffenen erst Gelegenheit zu einer freiwilligen

Rückkehr zu geben ist, doch zeigt der letzte Halbsatz, dass die freiwillige Rückkehr eine in Betracht kommende, gleichwertige Alternative darstellt.

Die Praxis, in der regelmäßig Zwangsüberstellungen vorgenommen werden, ist damit nicht zu vereinbaren. Vielmehr ist eine Einzelfallprüfung erforderlich, aufgrund derer das BAMF zu entscheiden hat, ob eine zwangsweise Überstellung stattfindet oder ob Ort und Zeitpunkt mitgeteilt werden, an dem sich der Betroffene einzufinden hat, sozusagen um sich abzumelden und kontrolliert freiwillig auszureisen. Dies sehen auch einige Verwaltungsgerichte so.

Art. 26 II 2 verpflichtet die Mitgliedsstaaten schließlich auch noch sicherzustellen, dass die betreffende Person zusammen mit der Überstellungsentscheidung „Angaben zu Personen oder Einrichtungen erhält, die sie rechtlich beraten können, sofern diese Angaben nicht bereits mitgeteilt wurden". Die letztgenannte Einschränkung darf nicht dahingehend interpretiert werden, dass die bei der Antragstellung erteilte, allgemeine Belehrung genügt. Erforderlich ist vielmehr ein konkreter Hinweis, der in Zusammenhang mit der Rückführungsentscheidung zu ergehen hat, frühestens also im Rahmen des persönlichen Gesprächs nach Art. 5.

9.2. Rechtsmittel

Art. 27 gewährt dem Flüchtling einen Anspruch auf Rechtsschutz innerhalb angemessener Frist inklusive des Rechts auf Aussetzung des Vollzugs, gegebenenfalls im Wege eines Antrags auf aufschiebende Wirkung. § 34a AsylVfG hat diese Vorgaben mittlerweile in das deutsche Recht umgesetzt. Ist binnen der Wochenfrist ein Antrag auf Anordnung der aufschiebenden Wirkung der (einzureichenden!) Klage gestellt, ist eine Überstellung bis zur Entscheidung des Gerichts im Eilverfahren unzulässig. Ordnet das Gericht die aufschiebende Wirkung der Klage an, ist die Überstellung ausgesetzt, bis eine endgültige Entscheidung in der Hauptsache ergangen ist. Ist jedoch die Klage in der I. Instanz abgewiesen worden und ist ihre Rechtskraft deshalb gehemmt, weil der Betreffende einen Antrag auf Zulassung der Berufung eingereicht hat, endet die aufschiebende Wirkung 3 Monate nach Ablauf der gesetzlichen Begründungsfrist (§ 80b (1) 1 VwGO). In diesem Fall ist ein Antrag auf Fortdauer der aufschiebenden Wirkung beim Oberverwaltungsgericht bzw. Verwaltungsgerichtshof erforderlich, wie § 80b II VwGO vorschreibt. Diese Regelung ist auch bei Dublin-Verfahren anwendbar.

Die Dublin-III-VO gibt in Art. 27 III den Staaten mehrere Möglichkeiten zur Regelung des einstweiligen Rechtsschutzes. Deutschland hat, entsprechend dem deutschen Rechtssystem, von den Möglichkeiten in Art. 27 IIIc Gebrauch gemacht,. Dieser sieht vor, dass die aufschiebende Wirkung „bis zum Abschluss des Rechtsbehelfs oder der Überprüfung" beantragt werden kann. Mit anderen Worten: Die Dublin-III-VO lässt eine einmalige Überprüfung ausreichen. Eine Berufungsinstanz ist nicht verlangt. Noch nicht geklärt sind Umfang und Tiefe des Prüfungsverfahrens des Gerichts im Eilverfahren. Bei einer engen Auslegung könnte der Prüfungsumfang dahingehend beschränkt werden, dass lediglich geprüft wird, ob eine konkrete Gefahr einer menschenrechtswidrigen Behandlung aufgrund systemischer Mängel besteht, wie dies wohl der EuGH zum Dublin-II-Verfahren getan hat (C-394/12 vom 10.12.13). Da die Dublin-III-VO jedoch den individuellen Rechtsschutz der Betroffenen deutlich ausgeweitet hat, dürfte diese Rechtsprechung nicht mehr einschlägig sein. Es wäre widersinnig, wenn Art. 4 den Staaten die umfassende Information der Betroffenen und Art. 5 ein persönliches Gespräch vorschreibt, dessen Zweck nicht nur darin besteht, die Zuständigkeit richtig zu ermitteln, sondern auch, die in den Erwägungsgründen hervorgehobenen und zu berücksichtigenden familiären, menschenrechtlichen und humanitären Gesichtspunkte richtig zu würdigen, wenn dies im Eilverfahren nicht berücksichtigt werden dürfte. Ist beispielsweise entgegen Art. 8 II Dublin-III-VO ein Verwandter eines unbegleiteten Minderjährigen übersehen worden, so kann dies nicht nur zur „falschen Zuständigkeit" führen, sondern auch zu einer Verletzung des Kindeswohls. Ähnliches gilt für viele der Zuständigkeitskriterien.

Eine falsche Zuständigkeit ist deshalb jedenfalls dann beachtlich, wenn hierdurch grund- und menschenrechtlich geschützte Positionen betroffen sind. Da das Dublin-III-System den Rechtsschutz der Individuen erweitert hat und Menschen niemals – auch nicht im Rahmen des europäischen Systems – zu bloßen Objekten einer staatlichen Verteilungsmaschinerie gemacht werden dürfen, muss jede Entscheidung (auch ein nicht gewünschter Selbsteintritt) überprüfbar sein. Denn der Selbsteintritt beruht möglicherweise auf einer unzutreffenden Information oder Subsumtion oder auf einem rein willkürlichen

Beschluss ohne Berücksichtigung der individuellen Gründe. Wäre eine Überprüfung in diesen Fällen nicht zugelassen, würde der Mensch zum Objekt gemacht.

Da ich keine Illusionen erzeugen möchte, sei klargestellt, dass diese meine Rechtsauffassung von vielen Verwaltungsgerichten (noch) nicht geteilt wird. Es finden sich nicht nur vereinzelte verwaltungsgerichtliche Entscheidungen, die behaupten, die Zuständigkeitskriterien schützten nur die Interessen der Staaten und nicht die Menschen.

10. Inhaftnahme zum Zwecke der Überstellung

Art. 28 regelt die Inhaftnahme zum Zwecke der Überstellung. Die Verhängung von Haft ist nach Absatz 2 zur Sicherstellung des Überstellungsverfahrens zulässig, wenn eine erhebliche Fluchtgefahr besteht. Voraussetzung ist eine Einzelfallprüfung und die Beachtung des Verhältnismäßigkeitsgrundsatzes. Der zum Zeitpunkt der Drucklegung diskutierte „Entwurf eines Gesetzes zur Neubestimmung des Bleiberechts und der Aufenthaltsbeendigung" hat in § 2 XV i. V. m. § 2 XIV AufenthG-E definiert, wann konkrete Anhaltspunkte für das Vorliegen einer Fluchtgefahr bestehen. Ein Anhaltspunkt hierfür soll auch sein, dass der Ausländer einen anderen Dublin-Staat vor Abschluss des Asylverfahrens verlassen hat, sofern „die Umstände der Feststellung im Bundesgebiet konkret darauf hindeuten, dass er den zuständigen Mitgliedstaat in absehbarer Zeit nicht aufsuchen will". Dies wird aber die Regel sein, wenn hier ein Asylantrag gestellt wurde. Das Ergebnis wäre, dass alle Asylantragsteller, die in einem Dublin-Verfahren sind, inhaftiert werden könnten. Dies steht in Widerspruch zu Art. 28 I Dublin-III-VO, der ausdrücklich bestimmt, dass die Mitgliedstaaten eine Person nicht allein deshalb in Haft nehmen, weil sie dem Dublin-Verfahren unterliegt. Da auch die in § 2 XIV AufenthG-E benannten Anhaltspunkte für eine Fluchtgefahr teilweise sehr weit gefasst sind, droht eine Zunahme der Inhaftierungen im Dublin-Verfahren.

Die Haft ist auf die erforderliche Dauer angemessen zu beschränken (Absatz 3). Wird die Person inhaftiert, darf **die Frist zur Stellung eines Aufnahme- oder Wiederaufnahmegesuchs einen Monat ab Antragstellung** nicht überschreiten. Die Antwortfrist beträgt dann 2 Wochen. Schweigen bedeutet auch hier eine Zustimmung mit der Verpflichtung der **Überstellung** spätestens **innerhalb von 6 Wochen** nach der stillschweigenden oder ausdrücklichen Annahme des Gesuches bzw. des Ausschlusses der aufschiebenden Wirkung des Rechtsmittels (Art. 28 III).

Wenn das Aufnahme- oder Wiederaufnahmeersuchen nicht innerhalb der Monatsfrist gestellt wurde bzw. die Überstellung nicht innerhalb der 6-Wochen-Frist nach Zustimmung erfolgt ist, ist der Betroffene aus der Haft zu entlassen (Art. 28 III 3. Unterabsatz Dublin-III-VO). Der weitere Fortgang richtet sich dann nach den allgemeinen Regelungen, wichtig dabei ist insbesondere, dass die Überstellungsfristen von Art. 29 weiterhin gelten und nicht durch die 6-Monats-Frist ersetzt wurden.

11. Überstellung

Art. 29 I bestimmt, dass die Überstellung **innerhalb von 6 Monaten** nach der Annahme des Aufnahme- oder Wiederaufnahmeersuchens oder des Ausschlusses der aufschiebenden Wirkung eines Rechtsmittels zu erfolgen hat.

Noch nicht geklärt ist, wann die Überstellungsfrist bei Einreichung eines Eilrechtsschutzantrages zu laufen beginnt. Es gibt unterschiedliche Rechtsauffassungen. Die einen argumentieren, bei Einreichung eines Eilantrags werde die Frist gehemmt, werde der Eilantrag abgelehnt, so laufe die ursprüngliche Frist weiter und ende dann eben entsprechend später. Viele Verwaltungsgerichte gehen jedoch auch von einer Hemmung des Fristablaufs durch die Einreichung eines Eilantrags aus.

Die andere Rechtsauffassung argumentiert, dass dann, wenn ein Eilantrag gestellt werde, die Überstellungsfrist erst mit dem bestandskräftigen (negativen) Abschluss der Eilentscheidung zu laufen beginne. Wurde dem Eilantrag stattgegeben, begännen die Fristen erst mit Rechtskraft der Hauptsacheentscheidung zu laufen. Ich fürchte, die letztgenannte Auffassung ist zutreffend. Die Dublin-III-VO überlässt es den europäischen Staaten, wie sie die aufschiebende Wirkung regeln (Art. 27 III). Art. 29 I Unterabs. 1 letzter Satz Dublin-III-VO sieht deshalb vor, dass die Überstellungsfrist zu laufen beginnt nach einer „endgültigen Entscheidung über einen Rechtsbehelf" oder einer „Überprüfung, wenn diese ... aufschiebende Wirkung hat".

Wenn ein Land, wie Deutschland, ein vorgeschaltetes Eilverfahren zulässt, das den Sofortvollzug vorübergehend ausschließt, ist die Folge, dass nach Abschluss desselben die Fristen erneut zu laufen beginnen.

Eine Fristverlängerung auf **1 Jahr** ist möglich, wenn die Überstellung aufgrund einer Inhaftierung nicht erfolgen konnte, bzw. auf **18 Monate**, wenn die betreffende Person flüchtig ist.

Die Zunahme der Kirchenasyle in der letzten Zeit hat dazu geführt, dass das BAMF jetzt – im Gegensatz zu seiner früheren Rechtsauffassung – selbst bei einem offenen Kirchenasyl meint, dass der Asylbewerber flüchtig ist. Da bei einem offenen Kirchenasyl die Anschrift sowohl dem BAMF als auch der Ausländerbehörde mitgeteilt wird, kann von einer Flucht im eigentlichen Sinne nicht die Rede sein. Der Ausländer verbirgt sich nicht und ist auch nicht davongelaufen, die Behörden könnten Zugriff nehmen, wenn sie denn wollten. Dass sie aus Rücksichtnahme auf die Kirchen, die Gläubigen und die öffentliche Meinung hiervon absehen, ist eine Entscheidung der Politik und entzieht sich der Einflussnahme des Betroffenen. Wenn das BAMF bei seiner Auffassung bleibt und die Gerichte sie billigen, wird das Kirchenasyl noch mehr Beharrungsvermögen und Engagement fordern als schon jetzt.

Art. 29 II hält wie bislang fest, dass die Nichteinhaltung der Überstellungsfrist zum **Übergang der Zuständigkeit** auf den ersuchenden Mitgliedsstaat führt.

Art. 29 III enthält schließlich eine Wiederaufnahmeverpflichtung des überstellenden Staates für den Fall einer irrigen Überstellung oder eines nachträglichen Rechtsmittelerfolgs.

12. Praktische Erwägungen

Dublin-III-Verfahren sind mittlerweile Hauptbetätigungsfeld nicht nur für das BAMF, sondern auch in der Beratung von Asylsuchenden geworden. Circa 1/3 aller Fälle sind Dublin-Fälle. Die Not der Betroffenen, ihre Furcht davor, in einen Staat überstellt zu werden, in dem katastrophale Zustände im Asyl- und Aufnahmeverfahren herrschen und der Druck auf die Unterstützer sind dementsprechend groß, Ratlosigkeit ist verbreitet. Was also ist zu tun, wie kann man helfen? Natürlich kann ich hier keine allgemein gültigen Ratschläge geben, sondern nur einige Überlegungen mitteilen, die anzustellen sind.

12.1. Erwägungen im Vorfeld

Wenn Sie von einem Flüchtling wissen, dass er über einen Dublin-III-Staat eingereist ist und davon ausgehen müssen, dass dies bekannt wird – was dann der Fall ist, wenn er Fingerabdrücke abgegeben hat oder mit einem Visum eingereist ist –, erklären Sie ihm die Situation und machen Sie ihm klar, dass das europäische Asylrecht in diesem Fall regelmäßig von ihm verlangt, dass er dorthin zurückkehrt. Vielleicht ist ihm eine frühzeitige geordnete Rückkehr lieber, als eine bei einer Vielzahl der Fälle drohende zwangsweise Überstellung. Kommt dies für ihn nicht in Frage, müssen Sie mit nüchternem Blick abwägen, wie groß die Erfolgschancen gegenüber dem BAMF bzw. den Gerichten sind. Dies hängt von zwei Faktoren ab.

12.1.1. Welcher Dublin-III-Staat ist zuständig? Im Regelfall wird dies der Dublin-III-Staat sein, in dem der Flüchtling zuletzt war; es gibt aber auch Ausnahmen (z. B. wenn ein anderer Staat ein Visum erteilt hat). Versuchen Sie also herauszubekommen, wer als Rückübernahmestaat in Frage kommt. Denken Sie dabei auch an die Sonderzuständigkeit aufgrund familiärer Verbundenheit, etwa nach Art. 8, 9 oder 10 Dublin-III-VO. Ist der Flüchtling minderjährig, braucht er eine Rücküberführung nicht zu befürchten, wenn das dortige Asylverfahren noch nicht abgeschlossen ist.

Unter Umständen kann auch aus humanitären Gründen gemäß Art. 16 Dublin-III-VO eine Trennung verhindert bzw. eine Familienzusammenführung erreicht werden. Als Letztes schließlich bleibt die Möglichkeit, einen Selbsteintritt nach Art. 17 Dublin-III-VO beim BAMF anzuregen. Auch wenn Deutschland hier ein weites Ermessen hat und eigentlich stets „ja" sagen dürfte, ist die Praxis sehr restriktiv: es müssen schon außergewöhnliche Umstände vorliegen, die vergleichbar den in Art. 16 verlangten Bindungen/Problemlagen sind.

12.1.2. Wenn Sie nach den eben genannten Kriterien nicht zu einer Zuständigkeit Deutschlands kommen oder nicht die Hoffnung haben, eine solche herbeiführen zu können, ist zu prüfen, ob eine Rücküberführung in den Dublin-III-Staat möglich oder ausgeschlossen ist. Juristisch zu verhindern ist sie nur dann, wenn in dem Dublin-III-Staat „systemische Mängel" vorliegen, die zu einer erheblichen und konkreten Gefahr einer menschenrechtswidrigen Behandlung des Asylsuchenden in dem Dublin-

III-Staat führen könnten. Diese Voraussetzungen werden nur in den seltensten Ausnahmefällen vorliegen.

Systemische Mängel liegen dann vor, wenn das Asylverfahren des zuständigen Staates oder dessen Aufnahmebedingungen strukturell fehlerhaft sind. Die Mängel müssen dabei nicht flächendeckend sein, also jeden Asylsuchenden erfassen, es genügt, wenn nur eine Gruppe oder auch nur ein bestimmter Einzelfall betroffen ist und das System keine Korrekturmechanismen für diese Fälle bereithält. Hinzu treten muss jedoch als weitere Voraussetzung, dass dieser systemische Mangel mit einer hinreichenden Wahrscheinlichkeit zu einer schwerwiegenden Menschenrechtsverletzung des Betroffenen führt. Dies sind sehr hohe Voraussetzungen. Um dies deutlich zu machen, ein Beispiel: Eine fehlerhafte Asylentscheidung eines anderen Staates ist ein Mangel, aber dann kein systemischer, wenn ein Rechtssystem existiert, das geeignet ist, einen solchen Mangel zu beseitigen. Selbst, wenn er im Einzelfall nicht beseitigt wurde, etwa, weil die Gerichtsentscheidung fehlerhaft ist, liegt kein systemischer Mangel vor, sondern nur eine falsche Einzelfallentscheidung (die es ja auch in Deutschland geben kann). Ein systemischer Mangel wäre beispielsweise, wenn das Asylsystem des anderen Dublin-III-Staates bestimmte Rechtsgutverletzungen – wie etwa eine Vergewaltigung – als asylirrelevant ansehen würde.

Solche systemischen Mängel wurden für Griechenland anerkannt, sie wurden und werden für einzelne weitere Staaten wie etwa Zypern, Ungarn, Bulgarien, Malta, aber auch Italien diskutiert und von einzelnen Verwaltungsgerichten bejaht. Es ist – seien wir realistisch – davon auszugehen, dass die Zahl der Staaten mit systemischen Mängeln abnehmen wird, schon weil Gerichtsentscheidungen, die die Überstellung stoppen, dazu führen, dass Druck auf die betroffenen Staaten ausgeübt wird und diese Verbesserungen herbeiführen. Allerdings zeigt das Beispiel Griechenlands, dass es selbst nach vielen Jahren nicht gelingt, systemische Mängel abzustellen. Nur im Ausnahmefall wird also die Berufung auf systemische Mängel im Dublin-III-Staat zum Erfolg führen.

Auch dann, wenn keine systemischen Mängel vorliegen, kann man jedoch im Eilverfahren Erfolg haben. So wurde beispielsweise die Überstellung einer Familie nach Italien untersagt, weil dort eine ordnungsgemäße Unterbringung der Familie nicht sichergestellt war. Das BAMF müsse erst dafür sorgen, dass die Familie gemeinsam zu zumutbaren Bedingungen untergebracht werde. Diese Rechtsprechung lässt sich auf andere sog. „vulnerable" Personen übertragen, also kranke, behinderte, alte und sonstige Personen mit einem besonderen Betreuungsbedarf. Sie dürfen erst dann überstellt werden, wenn in dem anderen Dublin-Staat die erforderliche angemessene Betreuung sichergestellt ist. Dies bringt zumindest einen Aufschub, in Einzelfällen kann dann möglicherweise eine Problemlösung gefunden werden, sei es, dass das BAMF vom Selbsteintrittsrecht Gebrauch macht, sei es, dass eine Aufenthaltserlaubnis aus anderen Gründen erteilt wird, sei es, dass eine Weiterwanderung in einen Drittstaat organisiert werden kann. Ob eine Chance hierfür besteht, muss in enger Abstimmung mit dem Flüchtling erarbeitet werden, wobei auch die Konsequenzen eines Misserfolgs bedacht werden müssen – ein Hinausschieben liegt nicht immer im Interesse des Flüchtlings.

12.2. Anhörung im Dublin-Verfahren

Auch im Dublin-Verfahren ist die Anhörung im Regelfall vorgeschrieben. Das BAMF versucht, sich das persönliche Gespräch zu sparen und durch ein schriftliches Verfahren zu ersetzen. Darauf sollte man sich nicht einlassen. Art. 5 Dublin-III-VO sieht ein persönliches Gespräch zwingend vor. Hierauf darf nach Absatz 2 nur verzichtet werden, wenn der Antragsteller flüchtig ist oder eine schriftliche Information erhalten hat und bereits sachdienliche Angaben gemacht hat, so dass der zuständige Mitgliedsstaat auf andere Weise bestimmt werden kann. Zudem muss dem Betroffenen dann Gelegenheit gegeben werden, alle weiteren sachdienlichen Informationen vorzulegen.

Die wesentlichen Informationen sind dabei solche, die die Zuständigkeit betreffen. Dies sind vor allem familiäre Beziehungen bzw. Aufenthalte von nahen Familienangehörigen in anderen Dublin-III-Staaten, aber auch Abhängigkeiten im Sinne von Art. 16, ein Hilfebedarf (wie etwa durch Krankheit), natürlich das Alter bei Minderjährigen und besondere Umstände, die Anlass geben könnten, aus humanitären Gründen vom Selbsteintrittsrecht Gebrauch zu machen.

Das persönliche Gespräch wird anhand eines knappen Formblatts durchgeführt. Wenn ein Flüchtling alleine zu dieser Anhörung geht, besteht die Gefahr, dass nicht alle wesentlichen Aspekte in dieses Formblatt aufgenommen werden. Wenn Sie daher schon vor der persönlichen Anhörung Kontakt zum

Flüchtling haben, sollten Sie vorab die wesentlichen Aspekte schriftlich zusammenfassen und dem BAMF schicken oder dem Flüchtling zum persönlichen Gespräch mitgeben, damit sie zur Akte genommen werden. Soweit Nachweise vorhanden sind (seien es ärztliche Atteste, seien es Nachweise über Verwandtschaftsbeziehungen oder Aufenthaltsorte von Verwandten oder Ähnliches), sollten diese Dokumente in Kopie mit vorgelegt werden.

Sie können den Flüchtling natürlich auch als Beistand zu dem persönlichen Gespräch begleiten.

Sobald klar ist, dass ein Dublin-Verfahren durchgeführt wird, sollten Sie auch darauf achten, dass Sie regelmäßig über den Akteninhalt des BAMF informiert sind. Denn nur so wissen Sie, was das BAMF unternimmt, um eine Überstellung vorzubereiten. Nur so können Sie überprüfen, ob ein Aufnahme-/Wiederaufnahmeersuchen rechtzeitig gestellt wurde, ob und wie der andere Staat reagiert hat und damit auch, wann die Fristen laufen. Beantragen Sie dann also mehr oder weniger regelmäßig (etwa im 4-Wochen-Rhythmus) eine Aktualisierung der Akteneinsicht. Hierfür müssen Sie sich von dem betreffenden Flüchtling bevollmächtigen lassen.

12.3. Die Entscheidung

Ist eine Dublin-Entscheidung ergangen – wurde also der Asylantrag als unzulässig abgelehnt und eine Überstellung angeordnet –, muss das weitere Vorgehen überlegt werden.

12.3.1. Infolge der relativ geringen Erfolgschancen müssen Sie mit dem Asylsuchenden diskutieren, ob er nicht freiwillig in den anderen Dublin-III-Staat zurückkehrt und so eine zwangsweise Überstellung vermeidet. Wenn er sich dazu entschlossen hat, sollten Sie sich an die Ausländerbehörde wenden und versuchen, eine freiwillige Rückkehr abzusprechen. Die Ausländerbehörde wird darüber nicht begeistert sein – obwohl jede Behörde froh sein sollte, wenn man ihrer Anordnung freiwillig nachkommt –, weil sie nur auf Zwangsmaßnahmen gedrillt ist. Da man die in der Dublin-III-VO eigentlich vorgesehene Reihenfolge – freiwillige Ausreise, begleitete kontrollierte Ausreise, zwangsweise Überstellung – in Deutschland weitgehend ignoriert, wird man Ihnen vorhalten, dass die Organisation einer freiwilligen Ausreise mehr Zeit beansprucht als eine zwangsweise Überstellung (auf die man eingestellt ist), weshalb der

Betroffene eben abgeschoben werden müsse. Dies ist aber kein Argument, da eine eventuelle Verzögerung nicht vom Betroffenen ausgeht, sondern von der Behörde, die den für einen freiheitlich-demokratischen Rechtsstaat selbstverständlichen Grundsatz, dass Freiwilligkeit vor Zwangsmaßnahmen geht, ignoriert.

Nicht selten hört man von den Asylsuchenden auch, dass sie lieber in ihr Heimatland zurückkehren wollen als in den Dublin-III-Staat, in dem sie eine schlechte Behandlung erlitten haben. Dies kann, wenn es nicht nur Ausdruck einer aktuellen Frustration ist, eine Alternative zur Überstellung in den Dublin-III-Staat sein. In der Praxis wird eine Rückkehr in den Herkunftsstaat jedoch nur dann klappen, wenn der Flüchtling über Papiere verfügt oder diese in absehbarer Zeit beschafft werden können. Zum einen gibt es nur mit Papieren entsprechende finanzielle Mittel zur Förderung der Rückkehr, zum anderen nimmt eine noch erforderliche Beschaffung von Heimreiseunterlagen (Pass oder Laissez-Passer) oft viel Zeit in Anspruch, oft zu viel aus Sicht der Behörden. Denn für diese besteht die Gefahr, dass die Überstellungsfrist nach der Dublin-III-VO ausläuft und der Betroffene dann doch in Deutschland bleibt. Wenn der Flüchtling also "freiwillig" in seinen Herkunftsstaat oder den Dublin-III-Staat ausreisen will, muss er sich selbst relativ zügig um Heimreisedokumente kümmern.

12.3.2. Gegen den Bescheid kann binnen einer 2-Wochen-Frist Klage (siehe Formularmuster 6) und binnen einer Frist von 1 Woche ein Eilantrag (siehe Formularmuster 6) eingereicht werden.

Ob man beides tun soll und muss, hängt vom Einzelfall ab.

Da die Klage allein keine aufschiebende Wirkung entfaltet, kann, wenn man die Wochenfrist verstreichen lassen und keinen Eilantrag eingereicht hat, die Ausländerbehörde aus dem BAMF-Bescheid vollstrecken und den Betroffenen zwangsweise in den Dublin-III-Staat überstellen. Grundsätzlich ist daher ein Eilantrag vonnöten, wenn man sich gegen die Überstellung zur Wehr setzen möchte. Aber: Wie schon oben dargelegt, sind die Erfolgschancen eines Eilantrags recht gering. Ein Eilantrag hat darüber hinaus nach meiner Auffassung zur Folge, dass die Überstellungsfrist im Fall einer negativen Eilentscheidung neu zu laufen beginnt und damit die Konsequenz, dass die Zeit, die seit der Übernahme verstrichen ist, verloren geht. Wenn eine Überstellung aktuell nicht zu befürchten ist, sollte deshalb überlegt werden, auf den Eilantrag zu verzichten. Ein solcher Verzicht kommt in Frage, wenn die Person aus beachtlichen Gründen nicht reisefähig ist. Dies ist etwa bei einer fortgeschrittenen Schwangerschaft der Fall, aber auch bei einer schwerwiegenden sonstigen physischen oder psychischen Erkrankung. Ein (fach-)ärztliches Attest sollte sowohl dem BAMF als auch dem Ausländeramt vorgelegt werden. Da die Behörden natürlich misstrauisch sind, muss das Attest über eine Reiseunfähigkeit auch einer amtsärztlichen Überprüfung standhalten. Ist dies der Fall, und kann man davon ausgehen, dass das Überstellungshindernis bis zum Ablauf der Überstellungsfrist andauern wird, sollte kein Eilantrag eingereicht werden. Gleiches gilt auch, wenn der Flüchtling ins Kirchenasyl genommen wird.

In jedem Fall aber sollte die Klagefrist gewahrt werden, schon um die Chance zu wahren, im Hauptsacheverfahren die Argumente über die Zuständigkeit Deutschlands oder die Verpflichtung zum Selbsteintritt vorzubringen. Darüber hinaus gibt es Fallkonstellationen, in denen es günstig ist, die Zuständigkeitsfrage für ein eventuelles später in Deutschland durchgeführtes Asylverfahren offenzuhalten.

▶ Tipp

1. Bei Dublin Verfahren ist Aktenkenntnis besonders wichtig, da nur so geprüft werden kann, ob die Fristen beachtet wurden. Beantragen Sie daher – gegebenenfalls auch wiederholt - Akteneinsicht.

2. Verzichten Sie nicht auf das „Persönliche" Gespräch, erklären Sie sich nicht damit einverstanden, dass es schriftlich durchgeführt wird.

3. Tragen Sie beim persönlichen Gespräche evtl. familiäre Bindungen in Deutschland vor und die Umstände, die eine Unterstützung durch oder von den Verwandten gebieten, wie etwa Krankheit, Schwangerschaft, Behinderung, hohes Alter oder Hilfebedarf wegen der Versorgung eines Kleinkindes etc.

4. Beantragen Sie ggf. den Selbsteintritt, wenn besondere Umstände vorliegen, die eine Rückkehr in den zuständigen Dublin-Staat unzumutbar erscheinen lassen bzw. den Selbsteintritt Deutschlands als humanitär geboten erscheinen lassen.

5. Kommt eine Überstellung in Betracht und besteht akuter Behandlungs- oder Betreuungsbedarf, legen Sie (fach)ärztliche Atteste sowohl dem BAMF, als auch dem Ausländeramt vor.

6. Reichen Sie gegen einen Überstellungsbescheid nicht automatisch einen Eilantrag ein, wenn Klage erhoben wurde, sondern prüfen Sie vorher, ob innerhalb der Überstellungsfrist mit einer Überstellung zu rechnen ist.

13. Exkurs

Ich habe schon darauf hingewiesen, dass kein Dublin-III-Verfahren stattfindet, wenn der Flüchtling im andern Dublin-Staat bereits internationalen Schutz erhalten hat, also den Flüchtlingsstatus oder internationalen subsidiären Schutz. Steht dies fest, erlässt das BAMF regelmäßig einen Bescheid, mit dem der Asylantrag bzw. der Antrag auf internationalen Schutz als unzulässig abgelehnt und die Abschiebung in den sicheren Drittstaat angeordnet wird. Hiergegen ist Klage und Eilantrag binnen Wochenfrist zulässig (siehe hierzu: F IV). Erfolgschancen bestehen – wenn überhaupt – allenfalls im Hinblick auf die Abschiebungsanordnung in den sicheren Drittstaat, sofern dargelegt werden kann, dass dort eine menschenrechtswidrige Behandlung droht oder eine sonstige schwerwiegende Beeinträchtigung oder dass der Drittstaat zur Rücknahme nicht bereit ist.

Dies gilt auch dann, wenn das BAMF irrig ein Dublin-Verfahren durchgeführt hat, oder die positive Entscheidung des anderen Dublin-Staates zunächst nicht bekannt war, dies sich aber im weiteren Verlauf herausgestellt hat.

Diese Situation ist das unbefriedigende Ergebnis der völlig unzureichenden Regelungen sowohl im Völkerrecht als auch im EU-Recht. Eine Schutzanerkennung hat umfassende Wirkung nur in dem Staat, der sie ausgesprochen hat, ermöglicht aber nicht die Weiterwanderung.

Zwar gibt es das Europäische Übereinkommen über den Übergang der Verantwortung für Flüchtlinge. Dieses Abkommen des Europarates haben aber nur wenige Staaten in Kraft gesetzt, es gilt nur für Flüchtlinge im Sinne der GFK und greift nur dann ein, wenn ein Staat dem Betroffenen bereits über einen Zeitraum von 2 Jahren einen legalen Aufenthalt gewährt hat. Beispielhaft kommen in den Genuss dieser Regelung Personen, die aus familiären Gründen oder zum Zwecke der Arbeitsaufnahme oder des Studiums eine Aufenthaltserlaubnis erhalten hatten. Nach Ablauf von 2 Jahren haben sie dann auch einen Schutzanspruch gegenüber dem neuen Aufnahmestaat. Im Europarecht ermöglicht die Daueraufenthalts-Richtlinie die Weiterwanderung erst nach einem 5-jährigen Aufenthalt im Erst-EU-Staat und bei Besitz einer Daueraufenthaltserlaubnis-EU.

Da auch das deutsche Aufenthaltsgesetz (in üblicher Anwendung) Schutzberechtigten aus anderen Unionsstaaten nur in seltenen Ausnahmefällen ein Aufenthaltsrecht gewährt, führt dies im Ergebnis zu halb-legaler bis illegaler Weiterwanderung und provoziert Zweitanträge.

Es ist zu fordern, dass die in den EU-Verträgen verankerte Zielsetzung so rasch wie möglich umgesetzt wird; Art. 78 AEUV (Vertrag über die Arbeitsweise der Europäischen Union) garantiert Flüchtlingen einen „in der ganzen Union" gültigen „einheitlichen Asylstatus". Davon sind wir noch weit entfernt.

III. Grundlagen des Asylverfahrens in Deutschland

Das Asylverfahren in Deutschland wird auf der Grundlage des Asylverfahrensgesetzes durchgeführt. Eine Erstfassung trat 1982 in Kraft, doch erfolgte im Rahmen des sog. Asylkompromisses eine Neufassung, die zum 01.07.1992 in Kraft trat und Anlass der Erstauflage dieses Leitfadens war. Das Gesetz wurde in der Folge vielfach geändert, letztmalig durch das Richtlinienumsetzungsgesetz vom 28.08.2013, das Gesetz zur Einstufung weiterer Staaten als sichere Herkunftsstaaten und zur Erleichterung des Arbeitsmarktzugangs für Asylbewerber und geduldete Ausländer vom 31.10.2014 sowie das Gesetz zur Verbesserung der Rechtsstellung von asylsuchenden und geduldeten Ausländern vom 23.12.2014. Weitere Änderungen sind in naher Zukunft zu erwarten.

Die Änderungen im Richtlinienumsetzungsgesetz beruhten im Wesentlichen auf europarechtlichen Vorgaben. Die Europäisierung des Asylrechts durch verschiedene Richtlinien hatten sie erzwungen. Da der deutsche Gesetzgeber das europäische Recht jedoch nur – jedenfalls dann, wenn es über das bisherige deutsche Recht hinausreicht – zögerlich übernimmt, ist es ratsam, ergänzend auch die europäischen Richtlinien im Blick zu haben. Diese formulieren Mindeststandards, die von den Mitgliedsstaaten einzuhalten sind. Die europäischen Regelungen sind daher bei der Interpretation des deutschen Rechts heranzuziehen, einerseits zur Auslegung nicht eindeutiger Bestimmungen, andererseits gegebenenfalls auch ergänzend: denn das deutsche Recht darf dem europäischen System nicht zuwiderlaufen. Wenn die Bestimmung einer Richtlinie nicht oder nicht vollständig umgesetzt wurde, ist die europäische Richtlinie sogar unmittelbar heranzuziehen. Dies allerdings wird den nichtanwaltlichen Helfer überfordern; hier sollte anwaltlicher Rat herangezogen werden.

Das AsylVfG enthält nicht nur Regelungen über das Asylverfahren im eigentlichen Sinne – dies ist der zweite Abschnitt des Gesetzes –, sondern auch über Unterbringung und Verteilung (dritter Abschnitt), das Recht des Aufenthalts während des Asylverfahrens (vierter Abschnitt), das Gerichtsverfahren (siebenter Abschnitt) und schließlich Straf- und Bußgeldvorschriften (achter Abschnitt). Das Bundesverfassungsgericht hat – allerdings noch zu einer Zeit, als das Asylgrundrecht unbeschränkt Geltung besaß – ausgeführt, Grundrechte, und insbesondere das Asylgrundrecht, bedürften „geeigneter Organisationsformen und Verfahrensregelungen, weil anders ‚die materielle Asylrechtsverbürgung nicht wirksam in Anspruch genommen und durchgesetzt werden kann'". Die Asylverfahrensregelungen sollten gewährleisten, dass die politisch Verfolgten Schutz vor der Zugriffsmöglichkeit des Verfolgerstaates erhielten und „dem Grundrecht des asylsuchenden Verfolgten zur Geltung ... verhelfen". Heute ist nicht nur das Asylgrundrecht so ausgehöhlt, dass man es als faktisch abgeschafft bezeichnen kann. Auch das Asylverfahrensrecht mit seinen vielfältigen Ausschluss- und Ablehnungstatbeständen, den kurzen Fristen, den eingeschränkten Rechtsmitteln und den materiellen Beschränkungen in weiten Teilen dient nur in Teilen der Verwirklichung der Rechte der Flüchtlinge.

Das Asylverfahrensgesetz ist lex spezialis, was es explizit regelt, hat Vorrang vor anderen Gesetzen. Gleichwohl hat es der Schutzsuchende auch mit anderen Gesetzen zu tun: Das Aufenthaltsgesetz kommt teilweise (ergänzend) zur Anwendung, das Asylbewerberleistungsgesetz regelt die sozialrechtlichen Leistungen. Hinzu treten Länderregelungen, etwa über die Unterbringung oder Verteilung. Selbstverständlich finden auch allgemeine Gesetze wie etwa das Gesetz über das Ausländerzentralregister, das Strafgesetzbuch oder, um es deutlich zu machen, die Straßenverkehrsordnung, Anwendung, soweit das Asylverfahrensgesetz als lex spezialis keine Regelung enthält.

IV. Die Asylbeantragung

1. Asylantrag und Asylersuchen

1.1. Asylantrag

Ein Asylantrag liegt vor, wenn sich dem „schriftlich, mündlich oder auf andere Weise geäußerten Willen des Ausländers entnehmen lässt, dass er im Bundesgebiet Schutz vor politischer Verfolgung sucht, oder dass er Schutz vor Abschiebung oder einer sonstigen Rückführung in einen Staat begehrt, in dem ihm eine Verfolgung im Sinne des § 3 I AsylVfG oder ein ernsthafter Schaden im Sinne des § 4 I AsylVfG droht". So umschreibt § 13 AsylVfG den Asylantrag. Der zweite Absatz stellt dann klar, dass mit jedem Asylantrag sowohl die Anerkennung als Asylberechtigter sowie internationaler Schutz im Sinne des § 1 I Nr. 2 AsylVfG beantragt wird. Der Ausländer kann den Asylantrag auf die Zuerkennung internationalen Schutzes beschränken, bestimmt der nächste Satz. Dies heißt, dass er auf die Prüfung des Asylgrundrechts verzichten kann. Noch nicht geklärt ist, ob es auch möglich ist, von Anfang an den Asylantrag auf internationalen subsidiären Schutz im Sinne von § 4 I AsylVfG zu beschränken, also weder die Anerkennung als Asylberechtigter noch den Flüchtlingsstatus nach § 3 I AsylVfG zu begehren. Dieses Problem ist seit der Änderung des Asylverfahrensgesetzes im Jahr 2013 virulent. Teilweise wird die Rechtsauffassung vertreten, dies ginge nicht, das BAMF müsse stets beides prüfen. Diese Meinung kann sich auf den Wortlaut des Gesetzes berufen.

Ich bin anderer Auffassung. Es wäre widersinnig, das BAMF zur Prüfung der Flüchtlingseigenschaft zu verpflichten, wenn diese ganz eindeutig nicht vorliegt. Ist der Schutzsuchende beispielsweise aus einem Bürgerkrieg geflohen und begehrt deshalb subsidiären Schutz nach § 4 I 1 Nr. 3 AsylVfG oder hat er Angst vor der Vollstreckung der Todesstrafe nach § 4 I 1 Nr. 1 AsylVfG, fehlt es ganz offenkundig an einem Verfolgungsgrund nach § 3 AsylVfG. Warum soll das BAMF gezwungen sein, über § 3 AsylVfG eine Entscheidung zu treffen, die theoretisch sogar als „offensichtlich" unbegründet ergehen müsste, wenn allseits Einigkeit besteht, dass es keinen derartigen Verfolgungsgrund gibt? Richtigerweise wird man deshalb § 13 II 2 AsylVfG dahingehend einschränkend auslegen müssen, dass eine Beschränkung nur dann unzulässig ist, wenn inhaltlich in Wahrheit ein Verfolgungsgrund im Sinne des Flüchtlingsrechts geltend gemacht wird. Dies hat das Bundesverwaltungsgericht aber schon vor Jahren so festgelegt: Wer vor einer religiösen Verfolgung flieht, macht eine „asylrechtlich relevante" Verfolgung geltend; der Antrag ist dann nach diesen Kriterien zu prüfen und nicht nach denen des internationalen subsidiären Schutzes. Insoweit gibt es kein Wahlrecht.

Unberührt bleibt, wie § 13 II 4 AsylVfG feststellt, die Geltendmachung nationaler Abschiebungsverbote. § 24 II AsylVfG schreibt vor, dass das BAMF nach Stellung eines Asylantrags auch zu entscheiden hat, ob ein Abschiebungsverbot nach § 60 V oder VII 1 AufenthG vorliegt. Dies sind die sog. nationalen subsidiären Abschiebungsverbote.

1.1.1. Einen Asylantrag selbst stellen kann prinzipiell nur derjenige, der bereits das 16. Lebensjahr vollendet hat (§ 12 I AsylVfG). Das soll jedoch geändert werden. Die Große Koalition hat vereinbart, die Sondervorschriften des § 12 I AsylVfG und des § 80 I AufenthG, die die Verfahrensfähigkeit vom 18. Lebensjahr auf das 16. Lebensjahr vorverlegen, zu streichen. Ein Jüngerer bedarf, um einen wirksamen Asylantrag zu stellen, eines gesetzlichen Vertreters. Gemäß § 12 III AsylVfG ist jeder Elternteil zur Vertretung des Kindes befugt, wenn sich der andere Elternteil nicht im Bundesgebiet aufhält oder sein Aufenthaltsort im Bundesgebiet unbekannt ist. Hält sich kein gesetzlicher Vertreter im Bundesgebiet auf, muss dem Kind ein Vormund oder Betreuer vom zuständigen Vormundschaftsgericht bestellt werden. Dies bedeutet freilich nicht, dass ein Asylbegehren eines jüngeren Minderjährigen unbeachtlich wäre. Vielmehr ist er bis zur Bestellung eines Vormunds oder Betreuers so zu behandeln, als hätte er bereits einen Asylantrag gestellt. Aufenthaltsbeendende Maßnahmen sind in der Zwischenzeit unzulässig.

Sind Sie mit einem solchen Fall befasst, sollten Sie sich unbedingt mit dem Jugendamt und dem Vormundschaftsgericht in Verbindung setzen, damit die geeigneten Maßnahmen eingeleitet werden können. Drohen aufenthaltsbeendende Maßnahmen, sollten Sie einen Rechtsanwalt einschalten!

1.1.2. Das noch geltende Recht sieht in § 12 AsylVfG (und § 80 AufenthG) vor, dass auch ein Ausländer, der das 16. Lebensjahr vollendet hat, aber noch nicht volljährig ist, in diesen Bereichen verfahrensfähig ist. Er kann also eigenständig einen Asylantrag oder den Antrag auf Erteilung einer Aufenthaltserlaubnis stellen und kann sich im Fall einer Ablehnung eigenständig hiergegen wehren und Klage einreichen, ohne dass ein Vormund bestellt werden müsste. Diese Regelung verstößt gegen die UN-Kinderrechtskonvention (UN-KRK), die seit Rücknahme der Vorbehalte am 15.07.10 nunmehr auch in Deutschland unbeschränkt gilt. Sie kennt ein derartiges Vorziehen der Handlungsfähigkeit nicht, sondern sieht als Kind jede Person an, die das 18. Lebensjahr noch nicht vollendet hat. Dementsprechend müsste jede rechtlich relevante Handlung (z. B. ein Asylantrag oder eine Klage) eigentlich vom Vormund vorgenommen werden und jede Entscheidung (z. B. die Ablehnung eines Asylantrags oder auch eine Zuweisungsentscheidung im Asylverfahren) müsste dem gesetzlichen Vertreter – der unabhängig von der Frage der Verfahrensfähigkeit grundsätzlich jedem nicht Volljährigen zu bestellen ist – zugestellt werden. Dies geschieht in der Praxis nicht. Die deutschen Behörden stehen auf dem Standpunkt, das deutsche Recht sei für sie verbindlich und behaupten, es widerspreche nicht der UN-KRK. Hinzu kommt, dass ein Vormund oft noch nicht bestellt ist, wenn die ersten verbindlichen Anordnungen gegenüber einem Jugendlichen ergehen.

Die Missachtung der UN-KRK sollte nicht schweigend hingenommen werden. Vielmehr sollte von Anfang an auf die Bestellung eines Vormunds gedrängt werden und darauf hingewiesen werden, dass bei den unter 18-Jährigen der Vormund der Ansprechpartner ist. Ist die Anordnung/Zustellung jedoch direkt an den Jugendlichen erfolgt und läuft die Frist noch, sollte keine Prinzipienreiterei betrieben werden, sondern innerhalb der Frist das Rechtsmittel eingelegt werden. Da sich ein Großteil der Richterschaft noch nicht der Auffassung angeschlossen hat, dass die Vorziehung der Verfahrensfähigkeit der UN-KRK zuwiderläuft, besteht ansonsten die Gefahr der verschuldeten Fristversäumnis. Wenn jedoch eine solche Fristversäumnis eingetreten ist, weil der Vormund nicht rechtzeitig informiert war und der Jugendliche mit dem Bescheid/der Anordnung oder auch der Rechtsbehelfsbelehrung nichts anzufangen wusste, kann und muss auf die UN-KRK hingewiesen werden wegen unverschuldeter Fristsäumnis. Die UN-KRK geht mit den meisten Rechtsordnungen und auch der deutschen Rechtsordnung im Allgemeinen davon aus, dass Personen unter 18 Jahren nicht imstande sind, ohne die Hilfe eines gesetzlichen Vertreters rechtswirksame Handlungen vorzunehmen. Aus gutem Grund braucht ein 17-Jähriger für jedes rechtlich relevante Handeln die Zustimmung seines gesetzlichen Vertreters. Dass dies bei ausländischen Jugendlichen anders sein soll, obwohl diese mit dem deutschen Recht sehr viel weniger vertraut sind als deutsche Jugendliche, ist unakzeptabel. Denn sie sind schon aus sprachlichen Gründen, aber auch deshalb, weil sie oftmals aus völlig anderen Rechtssystemen kommen, zusätzlich benachteiligt. Die gesetzliche Annahme, dass ein ausländischer Jugendlicher seine Rechte besser wahrnehmen kann, als es ein deutscher Jugendlicher bei vergleichbaren Handlungen kann, ist eine geradezu lächerliche Unterstellung, die sich nur aus der Abwehrfunktion der ausländerrechtlichen Bestimmungen erklärt.

Wie schon gesagt, sollen die kritisierten Regelungen jedoch bald geändert werden. Wenn dieses politische Vorhaben umgesetzt wird, hat sich meine obige Kritik erledigt.

1.1.3 Das Zuwanderungsgesetz hat uns § 14a AsylVfG gebracht. Unter dem Stichwort der „Familieneinheit" gilt mit der Asylantragstellung eines Elternteils ein Asylantrag auch für jedes ledige Kind unter 16 Jahren als gestellt, sofern es sich zum Zeitpunkt der Antragstellung im Bundesgebiet aufhielt, selbst keinen Aufenthaltstitel hatte und zuvor noch keinen Asylantrag gestellt hatte. Das gleiche gilt im Fall einer späteren Einreise eines solchen Kindes oder der Geburt im Bundesgebiet (§ 14a II AsylVfG). In diesem Fall müssen sowohl die gesetzlichen Vertreter als auch die Ausländerbehörde dies dem BAMF anzeigen, womit der Asylantrag für dieses Kind als gestellt gilt.

Die Durchführung eines Asylverfahrens für das Kind ist nicht in allen Fällen sinnvoll und wünschenswert. Es droht nämlich eine Ablehnung des Asylantrags als offensichtlich unbegründet, wenn zuvor bereits Asylanträge der Eltern oder des allein personensorgeberechtigten Elternteils abgelehnt worden sind, wobei deren Ablehnung nicht unbedingt das offensichtlich-unbegründet-Verdikt tragen muss. § 30 III Nr. 7 AsylVfG sieht dies ausdrücklich vor. Die Spätfolge einer gleichwohl möglichen offensichtlich-unbegründet-Entscheidung kann nach § 10 III 2 AufenthG sein, dass dem Betroffenen vor der Ausreise kein Aufenthaltstitel erteilt wird (sofern nicht ein Rechtsanspruch hierauf besteht oder die Voraussetzungen von § 25 III AufenthG vorliegen). Unter Umständen ist es daher ratsam, der Asylantragsfiktion des § 14a AsylVfG zu widersprechen, indem gemäß § 14a III AsylVfG „auf die Durchführung eines Asylverfahrens" für das Kind verzichtet wird. In diesem Fall wird das Verfahren eingestellt, es gibt keine offensichtlich-unbegründet-Entscheidung. Die Verzichtserklärung kann bis zum Abschluss des Asylverfahrens des Kindes, also auch noch im gerichtlichen Verfahren, abgegeben werden. Ob eine solche Verzichtserklärung empfehlenswert ist, ist eine Frage des Einzelfalls, die sorgfältiger Überprüfung bedarf. Kriterien sind die Erfolgschancen des Asylantrages des Kindes –möglicherweise sind sie sogar höher als die der Eltern (Beispiel: einem Mädchen droht die Beschneidung) - und die Wahrscheinlichkeit eine ou-Endscheidung auf der anderen Seite.

1.2. Das Asylersuchen

Mit welcher Bürokratie der Asylbewerber zu kämpfen hat, erfährt er gleich am Anfang, wenn er einen Schutzwunsch vorbringen will. Denn das deutsche Recht unterscheidet zwischen einem Asylersuchen und einem Asylantrag und lässt auch die Zurückweisung bzw. Rücküberstellung des Flüchtlings zu. Ich will versuchen, den Paragraphendschungel zu lichten.

Von einem Asylersuchen spricht man, wenn ein asylrechtlicher Schutzwunsch bei einer anderen Behörde als dem BAMF vorgebracht wird. Ein Asylersuchen kann etwa bei der an sich unzuständigen Ausländerbehörde oder der Polizei (§ 19

AsylVfG) oder der Grenzbehörde (§ 18 I AsylVfG) vorgebracht werden. Die Ausländerbehörde oder die Polizei hat den Ausländer in den Fällen des § 14 I AsylVfG unverzüglich an die nächstgelegene Aufnahmeeinrichtung zur Meldung weiterzuleiten. Ein dort gestellter schriftlicher Asylantrag ist unverzüglich dem BAMF zuzuleiten (§ 14 II 2 AsylVfG). Gleiches gilt prinzipiell für die Grenzbehörde (§ 18 I AsylVfG), sofern nicht die Einreise verweigert wird (hierzu noch später). Der Schutzsuchende hat nach § 20 AsylVfG dieser Weiterleitung unverzüglich oder innerhalb der ihm gesetzten Frist zu folgen. Dann hat er den förmlichen Asylantrag zu stellen. Kommt er dem vorsätzlich oder grob fahrlässig nicht nach, sind die Regeln des Asylfolgeverfahrens auf ihn anzuwenden (§ 20 II 1 AsylVfG, wobei jedoch abweichend von § 20 III 3 AsylVfG eine Anhörung durchzuführen ist). Auf diese Rechtsfolgen ist der Ausländer von der Behörde, bei der er um Asyl nachsucht, schriftlich und gegen Empfangsbekenntnis hinzuweisen.

Die „Verweisung in das Asylfolgeverfahren" ist rechtlich fragwürdig, jedenfalls bei einer engen Auslegung. Denn die Rechtsfolge wird regelmäßig auch der Ausschluss von Vorfluchttatbeständen (also Verfolgungsgründen, die im Herkunftsland entstanden) sein. Zu verlangen ist eine verfassungskonforme Auslegung, die den Verhältnismäßigkeitsgrundsatz beachtet. Die Vorschrift knüpft an nicht korrektes bzw. nicht pünktliches Verhalten des Schutzsuchenden an, also an bloße Ordnungsbestimmungen. Die Folgen dürfen daher nicht allzu weitreichend sein und vor allem nicht zum Ausschluss vom asylrechtlichen Schutz führen.

Hieraus resultiert zum einen die Forderung nach einer einengenden Interpretation der Tatbestandsnormen, also der Begriffe „unverzüglich" und „grob fahrlässig". Der letztgenannte Begriff wird allgemein so interpretiert, dass grob fahrlässig handelt, wer die im Verkehr erforderliche Sorgfalt in besonders schwerem Maße verletzt hat, also nicht beachtet hat, was jedem eingeleuchtet hätte. Der Flüchtling, der pflichtwidrig seiner Weiterleitung nicht Folge leistet, sondern zunächst einmal Verwandte im Bundesgebiet aufsucht und sich erst später bei der Aufnahmeeinrichtung meldet, hat zweifellos nicht korrekt gehandelt, aber nichts getan, was nicht jedem einleuchten würde. Denn dass jemand, der in ein fremdes Land reist, als Erstes Verwandte oder enge Freunde aufsucht, die ihm behilflich sein könnten, ist durchaus nachvollziehbar.

Strittig ist auch, was die Verweisung auf § 71 AsylVfG bewirken will. Die eine, einengende Interpretation will in diesem Fall in der Tat nur die Verfolgungsgründe berücksichtigen, die nach der Meldung bei der Aufnahmeeinrichtung entstanden sind, also die Vorfluchttatbestände unberücksichtigt lassen und nur die Nachfluchttatbestände in den Blickpunkt nehmen. Die entgegengesetzte Argumentation sieht als Rechtsfolge nur die Verkürzung des Rechtsschutzes (§ 74 I 2. Hs. i. V. m. §§ 71 IV, 36 III AsylVfG) und den Ausschluss der aufschiebenden Wirkung (§ 75 AsylVfG).

Ich halte den generellen Ausschluss von Vorfluchttatbeständen für nicht rechtens. Dies ergibt sich schon aus der sog. Qualifikations-Richtlinie (RL 2011/95/EU des Europäischen Parlaments und des Rates vom 13.12.2011 über Mindestnormen für die Anerkennung und den Status von Drittstaatsangehörigen oder Staatenlosen als Flüchtlinge oder als Personen, die anderweitig internationalen Schutz benötigen, und über den Inhalt des zu gewährenden Schutzes), die zwar in Art. 4 I und II die Verpflichtung eines Antragstellers normiert, alle zur Begründung eines Antrags erforderlichen Anhaltspunkte „so schnell wie möglich" darzulegen, doch ist die Konsequenz eines Verstoßes hiergegen nur die Entscheidung auf der Basis der dann vorhandenen Aktenlage. Ein Ausschluss von Vorfluchtgründen ist nicht vorgesehen, wie Art. 4 V der Richtlinie zeigt. Eine Zubilligung der Flüchtlingseigenschaft ist bei Vorliegen der dort genannten Voraussetzungen auch bei einem Pflichtenverstoß möglich, z. B. dann, wenn sich „der Antragsteller offenkundig bemüht hat, seinen Antrag zu begründen" (Buchstabe a) oder „die generelle Glaubwürdigkeit des Antragstellers festgestellt worden ist" (Buchstabe b). Die Qualifikations-Richtlinie blickt also auf den materiellen Gehalt, auf die Schutzwürdigkeit, und nicht auf Verfahrensformalitäten. Ausnahmen kennt die Qualifikations-Richtlinie lediglich bei selbstgeschaffenen Nachfluchtgründen (Art. 5 III Qualifikations-Richtlinie) oder bei schwerwiegenden sicherheitsrelevanten Gründen (Art. 14 Qualifikations-Richtlinie). Die Aufnahme-Richtlinie (RL 2013/32/EU des Europäischen Parlaments und des Rates vom 26.06.13) sieht derartige Konsequenzen ebenfalls nicht vor. Im Gegenteil: Art. 28 II Aufnahme-Richtlinie sieht selbst bei einem Untertauchen eine Wiederaufnahme im regulären Verfahren vor. Erst nach mindestens 9 Monaten ist eine Verweisung auf die Regeln des Folgeverfahrens zulässig.

Die Folge eines Verstoßes gegen § 20 II 1 AsylVfG kann meines Erachtens daher allenfalls die Verkürzung der Rechtsschutzmöglichkeiten mit dem Ausschluss der aufschiebenden Wirkung der Klage sein. Es geht nicht an, ein erkennbar materiell begründetes Schutzbegehren allein deshalb für unbeachtlich zu erklären, weil der Betroffene säumig ist, da er die ihm eingeräumte Meldefrist überzogen hat. Ordnungsbestimmungen sind zwar wichtig, aber kein Selbstzweck; die materielle Gerechtigkeit hat stets Vorrang zu haben!

1.3. Zurückweisung im Grenzbereich

Ein Asylersuchen eröffnet nicht immer die Möglichkeit einer Asylantragstellung. Vielmehr kann der Betroffene zurückgewiesen werden. Nach § 18 II AsylVfG ist die Grenzbehörde verpflichtet, dem Ausländer die Einreise zu verweigern, wenn

- er aus einem sicheren Drittstaat (§ 26a AsylVfG) einreist
- Anhaltspunkte dafür vorliegen, dass ein anderer Staat nach EU-Recht oder eines völkerrechtlichen Vertrages für die Durchführung des Asylverfahrens zuständig ist und ein Auf- oder Wiederaufnahmeverfahren eingeleitet wird, oder
- er eine Gefahr für die Allgemeinheit bedeutet, weil er in Deutschland wegen einer besonders schweren Straftat zu einer Freiheitsstrafe von mindestens 3 Jahren rechtskräftig verurteilt worden ist und seine Ausreise nicht länger als 3 Jahre zurückliegt.

Wird er im grenznahen Raum in unmittelbarem zeitlichen Zusammenhang mit einer unerlaubten Einreise angetroffen, ist er zurückzuschieben (§ 18 III AsylVfG). Die Bundespolizei fährt auf bestimmten Straßen regelmäßig Streife und fischt verdächtige Personen heraus um sie dann ggf. zurückzuschieben.

§ 18 IV AsylVfG enthält von der Zurückweisungspflicht des § 18 II AsylVfG bzw. der Zurückschiebungspflicht des § 18 III AsylVfG nur zwei Ausnahmen, nämlich wenn

- die Bundesrepublik Deutschland aufgrund eines völkerrechtlichen Vertrags mit dem sicheren Drittstaat für die Durchführung des Asylverfahrens zuständig ist oder
- der Bundesminister des Inneren es aus völkerrechtlichen oder humanitären Gründen oder zur Wahrung politischer Interessen angeordnet hat.

Auch die Ausländerbehörde hat nach § 19 III AsylVfG die Verpflichtung, einen Ausländer, der aus einem sicheren Drittstaat eingereist ist, ohne vorherige Weiterleitung an die Aufnahmeeinrichtung nach Maßgabe von § 57 I und II AufenthG in den sicheren Drittstaat zurückzuschieben. § 57 I AufenthG ordnet an, dass ein Ausländer, der unerlaubt über die Schengen-Grenze eingereist ist, zurückgeschoben werden soll, sein Absatz 2 bestimmt das Gleiche für den vollziehbar ausreisepflichtigen Ausländer, der aus einem anderen Mitgliedsstaat der Europäischen Union, Norwegen oder der Schweiz zurückgeschoben wird. Meist wird in diesen Fällen Abschiebungshaft nach § 62a AufenthG angeordnet.

2. Die Stellung des Asylantrags

Der Asylantrag ist gemäß § 14 I AsylVfG grundsätzlich bei einer Außenstelle des BAMF zu stellen, die einer Aufnahmeeinrichtung zugeordnet ist. Der Ausländer hat sich nach § 22 I AsylVfG persönlich in der Aufnahmeeinrichtung zu melden. Diese nimmt den Ausländer entweder auf oder leitet ihn an eine andere, für sein Herkunftsland zuständige Aufnahmeeinrichtung weiter. Nach § 23 AsylVfG hat der Ausländer, nachdem er in der Aufnahmeeinrichtung aufgenommen ist, unverzüglich oder zu dem von der Aufnahmeeinrichtung genannten Termin bei der Außenstelle des BAMF zur förmlichen Stellung des Asylantrages persönlich zu erscheinen.

Nach § 22 III 2 AsylVfG i. V. m. § 20 II und III AsylVfG gilt bei einer vorsätzlichen oder grob fahrlässigen Verletzung der Pflichten für einen später gestellten Asylantrag § 71 AsylVfG entsprechend. Konkret bedeutet dies, dass dann, wenn der Ausländer vorsätzlich oder grob fahrlässig der persönlichen Meldepflicht nach § 22 I und II AsylVfG nicht oder nicht fristgerecht nachgekommen ist, für ihn die Regeln des Asylfolgeverfahrens nach § 71 AsylVfG gelten sollen. Der Asylsuchende muss schriftlich und gegen Empfangsbekenntnis auf diese Rechtsfolgen hingewiesen werden.

2.1. Die persönliche Antragstellung

Ist der Asylantragsteller entweder über §§ 14 I, 22 I AsylVfG oder über §§ 18, 19 i. V. m. § 20 AsylVfG bei einer Aufnahmeeinrichtung angekommen, werden als Erstes die persönlichen Daten aufgenommen und in einem zentralen Computer gespeichert. Außerdem müssen alle Asylsuchenden, die älter als 14 Jahre sind, ihre Fingerabdrücke abgeben und sich fotografieren lassen. Der Fingerabdruckvergleich, der auch europäisch durch die Eurodac-Verordnung (Verordnung (EU) Nr. 603/2013 des Europäischen Parlaments und des Rates vom 26.06.13) abgesichert ist, dient der Feststellung, ob sich jemand bereits zu einem früheren Zeitpunkt in Deutschland oder einem anderen EU-Staat aufgehalten bzw. einen Asylantrag gestellt hat. Jede betroffene Person hat den Anspruch, darüber unterrichtet zu werden, ob und welche Daten über sie in der zentralen europäischen Datenbank gespeichert sind und welcher Mitgliedsstaat diese Daten übermittelt hat. Sind Daten falsch, kann die Berichtigung oder im Fall einer unrechtmäßigen Speicherung auch ihre Löschung verlangt werden (Art. 18 II und III Eurodac-VO).

Das AsylVfG sichert in § 16 II i. V. m. §§ 18 V, 19 II, 22 I 2 AsylVfG die genannten erkennungsdienstlichen Maßnahmen ab und verpflichtet Asylsuchende, sie zu dulden (§ 15 II Nr. 7 AsylVfG). Die so gewonnenen Erkenntnisse werden nicht nur mit den Eurodac-Daten abgeglichen, sondern auch mit dem Ausländerzentralregister und den Daten beim BKA. Nach § 16 V AsylVfG ist auch eine strafrechtliche Verwertung erlaubt. Die computergestützte Datenverarbeitung ermöglicht heute zuverlässig und innerhalb kurzer Zeit die Feststellung von Mehrfachantragstellungen, Doppelidentitäten und sonstigen „Treffern".

Nach § 21 I 1 AsylVfG haben die Behörden, die den Asylsuchenden an die Aufnahmeeinrichtung weiterleiten, sämtliche für das Verfahren relevanten Unterlagen in Verwahrung zu nehmen und an die Aufnahmeeinrichtung weiterzugeben. Dies sind insbesondere Pass- oder Passersatzpapiere und sonstige „erforderliche" Unterlagen, die für die Feststellung der Identität und Staatsangehörigkeit von Bedeutung sein können, wie Visa, Aufenthaltsgenehmigungen, Flugscheine und sonstige Fahrausweise sowie Unterlagen über den Reiseweg und Urkunden und Unterlagen, die für die zu treffenden asyl- und ausländerrechtlichen Entscheidungen von Belang sein können. Um diese Unterlagen aufzufinden, können die Personen auch durchsucht werden (§ 15 IV AsylVfG). Die Asylsuchenden haben das Recht Kopien der einbehaltenen Unterlagen zu erhalten. Dieses muss allerdings geltend werden (§ 21 IV AsylVerfG). Leider zeigt die Erfahrung, dass nicht selten die einbehaltenen Unterlagen im Behördendschungel verschwinden und nur mit Mühe – wenn überhaupt- wieder erlangt werden können. Denn oft ist als erstes die Bundespolizei am Zug. Die Unterlagen werden dann von der Aufnahmeeinrichtung an das BAMF weitergeleitet (§ 21 III AsylVfG). Das BAMF leitet sie dann an die Ausländerbehörde weiter. Sie sind wieder herauszugeben, wenn sie für den in Frage kommenden Zweck nicht mehr benötigt werden. Für einen in Verwahrung genommenen Pass oder Passersatz ist dies z.b. der Zeitpunkt, wenn der Betreffende einen Aufenthaltstitel nach § 4 AufenthG erhalten soll oder er freiwillig ausreisen will.

Wird das Herkunftsland von der Außenstelle des BAMF, bei der sich der Asylsuchende gemeldet hat oder an die er verwiesen wurde, nicht bearbeitet (nicht alle Außenstellen bearbeiten alle Herkunftsstaaten), wird er, bevor er überhaupt erstmals einen Beamten des BAMF gesehen hat, in eine andere Erstaufnahmeeinrichtung weitergeleitet. Erst dort kommt der Flüchtling in Kontakt mit dem BAMF, erst dort kann der förmliche Asylantrag gestellt werden.

2.2. Asylantrag und illegale Einreise

Beistand ist ratsam in den Fällen, in denen der Asylantrag bei den Außenstellen des BAMF persönlich zu stellen ist (§ 14 I AsylVfG). Denn hier stellt sich entweder die Problematik einer Einreise über einen sicheren Drittstaat oder einer illegalen Einreise mit der möglichen Konsequenz einer Strafbarkeit. Diese kann daraus resultieren, dass der Flüchtling wegen illegaler Einreise bestraft werden soll; ob die die Strafbarkeit ausschließende Norm des Art. 31 GFK eingreift, ist oft strittig. Nicht selten hat sich der Flüchtling auch schon ein paar Tage vor der Asylantragstellung in Deutschland aufgehalten, so dass dann auch eine Strafbarkeit wegen illegalen Aufenthalts zur Debatte steht. Einem solchen Strafverfahren, das manchmal gleich nach der Asylantragstellung eingeleitet wird, ist der Asylbewerber regelmäßig alleine nicht gewachsen.

Gemäß Art. 31 GFK kann ein Flüchtling wegen unrechtmäßiger Einreise oder Aufenthaltes nicht bestraft werden, wenn er unmittelbar aus einem Gebiet kommt, in dem sein Leben oder seine Freiheit asylrechtlich bedroht waren und er sich unverzüglich bei den Behörden meldet und die Gründe für die unrechtmäßige Einreise oder den Aufenthalt darlegt. Nach der bisher überwiegenden Rechtsprechung bedeutet dies, dass nur die Einreise als solche privilegiert ist, dass die Verwendung eines gefälschten Passes aber bestraft werden kann. Ob dies so richtig ist, ist strittig. Das Oberlandesgerichts Bamberg hat dies bezweifelt und die Frage dem Europäischen Gerichtshof in Luxemburg (EuGH) vorgelegt, der sie leider nicht entschieden hat: er sei nicht zuständig. Als unverzügliche Meldung wird im Allgemeinen eine 24-Stunden-Frist angesehen, wobei es jedoch auf die konkreten Umstände ankommt. Wenn ein Flüchtling beispielsweise an einem Freitagabend einreist und nicht notwendig Behördenkontakt hat, genügt es, wenn er sein Asylbegehren am Montag anbringt. Da es sich um einen persönlichen Strafausschließungsgrund handelt, können Personen, die dem Flüchtling geholfen haben, jedoch gleichwohl bestraft werden. Sie schützt Art. 31 GFK nicht.

In besonderer Schärfe stellt sich das Problem der illegalen Einreise bei Asylfolgeantragstellern. Denn diese sind ja meist bereits aufgrund eines früheren Verwaltungsaktes rechtskräftig zur Ausreise verpflichtet und unterliegen, falls sie abgeschoben wurden, einem gesetzlichen Betretensverbot (§ 11 I 1 AufenthG). Danach darf ein Ausländer, der ausgewiesen oder abgeschoben worden ist, nicht erneut ins Bundesgebiet einreisen und sich darin aufhalten. Das Gesetz verlangt von ihm, dass er erst beantragen muss, dass die Wirkung der Abschiebung nachträglich befristet wird. Einen solchen Antrag kann natürlich ein Flüchtling nicht anbringen, weil er ja aus einer akuten Notsituation heraus flieht. Er begeht damit mit der Einreise eine Straftat, die gemäß § 95 II Nr. 1 AufenthG mit einer Freiheitsstrafe „bis zu 3 Jahren oder mit Geldstrafe" bedroht ist. Art. 31 GFK kann zwar unter Umständen eine derartige illegale Einreise straffrei machen, doch kann man darüber natürlich streiten – dies tut man dann in einem Strafprozess. Zugleich droht dem betreffenden Flüchtling Abschiebungshaft. Nach § 58 II Nr. 1 AufenthG ist nämlich ein Ausländer zur Sicherung der Abschiebung auf richterliche Anordnung in Abschiebungshaft zu nehmen, wenn er „aufgrund einer unerlaubten Einreise vollziehbar ausreisepflichtig ist", was gemäß § 62 II Nr. 1 AufenthG bei einem Asylfolgeantragsteller regelmäßig der Fall ist, weil die Asylantragstellung in diesem Falle nicht automatisch zu einem (vorläufigen) Aufenthaltsrecht führt.

Der Gesetzesentwurf zur Neubestimmung des Bleiberechts und der Aufenthaltsbeendigung vom 29. Dezember 2014 wird, wenn er Gesetz wird, die Situation verschärfen. In § 11 AufenthG soll ein neuer Absatz 7 eingefügt werden, der das BAMF ermächtigt, ein Einreise- und Aufenthaltsverbot anzuordnen. Voraussetzung hierfür ist, dass ein Asylantrag nach § 29a I AsylVfG (sicherer Herkunftsstaat) als offensichtlich unbegründet abgelehnt wurde und keine sonstigen Abschiebungsverbote festgestellt wurden, oder, dass ein Folge- oder Zweitantrag nach § 71 AsylVfG oder § 71a AsylVfG bestandskräftig und wiederholt nicht zur Durchführung eines weiteren Asylverfahrens geführt hat. Diese Regelung zielt auf Flüchtlinge aus den Westbalkanstaaten. Sie werden künftig, ist ein Einreise- und Aufenthaltsverbot erst verhängt, nicht nur einem zeitlich begrenzten Einreise- und Aufenthaltsverbot unterfallen, sondern sind auch mit Strafe bedroht, wenn sie ins Bundesgebiet einreisen oder dies auch nur versuchen (§ 95 III AufenthG). Damit nicht genug. Nach § 11 VI AufenthG-E kann auch die Ausländerbehörde ein Einreise- und Aufenthaltsverbot anordnen, wenn der Ausländer seiner Ausreisepflicht innerhalb der ihm gesetzten Ausreisefrist nicht nachgekommen ist, es sei denn, es liegt kein Verschulden vor und die Überschreitung der Ausreisefrist war unerheblich.

Schon die derzeitige Rechtslage hat in einzelnen, meist grenznahen Bezirken zu der Praxis geführt, fast jeden Asylfolgeantragsteller erst einmal in Haft zu nehmen, vermutlich in der Hoffnung, auf diese Art und Weise Schrecken zu verbreiten bzw. formal-korrekt ausgedrückt, „eine abschreckende Wirkung zu erzielen". § 11 VI und VII AufenthG-E sollen diese noch verstärken.

Bei dieser Lage gehört es zu den Pflichten eines Beraters, der vorher Kontakt zum Flüchtling hat, ihn darauf hinzuweisen, dass sein Asylfolgeantrag mit der nicht nur abstrakten, sondern je nach Situation mehr oder weniger konkret drohenden Gefahr einer Verhaftung verbunden ist. Eine anwaltliche Vertretung, aber auch die persönliche Begleitung zur Asylfolgeantragstellung oder zur Meldung bei der Ausländerbehörde (durch den Anwalt, zumindest aber durch einen Unterstützer), ist in diesen Fällen ratsam (freilich scheitert dies oft an technischen Problemen, weil der Asylfolgeantrag ja im Regelfalle bei der früher zuständigen Erstaufnahmeeinrichtung zu stellen ist, die manchmal in einem anderen Ort oder gar Bundesland gelegen ist). Wird der Flüchtling begleitet, kann eine schwierige Situation erklärt werden, Argumente können vorgebracht werden, auch gibt es jemanden, der imstande ist, Beschwerden vorzubringen und Rechtsmittel zu ergreifen. All dies sind Umstände, die bei der Überlegung, ob Haft beantragt werden soll, eine Rolle spielen können und in manchen Fällen dann den Ausschlag geben, es zu unterlassen.

Ist ein Strafverfahren eingeleitet worden – und dies ist bei jeder „illegalen Einreise" zu befürchten –, ist eine anwaltliche

Vertretung dringend zu empfehlen. Ohne Rechtsanwalt ergehen fast routinemäßig Strafbefehle, von denen der Betroffene oft erst im Nachhinein erfährt, weil sie einem Beamten der Grenzpolizei oder des Ausländeramtes zugestellt werden, dem der Flüchtling auf einem der vielen Papiere, die er bei einem Aufgriff zu unterzeichnen hat, Vollmacht erteilt hat. Viele der Flüchtlinge bekommen dies nicht mit, weil ihnen eine Vielzahl von Papieren zur Unterschrift vorgelegt wird. Ein Indiz für die Einleitung eines Strafverfahrens – und damit auch die Erteilung einer Vollmacht – ist es, wenn dem Flüchtling bei der Einreise Geld abgenommen wurde. Diese „Sicherheitsleistung" wird dann mit einer eventuellen Geldstrafe, die durch Strafbefehl verhängt wird, verrechnet; er merkt dann gar nicht, dass er verurteilt wurde. Nur dann, wenn das Geld für die Strafe nicht reicht, und der Gerichtsvollzieher kommt, erkennt er überhaupt erst, dass er verurteilt wurde. Denn die Beamten, denen die Vollmacht erteilt wurde, pflegen gegen einen Strafbefehl kein Rechtsmittel einzulegen. Die Konsequenz: Der Lebensweg des Flüchtlings in Deutschland beginnt mit einer Vorstrafe. Unter Umständen scheitert daran später eine Einbürgerung.

Hat der Flüchtling einen Rechtsanwalt beauftragt, wird dieser die Zustellungsvollmacht an den Beamten widerrufen, der Strafbefehl wird dem Anwalt zugestellt, der Einspruch einlegen wird. In der anschließenden Gerichtsverhandlung gibt es dann oft einen Freispruch oder zumindest eine Einstellung wegen geringer Schuld oder gegen eine kleine Geldzahlung. Der weitere Lebensweg ist nicht durch eine Vorstrafe belastet.

▶ Tipp

Wenn eine illegale Einreise vorliegt, und der Flüchtling an der Grenze hierzu befragt wurde, sollte stets ein Rechtsanwalt auch für das dann wahrscheinliche Strafverfahren bevollmächtigt werden. Eine Verurteilung wegen illegaler Einreise oder Aufenthalts kann später verhindern, dass der Flüchtling eine Altfallregelung in Anspruch nehmen kann, dass er eine Niederlassungserlaubnis erhält oder eingebürgert wird. Zumindest sollte gegenüber der Grenzpolizei eine (wahrscheinlich einem Beamten) erteilte Zustellungsvollmacht widerrufen werden.

2.3. Der schriftliche Asylantrag

Ausnahmsweise kann der Asylantrag schriftlich gestellt werden. § 14 II AsylVfG enthält für bestimmte Personen eine abweichende Regelung. Dies sind Menschen, die bereits im Besitz einer Aufenthaltsgenehmigung mit einer Geltungsdauer von mehr als 6 Monaten sind, die sich in Haft oder sonstigem öffentlichen Gewahrsam, in einem Krankenhaus, einer Heil- oder Pflegeanstalt oder in einer Jugendhilfeeinrichtung befinden oder Minderjährige, die noch nicht das 16. Lebensjahr vollendet haben und deren gesetzliche Vertreter nicht verpflichtet sind, in einer Aufnahmeeinrichtung zu wohnen. Diese Personen haben den Asylantrag „bei der Zentrale des BAMF" zu stellen (Bundesamt für Migration und Flüchtlinge, 90343 Nürnberg). Die Vorschriften der §§ 22 und 23 AsylVfG (Meldepflicht und persönliche Vorsprache zur Asylantragstellung) gelten für sie nicht.

2.4. Verlauf nach Antragstellung; Pflichten des Asylsuchenden

Bei der förmlichen Asylantragstellung werden meist nur die Personalien aufgenommen, der Antragsteller über seine Mitwirkungs- und Sorgfaltspflichten belehrt, ihm sein Aktenzeichen mitgeteilt und er darüber belehrt, dass er sich zur Verfügung zu halten habe. Unter Umständen erfährt er bereits jetzt einen Termin zur Anhörung, meist allerdings wird dieser erst später förmlich übermittelt.

Gemäß § 10 I AsylVfG hat der Asylbewerber vorzusorgen, dass ihn Mitteilungen des BAMF, der Ausländerbehörde und der Gerichte stets erreichen. Er ist verpflichtet, jeden Wechsel seiner Anschrift den genannten Stellen unverzüglich mitzuteilen. Im Regelfall, dann nämlich, wenn der Asylbewerber verpflichtet ist, seinen Asylantrag bei der Außenstelle des BAMF zu stellen (§ 14 I AsylVfG), ist er verpflichtet, in einer Erstaufnahmeeinrichtung zu wohnen. Diese Verpflichtung dauert längstens und im Regelfall 3 Monate.

Die Pflicht der ständigen Erreichbarkeit nach § 10 I AsylVfG hat die Konsequenz, dass Zustellungen und formlose Mitteilungen an den Ausländer an die Adresse, unter der er zu wohnen hat, ergehen können. Sie werden der Leitung der Aufnahmeeinrichtung übergeben und von dort durch Aushang bekannt gemacht und gelten am 3. Tag ab Aushang als zugestellt. Wegen der weitreichenden Folgen hat das Bundesverfassungsgericht klargestellt, dass der Ausländer hierüber ausdrücklich zu belehren ist und zwar in einer ihm verständlichen Art und Weise. Die

Belehrung muss auch einen Hinweis enthalten, dass die Pflicht zur Mitteilung der Adresse selbst dann besteht, wenn der Ausländer von der Behörde umverteilt wurde, also nicht aufgrund eigenen Entschlusses umgezogen ist, weil viele Asylsuchende zu Recht glauben, in diesem Fall sei eine Adressmitteilung nicht vonnöten, weil sie ja „behördlicherseits" von einer Einrichtung in die andere geschickt worden seien.

Die vorgesehenen Belehrungsformulare genügen mittlerweile den Anforderungen. Probleme gibt es jedoch in der Praxis oft dadurch, dass sich die Zustellung mit einer Umverteilung überschneidet. Der Flüchtling ist schon umgezogen, aber die Zustellung erfolgt an die alte Adresse, weil die neue Anschrift in den Akten noch nicht vermerkt ist. Regelmäßig wird bei dieser Fallkonstellation die Post retourniert mit dem Vermerk „unbekannt verzogen". Schuld hieran sind meist nicht die Flüchtlinge. Denn oft werden Sie an eine andere Einrichtung geschickt, weil dort gerade ein Platz frei ist und die Zuweisung kommt erst Tage – und manchmal Wochen – später.

Viele Flüchtlinge versäumen es aber auch, die neue Adresse dem BAMF mitzuteilen. Sie glauben, vom BAMF umverteilt worden zu sein, so dass die Adresse dort ja bekannt sei, oder meinen, mit der Anmeldung beim Einwohnermeldeamt alles Erforderliche getan zu haben.

In diesen Fällen ist ein Wiedereinsetzungsgesuch zu stellen, dem regelmäßig stattgegeben werden wird, da den Betroffenen kein Schuldvorwurf zu machen ist. Nicht selten kommt es aber auch vor, dass das BAMF eine Mitteilung oder eine Entscheidung an die falsche Adresse schickt und es infolgedessen zu einer ablehnenden oder gar einer offensichtlich-unbegründet-Entscheidung kommt. In diesem Fall sollte unbedingt Klage eingereicht bzw. ein Antrag auf einstweiligen Rechtsschutz gestellt und überprüft werden, ob überhaupt eine wirksame Zustellung vorliegt. Wegen der kurzen Klage- und Wiedereinsetzungsfristen ist unverzügliches Handeln geboten!

▶ Tipp

Wenn Sie einen Flüchtling unterstützen oder in einer Unterkunft oder sonstigen Einrichtung tätig sind, unterrichten Sie das BAMF unaufgefordert vom Umzug/Zuzug des Flüchtlings.

2.5. Ladung zur Anhörung

Nach Stellung des Asylantrags hat das BAMF die Pflicht, den Sachverhalt zu klären und die erforderlichen Beweise zu erheben (§ 24 I AsylVfG). Hierzu muss es regelmäßig den Ausländer anhören. Von einer Anhörung darf nur dann abgesehen werden, wenn das BAMF den Ausländer auch so – aufgrund der allgemeinen Lage oder behördlicher Kenntnis – als asylberechtigt anerkennen oder ihm (bei entsprechender Beschränkung) internationalen Schutz gewähren will oder wenn der Asylsuchende nach seinen Angaben aus einem sicheren Drittstaat eingereist ist oder der Asylantrag für ein Kind unter sechs Jahren gestellt und der Sachverhalt aufgrund der Verfahrensakten der Eltern ausreichend geklärt ist. Hat das BAMF angefragt, ob auf eine Anhörung verzichtet wird, weil eine positive Entscheidung beabsichtigt ist, sollte dem zugestimmt werden, weil dies der Beschleunigung dient. Sollte es sich das BAMF nämlich anders überlegen, muss es trotz des Verzichts vor einer negativen Entscheidung eine Anhörung nach § 25 AsylVfG durchführen.

In jüngerer Zeit ist das BAMF dazu übergegangen, bei bestimmten Herkunftsländern einen Fragebogen zu verschicken und anzufragen, ob der Asylantrag auf die Zuerkennung des Flüchtlingsstatus begrenzt und auf persönliche Anhörung verzichtet wird. Derzeit wird dies bei Syrien praktiziert und bei Angehörigen von Minderheiten aus dem Irak (Christen, Yeziden und Mandäer). Da derzeit mit positiven Entscheidungen zu rechnen ist, sollte der Flüchtling diesem Procedere im Interesse der Beschleunigung zustimmen. Passieren kann nichts: Will – wider Erwarten – das BAMF das Schutzersuchen ablehnen, muss es eine Anhörung durchführen (§ 24 I 3 bis 5 AsylVfG).

Die Anhörung soll bei Asylsuchenden, die in einer Erstaufnahmeeinrichtung untergebracht sind, „im zeitlichen Zusammenhang" mit der Asylantragstellung erfolgen (§ 25 IV 1 AsylVfG). Ein solcher unmittelbarer Zusammenhang besteht während einer Woche; während dieses Zeitraums bedarf es keiner besonderen Ladung, weder des Ausländers noch seines Bevollmächtigten. Dann, wenn die Anhörung nicht – dies ist die Regel – am Tag der Asylantragstellung stattfindet, ist der Ausländer – und gegebenenfalls sein Bevollmächtigter – von dem Anhörungstermin unverzüglich zu verständigen. Wann der Termin stattfindet, ist nicht entscheidend, die förmliche Ladung ist entbehrlich, wenn die Mitteilung des Termins innerhalb einer Woche nach Asylantragstellung erfolgt.

Praxis ist, dass die Terminmitteilung recht kurzfristig erfolgt und der Bevollmächtigte oder Beistand deshalb wegen anderer Termine verhindert ist. In diesem Fall sollte, wenn eine Begleitung zum Anhörungstermin vorgesehen ist, eine Verschiebung versucht werden. Ein Rechtsanspruch hierauf besteht jedoch nicht. Gleiches gilt, wenn der Vormund eines Flüchtlings teilnehmen will.

Wenn ein zeitlicher Zusammenhang im obigen Sinn nicht besteht, ist auch der Asylsuchende, der in einer Aufnahmeeinrichtung zu wohnen verpflichtet ist (und selbstverständlich auch sein Bevollmächtigter), förmlich zu laden. Dies gilt generell, wenn keine Verpflichtung besteht, in einer Erstaufnahmeeinrichtung zu wohnen (§ 25 V 1 AsylVfG).

Von der regulären Anhörung nach § 25 AsylVfG ist die verkürzte Anhörung im Rahmen des Dublin-Verfahrens (siehe D II 2) zu unterscheiden. Hier geht es um die Feststellung des Reisewegs und den Aufenthalt in einem anderen Dublin-Staat, die familiären Verhältnisse oder sonstige Gründe, die eine Zuständigkeit Deutschlands begründen können. Im Regelfall teilt das BAMF mit, ob es „nur" um eine Dublin-Anhörung geht oder um eine „richtige" Anhörung nach § 25 AsylVfG.

V. Die Anhörung beim BAMF

Beim BAMF findet die Anhörung statt. Diese Anhörung ist der zentrale und wichtigste Vorgang im Rahmen des behördlichen Asylverfahrens. Die Entscheidung des BAMF stützt sich wesentlich auf sie. Hierbei kann der Flüchtling von seinem Rechtsanwalt, aber auch einem Beistand, begleitet werden. Ebenso kann er – wenn auch auf eigene Kosten – einen Dolmetscher seiner Wahl hinzuziehen (§ 17 II AsylVfG).

Leider ist vielen Flüchtlingen die zentrale Bedeutung der Anhörung nicht bewusst, wie manche Protokolle ausweisen. Auch wenn die Kritik hieran vor allem das BAMF trifft, muss es auch Ihr Anliegen sein, dem Flüchtling klarzumachen, dass die Anhörung die Gelegenheit ist, sein Fluchtschicksal darzulegen. Ihm muss bewusst sein, dass ein unterlassener Sachvortrag zu seinen Lasten geht, weil ein oberflächliches Protokoll auch bei den Gerichten zunächst den Eindruck hervorruft, dass an dem Fall nichts dran sei. Der Flüchtling muss den Mut haben, auch gegen den Willen des Anhörers darauf zu drängen, dass ihm wichtig erscheinende Sachverhalte im Protokoll wiedergegeben werden. Leider meinen manche Asylsuchenden, sich das Wohlwollen des Anhörers durch Anpassung erkaufen zu können und stimmen einem raschen Verfahren widerspruchslos zu. Andere gehen davon aus, dass der Anhörer ihre Sichtweise akzeptiere, wenn er nur wenige Rückfragen stellt. Sie übersehen dabei, dass ein kurzes und oberflächliches Protokoll dem BAMF nur dazu dient, den Asylantrag leichter ablehnen zu können. Wichtig ist es, die Wahrheit zu sagen, ohne Übertreibung, aber auch ohne falsche Scham. Ohne Übertreibung heißt nicht nur, dass der Flüchtling aus einer „Ohrfeige" keine „Folterung" macht, sondern auch, dass er die allgemeinen politischen Verhältnisse nicht übertreibend darstellt. Natürlich hat der Asylsuchende eine subjektive Sicht. Er bezeichnet vielleicht eine Regierung als Diktatur, die nach landläufigem deutschem Verständnis nur als „autoritärer Staat" verstanden wird. Eine derartige unterschiedliche politische Bewertung schadet nicht, wohl aber, wenn Handlungen der Regierung und das allgemeine politische Klima in einer Art und Weise präsentiert werden, die der Realität nicht entsprechen. Generell sollte der Flüchtling in seinem Bemühen, die allgemeinen politischen Verhältnisse zu schildern, eher gebremst werden. Diese sind dem BAMF im Regelfall bekannt, auch wenn die Sichtweise dort oft eine andere als die des Flüchtlings ist. Solche allgemeinen Ausführungen sind dann von Gewicht, wenn sie dem konkreten Schicksal des Flüchtlings, seinen politischen Aktivitäten bzw. der Verfolgung den nötigen Hintergrund geben oder sein Verhalten erläutern. Wenn dies so ist, muss auch dieser Hintergrund – aber fallbezogen – dargestellt werden. Wird beispielsweise jemand eingesperrt, weil er im Besitz einer Waffe war, wäre es ein Fehler, nur diesen Tatbestand mitzuteilen, denn der landläufige Kurzschluss wäre, dass ja auch in Deutschland der unerlaubte Waffenbesitz strafbewehrt ist und zur Inhaftierung führen kann. In diesem Beispielsfall ist es wichtig, die ergänzende Information mitzuteilen, dass dort jeder straflos mit einer Pistole in der Tasche herumläuft, dass er, wenn er erwischt wird, allenfalls die Pistole abgeben muss, ohne weitere Sanktionen befürchten zu müssen, dass aber dann, wenn jemand zu den politischen Gegnern gerechnet wird, der Waffenbesitz Vorwand für eine Inhaftierung ist. Diese allgemeine Information ist also bei unserem Beispiel wichtig, damit man den politischen Grund der Inhaftnahme erkennen kann. Wenn aber jemand als Aktivist einer bekannten Oppositionsgruppe anlässlich einer verbotenen Demonstration inhaftiert wird, wird die Schilderung der allgemeinen politischen Situation und die Analyse und Kritik der heimatlichen Diktatur nur dazu führen, dass der Anhörer ungeduldig wird und die Anhörung an anderer Stelle verkürzt. Es ist also wichtig, in jedem Einzelfall zu erkennen und herauszuarbeiten, was wichtig ist und deshalb vorgebracht werden muss. Im Mittelpunkt steht dabei das, was der Flüchtling selbst am eigenen Leib erlebt bzw. was er getan hat. Ich habe oft erlebt, dass Asylsuchende, von denen ich – durch Schilderung anderer – wusste, dass es sich um hochkarätige Oppositionelle handelte, quasi stumm beim BAMF saßen bzw. sich darauf beschränkten, zu erklären, dass sie der Gebietsverantwortliche der oppositionellen Gruppe X waren und die Regierung bekämpft haben. Damit meinten sie, alles Wesentliche gesagt zu haben. Denn schließlich war ihre Gruppe als Oppositionsgruppe bekannt und ebenso, dass Aktivisten dieser Organisation verfolgt werden. Manche glaubten vielleicht auch, ihre Eigenschaft, z. B. als Vorstandsmitglied, sei allgemeinkundig und garantiere die Anerkennung. Sie waren in ihrer Gruppierung angesehene Führungspersönlichkeiten und glaubten es nicht nötig zu haben, ihre Rolle hervorzukehren. Auf Nachfrage, was sie denn konkret getan hätten, kamen dann manchmal Antworten wie „politische Arbeit gemacht", „alles, was dazu gehört, Demonstrationen, Flugblätter usw.". All das genügt dem BAMF und den Gerichten im Regelfall nicht. In einem solchen Fall müssen Sie dem Flüchtling helfen. Erforderlich und notwendig ist es, auch in diesem Fall alle Aktivitäten detailgenau und einzeln zu schildern, wobei nicht nur die einzelnen Teilakte, wie Flugblätter herstellen, verteilen, Demonstrationen organisieren etc. genannt werden müssen, sondern auch Einzelheiten der organisatorischen Arbeit geschildert werden müssen, also z. B. die Stellung eines Vorsitzenden oder die Organisationsstrukturen. Je ausführlicher, plastischer und genauer dieser Bericht ist, desto glaubhafter ist er. Eine detailgenaue Darstellung steigert das Gewicht der Aussage, weil sie auch im subjektiven Empfinden der Zuhörer die Bedeutung des Flüchtlings und seine Rolle hervorhebt.

Wichtig ist auch, dass die Schilderung präzise ist. Der Asylsuchende muss unterscheiden zwischen dem, was er selbst getan oder erlebt hat, zwischen dem, was ihm von dritten Personen mitgeteilt wurde und Allgemeinwissen. Die Aussage „Ich habe dann einen Pass beantragt und einen Fluchthelfer organisiert, dem ich 5.000 $ bezahlt habe." wird üblicherweise so verstanden, dass er selbst bei den zuständigen Behörden einen Passantrag eingereicht hat und selbst dem Schlepper 5.000 $ gezahlt hat. Ergibt sich aus dem späteren Verlauf jedoch, dass er gesucht war und deshalb gar nicht persönlich einen Pass beantragen konnte und dass nicht er, sondern ein Parteigenosse oder Verwandter den Schlepper organisiert hat und nach seinen Angaben dafür 5.000 $ bezahlt hat, ist der erste Widerspruch gesät. Es macht dann später viel Mühe, dies aufzuklären und die durch die Widersprüchlichkeit erschütterte Glaubwürdigkeit wiederherzustellen.

Ganz wichtig ist es, bei den Zeitangaben korrekt zu sein. Wenn ein konkretes Datum genannt ist, muss dieses stimmen. Gleiches gilt für Zeiträume, also etwa die Dauer einer Inhaftierung. Bei Unsicherheit über ein Datum oder einen genauen Zeitpunkt darf sich der Flüchtling nicht auf ein bestimmtes Datum festlegen lassen, auch wenn er dazu gedrängt wird. Besser ist eine ungefähre Angabe („im Sommer"), als eine exakte Angabe, die sich dann später als unrichtig erweist. Es ist leichter, Verständnis dafür zu erzielen, dass ein politisch Verfolgter keine präzisen Angaben machen kann, als umgekehrt darzulegen, dass jemand, der genaue, aber nachweislich falsche Zeitangaben gemacht hat, trotzdem glaubwürdig ist.

Bei der Anhörung müssen auch Dinge zur Sprache kommen, die der Flüchtling lieber verschweigen möchte. Manchmal will er bestimmte Angaben nicht machen, weil er befürchtet, dadurch andere Personen in Gefahr bringen zu können. Wenn dies der Fall ist, soll er dies klipp und klar sagen und auf seinem Standpunkt auch dann beharren, wenn ihm versprochen wird, dass das Bundesamtsprotokoll niemand zu sehen bekommt. Eine solche Festigkeit schadet nicht, weil die Wahrheit ja auch tatsächlich anders aussieht. Denn das Bundesamtsprotokoll wird ja nicht nur vom Dolmetscher gelesen, sondern später auch vom Richter und dem Gerichtspersonal, manchmal auch vom Ausländeramt, den Strafverfolgungsbehörden und den Geheimdiensten. Auch wenn die Vertraulichkeit der Anhörung im Übrigen gewahrt ist, wird ein vernünftiger Entscheider und Richter eine solche Haltung akzeptieren. Gleichwohl sei nicht verschwiegen, dass die Weigerung, weitere erwünschte Detailinformationen zu geben, auch zu Lasten des Flüchtlings gehen kann.

Anders ist die Situation, wenn der Asylbewerber aus Scham oder anderen persönlichen Motiven mit der Sprache nicht herausrücken will. Vielen Menschen ist es nicht möglich, über traumatische Erlebnisse zu sprechen, weil dann die alten Wunden wieder aufbrechen. Viele können über sexuelle Übergriffe – zumal in der oft verlangten Detailgenauigkeit – nicht sprechen. Manchmal verbieten auch Ehrenkodizes oder kulturelle Normen die Darlegung, oft die Anwesenheit fremder Menschen oder, noch öfter, die Anwesenheit des Ehemannes oder von Kindern. Wenn Sie den Eindruck haben, dass Derartiges der Fall ist, sollten Sie versuchen, einerseits durch technische Regelungen die Bedingungen zu verbessern, also z. B. darauf zu drängen, dass die Frau alleine angehört wird, dass ein weiblicher Dolmetscher und eine Anhörerin die Anhörung durchführen oder in sonstiger Weise versuchen, diese Hürden zu überspringen. Ich erinnere beispielsweise an den Fall eines jungen Mädchens, das bei der Anhörung zwischen den Zeilen anklingen ließ, dass sie sexuell belästigt worden war. Sie war zur Vorbereitung der mündlichen Verhandlung mit einem Dolmetscher und ihrem Vater in meinem Büro erschienen und konnte, auf diesen Aspekt angesprochen, buchstäblich kein Wort über die Lippen bringen. Ich habe dann den Vater hinausgeschickt, was dazu führte, dass sie immerhin erklärte, es habe einen Vorfall gegeben. Mehr brachte sie auch jetzt noch nicht heraus, vielleicht, weil es sich bei dem mitgebrachten Dolmetscher um einen Mann handelte. Da eine Dolmetscherin nicht beschaffbar war, habe ich der Mandantin vorgeschlagen, sie solle doch niederschreiben, was sie erlebt habe, der Dolmetscher solle dies später übersetzen; wir bräuchten über die Sache dann nicht mehr zu sprechen. Glücklicherweise erwies sich dies dann, nachdem ich ihr versprechen musste, dem Vater hiervon nichts zu berichten und auch den Dolmetscher entsprechend instruiert hatte, als gangbarer Weg.

Wenn Sie den Eindruck haben, dass ein traumatisierendes Ereignis vorliegt, sollten Sie dies schon in der Vorbereitung in den Blick nehmen und versuchen, dem Flüchtling die Wichtigkeit gerade dieser Erlebnisse zu erläutern. Vielleicht gelingt es Ihnen, den Flüchtling zumindest dahin zu bringen, dass er den tabuisierten Bereich anspricht oder zumindest andeutet. Ist man an einem solchen Punkt angelangt, muss man sich überlegen, was man tun kann, um ihm zu seinem Recht zu verhelfen: Geht es um Frauenschicksale, hilft es manchmal schon, wenn der männliche Anhörer und Dolmetscher durch Frauen ersetzt werden. Steht Folter im Raume, kann man verlangen, dass ein/e entsprechend geschulte/r Mitarbeiter/in des BAMF die Anhörung fortsetzt. Mittlerweile gibt es solche speziell ausgebildeten Anhörer bzw. Anhörerinnen für Frauen, misshandelte Personen, Folteropfer und Minderjährige, die nach einer internen Anordnung des BAMF die Anhörung fortsetzen, wenn dies vom Flüchtling gewünscht wird. Hierauf hat er ein Recht! Oft ist es auch leichter, das, was man nicht sagen kann, niederzuschreiben, weil man dann seine „Schande" nicht laut verkünden muss. Manchmal hilft dieser Trick weiter. Oft braucht es ärztliche oder psychologische Unterstützung, die Sie dann auch organisieren sollten.

Wenn Sie als Beistand an der Anhörung teilnehmen und an einem solchen Punkt angelangt sind, der Flüchtling nicht weiter kann und z. B. weint, sollten Sie unbedingt darauf drängen, dass auch diese nonverbalen Äußerungen protokolliert werden. Dem Richter, dem später der Fall zur Entscheidung vorliegt, wird die Anhörungssituation nachvollziehbar, wenn es im Protokoll heißt: „Befragt nach den konkreten Foltermaßnahmen, die er erlitten hat, kann der Antragsteller nicht weitersprechen. Er blickt zu Boden und fängt schließlich an zu weinen. Nach Erläuterung der Wichtigkeit der Detailschilderung schreibt er seine Erlebnisse schließlich nieder (siehe Anlage 1 zum Protokoll)." Heißt es im Protokoll am Ende nur lapidar „Der Antragsteller übergibt ein Schreiben als Anlage 1", werden die Emotionen, die für die Glaubwürdigkeitsbeurteilung wichtig sind, nicht deutlich. Dies war nur ein Beispiel, wie man dem Flüchtling Brücken bauen kann. Viele andere sind denkbar.

In manchen Fällen, gerade wenn schwere Traumata vorliegen, helfen solche Tricks nicht weiter. Die Psychologie und die Medizin lehren uns, dass schwer traumatisierte Menschen oder auch Kinder, die aus einer Verfolgungssituation in eine völlig fremde und ihnen feindlich erscheinende Welt fliehen mussten, oft nicht zum sprachlichen Ausdruck finden oder nicht konsistent vortragen können. In diesen Fällen ist ein späterer Detailvortrag unumgänglich, welcher oft erst nach psychologischer Behandlung erbracht werden kann. Gleichwohl ist es sehr hilfreich, wenn sich dann im Anhörungsprotokoll zumindest ein Ansatzpunkt dergestalt findet, dass Misshandlungen etc. erwähnt sind.

1. Videoanhörungen

In den letzten Jahren ist das BAMF dazu übergegangen, „in geeigneten Fällen" Videoanhörungen durchzuführen. Tatsächlich gibt es jedoch keine geeigneten Fälle. Videoanhörungen sollten nicht durchgeführt werden.

Denn ein zentrales Anliegen der Anhörung ist es, Aufschluss über die Glaubwürdigkeit der Antragsteller zu erhalten. Dies setzt einen unmittelbaren menschlichen Kontakt voraus, man muss sich gegenübersitzen. Nur dann kann man die Reaktion des Gegenübers erspüren und sachgerecht einordnen. Die durch die Erzählung des Erlebten wiedererweckte Angst, die sich z. B. in einem Zittern der Hände ausdrückt, bleibt bei einer Videoübertragung unbemerkt. Selbst eine durch die Anhörung und die Erinnerung hervorgerufene Unruhe ist auf der Videoübertragung nichts anderes als ein Wackelbild. Schweiß, der austritt, bleibt ebenso unbemerkt wie ein Zittern der Augenlider oder das Zappeln der Beine: denn eine Videoübertragung hat keinen Regisseur, der die Kamera steuert (Heranzoomen, slow motion etc.), um damit die körperlichen Reaktionen des Befragten aufzufangen. Bestenfalls übermittelt die Übertragung kein falsches Bild, keinesfalls aber einen zutreffenden „Eindruck" von der Persönlichkeit des Schutzsuchenden. Das „Wort" allein genügt hierfür regelmäßig nicht.

Eine Videoanhörung sollte deshalb abgelehnt werden. Bisher hat – auch, weil ihre Rechtmäßigkeit umstritten ist – das BAMF eine „Freiwilligkeitserklärung" verlangt. Eine solche sollte nicht unterzeichnet werden. Im Gegenteil sollte auf einer unmittelbaren Anhörung bestanden werden, zumal die Absicht, eine Videoanhörung durchzuführen, auf eine negative Entscheidung hindeutet. Denn bisher wurden Videoanhörungen überwiegend bei als „aussichtslos" eingeschätzten Fällen eingesetzt. Gerade in diesen Fällen ist es wichtig, persönlich „einen guten Eindruck" zu machen, um so die Vorabeinschätzung widerlegen zu können.

▶ Tipp

Stimmen Sie einer Videoanhörung nicht zu; geben Sie keine „Freiwilligkeitserklärung" ab.

2. Grundlegende Bedingungen der Anhörung

Ich habe schon gesagt, dass es wünschenswert ist, wenn der Flüchtling bei der Anhörung begleitet wird. Wenn Sie dies wollen, unterrichten Sie wenn möglich vorher das BAMF. Dies erspart einen sonst möglicherweise anstehenden Streit über die Berechtigung Ihrer Anwesenheit und verdeutlicht dem Anhörer, dass er es hier mit einem besonders wichtigen Fall zu tun hat. Der Flüchtling hat das Recht, mit einem Beistand zu erscheinen.

Konsequenz ist auch dann zu verlangen, wenn Sie der Überzeugung sind, dass der Flüchtling aktuell und akut traumatisiert ist. Ist dies der Fall, sollte am besten schon ein ärztliches Attest oder eine ärztliche Stellungnahme präsentiert werden. Auch wenn dieses nur knapp ausgefallen ist, muss es nach der Rechtsprechung des BVerwG als ernstzunehmender Hinweis berücksichtigt werden, dem gegebenenfalls nachzugehen ist. Natürlich sollte das Attest möglichst detailliert sein und von einem Facharzt oder Psychologen stammen. Notfalls tut es aber auch ein kurzes Zeugnis eines Allgemeinarztes, sofern es die individuelle Situation des Flüchtlings schildert. In diesem Fall sollten Sie die Einholung eines ausführlichen Befundberichts anregen bzw. die Vorlage eines solchen ankündigen. Das Attest kann dann auch Anlass sein, bestimmte Punkte nicht zu vertiefen oder auf der Protokollierung bestimmter Verhaltensweisen (Tränenausbruch, Sprachlosigkeit) zu dringen.

Im Fall einer Traumatisierung sollten Sie darauf beharren, dass ein/e speziell geschulte/r Anhörer/in die Anhörung durchführt. Gleiches gilt, wenn es um eine Frau geht, die eine sexuelle Belästigung geltend macht, oder um einen unbegleiteten minderjährigen Flüchtling. Als Begleiter eines solchen sollten Sie sich stärker als sonst üblich einbringen. Sie können, etwa als Betreuer oder Vormund, durchaus darauf beharren, zu Protokoll zu geben, was der Flüchtling Ihnen im Rahmen der Beratung und Begleitung preisgegeben, bei der Anhörung aber nicht erwähnt hat. Auch können Sie, wenn aus Ihrer Sicht ein Kontext zum Fluchtschicksal besteht, eigene Beobachtungen protokollieren lassen, wie etwa, dass der Flüchtling seit der Ladung nicht mehr geschlafen hat, oder andere Reaktionen, etwa auf einen Telefonanruf oder auf einen Postempfang, die Sie beobachten konnten.

3. Dolmetscher

Wichtig ist der Dolmetscher. Für manche Herkunftsstaaten ist es sehr schwer, einen Dolmetscher in der Heimatsprache oder für den Heimatdialekt zu finden. Hat der Asylsuchende angegeben, dass er die im Land übliche Verkehrssprache (z. B. in afrikanischen Staaten Englisch oder Französisch; in der Türkei z. B. Türkisch) spricht, wird ein solcher Dolmetscher geladen, nicht aber der der Minderheit, welcher der Asylsuchende angehört. Dem sollten Sie, wenn der Flüchtling seine Sprache oder seinen Dialekt besser als die im Land übliche Verkehrssprache beherrscht, entgegentreten und schon im Vorfeld auf der Ladung des „richtigen" Dolmetschers beharren. Oft bietet das BAMF an, doch zunächst einmal in der Verkehrssprache zu beginnen und „wenn es nicht geht", dann die Anhörung abzubrechen. Lassen Sie sich darauf nur ein, wenn der Flüchtling sich in der Verkehrssprache gut (und nicht nur einigermaßen) ausdrücken kann. Ist das nicht der Fall, beharren Sie auf einem Dolmetscher seines Idioms. Wenn das BAMF dies nicht will, bleiben Sie hart; Verständigungsfehler lassen sich später nicht mehr korrigieren. Denn für die Glaubwürdigkeit des Fluchtschicksals kommt es oft auf Kleinigkeiten an. Kann der Flüchtling z. B. englisch nur radebrechen, kann er wahrscheinlich wichtige Details nicht schildern. Gehört der Flüchtling einer Minderheit im Land an, kann zu einem Dolmetscher, der der Bevölkerungsmehrheit angehört, von vorneherein ein Spannungsverhältnis bestehen, das der Wahrheitserforschung nicht dienlich ist. Dies bedeutet nicht, dass man dem Dolmetscher dann generell Misstrauen entgegenbringen soll. Möglicherweise ist der konkrete Dolmetscher sehr aufgeschlossen und vorurteilsfrei. Andererseits ist unübersehbar, dass jemand, der einer Mehrheitsbevölkerung angehört, unbewusst die Sichtweise der Bevölkerungsmehrheit teilt und manche „Probleme", die sich aus der Sicht der Minderheiten ergeben, gar nicht kennt, diese damit nicht richtig erfassen und im Ergebnis auch nicht richtig übersetzen kann. Da sich die asylrechtliche Anhörung nicht auf reine äußere Fakten beschränkt, sondern Hintergründe, Emotionen und Empfindungen eine Rolle spielen, kann es gerade auf diese Feinheiten ankommen. Hinzu kommt, dass ein Flüchtling, ebenso unbewusst, manchmal Vorbehalte gegen einen solchen Dolmetscher in sich trägt. Er kann sich dann nicht so öffnen, wie er es sonst könnte und wie es von ihm im Rahmen der Mitwirkungspflicht erwartet wird. Führen Sie einen Streit hierüber also lieber im Vorfeld und nicht erst, wenn der Termin stattfinden soll und ein Dolmetscher schon geladen ist, wieder heimgeschickt wird und dann ein neuer Termin gesucht werden muss. Auch beim BAMF scheut man überflüssige Mühe, Kosten und Verzögerungen. Regelmäßig wird dann versucht werden, den Asylsuchenden zu überreden, zunächst zu probieren, ob es nicht doch mit dem geladenen Dolmetscher geht. Das – auch schriftlich festgehaltene – Versprechen, die Anhörung abzubrechen, schützt nicht davor, dass ihm Widersprüche vorgehalten werden, wenn er später die trotzdem gemachten Aussagen korrigiert. Es ist besser, jetzt einen Konflikt auf sich zu nehmen, als später über die schlechte Übersetzung zu jammern.

Bedenken Sie, dass jede Übersetzung tendenziell auch eine Verfälschung der Aussage ist. Für jedes Wort finden sich zwei oder drei Synonyme, die sich aber in den Feinheiten unterscheiden. Was gemeint ist, ergibt sich oft erst aus dem Sinnzusammenhang. Wenn Ihnen das Schicksal des Flüchtlings bekannt ist, wissen Sie, was er aussagen möchte und können beurteilen, ob die Übersetzung das wiedergibt. Haben Sie das Gefühl, dass dies nicht der Fall ist, zögern Sie nicht, nachzufragen. Beschuldigen Sie nicht den Dolmetscher, dass er falsch übersetzt habe – dies schafft nur eine unnötige Konfrontation –, sondern fragen Sie den Flüchtling, wie er es gemeint hat; halten Sie ihm vor, was er ihnen erzählt hat, fragen Sie den Dolmetscher, ob man auch ein anderes Wort, das Ihnen zutreffender erscheint, verwenden kann. Wenn ja, drängen Sie dann darauf, dass diese Formulierung in die zusammenfassende Übersetzung aufgenommen wird.

4. Die Psychologie der Anhörung

Die Psychologie spielt bei der Anhörung eine große Rolle. Leider wird dies nach wie vor von den Bundesamtsentscheidern und vor allem von den Gerichten gering geachtet. Sie überschätzen regelmäßig den Inhalt des Protokolls und berücksichtigen nicht, dass es sich hierbei nur um eine Zusammenfassung handelt, die stets verkürzt und – schon aus Gründen der Übersetzung – fehlerhaft ist. Die wenigsten Richter können die Situation, in der sich ein Flüchtling nach seiner Ankunft befindet, nachvollziehen. Sie meinen meist, aus dem Flüchtling müsste jetzt, wo er im „sicheren Hafen" des Asyllandes gelandet ist, alles heraussprudeln. Sie verstehen nicht, dass jemand in der Anhörungssituation Angst haben kann.

Meine Erfahrung hat mich gelehrt, dass Angst oft das zentrale Empfinden der Flüchtlinge bei der Anhörung ist. Ihnen ist die Situation fremd. Sie fürchten, etwas falsch zu machen, gerade weil sie sich Hilfe erhoffen. Daraus entsteht ein Anpassungsdruck, das zu liefern, was anscheinend erwartet wird, und zugleich eine Zurückhaltung, sich zu offenbaren, weil man ja weiß, dass die meisten doch abgelehnt werden. Der Flüchtling befindet sich in einer ungeheuer schwierigen Situation. Sie können dabei schon dadurch helfen, dass Sie den Flüchtling zur Anhörung begleiten. Bitte tun Sie dies, wenn es Ihnen möglich ist. Er hat in Ihnen zumindest eine psychologische Unterstützung, weil er Ihnen vertraut und in Ihnen jemanden sieht, der auf seiner Seite steht.

Sie können auch leichter als der Flüchtling versuchen, das Klima zu entspannen, indem Sie mit dem Anhörer plaudern, ihn ins Gespräch ziehen und, am Rande und außerhalb des Protokolls, ihm auch persönliche Informationen mitteilen, die nicht unbedingt etwas zur Sache tun, aber die Person des Antragstellers vorstellen. Wenn Sie z. B. erzählen, dass Sie eigentlich nicht mitkommen wollten, weil Sie ja berufstätig sind und dass Sie sich trotzdem extra frei genommen haben, weil Sie gesehen haben, dass der Flüchtling die letzten zwei Nächte nicht mehr geschlafen und alle in seiner Umgebung verrückt gemacht hat, ist zumindest die Basis für ein Verständnis mancher Reaktionen gelegt. Wichtig ist Ihre Teilnahme auch deshalb, weil es manchmal unvermeidlich ist, einen Streit vom Zaun zu brechen. Ich erinnere mich an eine Anhörung, bei der der Anhörer zwar aufgenommen hat, dass der Asylsuchende angab, gefoltert worden zu sein, dass er sich aber weigerte, die Einzelheiten der Folterung zu protokollieren. „Das kennen wir ja schon, wir wissen doch, wie in türkischen Gefängnissen gefoltert wird", war seine Begründung. Erst eine massive Intervention verbunden mit der Drohung, den Raum zu verlassen und mich beim Vorgesetzten zu beschweren, führte dann dazu, dass die Einzelheiten, die der Mandant erzählen konnte, protokolliert wurden. Ich habe darauf bestanden, weil ich weiß, dass die bloße Angabe, in der Haft gefoltert worden zu sein, meist untergeht und später bei Gericht nachgefragte Details dann als „gesteigertes Vorbringen" abgetan werden können. Sie müssen deshalb darauf drängen, dass solche, später wichtigen Angaben auch dann aufgenommen werden, wenn der Anhörer erklärt, dies sei nicht nötig, weil er dem Flüchtling ja schon glaube, ja sogar dann, wenn er erklärt, für ihn laufe alles auf eine positive Entscheidung hinaus. Eine solche Aussage ist leider nicht verlässlich. Selbst wenn der Anhörer dies in dem Moment glaubt, kann es sein, dass er es sich nach der Lektüre des Protokolls bei der erst später geschriebenen Entscheidung anders überlegt (weil er die konkrete Anhörungssituation nicht mehr in Erinnerung hat), oder dass ein anderer nur auf der Grundlage des Protokolls und ohne persönlichen Eindruck den Fall beim BAMF negativ entscheidet (dies ist leider nicht selten der Fall) und der Richter dann dem späteren umfassenden Vortrag wegen der „dürftigen Angaben ohne Detailschilderungen" beim BAMF keinen Glauben mehr schenkt. Man kann den Eindruck haben, dass dieses Standard-Ablehnungsargument geradezu provoziert, ja sogar konstruiert wird. Wenn beispielsweise ein Flüchtling beim BAMF schildert, dass das Haus überfallen wurde und dann die Schilderung wie folgt lautet „Sie haben meinen Bruder getötet. Als ich ihm helfen wollte, haben sie mich geschlagen und ich wurde ohnmächtig." und dann der Vortrag als unglaubwürdig wegen Detailarmut qualifiziert wird, frage ich mich, wem hier die Schuld zu geben ist. Doch nur dem Bundesamtsanhörer! Denn der Flüchtling hat ja mit der Aussage, sein Bruder sei getötet und er sei zusammengeschlagen worden, die aus seiner Sicht relevanten, „harten" Fakten geschildert. Das ist der Kern seiner negativen Erlebnisse! Wer mehr wissen will, wer sich mit dieser Schilderung nicht begnügen will, muss nachfragen. Wenn der Flüchtling dann nicht berichten kann, ob der Bruder erschossen oder erstochen wurde, ob es eine Rauferei gab und wie sich das Geschehen abgespielt hat, darf man vielleicht aufgrund der Dürftigkeit der Aussage hieran zweifeln, es sei denn diese wäre auf ein Trauma zurückzuführen. Der Anhörer aber, der sich mit dem einen Satz begnügt, ohne nachzuhaken, handelt treuwidrig, wenn er dem Asylsuchenden in der Entscheidung den dürftigen Vortrag entgegenhält, den er provoziert hat.

5. Die Protokollierung

Streit kann und muss es manchmal um die Protokollierung geben. Das Protokoll beim BAMF ist kein Wort-Protokoll. Meist lässt der Anhörer den Flüchtling reden und fasst seine Aussage zusammen. Dabei fallen manchmal, auch ohne bösen

Willen, später wichtige Aspekte oder Details unter den Tisch. Beharren Sie deshalb darauf, dass Ihnen wichtig erscheinende Gesichtspunkte aufgenommen werden. Bestehen Sie darauf, dass der Anhörer die Fragen und Antworten sorgfältig, nicht summarisch protokolliert. Es ist besser, über die Protokollierung einer Aussage zu streiten und – notfalls mit der Drohung, das Protokoll nicht zu unterschreiben – darauf zu drängen, dass alles, was Ihnen bzw. dem Flüchtling wichtig erscheint, auch aufgeschrieben wird, als später mit dem Vorwurf einer dürftigen Aussage als unglaubwürdig dazustehen. Der Anhörer will ein unterschriebenes Protokoll. Ist es nicht unterschrieben, dokumentiert dies, dass der Flüchtling mit dem Inhalt des Protokolls nicht einverstanden war. Dem Antragsteller kann dann später weder der Vorwurf der Widersprüchlichkeit noch des gesteigerten Vorbringens gemacht werden. Ein unterschriebenes Protokoll kann dagegen praktisch nicht mehr korrigiert werden, weil es am Ende die Floskel enthält, dass der Vortrag vollständig und richtig ist.

Meist fasst der Anhörer den Vortrag abschnittsweise zusammen. In diesem Fall bekommen Sie mit, was protokolliert ist. Sie können sogleich intervenieren. Manche Anhörer schreiben die Angaben des Flüchtlings jedoch nieder, diktieren sie im Anschluss an die Anhörung und teilen das Protokoll erst dann, wenn es geschrieben ist, also nach einigen Stunden des Wartens, dem Flüchtling mit. Da Sie nicht wissen, wie der Anhörer die Aussagen des Asylsuchenden zusammenfasst, müssen Sie dann die Last auf sich nehmen, ebenfalls zu warten. Einfacher ist es natürlich, wenn Sie mit dem Anhörer bei einer solchen Fallkonstellation einen konkreten Termin zur Verlesung (und anschließenden Unterzeichnung) des Protokolls vereinbaren können, beispielsweise am nächsten Tag. Möglich ist auch, zu vereinbaren, dass Ihnen das Protokoll zugeschickt wird. Lesen Sie es dann gemeinsam mit dem Flüchtling durch, nehmen Sie eventuelle Korrekturen vor und senden Sie es dann unterschrieben zurück. Versuchen Sie dies einfach! Die Anhörer sind keine Unmenschen, sondern meist durchaus kooperativ. Den wenigen, die es nicht sind, sollten Sie vorher schon die Zähne gezeigt haben, indem sie dem erforderlichen Streit nicht aus dem Weg gegangen sind und so Ihre Vorstellungen von der Protokollführung durchgesetzt haben.

Gelegentlich ist auch zu beobachten, dass das BAMF Protokolle nicht sofort fertigt und auch nicht unterzeichnen (geschweige denn rückübersetzen) lässt, sondern diese erst mit der (meist negativen) Entscheidung zusendet. Ich halte dies für kein ordnungsgemäßes Verfahren. Wenn Sie an der Anhörung teilnehmen, sollten Sie darauf bestehen, dass das Protokoll dem Flüchtling vor der Entscheidung zur Kenntnis gegeben wird und von diesem auch durch Unterschrift gebilligt wird. Eine Blanko-Unterzeichnung des Protokolls – mit dem Argument, „Sie haben ja gehört, was ich diktiert habe" – ist ebenfalls nicht sachgerecht. Sie sollten an einem solchen Verfahren nicht mitwirken, sondern auf dem korrekten Procedere beharren. Auch wenn Sie sich dabei möglicherweise nicht durchsetzen (letztlich bestimmt der Anhörer, wie er die Anhörung durchführt), kann später im gerichtlichen Verfahren überzeugend dargelegt werden, dass das Verfahren nicht korrekt war, dass eine Rückübersetzung verweigert wurde und dass damit ein später anderslautender Vortrag nicht notwendigerweise einen Widerspruch darstellt, sondern möglicherweise auf einem Irrtum oder einer falschen Protokollierung beruht.

All diese Ratschläge helfen natürlich nichts, wenn der Flüchtling erst zu Ihnen kommt, wenn er bereits angehört wurde. In diesem Falle bleibt nichts anderes übrig, als mit dem Flüchtling das bereits vorhandene Protokoll auf Vollständigkeit und Richtigkeit durchzusprechen. Sind Sie der Auffassung, dass wesentliche Aspekte nicht oder falsch geschildert sind, sollten, wenn noch keine Entscheidung vorliegt, notwendige Korrekturen dem BAMF sofort mitgeteilt werden. Es wäre ein Fehler, diese Berichtigungen erst dem Gericht zu unterbreiten.

6. Wesentlicher Inhalt des Protokolls

Die wesentlichen Dinge, die mitgeteilt und protokolliert werden müssen, sind:
- Eine vollständige Schilderung der Erlebnisse, die zur Flucht geführt haben. Die allgemeine Situation sollte geschildert werden (auch wenn dies oftmals auf den Unwillen des Anhörers stößt), soweit der Flüchtling hiervon betroffen war oder ist. Selbstverständlich müssen jedoch Schwerpunkte im persönlichen Bereich gesetzt werden. Entscheidend sind dabei zunächst die die Flucht auslösenden Erlebnisse, die unbedingt konkret unter Angabe des Zeitpunktes oder Zeitraumes dargestellt werden sollten,

sofern dies möglich ist. Bei Unsicherheit über den genauen Zeitpunkt darf sich andererseits der Flüchtling nicht festlegen lassen. Besser ist eine ungefähre Angabe („im Sommer") als ein präzises Datum, das sich später als unrichtig erweist. Auch wenn die eigenen Erlebnisse im Mittelpunkt der Darstellung stehen sollten, sind die vorangegangenen Geschehnisse meist ebenfalls zum Verständnis erforderlich. Die Mitgliedschaft in einer politischen Partei, die Zugehörigkeit zu einer religiösen oder ethnischen Gruppe, sind ebenso von Belang wie Erlebnisse von Familienmitgliedern, ja selbst von Vorfahren, wenn ein Zusammenhang zum konkreten Fluchtschicksal besteht. Auch hier wird der Flüchtling oftmals den Unwillen des Anhörers spüren, wenn dieser, wie so oft, behauptet, auf das Schicksal des Vaters komme es nicht an. Möglicherweise aber ist gerade die Tatsache, dass die ganze Familie schon seit Generationen in Opposition zur herrschenden Regierung stand, der für die Schutzgewährung entscheidende Gesichtspunkt. Es kommt darauf an, klarzumachen, warum der Asylsuchende sein Heimatland verlassen hat und in Deutschland Schutz sucht. Dies muss nachvollziehbar und möglichst lebendig herüberkommen.

- Auch der Fluchtweg ist von großer Bedeutung. Das BAMF befasst sich am Anfang der Anhörung schwerpunktmäßig damit. Dies hat zum einen die Funktion, festzustellen, ob der Flüchtling über einen sicheren Drittstaat eingereist ist, weil dies das Asylrecht des Art. 16a GG ausschließt und möglicherweise die Rücküberstellung in einen sicheren Drittstaat ermöglicht. Zum zweiten hat die Schilderung des Fluchtweges aber auch die Funktion, Anhaltspunkte zu finden, den Flüchtling als unglaubwürdig darstellen zu können. In Bundesamtsbescheiden kann man nachlesen, dass der Flüchtling deshalb unglaubwürdig sei, weil er ja schon über den Reiseweg und die Modalitäten der Einreise die Unwahrheit gesagt habe. So habe er beispielsweise behauptet, der Pass sei ihm vom Schlepper abgenommen worden, was aber schon deshalb unglaubwürdig sei, weil dies alle behaupten würden.

Abgesehen davon, dass diese Bewertung falsch ist (jedermann weiß, dass Fluchthilfeorganisationen einerseits aus eigenem Schutzinteresse – die verhängten Strafen für Fluchthelfer sind drastisch hoch –, andererseits auch aus

Geschäftsinteresse – Pässe sind viel wert – so verfahren), ist es richtig, dass nachweislich falsche Angaben über den Fluchtweg ein Indiz für die Glaubwürdigkeit auch des übrigen Vortrages sein können. Es braucht guten Willen, um zu differenzieren, dass jemand, der aus nachvollziehbaren Gründen (Drittstaatenklausel, Drohung durch Schlepper, Fehlinformation durch Landsleute etc.) den Fluchtweg verschleiert, nicht auch hinsichtlich der Fluchtgründe lügt. Viele sind zu einer solchen Differenzierung nicht bereit oder in der Lage. Aus diesem Grunde ist es wichtig, auch auf die Angaben zum Fluchtweg sein Augenmerk zu richten. Die Dublin-Regelung ist ein weiterer Grund dafür, warum viele Flüchtlinge den Reiseweg verschleiern wollen. Man kann es ihnen nicht übelnehmen, da nicht nur die Anerkennungsquoten in den europäischen Ländern höchst unterschiedlich sind, sondern vor allem auch die Lebensbedingungen. Dem Flüchtling sollte aber klar sein, dass der Versuch einer Täuschung über den Fluchtweg dann vollkommen sinnlos ist, wenn er in einem der Dublin-Staaten Fingerabdrücke abgegeben hat. Denn mit sehr großer Wahrscheinlichkeit ist dank des Eurodac-Systems diese Lüge leicht widerlegt. Gleiches gilt, wenn er mit einem Visum eingereist ist – die Visadatei wird dies wahrscheinlich aufdecken. Weiß der Rechtsanwalt oder Berater von einer Einreise über den Dublin-Staat, kann er möglicherweise – wenn auch nur in beschränktem Umfang – dem Flüchtling helfen. Immerhin gewährt die jetzige Fassung der Dublin-Regelung dem Flüchtling eine stärkere Rechtsposition und berücksichtigt auch familiäre Bindungen. Diese und andere relevante Aspekte können möglicherweise eingebracht werden und zum Selbsteintritt führen, wenn sie dem Berater bekannt sind. Verschweigt der Flüchtling dies aber und fliegt dies erst mit der Zustellung des Bescheids auf, kann innerhalb der knappen Wochenfrist für den Eilantrag möglicherweise nicht mehr geholfen werden.

- Von Bedeutung ist auch der persönliche Werdegang des Flüchtlings.

Am Anfang der Anhörung werden scheinbar belanglose Fragen zur familiären Situation und insbesondere zur Schul- und Ausbildung und zur Berufstätigkeit des Flüchtlings gestellt. Manchmal ergibt sich dann später bei den Fluchtgründen ein Widerspruch, etwa, weil der Flüchtling angegeben hat, dass er bis zur Ausreise gearbeitet hat. Gibt er später an, dass er bereits vor seiner Flucht längere Zeit in Haft war und sich nach seiner Freilassung noch versteckt hat, existiert schon ein scheinbarer Widerspruch zwischen den tabellarischen Erfassungen auf den ersten Seiten des Protokolls und den inhaltlichen Ausführungen später. Es macht viel Mühe, später zu erklären, dass hierin kein Widerspruch liegt, sondern dass der Flüchtling schon bei der tabellarischen Erfassung angemerkt hat, dass er zwischenzeitlich inhaftiert war und sich dann versteckt hielt. Manche Richter wollen hierin einen Widerspruch sehen, der nicht aufgelöst werden kann. Bitte achten Sie darauf, dass auch hier alles richtig erfasst wird und beharren Sie gegebenenfalls darauf, dass bei der tabellarischen Erfassung dieser Daten Vorbehalte dergestalt festgehalten werden (etwa durch ein Sternchen mit Erläuterung), oder dass es heißt „bis zur Haft".

- Politische Aktivitäten des Flüchtlings in Deutschland sind als Nachfluchttatbestände von großem Gewicht. Wenn der Asylsuchende auch in Deutschland gegen seinen Heimatstaat aktiv ist oder zumindest Kontakt zu seiner Partei oder Gruppe hält, ist dies anzugeben und soweit wie möglich zu belegen (Fotos, Flugblätter, Zeugenaussagen, Veröffentlichungen, Zeitungsberichte etc.). Für derartige „Nachfluchtaktivitäten" muss der Flüchtling den vollen Beweis erbringen.

- Soweit Beweismittel existieren, sind diese unbedingt vorzulegen. Beweismittel sind neben Haftbefehlen, Gefängnisentlassungsscheinen und ähnlichen Dokumenten auch scheinbar für das Fluchtschicksal unwichtige Papiere wie Heiratsurkunden. Im Einzelfall, beispielsweise dann, wenn der Flüchtling berichtet, dass er die Schule abbrechen musste, können auch Schulzeugnisse und Arbeitspapiere von Belang sein, z. B., weil sich aus ihnen ergibt, dass seine Schilderung, dass er die Hochschule nicht beenden durfte und stattdessen als Verkäufer arbeiten musste, der Wahrheit entspricht. Höchst wichtig sind natürlich auch Mitgliedsausweise von politischen Organisationen oder andere Dokumente über eine politische Aktivität. Auch Briefe aus der Heimat sind Mosaiksteinchen, obwohl solchen Dokumenten kein allzu großes Gewicht beigemessen wird, weil sie vom Flüchtling „bestellt" sein können. Prüfen Sie stets

Dokumente kritisch auf mögliche Fälschungsmerkmale. Erklären Sie dem Flüchtling, dass die Vorlage von ge- oder verfälschten Dokumenten schädlich ist, weil hierdurch die Glaubwürdigkeit insgesamt erschüttert wird. Es ist nicht selten, dass ein Schutzbegehren, das erfolgreich gewesen wäre, allein wegen eines falschen Dokuments abgelehnt wird.
Die wichtigsten Beweismittel, die in der Praxis viel zu selten angeführt werden, sind jedoch Zeugen. Oftmals kann der Flüchtling andere Personen benennen, die entweder ebenfalls im Bundesgebiet als Asylsuchende oder Asylberechtigte leben oder in anderen Staaten Zuflucht gefunden haben. Da das BAMF trotz bestehender gesetzlicher Verpflichtung keine Zeugenanhörung durchführt, müssen schriftliche Erklärungen dieser Personen vorgelegt werden, zumindest aber sollten ihre Namen und Anschriften bekannt gegeben werden.
Oft findet sich im Anhörungsprotokoll die Aussage des Flüchtlings, er könne noch bestimmte Beweismittel beschaffen. Meist wird ihm dann eine Frist von einigen Wochen gesetzt, um sie vorzulegen.
Gelingt dies nicht, wird die Nicht-Vorlage meist gegen den Schutzsuchenden verwendet. Lassen Sie deshalb solche Aussagen nur dann zu, wenn die Vorlage der Beweismittel auch wahrscheinlich ist. Fragen Sie lieber kritisch nach und relativieren Sie solche Versprechen, als sie unbedingt protokollieren zu lassen. Ist eine derartige Zusage trotzdem abgegeben worden, unterstützen Sie den Flüchtling bei seinen Bemühungen. Bleibt der Erfolg aus, informieren Sie das BAMF von den getätigten Anstrengungen und teilen Sie das Scheitern mit. Ist so dargelegt, dass er sich bemüht hat, kann ihm der mangelnde Erfolg nicht angelastet werden.

- Manche Flüchtlinge kommen hier krank an, viele sind auch traumatisiert. Dies muss auch dem BAMF mitgeteilt werden, weil dies zum einen Einfluss auf die Bewertung des Fluchtschicksals haben, zum anderen aber auch als Abschiebungshindernis relevant sein kann. Letzteres ist der Fall, wenn es sich um eine schwerwiegende Erkrankung handelt, die im Herkunftsland nicht oder nicht richtig behandelt werden kann, wie z. B. HIV/Aids, aber auch psychische Erkrankungen. Letztere spielen eine Rolle auch im Hinblick auf die Bewertung der Glaubwürdigkeit. Eine vorliegende Krankheit sollte durch ein ärztliches

Attest belegt werden, am besten durch ein fachärztliches. Liegt ein solches noch nicht vor, ist aber eine fachärztliche, z. B. psychiatrische, Behandlung geplant und fehlt es beispielsweise noch an einem Behandlungsplatz, sollte man auch das angeben. Ansonsten heißt es später, es sei nicht einsichtig, dass nun eine psychische Erkrankung geltend gemacht werde, die nach der Einreise offenbar noch nicht vorgelegen habe. Also: Sagen Sie es und achten Sie darauf, dass es auch protokolliert wird!

- Entscheidend ist, ob der Sachvortrag des Asylsuchenden als glaubwürdig eingeschätzt wird. Dies hängt zum einen von der allgemeinen Situation im Herkunftsstaat, zum anderen von der Glaubwürdigkeit des individuellen Vortrages ab. Diese ergibt sich nicht nur aus vorgelegten Beweismitteln und einem schlüssigen Vortrag, sondern auch aus psychologischen Faktoren. Manchmal erscheint gerade der perfekte Vortrag als unglaubhaft, weil er mit der konkreten Person nicht in Einklang zu bringen ist. Umgekehrt kann auch ein stockender und bei Nebenfragen widersprüchlicher Vortrag zur Anerkennung führen, wenn die Person insgesamt einen glaubwürdigen Eindruck macht. Versuchen Sie als Helfer daher nicht, den Flüchtling auf ein bestimmtes Verhalten zu trimmen, sondern tragen Sie seiner Persönlichkeit Rechnung.

Vielfach kursieren unter Asylsuchenden Gerüchte, welcher Vortrag zum Erfolg führt. Manche Flüchtlinge erliegen dann der Versuchung, bestimmte Umstände anders als wahrheitsgemäß darzustellen oder auch später „nachzubessern". Sie übersehen dabei, dass kaum ein Mensch so gut „lügen" kann, dass er die Lüge durch das gesamte Verfahren durchhalten kann. Irgendwann verstricken sich viele in Widersprüche, oft fehlt es dann an Details oder einzelne geschilderte Erlebnisse stehen im Widerspruch zu anderen. Bei einem Nachbessern droht die Gefahr, dass das gesamte Vorbringen als sog. „gesteigerter Vortrag" als unglaubwürdig angesehen wird.

Wenn Sie den Eindruck haben, dass der von Ihnen Unterstützte diesen Versuchungen erlegen ist oder erliegen könnte, sprechen Sie ihn darauf offen an und raten Sie ihm, von falschen Angaben ebenso abzusehen wie von Übertreibungen. Der wahrheitsgemäße Vortrag führt leichter zum Erfolg als ein übertriebener.

▶ Tipp

Die Anhörung durch das BAMF ist der wichtigste Vorgang im Rahmen des behördlichen Asylverfahrens. Versuchen Sie dies dem Flüchtling klarzumachen und bereiten Sie ihn auf die Anhörung vor.

Erklären Sie sich nicht mit einer Videoanhörung freiwillig einverstanden, beharren Sie auf einer persönlichen Anhörung! Sinnvoll kann hingegen ein vollständiger Verzicht auf die Anhörung sein, weil dies nur dann möglich ist, wenn eine positive Entscheidung herauskommt.

Falls möglich, begleiten Sie ihn als Beistand; wenn Sie dies tun wollen, kündigen Sie sich vorher beim BAMF an.

Wenn ein Dolmetscher für eine bestimmte Sprache benötigt wird, teilen Sie dies dem BAMF vorab mit.

Wenn Sie zu Beginn der Anhörung feststellen, dass der „falsche" Dolmetscher geladen ist, beharren Sie auf dem „richtigen" und machen Sie keine faulen Kompromisse, indem Sie den Flüchtling in einer Sprache anhören lassen, die er nicht vollkommen beherrscht.

Kontrollieren Sie den Dolmetscher, ob er richtig übersetzt. Dies ist dann nicht der Fall, wenn aus mehreren Sätzen des Flüchtlings in der Übersetzung einer wird. Der Dolmetscher hat zu übersetzen und nicht zusammenzufassen!

Ist der Flüchtling traumatisiert, ein Mensch, der sexuelle Belästigung geltend macht, oder ein unbegleiteter minderjähriger Flüchtling, beharren Sie auf einer Anhörung durch einen der speziell geschulten Anhörerinnen und Anhörer und gegebenenfalls auf einer Dolmetscherin.

Achten Sie darauf, dass alle wichtigen Punkte zur Sprache kommen und protokolliert werden. Verlassen Sie sich nicht auf Versprechen des Anhörers, möglicherweise entscheidet er später die Sache doch nicht. Achten

Sie auch darauf, dass Gefühlsausbrüche (z. B. Weinen, Schweißausbruch, Unfähigkeit weiterzureden) im Protokoll festgehalten werden.

Wenn Sie mit der Protokollierung nicht einverstanden sind – also z. B. nach Ihrer Auffassung falsch protokolliert ist oder wichtige Teile fehlen –, beharren Sie auf einer Korrektur oder geben Sie zumindest Ihre Auffassung zu Protokoll. Ist der Anhörer zur Korrektur oder zur Aufnahme Ihrer Kritik am Protokoll nicht bereit, raten Sie dem Flüchtling, das Protokoll nicht zu unterschreiben.

Beharren Sie in jedem Fall darauf, dass das Protokoll dem Asylsuchenden nochmals – und vor der Entscheidung – zur Kenntnis gebracht wird. Bringen Sie Korrekturwünsche sofort an!

Legen Sie Beweismittel vor, wenn sie im Besitz des Flüchtlings sind. Benennen Sie Zeugen, die in Deutschland oder Europa leben.

VI. Mitwirkungspflichten

Das Gesetz hat in § 15 AsylVfG eine Reihe von Mitwirkungspflichten festgelegt. Ein Verstoß gegen bestimmte Mitwirkungspflichten führt gemäß § 30 III AsylVfG bei einem unbegründeten Antrag zwingend zur Ablehnung des Asylantrags als „offensichtlich unbegründet". Wegen der hiermit einhergehenden Verkürzung der Rechtsmittel- und Ausreisefristen und des Ausschlusses einer Aufenthaltserlaubnis vor einer Ausreise (§ 10 III 2 AufenthG) ist dies von großer Bedeutung.

Bezüglich der einzelnen Mitwirkungspflichten wird auf den Gesetzestext verwiesen. Für das materielle Asylrecht von großer Bedeutung ist die Bestimmung des § 15 II Nr. 5 AsylVfG zur Vorlage aller relevanten Dokumente und die Bestimmung des § 15 II Nr. 1 AsylVfG, Angaben auf Aufforderung auch schriftlich zu machen. Gelegentlich wird diese Bestimmung dazu missbraucht, das Verfahren nach § 33 AsylVfG einzustellen. Bitte raten Sie dem Asylsuchenden daher unbedingt, Anschreiben des Bundesamtes umgehend zu beantworten bzw. sie Ihnen sofort zu zeigen.

1. Umfang der Mitwirkungspflichten

Vor der eigentlichen Anhörung zum Asylbegehren wird der Asylsuchende nach dem Reiseweg gefragt. Diese Befragung hat den Zweck abzuklären, ob eine anderweitige Sicherheit in einem Drittstaat bestand oder der Flüchtling durch einen sicheren Drittstaat eingereist ist, mit der Konsequenz, dass das Asylbegehren nach § 29 AsylVfG als unbeachtlich gewertet wird.

Ist er nicht im Besitz eines Heimatpasses, wird ihm oft schon vor der Anhörung ein Formular vorgelegt, mit dem er die Ausstellung eines Heimatpasses beantragen soll. Auch Lichtbilder werden vom Flüchtling gefertigt, teilweise unter Verwendung der heimatüblichen Bekleidung (Schador oder Schleier bei Frauen). Abgesehen davon, dass ich zu diesem Zeitpunkt das Ansinnen, für Heimreisedokumente zu sorgen, nicht nur als menschlich unerträglich, sondern auch für rechtlich fragwürdig erachte, gilt es festzuhalten, dass jedenfalls die zwangsweise Mitwirkung an derartigen Repatriierungsmaßnahmen zu diesem Zeitpunkt nicht verlangt werden kann. Es gehört nicht zu den Pflichten einer Asylbewerberin aus einem islamischen Staat, die Asyl gerade deshalb begehrt, weil sie in ihren Menschenrechten als Frau von der dortigen Rechts- und Sittenordnung verletzt wird, sich anlässlich ihres Asylantrages im Schador fotografieren zu lassen. Dass das BAMF diese Praxis verteidigt, macht zumindest eines deutlich: Es sieht sich mehr den Interessen des Staates an einer reibungslosen Rückführung als den Interessen der Flüchtlinge an der Achtung ihrer Menschenwürde verpflichtet.

Im Mittelpunkt der behördlichen Mitwirkungspflichten steht, was das Gesetz in § 15 I AsylVfG im ersten Satz vorschreibt: „Der Ausländer ist persönlich verpflichtet, bei der Aufklärung des Sachverhalts mitzuwirken." Dies bedeutet vor allem, dass er seine Asylgründe vollständig, umfassend, detailliert und möglichst zeitnah vortragen muss. Geschieht dies nicht (regelmäßig und spätestens) bei der Anhörung, wird dem Asylsuchenden sog. „verspätetes Vorbringen" angelastet und damit die Glaubwürdigkeit erschüttert. Das BVerfG hat schon früh entschieden, dass die persönliche Anhörung beim BAMF die Gelegenheit für den Asylsuchenden ist, sich umfassend und abschließend zu äußern und dass spätere Darlegungen Rückschlüsse auf die Glaubwürdigkeit zulassen. Ein „gesteigerter Vortrag" führt regelmäßig zur Bewertung des Vortrags als unglaubhaft.

Das Gesetz hat in § 25 III AsylVfG ausdrücklich vorgeschrieben, dass ein späteres Vorbringen (als im Rahmen der Anhörung) unberücksichtigt bleiben kann, wenn anderenfalls die Entscheidung des BAMF verzögert würde. In der Praxis kommt diese Präklusionsvorschrift zwar selten zur Anwendung, umso häufiger aber dient verspätetes oder gesteigertes Vorbringen zur Rechtfertigung der Einschätzung des Asylsuchenden als unglaubwürdig. Um dem zu entgehen, müssen neue Umstände oder Beweismittel, die erst nach der Anhörung entstehen oder bekannt werden schnellstmöglich dem BAMF mitgeteilt werden. Briefe, Zeitungsartikel, Beweismittel (wie Haftbefehle) sollten deshalb umgehend nach Erhalt dem BAMF unterbreitet und nicht erst vor Gericht aus der Tasche gezogen werden.

Erfahren Sie im Rahmen Ihrer Beratung davon, dass der Flüchtling Neues erfahren hat oder neue Beweismittel erhalten hat, die er dem BAMF nicht (rechtzeitig) vorgelegt hat, sollte dies so rasch wie möglich nachgeholt werden. Dann müssen auch die Gründe dargelegt werden, warum ein entsprechender Vortrag bislang unterblieben ist, also etwa, dass der Flüchtling glaubte, das Dokument spiele keine Rolle, dass er auf ein weiteres, angekündigtes Dokument warten und erst beide zusammen vorlegen wollte, dass er das Geld für eine Übersetzung ansparen wollte usw. Hierdurch wird wenigstens sein ehrliches Bemühen aufgezeigt und damit der Schluss auf die Unglaubwürdigkeit erschwert.

2. Sprachanalyse und Mitwirkungspflichten

Unter dem Stichwort der Mitwirkungspflichten rechtfertigt das BAMF auch die sog. Sprachanalysen. Das BAMF befragt dabei Asylsuchende in ihrer (angeblichen) Heimatsprache zu allgemeinen Themen, aber auch etwa zu geographischen und politischen Verhältnissen im behaupteten Herkunftsstaat. Die Tonkassetten werden dann angeblichen Sprachkundigen zur Auswertung übersandt. Ziel dieser Sprachanalysen ist es, Aufschluss über den tatsächlichen Herkunftsstaat zu erhalten. Es entspricht der bisherigen Praxis, den Asylsuchenden ein Papier vorzulegen, wonach sie an der Sprachanalyse freiwillig teilnehmen, doch hat das BAMF stets den Standpunkt bezogen, dass die Sprachanalysen durch die Mitwirkungspflichten gerechtfertigt seien. Ich halte dies für fragwürdig, weil der eigentliche

Zweck der Sprachanalysen ja nicht darin besteht, „bei der Aufklärung des Sachverhalts", also des asylrelevanten Sachverhaltes, mitzuwirken, sondern darin, herauszufinden, in welches Land der Flüchtling abgeschoben werden kann. Allerdings sei eingeräumt, dass man über diese Rechtsmeinung streiten kann.

Nicht streiten kann man hingegen darüber, dass die Sprachanalysen, wie sie bisher vom BAMF durchgeführt worden sind, zweifelhaft sind. Dies beginnt damit, dass schon fraglich erscheint, ob wirklich Sprachwissenschaftler oder nicht selbsternannte Koryphäen diese Sprachanalysen verfassen. Denn sie sind regelmäßig anonym und damit einer ernsthaften Überprüfung nicht zugänglich. Oft ist auch ihr Inhalt dürftig. Es hat wenig Sinn, sich dem fragwürdigen Sprachtest zu verweigern, wenn er vom BAMF angeordnet wird. Im Falle der Weigerung käme wahrscheinlich eine offensichtlich-unbegründet-Entscheidung heraus, die viele der Richter dann auch bestätigen würden, weil man sich ja der Möglichkeit, die vorhandenen Zweifel auszuräumen, entzogen hat. Ich rate daher, sich einem angeordneten Sprachtest nicht zu verweigern. Wird jedoch gefragt, ob der Asylsuchende bereit ist, freiwillig an einem Sprachtest teilzunehmen, sollte er dies – im Regelfall – verneinen. Denn die Sprachtests sind unzuverlässig. Jeder kennt Berliner mit bayerischer Sprachfärbung und umgekehrt Münchner, die norddeutsche Ausdrücke verwenden. Die Gründe hierfür sind vielfältiger Art, beispielsweise ein Umzug oder die Sprachprägung im Elternhaus oder durch Ehegatten. Bei den Ländern, bei denen Sprachtests durchgeführt werden, herrscht oftmals ein Völker- und Sprachengewirr mit fließenden Grenzen, so dass der Test per se fragwürdig erscheint. Hinzu kommt, dass man die Qualifikation der Sprachanalytiker nicht überprüfen kann und diese im Regelfall auch anonym bleiben. Erst im gerichtlichen Verfahren – dann ist das Kind aber oft schon in den Brunnen gefallen – kann die Vorlage des eigentlichen Sprachgutachtens und die Offenbarung des Gutachters erzwungen werden. Meine Kritik an den Sprachtests macht sich also vornehmlich an zwei Punkten fest: Zum einen an der mangelnden Transparenz des Verfahrens und der fehlenden Offenlegung der Gutachter, zum anderen daran, dass Sprachtests oft bei Ländern eingesetzt werden, bei denen es klare Sprachgrenzen nicht gibt.

In Einzelfall können jedoch auch Sprachtests eine Hilfe darstellen. Insbesondere im gerichtlichen Verfahren kann auch der Flüchtling einen Sprachtest beantragen. Da es jedoch nur wenig wirklich Sachverständige auf diesem Gebiet gibt – und manche sich dadurch disqualifiziert haben, dass sie sich zu der anonymen Durchführung von Sprachtests für das BAMF bereitgefunden haben, - ist dies ein selten einsetzbares Mittel zur Wahrheitsfindung.

3. Mitteilungspflicht der Adresse

Im Zusammenhang mit den Mitwirkungspflichten ist auch auf § 10 AsylVfG hinzuweisen. Nach § 10 I AsylVfG hat der Ausländer während der Dauer des Asylverfahrens vorzusorgen, dass ihn Mitteilungen des Bundesamtes stets erreichen. Er hat jeden Wechsel seiner Anschrift dem BAMF unverzüglich anzuzeigen. Jeder Asylsuchende soll über diese Bestimmung zu Beginn seines Verfahrens schriftlich belehrt werden (§ 10 VII AsylVfG).

Diese Bestimmung hat in der Vergangenheit dazu geführt, dass das BAMF viele Verfahren eingestellt hat, weil der Betroffene nicht erreichbar war und seiner Mitwirkungspflicht nicht genügt hat. Das Bundesverfassungsgericht hat diesem Missbrauch einen Riegel vorgeschoben. Verlangt ist nunmehr nicht nur, dass der Flüchtling allgemein über seine Pflichten belehrt wird, sondern auch in einer ihm verständlichen Sprache und unter Erläuterung der Verwaltungsstrukturen. Die Belehrung muss so umfassend sein, dass der Flüchtling von seinem Horizont aus begreifen kann, unter welchen Umständen die Pflicht zur Adressenmitteilung eingreift.

Die geänderte Rechtsprechung des Bundesverfassungsgerichtes hat zum einen bewirkt, dass das BAMF von der Möglichkeit der Verfahrenseinstellung bei versäumter Anschriftenmitteilung nur noch in Ausnahmefällen Gebrauch macht und diese Vorschrift nicht mehr systematisch missbraucht. Andererseits ist das BAMF dazu übergegangen, nunmehr einen Textbaustein zu verwenden, wonach der Asylsuchende in seiner Sprache und ihm verständlich belehrt worden sei. Natürlich bedeutet die Verwendung eines Textbausteines noch nicht, dass der Flüchtling tatsächlich ordnungsgemäß belehrt worden ist und auch wirklich alles verstanden hat.

Bitte drängen Sie daher den Flüchtling, jede Adressänderung dem BAMF mitzuteilen oder tun Sie es für ihn. Wenn Sie in einer Unterkunft arbeiten, scheuen Sie sich nicht, routinemäßig alle Neuzugänge dem BAMF zu melden. Ich weiß, dass das BAMF diese Meldungen manchmal mit einem Formularschreiben zurückschickt, wonach ohne Angabe des Aktenzeichens eine Zuordnung nicht möglich sei. Möglicherweise sind Sie dann zunächst frustriert; gleichwohl können Sie damit später vor Gericht nachweisen, dass der Flüchtling durch diese Meldung seinen Verpflichtungen nachgekommen ist. Die Mühe hat sich dann doch gelohnt.

Es ist nicht erforderlich, diese Mitteilung mit Einschreiben abzusenden. Das Problem liegt nicht darin, dass das BAMF die Post nicht erhält, sondern darin, dass die Organisation beim BAMF so ist, dass die Mitteilung nicht in die Asylakten gelangt. Hieran ändert auch eine Einschreiben-Sendung nichts. Auch den Gerichten ist dies zwischenzeitlich bekannt geworden, so dass Ihnen sicher geglaubt wird, wenn Sie bestätigen, dass Sie eine solche Mitteilung abgesandt haben. Wenn bekannt, sollte aber stets das Aktenzeichen des BAMF angegeben sein.

Ist die Adressmitteilung gleichwohl unterblieben und erklärt der Flüchtling glaubwürdig, dass er nicht ordnungsgemäß belehrt worden sei, muss in diesem Falle vorgetragen werden, dass trotz des entsprechenden Textbausteines im Anhörungsprotokoll die Belehrung nicht ordnungsgemäß erfolgt ist. Tatsächlich ist es eine immer wieder vorkommende Praxis beim BAMF, Textbausteine mit der angeblichen Bestätigung des Flüchtlings über Belehrungen routinemäßig in das Protokoll einzufügen, obwohl hierüber manchmal nicht gesprochen wurde, geschweige denn der Inhalt des unterschriebenen Formblattes erörtert wurden. Der Grund hierfür ist weniger Bösartigkeit als Nachlässigkeit. Denn dieser Teil der Anhörung wird oft dem Dolmetscher überlassen, während der Anhörer inzwischen etwas anderes erledigt. Wie ausführlich und detailliert er übersetzt und informiert, hängt vom jeweiligen Dolmetscher ab. Der konkrete Verlauf muss dem Gericht dann allerdings unterbreitet werden – und nicht immer wird es dann die vorliegende schriftliche Bestätigung einer ordnungsgemäßen Belehrung als widerlegt ansehen.

Damit diese Situation nicht eintritt, ist zu verlangen, dass auch die Belehrung Satz für Satz in Deutsch verlesen und anschließend übersetzt wird – und gegebenenfalls erläutert wird. Denn nur Wenige verstehen das dort verwendete Juristendeutsch!

Routinemäßig werden dem Flüchtling auch schriftliche Belehrungen zugesandt. Diese erschöpfen sich heute nicht mehr in der Wiedergabe der kaum verständlichen Paragraphen, sondern versuchen, den Inhalt zu erläutern. Gleichwohl sind sie oft nur schwer verständlich, selbst für Deutsche. Ein Flüchtling aus einem anderen Kultur- und Rechtskreis mit einem geringen Bildungsgrad kommt damit nicht zurecht. Liegt eine solche Fallkonstellation vor und ist aufgrund dessen eine Frist versäumt, kann man versuchen, dies im Wege eines Wiedereinsetzungsgesuchs zu erklären und möglicherweise zu heilen. Zu einer solchen Situation sollte es aber gar nicht erst kommen. Als Beistand sollten Sie deshalb dem Flüchtling den Inhalt der Belehrung in einfachen Worten nahebringen und auch die Bedeutung klarmachen.

Rechtsbehelfsbelehrungen müssen dann, wenn der Flüchtling nicht durch einen Bevollmächtigten vertreten ist, in einer Sprache verfasst sein, „deren Kenntnis vernünftigerweise vorausgesetzt werden kann" (§ 31 I 3 AsylVfG). Dies ist nicht immer der Fall. Manchmal sind auch irrtümlich Übersetzungen in einer anderen als der dem Flüchtling bekannten Sprache beigefügt. Ein solcher Fehler ändert nichts an der Entscheidung selbst, führt aber dazu, dass die Frist nicht zu laufen beginnt und der Rechtsbehelf innerhalb eines Jahres eingelegt werden kann.

▶ Tipp

Achten Sie darauf, dass der Flüchtling seinen Mitwirkungspflichten nach § 15 AsylVfG nachkommt. Die Wichtigste ist die Bekanntgabe jedes Anschriftenwechsels (§ 10 AsylVfG).

Zu den Mitwirkungspflichten gehört auch, im Falle des Nicht-Besitzes eines gültigen Passes an der Beschaffung eines Identitätspapieres mitzuwirken. Nach meiner Auffassung entsteht diese Verpflichtung jedoch frühestens, wenn ein Bescheid gemäß §§ 34 ff. AsylVfG vorliegt. Wenn das BAMF vorher bereits die Unterschrift unter einem Passantrag oder Ähnlichem verlangt, sollte man sich dagegen wehren.

Unzumutbar ist insbesondere, dass sich jemand in bestimmter Kleidung (Schador) fotografieren lassen soll, insbesondere dann, wenn die Ablehnung dieser Sitten zu den Gründen für das Asylbegehren gehört.

Ob eine Mitwirkungspflicht an einem Sprachtest besteht, ist strittig. Der Asylsuchende sollte sich der Anordnung eines Sprachtestes gegebenenfalls nicht widersetzen, andererseits aber auch nicht unterschreiben, dass er freiwillig daran teilnimmt.

Beweismittel und Informationen, die erst nach der Anhörung vorliegen, müssen dem BAMF umgehend übermittelt werden.

VII. Rechtsstellung während des Asylverfahrens

1. Aufenthaltsrecht

1.1. Die Aufenthaltsgestattung

Gemäß § 55 I 1 AsylVfG ist einem Ausländer, der um Asyl nachsucht, der Aufenthalt im Bundesgebiet gestattet. Er erhält hierüber eine Bescheinigung (§ 63 I AsylVfG), die Aufenthaltsgestattung. Er hat damit einen rechtmäßigen Aufenthalt. Der rechtmäßige Aufenthalt entsteht nicht erst mit dem förmlichen Asylantrag nach § 14 AsylVfG, sondern grundsätzlich schon mit dem Asylbegehren, etwa bei der Grenzbehörde oder der Polizei. Nur im Fall der unerlaubten Einreise aus einem sicheren Drittstaat erwirbt der Ausländer den rechtmäßigen Aufenthalt erst mit der förmlichen Stellung des Asylantrags (§ 55 I 3 AsylVfG).

Der legale Aufenthalt, den die Aufenthaltsgestattung dem Asylbewerber verschafft, ist zweckgebunden. Er dient der „Durchführung des Asylverfahrens" (§ 55 I 1 AsylVfG). Aus diesem Grund bestimmt § 55 III AsylVfG, dass diese Zeiten nur dann als Zeiten eines rechtmäßigen Aufenthalts später angerechnet werden, wenn der Ausländer unanfechtbar als Asylberechtigter anerkannt wurde oder ihm internationaler Schutz gemäß § 1 I Nr. 2 AsylVfG zugebilligt wurde. Eine Ausnahme hiervon macht § 26 IV 3 AufenthG, der für die Erteilung einer Niederlassungserlaubnis nach § 26 IV AufenthG die Zeiten für anrechenbar erklärt.

Die Asylantragstellung entfaltet gemäß § 25 II AsylVfG jedoch auch die gegenteilige Wirkung, nämlich das Erlöschen von Aufenthaltstiteln. Ab diesem Zeitpunkt erlöschen sowohl eine Befreiung vom Erfordernis eines Aufenthaltstitels als auch ein Aufenthaltstitel mit einer Gesamtgeltungsdauer von höchstens 6 Monaten, ebenso die in § 51 I Nr.8 AufenthG aufgezählten humanitären Aufenthaltstitel gemäß §§ 22, 23 und 25 III - V AufenthG. Ein in diesen Fällen gestellter Antrag auf Erteilung einer Aufenthaltserlaubnis oder ein Verlängerungsantrag hat nicht mehr die in § 81 III und IV AufenthG vorgesehene Wirkung, dass der Aufenthalt vorläufig geduldet bzw. erlaubt ist, bis über den Antrag entschieden worden ist (Fiktionswirkung).

Die Fiktionswirkung des § 81 IV AufenthG bleibt jedoch trotz eines Asylantrags erhalten, wenn der Asylsuchende einen anderen Aufenthaltstitel mit einer Gesamtgeltungsdauer von mehr als 6 Monaten besessen und dessen Verlängerung beantragt hat.

Die Stellung eines Asylfolge- oder –zweitantrags (zur Definition und den Voraussetzungen siehe D IX Folgeantrag; Zweitantrag) führt hingegen nicht dazu, dass der Aufenthalt schon gestattet wäre. Mit Stellung des Asylfolgeantrags oder Asylzweitantrags hat der Flüchtling einen Duldungsanspruch gemäß § 60a AufenthG. Seine Abschiebung ist nach § 60a II AufenthG aus rechtlichen Gründen untersagt, bis die Mitteilung über die Nicht-Durchführung eines Folgeverfahrens nach § 71 V AsylVfG vom BAMF ergangen ist. Wenn eine solche Mitteilung voraussichtlich noch längere Zeit auf sich warten lassen wird, ist sogar die Erteilung einer Aufenthaltserlaubnis nach § 25 V AufenthG sachgerecht. Dies ist dann der Fall, wenn ein formeller (§ 11a AsylVfG) oder informeller Entscheidungsstopp besteht und voraussichtlich andauern wird. Die zeitliche Grenze, wann eine Aufenthaltserlaubnis sachgerecht ist, ergibt sich meines Erachtens aus § 60a I AufenthG, der von einer Höchst-Duldungszeit von 6 Monaten ausgeht. In der Praxis freilich wird der Erhalt einer Aufenthaltserlaubnis nur bei einem förmlichen Abschiebungsstopp möglich sein, da der Asylsuchende im Regelfall vom BAMF bestenfalls die Mitteilung erhält, dass eine Entscheidung noch nicht ergehen kann und eine Zukunftsprognose meist nicht gestellt wird. Hat man Anhaltspunkte, dass Beweis erhoben wird, sollte versucht werden, beim BAMF eine Zwischenentscheidung über die Beachtlichkeit des Asylfolgeantrags zu erhalten. Eine solche Zwischenentscheidung ist im Gesetz ausdrücklich nur für den

Fall geregelt, dass ein Folgeverfahren nicht durchgeführt wird. Der Umkehrschluss ergibt jedoch, dass auch eine positive Zwischenentscheidung möglich ist. Da der Betroffene jedenfalls dann, wenn die endgültige Entscheidung noch auf sich warten lässt (etwa wegen einer Beweiserhebung), auch ein berechtigtes Interesse an einer solchen Zwischenentscheidung hat, kann sie auch verlangt werden. Nach meiner Erfahrung ist das BAMF bei derartigen Ausnahmefällen hierzu auch durchaus bereit.

Die Folge einer solchen positiven Mitteilung ist, dass damit dem Flüchtling wiederum eine Aufenthaltsgestattung zusteht. Diese Wirkung tritt auch ein, wenn ein Bescheid ergeht und sich aus diesem Bescheid ergibt, dass Wiederaufnahmegründe bejaht wurden – selbst wenn der Asylantrag im Ergebnis dann abgelehnt wurde. Gleiches gilt, wenn das Gericht, nachdem das BAMF die Durchführung eines Folgeverfahrens abgelehnt hatte, das BAMF im Verfahren auf einstweilige Anordnung verpflichtet hat, eine Mitteilung nach § 71 V AsylVfG zu erlassen.

Über den Besitz der Aufenthaltsgestattung ist dem Flüchtling eine Bescheinigung auszustellen (§ 63 I AsylVfG). Mit dieser Bescheinigung, die nicht zum Grenzübertritt berechtigt (§ 64 II AsylVfG), genügt der Asylsuchende für die Dauer des Asylverfahrens seiner Ausweispflicht (§ 64 I AsylVfG). Asylsuchende, die in einer Erstaufnahmeeinrichtung wohnen müssen, erhalten sie mit einer Höchstdauer von 3 Monaten (§ 63 II 2 AsylVfG) vom BAMF (§ 63 III 1 AsylVfG). Im Übrigen ist die Ausländerbehörde für die Ausstellung und Verlängerung zuständig (§ 63 III 2 AsylVfG), in deren Zuständigkeitsbereich der Asylsuchende zu wohnen verpflichtet ist. Die Regeldauer beträgt dann 6 Monate (§ 63 II 2 2. Hs. AsylVfG – eine Bestimmung, die nicht selten von der Ausländerbehörde ignoriert wird).

1.2. Das Erlöschen der Aufenthaltsgestattung

Detailliert geregelt ist das Erlöschen der Aufenthaltsgestattung. Gemäß § 67 I AsylVfG erlischt die Aufenthaltsgestattung, wenn

- der Ausländer an der Grenze zurückgewiesen oder zurückgeschoben wird (Nr. 1 und 1a),
- wenn er innerhalb von 2 Wochen, nachdem er um Asyl nachgesucht hat, noch keinen förmlichen Asylantrag gestellt hat (Nr. 2); stellt der Asylsuchende jedoch später den förmlichen Antrag, tritt die Aufenthaltsgestattung wieder in Kraft (§ 67 II AsylVfG),

- wenn der Asylantrag zurückgenommen wurde: mit der Zustellung der Entscheidung des BAMF (Nr. 3),
- wenn eine Abschiebungsandrohung vollziehbar geworden ist (Nr. 4),
- mit der Bekanntgabe einer Abschiebungsanordnung nach § 34a AsylVfG (Nr. 5),
- mit der Bekanntgabe einer Abschiebungsanordnung nach § 58a AufenthG (Nr. 5a),
- in allen anderen Fällen, wenn die Entscheidung des BAMF unanfechtbar geworden ist.

Die Aufenthaltsgestattung erlischt kraft Gesetzes zu dem oben genannten Zeitpunkt und nicht erst mit der Einziehung der Aufenthaltsgestattung gemäß § 63 IV AsylVfG.

1.3. Die räumliche Beschränkung des Aufenthalts

Der Ausländer hat, wie das Gesetz ausdrücklich vorschreibt, keinen Anspruch, sich in einem bestimmten Bundesland oder an einem bestimmten Ort aufzuhalten (§ 55 I 2 AsylVfG). § 56 I AsylVfG bestimmt, dass die Aufenthaltsgestattung räumlich auf den Bezirk der Ausländerbehörde beschränkt ist, in dem die für die Aufnahme des Ausländers zuständige Aufnahmeeinrichtung liegt.

Die räumliche Beschränkung erlischt nach dem seit 24.12.2014 gültigen § 59a AsylVfG nach 3 Monaten ununterbrochenem Aufenthalt im Bundesgebiet. Damit ist die sog. Residenzpflicht aber keineswegs abgeschafft, sie bleibt auch weiterhin als Sanktionierungsinstrument bei folgenden Ausnahmegründen bestehen:

1. Rechtskräftige Verurteilung wegen einer Straftat, nicht jedoch wegen einer ausländerrechtlichen Straftat (§ 61, 1c, 1 AufenthG),
2. Verstoß gegen das Betäubungsmittelgesetz – „Tatsachen [, die] die Schlussfolgerung rechtfertigen, dass der Ausländer gegen Vorschriften des Betäubungsmittelgesetzes verstoßen hat" (§ 61, 1c, 2 AufenthG),
3. Wenn „konkrete Maßnahmen zur Aufenthaltsbeendigung gegen den Ausländer bevorstehen" (§ 61, 1c, 3 AufenthG).

Für Flüchtlinge, die unter diese Ausnahmegründe fallen, kann der Aufenthalt nach wie vor auf den Bezirk der Ausländerbehörde beschränkt werden. Wollen diese Flüchtlinge den Bereich verlassen, müssen sie eine Verlassenserlaubnis nach § 58 AsylVfG beantragen.

Die sog. Residenzpflicht schränkt nicht nur den Wohnsitz und den gewöhnlichen Aufenthalt ein, sondern verbietet auch kurzfristige Reisen über die erlaubte Zone hinaus, sofern nicht vorher eine Erlaubnis erteilt wurde. Die erstmalige Missachtung dieser Beschränkung wird als Ordnungswidrigkeit gemäß § 86 AsylVfG, die wiederholte als Straftat gemäß § 85 II AsylVfG geahndet

Nach § 57 III AsylVfG und § 58 III AsylVfG darf der Ausländer lediglich Termine bei Behörden und Gerichten, bei denen sein persönliches Erscheinen erforderlich ist, ohne Erlaubnis wahrnehmen (mit der Einschränkung, dass er, solange er als Asylbewerber in einer Erstaufnahmeeinrichtung wohnen muss, selbst dies noch vorher mitteilen muss), ansonsten benötigt er die vorherige Erlaubnis. Für einen Besuch bei Bevollmächtigten oder dem UNHCR soll die Erlaubnis erteilt werden, ansonsten kann sie erteilt werden. Während der ersten 3 Monate – also in der Zeit, in der der Ausländer in der Aufnahmeeinrichtung zu wohnen hat – soll diese Erlaubnis jedoch nur erteilt werden, „wenn zwingende Gründe dies erfordern". Damit ist einer engen und willkürlichen Ermessenshandhabung Tür und Tor geöffnet. Bloße Besuchswünsche bei Bekannten und Verwandten oder die Teilnahme an Veranstaltungen genügen regelmäßig nicht; es muss schon eine erhebliche Krankheit vorliegen oder eine ähnliche Ausnahmesituation wie etwa ein Kirchenbesuch anlässlich eines hohen Festtages an einem anderen Ort, wenn ein solcher in dem zugewiesenen Bezirk nicht möglich ist.

Nach der Verteilung in eine Gemeinschaftsunterkunft sind die Kriterien weniger streng. Vielmehr ist ein weites Ermessen eröffnet. Nach Satz 2 ist eine Erlaubnis zu erteilen, wenn hieran ein öffentliches Interesse besteht, zwingende Gründe vorliegen oder die Versagung der Erlaubnis eine unbillige Härte bedeuten würde. Der Begriff der unbilligen Härte ist natürlich auch auslegungsfähig. Gleichwohl ist hervorzuheben, dass bei Vorliegen einer solchen ein Rechtsanspruch auf Gestattung des vorübergehenden Verlassens des zugewiesenen Aufenthaltsortes besteht und gegebenenfalls auch, notfalls im Wege einer einstweiligen Anordnung, durchsetzbar ist. Diese Rechtstheorie wird allerdings in vielen Fällen dadurch begrenzt, dass manche Ausländerbehörden für jede Erlaubnis eine Verwaltungsgebühr erheben. Nicht nur ich, sondern auch viele Gerichte halten dies für rechtswidrig. Nach Flüchtlingsprotesten ist diese schikanöse Praxis rückläufig.

Die räumlichen Beschränkungen bleiben auch nach Erlöschen der Aufenthaltsgestattung in Kraft, bis sie aufgehoben werden, längstens aber bis zu dem 3-Monats-Zeitpunkt (§ 59a II AsylVfG). Abweichend hiervon erlöschen sie jedoch, wenn der Aufenthalt nach § 25 I 3 AufenthG oder § 25 II 2 AufenthG als erlaubt gilt (also nach Zubilligung asylrechtlichen oder subsidiären Schutzes eine Aufenthaltserlaubnis beantragt wurde oder ein Aufenthaltstitel erteilt wird). Hat jedoch das BAMF oder das Gericht das Asylrecht oder den Flüchtlingsstatus nach § 3 I AsylVfG zugesprochen, darf der Flüchtling den zugewiesenen Bezirk vorübergehend verlassen, auch wenn die Entscheidung noch nicht unanfechtbar ist (§ 58 IV AsylVfG). Das gleiche gilt, wenn internationaler Schutz gemäß § 4 I AsylVfG zugebilligt oder ein Abschiebungsverbot gemäß § 60 V oder VII 1 AufenthG festgestellt wurde.

2. Die Unterbringung

Es wurde schon erwähnt, dass Asylbewerber gemäß § 47 AsylVfG verpflichtet sind, „bis zu 6 Wochen, längstens jedoch bis zu 3 Monaten" in der für die Aufnahme zuständigen Aufnahmeeinrichtung, der sog. Erstaufnahmeeinrichtung, zu wohnen.

Die 6 Wochen sind oft Theorie, selbst die 3-Monats-Frist wird manchmal missachtet, sei es nur mit dem Trick, dass einzelne Gänge oder Zimmer nach den 3 Monaten nicht mehr als „Aufnahmeeinrichtung" definiert werden. Ein Streit hierüber ist müßig, da § 53 AsylVfG auch für die Zeit danach die Unterbringung in Gemeinschaftsunterkünften als Regel bestimmt.

Das Gesetz bestimmt für die Erstaufnahmeeinrichtung nicht ausdrücklich, dass die familiären Verhältnisse, insbesondere die Haushalts- und Lebensgemeinschaft zwischen den Eheleuten und den minderjährigen Kindern, zu berücksichtigen sind. Eine solche Bestimmung findet sich lediglich in §§ 50 IV 5, 51 I AsylVfG für die Zeit nach dem Aufenthalt in der Erstaufnahmeeinrichtung. Der Schutz der Ehe und Familie aus Art. 6 GG ist selbstverständlich auch vorher zu beachten. Faktisch wird Rechtsschutz jedoch kaum zu erlangen sein. Bis eine Entscheidung ergeht, wird die 3-Monats-Frist in der Regel abgelaufen sein. Auch danach ist die gemeinsame Unterbringung der Familie keineswegs gewährleistet. Wenn beispielsweise die Eltern nicht nach staatlichem (sondern nur religiösem) Recht verheiratet sind, hängt es vom Zufall oder dem guten Willen einzelner Beamter ab, ob die Familie gemeinsam einer Unterkunft zugewiesen wird oder nicht. Oft ist dies der Fall, aber nicht immer. Noch seltener gelingt es bzw. ist jedenfalls langwieriger, wenn im Nachhinein eine Zusammenlegung herbeigeführt werden soll, etwa weil ein Teil der Familie später eingereist ist. Selbst wenn Kinder da sind, wird dies manchmal mit dem Argument verweigert, dass einer der beiden Elternteile ja bereits ausreisepflichtig sei, so dass eine gemeinsame Wohnsitznahme nicht mehr erforderlich sei. Der Schutz der Ehe und Familie wird auf diese Weise nicht selten missachtet, das Gebot des Grundgesetzes der besonderen Förderung der Ehe und Familie mit Füßen getreten.

Während es für Hühner - und generell die Tierhaltung gesetzliche Bestimmungen gibt über den Raum und die Umstände, die diesen Lebewesen zugemutet werden können, fehlen derartige, verbindliche bundesweite Bestimmungen für Asylsuchende. In der Vergangenheit wurde auch tatsächlich die Unterbringung von Flüchtlingen in Turnhallen, feuchten Massenquartieren, ja sogar in einer Garage für menschenwürdig gehalten. Heute leben manche in Containern. Für diesen Vergleich wurde ich in einer Besprechung der Vorauflage gescholten. Ein solcher Vergleich sei sachwidrig und kennzeichne meine Voreingenommenheit. Dem Kritiker ist entgegenzuhalten, dass er offenbar die realen Verhältnisse in den Unterkünften nicht kennt oder nur eine Vorzeige-Unterkunft gelegentlich einer Visite im Schnellschritt inspiziert hat. Tatsächlich ist die Situation in manchen Einrichtungen miserabel und menschenunwürdig. Nicht selten befinden sie sich in einem schlechten baulichen Zustand; Küchen und Sanitäreinrichtungen sind oftmals beschädigt, nicht gepflegt und verdreckt. Immer wieder werden Schimmelbildung oder Kakerlakenbefall festgestellt, immer wieder – natürlich nicht immer und überall – stinken die hygienischen Verhältnisse zum Himmel. Dass es daneben auch vereinzelt ganz normale, Heimen vergleichbare Aufnahmeeinrichtungen gibt und Asylsuchende auch in Wohnungen untergebracht werden, sei nicht verschwiegen. Es gibt aber auch die anderen Unterkünfte und sie sind nicht selten. Wo solche Missstände vorliegen, können (und müssen!) sie vor Ort und im Einzelfall aufgegriffen und gegebenenfalls durch die Beantragung einer einstweiligen Anordnung beseitigt werden. Verallgemeinernde

Ratschläge sind wegen der unterschiedlichen Gegebenheiten nicht möglich. Entscheidend hierbei ist es, eine Beziehung zwischen der Aufenthaltsdauer und den konkreten Unterbringungsbedingungen herzustellen. Eine kurzfristige Unterbringung in einem Schlafsaal oder Container ist sicherlich hinnehmbar. Wenn Familien aber über Jahre jeglichen Intimlebens beraubt sind, liegt eine Verletzung der Menschenwürde vor!

Eine solche kann auch durch Hausordnungen bewirkt werden. In den meisten Unterkünften ist Besuch nur bis zu einer bestimmten Tageszeit zulässig. Wenn die Bewohner dann am Abend Besuch bekommen, machen sich die Besucher wegen Hausfriedensbruchs strafbar. Jeder Unterstützer kennt einige Fälle, in denen auch tatsächlich Strafverfahren durchgeführt wurden. In manchen Einrichtungen müssen die Besucher ihre Ausweise hinterlegen und unterliegen so einer Überwachung. Wenn allgemein zugängliche Gemeinschaftsräume bzw. Räume mit Rückzugsmöglichkeiten nicht zur Verfügung stehen, bedeuten auch solche Regelungen eine Missachtung der Würde des Menschen. Hierdurch wird die Personenwürde des Menschen, die darin besteht, sein Leben in Freiheit und Selbstständigkeit selbst zu bestimmen und nicht „wie ein Gegenstand behandelt zu werden, auch wenn dies nicht aus Missachtung des Personenwertes, sondern in guter Absicht geschieht" (BVerfGE 30, 40), verletzt, weil damit seine Würde, nämlich der innere und zugleich soziale Wert- und Achtungsanspruch, der dem Menschen um seinetwillen zukommt, nicht beachtet wird. 2012/2013 haben sich erstmals Flüchtlinge in breitem Umfang gegen die Lebensweise in Deutschland gewandt. Die teilweise radikalen Protestaktionen mit zum Teil nicht erfüllbaren Forderungen sind zunächst auf Befremden gestoßen. Gleichwohl haben sie nicht nur ein breites mediales Echo provoziert, sondern auch eine Betroffenheit bei den Bürgern und vielen Politikern, selbst in Bayern, erzeugt. Inzwischen ist die Residenzpflicht auf Bundesebene gelockert, die vorrangige Zwangsversorgung mit Sachleistungen bundesweit abgeschafft und auch Verbesserungen in der Unterbringungssituation sind durchgeführt oder zugesichert. Die Flüchtlinge selbst haben so schneller mehr erreicht als Kirchen, Wohlfahrtsverbände, Flüchtlingsräte und engagierte Mitmenschen in ihrem jahrzehntelangen Bemühen.

Da § 53 I AsylVfG die Unterbringung in einer Gemeinschaftsunterkunft als Regelfall vorsieht, ist ein Rechtsanspruch, aus der Gemeinschaftsunterkunft auszuziehen, unmittelbar nicht gegeben. Nach § 53 I 2 AsylVfG sind bei der Entscheidung über die Unterbringung in Gemeinschaftsunterkünften jedoch auch die Belange des Ausländers zu berücksichtigen. Insbesondere dann, wenn sich der Betreffende schon lange im Bundesgebiet aufhält und einer Erwerbstätigkeit nachgeht, kann das Interesse des Flüchtlings, die Gemeinschaftsunterkunft zu verlassen und eine eigene Wohnung zu beziehen, das öffentliche Interesse auf Unterbringung in einer Gemeinschaftsunterkunft zurückdrängen. Dem hat der Gesetzgeber mittlerweile Rechnung getragen. Flüchtlinge, deren Lebensunterhalt gesichert ist, unterliegen seit dem 24.12.2014 nicht mehr der Wohnsitzauflage.

Neben die Gesichtspunkte der langen Aufenthaltsdauer und der schlechten Situation in der Unterkunft treten noch andere, individuelle Aspekte, wie etwa die Möglichkeit, durch Arbeit oder Unterstützung Dritter selbst für den Lebensunterhalt aufzukommen, familiäre Gesichtspunkte (z. B. erwachsener Sohn wohnt in der benachbarten Großstadt), die Möglichkeit, eine Wohnung bei Verwandten selbst zu beschaffen, Gesichtspunkte des Arbeitsmarktes (Betriebswohnung oder langer Weg zur Arbeitsstelle), gesundheitliche Argumente oder ähnliches. Nur wenn all diese Umstände zugunsten des Asylsuchenden sprechen, kann man erwarten, dass die Gerichte eine Ermessensreduzierung auf null annehmen. Selbst dann jedoch nutzt ein solches Verfahren oft nichts, weil manche Richter eine Entscheidung im Ergebnis dadurch verweigern, dass sie sie über Monate, manchmal sogar Jahre, hinauszögern. Insgesamt sind die Erfolgsaussichten gering. Für viele Menschen ist das Leben im Lager oder Container zu einem Dauerzustand geworden. Wer dies für menschenwürdig hält, sollte sich ein solches Leben einmal anschauen und überlegen, ob er selbst tagaus tagein in einem Mehrbettzimmer mit wildfremden Menschen auf engem Raum gedrängt leben könnte. Das Grundrecht, sein Leben nach eigenen Vorstellungen eigenverantwortlich zu gestalten, ist unter solchen Umständen ein Fremdwort.

Ich habe schon erwähnt, dass § 50 IV 5 AsylVfG die Berücksichtigung der Haushaltsgemeinschaft von Ehegatten und ihren Kindern unter 18 Jahren für die Gemeinschaftsunterkünfte zwingend vorschreibt. Eine entsprechende Regelung existiert nicht für eine Unterbringung nach Abschluss des Asylverfahrens. In der Praxis gibt es dementsprechend auch immer wieder Probleme, Ehegatten und minderjährige Kinder zusammenzuführen, wenn sie in verschiedenen Bundesländern leben und im Besitz von Duldungen sind oder ein Teil der Familie noch im Asylverfahren steht und der andere eine Duldung hat. Dies ist insbesondere dann der Fall, wenn die Ehegatten nicht gemeinsam eingereist sind und verschiedenen Bundesländern zugewiesen wurden oder wenn sie erst später geheiratet haben. Dass auch in diesen Fällen der Schutz der Ehe und Familie aus Art. 6 GG greift, ist eigentlich selbstverständlich und sollte nicht hervorgehoben werden müssen. In diesen Fällen ist § 50 IV 5 AsylVfG auch auf Personen mit Duldung entsprechend anzuwenden.

3. Asylbewerberleistungsgesetz

Ein Asylbewerber unterliegt den Sonderbestimmungen des Asylbewerberleistungsgesetzes (AsylbLG). Er erhält keine Leistungen nach SGB XII (Sozialhilfe) oder SGB II (Hartz IV). Allenfalls kann er nach 15 Monaten ununterbrochenen Aufenthalts im Bundesgebiet (AsylbLG 1.3.2015) sog. Analog-Leistungen nach § 2 AsylbLG, also Leistungen, die denen des SGB XII entsprechen, erhalten. Das 1993 verabschiedete Asylbewerberleistungsgesetz verfolgt erklärtermaßen den Zweck, Flüchtlinge schlechter zu stellen, um die Anreize einer Flucht nach Deutschland zu verringern und den Missbrauch des Asylrechts zu verhindern. Das Bundesverfassungsgericht hat mit Urteil vom 18.07.2012 nicht nur die Höhe der Geldleistungen nach § 3 AsylbLG als evident unzureichend gebrandmarkt, sondern auch die politische Zielsetzung als verfehlt gerügt. „Migrationspolitische Erwägungen, die Leistungen an Asylbewerber und Flüchtlinge niedrig zu halten, um Anreize für Wanderungsbewegungen durch ein ... eventuell hohes Leistungsniveau zu vermeiden", könnten ein „Absenken des Leistungsstandards unter das physische und soziokulturelle Existenzminimum" nicht rechtfertigen.

3.1. Leistungen

„Die in Artikel 1 Abs. 1 GG garantierte Menschenwürde ist migrationspolitisch nicht zu relativieren."

Nicht gerügt hat das Bundesverfassungsgericht das vom Asylbewerberleistungsgesetz vorgesehene Sachleistungsprinzip, soweit der notwendige Bedarf gedeckt ist.

Es wurden einzelne Bestimmungen des Asylbewerberleistungsgesetzes für verfassungswidrig erklärt und eine

Übergangsregelung, die bis zu einer Änderung des Asylbewerberleistungsgesetzes anzuwenden ist, erlassen. Diese Übergangsregelung orientiert sich an den Regelbedarfsstufen, die zur Festsetzungen der Leistungen nach SGB XII maßgeblich sind.

Erhöht wurde der Barbetrag zur Deckung von Grundbedürfnissen der Mobilität, Kommunikation und Information gemäß § 3 AsylbLG. Letzterer beläuft sich auf 143,00 € für den Haushaltsvorstand, 129,00 € für den Ehepartner und zwischen 84,00 € bis 113,00 € für weitere Haushaltsangehörige. Die Grundleistungen nach § 3 II AsylbLG belaufen sich auf 216,00 € für den Haushaltsvorstand, 194,00 € für den Ehepartner und 133,00 € bis 174,00 € für weitere Haushaltsangehörige.

Nach einer Wartefrist von derzeit 15 Monaten haben die Asylbewerber einen Anspruch auf Analog-Leistungen nach § 2 AsylbLG, die derzeit 382,00 € für Alleinstehende, 345,00 € für den Ehegatten und 224,00 € bis 306,00 € für weitere Haushaltsangehörige betragen.

3.2. Kürzung

§ 1a AsylbLG enthält die Möglichkeit von Leistungseinschränkungen. Wer sich nach Deutschland begeben hat, um Leistungen zu erlangen, oder wessen Aufenthalt aus von ihm zu vertretenden Gründen nicht beendet werden kann, soll Leistungen nur erhalten, soweit dies im Einzelfall „unabweisbar geboten" ist. In der Praxis werden die Leistungen bis auf ein Minimum gekürzt, manchmal bis auf Unterkunft und Verpflegung auch ganz gestrichen. Die Leistungseinschränkung ist verfassungsrechtlich höchst problematisch. Sie verstößt gegen das Gebot der Achtung der Menschenwürde und das Sozialstaatsprinzip. Die Rechtsprechung ist unterschiedlicher Auffassung. Teilweise wird die Kürzung und Streichung für verfassungswidrig gehalten, teilweise wird eine Kürzung des Regelbedarfs um bis zu 30 % für zulässig erachtet. Eine höchstrichterliche Klärung steht aus. Bis dahin sollten Kürzungen nicht akzeptiert werden.

3.3. Medizinische Versorgung

Auch die medizinische Versorgung der Asylsuchenden ist nur eingeschränkt gewährleistet. § 4 AsylbLG gewährt Leistungen nur bei akuten Erkrankungen und Schmerzzuständen. Mancherorts werden Behandlungsscheine nur ausgestellt, wenn der kranke Flüchtling detailliert seine Krankheit dem Sachbearbeiter geschildert hat, der dann entscheidet, ob ein akuter Behandlungsbedarf besteht oder nicht. Anderenorts werden Krankenscheine nur für bestimmte Ärzte ausgestellt. Beides ist unakzeptabel. Es gibt keinen sachlichen Differenzierungsgrund, den Flüchtlingen die (ohnedies nicht allzu üppigen) Leistungen vorzuenthalten, die Sozialhilfeempfänger (und auch Empfänger von Analog-Leistungen nach § 2 AsylbLG) erhalten. Schönheitsoperationen und Ähnliches erhalten auch Kassenpatienten nicht!

3.4. Sonstige Leistungen

§ 6 AsylbLG enthält die Möglichkeit, sonstige Leistungen zu erbringen, soweit sie im Einzelfall zur Sicherung des Lebensunterhalts oder der Gesundheit unerlässlich sind. Hierunter wird die Behandlung chronischer Erkrankungen, die Durchführung von Psychotherapien und ein schwangerschaftsbedingter Mehrbedarf ebenso subsumiert, wie die Erstausstattung mit Babybedarf, Berufskleidung, Schulbeihilfen etc. Dass im Einzelfall ein langwieriges Betteln oder ein mühsamer Kampf erforderlich ist, bis diese Leistungen gewährt werden, erschließt sich aus dem repressiven Charakter des Gesetzes fast von selbst. Da die Leistungseinschränkungen nicht nur Erwachsene betreffen, sondern (im Gegensatz zu unbegleiteten minderjährigen Flüchtlingen, die Leistungen nach SGB VIII erhalten) auch Kinder, die mit ihren Eltern als Asylbewerber hier sind, verstößt das Asylbewerberleistungsgesetz auch gegen Art. 24 I UN-KRK, der die Vertragsstaaten verpflichtet, „das erreichbare Höchstmaß an Gesundheit" sicherzustellen.

Es bleibt als Resümee daher nur die Forderung: Das Asylbewerberleistungsgesetz ist ersatzlos zu streichen!

Die Große Koalition hat dies abgelehnt und nur die vom Bundesverfassungsgericht gerügten Mängel beseitigt. Aus diesem Grund gilt es auch weiterhin, in jedem Einzelfall um jede einzelne Leistung zu kämpfen. Die hierfür nötige Detailkenntnis können Sie sich auf der Homepage des Berliner Flüchtlingsrats (www.fluechtlingsrat-berlin.de/gesetzgebung.php) holen. Dort gibt es nicht nur den Gesetzestext und Musterwidersprüche etc., sondern auch eine umfassende, von Georg Classen betreute Rechtsprechungssammlung.

Auch wenn die Situation im Bereich des Asylbewerberleistungsgesetzes alles andere als befriedigend ist und infolge dessen viele Entscheidungen juristisch fragwürdig sind, obwohl es durchaus eine beachtliche Anzahl von positiven Sozialgerichtsentscheidungen gibt, möchte ich vor Euphorie warnen. Der Grund liegt in der Überlastung der Sozialgerichtsbarkeit. Die Verfahren ziehen sich nicht selten über Jahre hin, einstweilige Regelungen sind eher selten, denn viele Sozialgerichte verlangen eine existenzielle Gefährdung, bevor sie solche erlassen. Man braucht also einen langen Atem. Wer den nicht hat, sondern sich auf die Schnelle Leistungen erhofft, weil irgendein Sozialgericht eine positive Entscheidung getroffen hat, wird nur allzu leicht frustriert sein; vor allem dann, wenn er einen Anwalt einschaltet, der einen Vorschuss verlangt.

4. Erwerbstätigkeit

§ 61 I AsylVfG verbietet die Aufnahme jeder Erwerbstätigkeit – also sowohl eine nichtselbständige Tätigkeit als Arbeiter oder Angestellter als auch eine selbstständige Tätigkeit –, solange der Ausländer in einer Aufnahmeeinrichtung zu wohnen hat. Nach Ablauf dieser Zeit endet das Verbot jedoch nicht, wie Absatz 2 von § 61 AsylVfG klarstellt: Nach 3 Monaten kann einem Asylbewerber eine Beschäftigung erlaubt werden, wenn die Bundesagentur für Arbeit zugestimmt hat. Dies bedeutet jedoch nicht, dass der Asylsuchende dann sofort arbeiten darf. Vielmehr ist dann in den folgenden 12 Monaten das sog. Vorrangprinzip von § 39 II AufenthG zu beachten. Dies bedeutet, dass die Tätigkeit nur dann einem Asylsuchenden (gleiches gilt für geduldete Personen) erlaubt werden darf, wenn für die Beschäftigung deutsche Arbeitnehmer oder ihnen gleichgestellte, insbesondere EU-Arbeitnehmer, nicht zur Verfügung stehen. Das Ergebnis dieses Grundsatzes ist, dass für Asylsuchende nur wenig und schlechte Arbeitsplätze zur Verfügung stehen; die wenigen offenen Stellen werden von der Arbeitsagentur dann dergestalt aufgeteilt, dass den Asylbewerbern nur eine Teilzeitarbeit gestattet wird. Da der geringe Arbeitsverdienst dann für die Kosten der Unterkunft zu verwenden ist, braucht es nicht zu verwundern, wenn manche es vorziehen, sich dann lieber gleich vom Staat alimentieren zu lassen. Nach 15 Monaten Aufenthalt entfällt die Vorrangprüfung, eine Prüfung der Beschäftigungsbedingungen findet aber weiterhin statt. Wer arbeitet, ohne hierzu berechtigt zu sein, macht sich strafbar gemäß § 85

Nr. 3 und 5 AsylVfG. Daneben tritt meist eine Strafbarkeit wegen Betrugs, weil diejenigen, die schwarzarbeiten, dies meist nicht bekannt geben (weil damit ja die Schwarzarbeit auffliegen würde) und deshalb weiterhin Sozialhilfeleistungen beziehen und sei es nur in Form eines Schlafplatzes. Damit liegt ein sog. Sozialhilfebetrug vor. Daneben muss der Asylsuchende natürlich auch die zu Unrecht erhaltenen Leistungen zurückerstatten – und zwar in Form von Geld!

5. Weitere Auflagen

Im Wege des Ermessens können weitere Auflagen verhängt werden (§ 60 I AsylVfG). So wird beispielsweise die Zuweisung in eine bestimmte Unterkunft als Auflage in der Aufenthaltsgestattung verfügt. Meistens wird auch das Verbot der Aufnahme eines Studiums oder einer sonstigen Ausbildung eingetragen. Bei Asylsuchenden, die arbeiten dürfen, wird manchmal eine Sparauflage verfügt. Sie sollen so die Kosten für eine Abschiebung oder Rückreise ansparen.

Gegen Auflagen findet kein Widerspruch statt, wie § 11 AsylVfG bestimmt. Vielmehr muss direkt Klage zum Verwaltungsgericht erhoben werden. Die Klage hat keine aufschiebende Wirkung (§ 75 AsylVfG). Gegebenenfalls ist daher zusätzlich ein Antrag auf Anordnung der aufschiebenden Wirkung gemäß § 80 V VwGO anzubringen, wenn ansonsten ein effektiver Rechtsschutz nicht erreicht werden kann.

VIII. Flughafenverfahren

Die Grundgesetzänderung im Jahr 1993 hat dazu geführt, dass niemand, der auf dem Landweg nach Deutschland kommt, das Asylrecht erhält. Denn Art. 16a II GG bestimmt, dass sich auf das Asylgrundrecht nicht berufen kann, wer aus einem Mitgliedsstaat der Europäischen Gemeinschaft oder aus einem anderen „sicheren Drittstaat" einreist. Dies sind alle Nachbarländer. In dem Bestreben der Flüchtlingsabwehr wurde das einzig relevante „Einfallstor für Asylsuchende" (so der Leiter des Grenzschutzamtes Frankfurt am Main bei der Anhörung im Innenausschuss des Deutschen Bundestages am 23.03.1993) durch eine Spezialregelung für die Lufteinreise geschlossen. § 18a AsylVfG trifft nun Sonderregelungen, die sowohl das Verfahren betreffen als auch den Umgang mit den Flüchtlingen. In seiner Gesamtkonstruktion und seiner praktischen Ausgestaltung ist das Flughafensonderverfahren mit rechtsstaatlichen Grundsätzen kaum vereinbar, auch wenn das Bundesverfassungsgericht dies in seiner Flughafen-Entscheidung 1996 nicht wahrhaben wollte, sondern die Regelung ausdrücklich für verfassungskonform erklärte.

1. Anwendungsbereich

Das Flughafenverfahren des § 18a AsylVfG gilt seinem Wortlaut nach nur für solche Flüchtlinge, die aus einem sicheren Herkunftsstaat im Sinne von § 29a AsylVfG oder ohne gültigen Pass oder Passersatz einreisen wollen. Da jedoch auch die übrigen Restriktionen des AsylVfG gelten, unterscheidet man üblicherweise drei Kategorien, nämlich:
- Flüchtlinge, die aus einem sicheren Herkunftsland (§ 18a I 1 i. V. m. § 29a AsylVfG) einreisen oder die über keinen oder einen falschen Pass verfügen (§ 18a I 2 AsylVfG),
- Flüchtlinge, die aus oder offensichtlich über einen sicheren Drittstaat einreisen wollen (§ 18 II Nr. 1 und 2 AsylVfG),
- sonstige Flüchtlinge, für die die oben genannten Voraussetzungen nicht zutreffen.

Für die zweite Kategorie, also diejenigen aus den sicheren Drittstaaten, gilt die Regel des § 18 II AsylVfG: Ihnen ist die Einreise zu verweigern.

Für die letzte Kategorie gilt das allgemeine Recht. Sie kommen nicht in das Flughafenverfahren, sondern werden vom Bundesgrenzschutz an die nächstgelegene Aufnahmeeinrichtung zur Meldung weitergeleitet (§ 18 I 2. Hs. AsylVfG).

Ins Flughafenverfahren kommt natürlich nur, wer am Flughafen einen Asylantrag stellt. Wer es schafft, ins Landesinnere zu kommen und hier erst den Asylantrag zu stellen, kommt nicht mehr (nachträglich) ins Flughafenverfahren. Da § 13 II AsylVfG als Asylantrag auch den Antrag auf internationalen Schutz definiert, kommt auch der „Bürgerkriegsflüchtling" oder derjenige, der Schutz vor menschenrechtswidriger Behandlung begehrt, ins Flughafenverfahren. Noch ungeklärt ist, wie mit demjenigen umzugehen ist, der seinen Schutzantrag auf bloßen nationalen Abschiebungsschutz nach § 60 V oder VII 1 AufenthG beschränkt. Da materiell-rechtlich – also im Hinblick auf die Frage des Schutzbedarfs – kein Unterschied zwischen einem Schutzersuchen nach § 4 AsylVfG und § 60 V und VII 1 AufenthG besteht, ist jedenfalls auch im Fall eines derart beschränkten Schutzbegehrens eine Prüfungskompetenz der deutschen Behörden entsprechend § 18a AsylVfG zu bejahen.

Die Konsequenz:
- Hat ein Flüchtling in diesem Sinne auf dem Flughafen an der Grenze um Asyl nachgesucht,
- ist ihm die Einreise nicht wegen anderweitiger Sicherheit verweigert worden,
- kommt er aus einem sicheren Herkunftsstaat im Sinne von § 29 a AsylVfG oder hat er keinen gültigen Pass oder Passersatz,

gelangt er ins Flughafenverfahren, sofern als weitere und letzte Voraussetzung „die Unterbringung auf dem Flughafengelände während des Verfahrens möglich ist". Derzeit ist dies in Frankfurt, Hamburg, München, Düsseldorf und Berlin der Fall. Soweit eine Unterbringung auf dem Flughafen nicht möglich ist, kommt der Flüchtling ins reguläre Asylverfahren (sofern er nicht nach § 18 II AsylVfG zurückgewiesen wird).

Die Wohlfahrtsverbände haben das Flughafenverfahren stets und zu Recht kritisiert, weil durch die kurzen Verfahrens- und Rechtsbehelfsfristen eine ordnungsgemäße Prüfung der individuellen Fluchtursachen kaum möglich ist und damit ein faires Verfahren nicht vorliegt. Die Rechtsberatung und die Verfahrensinformation seien nicht immer gewährleistet. Dies hat auch der UN-Ausschuss gegen Folter in seinem 47. Tagungsbericht 2011 kritisiert und gefordert, Deutschland solle den Zugang zu unabhängiger, qualifizierter und unentgeltlicher Rechtsberatung garantieren. Daneben kritisieren die Verbände zutreffend den Rechtsschutz unter Hinweis auf die kurzen Fristen als nicht effektiv. Insbesondere schutzbedürftige Personen wie Traumatisierte, Minderjährige und Kranke seien bei der haftähnlichen Unterbringung überfordert. Zudem bestünden strukturelle Defizite, weshalb das Flughafenverfahren abzuschaffen sei, so zuletzt der Caritasverband im Januar 2014.

2. Befragung durch die Bundespolizei

In der Praxis beginnt das Flughafenverfahren oft schon am Flugzeug. An sog. flüchtlingsrelevanten Maschinen macht die

Bundespolizei nämlich „Vorchecks" direkt an dem noch auf dem Rollfeld stehenden Flugzeug. Die ankommenden Menschen werden einer ersten Kontrolle unterworfen und manchmal gar nicht erst aus der Maschine gelassen (etwa, wenn die Voraussetzungen von § 18 II AsylVfG vorliegen).

Geben sie sich an dieser Stelle oder bei der späteren Einreisekontrolle oder sonst im Transitbereich als Flüchtlinge zu erkennen, werden sie von der Bundespolizei einer ersten Befragung unterzogen. Dann folgt eine erkennungsdienstliche Behandlung. Die Flüchtlinge werden fotografiert, Fingerabdrücke werden abgenommen, sie werden nach ihren Personalien befragt. Dabei werden sie auch körperlich durchsucht, um eventuelle Dokumente zu finden oder auch „zur Eigen- und Fremdsicherung". Auch wenn diese Prozedur nicht, wie manchmal kritisiert, in einer besonders martialischen Weise stattfindet, erschreckt sie gleichwohl viele Flüchtlinge. Denn das, wovor sie geflohen sind – polizeiliche Maßnahmen – erleben sie als erstes. Sie sehen sich als Verbrecher behandelt und haben die subjektive Furcht (die in vielen Fällen ja durchaus begründet ist), das Verfahren diene nur dazu, sie dem Herkunftsstaat wieder zuzuführen.

Nach diesen polizeilichen Maßnahmen – manchmal unmittelbar nach der Landung, manchmal aber auch erst Stunden oder Tage später (dies hängt vor allem davon ab, wann ein Dolmetscher zur Verfügung steht) -, werden die Flüchtlinge von den Beamten der Bundespolizei zu ihrem Reiseweg und zu den Motiven ihrer Flucht befragt. Die Reisewegbefragung dient dem Zweck herauszufinden, ob der Betreffende über einen Dublin-Staat, einen sicheren Drittstaat oder einen sicheren Herkunftsstaat eingereist ist und daneben dem polizeilichen Interesse, die Fluchtwege zu versperren, indem möglichst viele Informationen herausgeholt werden, die dann später gesammelt und systematisiert die Möglichkeit zu Gegenmaßnahmen eröffnen sollen. Der Schwerpunkt der grenzpolizeilichen Befragung liegt eindeutig darauf. Die Fragen nach den Gründen und den Motiven der Flucht geraten bei der Bundespolizei dagegen regelmäßig in den Hintergrund und sind oft sehr oberflächlich. Andererseits finden sich in den Grenz-Einreise-Protokollen oftmals Details, etwa zu Misshandlungen und Folterungen, die bei der Bundesamtsbefragung unter den Tisch fielen. Es ist deshalb wichtig, sich auch diese Protokolle zu beschaffen. Nicht immer befinden sie sich in den Bundesamtsakten. Finden sich Widersprüche zwischen diesen Angaben und den späteren Angaben vor dem BAMF, wird auch hieraus oft die Unglaubwürdigkeit des Flüchtlings abgeleitet.

Während dieser Zeit der Befragung und auch der sich anschließenden Zeit des BAMF-Verfahrens und eines eventuellen gerichtlichen Verfahrens sind Flüchtlinge in speziellen Unterkünften am Flughafen untergebracht. Das umzäunte Gebäude dürfen sie nicht verlassen, sie sind praktisch inhaftiert.

Sinn der Befragung durch die Bundespolizei ist es festzustellen, ob die Voraussetzungen für eine Einreiseverweigerung vorliegen, also vor allem aufgrund einer Einreise aus einem sicheren Drittstaat (§ 26a AsylVfG) oder weil die Voraussetzungen einer anderweitigen Sicherheit vor Verfolgung im Sinne von § 27 AsylVfG offensichtlich vorliegen. Geht die Bundespolizei von diesen Voraussetzungen aus, wird dem Flüchtling die Einreise verweigert (§ 18a I 6, § 18 II AsylVfG). Ein Flughafenverfahren findet dann nicht statt. Gleichwohl müssen manche der Flüchtlinge noch Tage und Wochen in den Flughafenunterkünften bleiben, weil eine Rückführung in den Drittstaat technisch nicht möglich ist, sei es, weil die Identität nicht feststeht, sei es, weil der Drittstaat sich weigert, die Flüchtlinge zurückzunehmen.

3. Das eigentliche Flughafenverfahren

Wird der Flüchtling nicht sofort zurückgewiesen und kommt er aus einem sicheren Herkunftsstaat im Sinne von § 29a AsylVfG oder hat er keinen gültigen Pass oder Passersatz, findet das eigentliche Flughafenverfahren statt. Dies bedeutet, dass das BAMF vor der Entscheidung über die Einreise, die die Bundespolizei zu treffen hat, zunächst die persönliche Anhörung durchführt (§ 18a I 4 AsylVfG). Hat der Flüchtling bereits einen Anwalt oder ist ihm dieser durch den Flughafensozialdienst vermittelt worden, kann sich der Flüchtling natürlich anwaltlichen Beistandes bedienen. Eine Verpflichtung der Behörden, bereits jetzt einen Anwalt zu stellen, besteht ausdrücklich nicht. Gemäß § 18a I 5 AsylVfG besteht vielmehr erst nach der Anhörung eine Verpflichtung, dem Asylbewerber Gelegenheit zu geben, mit einem Rechtsanwalt Verbindung aufzunehmen. Diese vom Bundesverfassungsgericht ausdrücklich gebilligte Regelung zielt auf die Flüchtlingsabwehr. Sie unterstellt eine (nicht gegebene) Objektivität der Anhörung und eine neutrale Beratung durch die Bundespolizei oder das BAMF und unterstellt den Anwälten, dass sie dies konterkarieren könnten: Sie ignoriert den Erfahrungssatz, dass Flüchtlinge, die ja meist auf Schleuser angewiesen sind, bereits – leider oft falsch – vorberaten sind und faktisch –mangels einer Beratung durch Vertrauensanwälte, gezwungen sind, diesen Ratschlägen zu folgen. Sie lässt Flüchtlinge sehenden Auges in eine Falle tappen und produziert so leichter eine offensichtlich-unbegründet-Ablehnung und eine Einreiseverweigerung.

Lehnt nämlich die Außenstelle des BAMF am Flughafen den Asylantrag als offensichtlich unbegründet ab, wird dem Asylbewerber nicht nur die Bundesamtsentscheidung mit der sofort vollziehbaren Abschiebungsandrohung übermittelt, sondern auch eine Einreiseverweigerung durch die Grenzbehörde (§ 18a III 1 AsylVfG). Beide Entscheidungen werden dem Flüchtling durch die Grenzschutzbehörde zugestellt.

3.1. Kommt das BAMF zu keiner offensichtlich-unbegründet-Entscheidung oder teilt es der Bundespolizei mit, dass es nicht kurzfristig entscheiden kann, etwa weil der Fall von besonderer Schwierigkeit ist oder noch Ermittlungen erforderlich sind, oder hat das BAMF innerhalb von zwei Tagen nach der Asylantragstellung noch keine Entscheidung getroffen, ist dem Asylbewerber die Einreise zu gestatten (§ 18a VI AsylVfG). Das gleiche gilt, wenn nach einer offensichtlich-unbegründet-Entscheidung des Bundesamtes ein Antrag auf einstweiligen Rechtsschutz nach § 18 a IV AsylVfG gestellt wurde und das Verwaltungsgericht dem Antrag stattgegeben hat oder es hierüber innerhalb von 14 Tagen nicht entschieden hat. Das weitere Verfahren nach der Einreise richtet sich dann nach den allgemeinen Bestimmungen des AsylVfG.

3.2. Die polizeiliche Einreisebefragung führt nicht selten zur Einleitung eines Strafverfahrens. Dies ist dann der Fall, wenn der Flüchtling mit einem falschen Pass oder einem Pass, der auf eine andere Person ausgestellt war oder mit einem sonstigen falschen Papier die Einreise versucht hat. Ist der Flüchtling im Besitz von Barmitteln, werden ihm diese meist abgenommen und als Kaution für einen später zu erlassenden Strafbefehl hinterlegt. Da zu dieser Zeit ungewiss ist, ob die Einreise gestattet werden wird, wird üblicherweise ein Polizeibeamter am Flughafen als „Zustellungsbevollmächtigter" von der Polizei benannt, was der Flüchtling (in Unkenntnis dessen, was er da tut) schriftlich akzeptiert. Diesem Beamten wird dann der Strafbefehl zugestellt. Regelmäßig unternimmt der Beamte nichts, weshalb der Strafbefehl rechtskräftig wird. Konnte dem Flüchtling keine Kaution abgenommen werden, führt dies dann automatisch zum Erlass eines Haftbefehls. Erst dann schaut die Polizei in das Ausländerzentralregister, um die Adresse des bislang „unbekannt verzogenen" Flüchtlings ausfindig zu machen und ihn zu verhaften. Hat der Flüchtling eine Kaution hinterlegt, erfährt er vom Erlass eines Strafbefehls regelmäßig nichts und wundert sich später möglicherweise, dass er vorbestraft ist.

3.3. Falls Sie daher schon am Flughafen Kontakt mit dem Flüchtling haben, achten Sie darauf, dass Sie oder ein von Ihnen bevollmächtigter Rechtsanwalt als Zustellungsbevollmächtiger angegeben wird und nicht irgendein Polizeibeamter. Sind Sie erst später in Kontakt zu dem Flüchtling gekommen und müssen aufgrund der Umstände annehmen, dass ein Strafverfahren gegen ihn eingeleitet wurde, veranlassen Sie, dass er sich bei der Polizei oder der zuständigen Staatsanwaltschaft nach dem Stand des Verfahrens erkundigt. Die Adresse ist damit polizeibekannt, ein eventueller Strafbefehl kann dem Flüchtling dann auch zugestellt werden. Gegebenenfalls kann ein Antrag auf Wiedereinsetzung in den vorigen Stand gestellt werden, dies gilt auch, wenn ein Strafbefehl bereits ergangen ist, nach Ihrer Auffassung aber zu Unrecht oder er zu hoch ist. Die Frist hierfür beträgt zwei Wochen ab Wegfall des Hindernisses, regelmäßig also ab Kenntnis!

4. Gerichtlicher Rechtsschutz

Ein Asylsuchender, der von der Grenzbehörde nicht zur Asylantragstellung an das BAMF weitergeleitet wurde, muss einen Eilantrag nach § 123 VwGO gegen die Bundesrepublik Deutschland, vertreten durch das zuständige Grenzschutzpräsidium, stellen. Der Antrag muss darauf gerichtet sein, den Flüchtling zur Antragstellung und Durchführung eines Asylverfahrens an die Außenstelle des BAMF weiterzuleiten und bis zur Entscheidung nach § 18a AsylVfG von einer Zurückschiebung abzusehen.

▶ Formularmuster 7

Lehnt das BAMF den Asylantrag als offensichtlich unbegründet ab, hat die Klage keine aufschiebende Wirkung. Ein Antrag auf Anordnung der aufschiebenden Wirkung der Asylklage ist im Flughafenverfahren nicht nötig, da nach § 18a V AsylVfG ohnedies ein Eilantrag auf Gestattung der Einreise erforderlich ist. Die Anordnung des Gerichts, die Einreise zu gestatten, gilt zugleich als Aussetzung der Abschiebung, bestimmt § 18a V S.2 AsylVfG. Auf diese Weise kann einstweiliger Rechtsschutz erreicht werden. Der Antrag, der auch bei der Grenzbehörde gestellt werden kann (§ 18a IV 2 AsylVfG), ist innerhalb von drei Tagen einzureichen (§ 18a IV 1 AsylVfG), die Klage innerhalb von zwei Wochen. Im Falle der rechtzeitigen Antragstellung darf die Einreiseverweigerung nicht vor der gerichtlichen Entscheidung vollzogen werden (§ 18a IV 6 AsylVfG).

Nach der Flughafen-Entscheidung des Bundesverfassungsgerichts ist dem Flüchtling auf sein Verlangen eine weitere Begründungsfrist von vier Tagen einzuräumen, ohne dass hierfür besondere Gründe vorliegen oder geltend gemacht werden müssen.

▶ Formularmuster 6

Das Verwaltungsgericht muss innerhalb von 14 Tagen über den Antrag entscheiden. Die allgemeinen Grundsätze über die Ablehnung des Antrages als offensichtlich unbegründet gelten auch hier, doch sei nicht verschwiegen, dass von den Anwälten, die mit Flughafenverfahren befasst sind, beklagt wird, dass die einschlägigen Gerichte oft strengere Kriterien anwenden.

Gegen ablehnende Beschlüsse des Verwaltungsgerichts ist eine Beschwerde nicht möglich (§ 80 AsylVfG). Solange der Flüchtling jedoch noch am Flughafen ist, ist eine erneute Antragstellung gemäß § 123 VwGO oder ein Antrag auf Abänderung gemäß § 80 VII VwGO zulässig, sofern neue Tatsachen oder Beweismittel vorliegen, die zu einer hinreichenden Erfolgsaussicht führen.

Wenn die Anträge abgelehnt sind, bleibt als einziges Rechtsmittel nur die Verfassungsbeschwerde. Droht dem Flüchtling in der Zwischenzeit die Rückschiebung, ist gegebenenfalls auch ein Antrag auf einstweilige Anordnung beim Bundesverfassungsgericht auf Unterlassung der Abschiebung bis zur Entscheidung des Bundesverfassungsgerichtes in der Hauptsache zu stellen. Bis zur gerichtlichen Klärung bleibt der Asylsuchende auch weiterhin in den Unterkünften im Transitbereich untergebracht.

5. Festhaltung im Transitverfahren

Nach § 15 VI AufenthG kann die Festhaltung im Flughafentransit auch ohne förmliche Zurückweisungshaft angeordnet werden. Danach soll jemand, der auf dem Luftweg ins Bundesgebiet gelangt ist und zurückgewiesen wurde, im Transitbereich eines Flughafens oder der zugeordneten Unterkunft auch dann festgehalten werden, wenn Zurückweisungshaft nicht beantragt wird. Eine richterliche Anordnung soll erst „spätestens dreißig Tage nach Ankunft am Flughafen" bzw. nach Kenntnis der zuständigen Behörde vonnöten und ausschließlich von der Voraussetzung abhängig sein, dass die Abreise innerhalb der Anordnungsdauer zu erwarten ist.

Die Gesetzesbegründung behauptet, diese Festhaltung im Transitgewahrsam sei keine Freiheitsentziehung, sondern nur eine zulässige Freiheitsbeschränkung. Ich halte dies für falsch und einen Verstoß gegen Art. 104 II GG, der eine richterliche Entscheidung gebietet. Die Argumentation, das sei deshalb keine Freiheitsentziehung, weil dem Betreffenden das „luftseitige Verlassen" des Bundesgebiets ja jederzeit ermöglicht werde, ignoriert, dass dies regelmäßig schon deshalb nicht der Fall ist, weil die erforderlichen Papiere fehlen. Wären diese vorhanden, könnte der Betreffende ja rücküberstellt werden. Der Transitgewahrsam ist daher eine durch Art. 5 I EMRK verbotene und verfassungswidrige Freiheitsentziehung.

6. Kritik am Flughafenverfahren

Das Flughafenverfahren ist wegen der Art der Unterbringung, der Dominanz der polizeilichen Maßnahmen und der Schwierigkeiten einer anwaltlichen Vertretung rechtsstaatlich fragwürdig. Die psychische Situation der Flüchtlinge – insbesondere von unbegleiteten Minderjährigen oder von traumatisierten Personen – wird nicht berücksichtigt. Hinzu kommt, dass auch das gerichtliche Verfahren mangelhaft erscheint. Denn regelmäßig entscheidet das Verwaltungsgericht ohne eine persönliche Anhörung des Betroffenen allein aufgrund des schriftlichen Eilantrages. Zwar ist es mittlerweile geglückt, in den meisten Flughäfen einen anwaltlichen Flughafennotdienst zu installieren, gleichwohl erschweren der enorme Zeitdruck und die psychische Situation der Flüchtlinge einen ordnungsgemäßen und vollständigen Vortrag. Auch deshalb stützen sich viele der Ablehnungen am Flughafen auf eine angebliche Unglaubwürdigkeit des Flüchtlings. Die Beurteilung der Glaubwürdigkeit setzt jedoch vor allem einen persönlichen Eindruck voraus, den der Richter bei einer schriftlichen Entscheidung nicht besitzt.

Insgesamt ist das Flughafenverfahren vom staatlichen Interesse auf Flüchtlingsabwehr dominiert und der Asylsuchende mehr oder weniger sprach- und hilfloses Objekt einer staatlichen Maßnahme. Der gegebene – ohnedies knappe – Rechtsschutz erzeugt den Schein einer Rechtsstaatlichkeit, die in Wahrheit unter den Bedingungen des Flughafenverfahrens nicht einlösbar ist. Den Geboten des Flüchtlings- und Menschenrechtsschutzes wird das Flughafenverfahren nach wie vor nicht gerecht.

Die Forderung auf Abschaffung des Flughafenverfahrens bleibt daher aus menschenrechtlichen und humanitären Gründen nach wie vor aktuell. Davon abgesehen lohnt der Aufwand nicht: 2012 gab es an den deutschen Flughäfen 787 Fälle, von denen 59 als solche nach § 18 a AsylVfG eingestuft wurden.

.

D DAS BEHÖRDLICHE ASYLRECHTLICHE ASYLVERFAHREN

Das Flughafenverfahren

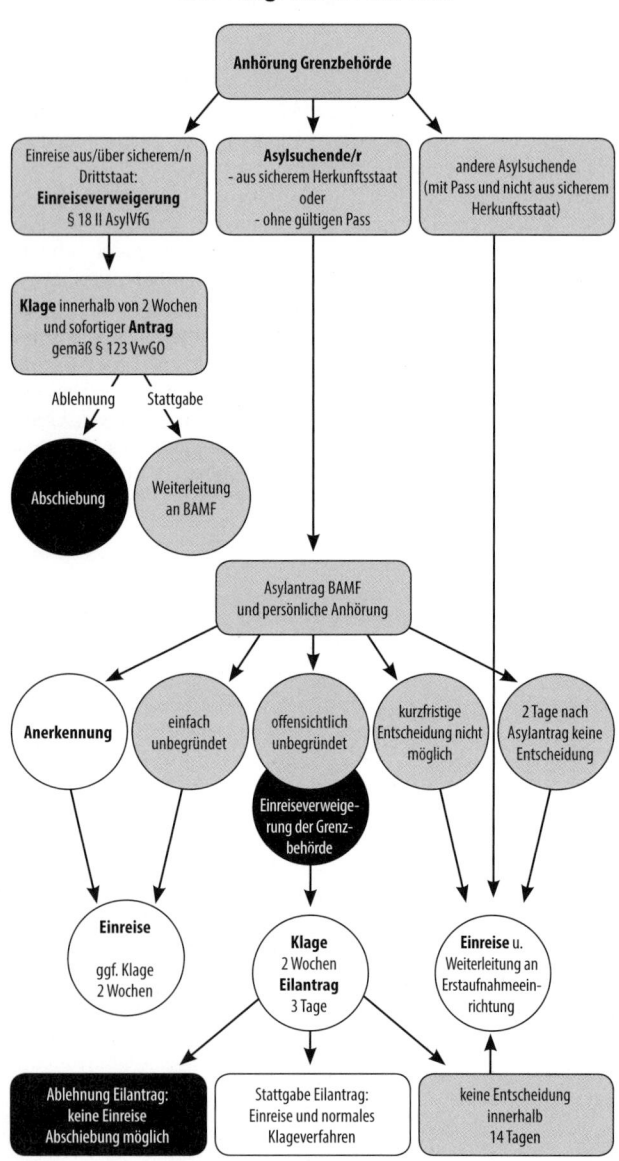

IX. Folgeantrag; Zweitantrag

Nicht selten erscheinen Flüchtlinge mit einem negativen Gerichtsurteil und wollen, dass für sie ein Asylfolgeantrag gestellt wird. Bei vielen scheint die Auffassung vorzuherrschen, man habe das Recht, es nach einem Misserfolg nochmals versuchen zu dürfen. Dieser Irrtum beruht wohl nicht auf den hohen Erfolgsquoten im Folgeverfahren, sondern auf falschen Schlüssen der Klienten. Sie hören von anderen, dass diese einen Asylfolgeantrag gestellt haben, sehen, dass sie nach einem ersten Misserfolg noch immer im Bundesgebiet sind und glauben, dies sei der Stellung eines Folgeantrags zu danken. Sie erkennen nicht, dass der weitere Aufenthalt dieser Personen oft nur darin gründet, dass die Beschaffung von Heimreisepapieren Zeit in Anspruch nimmt. Tatsächlich knüpft das AsylVfG hohe Anforderungen an die Durchführung eines Asylfolgeverfahrens; die Erfolgsquoten sind nicht allzu hoch. Eine gute Betreuung – und am besten anwaltliche Vertretung – ist gerade in diesem Stadium unbedingt ratsam.

1. Grundlegendes

Zu den ersten Voraussetzungen zählt es daher, einen Folge- und Zweitantrag von einem Erst-Asylantrag zu unterscheiden. Sie unterliegen völlig verschiedenen Regeln. Ein **Folgeantrag** liegt vor, wenn der Ausländer nach Rücknahme oder unanfechtbarer Ablehnung eines früheren Asylantrages erneut einen Asylantrag stellt (§ 71 AsylVfG). Es kommt nicht darauf an, ob der erste Antrag abgelehnt wurde oder ob der Asylsuchende ihn zurückgenommen hat, ob der Antrag nach § 33 AsylVfG als zurückgenommen behandelt wurde oder ob er nach § 29 AsylVfG unbeachtlich war. Auch der zeitliche Abstand spielt keine Rolle. Selbst wenn mittlerweile Jahre verstrichen sind und der Betroffene in der Zwischenzeit einen Aufenthaltstitel besaß oder im Ausland war, unterliegt ein vom ersten Antrag völlig unabhängiger zweiter Asylantrag den Regeln des Folgeverfahrens. Auch spielt es keine Rolle, ob der Erst-Asylantrag unter einem anderen, möglicherweise falschen Namen gestellt wurde. Entscheidend ist einzig und allein, dass bereits einmal ein Asylverfahren existierte.

Es kommt für die Qualifizierung eines Antrags als Asylfolgeantrag also nicht darauf an, ob der Flüchtling ausgereist oder die ganze Zeit im Land war. Entscheidend ist nur, dass bereits einmal ein Asylverfahren durchgeführt worden ist. Ein irgendwie gearteter zeitlicher Zusammenhang wird nicht verlangt. Theoretisch wäre es also denkbar, dass zwischen dem Asyl-Erstverfahren und dem Folgeverfahren ein halbes Jahrhundert liegt. Ob dies allerdings noch dem Sinn und Zweck der Regelung entspricht, darf bezweifelt werden. Ich bin der Auffassung, dass ein irgendwie gearteter Zusammenhang zwischen Erst-Asylantrag und Folgeantrag zu verlangen ist. Wenn also beispielsweise der Flüchtling nach einem Erst-Asylverfahren heimgekehrt ist und viele Jahre im Ausland lebte und nach einem Putsch in seiner Heimat erneut flüchten musste, oder er zwar nicht heimgekehrt ist, aber lange Zeit in Deutschland lebte, hier beispielsweise verheiratet war oder eine Aufenthaltserlaubnis als Arbeitnehmer erhalten hatte, also schon auf den ersten Blick keine Brücke zwischen dem früheren Asylverfahren und dem jetzigen Asylwunsch mehr besteht, halte ich es für verfehlt, die strengen Regeln des Asylfolgeverfahrens anzuwenden. Die Grenzziehung ist meines Erachtens relativ einfach: Wenn zwischen dem jetzigen Asylbegehren und dem früheren kein Zusammenhang mehr besteht, sind die Regeln des Erst-Verfahrens anzuwenden. Der verlangte Zusammenhang wird unterbrochen durch die Erteilung einer asylunabhängigen Aufenthaltserlaubnis oder durch eine Ausreise, wenn der Flüchtling anschließend einen nicht nur vorübergehenden Zeitraum im Ausland weilte. Eine solche einschränkende Auslegung ergibt sich meines Erachtens aus dem gesetzlichen Zweck. Dies ist aber, wie gesagt, meine Meinung, die von der herrschenden Auffassung nicht geteilt wird.

Von einem **Zweitantrag** spricht das Gesetz, wenn der Ausländer nach erfolglosem Abschluss eines Asylverfahrens in einem sog. sicheren Drittstaat gemäß § 26a AsylVfG, mit dem die Bundesrepublik Deutschland ein völkerrechtliches Abkommen über die Zuständigkeit für die Durchführung von Asylverfahren geschlossen hat, schon ein Asylverfahren erfolglos hinter sich gebracht hat. Die Mitgliedsstaaten von Dublin-III erfüllen diese Kriterien. Ein Zweitantrag ist daher in Deutschland nur dann erfolgreich, wenn die Bundesrepublik Deutschland nach dem Dublin-III-Abkommen dafür zuständig ist und gleichzeitig die Voraussetzungen für die Wiederaufnahme eines Verwaltungsverfahrens gemäß § 51 I bis II VwVfG vorliegen. Hierzu wird auf die nachstehenden Ausführungen verwiesen.

2. Voraussetzungen für ein weiteres Asylverfahren

Ein Folge- oder Zweitantrag führt nur dann zu einem neuen Asylverfahren, wenn sich die Sach- und Rechtslage nachträglich zugunsten des Flüchtlings geändert hat, sei es, dass neue Tatsachen, neue Beweismittel oder Wiederaufnahmegründe entsprechend § 580 Zivilprozessordnung (ZPO) vorliegen. Sind diese Voraussetzungen nicht gegeben, ist der Asylfolgeantrag oder Zweitantrag schon unzulässig, ein Asylfolgeverfahren wird nicht durchgeführt. Die Entscheidung darüber kann sehr schnell ergehen, manchmal innerhalb weniger Stunden, meist innerhalb von ein oder zwei Wochen. Die gelegentliche Meinung mancher Flüchtlinge, man könne an das Erstverfahren sozusagen nahtlos ein Zweitverfahren anschließen, ist eine Illusion. Oft bringt ein Zweitverfahren nicht einmal Zeitgewinn, weil ein solcher Antrag die Vorbereitung der Abschiebung und auch die Abschiebung selbst nicht verhindert.

Damit ein Folge- oder Zweitantrag Erfolgschancen besitzt oder auch nur ernst genommen wird, ist es erforderlich, schon im Antrag selbst ausführlich und detailliert das Neue darzulegen und vorzutragen. In der Praxis passieren hier elementare Fehler. Oft beschränkt sich der Asylfolgeantrag auf wenige Sätze, manchmal wiederholt er sogar nur das Erstvorbringen. So macht man es dem BAMF leicht, den Asylfolgeantrag als unbeachtlich zu qualifizieren und in wenigen Tagen abzuhandeln. Richtig ist demgegenüber, sich darauf zu konzentrieren und ausführlich schon im neuen Asylantrag darzustellen, was sich seit dem maßgeblichen Zeitpunkt (letzte mündliche Verhandlung im früheren Asylverfahren) an neuen **Tatsachen** ergeben hat. Es genügt also nicht, etwa vorzutragen, die Lage im Herkunftsland habe sich weiter verschlimmert. Vielmehr muss konkret vorgetragen werden, wie die Änderungen im Einzelnen aussehen; die Verschlechterung muss konkret belegt werden (also beispielsweise durch neuere Auskünfte) und auf den Fall bezogen werden. Beispielsweise ist also vorzutragen, dass sich im Herkunftsland eine Revolution ereignet hat, der Staatspräsident gestürzt wurde und nunmehr die Gruppe, der der Flüchtling angehört, verfolgt wird. Ein solch klassischer Fall wird nur selten vorliegen. Häufiger ist die Situation, dass eine schon vorhandene Gefahr sich weiter zugespitzt hat. In diesem Falle sollte der frühere Vortrag des Flüchtlings und die Würdigung, die er früher vom BAMF oder vom Gericht im Erstverfahren erfahren hat, aufgegriffen und kurz skizziert werden, um dann detailliert darzulegen, warum sich die Lage heute anders darstellt, als etwa vor einem halben Jahr. Hat das Gericht beispielsweise argumentiert, von einer Gruppenverfolgung könne noch nicht gesprochen werden, meinen Sie jedoch, heute könne man dies belegen, müssten Sie genau dies herausarbeiten und durch Bezugnahme auf Auskünfte oder Gerichtsurteile auch untermauern. Hat das Gericht entschieden, es gebe eine inländische Fluchtalternative und meinen Sie, diese gäbe es zumindest heute nicht mehr, sollten Sie sich darauf konzentrieren und konkret darlegen, dass dies heute – im Gegensatz zu früher – anders ist. Vermeiden Sie den Fehler, die frühere Entscheidung als falsch zu schelten. Damit werden Sie nicht gehört! Die Feststellungen im Erst-Verfahren sind zunächst auch für das Folgeverfahren bindend, solange Sie sie nicht durch neue Tatsachen oder Beweismittel ausgehebelt haben. Wenn das Asylfolgeverfahren also nicht daraus gespeist wird, sondern Ihr Schützling den Asylfolgeantrag auf nachträgliche Tatsachen stützen will, ist es ratsam, die frühere Entscheidung als richtig zu unterstellen und argumentativ vorzugehen, etwa, dass die damaligen Erkenntnisse zwischenzeitlich überholt sind. Vor allem aber darf nie vergessen werden, die allgemeinen Änderungen auf den Fall konkret anzuwenden. Sie dürfen also nicht etwa argumentieren, „die Kurden" würden heute mehr denn je verfolgt, sondern Sie müssen möglichst überzeugend schon im Asylfolgeantrag darlegen, warum der Asyl suchende Kurde im Falle der Rückkehr heute verfolgt wird, obwohl er vor einem halben Jahr noch nicht verfolgt wurde (wie die erste Entscheidung bindend festgestellt hat), etwa dadurch, dass Sie aufzeigen, dass Familienmitglieder festgenommen wurden, dass nach ihm gefragt wurde oder dass die Situation sich insgesamt deutlich verschärft hat. Dies muss natürlich auch belegt werden.

Die Tatsachen müssen auch – zumindest für den Antragsteller - neu sein. Wer beispielsweise im Erstverfahren verschwiegen hat, dass er Mitglied der radikalen Y-Partei war, kann seinen Asylfolgeantrag prinzipiell nicht darauf stützen, auch wenn er gute Gründe hatte, diese Mitgliedschaft zu verschweigen. Anders kann (muss aber nicht) die Lage beurteilt werden, wenn er diesen neuen Vortrag nun zugleich auf neue Beweismittel stützt, also beispielsweise vorträgt, er habe die Mitgliedschaft in der Y-Partei nicht erwähnt, weil er keinerlei Beweismittel in

Händen gehabt habe und man ihm diese Mitgliedschaft sowieso nicht geglaubt hätte, was sich aus bestimmten Umständen ergebe. Jetzt gebe es einen Zeugen – zu dem er vorher keinen Kontakt gehabt habe – oder ein Dokument, womit er den Beweis seiner Aktivitäten erbringen könne. In diesem Falle hat man gute Chancen, dass der Asylfolgeantrag als beachtlich angesehen wird, wenn die Aktivitäten für diese Partei im Kontext zu dem früheren, allgemeinen Vortrag stehen. Angriffspunkt sind ja die politischen Aktivitäten als solche, die zu einer Verfolgungsgefahr führen. Von diesen kann ein erheblicher Aspekt nun bewiesen werden.

Beruft sich der Flüchtling auf neue **Beweismittel**, müssen Sie diese sofort vorlegen (also nicht nur ankündigen) und ferner darlegen, dass und warum diese neuen Beweismittel relevant sind. Einfach ist dies natürlich dann, wenn sich aus dem Beweismittel selbst eine unmittelbare Gefahr der politischen Verfolgung ergibt, Sie also beispielsweise jetzt einen Haftbefehl vorlegen können, der damals noch nicht im Besitz des Flüchtlings war. In diesem Fall genügt es vorzutragen, dass man damals den Haftbefehl nicht hatte und dass aus diesem Grunde die schon immer behauptete Verfolgungsgefahr nicht überzeugend dargetan werden konnte. Schwieriger wird es, wenn das neue Beweismittel möglicherweise noch nicht genügt, um die politische Verfolgung selbst zu beweisen, sondern nur ein Indiz für die Richtigkeit des früheren Vortrages ist. Hat beispielsweise der Flüchtling behauptet, er sei politisch aktiv gewesen und deshalb verfolgt worden, und wurde ihm dies im Erstverfahren nicht geglaubt, kann ein jetzt verfügbarer Mitgliedsausweis einer oppositionellen Partei ein Beweismittel sein, das zu einer günstigeren Entscheidung führen kann. Sie müssen in diesem Fall also beispielsweise darlegen, dass das Gericht dem Kläger im Erstverfahren nicht geglaubt habe, dass er überhaupt politisch aktiv und deshalb gefährdet war. Da er nun durch den später erhaltenen Mitgliedsausweis belegen könne, politisch aktiv gewesen zu sein, sei die Schlussfolgerung des Gerichtes, er sei nicht gefährdet gewesen, erschüttert. Dies muss auch so vorgetragen werden. Es muss also beispielsweise ausgeführt werden: „Das Gericht hat im früheren Asylverfahren dem Antragsteller nicht geglaubt, dass er überhaupt politisch aktiv war und deshalb im Falle einer Rückkehr eine asylrelevante Gefährdung verneint. Diese Annahme kann nun widerlegt werden. Der Antragsteller hat nunmehr ein Beweismittel erhalten, das seine Mitgliedschaft in der X-Partei belegt. Die Annahme des Erstgerichtes, der Antragsteller sei überhaupt nicht politisch aktiv gewesen, ist damit nicht mehr haltbar. Damit ist auch die Schlussfolgerung des Gerichts, der Antragsteller werde im Falle einer Rückkehr in seine Heimat nicht verfolgt, ohne tatsächliche Grundlage. Hätte der Antragsteller schon im Erstverfahren den Mitgliedsausweis vorlegen können, wäre der Richter überzeugt gewesen, dass der Antragsteller politisch aktiv gewesen ist. Da nach den Auskünften von ... (ist auszuführen) Mitglieder der X-Partei politisch verfolgt werden, wäre das Gericht schon im Erstverfahren zu einem anderen Ergebnis gelangt. Der jetzt erhaltene Mitgliedsausweis ist damit ein neues Beweismittel, das geeignet ist, zu einem anderen, positiven Ergebnis zu führen. Der Asylfolgeantrag ist daher beachtlich."

Oftmals stützt sich der Folgeantrag sowohl auf neue Tatsachen als auch auf neue Beweismittel. In diesem Falle ist beides ausführlich darzulegen. Sind die neuen Tatsachen Nachfluchtaktivitäten, genügt es nicht zu behaupten, der Antragsteller sei „weiterhin politisch oppositionell tätig gewesen". Vielmehr ist ganz konkret vorzutragen, welche Aktivitäten der Antragsteller zwischenzeitlich unternommen hat, dass und warum sie voraussichtlich zur Kenntnis der Heimatbehörden gelangt sind und dass sie geeignet sind, nunmehr eine politische Verfolgung auszulösen. Die Nachfluchtaktivitäten müssen dabei schon im Asylfolgeantrag nicht nur konkret benannt, sondern auch bewiesen, also durch Vorlage von Urkunden (z. B. Flugblätter, Anmeldungen von Demonstrationen, Fotos oder eidesstattliche Versicherungen). Nachfluchtaktivitäten führen nur ausnahmsweise im Folgeverfahren zu einem Erfolg (siehe hierzu unten 5).

Inwieweit eine Änderung in der deutschen Rechtsprechung zur Durchführung eines Folgeverfahrens führt, ist strittig. Eine Änderung der örtlichen Verwaltungsgerichtsrechtsprechung genügt nie, allenfalls eine generelle Rechtsprechungsänderung durch die Obergerichte wird ernsthaft diskutiert. Eine Änderung der höchstrichterlichen Rechtsprechung hingegen ist stets relevant; die Juristen streiten nur darüber, ob dies in die Kategorie einer Änderung der Rechtslage oder der Tatsachenlage eingeordnet wird. Sie sollten sich daher bei einem Asylfolgeantrag nicht mit einem Hinweis auf die geänderte Rechtsprechung bescheiden, sondern zumindest auch die geänderten Fakten vortragen, die zu dieser Änderung geführt haben, also beispielsweise argumentieren, die Lage im Herkunftsland habe sich dramatisch entwickelt, was zwischenzeitlich zu einer Änderung der Rechtsprechung geführt habe. Deshalb müssen Sie auch die neue Situation ausführlich schildern und belegen.

Eine Änderung der deutschen Rechtslage hingegen eröffnet stets die Möglichkeit zur Stellung eines Asylfolgeantrags. So hat sich beispielsweise durch die Einführung der Qualifikations-Richtlinie der Schutzumfang für religiös Verfolgte erweitert. Während früher die Rechtsprechung argumentiert hat, dass ein Schutzanspruch erst dann besteht, wenn auch das sog. „Forum Internum" tangiert war – auf Deutsch gesagt, dem Flüchtling vom Verfolgerstaat selbst das Beten im „stillen Kämmerlein" angekreidet wurde –, führt die Qualifikations-Richtlinie nunmehr dazu, dass auch das öffentliche Bekenntnis gewährleistet sein muss. Ist dies in Frage gestellt und mit Sanktionen bedroht, ist asylrechtlicher Schutz zu gewähren.

Ein Erfolg versprechender Asylfolgeantrag wird oft mehrere Seiten umfassen und verlangt stets die Auseinandersetzung mit den Argumenten des Erstverfahrens und den aktuellen Verhältnissen im Herkunftsstaat.

Eine schriftliche Ausarbeitung eines Folgeantrags ist dringend anzuraten. Man hüte sich, den Flüchtling einfach so, also „blank", zum BAMF zu schicken, damit er dort den Asylfolgeantrag – wie erforderlich – persönlich stelle. Denn das BAMF nimmt meist nur wenige Zeilen auf und oft nicht das Entscheidende. Nur wenn der Flüchtling mit einem ausgearbeiteten Folgeantrag zur persönlichen Antragstellung erscheint, hat er eine realistische Erfolgschance.

3. 3-Monats-Frist

Zu beachten ist stets, dass neue Tatsachen und Beweismittel innerhalb einer Drei-Monats-Frist, beginnend ab Kenntnis der wesentlichen Umstände (also der neuen Tatsachen oder der neuen Beweismittel) geltend zu machen sind. Die neuen Tatsachen und Beweismittel müssen innerhalb dieser Frist dem BAMF, oder wenn bereits Klage eingereicht wurde, dem Gericht mitgeteilt und vorgelegt werden. Allein das Verstreichen dieser Frist führt zur Unzulässigkeit des Folgeantrages.

Nicht eindeutig ist, wann die Frist zu laufen beginnt. Dies ist dann unproblematisch, wenn die neuen Tatsachen und Beweismittel für sich genommen so massiv und überzeugend sind, dass sie die Möglichkeit einer Verfolgung darlegen. Insbesondere bei Nachfluchtaktivitäten gibt es jedoch oft keinen eindeutigen Zeitpunkt oder kein eindeutiges Beweismittel, ab dem man eine neue Verfolgungsgefahr bejahen müsste. Wenn beispielsweise die Rechtsprechung argumentiert, einfache exilpolitische Aktivitäten würden von den Machthabern in der Heimat als uninteressant angesehen, weil man dort genau wüsste, dass sie nur dazu dienten, in Deutschland ein Bleiberecht zu erhalten, andererseits aber „exponierten" Exil-Oppositionellen Schutz zugebilligt wird, ist die Grenzziehung nicht einfach. Denn oft handelt es sich hier ja um einen schleichenden, kontinuierlichen Prozess. Das einfache Mitglied engagiert sich mehr und mehr und wächst schließlich in seiner Exil-Organisation zu einer angesehenen und exponierten Persönlichkeit heran. Kann man ein äußeres Merkmal – etwa die Wahl zum Vorstandsmitglied – anführen, tut man sich noch relativ einfach; was aber ist, wenn er solch eine Formal-Funktion nach wie vor nicht bekleidet, sich aber gleichwohl durch die Fülle und Dichte der Aktivitäten fraglos „jetzt" ein herausgehobenes Profil ergibt? Da die Rechtsprechung grundsätzlich für jeden Teilakt, also das Verteilen eines Flugblatts, die Teilnahme an einer Demonstration oder die Organisation einer Veranstaltung die Drei-Monats-Frist anwendet und nicht rechtzeitig bekannt gegebene Aktivitäten unberücksichtigt lassen will, könnte dies bei unserem Beispielfall dazu führen, dass bei einem solchen schleichenden Prozess niemals eine positive Entscheidung möglich erscheint. Denn die ersten Aktivitäten wären als asylrechtlich unbeachtliche einfache Aktivitäten zur Einleitung eines Asylfolgeverfahrens nicht geeignet gewesen. Die späteren Aktivitäten müssten als asylrechtlich irrelevant qualifizieren werden, wenn man gezwungen wäre, die früheren Aktivitäten wegen dem Verstreichen der Drei-Monats-Frist auszublenden. Ein solches Ergebnis kann nicht richtig sein. Entscheidend ist daher eine wertende Betrachtung der gesamten Situation, eine Feststellung, wann – aus der maßgeblichen Sicht des Verfolgerstaates – der qualitative Umschlag von der bloßen, asylrechtlich unbeachtlichen Aktivität in eine beachtliche Rolle in der Exil-Szene stattgefunden hat. Hierbei muss ein großzügiger

Maßstab angelegt werden, denn der Asylsuchende kann nicht verlässlich beurteilen, welche einzelne Aktivität vom Verfolgerstaat bzw. vom BAMF oder den Gerichten als noch unbeachtlich oder schon beachtlich angesehen wird. Schließlich kann dem Asylsuchenden nicht abverlangt werden, sozusagen vorsorglich und fortwährend Asylfolgeanträge zu stellen – um ja nicht die Drei-Monats-Frist zu versäumen –, weil er wieder einmal ein Flugblatt verteilt oder an einer Kundgebung teilgenommen hat. Dem Flüchtling muss insoweit ein Beurteilungsspielraum eingeräumt werden, wann aus seiner einfachen Mitgliedschaft eine sog. qualifizierte geworden ist. Dies kann sowohl die Übernahme einer Führungsrolle sein als auch das Bekanntwerden seiner Rolle in der Exilszene etwa durch Presseveröffentlichungen oder auch nur eine besondere Vielzahl und Nachhaltigkeit seiner Aktivitäten. Wenn der Flüchtling also einen Asylfolgeantrag jetzt stellt, weil er zum Vorstand eines oppositionellen Vereines gewählt wurde oder weil er bei der zehnten Demonstrationsteilnahme von einem Botschaftsmitglied angesprochen und gewarnt wurde oder er in der Vielzahl seiner Aktivitäten das qualitative Umschlagen der bisherigen, unbeachtlichen Nachfluchtgründe in beachtliche Nachfluchtgründe sieht, müsste dies dazu führen, dass nicht nur die letzten Teilaktivitäten zu berücksichtigen sind, sondern auch die vorangegangenen Einzelaktivitäten, ohne dass sie ausgeblendet werden dürften, nur weil die 3-Monats-Frist abgelaufen ist. Dies ist meine Meinung und nicht gesicherte Rechtsprechung.

Dass die früheren Aktivitäten nur wegen des Ablaufs der Drei-Monats-Frist nicht ausgeblendet werden dürfen, ergibt sich meines Erachtens auch aus dem Charakter des Asylfolgeantrages. Denn das Asylfolgeverfahren ist nichts anderes als ein Wiederaufnahmeverfahren, wenn auch teilweise spezialgesetzlich geregelt. Das Gesetz macht dies selbst deutlich, indem es auf die Vorschriften des Wiederaufnahmeverfahrens nach § 51 VwVfG verweist. Nach allgemeinem Recht ist es aber so, dass ein Wiederaufnahmeverfahren nichts anderes als die Fortsetzung des Erst-Verfahrens ist; das Wiederaufnahmeverfahren schließt sozusagen die bereits zugeschlagene Tür wieder auf und ermöglicht eine neue, zweite Überprüfung des eigentlich bereits abgeschlossenen Falles. Mit diesem System ist es nicht zu vereinbaren, wenn man Einzelakte ausblenden will.

Wer sichergehen will, sollte jedoch jeden Einzelaspekt zum Anlass eines Folgeverfahrens machen, auch wenn ihm schon bewusst ist, dass allein dieser noch nicht genügt.

Hat das BAMF die Durchführung eines Asylfolgeverfahrens abgelehnt, ist hierüber ein Klageverfahren anhängig und fallen nunmehr neue Tatsachen an oder werden neue Beweismittel bekannt, die dem BAMF noch nicht unterbreitet werden können, soll dies nach herrschender Auffassung im gerichtlichen Verfahren unbeachtlich sein. Denn Gegenstand der gerichtlichen Überprüfung sei zunächst, ob ein Asylfolgeverfahren durchzuführen war. Hierbei könnten nur die Tatsachen überprüft werden, die dem BAMF bekannt waren. Auf dieser Tatsachengrundlage müsse die Rechtmäßigkeit der BAMF-Entscheidung überprüft werden. Neue Tatsachen und Beweismittel müssten in einem weiteren, neuen Folgeverfahren erst dem BAMF unterbreitet werden, nicht aber im jetzt anhängigen Gerichtsverfahren. Die Konsequenz dieser herrschenden Meinung verursacht nicht nur ein neues Asylfolgeverfahren, sondern führt auch dazu, dass das anhängige Verfahren mehr oder weniger überflüssig geworden ist, es sei denn, man verspricht sich schon aufgrund der früheren Tatsachen und Beweismittel einen Erfolg. Ist dies nicht unbedingt gesichert, sollte man das Gericht auf diese herrschende Meinung hinweisen und es um einen rechtlichen Hinweis bitten. Wenn das Gericht dann, wie erbeten, mitteilt, dass es sich der herrschenden Auffassung anschließt, könnte das anhängige Klageverfahren durch Klagerücknahme beendet werden und ein neuer Asylfolgeantrag gestellt werden. Zu beachten ist jedoch, dass bei diesem neuen Asylfolgeantrag dann die 3-Monats-Frist für die neuen Tatsachen und Beweismittel einzuhalten ist – bzw. nach herrschender Meinung eine 2-Wochen-Frist zur Wiederaufnahme des Verfahrens, wenn die 3-Monats-Frist bereits versäumt war.

Meines Erachtens sollte differenziert werden. Wenn ein im Kern schon dem BAMF unterbreiteter Vortrag im gerichtlichen Verfahren durch neu bekannt gewordene oder entstandene Beweismittel erhärtet werden kann, ist der Gegenstand des gerichtlichen Verfahrens kein anderer als der des behördlichen Verfahrens – nur gibt es jetzt mehr Anhaltspunkte für die Richtigkeit des Vortrags als früher. Die Einleitung eines neuen Folgeverfahrens nur wegen der neuen Tatsachen oder Beweise ist überflüssiger Formalismus. Entsteht jedoch ein neuer Sachverhalt – beispielsweise eine zielstaatsrelevante Erkrankung – erst im gerichtlichen Verfahren, ist es sachgerecht, dass hierüber erst das BAMF entscheidet und er nicht Gegenstand des Gerichtsverfahrens ist. In der Praxis sollte man sich bei dieser Fallkonstellation darum bemühen, mit dem BAMF eine außergerichtliche Regelung zu treffen. Meist heißt der Deal dann: Klagerücknahme gegen positive Verbescheidung. Sie können der Darstellung entnehmen, dass die Rechtslage kompliziert ist. Am besten suchen Sie bei einer solchen Konstellation fachkundigen Rat.

Die vorstehenden Ausführungen gelten dann nicht, wenn das BAMF den Asylantrag für beachtlich, aber unbegründet gehalten hat. Denn dann ist das Gericht nach der Rechtsprechung verpflichtet, durch zu entscheiden, also neue Tatsachen und Beweismittel selbst zu berücksichtigen. Diese können dann in das gerichtliche Verfahren eingebracht werden. Bei dieser Fallkonstellation gibt es manchmal ein anderes Problem. Nicht selten kommt es vor, dass neue Beweismittel oder neue Tatsachen erst nach Durchführung der mündlichen Verhandlung bekannt werden und mithin in das laufende erstinstanzliche Verfahren nicht mehr eingebracht werden können, sondern, wenn das Klageverfahren erfolglos war, nur dann wenn die Berufung zugelassen wird. Was ist zu tun? Ein sofortiger Folgeantrag ist unzulässig, weil das Erstverfahren noch nicht abgeschlossen ist. Ein Folgeantrag auf Vorrat, also unter der Bedingung gestellt, dass das Erstverfahren rechtskräftig abgeschlossen ist, wird vom BAMF in der Praxis nicht entgegengenommen, sondern wieder zurückgeschickt. Man ist dort der Meinung, dass ein Folgeantrag erst nach rechtskräftigem Abschluss des Erstverfahrens zu stellen ist, dann aber innerhalb einer Zwei-Wochen-Frist. Diese Zwei-Wochen-Frist wird aus einer Analogie zu einem Wiederaufnahmegesuch, das eine Zwei-Wochen-Frist kennt, hergeleitet. In diesem Falle muss also unbedingt vorgemerkt werden, dass sogleich nach der Rechtskraft des Erstverfahrens der Folgeantrag zu stellen ist, soll nicht auch diese Frist versäumt werden. Darüber hinaus rate ich bei einer solchen Fallkonstellation gleichwohl dazu, die neuen Tatsachen und Beweismittel vorab dem BAMF zur Kenntnis zu bringen. Man kann dem Flüchtling dann zumindest nicht den Vorwurf eines Verschuldens machen, da er aus seiner Sicht das Erforderliche getan hat. Einem Wiedereinsetzungsantrag müsste stattgegeben werden, weil ihm die Kenntnis der komplizierten Rechtslage nicht unterstellt werden kann.

4. Persönliche Antragstellung

Der Asylfolgeantrag ist im Regelfalle persönlich bei der Außenstelle des BAMF zu stellen, die der Aufnahmeeinrichtung zugeordnet ist, in der der Asylsuchende während des früheren Asylverfahrens wohnen musste (§ 71 II 1 AsylVfG). Die Ausnahmen hiervon stehen im Gesetz(§ 71 II 2 AsylVfG). Dies bedeutet oftmals, dass der Flüchtling seinen jetzigen Aufenthaltsort verlassen und wieder in die frühere Erstaufnahmeeinrichtung zurückkehren muss, um dort den Asylfolgeantrag persönlich zu stellen. Ihnen obliegt es daher, auf der einen Seite dafür Sorge zu tragen, dass der Flüchtling einen ausformulierten Asylfolgeantrag vorlegen kann, andererseits in Kontakt mit der jetzigen Ausländerbehörde zu treten und diese zu informieren, dass ein Asylfolgeantrag gestellt wird, und darauf hinzuweisen, dass eine Abschiebung damit vorerst unzulässig ist. Am besten tun Sie dies schriftlich und unter Beifügung des Asylfolgeantrages.

Die Stellung des Asylfolgeantrages führt im Gegensatz zum Erstantrag nicht dazu, dass ein Aufenthaltsrecht entsteht. Vielmehr entsteht nur ein vorläufiges Abschiebungsverbot. Dies hat unter Umständen weitreichende Folgen.

Ein Asylfolgeantragsteller beispielsweise, der illegal wieder eingereist ist, ist aufgrund der illegalen Einreise kraft Gesetzes vollziehbar ausreisepflichtig (§ 58 II Nr. 1 AufenthG), er erwirbt im Gegensatz zum Erstantragsteller kein Aufenthaltsrecht. Er kann damit in Abschiebungshaft genommen werden (§ 62 II Nr. 1 AufenthG). Liegen die Voraussetzungen der Abschiebungshaft vor, verhindert ein Asylfolgeantrag nicht die Festnahme.

Auch der im Land befindliche Asylfolgeantragsteller erhält nicht wieder ein Aufenthaltsrecht; sein Aufenthalt wird vielmehr zunächst nur hingenommen. Welches Papier der Asylsuchende in dieser Zwischenphase erhält, ist vom Gesetz nicht geregelt und wird von der Verwaltungspraxis unterschiedlich gehandhabt. Oftmals behält der Folgeantragsteller das Ausweispapier, das er vorher hatte, also entweder eine Aufenthaltsgestattung oder eine Duldung, manchmal auch eine Grenzübertrittsbescheinigung. Ersteres ist sicherlich formal nicht korrekt, letzteres fragwürdig. Richtigerweise müsste der Asylfolgeantragsteller eine Duldung erhalten, weil seine Abschiebung zunächst, bis zur Mitteilung nach § 71 V 2 Asyl-

VfG nämlich nicht zulässig ist. Ausdrücklich bestimmt nämlich das Gesetz, dass die Abschiebung erst nach einer Mitteilung des BAMF vollzogen werden darf, in welcher mitgeteilt wird, dass die Voraussetzungen des § 51 I bis III VwVfG nicht vorliegen. Damit besteht bis zu diesem Zeitpunkt ein gesetzlicher Duldungsgrund.

Die Mitteilung nach § 71 V 2 AsylVfG unterliegt keiner Formvorschrift und muss nicht zuerst dem Asylfolgeantragsteller gegenüber ergehen. Es genügt die formlose, auch telefonische, Mitteilung des Bundesamtes an die Ausländerbehörde, dass ein Folgeverfahren nicht durchgeführt wird, somit kann die Ausländerbehörde aus der früheren Abschiebungsandrohung oder -anordnung vollstrecken.

Die Mitteilung nach § 71 V AsylVfG ist entbehrlich, wenn der Betreffende von einem sicheren Drittstaat im Sinne von § 26a AsylVfG aus unerlaubt ins Bundesgebiet eingereist ist. In diesem Fall droht ihm auch ohne Mitteilung die sofortige Abschiebung.

Es gibt Ausländerbehörden, die nach Stellung eines Asylfolgeantrages beim BAMF anrufen und auf eine rasche Entscheidung drängen und sich sozusagen per Zuruf die telefonische Mitteilung nach § 71 V AsylVfG abholen, um dann in einer Nacht- und Nebelaktion den Flüchtling unbehelligt durch Rechtsmittel abschieben zu können. Andere warten zumindest den Eingang der (internen) schriftlichen Mitteilung ab; wieder andere setzen eine Nachfrist zur freiwilligen Ausreise. Manche ermöglichen auch noch die Beantragung einstweiligen Rechtsschutzes, obwohl sie hierzu nicht verpflichtet wären. Es ist also wichtig, die örtliche Praxis zu kennen. Man sollte sich mit der Ausländerbehörde in Verbindung setzen und offen besprechen, wie diese verfahren wird.

Gibt es Anhaltspunkte für eine unmittelbar bevorstehende Abschiebung bzw. dafür, dass dem Antragsteller nicht ausreichend Zeit bleibt, nach Einleitung des Abschiebungsverfahrens ein Rechtsmittel einzulegen, kann es nötig sein, vorbeugenden Eilrechtsschutz zu beantragen. Es ist nicht eindeutig klar, wie man zweckmäßigerweise vorgeht. Denn einerseits ist die Ausländerbehörde an der Durchführung der bereits eingeleiteten Abschiebung gehindert, solange nicht das BAMF gemäß § 71 V 2 AsylVfG mitgeteilt hat, dass die Voraussetzungen des § 51 I bis III VwVfG nicht vorliegen, andererseits ist nicht ausgeschlossen, dass das BAMF den Asylfolgeantrag als offensichtlich unschlüssig qualifiziert oder eine Abschiebung in einen sicheren Drittstaat vorbereitet (dann muss die Mitteilung nicht abgewartet werden) oder dass der Flüchtling oder sein Anwalt nicht rechtzeitig von der Mitteilung des BAMF erfährt. Will man dies ausschließen, muss ein Antrag nach § 123 VwGO gegen die Ausländerbehörde auf Unterlassung der Abschiebung eingereicht werden.

▶ Formularmuster 9

Im Regelfall allerdings erhält man Eilrechtsschutz im Folgeverfahren dadurch, dass man einen Antrag nach § 123 VwGO gegen die Bundesrepublik Deutschland (vertreten durch das BAMF) stellt mit dem Antrag, eine Mitteilung nach § 71 V 2 AsylVfG zu unterlassen. Einzelheiten siehe hierzu im Kapitel G „Das gerichtliche Verfahren".

Das Zuwanderungsgesetz hat die frühere Regelung, dass dann, wenn zwischen der Vollziehbarkeit einer früheren Abschiebungsanordnung oder -androhung zwei Jahre verstrichen sind, eine neue Abschiebungsandrohung oder -anordnung zu erlassen ist, ersatzlos gestrichen. Nunmehr bestimmt § 71 V 1 AsylVfG ausdrücklich, dass eine neue Abschiebungsandrohung und -anordnung nicht erlassen werden muss. Dies gilt nach Absatz 6 auch dann, wenn der Ausländer zwischenzeitlich das Bundesgebiet verlassen hatte.

5. Gewillkürte Nachfluchttatbestände im Folgeverfahren

§ 28 II AsylVfG nimmt Personen, die im Asylfolgeverfahren subjektive Nachfluchtgründe geltend machen, in der Regel vom Flüchtlingsschutz aus. Subjektive oder selbstgeschaffene Nachfluchttatbestände sind solche, die jemand nach Verlassen seiner Heimat in Deutschland aus eigenem Entschluss geschaffen hat. Der Gesetzgeber unterstellt – mehr oder weniger pauschal –, dass Anlass dieser gewillkürten Nachfluchtgründe eine sog. Asylprovokation sei. Wer gefahrlos und ohne Not durch politische Aktivitäten eine Gefahrenlage geschaffen habe, soll in der Regel nicht geschützt werden. Dies ist schon vom Ansatz her verfehlt, da die Genfer Flüchtlingskonvention ausschließlich auf die Schutzbedürftigkeit abstellt und nicht danach fragt, ob die Gefahr selbst, leichtfertig oder gar vorsätzlich herbeigeführt wurde. Der entscheidende Aspekt ist, dass die asylrechtlich geschützten Lebensbereiche – vor allem die politische Betätigung, Meinungsäußerungsfreiheit, Gewissensfreiheit oder Religionsbetätigung – keiner inhaltlichen Kontrolle unterworfen werden dürfen, sondern schützenswert sind.

Ich halte die Bestimmung mit der Genfer Flüchtlingskonvention nicht für vereinbar, was sich indirekt aus dem Beschluss des Bundesverfassungsgerichts vom 26.11.1986 (BVerfGE 74, 51, 67) ergibt, wenn es dort heißt, der Abschiebungsschutz aus Art. 33 GFK sei „selbstverständlich auch in allen Fällen von Nachfluchttatbeständen, die der Asylrelevanz ermangeln" zu beachten. Mittlerweile gibt es kunstvolle Juristenkonstruktionen, die argumentieren, dieser Karlsruhespruch sei beachtet, weil eine Verletzung von Art. 33 GFK dann nicht vorliege, wenn subsidiärer Schutz gewährt wird. Dieser Abschiebungsschutz – dies ist fraglos richtig – wird durch die Ausschlussklausel des § 28 II AsylVfG nicht tangiert. Gleichwohl übersieht diese Argumentation, dass es schon 1986 möglich und geboten war, humanitären Abschiebungsschutz zu gewähren und gegebenenfalls von einer Abschiebung abzusehen. Der damalige § 28 I Nr. 2 AsylVfG verlangte eine Ermessensentscheidung, bei der, wenn Menschenrechtsverletzungen oder einer Grundrechtsverletzung drohten, das Ermessen auf null reduziert war.

Der jetzige § 28 II AsylVfG verstößt meiner Meinung nach auch gegen die Qualifikations-Richtlinie. Ihr Artikel 5 hält in seinem Absatz 2 ausdrücklich fest, dass die begründete Furcht vor Verfolgung auch auf Nachfluchtaktivitäten beruhen kann, insbesondere, wenn die Aktivitäten Ausdruck und Fortsetzung einer bereits im Herkunftsland bestehenden Überzeugung und Ausrichtung sind. Zwar führt sein, auf Initiative der Bundesregierung aufgenommener, Absatz 3 aus, dass es den Mitgliedsstaaten freistehe, festzulegen, dass ein Antragsteller, der einen Folgeantrag stellt, in der Regel nicht als Flüchtling anerkannt wird, wenn die Verfolgungsgefahr auf gewillkürten Nachfluchtgründen beruht, doch beginnt diese Einschränkung mit der Formulierung „unbeschadet der Genfer Flüchtlingskonvention". Damit wird klargestellt, dass eine Einschränkung der GFK durch eine nationale Regelung nicht vorgenommen werden darf. Dies aber tut die deutsche Bestimmung, da die GFK nicht nur aus Art. 33 besteht, sondern darüber hinaus Rechte und insbesondere Statusrechte verleiht.

Meines Erachtens muss daher eine einengende Interpretation vorgenommen werden. Sie ist auch unschwer möglich, wenn man das in § 28 II AsylVfG vorgesehene Regel-Ausnahme-Verhältnis inhaltlich und nicht formal definiert. Dies bedeutet, dass eine Ausnahme dann vorliegt, wenn die Nachfluchtaktivitäten schwerwiegende Folgen im Sinne der GFK haben und die Verfolgung an einen der dort genannten Verfolgungsgründe anknüpft. Diese Interpretation entwertet die Regelung des § 28 II AsylVfG nicht vollständig, reduziert allerdings ihr Gewicht.

Folgt man diesem Interpretationsvorschlag nicht, sind jedenfalls von der gesetzlichen Regelung großzügige Ausnahmen zuzulassen. Einen Ansatzpunkt liefert schon § 28 I AsylVfG, der davon spricht, dass Nachfluchtgründe dann beachtlich sind, wenn sie auf einer bereits im Heimatstaat erkennbar betätigten festen Überzeugung beruhen. Diese Formulierung ist jedoch so eng, dass sie nicht mit der vergleichbaren von Art. 5 II Qualifikations-Richtlinie übereinstimmt. Nach dieser Bestimmung werden lediglich Aktivitäten verlangt, die „nachweislich Ausdruck und Fortsetzung einer bereits im Herkunftsland bestehenden Überzeugung oder Ausrichtung sind". Verlangt wird also nicht, wie im deutschen Text, eine „feste" Überzeugung, nicht, dass sie im Herkunftsland bereits „erkennbar" war und ebenfalls nicht, dass sie bereits „betätigt" wurde. Die Qualifikations-Richtlinie verlangt nur, dass bereits im Herkunftsland eine „Überzeugung oder Ausrichtung" nachweislich vorhanden war. Eine Ausrichtung ist keine „feste Überzeugung", sondern eine Orientierung in einer bestimmten Hinsicht. Nach der Qualifikations-Richtlinie müsste daher beispielsweise genügen, wenn glaubhaft gemacht wird, dass der Betreffende schon in seiner Heimat mit den diktatorischen Verhältnissen unzufrieden war und sich an Demokratie und Freiheit orientierte, auch wenn diese „Ausrichtung" der heimischen Staatsgewalt verborgen blieb.

Eine Ausnahme von der Regel ist schließlich auch dann vorzunehmen, wenn es um Fragen des Gewissens geht. Die Gewissensfreiheit ist ein in Art. 4 I GG geschütztes, eigenständiges Grundrecht. Das Bundesverfassungsgericht hat als Gewissensentscheidung „jede ernste sittliche, d. h. an den Kategorien von ‚Gut' und ‚Böse' orientierte Entscheidung" angesehen, „die der Einzelne in einer bestimmten Lage als für sich bindend und unbedingt verpflichtet innerlich erfährt, so dass er gegen sie nicht ohne ernste Gewissensnot handeln könnte" (BVerfGE 12, 45, 55). Das Bundesverwaltungsgericht definiert das Gewissen als „die eigene Erkenntnis des Erlaubten und des Verbotenen und die Ansicht, verpflichtet zu sein, dieser Erkenntnis gemäß zu handeln, somit eine im Inneren ursprünglich vorhandene Überzeugung von Recht und Unrecht und die sich daraus ergebende Verpflichtung des Betroffenen zu einem bestimmten Handeln oder Unterlassen" (BVerwGE 7, 242, 246). Geht es also um solche religiöse, weltanschauliche, ethische Fragen, die Ausdruck einer inneren Verpflichtung sind, die den Menschen zu einem „Hier stehe ich, ich kann nicht anders." führen, liegt schon aufgrund der Wertentscheidung des Art. 4 I GG eine Ausnahme von der Regel des § 28 II AsylVfG vor. Für den häufigsten Anwendungsbereich – den Glaubensübertritt zur christlichen Religion und der Furcht vor Konsequenzen dieser Apostasie – bedeutet dies, dass er vom Ausschluss des § 28 II AsylVfG nicht umfasst ist.

6. Abschiebungsverbote im Folgeverfahren

Es ist unstrittig, dass dann, wenn ein Asylfolgeantrag gestellt wurde, das BAMF, ohne dass dies ausdrücklich verlangt wurde, auch das Vorliegen von Abschiebungsverboten zu prüfen hat. Im Gegensatz zum früheren Recht definiert nunmehr § 13 AsylVfG Schutzbegehren im Sinne von § 4 AsylVfG – europarechtlicher subsidiärer Schutz – als Teil des Asylantrags. Es ist strittig, ob es rechtlich zulässig ist, einen Schutzantrag zu stellen, der nur auf § 4 AsylVfG gerichtet ist. Das BAMF argumentiert, eine solche Begrenzung sei unzulässig, weil § 13 II 2 AsylVfG nur erlaube, dass der Antragsteller den Antrag auf die Zuerkennung internationalen Schutzes beschränkt (und damit auf asylrechtlichen Schutz verzichtet). Damit sei eine Aufspaltung des internationalen Schutzes – der den Flüchtlingsstatus und subsidiären Schutz im Sinne von § 4 AsylVfG umfasst –, indirekt verboten. Ich halte dies weder für überzeugend noch für sinnvoll, da niemand gezwungen werden darf, Anträge zu stellen, die von vornherein abzulehnen sind. Warum sollte jemand, der nur eine Bürgerkriegsgefahr behauptet auch eine politische oder sonstige asylrelevante Verfolgung behaupten müssen?

Der Streit kann jedoch an dieser Stelle dahinstehen, da der Antrag auf internationalen subsidiären Schutz unstrittig als Teil des Asylantrags gesetzlich definiert ist, so dass auch ein isolierter Antrag auf internationalen Schutz einen Asylfolgeantrag darstellt.

Hiervon zu unterscheiden ist ein Antrag auf Gewährung nationalen Abschiebungsschutzes, geregelt in § 60 V und VII 1 AufenthG. Wie bisher ist es möglich, einen hierauf gerichteten Folgeantrag (genannt: „isolierter Wiederaufgreifensantrag") zu stellen. Will man dies, sollte man klarstellen, dass eine Überprüfung der asylrechtlichen Entscheidung nicht gewünscht wird. Wenn ein Asylverfahren voranging, ist auch der isolierte Wiederaufgreifens-Antrag beim BAMF zu stellen. Ein solcher Antrag richtet sich nicht nach § 71 AsylVfG, sondern ausschließlich nach den Regelungen des § 51 VwVfG. Die inhaltlichen Voraussetzungen (neue Tatsachen oder neue Beweismittel) sind gleich, doch ist insoweit ein relevanter Unterschied gegeben, als auch § 51 V VwVfG für diesen isolierten Antrag zur Anwendung kommt. Er erlaubt bzw. verpflichtet unter Umständen die Behörde, unter der Voraussetzung des § 48 I VwVfG oder § 49 I VwVfG eine frühere Entscheidung auch dann zu ändern, wenn die Voraussetzungen des Wiederaufnahmeverfahrens nicht vorliegen. Auf Deutsch: Auch wenn die Drei-Monats-Frist versäumt ist oder neue Tatsachen und Beweismittel nicht vorliegen, sich aber aus heutiger Sicht die frühere Entscheidung als falsch erweist, darf ein Abschiebungshindernis bejaht werden. Diese Regelung trägt der Tatsache Rechnung, dass bei Vorliegen von Abschiebungsverboten nach § 60 V bis VII 1 AufenthG meist ein unmittelbarer Grundrechtsbezug gegeben ist: Die Menschenwürde ist regelmäßig tangiert. Da es allen deutschen Behörden verboten ist, an einer menschenrechtswidrigen Behandlung mitzuwirken oder sehenden Auges (und nur aus formellen Gründen) jemanden einer menschenrechtswidrigen Behandlung zuzuführen oder auszusetzen, kann in diesen Fällen Abschiebungsschutz gewährt werden, obwohl die formellen Voraussetzungen eines Wiederaufgreifens nicht vorliegen. Von dieser Möglichkeit wird allerdings nur bei außergewöhnlichen Ausnahmen Gebrauch gemacht; die Gefahr muss also wirklich konkret und unmittelbar drohend sein.

Wie schon dargestellt, führt die Stellung eines Asylfolgeantrages (oder auch eines isolierten Wiederaufnahmeantrags hinsichtlich § 60 V und VII 1 AufenthG) regelmäßig (zunächst) nicht zu einem gesicherten Aufenthalt, sondern nur zu einem höchst labilen, vorläufigen Status. Der Flüchtling ist, solange das BAMF nicht positiv entschieden hat, dass ein Asylfolgeverfahren oder ein Wiederaufnahmeverfahren durchgeführt wird, der permanenten Unsicherheit einer jederzeit möglichen Abschiebung ausgesetzt.

Beschränkt sich der Antrag auf die Gewährung von nationalem Abschiebungsschutz nach § 60 V und VII 1 AufenthG und ist dieser Antrag nicht von vornherein offensichtlich substanzlos (etwa, weil es sich um die Wiederholung des früheren Vortrags handelt, eine Verschlechterung nicht einmal behauptet ist oder individuelle Gründe nicht vorgetragen sind etc.), besteht ein Rechtsanspruch auf Ausstellung einer Duldung. Vom BAMF muss dann eine inhaltliche Entscheidung ergehen, ohne dass vorab eine Mitteilung nach § 71 V 2 AsylVfG erfolgt.

7. Rechtsschutz

Ist der Asylfolgeantrag oder der Wiederaufgreifensantrag erfolgreich, wird das Asylrecht oder die Flüchtlingseigenschaft oder der subsidiäre Schutzstatus gewährt. Der Betreffende erhält dann entweder zwingend oder im Regelfall eine Aufenthaltserlaubnis nach § 25 AufenthG.

Wird dem Asylfolgeantrag bzw. dem Wiederaufgreifensantrag nicht stattgegeben, ist gegen die Entscheidung des BAMF grundsätzlich der Klageweg eröffnet. Seitens des BAMF gibt es dabei grundsätzlich zwei Entscheidungsmöglichkeiten. Die häufigste Konstellation ist die, dass das BAMF davon ausgeht, dass die Voraussetzungen des § 51 I bis III VwVfG für die Wiederaufnahme des Verfahrens nicht vorliegen. Der Tenor der Entscheidung lautet dann: „Der Antrag auf Durchführung eines erneuten Asylverfahrens (bzw. der Wiederaufgreifensantrag) wird abgelehnt."

Möglich, wenn auch seltener, ist es auch, dass das BAMF davon ausgeht, dass Wiederaufnahmegründe vorlagen, also neue Tatsachen oder Beweismittel existieren, es jedoch nach wie vor der Auffassung ist, dass Schutz nicht in Frage kommt. In diesem Fall wird der Asylantrag bzw. der Antrag auf subsidiären Schutz dann inhaltlich abgelehnt, so dass die Tenorierung der des Erst-Verfahrens entspricht. Der Antrag kann auch als offensichtlich unbegründet abgelehnt werden. In allen Fällen ist eine Klage einzureichen; das Hauptproblem liegt hier bei dem erforderlichen einstweiligen Rechtsschutz. Ich stelle deshalb den Rechtsweg etwas ausführlicher dar.

7.1. Verweigerung der Durchführung eines Folgeverfahrens

Lehnt das BAMF die Durchführung eines Asylfolgeverfahrens auf Asylanerkennung/Zuerkennung der Flüchtlingseigenschaft bzw. auf Gewährung subsidiären Abschiebungsschutzes gemäß § 4 AsylVfG oder Abschiebungsschutz gemäß § 60 V oder VII 1 AufenthG ab, ist hiergegen Klage beim Verwaltungsgericht einzureichen. Im Regelfall wird das BAMF keine neue Ausreiseaufforderung und Abschiebungsandrohung erlassen. Die Rechtsfolge ist, dass trotz Stellung des Asylfolgeantrags aus der alten Ausreiseaufforderung und Abschiebungsandrohung vollstreckt werden kann.

Gegen die Ablehnung des Asylfolgeantrags ist Klage innerhalb der regulären Zwei-Wochen-Frist einzureichen. Diese Frist muss unbedingt gewahrt werden!

▶ Formularmuster 10

Die Klage richtet sich nicht auf die Durchführung eines Folgeverfahrens, obwohl dies vom BAMF ja abgelehnt wurde. Dies beruht auf der Rechtsprechung, dass das Gericht die Sache selbst spruchreif zu machen hat und nicht zurückverweisen darf. Wenn das Verwaltungsgericht also der Auffassung ist, dass die Entscheidung des BAMF, das Verfahren nicht wiederaufzugreifen, falsch war, hat das Gericht von sich aus die vorgebrachten und vorliegenden Wiederaufgreifensgründe zu prüfen und dann gegebenenfalls eine Verpflichtungsentscheidung auf die Gewährung des asylrechtlichen Schutzes, den Flüchtlingsstatus oder subsidiären Schutz, zu treffen.

Da aus der früheren Ausreiseaufforderung und Abschiebungsandrohung vollstreckt werden kann, muss im Regelfall einstweiliger Rechtsschutz beantragt werden. Dies ist jedoch nicht stets vonnöten. Dann nämlich, wenn – etwa aufgrund eines generellen Abschiebungsstopps im Hinblick auf bestimmte Länder oder aufgrund einer ständig geübten Praxis – eine Abschiebung nicht droht, sollte vor der Beantragung einstweiligen Rechtsschutzes bei der Ausländerbehörde nachgefragt werden, ob der Ausgang des Klageverfahrens abgewartet

wird. Denn ansonsten besteht die Gefahr, dass der Eilantrag als unzulässig abgelehnt wird. Dies jedenfalls ist die Praxis mancher Gerichte.
Wie der einstweilige Rechtsschutz erlangt werden kann, ist nicht eindeutig geklärt. Die wohl überwiegende Meinung verlangt, dass ein Antrag nach § 123 VwGO gegen die Bundesrepublik Deutschland, vertreten durch das BAMF, mit dem Ziel, die Mitteilung nach § 71 V AsylVfG zurückzunehmen, zu stellen ist.

▶ Formularmuster 10

Gelegentlich wird auch die Auffassung vertreten, das Rechtsschutzziel auf Unterlassung der drohenden Abschiebung sei dadurch zu erreichen, dass ein Antrag nach § 123 VwGO gegen die Vollstreckungsbehörde (also das Ausländeramt oder in manchen Bundesländern eine Zentrale Ausländerbehörde) zu richten ist mit dem Ziel, die Abschiebung zu unterlassen. Ein solcher Antrag empfiehlt sich auch dann, wenn man Anhaltspunkte dafür hat, dass die Ausländerbehörde die Abschiebung schon vorbereitet.

▶ Formularmuster 9

Denn die Ausländerbehörde erfährt von dem Eilantrag nicht notwendigerweise; es sei denn Sie (oder das Gericht, wie manchmal üblich) unterrichten die Behörde. Ist die Ausländerbehörde jedoch Adressat des Eilantrags, wird sich das Gericht sofort mit der Ausländerbehörde in Verbindung setzen und nachfragen, ob die Abschiebung tatsächlich bzw. wann droht und Sie gegebenenfalls darauf hinweisen, dass der Eilrechtsantrag in diesem Fall (nur) gegen das BAMF zu richten ist. Sie können diesen Eilantrag dann immer noch begrenzen, ohne dass für den Flüchtling Schaden entstehen würde.
Auch wenn dies nicht erforderlich ist, ist das BAMF rechtlich nicht gehindert, eine neue Ausreiseaufforderung und Abschiebungsandrohung zu erlassen. In diesem Fall richtet sich das Verfahren nach § 71 IV AsylVfG i. V. m. § 36 III und IV AsylVfG. Die Klage hat keine aufschiebende Wirkung, so dass in diesem Fall ein Antrag nach § 80 V VwGO auf Anordnung der aufschiebenden Wirkung der Anfechtungsklage binnen Wochenfrist einzureichen ist. Auch die Klagefrist beträgt dann nur eine Woche.

▶ Formularmuster 11

7.2. Verweigerung des Wiederaufgreifens im Hinblick auf Abschiebungsverbote

Wurde kein Asylfolgeantrag (inklusive des Begehrens auf Feststellung der Flüchtlingseigenschaft) gestellt, sondern beschränkte sich der Antrag auf ein Wiederaufgreifen im Hinblick auf das Vorliegen von Abschiebungsverboten nach § 60 V und VII 1 AufenthG, sieht § 71 V AsylVfG keine Mitteilung vor. In diesem Fall muss gegen die Ablehnung der Feststellung der beantragten Abschiebungsverbote Klage gegen die Bundesrepublik Deutschland, vertreten durch das BAMF, eingereicht werden. Die Klagefrist beträgt zwei Wochen.

▶ Formularmuster 10

(Das Formularmuster ist in diesem Fall entsprechend zu ändern, also auf das Wiederaufnahmebegehren hinsichtlich § 60 V und VII 1 AufenthG zu beschränken.)

Einstweiliger Rechtsschutz ist in diesem Fall durch einen Eilantrag gegen die Ausländerbehörde (auf Unterlassung der Abschiebung) zu erhalten.

▶ Formularmuster 9

Theoretisch denkbar, aber selten, ist es, dass auch nach Ablehnung eines Wiederaufgreifensantrags im Hinblick auf Abschiebungsverbote nach § 60 V und VII 1 AufenthG eine neue Ausreiseaufforderung und Abschiebungsandrohung erlassen wird. In diesem Fall ist, nicht anders als bei der Ablehnung eines Asylfolgeantrags mit neuer Abschiebungsandrohung, binnen einer Woche Klage und Eilantrag nach § 80 V VwGO gegen die Bundesrepublik Deutschland, vertreten durch das BAMF, einzureichen.

▶ Formularmuster 11

(Auch hier ist das Formularmuster entsprechend zu ändern)

8. Übersicht: Rechtsschutz beim Asylfolgeverfahren

Umfassender Asylfolgeantrag

Regelfall	Ausnahmefall
keine Ausreiseauffoderung und Abschiebungsandrohung ergangen	neue Ausreiseauffoderung und Abschiebungsandrohung erlassen
↓	↓
KLAGE gegen BAMF	**KLAGE** gegen BAMF
• auf Art. 16a GG, • hilfsweise § 3 AsylVfG (Flüchtling nach der GFK) • hilfsweise § 4 AsylVfG (internationaler subsidiärer Schutz) • hilfsweise § 60 V und VII AufenthG (nationaler subsidiärer Schutz)	• auf Art. 16a GG, • hilfsweise § 3 AsylVfG (Flüchtling nach der GFK) • hilfsweise § 4 AsylVfG (internationaler subsidiärer Schutz) • hilfsweise § 60 V und VII AufenthG (nationaler subsidiärer Schutz)
FRIST: 2 Wochen	**FRIST: 1 Woche**
+	+ gleichzeitig
Eilrechtsschutz nach § 123 VwGO gegen BAMF auf Rücknahme der Mitteilung nach § 71 V 1 AsylVfG	Antrag gemäß § 80 V VwGO gegen BAMF auf Anordnung der aufschiebenden Wirkung
+ u.U. (vorbeugend oder zusätzlich)	**FRIST: 1 Woche**
Eilrechtsschutz nach § 123 VwGO gegen Ausländerbehörde auf Unterlassung der Abschiebung	

Isolierter Wiederaufgreifsensantrag zu § 60 II - VII AufenthG

Regelfall	Ausnahmefall
keine Ausreiseauffoderung	neue Ausreiseauffoderung und Abschiebungsandrohung erlassen
↓	↓
KLAGE gegen BAMF	**KLAGE** gegen BAMF
auf Feststellung von Abschiebungsverboten nach § 60 II - VII AufenthG	auf Feststellung von Abschiebungsverboten nach § 60 II - VII AufenthG
FRIST: 2 Wochen	**FRIST: 1 Woche**
+	+ gleichzeitig
Eilrechtsschutz nach § 123 VwGO gegen Ausländerbehörde	Antrag gemäß § 80 V VwGO gegen BAMF
auf Unterlassung der Abschiebung	auf Anordnung der aufschiebenden Wirkung
	FRIST: 1 Woche

E Das materielle Flüchtlingsrecht

Ich muss den Nicht-Juristen erst einmal erklären, was diese Überschrift bedeutet. Das „materielle Recht" grenzt im Sprachgebrauch der Juristen das „formelle Recht" ab. Letzteres beinhaltet vor allem das Verfahrensrecht, also die Vorschriften, die festlegen, auf welche Art und Weise ein juristisches Ergebnis erzielt wird, wie man vorzugehen hat. Von materiellem Recht spricht man dann, wenn die inhaltliche Ausgestaltung des Rechts gemeint ist, die Fragestellung also lautet, was das Gesetz in der Sache regelt.

Im Strafrecht beispielsweise erklärt das materielle Recht, welche Handlung mit welcher Strafe bedroht ist: Auf Mord steht z. B. eine lebenslängliche Haftstrafe. Im materiellen Zivilrecht geht es z. B. darum, was Eigentum ist, wie man es erwirbt und wie man es wieder verliert. Im Asylrecht geht es darum, was asylrechtlicher Schutz ist und welche Formen des Schutzes es unter welchen Umständen gibt.

Das zugehörige formelle Recht hingegen handelt von der Art und Weise, wie man dieses Ergebnis erzielt: Die Strafprozessordnung schreibt beispielsweise vor, welche Beweismittel verwertbar sind und welche nicht. In der Zivilprozessordnung ist zum Beispiel festgelegt, wer überhaupt vor welchem Gericht auftreten darf und in welcher Weise der Anspruch vorzubringen ist. Das Asylverfahrensgesetz enthält Bestimmungen, wie bzw. von wem eine Verfolgung überprüft wird und wie man diese Entscheidungen einer gerichtlichen Überprüfung zuführen kann.

Vom Gerichtsverfahren werden wir noch später sprechen. Vorerst und in diesem Kapitel geht es um das materielle Recht, also darum, wie ein Mensch, der verfolgt wird, von den in Deutschland geltenden Gesetzesbestimmungen geschützt wird. Davon handelt dieses Kapitel.

I. Übersicht

Ich habe die Erfahrung gemacht, dass ein Blick zurück enorm hilfreich ist. Käme beispielsweise heute jemand auf mich zu und würde mich fragen, warum er auf der kurzen Strecke von

London nach Moskau über Amsterdam, München, Prag und Warschau viele Sprachen beherrschen und mit mehreren Währungen umgehen muss, während er auf der ungleich längeren Strecke zwischen New York und Los Angeles mit einem Idiom und gleichen grünen Scheinen zurechtkommt, würde die Darstellung der europäischen Vielfalt gerade wegen der Diskrepanz zur amerikanischen Einheit sein Kopfschütteln nur verstärken. Ein historischer Rückblick auf die Besiedelung der USA und das Entstehen der „Vereinigten Staaten von Amerika" würde den Jetzt-Zustand wohl verständlich machen.

Ähnlich wichtig erscheint es mir, bei der Darstellung eines Rechtsgebietes zumindest in Grundzügen die Rechtsentwicklung zu skizzieren. Sonst steht man da und versteht nicht, warum beispielsweise ein und derselbe Sachverhalt unter verschiedenen Aspekten geprüft werden kann und muss, also etwa gefragt wird, ob hierin eine politische Verfolgung liegt oder ob dies eine menschenrechtswidrige Behandlung sei. Der gesunde Menschenverstand würde sich mit der Feststellung begnügen, dass der Mensch schutzwürdig ist und ihm eine Rückkehr in die Heimat unmöglich ist. Da dieses Buch nicht vom gesunden Menschenverstand spricht, sondern von juristischen Wegen zu einer Schutzgewährung in Deutschland, muss ich etwas ausholen.

1. Die Entwicklung des Flüchtlingsrechts

Das Wort „Asyl" stammt aus dem Griechischen und bedeutet so viel wie Zufluchtstätte. Gelegentlich wird es auch noch in diesem Sinne verwandt, wenn Sie etwa an das „Obdachlosenasyl" denken oder an andere Armeneinrichtungen. Das Institut der Schutzgewährung selbst reicht noch weiter zurück als ins alte Griechenland. Das Alte Testament kennt es ebenso, ein Vertrag zwischen dem ägyptischen Pharao Ramses II. und dem Hethiter-König Hatuschil II. regelt es. Freilich handelte es sich bei diesen Instrumenten nicht um ein Asylrecht im heutigen Sinne. Es waren religiöse Gebote, tief verwurzelte Sitten und Gebräuche, teilweise Staatsverträge, aber es gab kein individuelles Asylrecht. Durch eine Schutzgewährung wurden religiöse Gebote erfüllt, überkommene Traditionen geachtet, die eigenen Souveränitätsrechte betont oder staatsrechtliche Ziele verfolgt. Der einzelne Mensch war nur das Objekt völkerrechtlicher Beziehungen, nicht anders als ein Stück Land. Erst mit der Aufklärung und parallel zur Entwicklung der modernen Staaten änderte sich diese Sichtweise. Nachdem die eigenen Staatsbürger nicht mehr als Leibeigene und damit als Sache begriffen wurden, sondern als „Menschen gleich an Rechten geboren ... und von ihrem Schöpfer mit gewissen unveräußerlichen Rechten ausgestattet", wie „das Leben, die Freiheit und das Streben nach Glück" (Unabhängigkeitserklärung der Vereinigten Staaten vom 04.07.1776), und damit zum Souverän, also dem Träger der Staatsgewalt geworden waren, war es nur eine Frage der Zeit, dass dem Individuum nicht nur gegenüber dem eigenen Staat, sondern auch gegenüber einem fremden Staat Rechte eingeräumt wurden. Folgerichtig kam es über die Aufnahme des Asylrechts in die allgemeine Menschenrechtserklärung vom 10.12.1948 zur Genfer Flüchtlingskonvention vom 28.07.1951, zur Einrichtung des Amtes des Hohen Flüchtlingskommissars der Vereinten Nationen und zur Aufnahme des Asylrechtes in einzelne Verfassungen sowie zu einfachgesetzlichen Regelungen in vielen Staaten.

Deutschland hatte mit seinem Art. 16 II GG bis zur Änderung zum 01.07.1993 das Asylgrundrecht nicht nur verfassungsrechtlich als Individualgrundrecht abgesichert, sondern auch schrankenlos ausgestaltet. „Entweder wir gewähren Asylrecht, ein Recht, das, glaube ich, rechtshistorisch betrachtet, uralt ist, oder aber wir schaffen es ab", war die Mehrheitsmeinung der Väter und Mütter des Grundgesetzes nach den Worten des SPD-Abgeordneten Wagner (44. Sitzung der zweiten Lesung im Hauptausschuss des Parlamentarischen Rates am 19.01.1949). Die Aufnahme des Asylgrundrechtes in die deutsche Verfassung war eine bewusste Reaktion des Verfassungsgebers auf die Verfolgungen des „Dritten Reiches". Einige der Abgeordneten der ersten Stunde waren selbst politisch Verfolgte und hatten die Schutz- und Rechtlosigkeit von Flüchtlingen am eigenen Leibe erfahren.

Parallel hierzu hat sich auch in anderen Staaten, wenn auch meist nicht mit Verfassungsrang ausgestattet, das Asylrecht als subjektives Recht auf Asylgewährung etabliert. Auch wenn ein individuelles Asylrecht (wohl aber Teile, wie z. B. das Refoulement-Verbot des Art. 33 GFK) noch nicht Bestandteil des Völkerrechtes oder des Völkergewohnheitsrechtes geworden ist, geht die Entwicklung in diese Richtung – ein unausweichlicher Schritt angesichts des heutigen Staatsverständnisses und der

Tatsache, dass die Flüchtlingsbewegungen nicht ab-, sondern zunehmen. Mit der Entwicklung der Europäischen Wirtschaftsgemeinschaft (EWG) hin zu einer Europäischen Gemeinschaft (EU) einher ging auch die sog. Europäisierung des Flüchtlingsrechts. Schon heute dominieren die europäischen Verordnungen und Richtlinien die Rechtspraxis in den Mitgliedsstaaten. Hierzu später mehr.

2. Entwicklung des Menschenrechtsschutzes

Daneben und sich wechselseitig beeinflussend entwickelten sich die Menschenrechte. Unter dem Eindruck der Menschenrechtsverletzungen während des II. Weltkrieges bekräftigte die Charta der Vereinten Nationen am 26.06.1945 den Glauben ihrer Mitglieder an die Grundrechte des Menschen und setzte sich das Ziel, durch internationale Zusammenarbeit „die Achtung von Menschenrechten und Grundfreiheiten für alle ohne Unterschiede der Rasse, des Geschlechts, der Sprache oder der Religion zu fördern und zu festigen". Am 10.12.1948 beschloss die UN-Generalversammlung die „Allgemeine Erklärung der Menschenrechte", die den Inhalt der Menschenrechtsgarantien aufstellte, ohne selbst völkerrechtlich verbindlich zu sein. Damit war jedoch deklaratorisch klargestellt, dass der Schutz der menschlichen Person Aufgabe und Ziel auch der Völkerrechtsordnung ist. Seitdem sind die Menschenrechte in zahlreichen Beschlüssen der UNO, Konventionen, amtlichen Erklärungen, völkerrechtlichen Verträgen sowie Staatsverfassungen verankert, so dass unstrittig ist, dass zumindest der harte Kern der Rechte und Gewährleistungen der Allgemeinen Erklärung der Menschenrechte als Völkergewohnheitsrecht verbindlich ist.

Einen großen Schritt zur internationalen Garantierung der Menschenrechte stellt der Internationale Pakt über bürgerliche und politische Rechte vom 19.12.1966 dar, den die Bundesrepublik Deutschland am 17.12.1973 ratifiziert hat. Der Pakt garantiert eine Reihe von grundlegenden Menschenrechten und verpflichtet die Vertragsstaaten über die Maßnahmen, die sie zur Verwirklichung der anerkannten Rechte getroffen haben, regelmäßig Berichte vorzulegen. Dieser Pakt ist von mehr als 70 Staaten unterzeichnet, womit ein Großteil der von der Allgemeinen Erklärung formulierten Menschenrechte in völkerrechtliche Vertragspflichten umgegossen wurde. Ebenso wichtig ist der Internationale Pakt über wirtschaftliche, soziale und kulturelle Rechte vom 19. Dezember 1966, von Deutschland am 23. Dezember 1973 ratifiziert, und mittlerweile von 162 Staaten unterzeichnet. Neben den klassischen Menschenrechten wie der Gleichberechtigung (Art. 3) garantiert er ein Recht auf Arbeit (Art. 6.1) und angemessenen Lohn (Art. 7a(b)), das Streikrecht (Art. 8.1), das Recht auf angemessenen Lebensstandard einschließlich Wohnraum (Art. 11.1) und das Recht vor Hunger geschützt zu sein (Art. 11.2).

Am 07.03.1966 wurde das Internationale Übereinkommen zur Beseitigung jeder Form von Rassendiskriminierung geschlossen, das die Bundesrepublik am 16.05.1969 ratifiziert hat. Das Übereinkommen der Vereinten Nationen gegen Folter und andere grausame, unmenschliche oder erniedrigende Behandlung oder Strafe vom 10.12.1984 verpflichtet die Vertragsstaaten, wirksame Maßnahmen zu treffen, um Folterungen und unmenschliche Behandlung zu verhindern. Es wurde von Deutschland am 01.10.1990 ratifiziert.

Zu erwähnen ist noch das UN-Übereinkommen über die Rechte des Kindes vom 20.11.1989 (sog. UN-Kinderrechtskonvention, kurz: UN-KRK), das nach der Rücknahme der Vorbehalte durch die Bundesregierung am 15.07.2010 nunmehr auch in Deutschland uneingeschränkt anwendbar ist. Auch wenn es seitdem nur wenige Gesetzesänderungen gab, hat die Rücknahmeerklärung das Bewusstsein in der Politik, der Verwaltung und der Rechtsprechung gestärkt. Ihr wurde auch bei der Überarbeitung von europäischen Regelungen, Rechnung getragen, wie etwa der Asylverfahrens-Richtlinie (Richtlinie 2013/32/EU vom 29.06.2013) oder auch der sog. Dublin-III-Verordnung (Verordnung (EU) Nr. 604/2013 vom 26.06.2013).

Dies sind nur die wichtigsten der Menschenrechtspakte der Vereinten Nationen. Wichtiger für den Menschenrechtsschutz in Deutschland sind die Regelungen, die auf der Ebene des Europarates getroffen wurden. Die zentrale Norm hierbei ist die Konvention zum Schutz der Menschenrechte und Grundfreiheiten vom 04.11.1950, die EMRK, die von der Bundesrepublik Deutschland am 05.12.1952 ratifiziert wurde und am 03.09.1953 in Kraft trat. Große Bedeutung erlangt die EMRK dadurch, dass sie durch die in Art. 25 gewährleistete Individualbeschwerde zu dem in Straßburg ansässigen Europäischen

Gerichtshof für Menschenrechte ein wirksames Instrument zur Durchsetzung der Individual-Menschenrechte geschaffen hat. Erst hierdurch und durch die auch bei der Auslegung der nationalen Verfassung zu beachtenden Entscheidungen des Straßburger Gerichtshofes wurde ein wirkliches „hartes Recht" geschaffen und dem Gedanken des individuellen, einklagbaren Menschenrechts zumindest auf der Ebene der 47 Vertragsstaaten des Europarates zur Durchsetzung verholfen.

Zur EMRK gibt es zahlreiche Protokolle, die teils nicht von allen Europarats-Staaten unterzeichnet sind, so etwa das Protokoll Nr. 4 mit dem Verbot der Kollektivausweisung, die Protokolle Nr. 6 und 13 zur Abschaffung der Todesstrafe, sowie weitere Übereinkommen. Erwähnt sei auch das Europäische Fürsorgeabkommen von 1953, die Konvention des Europarats zur Bekämpfung des Menschenhandels von 2005, das Übereinkommen des Europarats zur Verhütung und Bekämpfung von Gewalt gegen Frauen und häuslicher Gewalt und die Europäische Sozial-Charta nebst Zusatzprotokoll von 1991 und 1996.

Zwischen der Europäischen Menschenrechtskonvention und dem EU-Recht besteht ein enger Zusammenhang. Nach der Rechtsprechung des EuGH sind die Menschenrechte der Auslegung des Unionsrechts zugrunde zu legen. Im Vertrag von Lissabon ist vereinbart, dass die EU der EMRK als eigenständige Vertragspartei beitreten soll; derzeit laufen Verhandlungen zur erforderlichen Änderung der Konvention.

Die seit dem Lissaboner Vertrag vom 01.12.2009 verbindliche EU-Grundrechtecharta, die die Organe und Einrichtungen der EU und der Mitgliedsstaaten bei der Durchführung des Rechts der Union bindet, sieht in Art. 52 vor, dass die in der Charta enthaltenen Rechte mindestens den selben Schutzumfang bieten wie diejenigen der EMRK. Faktisch sind damit die Rechtsinstitute miteinander verzahnt. Einige der menschenrechtlichen Bestimmungen sind unmittelbar als deutsche Rechte übernommen worden, an anderer Stelle wird auf die EMRK oder andere Konventionen verwiesen, an wieder anderer Stelle finden sich Verweise auf europäische Normen, die ihrerseits die Menschenrechtsregelungen übernommen haben. Auch wenn kein einheitliches geschlossenes Menschenrechts- und Asylsystem innerhalb der verschiedenen Rechtskreise (deutsches Recht, EU-Recht, Völkerrecht) existiert, gibt es ein dichtes Netz ineinander verwobener Regelungen.

3. Gemeinsames europäisches Asylsystem

Das aus nationalem Souveränitätsrecht entstandene Asylrecht blieb auch nach seiner Fortentwicklung zu einem subjektiven Recht zunächst ein nationales. Das Zusammenrücken der Staaten durch die Entwicklung der Wirtschaftskräfte, die erhöhte Mobilität der Menschen durch technischen Fortschritt und die Erweiterung des Horizonts durch Bildung und moderne Kommunikationsmittel und die Globalisierung, führte zu der Erkenntnis der Beschränktheit nationaler Regelungen. Die Entwicklung einer Wirtschaftsunion und ihre Ausdehnung hin zu einer politischen Union ging einher mit der Erkenntnis, dass nach dem Abbau der Zollschranken und zunehmenden Durchlässigkeit der Grenzen nicht nur das Recht der Waren und Güter eine Vereinheitlichung erfordert. Deutschland trieb auch hier die Europäisierung voran, nicht zuletzt deshalb, weil Deutschland als stärkste Wirtschaftsmacht am attraktivsten auch für Asylsuchende war und deshalb eine „Lastenverteilung" einforderte. Schon 1990 wurde die erste Zuständigkeitsvereinbarung, das Dublin-Übereinkommen, das 1997 in Kraft trat, zwischen mehreren Staaten getroffen. Gleiches gilt für das 1995 zunächst vertragsrechtlich geregelte Schengen-System, das die Visa-Politik vereinheitlichte. Beide Systeme regeln den Grenzübertritt und Zugang zu den Vertragsstaaten und sind kontinuierlich weiterentwickelt worden. Der am 01.05.1999 in Kraft getretene Vertrag von Amsterdam regelt dann in Titel IV „Visa, Asyl, Einwanderung und andere Politiken betreffend den freien Warenverkehr". Auf der Sitzung des Europäischen Rates im Oktober 1999 in Tampere wurde schließlich die Einführung eines „gemeinsamen europäischen Asylsystems" beschlossen. Das System, das die Genfer Flüchtlingskonvention vollständig und umfassend anwenden soll, sollte kurzfristig die klare und praktikable Bestimmung des zuständigen Staates ermöglichen und auf längere Sicht „ein gemeinsames Asylverfahren, das in der ganzen Union gilt", einführen. In der Folge wurden zahlreiche Richtlinien und Verordnungen beschlossen, so die „Aufnahme-Richtlinie" (Richtlinie 2003/9/EG vom 27.01.2003), die Dublin-II-Verordnung (Verordnung (EG) Nr. 343/2003 vom 18.02.2003), die Familienzusammenführungs-Richtlinie (Richtlinie 2003/86/EG vom 22.09.2002), die Daueraufenthalts-Richtlinie (Richtlinie 2003/109/EG vom 25.11.2003), die sog. Qualifikations-Richtlinie (Richtlinie 2004/83/EG vom 29.04.2004) und die Asylverfahrens-Richtlinie (Richtlinie 2005/85/EG vom 01.12.2005). Schritt für Schritt wurde so ein europäisches System etabliert, das in weiten Teilen von den deutschen Vorstellungen geprägt war, inklusive der Einführung von Schnellverfahren, der sicheren Herkunftsstaaten und des Systems der sicheren Drittstaaten.

Der Plan der Staats- und Regierungschefs auf dem Gipfeltreffen in Tampere 1999, bis 2012 in der gesamten Europäischen Union ein Gemeinsames Europäisches Asylsystem (GEAS) einzurichten, wurde mit Verspätung 2013 umgesetzt. Die überarbeiteten fünf Richtlinien und zwei Verordnungen (zur Dublin-III-Verordnung tritt noch die Eurodac-Verordnung, Verordnung (EU) Nr. 603/2013 vom 26.06.2013) werden ergänzt durch zwei Institutionen: Das „Europäische Asylunterstützungsbüro" (EASO) wurde 2010 durch die Verordnung (EU) Nr. 439/2010 geschaffen und 2011 in Valetta (Malta) installiert. Es soll Trainingsmaßnahmen für Behörden der Mitgliedsstaaten durchführen, gemeinsame Berichte über die Lage in den Herkunftsländern erstellen und Zusammenarbeit koordinieren. Das zweite Instrument ist FRONTEX, die Grenzschutzagentur der Europäischen Union, die in Warschau residiert. Seit 2011 ist ihre Arbeit durch eine Verordnung geregelt (Verordnung Nr. 1168/2011 vom 25.10.2011). Der Aufgabenbereich von FRONTEX ist die Koordination von gemeinsamen „Grenzschutz"-Operationen der Mitgliedsstaaten, die Aufspürung der „Migrationsströme" und die Entwicklung eines „Frühwarnsystems". Ein wichtiger Teil ihres Aufgabenfeldes ist die technische und personelle Unterstützung der Mitgliedsstaaten bei Grenzschutzoperationen inklusive Abschiebungsoperationen. Die heftige Kritik der Öffentlichkeit an den Menschenrechtsverletzungen auf offener See gegenüber Flüchtlingen, die FRONTEX jedenfalls nicht verhindert hat – sofern sie nicht selbst welche mit zu verantworten hat –, führte dazu, dass ein Kodex für Beamte sowie Mechanismen und Regeln ausgearbeitet wurde. Eine Menschenrechtsbeauftragte wurde ebenso installiert wie ein Forum für die Konsultationen mit Expertenorganisationen in Menschenrechtsfragen.

4. Aktuelles Schutzsystem im deutschen Recht

Das deutsche Schutzsystem für Flüchtlinge besteht aus vier Elementen.

4.1. Das Asylgrundrecht aus Art. 16a GG

Nach wie vor genießen politisch Verfolgte Asylrecht – wenn denn die eingeschränkten Voraussetzungen vorliegen. In diesem Fall werden die Antragsteller als Asylberechtigte anerkannt. Sie sind zugleich Flüchtling im Sinne der Genfer Flüchtlingskonvention.

4.2. Das europäische System

Das europäische System verwendet in Art. 1 Qualifikations-Richtlinie den Begriff des „internationalen Schutzes", der nach Art. 2a in die „Flüchtlingseigenschaft" und den „subsidiären Schutzstatus" untergliedert ist. Es ist durch §§ 3 und 4 AsylVfG ins deutsche Recht umgesetzt.

4.3. Die deutschen Abschiebungsverbote

Daneben gibt es noch als dritten Baustein des deutschen Schutzsystems, die sog. „nationalen Abschiebungsverbote".

Die nachstehende Tabelle soll den Überblick erleichtern, bevor die einzelnen Regelungen dargestellt werden.

	Rechtsgrund	Aufenthaltstitel	Rechtsgrundlage
Asylberechtigte	Art. 16a GG	Aufenthaltserlaubnis für 3 Jahre	§ 25 I AufenthG
zuständig: BAMF		nach 3 Jahren ggfls. Niederlassungserlaubnis	§ 26 III AufenthG
Konventionsflüchtlinge	§ 60 I AufenthG §§ 3 bis 3e AsylVfG	Aufenthaltserlaubnis für 3 Jahre	§ 25 II AufenthG
zuständig: BAMF		nach 3 Jahren ggfls. Niederlassungserlaubnis	§ 26 III AufenthG
subsidiär Schutzberechtigte (internationaler Schutz) zielstaatsbezogen	§ 60 II AufenthG § 4 AsylVfG	Aufenthaltserlaubnis für 1 Jahr, bei Verlängerung für weitere 2 Jahre	§ 25 II AufenthG § 26 I AufenthG
zuständig: BAMF			

	Rechtsgrund	Aufenthaltstitel	Rechtsgrundlage
Abschiebungsschutzberechtigte (nationaler Schutz) zielstaatsbezogen zuständig: BAMF, wenn Asylantrag; sonst Ausländeramt mit Beteiligung BAMF gemäß § 72 II AufenthG	§ 60 V AufenthG, § 60 VII 1 AufenthG, § 60 VII 1 AufenthG analog	Aufenthaltserlaubnis für 1 Jahr	§ 25 III AufenthG § 26 I AufenthG
sonstiges Abschiebungsverbot (insbesondere inländisches) zuständig: Ausländeramt	Grundrechte z. B. Art. 6 GG, Art. 8 EMRK, Verhältnismäßigkeitsgrundsatz	Aufenthaltserlaubnis (max. 6 Monate, bis 18 Monate erreicht)	§ 25 V AufenthG
de-facto-Flüchtlinge zuständig: Ausländeramt	Abschiebung derzeit unmöglich	i. d. R. Duldung u. U. Aufenthaltserlaubnis (max. 6 Monate, bis 18 Monate erreicht)	§ 60a AufenthG u. U. § 25 IV oder V AufenthG
vorübergehender Aufenthalt zuständig: Ausländeramt	§ 25 IV AufenthG	Aufenthaltserlaubnis (max. 6 Monate, bis 18 Monate erreicht)	§ 25 IV AufenthG
Opfer bei einer Straftat zuständig: Ausländeramt	§ 24 IVa AufenthG	Aufenthaltserlaubnis für 6 Monate, u. U. länger	§ 25 IVa AufenthG
Opfer einer Straftat nach SchwarzArbG zuständig: Ausländeramt	§ 24 IVb AufenthG	Aufenthaltserlaubnis für 6 Monate, u. U. länger	§ 25 IVb AufenthG
gut integrierte Jugendliche und Eltern zuständig: Ausländeramt	§ 25a AufenthG	Aufenthaltserlaubnis i. d. R. für 1 Jahr	§ 25a AufenthG
vorübergehender Schutz zuständig: Ausländeramt	§ 24 AufenthG	Aufenthaltserlaubnis	Art. 4 und 6 der Richtlinie 1/55/EG (Massenzustroms-Richtlinie)

	Rechtsgrund	Aufenthaltstitel	Rechtsgrundlage
Aufenthaltsgewährung durch Landesbehörden oder das BMI für Erteilung zuständig: Ausländeramt	§ 23 AufenthG	i. d. R. Aufenthaltserlaubnis u. U. Niederlassungserlaubnis	§ 23 AufenthG
Altfallregelung zuständig: Ausländeramt	§ 104a AufenthG § 104b AufenthG	Aufenthaltserlaubnis (wenn Lebensunterhalt gesichert) bis 31.12.09, sonst: Aufenthaltserlaubnis § 104a I 1 AufenthG	§ 104a AufenthG, § 23 AufenthG
Übernahme aus dem Ausland zuständig: Botschaft/ Konsulat	§ 22 AufenthG	Visum, dann Aufenthalts- oder Niederlassungserlaubnis	§ 22 AufenthG

II. Der asylrechtliche Schutz

1. Rechtsgrundlagen und Entwicklung

Das Asylrecht ist – ungeachtet seiner archaischen Wurzeln – als Recht jung. Das letzte Jahrhundert brachte, nicht verwunderlich nach den Erfahrungen der Weltkriege, ein individuelles Schutzrecht hervor und zwar neben dem Refoulement-Verbot in dem Abkommen über die Rechtsstellung der Flüchtlinge (Genfer Flüchtlingskonvention, GFK) das Asylrecht in Artikel 16 II 2 des deutschen Grundgesetzes.

Die knappe und eindeutige Formulierung von Art. 16 II 2 GG a. F. „Politisch Verfolgte genießen Asylrecht." sollte den Erfahrungen rassischer und politischer Verfolgung durch das nationalsozialistische Deutschland Rechnung tragen. Deshalb wurde das Asylrecht bewusst als subjektives und keinen Einschränkungen unterliegendes Individualgrundrecht ausgestaltet. Der zunehmende Einwanderungsdruck auf die Bundesrepublik, ausgelöst durch den Nord-Süd-Konflikt, eine fehlende Migrationspolitik und den Zusammenbruch des Ostblocks führte zu fortlaufend steigenden Asylbewerberzahlen und schließlich zur Änderung des Grundgesetzes und des Asylverfahrensgesetzes durch den sog. Asylkompromiss des Jahres 1992. Aus dem bisherigen Art. 16 II GG wurde der neue Art. 16 a GG, dessen Absatz I mit dem bisherigen Art. 16 II 2 GG wörtlich übereinstimmt, dessen Absatz II jedoch Personen aus sog. „sicheren Drittstaaten" vom Asylrecht ausschließt. Absatz III regelt das Verfahren für Personen, die aus einem sog. verfolgungsfreien Herkunftsland kommen, während Absatz IV den Sofortvollzug aufenthaltsbeendender Maßnahmen in den Fällen des Absatzes III und in anderen offensichtlich-unbegründet-Fällen regelt. Absatz V von Art. 16 a GG enthält eine völkerrechtliche Öffnungsklausel.

Von der ursprünglichen „Generosität" (der Abgeordnete Dr. Carlo Schmid, SPD, stellte in der 18. Sitzung des Hauptausschusses des Parlamentarischen Rates am 04.12.1948 hinsichtlich des ursprünglichen Asylrechtes fest: „Die Asylrechtsgewährung ist immer eine Frage der Generosität, und wenn man generös sein will, muss man riskieren, sich gegebenenfalls in der Person geirrt zu haben") ist nicht mehr als eine „fast leere Hülse" übrig geblieben.

In der aktuellen Entscheidungspraxis hat das Asylgrundrecht des Art. 16a GG geringe praktische Relevanz, da nur noch diejenigen, die auf dem Luft- oder Seeweg von außerhalb der EU direkt einreisen, dieses Grundrecht in Anspruch nehmen können. Die amtliche Statistik täuscht darüber hinweg, weil auch die Fälle des Familienasyls gemäß § 26 AsylVfG statistisch als Asylanerkennungen erfasst sind, obwohl es sich hierbei um einen einfachgesetzlichen Schutz handelt.

In der Praxis hat aufgrund der Europäisierung des Asylrechts der Flüchtlingsschutz nach der Genfer Flüchtlingskonvention größere Bedeutung. Die Regelung ist weiter, weil die Einreise über einen sicheren Drittstaat ebenso wenig wie die Berufung auf subjektive Nachfluchtgründe zu einem Ausschluss führen. Hinzu kommt, dass, anders als beim Asylgrundrecht, die Verfolgung nicht nur vom Staat oder einem staatsähnlichen Gewaltenträger ausgehen muss.

Das Zuwanderungsgesetz hat auch die Rechtsfolgen zwischen Asylrecht (Art. 16a GG) und dem Flüchtlingsschutz nach § 3 AsylVfG vereinheitlicht – die Bejahung eines Schutzanspruches führt bei beiden zu einem Anspruch auf eine befristete Aufenthaltserlaubnis von längstens drei Jahren (§ 25 I und II AufenthG, § 26 AufenthG). Die frühere Bevorzugung des

Asylberechtigten, der damals eine unbefristete Aufenthaltserlaubnis erhielt, ist ersatzlos weggefallen. Das Ergebnis dieser Gleichstellung ist, dass es sich nicht mehr lohnt, um die Zubilligung der Asylberechtigung zu kämpfen; die Zuerkennung des Flüchtlingsstatus kommt dem im Ergebnis gleich; nur die Rechtsgrundlagen sind unterschiedlich. Auch in den sonstigen Rechtsfolgen, etwa dem Sozialrecht, gibt es keine relevanten Unterschiede mehr.

2. Art. 16a GG – Asylgrundrecht

Art. 16a I GG formuliert nach wie vor: „Politisch Verfolgte genießen Asylrecht" und stellt damit klar, dass das Asylgrundrecht – wenn auch mit den Einschränkungen der nachstehenden Absätze – als subjektives öffentliches Recht auf Aufnahme und Schutz ausgestaltet ist. Hierunter versteht man ein Recht, das dem Einzelnen zusteht (also nicht nur der Allgemeinheit) und von diesem auch eingeklagt werden kann.

2.1. Begriff der politischen Verfolgung

Dem Asylgrundrecht liegt dabei die „von der Achtung der Unverletzlichkeit der Menschenwürde bestimmte Überzeugung zugrunde, dass kein Staat das Recht hat, Leib, Leben oder die persönliche Freiheit des Einzelnen aus Gründen zu gefährden oder zu verletzen, die allein in seiner politischen Überzeugung, seiner religiösen Grundentscheidung oder in für ihn unverfügbaren Merkmalen liegen, die sein Anderssein prägen (asylerhebliche Merkmale); von dieser Rechtsüberzeugung ist das grundgesetzliche Asylrecht maßgeblich bestimmt". Dementsprechend sind „Voraussetzungen und Umfang des politischen Asyls ... wesentlich bestimmt von der Unverletzlichkeit der Menschenwürde, die als oberstes Verfassungsprinzip nach der geschichtlichen Entwicklung des Asylrechtes die Verankerung eines weitreichenden Asylanspruches im GG entscheidend beeinflusst hat", so die Formulierungen des Bundesverfassungsgerichtes, z. B. vom 10.07.1989, BVerfGE 80, 315 ff, BVerfGE 76, 143 ff. Dieser menschenrechtliche Ansatz ist entscheidend für die Auslegung des Begriffes der „politischen Verfolgung".

Das Adjektiv „politisch" bezeichnet dabei „nicht einen abgegrenzten Gegenstandsbereich von Politik, sondern eher eine

Eigenschaft, ... die alle Sachbereiche unter bestimmten Umständen jederzeit annehmen können". Damit wird das vom Machtträger angewandte Mittel zum entscheidenden Kriterium der Bestimmung des Politischen oder, wie es das Bundesverfassungsgericht formuliert: Politische Verfolgung ist eine „dem Einzelnen in Anknüpfung an asylerhebliche Merkmale gezielt" zugefügte „Rechtsgutverletzung, die ihn ihrer Intensität nach aus der übergreifenden Friedensordnung der staatlichen Einheit" ausgrenzt (vgl. BVerfG vom 01.07.1987, BVerfGE 76, 143, und vom 10.07.1989 a. a. O.).

Diese so beschriebene Verfolgung muss an die Zugehörigkeit zu einer Rasse, Religion, Staatsangehörigkeit oder eine bestimmte soziale Gruppe oder an eine politische Überzeugung anknüpfen. Grenzfälle sind eine Verfolgung wegen der geschlechtlichen Orientierung oder der Geschlechtszugehörigkeit, wegen Wehrdienstverweigerung und Desertion. Eine asylerhebliche Verfolgung soll nach der Rechtsprechung in diesen Fällen nur dann vorliegen, wenn die Aktionen den Betreffenden nicht nur als ordnungs-, sittenrechtliche oder wehrpolitisch begründete Maßnahme treffen, sondern ihn gerade wegen seiner Andersartigkeit härter treffen sollen.

2.2. Politische Verfolgung ist staatliche Verfolgung

Der nächste Grundsatz lautet: Die Verfolgung muss prinzipiell vom Staat ausgehen. „Politische Verfolgung ist ... grundsätzlich staatliche Verfolgung". Die Rechtsprechung hat dem Staat „solche staatsähnlichen Organisationen gleich[ge]stellt, die den jeweiligen Staat verdrängt haben oder denen dieser das Feld überlassen hat und die ihn daher insoweit ersetzen". Verfolgungsmaßnahmen Dritter kommen nur ausnahmsweise als politische Verfolgung im Sinne des Asylrechtes in Betracht. Dies ist dann der Fall, wenn sie „dem jeweiligen Staat zuzurechnen sind ... Hierfür kommt es darauf an, ob der Staat den Betroffenen mit den ihm an sich zur Verfügung stehenden Mitteln Schutz gewährt ... Es begründet die Zurechnung, wenn der Staat zur Schutzgewährung entweder nicht bereit ist oder wenn er sich nicht in der Lage sieht, die ihm an sich verfügbaren Mittel im konkreten Fall gegenüber Verfolgungsmaßnahmen bestimmter Dritter ... einzusetzen" (Formulierungen des Bundesverfassungsgerichts, Urteil vom 10.07.1989 a. a. O.). Die asylrechtliche Verantwortlichkeit des Staates endet jedoch, wenn die Schutzgewährung die Kräfte des Staates übersteigt.

Asylrechtlicher Schutz setzt also entweder eine Verfolgung durch den Staat oder durch mit staatsähnlicher Macht ausgestattete Gruppierungen (= quasi-staatliche Verfolgung) oder die Zurechenbarkeit einer individuellen Verfolgungsmaßnahme durch Verweigerung staatlichen Schutzes trotz prinzipieller Schutzfähigkeit voraus.

2.2.1. Existiert eine staatliche Ordnung nicht mehr, gibt es auch keine politische Verfolgung. „Die Macht zu schützen, schließt indes die Macht zu verfolgen mit ein". Denn wenn die „Voraussetzung für eine vom Staat ausgehende oder ihm zurechenbare Verfolgung die effektive Gebietsgewalt des Staates im Sinne wirksamer hoheitlicher Überlegenheit (ist), so fehlt es an der Möglichkeit politischer Verfolgung, solange der Staat bei offenem Bürgerkrieg im umkämpften Gebiet faktisch nur mehr die Rolle einer militärisch kämpfenden Bürgerkriegspartei einnimmt, als übergreifende effektive Ordnungsmacht aber nicht mehr besteht" (BVerfG vom 10.07.1989 a. a. O.).

Aus diesen Grundsätzen leitet die Praxis die Verweigerung asylrechtlichen Schutzes bei Auflösung einer zentralen Staatsmacht ab.

2.2.2. Eine wesentliche Einschränkung dieser Grundsätze hat das Bundesverfassungsgericht gemacht: „Anderes gilt freilich dann, wenn die staatlichen Kräfte den Kampf in einer Weise führen, die auf die physische Vernichtung von auf der Gegenseite stehenden oder ihr zugerechneten und nach asylerheblichen Merkmalen bestimmten Personen gerichtet ist, obwohl diese keinen Widerstand mehr leisten wollen oder können oder an dem militärischen Geschehen nicht oder nicht mehr beteiligt sind, vollends, wenn die Handlungen der staatlichen Kräfte in die gezielte physische Vernichtung oder Zerstörung der ethnischen, kulturellen oder religiösen Identität des gesamten aufständischen Bevölkerungsteils umschlagen". Dies bedeutet, dass auch dann, wenn der Staat seine Ordnungsgewalt verloren hat und wie eine Bürgerkriegspartei agiert, gleichwohl eine politische Verfolgung stattfinden kann, unter der Voraussetzung, dass die Organe des Rest-Staates in der oben beschriebenen Weise agieren. Die herrschende Meinung interpretiert diese Ausnahmen restriktiv. Asylrechtlichen Schutz gibt es nach dieser Praxis nur dann, wenn die staatlichen Truppen auf die Vernichtung des Gegners ausgehen, welcher „nach asylerheblichen Merkmalen bestimmt" sein muss (also z. B. eine Volksgruppe, eine religiöse Gruppe oder ähnliches) und diese keinen Widerstand mehr leisten will oder kann oder am militärischen Geschehen nicht oder nicht mehr beteiligt ist oder die Handlungen eine gezielte physische Vernichtung oder Zerstörung der Identität darstellen. Derartige Situationen gab es, sie sind aber selten.

Häufiger hingegen fehlt es an der weiteren Voraussetzung, die das Bundesverfassungsgericht in seiner Grundsatzentscheidung vom 10.07.1989 formuliert hat: „Daher sind in diesem Gebiet etwa Maßnahmen des zur Bürgerkriegspartei gewordenen Staates dann keine politische Verfolgung im asylrechtlichen Sinne, wenn und soweit sie typisch militärisches Gepräge aufweisen und der Rückeroberung eines Gebietes dienen, das zwar de jure (noch) zum eigenen Staatsgebiet gehört, über das der Staat jedoch de facto die Gebietsgewalt an die so bekämpften anderen Kräfte verloren hat. In einer derartigen Lage erscheint die Bekämpfung des Bürgerkriegsgegners durch staatliche Kräfte im Allgemeinen nicht als politische Verfolgung." Das Bundesverfassungsgericht hält also Aktionen „des zur Bürgerkriegspartei gewordenen Staates" nur dann für asylirrelevant, „wenn und soweit sie typisch militärisches Gepräge aufweisen" und daneben noch „der Rückeroberung eines Gebietes dienen". Andere Verfolgungsmaßnahmen von Gewicht können dagegen durchaus auch in einer Bürgerkriegssituation eine politische Verfolgung sein. Deutlich sagt dies das Bundesverfassungsgericht, wenn es zusammenfasst, dass eine politische Verfolgung im Bürgerkrieg auch dann gegeben ist, „wenn die Aktionen der staatlichen Sicherheitskräfte ... über Maßnahmen zur Bekämpfung des Bürgerkriegsgegners im Interesse der Wiederherstellung der staatlichen Friedensordnung hinausgehen". Praktisch bedeutet dies, dass auch in einer Bürgerkriegssituation die rest-staatlichen Organe eine individuelle Verfolgung begehen können, etwa, indem sie einen politischen Gegner einsperren, der nicht zu den Bürgerkriegsgegnern zählt oder jemanden aus individuellen religiösen oder rassischen Gründen verfolgen. Eine geschlechtsspezifische Verfolgung, die Tötung ehemaliger kommunistischer Funktionäre etwa in Afghanistan, weist weder „typisches militärisches Gepräge" auf noch dient dies „der Rückeroberung eines Gebietes" und erfüllt daher nicht die Ausschlusskriterien, die das Bundesverfassungsgericht aufgestellt hat. Das BAMF und die Rechtsprechung allerdings ignorieren diese Feinheiten. Sie stellen die simple Gleichung auf, dass dort, wo Bürgerkrieg sei, eine politische Verfolgung nicht existiere. Dies ist so aber nicht richtig.

2.3. Asylrelevanz der Eingriffe

Nicht jeder so beschriebene Übergriff erfüllt schon das Kriterium der politischen Verfolgung. Erforderlich ist vielmehr, dass dem Einzelnen in Anknüpfung an asylerhebliche Merkmale gezielt Rechtsgutverletzungen zugefügt werden, die ihn ihrer Intensität nach aus der übergreifenden Friedensordnung der staatlichen Einheit ausgrenzen. An der Zielgerichtetheit der Maßnahme fehlt es beispielsweise dann, wenn jemand aufgrund der allgemeinen Zustände schicksalhaft Nachteile zu erleiden hat, wie etwa Hunger oder Naturkatastrophen. Die spezifische Zielrichtung ist anhand des inhaltlichen Charakters der Verfolgung nach deren erkennbarem Ziel und nicht nach den subjektiven Absichten des Verfolgers zu ermitteln.

2.3.1. Ist eine Verfolgungshandlung danach objektiv geeignet, das Individuum in unverfügbaren Merkmalen, insbesondere in den Schutzgütern Leib, Leben, persönliche Freiheit, Glaubensfreiheit, Gewissensfreiheit oder anderen, jedem Menschen von Geburt an anhaftenden Merkmalen in dem Sinn zu treffen, dass seine Andersartigkeit als minderwertig, lebensunwert, schädlich oder gefährlich eingestuft wird, liegt ein asylrelevanter Eingriff vor. Auf die Sicht des verantwortlichen Staates kommt es nicht an.

2.3.2. Die asylerhebliche Verfolgungshandlung muss von einer Intensität sein, die sich nicht nur als bloße Beeinträchtigung, sondern als ausgrenzende Verfolgung darstellt. Der Grundgedanke des Asylrechtes besteht darin, dass demjenigen Aufnahme und Schutz gewährt werden soll, der sich in einer ausweglosen Lage befindet. Wann diese Eingriffsschwelle überschritten ist, lässt sich nicht abstrakt feststellen. Einerseits reichen bloße Diskriminierungen, Schikanen und Belästigungen nicht aus, auch wenn sie gehäuft auftreten, andererseits kann auch eine permanente psychische Drucksituation, eine Zwangsumerziehung, Zwangsarbeit oder Zwangsverheiratung oder auch eine Strafverfolgung, die dem Einzelnen wegen eines asylerheblichen Persönlichkeitsmerkmals gezielt zugefügt wird, eine ausgrenzende Verfolgungsmaßnahme sein. Entscheidend ist letztlich, ob sich der Flüchtling „in einer für ihn ausweglosen Lage befindet" (BVerfG vom 26.11.1986, BVerfGE 74, 51 ff.).

2.4. Kausalität zwischen Verfolgung und Flucht

Ein weiteres Kriterium: Das Asylrecht setzt grundsätzlich einen kausalen Zusammenhang zwischen Verfolgung und Flucht voraus. Es werde dem vor einer bereits erlittenen oder ihm drohenden Verfolgung Flüchtenden gewährt, „um ihm angesichts einer für ihn höchst prekären oder ausweglosen Lage Schutz zu bieten". Das grundrechtliche Asylrecht ist „nach seinem Ansatz darauf gerichtet, dem vor politischer Verfolgung Flüchtenden Zuflucht und Schutz zu gewähren" (Formulierung des Bundesverfassungsgerichts, Urteil vom 26.11.1986 a. a. O.). Wer sein Heimatland ohne akuten Verfolgungsdruck verlassen hat, kann grundsätzlich nicht als Asylberechtigter anerkannt werden, auch wenn er im Falle der Rückkehr verfolgt wird. An der Kausalität fehlt es auch dann, wenn inzwischen eine andere Regierung an der Macht ist, selbst wenn den vormals politisch Verfolgten auch die neuen Herren verfolgen werden. Denn jetzt droht dem ehemals politisch Verfolgten eine andersgeartete, neue politische Verfolgung. Auch dann, wenn er heute in einen Zustand der Anarchie zurückkehren müsste, wird ihm das Asylrecht verwehrt.

Nicht gelten soll dies allerdings dann, wenn die Änderung des politischen Regimes im Heimatland als „objektiver Nachfluchttatbestand" anzusehen ist, also „die Verfolgungssituation ohne eigenes (neues) Zutun des Betroffenen entstanden ist. In diesem Falle erschiene es unzumutbar, den Flüchtling zunächst in das Verfolgerland zurückzuschicken und ihm das Risiko aufzubürden, ob er der ihm widerfahrenden Verfolgung entfliehen und so die bislang nicht gegebene Flucht nachholen und damit die Asylanerkennung erreichen kann.

Bei subjektiven Nachfluchtgründen, das sind solche, „die der Asylbewerber nach Verlassen des Heimatstaates aus eigenem Entschluss geschaffen hat (sog. selbst geschaffene Nachfluchttatbestände)" kommt eine Asylanerkennung nur ausnahmsweise in Frage, nämlich dann, wenn sich diese Aktivitäten „als Fortführung einer entsprechenden, schon während des Aufenthalts im Heimatstaat vorhandenen und erkennbar betätigten festen politischen Überzeugung darstellen".

2.5. Individuelle Verfolgungsbetroffenheit

Politische Verfolgung setzt eine individuelle Verfolgungsbetroffenheit des Zuflucht Suchenden voraus. Der Flüchtling muss für seine Person politische Verfolgung befürchten.

2.5.1. Die Verfolgung kann sich aber auch gegen eine Gruppe von Menschen richten, die durch gemeinsame Merkmale wie Rasse oder Religion verbunden ist. In diesen Fällen einer Gruppenverfolgung ist in der Regel davon auszugehen, dass die Verfolgung auf jeden Angehörigen der Gruppe zielt. Die Annahme einer Gruppenverfolgung setzt eine Verfolgungsdichte voraus, die in quantitativer Hinsicht die Gefahr einer so großen Vielzahl von Eingriffshandlungen aufweist, dass ohne weiteres von einer aktuellen Gefahr jedes einzelnen Gruppenmitglieds gesprochen werden kann.

2.5.2. Die unmittelbare Betroffenheit des Einzelnen durch gerade auf ihn zielende individuelle Verfolgungsmaßnahmen und die Gruppengerichtetheit einer Verfolgung sind jedoch nur Eckpunkte eines durch fließende Übergänge gekennzeichneten Erscheinungsbildes politischer Verfolgung. Die gegenwärtige Gefahr der politischen Verfolgung für einen Gruppenangehörigen kann aus dem Schicksal anderer Gruppenmitglieder auch dann hergeleitet werden, wenn Referenzfälle es noch nicht rechtfertigen, vom Typus einer Gruppen gerichteten Verfolgung auszugehen, jedoch ein vergleichbares Verfolgungsgeschehen sich in der Vergangenheit schon häufiger ereignet hat und die Gruppenangehörigen als Minderheit in einem Klima allgemeiner moralischer, religiöser oder gesellschaftlicher Verachtung leben müssen, welches Verfolgungshandlungen wenn nicht gar in den Augen der Verfolger rechtfertigt, so doch tatsächlich begünstigt oder sie ganz allgemein Unterdrückungen und Nachstellungen ausgesetzt sind, auch wenn diese noch nicht von einer Schwere sind, die die Annahme einer politischen Gruppenverfolgung begründet (sog. anlassgeprägte Einzelverfolgungen).

Beides sind theoretisch überzeugende Konstrukte, die aufgrund der einschränkenden Interpretation durch die Rechtsprechung nur geringe Praxisrelevanz besitzen.

2.5.3. Auch die familiäre Verbundenheit ist oftmals Anlass für eine politische Verfolgung. Das Bundesverwaltungsgericht stellte daher den Grundsatz auf, dass eine Regelvermutung für eine politische Verfolgung für Ehefrauen von politisch Verfolgten bestehe. Wenn Fälle festgestellt worden sind, in denen der Verfolgerstaat Repressalien gegenüber Ehefrauen im Zusammenhang mit der politischen Verfolgung ihrer Ehegatten ergriffen hat, wird danach „eine aus dem Schutzgedanken des Art. 16 II 2 GG folgende Vermutung dafür wirksam, dass auch derjenigen Ehefrau eines politisch Verfolgten, über deren Asylanspruch im konkreten Fall zu entscheiden ist, das gleiche Schicksal mit beachtlicher Wahrscheinlichkeit droht. Es braucht daher nicht regelmäßig weiter geprüft zu werden, ob die festgestellten Fälle Ausdruck einer allgemeinen Praxis des Verfolgerstaates sind oder ob die ihnen zugrunde liegenden Umstände konkrete Rückschlüsse gerade auch auf eine eigene Verfolgungsgefahr desjenigen gestatten, der sich auf sie als Vergleichsfälle beruft" (BVerwG vom 02.07.1985, EZAR 204 Nr. 2). Später wurde diese Regelvermutung auch auf minderjährige Kinder von Asylberechtigten ausgedehnt.

Von dieser Konstruktion zu unterscheiden ist die Sippenhaft. Hierunter ist die Verfolgung von Familienangehörigen wegen des eigentlich Gesuchten zu verstehen. Für sie gibt es keine besonderen Regeln. Vielmehr ist im Einzelfall festzustellen, ob aus der Zugehörigkeit zu der betreffenden Familie oder Sippe eine eigene, individuelle Verfolgungsgefahr droht.

Sippenhaft und Regelvermutung sind verschiedene Rechtskonstrukte (betreffend die Verfolgung von Ehegatten und minderjährigen Kindern), die jedoch in der Praxis auch von Richtern verwechselt werden.

Mit § 26 AsylVfG, dem sog. Familienasyl, ist nunmehr durch einfaches Gesetz angeordnet, dass unter den dort normierten Voraussetzungen Ehegatten und Kinder, Eltern und Geschwister als Asylberechtigte anerkannt werden (siehe Kapitel E II 3). Die Überprüfung der eigenen Verfolgungsgefahr der hierdurch Begünstigten entfällt damit regelmäßig. Sofern nicht das vorrangige Familienasyl eingreift, können die vom Bundesverwaltungsgericht aufgestellten Grundsätze einer Regelvermutung der politischen Verfolgung naher Angehöriger – übrigens auch in Bezug auf § 3 AsylVfG – weiter angewandt werden, weil es sich hierbei um Beweislastregeln handelt.

2.6. Verfolgungsprognose

Asylrechtlichen Schutz erhält nur, wem im Falle einer Rückkehr Gefahr droht. Es ist also eine Verfolgungsprognose zu stellen. Diese hat die Wahrscheinlichkeit einer künftigen Verfolgung bei der hypothetisch zu unterstellenden Rückkehr des Asylsuchenden in seinen Heimatstaat zum Gegenstand und verlangt wegen der Vielzahl der Ungewissheiten eine sachgerechte, der jeweiligen Materie angemessene und methodisch einwandfreie Erarbeitung der tatsächlichen Grundlagen; die Tatsachenermittlungen müssen einen hinreichenden Grad an Verlässlichkeit aufweisen und dem Umfang nach ausreichend sein. Dies setzt eine vollständige Ausschöpfung aller verfügbaren Erkenntnisquellen voraus und eine Darlegung in nachprüfbarer Weise, aufgrund welcher Vorgänge aus Vergangenheit und Gegenwart auf künftige tatsächliche Verhältnisse geschlossen wird, weil nur eine solche Offenlegung den Verfahrensbeteiligten und Gerichten die Möglichkeit eröffnet, das Ergebnis der in der Prognose zum Ausdruck kommenden Beweiswürdigung einer Prüfung zu unterziehen. Nur eine in diesem Sinne nachprüfbare und nachvollziehbare Beweiswürdigung wird dem rechtsstaatlichen Gebot willkürfreier, rationaler und plausibler behördlicher und richterlicher Entscheidungsfindung gerecht.

Der Asylsuchende unterliegt einer Darlegungslast, nicht aber einer Beweislast, da er sich in einem sachtypischen Beweisnotstand im Hinblick auf Ereignisse im Ausland und auf innere Tatsachen, z. B. den Grund der Verfolgung, befindet. Der Asylsuchende genügt dieser Darlegungslast, wenn er einen schlüssigen, genauen und vollständigen Sachvortrag erbringt, der in Bezug zu den allgemeinen politischen Verhältnissen nach den Erfahrungen des Lebens den Schluss auf die Wahrheit der beschriebenen Tatsachen rechtfertigt. Es kommt also darauf an, ob der Asylsuchende bei zusammenfassender Bewertung des zur Prüfung gestellten Lebenssachverhaltes und bei verständiger Würdigung aller Umstände seines Falles eine nicht nur subjektiv begründete, sondern an ausreichende objektive Anhaltspunkte geknüpfte ernsthafte Furcht vor politischer Verfolgung hegt, so dass ihm nicht zuzumuten ist, in seinem Heimatstaat zu bleiben oder dorthin zurückzukehren.

Das Gericht muss sich von dem individuellen Tatsachenvortrag und der objektiv drohenden Gefahr der politischen Verfolgung die volle Überzeugungsgewissheit bilden. Dabei ist keine jegliche Zweifel ausschließende Gewissheit erforderlich, vielmehr müssen bei der Gewichtung und Abwägung aller festgestellten Umstände und ihrer Bedeutung die für die Verfolgung sprechenden Umstände ein größeres Gewicht haben und überwiegen. Es darf sich also nicht nur um eine rein abstrakte, theoretische, hypothetisch mögliche Gefahr handeln, vielmehr wird verlangt, dass der Entscheider bzw. der Richter davon überzeugt ist, dass eine konkrete, reale Gefahr für den Betroffenen existiert.

Ob eine solche Gefahr existiert, muss ermittelt werden und zwar anhand der Angaben des Betroffenen und allgemeiner Erkenntnisse. Dabei dürfen sich BAMF und Gericht nicht damit begnügen, das, was ins Auge springt, zur Kenntnis zu nehmen, vielmehr muss der Sachverhalt ermittelt werden. Dem Untersuchungsgrundsatz aus § 86 VwGO kommt im Asylrechtsstreit besonderes, verfassungsrechtliches Gewicht zu. Das Gericht ist bis zur Grenze der Unmöglichkeit und Zumutbarkeit verpflichtet, von Amts wegen jede mögliche Sachverhaltsaufklärung vorzunehmen. Nur von wenigen Richtern wird diese Forderung eingelöst.

2.6.1. Der humanitäre Charakter des Asylrechtes verlangt eine Herabminderung der Nachweislast für denjenigen, der bereits einmal politische Verfolgung erlitten hat. Ihm kommt im grundrechtlichen Asylrecht der sog. herabgestufte Wahrscheinlichkeitsmaßstab zugute; ihm kann asylrechtlicher Schutz nur versagt werden, wenn eine Wiederholung der Verfolgungsmaßnahmen im Falle der Rückkehr mit hinreichender Wahrscheinlichkeit ausgeschlossen ist. Der Flüchtling muss also im Heimatstaat vor der Gefahr abermals einsetzender Verfolgung hinreichend sicher sein.

Wenn der Flüchtling bereits einmal politische Verfolgung erlitten hat, also vorverfolgt ist, kommt es nicht darauf an, ob diese Verfolgung im Zeitpunkt der hypothetischen Rückkehr noch anhält; entscheidend ist vielmehr, ob eine Wiederholung der Verfolgungsmaßnahmen mit hinreichender Wahrscheinlichkeit ausgeschlossen ist. Diese Rechtsprechung berücksichtigt die – psychischen – Folgen einer bereits erlebten Verfolgung und trägt der Erfahrung Rechnung, dass sich Verfolgungen nicht selten, Pogrome sogar typischerweise in gleicher oder ähnlicher Form, wiederholen.

Als vorverfolgt wird nach der Rechtsprechung nicht nur der angesehen, der bereits Verfolgung erlitten hat, sondern auch jener, der vor unmittelbar drohender politischer Verfolgung ausgereist ist. Dies ist der Fall, wenn bei qualifizierender Betrachtungsweise die für eine Verfolgung sprechenden Umstände ein größeres Gewicht besitzen und deshalb gegenüber den dagegen sprechenden Tatsachen überwiegen. Für den Bereich des internationalen Schutzes bestimmt Vergleichbares Art. 4 IV Qualifikations-Richtlinie, der eine Beweislastregelung enthält: Eine Vorverfolgung oder ernsthafte Bedrohung sind ein ernsthafter Hinweis auf eine aktuelle begründete Verfolgungsfurcht bzw. darauf, dass die Gefahr eines ernsthaften Schadens im Fall der Rückkehr besteht. Diese Gefahr muss durch stichhaltige Gründe widerlegt werden.

2.6.2. War der Flüchtling zum Zeitpunkt seiner Ausreise aber nicht von politischer Verfolgung betroffen oder unmittelbar bedroht – also nicht vorverfolgt –, greift der reguläre Wahrscheinlichkeitsmaßstab ein. In diesem Falle muss eine beachtliche Wahrscheinlichkeit für eine politische Verfolgung bei der Rückkehr sprechen. Die Anforderungen sind also höher.

2.6.3. Nach Art. 16a III GG i. V. m. § 29a AsylVfG wird vermutet, dass ein Ausländer aus einem sicheren Herkunftsstaat dort nicht politisch verfolgt wurde. Sichere Herkunftsstaaten sind solche Staaten, bei denen aufgrund der Rechtslage, der Rechtsanwendung und der allgemeinen politischen Verhältnisse gewährleistet erscheint, dass dort weder politische Verfolgung noch unmenschliche oder erniedrigende Behandlung oder Bestrafung stattfindet. Nach § 29a II AsylVfG sind dies derzeit: Ghana, Senegal, Serbien, Makedonien und Bosnien-Herzegowina.

Die Herkunft aus einem dieser Staaten führt nicht zum Ausschluss vom Asylrecht, sondern stellt lediglich eine Vermutungsregel auf, die widerleglich ist. Gelingt die Widerlegung nicht, ist der Asylantrag als offensichtlich unbegründet abzulehnen (§ 29a I AsylVfG). Der Asylantrag umfasst seit 2013 gemäß § 13 AsylVfG auch den Antrag auf internationalen Schutz. Daneben ist zu entscheiden, ob nationale Abschiebungsverbote gemäß § 60 V oder VII AufenthG vorliegen.

2.7. Inländische Fluchtalternative

Politische Verfolgung setzt voraus, dass eine inländische Fluchtalternative nicht zur Verfügung steht.

Ist der Asylsuchende nicht in allen Landesteilen verfolgt, kann er unter Umständen auf verfolgungsfreie Teile seines Herkunftsstaates verwiesen werden. Dies ist dann der Fall, wenn er in einem anderen Landesteil vor politischer Verfolgung sicher gewesen wäre und ihm dort keine anderen Nachteile und Gefahren drohten, die nach ihrer Intensität und Schwere einer asylerheblichen Rechtsgutbeeinträchtigung gleichkommen. Es kommt allein auf die objektive Schwere dieser Gefährdungen an, nicht jedoch, ob sie an asylrechtliche Merkmale anknüpfen oder vom Staat ausgehen. Weiter erforderlich ist, dass diese existentielle Rechtsgutgefährdung am Herkunftsort so nicht besteht. Trotz eines Dahinvegetierens am Rande des Existenzminimums in verfolgungsfreien Landesteilen ist daher eine inländische Fluchtalternative gegeben, wenn der Flüchtling auch im Verfolgungsgebiet in gleicher Weise existentiell gefährdet wäre. Für die Beurteilung, ob der von regionaler Verfolgung Betroffene am Ort der Fluchtalternative sein wirtschaftliches Existenzminimum sichern kann, kommt es nicht auf die konkreten individuellen Verhältnisse an, etwa eine unzulängliche Berufsausbildung, vielmehr ist eine generalisierende Betrachtungsweise geboten. Eine individualisierende Betrachtung ist ausnahmsweise jedoch dann angebracht, wenn es sich um Umstände handelt, die die Verfolgung ausgelöst hatten.

Bei der Prüfung einer inländischen Fluchtalternative ist eine doppelte Prognose zu stellen. Zunächst hat eine rückschauende Prognose festzustellen, ob zum Zeitpunkt der Flucht nur eine regionale Verfolgungsgefahr bestand und ob der nur regional Verfolgte in anderen Landesteilen vor politischer Verfolgung hinreichend sicher war. Dem regional Vorverfolgten kommt dabei schon für die Rückschau der herabgestufte Wahrscheinlichkeitsmaßstab zugute. Dieser umfasst dabei jedoch nur die Frage der politischen Verfolgung im potenziell sicheren Landesteil, nicht aber die Frage, ob am Ort der Fluchtalternative andere existenzielle Gefährdungen drohen. Derartige Gefährdungen müssen nach dem allgemeinen Wahrscheinlichkeitsmaßstab festgestellt werden.

Von der rückschauenden Prognose zu trennen ist die – stets anzustellende – Zukunftsprognose; die rückschauende Prognose kann zur Bejahung einer landesweiten Verfolgung führen, so dass dann bei der Zukunftsprognose der herabgestufte Wahrscheinlichkeitsmaßstab für Vorverfolgte auch dem nur regional Vorverfolgten zu Gute kommen kann.

Wenn eine inländische Fluchtalternative bejaht wird, kommt eine Anerkennung nach Art. 16 a GG nicht in Betracht.

3. Sichere Drittstaaten

Asylrechtlicher Schutz ist auch dann ausgeschlossen, wenn eine externe Fluchtalternative existiert.

3.1. Grundgesetzänderung

Seit der Änderung des Grundgesetzes bestimmt nunmehr Art. 16a II GG i. V. m. § 26a AsylVfG, dass asylrechtlichen Schutz nicht erhält, wer aus einem sicheren Drittstaat eingereist ist. Er wird nicht als Asylberechtigter anerkannt. Das Bundesverfassungsgericht hat die Drittstaatenregelung in seiner Entscheidung vom 14.05.1996 für verfassungskonform erklärt. Der Verfassungs- bzw. Gesetzgeber sei befugt festzustellen, dass in einem bestimmten Drittstaat Sicherheit für Flüchtlinge bestehe. Dieses Konzept der „normativen Vergewisserung" erfasse auch Gefährdungen im Sinne von § 51 I AuslG (jetzt § 3 AsylVfG) und § 53 AuslG (jetzt § 4 AsylVfG), da vom Drittstaat regelmäßig die Beachtung des Refoulement-Verbots der Genfer Flüchtlingskonvention (GFK) und der Schutz der EMRK erwartet werde. Eine Prüfung der Voraussetzungen des Flüchtlingsstatus nach der GFK und menschenrechtlicher Abschiebungsverbote entfalle daher bei Eingreifen der Drittstaatenklausel regelmäßig.

Ausnahmsweise könnten Abschiebungshindernisse (nach § 60 AufenthG, jetzt §§ 3 und 4 AsylVfG) vorliegen. Dies komme insbesondere in Betracht, wenn
- dem Ausländer im sicheren Drittstaat die Todesstrafe drohe,
- er eine erhebliche konkrete Gefahr aufzeige, derzufolge er in unmittelbarem Zusammenhang mit der Zurückverweisung oder Rückverbringung in den Drittstaat dort Opfer eines Verbrechens werde, das der Drittstaat nicht verhindern könne,
- sich die für die Qualifizierung als sicher maßgeblichen Verhältnisse im Drittstaat schlagartig geändert haben und die gebotene Reaktion der Bundesregierung (vgl. § 26a III AsylVfG) hierauf noch aussteht,
- der Drittstaat selbst gegen den Schutzsuchenden zu Maßnahmen politischer Verfolgung oder unmenschlicher Behandlung greift und dadurch zum Verfolgerstaat wird,
- sich im seltenen Ausnahmefall aus allgemein bekannten oder im Einzelfall offen zutage tretenden Umständen ergibt, dass der Drittstaat sich etwa aus Gründen besonderer

Rücksichtnahme gegenüber dem Herkunftsstaat von seinen, mit dem Beitritt zu den beiden Konventionen eingegangenen und von ihm generell auch eingehaltenen Verpflichtungen löst und einem bestimmten Ausländer Schutz dadurch verweigert, dass er sich seiner ohne jede Prüfung des Schutzgesuches entledigt. Dies muss sich jedoch bei Anlegung eines strengen Maßstabes aufdrängen.

Bei diesen Fallgruppen – und weitere sind denkbar, etwa die konkrete Gefahr einer Kettenabschiebung – kann ausnahmsweise und unter strengen Voraussetzungen eine Prüfung von Abschiebungshindernissen und eine Aussetzung der Abschiebung mittels einstweiligen Rechtsschutzes erreicht werden. Ansonsten und im Regelfall ist einstweiliger Rechtsschutz nach Art. 16a II 3 GG ausdrücklich ausgeschlossen.

3.2. Sichere Drittstaaten, § 26a AsylVfG

Sichere Drittstaaten sind unmittelbar nach Art. 16 II GG alle Mitgliedsstaaten der Europäischen Gemeinschaft und außerdem weitere Staaten, in denen die Anwendung des Abkommens über die Rechtsstellung der Flüchtlinge (GFK) und der Konvention zum Schutze der Menschenrechte und Grundfreiheiten (EMRK) sichergestellt ist. Sie werden durch einfaches Gesetz, nämlich § 26a II AsylVfG, bestimmt. Derzeit handelt es sich um Norwegen und die Schweiz. Damit sind alle Nachbarstaaten Deutschlands sichere Drittstaaten. Die verfassungsrechtliche Stellung eines Asylberechtigten kann mithin nur noch erhalten, wer auf dem Luft- oder Seeweg direkt nach Deutschland gelangt.

Die Drittstaatenregelung greift auch dann, wenn ungewiss ist, aus welchem Drittstaat der Flüchtling eingereist ist. Es genügt die Feststellung, dass der Flüchtling auf dem Landweg gekommen ist. Der Flüchtling hat die Darlegungslast für die Luftweg-Einreise und muss es schaffen, BAMF und Gericht hiervon zu überzeugen. Praktisch muss er damit die Einreisemodalitäten beweisen. Im Regelfall wird die Vorlage eines Flugtickets, das entweder auf den Namen des Antragstellers ausgestellt ist oder auf den Namen, mit dem er geflüchtet ist, verlangt. Dies gelingt nur selten, weil die Schlepper auf die Vernichtung dieser Dokumente achten, um die Reiserouten zu verschleiern. Zu beachten ist jedoch, dass der volle Beweis auch dadurch erbracht werden kann, dass der Flüchtling als „Partei" förmlich einvernommen wird. Eine solche förmliche Parteieinvernahme unterscheidet sich grundlegend von der üblichen informatorischen Anhörung des Asylsuchenden. Er unterliegt bei einer förmlichen Parteieinvernahme der vollen Wahrheitspflicht; lügt er bei dieser förmlichen Aussage, kann er bestraft werden. Der Flüchtling, der keine anderen Beweismittel hat, sollte daher seine eigene „Parteieinvernahme" zum Beweis dafür anbieten, dass er auf dem Luftweg eingereist ist. Dies ist auch deshalb von Bedeutung, weil oftmals aus falschen Angaben bei der Einreise auf die generelle Unglaubwürdigkeit geschlossen wird. Es kann daher, auch wenn die Asylanerkennung nicht mehr von solchem Gewicht ist wie früher (wegen der praktischen Gleichstellung des Flüchtlingsschutzes nach § 3 AsylVfG) durchaus sinnvoll sein, den Reiseweg aufzuklären.

Die Drittstaatenregelung greift nicht ein, wenn der Ausländer im Zeitpunkt der Einreise in den sicheren Drittstaat im Besitz einer Aufenthaltsgenehmigung für die Bundesrepublik Deutschland war (§ 26a I Nr. 1 AsylVfG) oder Deutschland „auf Grund von Rechtsvorschriften der Europäischen Gemeinschaft oder eines völkerrechtlichen Vertrages mit dem sicheren Drittstaat für die Durchführung eines Asylverfahrens zuständig ist" (§ 26a I Nr. 2 AsylVfG) oder der Ausländer aufgrund einer Anordnung nach § 18 IV Nr. 2 AsylVfG nicht zurückgewiesen oder zurückgeschoben worden ist.

Als Rechtsvorschrift der EU kommt vor allem die „Verordnung (EU) Nr. 604/2013 des Europäischen Parlaments und des Rates zur Festlegung der Kriterien und Verfahren zur Bestimmung des Mitgliedsstaates, der für die Prüfung eines von einem Drittstaatsangehörigen in einem Mitgliedstaat gestellten Asylantrag zuständig ist" vom 26.06.2013 (sog. Dublin-III-Verordnung) in Betracht. Die Dublin-III-Verordnung hat Kriterien für die Reihenfolge der Zuständigkeit des einzelnen Staates aufgestellt (siehe hierzu Kapitel D, 1.4). Das Ergebnis ist ein gigantischer „Verschiebebahnhof". Die Flüchtlinge werden von einem Staat in den anderen geschoben. Hinzu kommt, dass die nationalen Flüchtlingsanerkennungsstellen damit erheblich belastet sind. Der Verwaltungsaufwand ist unverhältnismäßig. Etwa 1/3 aller Entscheidungen des BAMF im Jahr 2013 betrafen Dublin-Fälle. Es wäre sinnvoller, wenn sich die Mitarbeiter in diesen Fällen mit der relevanten Frage befasst hätten, ob diese Menschen schutzbedürftig sind, und nicht nur damit, in welchen europäischen Staat man sie schicken kann, damit dieser sich zum dritten Mal mit ihnen befasst. Eine baldige Änderung dieser Regelung ist dringend geboten, und zwar in dem Sinne, dass menschliche Bedürfnisse und Wünsche und nicht staatlicher Bürokratismus die Entscheidungskriterien für die Verteilung der Flüchtlinge innerhalb Europas bilden.

Greift die Dublin-III-Verordnung ein und ist Deutschland danach zuständig, kommt die Drittstaatenregelung nicht zur Anwendung.

Ansonsten betrifft die Drittstaatenregelung aktuell vor allem die Fälle, in denen Flüchtlinge bereits in anderen Unionsstaaten Schutz erhalten haben (und deshalb das Dublin-Verfahren nicht mehr zur Anwendung kommt). Im Rahmen der Prüfung, ob eine Abschiebungsanordnung nach § 34a AsylVfG erlassen wird, ist vor allem zu prüfen, ob diese durchgeführt werden kann. Ist das nicht der Fall, muss das Asylverfahren vom BAMF fortgeführt werden.

3.3. Sonstiger Drittstaat, § 29 AsylVfG

Nach § 29 I AsylVfG ist ein Asylantrag unbeachtlich, wenn offensichtlich ist, dass der Ausländer bereits in einem sonstigen Drittstaat vor politischer Verfolgung sicher war und die Rückführung in diesen Staat oder einen anderen, in dem er vor politischer Verfolgung sicher ist, möglich ist. Die Regelung erfasst die Asylbegehren von Ausländern, die sich in anderen Staaten als jenen, die unter die Drittstaatenklausel fallen, aufhielten und dort bereits Sicherheit erlangt haben. Auch in diesem Fall ist zunächst zu prüfen, ob die Rückführung möglich ist. Ist das nicht der Fall bzw. ist die Rückführung nicht innerhalb von 3 Monaten möglich, ordnet § 29 II AsylVfG an, dass das Asylverfahren fortzuführen ist. Die Voraussetzung für die Unbeachtlichkeit ist das Vorliegen einer anderweitigen Sicherheit. Diese Tatbestandsvoraussetzungen regelt § 27 AsylVfG.

3.4. Anderweitige Sicherheit, § 27 AsylVfG

Während die Drittstaatenklausel nur darauf abstellt, dass die Einreise über einen solchen Drittstaat erfolgte (und damit der bloße Gebietskontakt ausreicht, um die Drittstaatenklausel zur Anwendung zu bringen), verlangt der Ausschlussgrund der anderweitigen Sicherheit vor Verfolgung (§ 27 AsylVfG) mehr. Der bloße Gebietskontakt genügt nicht.

Verfolgungssicherheit im Sinne von § 27 AsylVfG setzt voraus, dass der politisch Verfolgte in einem sonstigen Drittstaat vor politischer Verfolgung sicher war. Dies verlangt zunächst, dass der Drittstaat den Flüchtling nicht ebenfalls politisch verfolgt und darüber hinaus, dass dem Flüchtling dort eine hinreichende Sicherheit vor weiterer Verfolgung durch den Herkunftsstaat gewährt wird, insbesondere also weder eine Zurückweisung dorthin erfolgt noch die Gefahr einer Weiterschiebung in einen unsicheren Viertstaat besteht. Die Schutzgewährung muss in zeitlicher Hinsicht so lange bestehen, wie die Verfolgungsgefahr im Heimat- und Herkunftsstaat andauert. Im Falle eines Widerrufes, praktischen Entzuges oder Wegfalles aus sonstigen Gründen – nicht aber durch freiwilligen Verzicht – lebt die Schutzbedürftigkeit wieder auf.

Sicherheit vor politischer Verfolgung in einem anderen Staat setzt neben dem Schutz vor unmittelbarer oder mittelbarer Abschiebung in den Verfolgerstaat weiter voraus, dass dem politisch Verfolgten eine Hilfestellung zur Überwindung der Umstände gegeben wird, die in seiner Person als Folgen der politischen Verfolgung dadurch entstanden sind, dass er seinen Heimatstaat hat verlassen müssen, wie beispielsweise Heimatlosigkeit, Obdachlosigkeit, Mittellosigkeit, Hunger oder Krankheit. Wann die erforderliche Hilfestellung vorliegt, hängt von den Umständen des Einzelfalles ab. Weder wird die Gewährung einer förmlichen Rechtsstellung verlangt noch eine Integrationsmöglichkeit im Drittstaat oder ein dauerndes Aufenthaltsrecht zum Zwecke der Eingliederung. Vielmehr soll die Hilfestellung auch darin bestehen können, dass dem politisch Verfolgten in ein anderes endgültiges Zufluchtsland weitergeholfen wird. An der erforderlichen Hilfestellung fehlt es, wenn der politisch Verfolgte im Drittstaat schlechthin keine Lebensgrundlage nach Maßgabe der dort bestehenden Verhältnisse hat, was insbesondere dann der Fall ist, wenn er im Drittstaat hilflos dem Tod durch Hunger und Krankheit ausgesetzt ist oder nichts anderes zu erwarten hat, als ein Dahinvegetieren am Rande des Existenzminimums. Hiervor muss er als Folge dessen, dass er durch die politische Verfolgung in diese Notlage geraten ist, geschützt sein.

Eine anderweitige Sicherheit, die objektiv festzustellen ist und nicht notwendig ein aktives Handeln des Drittstaates verlangt, liegt jedoch nur dann vor, wenn die Flucht nach dem äußeren Erscheinungsbild ein Ende gefunden hat, der Aufenthalt also „stationären Charakter angenommen hat". Dies ist dann nicht der Fall, wenn der Flüchtling nichts unternimmt, um dort Fuß zu fassen, nicht auf Arbeitssuche geht und sich verborgen hält, bis er einen gefälschten Pass, ein Visum und ein Flugticket zur Weiterreise erhält.

Nach § 27 III 1 AsylVfG spricht eine gesetzliche Vermutung für die Beendigung der Flucht, wenn der Aufenthalt länger als drei Monate gedauert hatte. Diese Vermutung, die nicht nur die erreichte Verfolgungssicherheit, sondern auch die Beendigung der Flucht beinhaltet, ist widerlegbar; der Schutzsuchende muss sich auf die Unmöglichkeit oder Unzumutbarkeit einer früheren Entscheidungs- oder Reisemöglichkeit innerhalb der Drei-Monats-Frist berufen und dies glaubhaft machen. So stellt beispielsweise ein Flüchtling, der sich alsbald nach dem Eintreffen im Erstzufluchtsland bei der Deutschen Botschaft um eine Einreiseerlaubnis bemüht, unter Beweis, dass er die Flucht nicht im Drittland beenden will und objektiv auch nicht beendet hat.

§ 27 II AsylVfG enthält eine weitere widerlegliche Vermutensregel: Ist der Ausländer im Besitz eines von einem sicheren Drittstaat oder einem sonstigen Drittstaat ausgestellten Reiseausweises nach der Genfer Flüchtlingskonvention, wird vermutet, dass er bereits in diesem Staat vor politischer Verfolgung sicher war.

Entsteht nach der freiwilligen Aufgabe einer Sicherheit vor Verfolgung in einem Drittstaat während des Aufenthaltes des Asylsuchenden in Deutschland ein neuer (objektiver Nach-) Fluchtgrund, so kann ein hieraus entstehender Asylanspruch nicht unter Hinweis auf die früher erlangte Sicherheit vor Verfolgung verneint werden.

▶ Tipp

Wenn die Asylantragstellung nicht im Flughafen erfolgte oder strittig ist, ob der Flüchtling nicht vorher schon im Bundesgebiet war, muss die Luft- (oder See-)einreise vom Flüchtling praktisch bewiesen werden. Gelingt der Beweis nicht, erhält er kein Asyl im Sinne von Art. 16a GG.

Befragen Sie den Flüchtling – möglichst gleich zu Anfang – nach den genauen Umständen der Einreise und fordern Sie ihn auf, alle Papiere, also z. B. Flugtickets, Bordkarten, Quittungen aus dem Flugzeug etc., vorzulegen.

Befragen Sie ihn nach allen Details: Abflug- und Ankunftszeit (auf unterschiedliche Ortszeiten achten!), Flugdauer, Zwischenlandungen und Umsteigen, Sitzplatz, Anzahl der Sitzplätze im Flugzeug rechts und links, Beschreibung des Flugzeuges (Farbe, Größe, Anordnung der Türen), Bekleidung der Stewardessen, Name der Fluggesellschaft, Umstände des Ein- und Auscheckens (direktes Andocken am Flughafengebäude oder Gang bzw. Fahrt mit dem Bus über das Rollfeld), Kontrollen und Wartesituation im Ankunftsflughafen etc.

Der Nachweis der Lufteinreise kann auch durch Zeugen erfolgen. Als Zeugen kommen insbesondere Mitreisende (auch andere Flüchtlinge, auch Verwandte) in Frage und Abholer am Flughafen, gegebenenfalls auch Personen, die den Flüchtling (meist in einem Drittland) an den Flughafen gebracht haben. Beschaffen Sie, wenn möglich, schriftliche Aussagen und beantragen Sie im gerichtlichen Verfahren die Einvernahme der Personen als Zeugen.

Voller Beweis kann auch durch eine förmliche Parteieinvernahme des Klägers erbracht werden. Beantragen Sie, wenn keine anderen Beweismittel zur Verfügung stehen, die Parteieinvernahme des Klägers zum Beweis für die Luft- oder Seeeinreise!

Ob die Drittstaatenklausel eingreift, hängt vom Reiseweg ab.

4. Sichere Herkunftsstaaten, § 29a AsylVfG

Nach § 29a AsylVfG ist der Asylantrag eines Ausländers aus einem **sicheren Herkunftsstaat** als offensichtlich unbegründet abzulehnen. Die Regelung ist Teil des Asylkompromisses vom 01.03.1993. Die sicheren Herkunftsstaaten sind in § 29a AsylVfG als die Mitgliedsstaaten der Europäischen Union definiert und als Anlage II auch Ghana, Senegal und seit 6.11.2014 auch Serbien, Mazedonien und Bosnien-Herzegowina. Die Europakonformität dieser Regelung ist fragwürdig, da die von der

Qualifikations-Richtlinie verlangte individuelle Prüfung (Art. 3 III Qualifikations-Richtlinie) im Hinblick auf die Nicht-EU-Staaten zu kurz kommt.

Das Gesetz stellt im Hinblick auf die sicheren Herkunftsstaaten eine gesetzliche Vermutung der Abwesenheit von politischer Verfolgung auf. Politische Verfolgung ist umfassend zu verstehen und bezieht sich auf den Flüchtlingsbegriff der Genfer Konvention. Er umfasst also auch eine geschlechtsspezifische Verfolgung. Unerheblich ist, von wem die Verfolgung ausgeht, eine staatliche Verfolgung ist insoweit also nicht verlangt. Diese gesetzlich aufgestellte Vermutung ist widerlegbar. Doch diese Widerlegbarkeit bezieht sich nicht auf den Staat, sondern nur auf die Person. Man kommt also mit Angriffen darauf, dass die Festlegung etwa von Ghana als sicherer Herkunftsstaat falsch sei, nicht weiter. Dargelegt und glaubhaft gemacht werden muss vielmehr, dass das konkrete Individuum trotz der Vermutung Verfolgung erlitten hat. Ein Beweis kann und braucht nicht erbracht werden, es genügt, wenn Tatsachen oder Beweismittel eine entsprechende Annahme begründen. Ist dies der Fall, kommt also eine drohende politische Verfolgung in Betracht, kommt § 29a I AsylVfG nicht zur Anwendung.

Die gesetzliche Vermutung bezieht sich nur auf eine „politische" Verfolgung, nicht aber auf die Gefahr von Menschenrechtsverletzungen. Wer individuell geltend macht, hiervon betroffen zu sein – etwa von Bürgerkrieg oder von Folter –, hat nicht die Hürde einer entgegenstehenden Vermutung zu überwinden.

Da die Rechtsfolge der Tenorierung als „offensichtlich unbegründet" sich auf den „Asylantrag" bezieht und dieser nach § 13 II AsylVfG auch den internationalen Schutz umfasst, scheidet eine offensichtlich-unbegründet-Entscheidung dann aus, wenn die Voraussetzungen von § 4 AsylVfG vorliegen können.

Da in einigen der sicheren Herkunftsstaaten ausgrenzende Diskriminierung von Volksgruppen – etwa der Roma in den zuletzt als sicher erklärten Herkunftsstaaten Serbien und Makedonien – nicht selten sind, kommt es hier vor allem auf den individuellen, möglichst konkreten Sachvortrag an. Auch wenn die Einstufung des Staates als sicherer Herkunftsstaat nicht erfolgreich in Frage gestellt werden kann, ist die Schilderung der Situation einer Volksgruppe oder Minderheit dann erforderlich und sinnvoll, wenn sich die allgemeine Situation im Einzelschicksal niedergeschlagen hat.

III. Zuerkennung der Flüchtlingseigenschaft, § 3 bis 3e AsylVfG

Mit Inkrafttreten des Richtlinienumsetzungsgesetzes am 01.12.2013 sind die Genfer Flüchtlingskonvention (GFK) und das europäische Rechtssystem endlich vollständig ins deutsche Recht integriert worden. Bis dahin wurde lediglich durch § 60 I AufenthG hierauf verwiesen, was zur Folge hatte, dass die teilweise anderen Grundsätze in der Praxis zögerlich angewendet wurden. Nun enthalten §§ 3 bis 3e AsylVfG detaillierte Regelungen, die größtenteils wortwörtlich aus der Qualifikations-Richtlinie stammen. Auch wenn sich damit eigentlich nichts Grundlegendes geändert hat – denn auch die frühere Verweisung musste zur Anwendung derselben Normen führen –, ist die jetzige Regelung zu begrüßen. Die verlangten Voraussetzungen sind auf den ersten Blick erkennbar und durchschaubar, was nicht nur dem Rechtsuchenden, sondern auch dem einen oder anderen Rechtsanwender helfen wird. Die jetzige gesetzliche Regelung zeichnet das nach der GFK und der Qualifikations-Richtlinie vorgegebene Prüfungsschema zutreffend nach.

Nach der GFK und der Qualifikations-Richtlinie ergibt sich folgendes Prüfungsschema:

begründete Furcht vor Verfolgung (subjektiver Maßstab!)	
Verfolgung	1. Verfolgungshandlung (§ 3a AsylVfG) 2. Nachweis der Schwere der Menschenrechtsverletzung 3. Nachweis der individuellen Betroffenheit
Verfolgungsgründe	1. Rasse 2. Religion 3. Nationalität 4. Zugehörigkeit zu einer bestimmten sozialen Gruppe 5. bestimmte soziale Gruppe auch dann, wenn die Bedrohung ... allein an das Geschlecht oder die sexuelle Orientierung anknüpft 6. politische Überzeugung
Urheber der Verfolgung	- Staat - Parteien oder Organisationen, die den Staat ... beherrschen - nicht-staatliche Akteure - fehlender effektiver staatlicher Schutz (§ 3d AsylVfG)
Verknüpfung zwischen Verfolgungshandlung und -gründen (§ 3a III AsylVfG)	

kein interner Schutz (§ 3c AsylVfG)	
Verfolgungsprognose	
keine Ausschlussgründe (§ 3 II, III, IV AsylVfG i. V. m. § 60 VIII 1 AufenthG)	

1. Subjektiver Maßstab

Grundlage der Prüfung ist der vom Antragsteller vorgebrachte Sachverhalt unter dem Blickwinkel des hierauf bezogenen Begriffs der Furcht vor Verfolgung. Es kommt darauf an, ob aus seiner Sicht – und nicht aus der Sicht eines Dritten oder des Gerichts – die Furcht begründet ist. Infolge dessen geht es bei der Flüchtlingseigenschaft „in erster Linie um die Würdigung der Erklärungen des Antragstellers und erst dann um die Beurteilung der in seinem Heimatland bestehenden Verhältnisse" (Handbuch über Verfahren und Kriterien zur Feststellung der Flüchtlingseigenschaft gemäß dem Abkommen von 1951 und dem Protokoll von 1967 über die Rechtsstellung der Flüchtlinge, Genf, September 1979, kurz: UNHCR-Handbuch Rn. 37, S. 12). Da der Begriff der Furcht ein Ausdruck der seelischen Verfassung und des subjektiven Empfindens ist, verlangt die GFK als weitere Voraussetzung, dass sie „begründet" ist. „Dies bedeutet, dass nicht nur die seelische Verfassung der betreffenden Person über ihre Flüchtlingseigenschaft entscheidet, sondern dass diese seelische Verfassung durch objektive Tatsachen begründet sein muss. Die ‚begründete Furcht' enthält folglich ein subjektives und ein objektives Element und bei der Entscheidung darüber, ob eine begründete Furcht besteht, müssen beide Elemente berücksichtigt werden." (UNHCR-Handbuch, Rn. 38). Trotz dieser Objektivierung der Elemente der Furcht ist für die Beurteilung maßgeblich die Persönlichkeit des Antragstellers, „da die psychischen Reaktionen der verschiedenen Personen unter an sich gleichen Bedingungen nicht die gleichen sein müssen" (UNHCR-Handbuch, Rn. 40). Die Unterdrückung persönlicher oder religiöser Überzeugungen mag dem einen das Leben unerträglich machen, dem anderen nicht, „die eine Person fasst impulsiv den Entschluss zur Flucht, während die andere ihren Weggang sorgfältig plant" (UNHCR-Handbuch, Rn. 40). Die persönlichen Gründe, der familiäre Hintergrund, die Zugehörigkeit zu einer bestimmten rassischen, religiösen, nationalen, sozialen oder politischen Gruppe,

die eigene Beurteilung der Lage und die gemachten Erfahrungen sind Kriterien dafür, dass das ausschlaggebende Motiv für den Asylantrag eine „Furcht" ist.
Maßgeblich ist, ob die begründete Furcht im Entscheidungszeitpunkt gegeben ist. Früher erlittene Verfolgungen müssen fortwirken.

2. Verfolgung

Aus diesem Blickwinkel ist als Zweites zu prüfen, ob eine relevante Verfolgung vorliegt. Die GFK definiert den Begriff der Verfolgungshandlung nicht, sondern hat ihn bewusst offen gelassen, um so möglichst alle zukünftigen Arten von Verfolgung erfassen zu können. Das UNHCR-Handbuch führt hierzu aus: „Aus Art. 33 des Abkommens von 1951 lässt sich jedenfalls ableiten, dass eine Bedrohung des Lebens oder der Freiheit eines Menschen wegen seiner Rasse, Religion, Nationalität, wegen seiner politischen Überzeugung oder Zugehörigkeit zu einer bestimmten sozialen Gruppe stets eine Verfolgung darstellt. Aus denselben Gründen würden auch andere schwerwiegende Verstöße gegen die Menschenrechte eine Verfolgung darstellen" (UNHCR-Handbuch, Rn. 51). Ob andere, dem Antragsteller zum Nachteil gereichende Handlungen oder Drohungen einer Verfolgung gleichzusetzen sind, sei eine Frage des Einzelfalles. Nochmals betont das Handbuch, dass „in Anbetracht der unterschiedlichen psychischen Beschaffenheit der Menschen und der Verschiedenheit der Umstände in jedem Einzelfall, ... die Beantwortung der Frage, was unter Verfolgung zu verstehen ist, notwendig verschieden sein" (UNCHR-Handbuch, Rn. 51) müsse. Die Qualifikations-Richtlinie und das Asylverfahrensgesetz haben dies nun beantwortet.

2.1. Verfolgungshandlung

Nach § 3a AsylVfG und Art. 9 I QL gelten als Verfolgung im Sinne von Art. 1 A Nr. 2 GFK Handlungen, die

„aufgrund ihrer Art oder Wiederholung so gravierend sind, dass sie eine schwerwiegende Verletzung der grundlegenden Menschenrechte darstellen, insbesondere die Rechte, von denen gemäß Art. 15 II EMRK keine Abweichung zulässig ist (Buchstabe a.), oder in einer Kumulierung, einschließlich einer Verletzung der Menschenrechte, bestehen, die so gravierend ist,

dass eine Person davon in ähnlicher wie der unter Buchstabe a. beschriebenen Weise betroffen ist (Buchstabe b.)."

Es kommt also zunächst darauf an, dass eine schwerwiegende Verletzung der grundlegenden Menschenrechte vorliegt. Der zweite Halbsatz, wonach eine Verfolgung „insbesondere" dann vorliegt, wenn die Notstandsrechte von Art. 15 II EMRK betroffen sind, stellt keine Begrenzung dar, sondern will sicherstellen, dass Verletzungen des Folterverbots und vergleichbare schwerwiegende Menschenrechtsverletzungen stets berücksichtigt werden.

Nach § 3a I Nr. 2 AsylVfG liegt eine Verfolgungshandlung auch vor bei einer „Kumulierung unterschiedlicher Maßnahmen, einschließlich einer Verletzung der Menschenrechte ..., die so gravierend ist, dass eine Person davon in ähnlicher Weise" wie bei einer schwerwiegenden Einzelverletzung betroffen ist. Dieser Kumulierungsgrundsatz berücksichtigt die Erfahrung, dass oft für sich genommen nicht so schwerwiegende Eingriffe und Verletzungshandlungen bei einer Wiederholung die Betroffenen viel härter treffen. Dies ist auch ein Ergebnis des subjektiven Ansatzes: Eine Wiederholung von Angriffen, auch wenn sie für sich genommen nicht schwerwiegend sind, erzeugt eine dauerhafte Furcht und zermürbt den Betroffenen. Wann eine Verletzung schwerwiegend ist, lässt sich nicht abstrakt festlegen, dies ist eine Frage des Einzelfalls. Neben dem Kumulationsansatz von § 3a I Nr. 2 AsylVfG sind dabei die Regelbeispiele aus § 3a II AsylVfG heranzuziehen. Als Verfolgung gelten danach folgende Handlungen:

1. Anwendung physischer oder psychischer Gewalt einschließlich sexueller Gewalt;
2. gesetzliche, administrative, polizeiliche und/oder justizielle Maßnahmen, die als solche diskriminierend sind oder in diskriminierender Weise angewandt werden;
3. unverhältnismäßige oder diskriminierende Strafverfolgung oder Bestrafung;
4. Verweigerung gerichtlichen Rechtsschutzes mit dem Ergebnis einer unverhältnismäßigen oder diskriminierenden Bestrafung;
5. Strafverfolgung oder Bestrafung wegen Verweigerung des Militärdienstes in einem Konflikt, wenn der Militärdienst Verbrechen und Handlungen umfassen würde, die unter die Ausschlussklausel des Art. 12 II fallen und
6. Handlungen, die an die Geschlechtszugehörigkeit anknüpfen oder kindgerichtet sind."

2.2. Schwerwiegende Verletzung

Während die unter 2), 3), 4) und 5) genannten Handlungen für sich genommen „neutral" sind und einen Verfolgungscharakter erst dann erhalten, wenn sie diskriminierend oder unverhältnismäßig sind, benennt 1) die Anwendung physischer oder psychischer Gewalt, einschließlich sexueller Gewalt schlechthin als Verfolgung, ohne dass es auf den diskriminierenden oder unverhältnismäßigen Charakter noch ankomme. Lediglich eine völlig unerhebliche Gewaltmaßnahme hat keinen Verfolgungscharakter.

Im Übrigen bedarf es einer wertenden, alle vorgebrachten und ersichtlichen Umstände und Tatsachen einschließenden Betrachtung.

Bemerkenswert ist, dass nach § 3a I Nr. 1 AsylVfG auch die Bestrafung aufgrund der Verweigerung des Wehrdienstes eine Verfolgungshandlung darstellen kann. Nach der Rechtsprechung zu Art. 16a GG waren hingegen Sanktionen wegen Wehrdienstverweigerung regelmäßig unbeachtlich, da dem Staat ein Recht auf Selbstverteidigung zugebilligt wurde und Sanktionen zur allgemeinen Völkerrechtspraxis zählten. Demgegenüber kann eine Bestrafung wegen Wehrdienstverweigerung zum Flüchtlingsschutz führen, wenn der Militärdienst Maßnahmen beinhaltet, die völkerrechtswidrig sind – etwa ein Kriegsverbrechen oder andere Maßnahmen, die in den Ausschlussgründen von Art. 1F GFK bezeichnet sind.

Bei der Frage, ob eine schwerwiegende Verfolgungshandlung vorliegt, ist dabei der Blick nicht nur auf die Verletzungshandlung zu richten, sondern auch auf die Verletzungsfolgen. Werden durch eine Handlung die Rechtsgüter Leib, Leben oder persönliche Freiheit beeinträchtigt, ist regelmäßig von einer schwerwiegenden Menschenrechtsverletzung auszugehen, wie schon das Bundesverfassungsgericht früher festgestellt hat (BVerfGE 54, 341 (357)). Geht es um Beeinträchtigungen der körperlichen Unversehrtheit, ist jede nicht ganz unerhebliche Maßnahme, insbesondere also Misshandlungen und Folter, eine relevante Verfolgung. Eine besondere Intensität oder Schwere des Eingriffs ist daneben nicht mehr verlangt (vgl. BVerfG, InfAuslR 1999, 273 (276); InfAuslR 2000, 254 (258)).

2.3. Individuelle Betroffenheit

Von der Verfolgungsmaßnahme muss der Flüchtling betroffen sein. Verfolgungsmaßnahmen gegenüber Dritten oder einer

Gruppe, der der Flüchtling angehört, können – entsprechend der bisherigen Rechtsprechung – jedoch als Verfolgungsmaßnahmen gegen den Einzelnen dann angesehen werden, wenn aufgrund konkreter Umstände die begründete Furcht besteht, dass sie auch ihm galt. Richtet sich beispielsweise eine Verfolgungshandlung gegen eine in einem Raum versammelte Gruppe oder eine Gruppe, die durch die gemeinsame Religion definiert ist, ist jeder Einzelne hiervon individuell betroffen.

3. Verfolgungsgründe

§ 3b AsylVfG benennt in Übereinstimmung mit Art. 1 A Nr. 2 GFK die Verfolgungsgründe wie folgt:
- Rasse,
- Religion,
- Nationalität,
- Zugehörigkeit zu einer bestimmten sozialen Gruppe und
- politische Überzeugung.

3.1. Rasse

Der Gesetzeswortlaut ist zu kritisieren. Verschiedene „Rassen" gibt es unter den Menschen nicht. Deswegen kann eine Verfolgung auch nicht aufgrund der Zugehörigkeit zu einer „Rasse", sondern allenfalls aus rassistischen Gründen erfolgen. Gleichwohl wird – sozusagen unter Protest – die gesetzliche Terminologie nachstehend verwendet.

Der Begriff der Rasse umfasst insbesondere die Aspekte Hautfarbe, Herkunft und Zugehörigkeit zu einer bestimmten ethnischen Gruppe. Der Begriff ist weit auszulegen und umfasst auch die Zugehörigkeit zu einer spezifischen sozialen Gruppe gemeinsamer Herkunft, die eine Minderheit innerhalb der Bevölkerung darstellt (so ausdrücklich UNHCR-Handbuch, Rn. 68). Insoweit überschneidet er sich mit dem Verfolgungsgrund „Zugehörigkeit zu einer bestimmten sozialen Gruppe".

Die Zugehörigkeit zu einer bestimmten Rasse – auch zu einer Minderheit – begründet per se noch keinen Anspruch auf Flüchtlingsschutz. Entsprechend dem System ist vielmehr weiter erforderlich, dass eine Verfolgungshandlung im Hinblick auf die Zugehörigkeit zur Rasse vorliegt. Da jedoch auch die Kumulierung von für sich allein genommen nicht schwerwiegenden Handlungen eine Verfolgung begründen kann (siehe oben) und die subjektive Furcht, die sich aus Referenzfällen der Verfolgung anderer herleiten kann, entscheidungserheblich ist, kann im Ausnahmefall allein schon die Zugehörigkeit zu einer bestimmten Rasse zur Bejahung der Schutzbedürftigkeit führen.

Von besonderer Bedeutung ist hier der Grundsatz, dass auch die Kumulierung von für sich nicht schwerwiegenden Handlungen eine Verfolgung begründen kann (siehe oben) und die subjektive Furcht, die sich auch aus Referenzfällen der Verfolgung anderer herleiten kann, entscheidungserheblich sein kann. Sensibilität in diesem Bereich sollte für uns eine Pflicht darstellen.

3.2. Religion

Nach § 3b I Nr. 1 AsylVfG umfasst der Begriff der Religion insbesondere theistische, nicht-theistische und atheistische Glaubensüberzeugungen, die Teilnahme bzw. Nicht-Teilnahme an religiösen Riten im privaten oder öffentlichen Bereich allein oder in Gemeinschaft mit anderen, sonstige religiöse Betätigungen oder Meinungsäußerungen oder Verhaltensweisen Einzelner oder der Gemeinschaft, die sich auf eine religiöse Überzeugung stützen oder nach dieser vorgeschrieben sind. Geschützt ist die Religion als Glaube, als Identität und als Lebensform. Das UNHCR-Handbuch führt hierzu aus:

„71. Die allgemeine Erklärung der Menschenrechte und die Menschenrechtspakte verkünden das Recht auf Gedanken-, Gewissens- und Religionsfreiheit; dieses Recht schließt die Freiheit des Menschen, seine Religion zu wechseln, und die Freiheit, ihr öffentlich und privat Ausdruck zu verleihen, mit ein, das Recht, sie zu lehren und auszuüben, ihre Riten zu praktizieren und nach ihr zu leben.

72. Es gibt verschiedene Formen der Verfolgung ‚aus Gründen der Religionszugehörigkeit', z. B. das Verbot, Mitglied einer Glaubensgemeinschaft zu sein, das Verbot der Unterweisung in dieser Religion, das Verbot, die Riten dieser Religion privat oder öffentlich auszuüben usw. oder schwere Diskriminierung von Personen wegen ihrer Religionsausübung oder Zugehörigkeit zu einer Religionsgemeinschaft."

Die bisherige Rechtsprechung des Bundesverfassungsgerichts und des Bundesverwaltungsgerichts, nach der das Asylrecht lediglich das religiöse Existenzminimum sicherstelle und nur das „Forum Internum" schütze, ist, jedenfalls im Hinblick auf die Flüchtlingseigenschaft nach der GFK, überholt. Der EuGH und ihm folgend das Bundesverwaltungsgericht haben klargestellt, dass auch das öffentliche Glaubensbekenntnis und die öffentliche Glaubenspraxis schutzwürdig sind und ein Verweis darauf, dies verborgen zu halten oder sich gar zu verstellen, unzulässig ist.

Verfolgungshandlungen sind nicht nur das Verbot oder die Beschränkung einer bestimmten religiösen Betätigung oder der Bekenntnisse dieser Glaubensüberzeugung oder der Lehre und Sanktionen, die an einen Glaubenswechsel anknüpfen, sondern auch die Unterwerfung unter fremde Riten und Gebote (z. B. Zwangsinitiation, Beschneidung aus religiösen Gründen) unter Missachtung des eigenen religiösen und personalen Selbstbestimmungsrechts. Ob das generelle Verbot einer Glaubensüberzeugung bzw. Glaubensausübung schon per se den Begriff einer Verfolgungshandlung erfüllt oder ob auch hier – wie bei einer Beschränkung der Glaubensausübung – eine schwerwiegende Verfolgungshandlung festzustellen ist, ist auch in der internationalen Rechtsprechung strittig. Klar ist allerdings, dass nicht jede Einschränkung schon eine Verfolgung ist, vielmehr muss die Maßnahme als solche diskriminierend sein und den Einzelnen als „Gläubigen" treffen. Ein Glaubensübertritt ist dann relevant, wenn hieraus eine Verfolgungsgefahr im Fall der Rückkehr in den Herkunftsstaat droht. Dies ist dann der Fall, wenn allein die Apostasie als demonstrativer unverzeihlicher Akt angesehen wird, ohne dass es auf die innere Haltung des Konvertiten ankäme. Da oftmals aber ein „Abschwören" die Verfolgungsgefahr beseitigen kann, ist im Regelfall zu prüfen, ob dem Glaubensübertritt eine innere Überzeugung zugrunde liegt. Diese aufzugeben kann dem Flüchtling nicht angesonnen werden. Die Prüfung, ob dem Glaubenswechsel eine innere Überzeugung zugrunde liegt, ist praktisch unmöglich. In der Praxis werden mal die theoretischen Glaubenssätze und einschlägigen Gebete abgefragt, mal eine Art Gewissensprüfung versucht. Das Scheitern ist vorprogrammiert: Im ersteren Fall gewinnt derjenige, der ein gutes Gedächtnis hat und im zweiten Fall jener, der sich gut verstellen kann. Richtigerweise sollte in diesen Fällen eine Art „Glaubenszeugnis" ausreichen, das von der Glaubensgemeinschaft ausgestellt wird. Der Pfarrer, Pastor oder Vorsteher der Kirchengemeinde kennt das Gewissen seines Mitglieds besser als ein Bundesamtsentscheider oder Richter.

3.3. Nationalität / Staatsangehörigkeit

Die GFK benennt, ebenso wie § 3b I Nr. 3 AsylVfG, als weiteren Verfolgungsgrund die „Nationalität". Der Begriff der

Staatsangehörigkeit ist nach allgemeinem Verständnis mit dem der Nationalität nicht identisch, sondern enger. Das Gesetz erklärt dementsprechend ausdrücklich, dass sich der Begriff der Nationalität nicht auf die Staatsangehörigkeit oder das Fehlen einer solchen beschränkt, sondern insbesondere auch die Zugehörigkeit zu einer Gruppe, die durch ihre kulturelle, ethnische oder sprachliche Identität, gemeinsame geografische oder politische Ursprünge oder ihre Verwandtschaft mit der Bevölkerung eines anderen Staates bestimmt wird, bezeichnet.

Verfolgungsmaßnahmen wegen der Nationalität sind insbesondere Vertreibungen ethnischer oder sprachlicher Gruppen, aber auch schwere Diskriminierungen. Es erscheint fraglich, ob die Rechtsprechung des BVerwG aufrechterhalten werden kann, wonach die zwangsweise Aussperrung oder die Rückkehrverweigerung von Staatenlosen durch das Land des letzten gewöhnlichen Aufenthalts asylrechtlich unerheblich sei (BVerwG, InfAuslR 1986, 76). Sie ist jedenfalls dann nicht mehr haltbar, wenn der Grund der Aussperrung oder Ausbürgerung in der Ethnie („ethnische Säuberungen"), der rassischen Diskriminierung oder gemeinsamen Religion liegt oder in der Ausgrenzung des Betroffenen wegen seines ethnischen, sprachlichen oder kulturellen Status bzw. der Zugehörigkeit zu einer derart verbundenen Gruppe.

3.4. Bestimmte soziale Gruppe

Dieser Begriff ist weiter als der der vorher beschriebenen Gruppe, die durch Ethnie, Sprache, Religion oder Kultur verbunden ist. Das UNHCR-Handbuch führt zu dem Begriff aus, dass sich in einer bestimmten sozialen Gruppe „normalerweise Personen mit ähnlichem Hintergrund, Gewohnheiten oder sozialer Stellung befänden" (Rn. 77) und sich dieser Begriff oft mit Verfolgungsgründen wegen der Zugehörigkeit zu einer Rasse, Religion oder Nationalität überschneide. Anlass der Verfolgung sei oft, dass kein Vertrauen in die Loyalität der Gruppe der Regierung gegenüber bestünde oder die politische Ausrichtung, das Vorleben oder die wirtschaftliche Tätigkeit der Mitglieder der Gruppe oder auch schon allein die Existenz der Gruppe an sich als Hindernis für die Politik der Regierung angesehen werde (Rn. 78). Auch wenn die Zugehörigkeit zu dieser Gruppe allein im Regelfall noch nicht ausreiche, könnten jedoch besondere Umstände gegeben sein, unter denen dies ein ausreichender Grund für eine Verfolgungsfurcht sein könne (Rn. 79).

Das Gesetz führt in § 3b I Nr. 4 AsylVfG aus, eine Gruppe gelte insbesondere als eine bestimmte soziale Gruppe, wenn

„a) die Mitglieder dieser Gruppe angeborene Merkmale oder einen gemeinsamen Hintergrund, der nicht verändert werden kann, gemein haben oder Merkmale oder eine Glaubensüberzeugung teilen, die so bedeutsam für die Identität oder das Gewissen sind, dass der Betreffende nicht gezwungen werden sollte, auf sie zu verzichten, und

b) die Gruppe in dem betreffenden Land eine deutlich abgegrenzte Identität hat, da sie von der sie umgebenden Gesellschaft als andersartig betrachtet wird;

als eine bestimmte soziale Gruppe kann auch eine Gruppe gelten, die sich auf das gemeinsame Merkmal der sexuellen Orientierung gründet; Handlungen, die nach deutschem Recht als strafbar gelten, fallen nicht darunter; eine Verfolgung wegen der Zugehörigkeit zu einer bestimmten sozialen Gruppe kann auch vorliegen, wenn sie allein an das Geschlecht oder die geschlechtliche Identität anknüpft;"

Eine bestimmte soziale Gruppe im Sinne des Gesetzes muss nicht per se verfolgt sein. Erforderlich ist nur, dass die Gruppe von der übrigen Gesellschaft als deutlich abgegrenzte Gruppe und damit als „andersartig" (nicht notwendig schlecht) wahrgenommen wird. Beispielsweise können „Rothaarige", „Ausländer" oder auch die Gruppe der „Flüchtlinge" innerhalb einer Gesellschaft als andersartig betrachtet werden.

Auf die Größe der Gruppe kommt es nicht an. Nicht entscheidend ist weiter, dass die Zugehörigkeit der alleinige oder entscheidende Anknüpfungspunkt ist. Es genügt, dass sie ein wesentlich beitragender Faktor ist.

3.5. Geschlechtsspezifische Verfolgungsgründe

Das Gesetz formuliert, dass als soziale Gruppe auch eine Gruppe gelten könne, die sich auf das gemeinsame Merkmal der sexuellen Orientierung gründet. Hierdurch soll die überwiegende internationale Praxis übernommen werden, wonach eine geschlechtsspezifische Verfolgung unter den Begriff einer Verfolgung wegen einer bestimmten sozialen Gruppe subsumiert werden kann.

Die Einschränkung, dass als sexuelle Orientierung keine Handlungen verstanden werden können, die nach deutschem Recht als strafbar gelten, zielt auf Sexualpraktiken, die der Menschenwürde zuwiderlaufen und pönalisiert sind, beispielsweise sexuelle

Handlungen an und mit Kindern. Einvernehmliche homosexuelle Handlungen unter Erwachsenen sind nach deutschem Recht nicht strafbar und damit auch nicht ausgeschlossen. Im Gegenteil: Die Strafbarkeit homosexueller Handlungen in manchen Staaten ist eine Verfolgungshandlung im Sinne von § 3a II Nr. 5 AsylVfG.

3.5.1. § 3b I Nr. 4 letzter Hs. AsylVfG hat klargestellt, dass der Verfolgungsgrund der Zugehörigkeit zu einer bestimmten sozialen Gruppe auch gegeben sein kann, wenn die Verfolgungshandlung allein an das Geschlecht anknüpft. Eine Bedrohung des Lebens, der körperlichen Unversehrtheit oder der Freiheit, ist als Verfolgungshandlung relevant. Damit ist beispielsweise jede Vergewaltigung oder jeder sonstige Übergriff auf das sexuelle Selbstbestimmungsrecht prinzipiell eine relevante Verfolgungshandlung im Sinne von § 3b I Nr. 4 AsylVfG, selbst wenn sie von Privatleuten ausgeht. Stehen die Übergriffe in keinem sonstigen gesellschaftspolitischen Kontext, sondern sind sie sozusagen rein individuelle triebgesteuerte Handlungen, sind sie flüchtlingsrechtlich nur dann relevant, wenn der Staat insoweit nicht schutzfähig und schutzwillig ist. Dies ist insbesondere dann der Fall, wenn die staatliche Ordnung zerfallen ist und es infolge dessen zu derartigen Übergriffen kommt, denen Einzelne schutzlos ausgesetzt sind. Ein anderes Beispiel ist die Genitalverstümmelung, vor der Mädchen oft nicht geschützt sind. Auch wenn dies mittlerweile in vielen Staaten verboten ist, können oder wollen manche Staaten gegen derartige traditionell oder religiös verankerte Praktiken nicht einschreiten. Besteht eine solche Gefahr, liegt eine die Flüchtlingseigenschaft begründende Handlung vor.

3.6. Politische Überzeugung

Hinsichtlich des Begriffs der Verfolgung wegen der politischen Überzeugung kann auf die bisherige Rechtsprechung zurückgegriffen werden. Auch Handlungen, wie etwa Propagandatätigkeit oder Demonstrationen, können Ausdruck einer politischen Überzeugung sein. Der letzte Halbsatz von § 3b I Nr. 5 AsylVfG hält zutreffend fest, dass es unerheblich ist, ob der Betreffende aufgrund dieser Meinung, Grundhaltung oder Überzeugung tätig geworden ist. Allein das Haben einer Meinung kann einen Verfolgungsgrund darstellen

3.7. Zuschreibung von Verfolgungsgründen

Für alle Verfolgungsgründe gilt die Aussage von § 3b II AsylVfG, dass es bei der Bewertung der Frage, ob die Furcht vor Verfolgung begründet ist, unerheblich ist, ob der Flüchtling tatsächlich die Merkmale, die zur Verfolgung führen, aufweist. Entscheidend ist ausschließlich, dass „ihm diese Merkmale von seinem Verfolger zugeschrieben werden". Diese Hervorhebung ist wichtig, weil eine Verfolgung ja sehr oft auf Unterstellungen oder Vorurteilen beruht. Bei Pogromen wird nicht differenziert: allen Bewohnern eines Stadtviertels oder anderweitig abgegrenzten Personen wird das die Verfolgung auslösende Merkmal ohne Prüfung zugeschrieben.

4. Urheber der Verfolgung

Eine Verfolgung im vorgenannten Sinne kann gemäß § 3c AsylVfG ausgehen von
g) dem Staat,
h) Parteien oder Organisationen, die den Staat oder einen wesentlichen Teil des Staatsgebiets beherrschen oder
i) nicht-staatlichen Akteuren, sofern die unter a) und b) genannten Akteure einschließlich internationaler Organisationen nicht in der Lage oder nicht willens sind, Schutz vor Verfolgung zu bieten.

Der deutsche Gesetzgeber hat dem ansonsten gleichlautenden Text von Art. 6 QL noch einen zweiten Halbsatz hinzugefügt, nämlich dass dies unabhängig davon sei, ob in dem Land eine staatliche Herrschaftsmacht vorhanden ist oder nicht.

Dass eine Verfolgung auch durch nicht-staatliche Akteure zum Flüchtlingsschutz führt, unterscheidet die GFK von dem deutschen Asylgrundrecht. Weitere Voraussetzung ist jedoch, dass der Staat oder staatsähnliche Organisationen oder auch internationale Organisationen nicht in der Lage oder willens sind, Schutz zu bieten. Wenn eine solche Schutzmöglichkeit besteht und auch effektiv ist – es genügt nicht, dass der Staat guten Willens ist und sich bemüht, aber den Schutz nicht gewährleisten kann –, hat der Flüchtling diesen Schutz auch in Anspruch zu nehmen. Soweit der Gesetzeswortlaut dabei davon spricht, dass der Staat, staatsähnliche oder internationale Organisationen „erwiesenermaßen nicht in der Lage oder nicht willens sind, Schutz zu bieten", begründet dies keine Beweislast im eigentlichen Sinne. Die Formulierung dient vielmehr nur der Klarstellung, dass es Aufgabe des Antragstellers ist, darzulegen, dass er sich um entsprechenden Schutz bemüht hat und diesen nicht erlangen konnte. Die englische Fassung in Art. 6c QL, der der Wortlaut entnommen ist, wonach die Verfolgung durch nicht-staatliche Akteure erheblich ist, „if it can be demonstrated", dass der Antragsteller im Herkunftsland anderweitigen Schutz nicht erlangen konnte, macht dies besser als die deutsche Übersetzung deutlich.

5. Verknüpfung zwischen Verfolgungshandlung und -gründen

Allein die Feststellung von Verfolgungsgründen führt noch nicht zur Bejahung der Flüchtlingseigenschaft. Vielmehr muss zwischen der Verfolgungshandlung und den Verfolgungsgründen eine Verknüpfung bestehen (§ 3a III AsylVfG), die Verfolgungshandlung muss also wegen der Verfolgungsgründe vorgenommen werden.

6. Interner Schutz

Auch wenn eine flüchtlingsrelevante Verfolgung vorliegt, wird dem Ausländer die Flüchtlingseigenschaft nicht zuerkannt, sofern er internen Schutz erwarten kann (§ 3e AsylVfG). Ein solcher ist dann gegeben, wenn der Flüchtling
1. in einem Teil seines Herkunftslandes keine begründete Verfolgungsfurcht hat oder
2. er dort Schutz vom Staat, Parteien oder Organisationen einschließlich internationaler Organisationen erlangen kann (§ 3d AsylVfG).

Gleiches gilt, wenn er sicher und legal in diesen Landesteil reisen kann, dort aufgenommen wird und vernünftigerweise erwartet werden kann, dass er sich dort niederlässt.

Dies erfordert die Berücksichtigung der Transport- und Reisemöglichkeiten, der Visum- und Transiterfordernisse, aber auch körperlicher Bedingungen. Erfordert der Zugang die Durchquerung eines umkämpften Gebiets, eines Minenfelds oder ist der Antragsteller aufgrund einer Krankheit auf den einzig möglichen Transportwegen nicht transportfähig, scheidet ein Verweis auf die interne Schutzzone aus.

Inhaltlich ist Voraussetzung, dass der Betroffene vor dem Zugriff der Verfolger sicher ist. Macht der Flüchtling staatliche Verfolgung geltend, scheidet eine interne Fluchtalternative regelmäßig aus, da die staatlichen Akteure im Normalfall im gesamten

Landesgebiet agieren können. Nur ausnahmsweise dann, wenn der Staat in einem Teilgebiet keine Zugriffsmöglichkeit mehr hat, kommt dann eine innerstaatliche Fluchtalternative überhaupt in Betracht. Wird eine Verfolgung durch andere Organisationen oder Privatpersonen befürchtet, muss eine effektive Schutzgewährung vor Übergriffen dieser sichergestellt sein.

Neben der Verfolgungssicherheit ist weitere Voraussetzung, dass der Verweis auf die interne Schutzalternative zumutbar ist. Neben den allgemeinen Gegebenheiten sind die persönlichen Umstände des Antragstellers zum Zeitpunkt der Entscheidung über den Antrag zu berücksichtigen.

Dies folgt aus der Formulierung, wonach vom Flüchtling „vernünftigerweise erwartet werden kann, dass er sich dort niederlässt". Es sind also auch subjektive Gesichtspunkte, Zumutbarkeitskriterien und damit natürlich auch die individuellen Umstände in die Prüfung einzubeziehen.

Die Verhältnisse müssen so sein, dass der Flüchtling ein relativ normales Leben unter Berücksichtigung der allgemeinen Gegebenheiten im Herkunftsland führen kann. Die wirtschaftliche und soziale Existenz muss sichergestellt, die grundlegenden Menschenrechte gewährleistet sein. Ist der Antragsteller hilfsbedürftig, muss ein Mindestmaß an wirtschaftlicher Unterstützung geboten werden, so dass den Antragsteller mehr erwartet als ein Dahinvegetieren am Rande des Existenzminimums.

7. Verfolgungsprognose

Die Bejahung einer begründeten Verfolgungsfurcht für den Fall der Rückkehr verlangt eine Prognoseentscheidung. Weder die Qualifikations-Richtlinie noch das Asylverfahrensgesetz enthält eine Festlegung eines bestimmten Wahrscheinlichkeitsgrads der Verfolgung. Nach der Staatenpraxis zur Auslegung der GFK unter Berücksichtigung des Beweisnotstands genügt die Darlegung einer vernünftigerweise möglichen Verfolgung, damit die Furcht als begründet erscheint (vgl. UNHCR, Auslegung von Art. 1 GFK, April 2001, S. 3). Der Flüchtling hat darzulegen, dass es gute Gründe oder eine ernsthafte Möglichkeit gibt, dass er für den Fall der Rückkehr Verfolgung erleiden wird.

Ob diese Gründe stichhaltig sind, ist jedoch nicht nach rein objektiven Gründen, sondern entsprechend dem völkerrechtlichen Flüchtlingsbegriff (Art. 2c QL) und unter Berücksichtigung der individuellen Besonderheiten zu entscheiden (vgl. Art. 4 IIIc QL).

Nach Art. 4 IV QL ist die Tatsache, dass der Antragsteller bereits verfolgt wurde oder einen sonstigen ernsthaften Schaden erlitten hat bzw. von einer solchen Verfolgung oder einem solchen Schaden unmittelbar bedroht war, ein ernsthafter Hinweis darauf, dass die Furcht des Antragstellers vor Verfolgung begründet ist bzw. dass er tatsächlich Gefahr läuft, ernsthaften Schaden zu nehmen. Die Behörde kann den Gegenbeweis durch objektiv stichhaltige Gründe führen (Art. 4 IV 2. Hs. QL). Diese Bestimmung ist nicht ausdrücklich in das Asylverfahrensgesetz übernommen worden, sie ist jedoch anzuwenden.

8. Ausschlussgründe

§ 3 II AsylVfG bestimmt apodiktisch, dass ein Ausländer nicht Flüchtling im Sinne der GFK ist, wenn aus schwerwiegenden Gründen die Annahme gerechtfertigt ist, dass er

1. *ein Verbrechen gegen den Frieden, ein Kriegsverbrechen oder ein Verbrechen gegen die Menschlichkeit begangen hat im Sinne der internationalen Vertragswerke, die ausgearbeitet worden sind, um Bestimmungen bezüglich dieser Verbrechen zu treffen,*
2. *vor seiner Aufnahme als Flüchtling eine schwere nichtpolitische Straftat außerhalb des Bundesgebiets begangen hat, insbesondere eine grausame Handlung, auch wenn mit ihr vorgeblich politische Ziele verfolgt wurden, oder*
3. *den Zielen und Grundsätzen der Vereinten Nationen zuwidergehandelt hat.*
Satz 1 gilt auch für Ausländer, die andere zu den darin genannten Straftaten oder Handlungen angestiftet oder sich in sonstiger Weise daran beteiligt haben.

Bei Vorliegen dieser Voraussetzungen ist der Ausländer io ipso kein Flüchtling. Hiervon zu unterscheiden ist die Frage, ob eine Abschiebung zulässig ist.

§ 3 II AsylVfG verlangt nicht nur die Annahme eines dort genannten Verbrechens, sondern auch schwerwiegende Gründe für diese Annahme. Dies verlangt zum einen konkrete (und nicht nur abstrakte und theoretische) Anhaltspunkte, zum anderen aber des Weiteren, dass diese „schwerwiegend" sein müssen. So genügt es beispielsweise nicht, dass festgestellt wird, dass der Betroffene Kontakt zu Personen hat, die ihrerseits terroristischen Vereinigungen angehören oder ihnen nahe stehen. Eine solche Feststellung würde lediglich das erste Gebot erfüllen, nämlich dass tatsächliche Anhaltspunkte für eine Annahme existieren müssen, nicht aber die weiteren, dass diese Anhaltspunkte schwerwiegend sein müssen und die Annahme rechtfertigen, dass von dem Ausländer eine konkrete Gefahr ausgeht. Natürlich kann diese konkrete Gefahr nicht benannt werden, da niemand vorhersehen kann, was der Verdächtige plant. Gleichwohl muss die Tatsachenbasis so breit sein, dass sich hieraus ein schwerwiegender Verdacht ergibt im Hinblick auf die bezeichneten Verbrechen. Wenn aufgrund von Tatsachen eine ideologische Nähe festgestellt ist, genügt dies noch nicht. Zumindest ist im Hinblick auf die Organisation festzustellen, dass

- entweder bereits in der Vergangenheit vergleichbare Verbrechen begangen wurden und in Ermangelung einer Distanzierung auch künftig mit entsprechenden Taten zu rechnen ist oder
- konkrete Anhaltspunkte bestehen, dass aus der theoretischen Verblendung mit beachtlicher Wahrscheinlichkeit Verbrechen erwachsen können.

Schließlich ist zwischen diesen Voraussetzungen eine Verbindung zum Betroffenen herzustellen. Die Bejahung dieser Kriterien erfordert einen erheblichen Begründungsaufwand und konkrete Feststellungen. Dies verlangt der gebotene Schutz politisch Verfolgter.

Soweit § 3 II 1 Nr. 3 AsylVfG einen Ausländer von der Flüchtlingseigenschaft ausschließt, insofern er sich Handlungen hat zuschulden kommen lassen, die den Zielen und Grundsätzen der Vereinten Nationen zuwider laufen, ist darauf hinzuweisen, dass damit nicht einzelne Resolutionen oder Beschlüsse gemeint sind. Vielmehr geht es um die grundlegenden „Ziele und Grundsätze" der Vereinten Nationen. Gegen diese muss der Betreffende aktiv und zielgerichtet vorgegangen sein. So genügt beispielsweise die bloße ideologische Unterstützung, etwa die Teilnahme an einer Demonstration, alleine nicht. Vielmehr müssen konkrete Handlungen dieser Organisation unterstützt worden sein, die die genannten Ziele und Grundsätze der Vereinten Nationen aktiv angreifen.

§ 3 IV AsylVfG bestimmt, dass einem Ausländer, der Flüchtling im Sinne von § 3 I AsylVfG ist, die Flüchtlingseigenschaft dann nicht zuerkannt wird, wenn er die Voraussetzungen des § 60 VIII 1 AufenthG erfüllt. Im Gegensatz zu § 3 II AsylVfG wird diesem also nicht die Flüchtlingseigenschaft als solche versagt, sondern nur die „Zuerkennung", also die förmliche Bestätigung. Dieser dogmatische Unterschied spielt im Ergebnis aber keine Rolle. Tatbestandsmerkmal ist, dass die Voraussetzungen des § 60 VIII 1 AufenthG vorliegen, der zwei Alternativen kennt. Die erste ist die, dass der Ausländer aus schwerwiegenden Gründen als eine Gefahr für die Sicherheit der Bundesrepublik Deutschland anzusehen ist. Gemeint sind Terroristen. Eine bloße theoretische Annahme genügt nicht, vielmehr muss die Gefahr für die Sicherheit der Bundesrepublik Deutschland feststehen. Der zweite Ausschlussgrund greift ein, wenn der Ausländer eine Gefahr für die Allgemeinheit darstellt, weil er wegen eines Verbrechens oder besonders schweren Vergehens rechtskräftig zu einer Freiheitsstrafe von mindestens 3 Jahren verurteilt worden ist. Die 3 Jahre sind die unterste Grenze. Ein Automatismus bei Überschreitung dieser Grenze existiert nicht. Vielmehr muss – auch bei einem deutlichen Überschreiten der 3 Jahre – eine Wiederholungsgefahr hinzukommen. Diese muss aufgrund konkret festgestellter Umstände mit Blick auf die konkrete Straftat festgestellt werden.

8.1. Abschiebungsschutz trotz Vorliegens von Ausschlussgründen

§ 3 II und IV AsylVfG enthalten Ausschlussgründe im Hinblick auf die Flüchtlingseigenschaft. Hieraus folgt noch nicht, dass deshalb auch die Abschiebung zulässig ist. Diese Frage ist vielmehr in § 60 AufenthG geregelt. Der schon erwähnte § 60 VIII AufenthG, auf den § 3 IV AsylVfG verweist, erklärt zwar ausdrücklich, dass der Flüchtlingsschutz von § 60 I und II AufenthG nicht greift, lässt aber, was § 60 IX AufenthG ausdrücklich klarstellt, die übrigen Abschiebungsverbote des § 60 II bis VII AufenthG unberührt. Mit anderen Worten: Selbst wenn die Flüchtlingseigenschaft nicht besteht oder nicht zuerkannt wird, kommt humanitärer Abschiebungsschutz nach § 60 II AufenthG in Betracht. Denn der menschenrechtliche Abschiebungsschutz reicht weiter als der asylrechtliche. Er ist absolut. Art. 3 EMRK verhindert bei einer drohenden menschenrechtswidrigen Verfolgung die Abschiebung. Die Konsequenz der Bejahung der Voraussetzungen von § 60 VIII AufenthG ist in diesen Fällen, dass dem Betreffenden keine Aufenthaltserlaubnis erteilt wird (§ 25 III 2 AufenthG), sondern nur eine Duldung gemäß § 60a AufenthG.

8.2. Prüfungsschema Flüchtlingsschutz

Prüfungspunkt	Gesetzesnorm		Norm in QRL
1. Verfolgungshandlung durch einen Verfolgungsakteur	**Verfolgungshandlung:**		
	• § 3 a (1) Nr.1 AsylVfG: schwerwiegende Verletzung eines grundlegenden Menschenrechts		Art. 9 (1) a)
	• § 3 a (1) Nr. 2 AsylVfG: Kumulierung unterschiedlicher Maßnahmen		Art. 9 (1) b)
	• § 3 a (2) AsylVfG: nicht abschließende Liste von Beispielen, was als Verfolgungshandlung gelten kann		Art. 9 (2)
	Verfolgungsakteur: § 3 c AsylVfG		Art. 6
2. Begründete Furcht, verfolgt zu werden	Genannt in § 3 (1) Nr. 1 AsylVfG; keine gesetzliche Definition vorhanden; Verfolgungsprognose vorzunehmen		Art. 2 d
3. Verknüpfung der Verfolgungshandlung mit einem der Verfolgungsgründe	**Verfolgungsgründe:**		Art. 10
	§ 3 b (1) Nr.1 AsylVfG	Rasse	Art. 10 (1) a)
	§ 3 b (1) Nr. 2 AsylVfG	Religion	Art. 10 (1) b)
	§ 3 b (1) Nr.3 AsylVfG	Nationalität	Art. 10 (1) c)
	§ 3 b (1) Nr.4 AsylVfG	Zugehörigkeit zu einer bestimmten sozialen Gruppe	Art. 10 (1) d)
	§ 3 b (1) Nr.5 AsylVfG	politische Überzeugung	Art. 10 (1) e)
	§ 3 b (2) AsylVfG: Zuschreibung des Grundes durch Verfolger genügend		Art. 10 (2)
	Verknüpfung von Grund und Handlung: § 3 a (3) AsylVfG		Art. 9 (3)
4. Fehlender effektiver Schutz im Herkunftsstaat	§ 3 d AsylVfG: mögliche Schutzakteure und Anforderungen an den Schutz		Art. 7
	§ 3 e AsylVfG: Anforderungen an den internen Schutz		Art. 8
5. Keine Ausschluss- oder Beendigungsgründe	**Ausschlussgründe:**		Art. 12
	§ 3 (3) AsylVfG		Art. 12 (1) a)
	§ 3 (2) S. 1 Nr. 1		Art. 12 (2) a)
	§ 3 (2) S. 1 Nr. 2		Art. 12 (2) b)
	§ 3 (2) S. 1 Nr. 3		Art. 12 (2) c)
	§ 3 (2) S. 2		Art. 12 (3)
	§ 3 (4) AsylVfG i. V. m §60 (8) S.1 AufenthG		Art. 21 (2)*
	Beendigungsgründe:		Art. 11
	§ 72 (1) Nr. 1 AsylVfG		Art. 11 (1) a)
	§ 72 (1) Nr. 1 a AsylVfG		Art. 11 (1) d)
	§ 72 (1) Nr. 2 AsylVfG		Art. 11 (1) b)
	§ 72 (1) Nr. 3 AsylVfG		Art. 11 (1) c)
	§ 73 (1) S. 1, 2 AsylVfG		Art. 11 (1) e), f)
	Ausnahme: § 73 (1) S. 3 AsylVfG		Art. 11 (3)

* § 60 (8) S. 1 AufenthG bezieht sich auf Art. 21 (2) QRL, der wiederum Art. 33 (2) der Genfer Flüchtlingskonvention nachgebildet ist. Dabei handelt es sich – anders als im deutschen Gesetz – nicht um einen Ausschlussgrund, sondern um die Ausnahme vom Refoulement-Verbot.

IV. Internationaler subsidiärer Schutz

Das asylrechtliche Schutzsystem, das bislang dargestellt wurde, will Schutz vor politischer Verfolgung bieten, die an die Verfolgungsgründe der Genfer Flüchtlingskonvention anknüpft, wie sie in § 3b AsylVfG niedergelegt sind. Es geht also um eine gezielte Verfolgung wegen der Rasse, der Religion, der Nationalität, der sexuellen Orientierung, der Zugehörigkeit zu einer bestimmten sozialen Gruppe oder der politischen Überzeugung. Dieses Schutzsystem des Flüchtlingsrechts hat sich historisch herausgebildet. Es greift jedoch nicht ein, wenn ein derartiger Verfolgungsgrund nicht vorliegt. Wenn ein Staat beispielsweise generell in seinen Gefängnissen foltert, ohne nach Religion oder politischer Überzeugung zu differenzieren, wäre der Betroffene schutzlos. Die Entwicklung der Menschenrechte als individuelle Abwehrrechte gegen den Staat und die zunehmende Erkenntnis der Universalität dieser Menschenrechte führte dazu, dass auch bei derartigen Fallkonstellationen Schutz in Anspruch genommen und zunehmend gewährt wurde. In Deutschland war dies zunächst als Duldungsgrund akzeptiert, später wurde eine Aufenthaltsbefugnis bzw. -erlaubnis erteilt. Die zunächst bei den Ausländerbehörden liegende Prüfungskompetenz wurde dem BAMF bei sog. ‚zielstaatsbezogenen' Abschiebungsverboten übertragen. Der Schutz wurde vor allem aus Art. 3 EMRK (menschenrechtswidrige Behandlung und Folter) und aus Art. 8 I EMRK (Schutz der Familie und Recht auf Persönlichkeit) abgeleitet. Dieser sog. ‚subsidiäre Schutz' bildete bald eine zweite Säule; im deutschen Recht nahm er schließlich einen breiteren Raum ein als der asylrechtliche. Da auch die anderen europäischen Staaten subsidiären Schutz gewährten, wurde er auch zum Gegenstand des sich entwickelnden europäischen asylrechtlichen Schutzsystems. Schon die Erstfassung der Qualifikations-Richtlinie (RL 2011/95/EU) führte diesbezügliche Regelungen ein. Der deutsche Gesetzgeber hat zunächst zögerlich reagiert und erst mit den Umsetzungsgesetzen 2013 durch § 4 AsylVfG i. V. m. § 60 II AufenthG den internationalen subsidiären Schutz vollständig ins deutsche Rechtssystem überführt. Langfristig sollen die beiden Schutzsysteme zu einem einheitlichen Status zusammengeführt werden.

1. Systematik

Bevor ich den Inhalt des subsidiären Schutzes erkläre, will ich kurz die Systematik des Menschenrechtsschutzes darstellen.
Die Menschenrechte sind universell und in verschiedenen internationalen Übereinkommen geregelt.
Zum unstreitigen Bestand der Menschenrechte zählen:
- das Recht auf Leben
- das Verbot von Folter, unmenschlicher oder erniedrigender Strafe oder Behandlung
- das Verbot der Sklaverei und Zwangsarbeit
- das Recht auf persönliche Freiheit und Sicherheit
- das Recht auf Rechtsschutz, gerichtliches Gehör und Schutz der Menschenwürde der Gefangenen
- das Verbot der Diskriminierung
- das Recht auf Gedanken-, Gewissens-, Religionsfreiheit, freie Meinungsäußerung, Versammlungs- und Vereinsfreiheit
- der Grundsatz „nulla poena sine lege" (keine Strafe ohne Gesetz)
- das Recht auf Achtung der privaten Sphäre und Schutz der Ehe und Familie
- und schließlich das Recht auf Entfaltung der Persönlichkeit, das in den entsprechenden Konventionen nicht ausdrücklich erwähnt ist, sich aber als Substrat zwingend ergibt

Dieser Rechte-Katalog beschreibt den common sense der zivilisierten Welt. So hat ein Staat Menschen zu behandeln, ohne dass es darauf ankommt, ob sie „Bürger" oder „Ausländer" oder gar nur „Asylbewerber" sind.

Diese grundlegenden Rechte werden jedoch – vergleichbar mit den nationalen Grundrechten – in der Rechtspraxis nicht unmittelbar angewandt, sondern sind vom sog. einfachen Gesetzgeber zu beachten. Das Folterverbot, das sich ja zunächst an den Staat richtet, hat dieser durch eine sachgerechte Regelung im Strafvollzugsgesetz beachtet, und, soweit es sich gegen den Einzelnen richtet, dadurch, dass eine Körperverletzung eine Straftat darstellt. Das Recht auf Achtung der Persönlichkeit ist in nahezu allen Gesetzen von Belang und beispielsweise in Kinderschutzbestimmungen umgesetzt. Fehlt im Einzelfall eine Regelung, sind alle deutschen Gesetze so auszulegen, dass sie im Einklang mit den Menschenrechten stehen.

Für eine unmittelbare Anwendung der internationalen Abkommen und Regelungen verbleibt daher idealerweise ebenso wenig

Raum, wie für eine unmittelbare Anwendung der Grundrechte. Dann jedoch, wenn ausnahmsweise eine gesetzliche Regelung nicht existiert oder die herrschende Gesetzesinterpretation zu einer Kollision mit den höherrangigen Verfassungsrechten oder den Menschenrechten führt, können ausnahmsweise auch diese Normen unmittelbar zur Anwendung gebracht werden.

Im Bereich des Abschiebungsschutzes ist der Adressat zunächst der Herkunftsstaat, gleichwohl haben die Menschenrechte auch für den Transit- und den Aufnahmestaat eines Flüchtlings weit reichende Wirkungen. Denn nach der Rechtsprechung sowohl des Bundesverfassungsgerichtes, als auch des Europäischen Gerichtshofes für Menschenrechte sind die Vertragsstaaten – also auch die Bundesrepublik Deutschland – daran gehindert, durch eine Abschiebung, Zurückweisung oder Ausweisung eines Ausländers indirekt an einer menschenrechtswidrigen Behandlung mitzuwirken. Die Abschiebung einer Person, die im Zielstaat einer unmenschlichen Behandlung unterworfen wäre, ist auch eine Menschenrechtsverletzung des Abschiebestaates. Nicht nur der Staat, der den Betreffenden foltert, sondern auch der Staat, der den Flüchtling dem Folterer überantwortet, verletzt die Menschenrechte!

Aufgrund dessen ist auch Deutschland verpflichtet, vor einer eventuellen Abschiebung zu prüfen, ob hierdurch eine Menschenrechtsverletzung eintreten würde.

2. Prüfung durch das BAMF

Bis zu den Änderungen durch die Richtlinienumsetzungsgesetze 2013 waren die aus den Menschenrechten resultierenden Rechte und Pflichten nur auf der Ebene der Abschiebungsverbote angesiedelt. Sie waren vom deutschen Gesetzgeber nicht als Schutzanspruch ausgestaltet, sondern lediglich als Abschiebungsverbote, die (eigentlich) erst zum Tragen kamen, wenn eine bestehende Ausreisepflicht durchgesetzt werden sollte. Schon damals hatte der Gesetzgeber jedoch die Systematik nicht durchgehalten, da er die Prüfung der Abschiebungsverbote vorverlagert hatte und dem BAMF gemäß § 24 II AsylVfG a. F. die Prüfung übertragen hatte, ob die Voraussetzungen für die Aussetzung der Abschiebung nach § 60 II bis VII AufenthG a. F. vorliegen. Die Ausländerbehörde wurde durch § 42 I AsylVfG an diese Entscheidung gebunden.

Das System ist grundsätzlich nicht geändert, jedoch dadurch weiter aufgeweicht worden, dass der menschenrechtliche Schutz nunmehr Teil des Asylantrags ist. § 13 II AsylVfG führt aus, dass mit jedem Asylantrag die Anerkennung als Asylberechtigter sowie internationaler Schutz im Sinne des § 1 I Nr. 2 AsylVfG beantragt wird. Die letztgenannte Norm verweist auf die Qualifikations-Richtlinie in der Fassung vom 13.12.2011 (RL 2011/95/EU). Damit wird, wie § 4 AsylVfG auch ausführt, dem Schutzsuchenden ein Schutzstatus zuerkannt. Er ist, wie § 26 V AsylVfG zutreffend formuliert „international Schutzberechtigter" und von der Ebene dessen, der (nur) nicht abgeschoben werden darf aufgrund des europäischen Rechts zu einer Person mit Rechten heraufgestuft worden. Dass dennoch in § 60 II AufenthG ein Abschiebungsverbot für diesen Personenkreis normiert wird, ändert hieran nichts. Das in § 60 AufenthG detailliert geregelte Verbot von Abschiebungen betrifft alle Personen, von denen nicht nur die in Absatz 1 (schon bisher) genannten Asylberechtigten und Flüchtlinge, sondern nunmehr auch die „international subsidiär Schutzberechtigten" des Absatzes 2, sowie den nur national geschützten Personenkreis von § 60 V und VII 1 AufenthG; für sie gilt nur das Abschiebungsverbot, sie haben aber keinen Status.

Dem BAMF obliegt damit die umfassende Prüfung bei zielstaatsbezogenen Abschiebungsverboten, nämlich sowohl der asylrelevanten (Asylberechtigung, Flüchtlingsstatus) als auch des internationalen Schutzanspruchs gemäß § 4 AsylVfG und des nationalen Schutzanspruchs des § 60 V und VII 1 AufenthG.

2.1. Isolierter nationaler Schutzantrag

Dann jedoch, wenn kein Asylantrag gestellt ist (und in der Vergangenheit auch nicht gestellt war), sondern Prüfungsgegenstand nur ein zielstaatsbezogenes nationales Abschiebungsverbot nach § 60 V oder VII 1 AufenthG ist, trifft das BAMF gegenüber dem Schutzsuchenden keine unmittelbare Entscheidung in Form eines Verwaltungsakts. Vielmehr entscheidet dann die Ausländerbehörde, ob eine Aufenthaltserlaubnis nach § 25 III AufenthG oder eine Duldung nach § 60a AufenthG erteilt werden kann. Die inhaltliche Prüfung über das Vorliegen eines solchen Abschiebungsverbots trifft jedoch auch dann das BAMF im Rahmen einer internen Stellungnahme gegenüber der Ausländerbehörde gemäß § 72 II AufenthG.

3. Internationaler subsidiärer Schutz

§ 4 AsylVfG regelt – weitgehend wortidentisch mit Art. 15 - 17 Qualifikations-Richtlinie (RL 2011/95/EU) – die Voraussetzungen für die Zuerkennung des internationalen subsidiären Schutzes. Ein Ausländer ist danach subsidiär Schutzberechtigter, wenn er stichhaltige Gründe für die Annahme vorgebracht hat, dass ihm in seinem Herkunftsland ein ernsthafter Schaden droht. Wie beim Flüchtlingsschutz gibt es keine Beweislast, sondern nur den Beibringungsgrundsatz; die Glaubhaftmachung genügt. Einem Vorverfolgten kommt gemäß Art. 4 IV Qualifikations-Richtlinie eine Beweislastregelung zugute: eine Vorverfolgung oder eine unmittelbare Bedrohung mit einer Verfolgung ist ein ernsthafter Hinweis darauf, dass der Betroffene im Fall einer Rückkehr „tatsächlich Gefahr läuft, ernsthaften Schaden zu erleiden". Den ernsthaften Schaden definiert § 4 II AsylVfG wie folgt:

1. die Verhängung oder Vollstreckung der Todesstrafe,
2. Folter oder unmenschliche oder erniedrigende Behandlung oder Bestrafung oder
3. eine ernsthafte individuelle Bedrohung des Lebens oder der Unversehrtheit einer Zivilperson infolge willkürlicher Gewalt im Rahmen eines internationalen oder innerstaatlichen bewaffneten Konflikts."

3.1. Drohende Todesstrafe

Als ernsthafter Schaden gilt die Verhängung oder Vollstreckung der Todesstrafe. Nicht jede absichtliche Tötung erfüllt den Begriff der Todesstrafe, sondern nur die vom Staat verhängte bzw. vom Gesetz vorgesehene. Es genügt, dass die konkrete Gefahr der Verhängung der Todesstrafe besteht. Nicht erforderlich ist, dass die Tat, die mit der Todesstrafe bedroht ist, schon entdeckt oder die Strafe schon verhängt ist. Es genügt die Bedrohung der konkreten Tat mit der Todesstrafe. Wie der Wortlaut deutlich macht, ist auch der Strafausspruch als solcher ausreichend. Wird die Todesstrafe in dem Land zwar verhängt, nach der Vollstreckungspraxis aber seit Jahren nicht vollstreckt, ändert dies nichts an der Bejahung des Tatbestandsmerkmals eines ernsten Schadens. Die Nichtvollstreckung ist auch in diesem Fall eine Ausnahme von der (gesetzlichen) Regel; dem Betroffenen kann das Risiko einer Vollstreckung nicht aufgebürdet werden.

Zu unterscheiden von dieser Fallkonstellation ist die einer völkerrechtlich verbindlichen und wirksamen Zusicherung der

Nichtvollstreckung. Liegt eine solche verlässliche, völkerrechtlich verbindliche Zusicherung eines verlässlichen Staates vor, kann möglicherweise die Gefahr des ernsthaften Schadens im Einzelfall ausgeräumt werden. Für das Auslieferungsverfahren ist dies im Fall einer förmlichen Zusicherung von der Rechtsprechung akzeptiert worden, für ausländerrechtliche Verfahren ist dies strittig geblieben. Jedenfalls dann, wenn auch nur die geringsten Zweifel an der Verlässlichkeit des Zielstaats der Auslieferung (unter Berücksichtigung der denkbaren zukünftigen Entwicklung in diesem Staat) bestehen, die Zusicherung die vom Gesetz intendierten stichhaltigen Gründe für das Vorliegen eines ernsthaften Schadens nicht beseitigen.

Ebenfalls einschlägig ist § 4 I 2 Nr. 1 AsylVfG, wenn die Gefahr einer extralegalen Tötung durch nichtstaatliche Akteure droht (§ 4 III i. V. m. § 3c Nr. 3 AsylVfG).

3.2. Folter und unmenschliche Behandlung

Gemäß § 4 I 2 Nr. 2 AsylVfG ist als ernsthafter Schaden auch Folter oder unmenschliche oder erniedrigende Behandlung oder Bestrafung definiert. Art. 1 I der UN-Antifolterkonvention definiert den Folterbegriff. Folter bezeichnet danach jede Handlung, durch die einer Person vorsätzlich große körperliche oder seelische Schmerzen oder Leiden zugefügt werden, z. B. um von ihr oder einem Dritten eine Aussage oder ein Geständnis zu erlangen, um sie für eine tatsächlich oder mutmaßlich von ihr oder einem Dritten begangene Tat zu bestrafen oder um sie oder einen Dritten einzuschüchtern oder zu nötigen oder aus einem anderen, auf irgendeiner Art von Diskriminierung beruhenden Grund, wenn diese Schmerzen oder Leiden von einem Angehörigen des öffentlichen Dienstes oder einer anderen in amtlicher Eigenschaft handelnden Person, auf deren Veranlassung oder mit deren ausdrücklichem oder stillschweigendem Einverständnis verursacht werden. Ausgenommen hiervon sind Schmerzen und Leiden, die sich lediglich aus gesetzlich zulässigen Sanktionen ergeben, dazugehören oder damit verbunden sind. Nach der Rechtsprechung des Bundesverwaltungsgerichts zum alten Recht musste die Folter vom Staat bzw. Staatsorganen ausgehen (vgl. BVerwGE 99, 331). Demgegenüber hat jedoch Art. 6c Qualifikations-Richtlinie bestimmt, dass die Gefahr auch von nicht-staatlichen Akteuren ausgehen kann. Der deutsche Gesetzgeber hat dies durch den Verweis in §§ 4 III, 3c AsylVfG umgesetzt. Wer foltert, spielt jetzt keine Rolle mehr.

Die Foltergefahr muss dabei konkret und individuell drohen. Eine abstrakte Gefahr genügt nicht. Wegen der Bedeutung des Folterverbots dürfen aber an die Prognoseentscheidung nicht zu hohe Anforderungen gestellt werden. Wenn es ernsthafte Anhaltspunkte gibt, dass die Folter in einem bestimmten Land üblich ist oder eine bestimmte Gruppe regelmäßig oder üblicherweise gefoltert wird, ist davon auszugehen, dass auch der Schutzsuchende in dieser Gefahr steht.

Unter unmenschlicher oder erniedrigender Behandlung bzw. Bestrafung werden Maßnahmen verstanden, durch die unter Missachtung der Menschenwürde anderen sichtlich schwere physische oder psychische Leiden zugefügt werden. Ob diese Voraussetzungen vorliegen, ist eine Frage des Einzelfalls, maßgeblich sind alle Umstände, wie die Art der Behandlung oder Bestrafung, der Zusammenhang, die Art und Weise und die zeitliche Dauer dieser Maßnahme, aber auch die psychischen und physischen Wirkungen auf das Opfer. Alter, Gesundheitszustand und Geschlecht spielen eine Rolle.

3.3. Bürgerkrieg

§ 4 I 2 Nr. 3 AsylVfG gewährt Schutz vor einer ernsthaften individuellen Bedrohung des Lebens oder der Unversehrtheit einer Zivilperson infolge willkürlicher Gewalt im Rahmen eines internationalen oder innerstaatlichen bewaffneten Konflikts nach Maßgabe von Art. 15c Qualifikations-Richtlinie. Es muss ein internationaler oder innerstaatlicher bewaffneter Konflikt vorliegen, bloße innere Unruhen oder Spannungen, Tumulte und vereinzelt auftretende Gewalttaten genügen nicht.

Grundsätzlich ist zunächst das gesamte Staatsgebiet in den Blick zu nehmen, wenn jedoch der Konflikt auf die Herkunftsregion des Flüchtlings beschränkt ist, kommt es hierauf an (wobei sich dann natürlich die Frage einer inländischen Fluchtalternative stellt).

Zweite Voraussetzung ist, dass eine erhebliche individuelle Gefahr infolge willkürlicher Gewalt droht. Dies ist an sich ein Widerspruch in sich, da sich eine willkürliche Gewalt gerade dadurch auszeichnet, dass sie nicht planbar und berechenbar ist und deshalb die Aussage, ob für den Einzelnen eine „individuelle" Gefahr besteht, eigentlich nicht möglich ist. Die Rechtsprechung hat sich damit beholfen, dass sie Feststellungen über das Niveau der willkürlichen Gewalt verlangt, also von einer sog. „Gefahrendichte" spricht. Erforderlich sei eine jedenfalls annäherungsweise quantitative Ermittlung der Gesamtzahl der in dem betreffenden Gebiet lebenden Zivilpersonen einerseits und die Akte der willkürlichen Gewalt, die von den Konfliktparteien gegen Leib und Leben von Zivilpersonen in diesem Gebiet verübt werden als Zweites sowie schließlich eine wertende Gesamtbetrachtung mit Blick auf die Anzahl der Opfer und die Schwere der Schädigungen bei der Zivilbevölkerung. Dieser Versuch einer Systematik durch die Rechtsprechung hat im Ergebnis die Norm praktisch wertlos gemacht. Die Rechtsprechung zählt die Anzahl der Menschen, die in einem bestimmten Gebiet leben und stellt diesen dann die der Verletzten und Toten gegenüber. Das Ergebnis ist regelmäßig, dass die Zahl der Opfer im Promillebereich liegt und die erforderliche Gefahrendichte verneint wird. Obwohl die Welt in den letzten Jahren zahlreiche Bürgerkriegssituationen kannte – Afghanistan, Somalia, Sudan, um nur einige zu nennen –, wurde eine Gefährdung gemäß § 15c Qualifikations-Richtlinie durchgehend verneint, lediglich für Syrien wurde eine Bürgerkriegslage angenommen. Auch wenn der Vergleich hinkt, weil es dort nicht um eine Bürgerkriegssituation ging, sei er wiedergegeben: hätte man einen solchen Maßstab auf die Verfolgten des NS-Regimes angelegt, wäre die Schutzbedürftigkeit der Opfer des Nationalsozialismus von den deutschen Gerichten verneint worden.

Die Fehlerhaftigkeit des Systems vor Augen hat die Rechtsprechung entschieden, dass im Einzelfall zu prüfen ist, ob gefahrerhöhende persönliche Umstände vorliegen aufgrund derer der Betroffene von den allgemeinen Gefahren mehr und stärker betroffen ist als die anderen. Als Beispiel wird der Arzt oder der Journalist angeführt, der sich im Kriegsgebiet aufhält, aber auch Zivilpersonen, die aufgrund ihrer religiösen oder ethnischen Zugehörigkeit, einer Behinderung oder des Alters mehr gefährdet sind als alle anderen Zivilpersonen.

3.4. Allgemeine Grundsätze

§ 4 III AsylVfG bestimmt, dass die §§ 3c bis e AsylVfG entsprechend anzuwenden sind. Die Verfolgungsakteure und die Schutzakteure sind die selben wie im Flüchtlingsrecht. Aber auch, ob interner Schutz in einem anderen Landesteil existiert, ist zu prüfen.

§ 4 II AsylVfG schließt schließlich die Ausländer von der Zuerkennung subsidiären Schutzes aus, bei denen schwerwiegende Gründe die Annahme eines Verbrechens gegen den Frieden, einer schweren Straftat oder Handlungen gegen die Grundsätze der Vereinten Nationen nahelegen; auch Anstifter oder Beteiligte an solchen Taten sind vom subsidiären Schutz ausgeschlossen. Bezüglich der Einzelheiten siehe § 4 II AsylVfG.

3.5. Prüfungsschema internationaler subsidiärer Schutz

Prüfungspunkt	Gesetzesnorm		Norm inQRL
1. Ernsthafter Schaden durch Verfolgungsakteur	**Ernsthafter Schaden:**		Art. 15
	§ 4 (1) Nr. 1 AsylVfG	Todesstrafe	Art. 15 a)
	§ 4 (1) Nr. 2 AsylVfG	Folter, unmenschliche oder erniedrigende Behandlung	Art. 15 b)
	§ 4 (1) Nr. 3 AsylVfG	bewaffneter Konflikt	Art. 15 c)
	Akteur, von dem ernsthafter Schaden ausgehen kann: § 4 (3) i. V. m § 3 c AsylVfG		Art. 6
2. Tatsächliche Gefahr eines ernsthaften Schadens	Genannt in § 4 (3) AsylVfG; keine gesetzliche Definition vorhanden; Gefahrenprognose vorzunehmen		Art. 2 f)
3. Fehlender effektiver Schutz im Herkunftsstaat	§ 4 (3) i. V. m § 3 d AsylVfG: mögliche Schutzakteure (Abs. 1) und Anforderungen an den Schutz (Abs. 2)		Art. 7
	§ 4 (3) i. V. m § 3 e AsylVfG: Anforderungen an den internen Schutz		Art. 8
5. Keine Ausschluss- oder Beendigungsgründe	**Ausschlussgründe:**		Art. 17
	§ 4 (2) S. 1 Nr. 1 AsylVfG		Art. 17 (1) a)
	§ 4 (2) S. 1 Nr. 2 AsylVfG		Art. 17 (1) b)
	§ 4 (2) S. 1 Nr. 3 AsylVfG		Art. 17 (1) c)
	§ 4 (2) S. 1 Nr. 4 AsylVfG		Art. 17 (1) d)
	§ 4 (2) S. 2 AsylVfG		Art. 17 (2)
	Beendigungsgründe:		Art. 16
	§ 73 b (1), (2) AsylVfG		Art. 11 (1) a)
	§ 73 b (1), S. 2 AsylVfG		Art. 11 (1) d)

Die Übersichten wurden erstellt von Friederike Foltz, Mitarbeiterin der Rechtsabteilung des UNHCR in Berlin. UNHCR-Vertretung in Deutschland, Wallstraße 9-13, 10179 Berlin;
Telefon +49 (0)30 - 202 202 0; Telefax +49 (0)30 - 202 202 20;
Email: gfrbe@unhcr.org;www.unhcr.de

V. Familienasyl

§ 26 AsylVfG regelt das Familienasyl und den Familienabschiebungsschutz. Familienangehörige können danach von dem sog. Stammberechtigten, also der Person, die als erste den Schutzstatus erhalten hat, nicht nur das Asylrecht ableiten, sondern auch den Flüchtlingsstatus und seit der letzten Änderung 2013 auch den Schutzstatus als international subsidiär Schutzberechtigter. Der Zweck der Regelung besteht darin, der Kernfamilie einen einheitlichen Status zu ermöglichen. Dies soll möglichst rasch und effektiv und ohne aufwendige Prüfung geschehen. Die Erweiterung des Familienschutzes auch auf international subsidiär Schutzberechtigte ist Art. 23 II Qualifikations-Richtlinie (RL 2011/95/EU) zu danken, der vorschreibt, dass Familienangehörige von Flüchtlingen und subsidiär Schutzberechtigten Anspruch auf die in Art. 24 bis 34 Qualifikations-Richtlinie bezeichneten Rechte haben, sofern dies mit der persönlichen Rechtsstellung der Familienangehörigen vereinbar ist.

1. Familienasyl für Ehegatten

1.1. Voraussetzungen

§ 26 I AsylVfG regelt die Voraussetzungen für das Ehegattenasyl eines Asylberechtigten. Da das Kinderasyl des Absatzes 2 und der internationale Schutz für Familienangehörige des Absatzes 5 hierauf verweist, kann Absatz 1 als Grundnorm angesehen werden, die dann entsprechend anzuwenden ist. Die Voraussetzungen des Ehegattenasyls – die sämtlich vorliegen müssen – sind:

- Der Ehegatte muss einen Asylantrag stellen.
- Die Anerkennung des Ausländers als Asylberechtigter muss unanfechtbar sein.
- Die Ehe muss schon im Verfolgerstaat bestanden haben.
- Der Asylantrag des Ehegatten muss vor oder gleichzeitig mit dem des Asylberechtigten oder unverzüglich nach der Einreise gestellt worden sein und
- die Anerkennung des Asylberechtigten darf nicht zu widerrufen oder zurückzunehmen sein.

1.2. Kritische Prüfung

Schon in den Vorauflagen habe ich empfohlen, vor Inanspruchnahme der Wohltat des Familienasyls kritisch zu prüfen, ob die Asylantragstellung des Ehegatten auch ratsam erscheint. Denn das Ergebnis des Asylantrags des Ehegatten könnte die Überprüfung der Asylberechtigung des sog. Stammberechtigten sein und infolge der Überprüfung dann der Verlust von dessen Asylberechtigung. Wenn beispielsweise der Ehegatte regulär im Wege des Familiennachzugs nachgereist ist, mit der Folge, dass er oder sie eine Aufenthaltserlaubnis aus familiären Gründen nach §§ 27 ff. AufenthG erhält, kann es durchaus ratsam sein, von der möglichen Stellung eines Asylantrags für den Ehegatten abzuraten. Dies ist insbesondere dann der Fall, wenn die aufenthaltsrechtliche Situation des Stammberechtigten nicht (eindeutig) gesichert ist, sei es, dass er noch keine Niederlassungserlaubnis hat, sei es, dass er arbeitslos (geworden) ist, sei es, dass eine Straftat oder ein sonstiger Ausweisungsgrund vorliegt. In meinem Beispielfall wird dies eher die Ausnahme sein, da ein Familiennachzug nicht gestattet worden wäre, wenn derartige Gründe bereits bei der Beantragung des Familiennachzugs vorgelegen hätten. Es gibt jedoch andere Fallkonstellationen, etwa die Übersiedlung von einem anderen EU-Staat, die vergleichbar sind und bei denen der Stammberechtigte nicht notwendig eine gesicherte Rechtsposition in Deutschland hat, gleichwohl der Nachkommende mit einem Verbleib in Deutschland rechnen kann.

Ist jedoch aufgrund der Tatsache, dass sich die politische Lage im Herkunftsland nicht geändert hat, von einem Fortbestand der Asylberechtigung auszugehen, wird im Regelfall die Stellung eines Asylantrags empfehlenswert sein, da dann auch der Ehegatte die Privilegien der Statusentscheidung der Anerkennung für sich in Anspruch nehmen kann. Der Nachteil allerdings: Er kann nicht mehr in seinen Herkunftsstaat reisen, weil er ansonsten eben diesen Flüchtlingsstatus wieder verliert.

Durch die Erweiterung des Familienschutzes auch auf subsidiär Schutzberechtigte müssen die Angehörigen jetzt generell überlegen, ob sie einen Schutzantrag stellen – nicht nur, wenn es um asylrechtlichen Schutz geht. Wer etwa im Wege des Familiennachzugs nachgekommen ist und damit schon ein Aufenthaltsrecht besitzt, muss abwägen, ob er mit einem Asylantrag (der nach § 13 AsylVfG auch den Antrag auf subsidiären Schutz nach § 4 I AsylVfG umfasst) nicht die Einleitung eines Widerrufsverfahrens beim Stammberechtigten provoziert.

1.3. Wirksame Ehe

Ehegattenasyl setzt das wirksame Bestehen einer Ehe nach deutschem Recht voraus, wobei jedoch vorher erworbene Rechte zu achten sind (Art. 12 GK). Auch polygame Ehen kommen in Betracht, nicht aber rein religiöse, staatlich nicht anerkannte Ehen.

1.4. Einreise über sicheren Drittstaat

Nach der Rechtsprechung des Bundesverwaltungsgerichts scheidet die Anerkennung als Familienasylberechtigter dann aus, wenn der Familienangehörige aus einem sicheren Drittstaat im Sinne von § 26a AsylVfG eingereist ist, sofern die Einreise nicht mit einem Visum erfolgte oder die sonstigen Ausnahmen eingreifen (insbesondere Dublin-III). Diese Rechtsprechung ist inhaltlich wenig überzeugend, weil sie den Gesetzeszweck (einheitlicher Status der Familie) vereitelt. Hinzu kommt, dass sie seit der Erweiterung des Familienasyls auf Familienabschiebungsschutz insoweit ins Leere geht, als dieser nicht ausgeschlossen wird. Denn die Drittstaatenregelung gilt nur für das Asylgrundrecht, nicht aber für §§ 3 und 4 AsylVfG. Das Ergebnis ist daher, dass auch bei einer Einreise über einen sicheren Drittstaat der Familienangehörige jedenfalls Familienabschiebungsschutz nach §§ 3 oder 4 AsylVfG erhält.

1.5. Unanfechtbarkeit der Anerkennung

Die Anerkennung des Stammberechtigten muss unanfechtbar sein. Dieses Erfordernis verkompliziert das Verfahren – unter Umständen ganz erheblich. Die BAMF-Entscheidung wird verzögert, weil zunächst die Entscheidung des Stammberechtigten ergehen und bestandskräftig werden muss und erst dann, in einem zweiten Schritt, das Familienasyl zugesprochen werden kann. Da die Bestandskraft schon mit dem Zugang der Entscheidung eintritt, gibt es bei einer einheitlichen Entscheidung keine Probleme. Ist aber nur ein Teil der möglichen Statusentscheidungen positiv (z. B. der internationale subsidiäre Schutz) und kämpft der Stammberechtigte um das abgelehnte Recht (also z. B. sein Asylrecht), ergeht im Regelfall auch keine Entscheidung im Hinblick auf den Familienangehörigen, weil ja noch ungewiss ist, ob diese Familienasyl, Familienflüchtlingsschutz oder nur Familienabschiebungsschutz beanspruchen können. Es braucht dann meist einige Mühe und Aufwand, das BAMF dazu zu bringen, z. B. eine Teil-Bestandskraftmitteilung hinsichtlich § 3 AsylVfG und eine Entscheidung über Familienflüchtlingsschutz zu erlassen. Oft wird man eine rasche Entscheidung nur erhalten, wenn die Familienangehörigen auf das verzichten, was der Stammberechtigte nicht erhalten hat. Ansonsten ist die Folge oft, dass die Familienangehörigen lange Zeit, nämlich bis zur Rechtskraft der Entscheidung des Stammberechtigten, auf ihre eigene Entscheidung warten müssen.

Noch komplizierter ist die Situation, wenn ein Widerrufsverfahren im Hinblick auf den Stammberechtigten in Frage kommt oder schon eingeleitet wurde. Dann nämlich wird das BAMF Familienasyl ablehnen, weil ja dessen eine Voraussetzung nicht mehr vorliegt. Die hiergegen erhobene Klage aber kann – jedenfalls vernünftig – nicht entschieden werden so lange das Verfahren des Stammberechtigten noch nicht entschieden ist. Denn letztlich hängt der Ausgang des Klageverfahrens beim Familienasyl von der Entscheidung im Verfahren des Stammberechtigten ab. Wenn der Richter nicht nach dem Motto „Augen zu und durch" die Klage der Familienangehörigen mit der Argumentation ablehnt, das Asyl des Stammberechtigten sei ja noch im Streit, und damit gegebenenfalls ein Folgeverfahren der Familienangehörigen provoziert, muss er das Verfahren aussetzen, bis über das Verfahren des Stammberechtigten rechtskräftig entschieden wurde. Der Verfahrensvereinfachung und -beschleunigung dient diese Regelung ganz sicher nicht.

2. Familienasyl für Kinder

Auch **Kinder** erhalten Familienasyl nach § 26 II AsylVfG unter den Absatz 1 entsprechenden Voraussetzungen. Das Kind muss zum Zeitpunkt der Asylantragstellung minderjährig und ledig sein. Anders als früher und beim Ehegattenasyl wird keine unverzügliche Asylantragstellung verlangt, auch ist es gleichgültig, ob das Kind in Deutschland oder im Herkunftsstaat geboren ist und vor oder nach dem Erhalt der Statusberechtigung des Elternteils. Es ist auch nicht verlangt, dass die Kinder bereits im Verfolgerstaat mit dem Elternteil zusammengelebt haben. Auch eine andere Staatsangehörigkeit des Kindes ist unerheblich. Als Kinder zählen eheliche, nicht-eheliche und adoptierte Kinder des Stammberechtigten.

§ 4 IV 2 AsylVfG bestimmt, dass die Absätze 2 (Kinderasyl) und 3 (Elternasyl) nicht für die Kinder eines Ausländers gelten, der selbst nach Absatz 2 oder 3 als Asylberechtigter anerkannt worden ist. Ausgeschlossen ist damit also die Ableitung von Familienasyl von Ehegatten oder Kindern, die selbst Familienasyl erhalten haben. Nicht ausgeschlossen ist nach dem Wortlaut jedoch das Asylrecht für das Stiefkind eines Asylberechtigten, wenn die leibliche Mutter ihr Asylrecht als Ehefrau über Absatz 1 erlangt hat, wie die obergerichtliche Rechtsprechung zutreffend erkannt hat (VGH Baden-Württemberg, InfAuslR 1993, 200; OVG NRW, NVwZ-Beil. 1987, 70).

Maßgeblicher Zeitpunkt der vom Gesetz verlangten Minderjährigkeit und Ledigkeit ist der Zeitpunkt der Asylantragstellung, wie das Gesetz eindeutig formuliert.

3. Familienasyl für die Eltern

Nah § 26 III AsylVfG erhalten die Eltern eines minderjährigen ledigen Asylberechtigten unter den im Gesetz genannten Voraussetzungen Familienasyl. Schutzberechtigt ist jeder Elternteil, es müssen nicht beide den Antrag stellen. Eltern gleichgestellt sind die Erwachsenen, die nach dem nationalen Recht für den Minderjährigen verantwortlich sind. Dies sind nach deutschem Recht auch die Pflegeeltern, da diese berechtigt sind, in Angelegenheiten des täglichen Lebens zu entscheiden und die Inhaber der elterlichen Sorge in solchen Angelegenheiten zu vertreten und für das Kind die Rechte aus § 1688 I 1 BGB geltend zu machen, sowie bei Gefahr im Verzug alle Rechtshandlungen vorzunehmen, die für das Kindeswohl notwendig sind (§ 1688 II BGB i. V. m. § 1629 I 4 BGB). Da die Regelung erst 2013 eingeführt wurde, gibt es hierzu noch keine Rechtsprechung.

Die weiteren Voraussetzungen sind:
- Die Anerkennung des Asylberechtigten ist unanfechtbar.
- Die familiäre Beziehung muss im Verfolgerstaat bestanden haben.
- Die Eltern müssen vor der Anerkennung des Asylberechtigten eingereist sein oder den Antrag unverzüglich nach der Einreise gestellt haben.
- Die Anerkennung des Kindes (als Stammberechtigter) darf nicht zu widerrufen sein.
- Sie müssen die Personensorge für das asylberechtigte Kind innehaben.

Letztgenannter Begriff ist im Sinne des Unionsrechts auszulegen, auf das schon Satz 1 von § 26 III AsylVfG verweist. Der Elternteil muss also nach nationalem Recht für das Kind „verantwortlich" im oben beschriebenen Sinne sein.

Die Anspruchsvoraussetzungen müssen zum Zeitpunkt der Antragstellung vorliegen, d. h., dass das Kind noch minderjährig und ledig und unanfechtbar als asylberechtigt anerkannt sein muss. Dies ergibt sich aus Sinn und Zweck der Regelung, aus der ausdrücklichen Regelung im Familienasyl für Kinder und schließlich auch aus der Regelung zum Familienasyl für Geschwister.

Die Voraussetzung, dass die Familie schon im Herkunftsstaat bestanden haben muss, bedeutet nicht, dass die Familie in einem Haus zusammengelebt haben muss und schon gar nicht, dass dies ununterbrochen der Fall gewesen sein muss. Ein Flüchtlingsschicksal ist oft dadurch gekennzeichnet, dass die Familie zerrissen ist und Kinder bei Großeltern oder sonstigen Personen in Sicherheit gebracht werden. Entscheidend ist, ob zwischen den Eltern und den Kindern eine familiäre Verbundenheit bestanden hat, erforderlich ist eine Betrachtung der Umstände des Einzelfalls vor dem Hintergrund des Verfolgungsschicksals, der Lage und der Sitten im Herkunftsstaat.

Unklar ist, ob § 26 III AsylVfG auch dann eingreift, wenn das Kind zwar erst in Deutschland geboren (oder erst gezeugt) wurde, die Familie, mindestens in Form der Eltern, aber schon im Verfolgerstaat zusammengelebt hat. Da der gesetzliche Zweck – Einheit der Familie – auch hier vorliegt, wird man dies bejahen können. Jedenfalls aber ist die Regelvermutung anzuwenden, so dass den Eltern eines anerkannten minderjährigen Kindes ein unmittelbarer Schutzanspruch zusteht.

4. Familienasyl für Geschwister

§ 26 III 2 AsylVfG gewährt auch den Geschwistern Familienasyl. Geschwister sind die leiblichen, aber auch die rechtlichen Geschwister, etwa Adoptivgeschwister. Da Pflegekinder den Pflegeeltern das Familienasyl vermitteln – wie oben ausgeführt –, vermitteln sie folgerichtig auch den Kindern der Pflegeeltern das Familienasyl für Geschwister.

Maßgeblicher Zeitpunkt ist auch hier der Zeitpunkt der Antragstellung, zu dem sowohl das stammberechtigte asylberechtigte Kind minderjährig sein muss als auch die Geschwister, die zudem ledig sein müssen. Daneben müssen bei dem asylberechtigten Kind die weiteren Voraussetzungen vorliegen, also das Asyl darf nicht zu widerrufen sein, die Geschwister müssen im Herkunftsland eine Familie gebildet haben und der Asylantrag für die Geschwister muss unverzüglich gestellt worden sein.

Geschwister, die ihre Asylberechtigung selbst über das Familienasyl erhalten haben, können ihren Kindern die Asylberechtigung nicht weitergeben.

5. Familienabschiebungsschutz bei Flüchtlingen und international subsidiär Schutzberechtigten

Vorstehende Grundsätze sind auf Familienangehörige von nach § 3 I AsylVfG als Flüchtlinge oder gemäß § 4 I AsylVfG anerkannten international subsidiär Schutzberechtigten entsprechend anzuwenden (§ 26 V 1 AsylVfG). An die Stelle der „Asylberechtigung" tritt dann die „Flüchtlingseigenschaft" bzw. die „internationale subsidiäre Schutzberechtigung". Der Personenkreis ist mit denen der asylrechtlich Begünstigten identisch, ebenso auch die Regelungen. Die Ausschlussgründe sind ebenfalls anzuwenden, wie auch die einschränkenden Regelungen hinsichtlich der Ableitung des Familienabschiebungsschutzes von seinerseits Famillienabschiebungsschutzberechtigten.

Nach der Rechtsprechung zum Familienasyl (beim grundgesetzlichen Asylrecht) gibt es keinen Rechtsanspruch auf Prüfung eigener Verfolgungsgründe in der Person des Familienangehörigen, wenn die Voraussetzungen des Familienasyls vorliegen. Begründet wird dies damit, dass das Familienasyl den Behörden und Gerichten eine unter Umständen schwierige Prüfung eigener Verfolgungsgründe des Angehörigen ersparen soll.

Diese Grundsätze gelten jedoch nicht für die Anträge auf Familienabschiebungsschutz abgeleitet von international subsidiär Schutzberechtigten. Dies ergibt sich aus Art. 23 II Qualifikations-Richtlinie, der voraussetzt, dass der Antragsteller selbst nicht die Voraussetzungen der Gewährung des internationalen Schutzes erfüllt, also einen Vorrang des eigenen, direkten Schutzanspruchs vorsieht. Es sollte im Einzelfall geprüft werden, ob man auf der Prüfung des individuellen Schutzanspruchs der Familienangehörigen besteht oder sich mit dem Familienabschiebungsschutz begnügt. Ein Beispiel: Die Tochter eines Bürgerkriegsflüchtlings (gemäß § 4 I Nr. 3 AsylVfG), der eine Beschneidung droht, sollte auf der individuellen Überprüfung bestehen, weil sie gegebenenfalls den besseren Flüchtlingsstatus wegen einer geschlechtsspezifischen Verfolgung erhält und nicht nur den subsidiären Bürgerkriegsschutzstatus.

6. Ausschlussgründe

Für alle Formen des Familienasyls und Familienabschiebungsschutzes gibt es Ausschlussgründe. Nach § 26 IV AsylVfG ist ein Schutz ausgeschlossen wenn die Voraussetzungen des § 60 VIII AufenthG oder des § 3 II AsylVfG vorliegen. Dies betrifft Personen, die erhebliche Straftaten oder Verbrechen gegen den Frieden oder Kriegsverbrechen begangen haben oder den Zielen und Grundsätzen der Vereinten Nationen zuwidergehandelt haben.

§ 26 VI AsylVfG schließt denjenigen vom Schutz aus, der den Stammberechtigten einer Verfolgung im Sinne von §§ 3 oder 4 AsylVfG aussetzt oder ausgesetzt hat.

▶ Tipp

Wenn das Familienasyl verweigert wurde, weil einzelne Voraussetzungen nicht vorliegen – z. B. der Asylantrag nicht unverzüglich gestellt wurde oder die Anerkennung des Stammesberechtigten noch nicht unanfechtbar war –, überprüfen Sie, ob nicht eine Anerkennung aus eigenem Recht – bei Beachtung der Regelvermutung des Bundesverwaltungsgerichtes – in Betracht kommt. Im Zweifel sollte auch aus eigenem Recht geklagt werden!

Wurde die Klage der Familienangehörigen abgewiesen, weil eine eigene Verfolgung nicht vorliegt und Familienasyl an dem Erfordernis der Unanfechtbarkeit der Anerkennung des Stammberechtigten scheitert, ist ein Asylfolgeantrag möglich und ratsam, sobald die Unanfechtbarkeit vorliegt. Beachten Sie dabei die 3-Monats-Frist, die ab Zustellung des Anerkennungsbescheides läuft!

Wenn Familienangehörige erst später eingereist sind, sollte nicht automatisch der Antrag auf Asyl bzw. Familienasyl gestellt werden. Prüfen Sie vielmehr kritisch, ob die Anerkennung des Stammberechtigten voraussichtlich auch heute noch Bestand haben würde oder ob die Rechtsprechung oder die tatsächlichen Verhältnisse sich zwischenzeitlich geändert haben. Ist dies der Fall, muss nicht nur mit der Ablehnung des Familienasylantrags, sondern auch mit einem Widerruf der Asylberechtigung, der Flüchtlingseigenschaft oder des subsidiären Schutzes gerechnet werden.

Die Prüfung des Familienasyls und Familienabschiebungsschutzes dient auch der Beschleunigung der Asylverfahren. Dies darf auch der Schutzsuchende in Anspruch nehmen. Will er dies tun, soll er ausdrücklich darauf hinweisen.

Bescheidet sich der Flüchtling mit Familienasyl oder Abschiebungsschutz, ist eine rasche, positive Entscheidung auch ohne persönliche Anhörung möglich. Auf Letztere sollte dann verzichtet werden. Zieht sich die Entscheidung trotzdem länger hin, kommt eine Untätigkeitsklage in Betracht.

Sind die Voraussetzungen einer asylrelevanten Verfolgung erfüllt (z. B. geschlechtsspezifische Verfolgung), muss man sich nicht mit abgeleitetem subsidiären Schutz zufrieden geben. Er bzw. Sie sollten dann darauf beharren, dass der Flüchtlingsstatus geprüft wird.

VI. Nationaler subsidiärer Schutz

Neben dem internationalen Schutz hält das Gesetz in § 60 V und VII 1 AufenthG nationale Schutzinstrumente bereit. Diese sind gegenüber dem internationalen Schutz nachrangig.

1. § 60 V AufenthG

Absatz 5 verbietet eine Abschiebung, soweit sich aus der Anwendung der Konvention vom 04.11.1950 zum Schutz der

Menschenrechte und Grundfreiheiten (EMRK) ergibt, dass die Abschiebung unzulässig ist.

Der Anwendungsbereich dieser Bestimmung ist noch nicht abschließend geklärt. Die Rechtsprechung und die Verwaltungsvorschriften gehen davon aus, dass hierdurch nur zielstaatsbezogene Abschiebungsverbote umfasst sind, mithin das Recht auf Familien- und Privatleben nach Art. 8 EMRK hier nicht verankert ist. Hauptanwendungsbereich ist deshalb Art. 3 EMRK, also das Verbot der unmenschlichen Behandlung. Nach dieser Bestimmung darf niemand der Folter oder unmenschlicher oder erniedrigender Bestrafung oder Behandlung unterworfen werden. § 60 V AufenthG unterscheidet sich damit nicht von der Regelung des § 4 I 2 Nr. 2 AsylVfG. Bezüglich der Voraussetzungen verweise ich auf die dortigen Erläuterungen.

Auch das Bundesverwaltungsgericht geht davon aus, dass zwischen den beiden Normen kein inhaltlicher Unterschied besteht, betont aber, dass gleichwohl beide Vorschriften angewandt werden können.

Der vorrangige internationale Schutz wird freilich die Anwendbarkeit von § 60 V AufenthG verdrängen, gleichwohl gibt es Fallkonstellationen bei denen der internationale subsidiäre Schutz nicht zum Tragen kommt und dann § 60 V AufenthG eingreift.

Noch nicht geklärt ist, ob man ein Wahlrecht hat zwischen dem Schutz nach § 4 I 2 Nr. 2 AsylVfG und dem nach § 60 V AufenthG. Das BAMF verneint dies mit dem dogmatisch nicht überzeugenden Argument, dass § 13 II 2 AsylVfG nur ausführt, dass der Ausländer „den Asylantrag auf die Zuerkennung internationalen Schutzes beschränken" kann. Hieraus folgert das BAMF, dass eine Beschränkung auf nationalen Schutz nicht möglich sei. Dieses Argument übersieht jedoch, dass § 13 AsylVfG nur den „Asylantrag" regelt und dieser in § 13 II 1 AsylVfG definiert ist als Antrag auf Anerkennung als Asylberechtigter und auf Zuerkennung internationalen Schutzes. Ein Antrag auf nationalen Schutz ist in § 13 AsylVfG nicht geregelt, weshalb § 13 II 2 AsylVfG auch keine Aussage hierzu macht. Praxisrelevanz hätte die Einräumung eines Wahlrechts vor allem bei Dublin-Fällen, weil, wenn man eine Beschränkung auf nationalen Schutz für möglich hält, eine Verweisung auf einen anderen Dublin-Staat nicht möglich wäre.

Ich bin der Auffassung, dass im Hinblick auf § 60 V AufenthG ein solches Wahlrecht besteht; sonst würde die Aussage des Bundesverwaltungsgerichts, wonach diese Bestimmung unabhängig von § 4 AsylVfG zur Anwendung kommt, inhaltsleer werden. Dies gilt jedoch nur für den individuellen Schutz aus § 4 I 2 Nr. 2 AsylVfG, nicht aber für die Bürgerkriegsregelung des § 4 I 2 Nr. 3 AsylVfG. Denn diese ist spezialgesetzlich und vorrangig in § 4 AsylVfG geregelt, so dass ein Rückgriff auf § 60 V AufenthG ebenso wenig in Betracht kommt, wie in dem unstrittigen Fall, dass jemand eine asylrelevante Verfolgung im Sinne von § 3 AsylVfG in der Sache geltend macht.

Das BAMF wendet § 60 V AufenthG bei alleinstehenden Minderjährigen an, wenn eine Versorgung im Herkunftsland nicht gesichert ist und die Lage so schlecht ist, dass das Kind nur ein Dahinvegetieren am Rande des Existenzminimums erwarten würde. Diese Entscheidungspraxis ist zu begrüßen, wobei jedoch vom Standpunkt des BAMF nicht einsichtig ist, warum dies nicht (auch) unter § 4 I 2 Nr. 2 AsylVfG subsumiert wird, denn die Rechtsfolge wäre dort eine günstigere.

Neben dem Hauptanwendungsbereich des Art. 3 EMRK kann auch das Recht auf ein faires Verfahren aus Art. 6 EMRK unter § 60 V AufenthG fallen und ein Abschiebungsverbot begründen. Meist wird es jedoch so sein, dass der Staat, der die grundlegenden Verfahrensgarantien nicht respektiert, auch ansonsten die Menschenrechte nicht beachtet, so dass auch Art. 3 EMRK eingreift.

2. § 60 VII AufenthG, Gefahr für Leib und Leben

§ 60 VII AufenthG ist ein Auffangtatbestand, der aus nationalem Recht bei den genannten schwerwiegenden Beeinträchtigungen Abschiebungsschutz verspricht. Voraussetzung ist das Vorliegen einer erheblichen konkreten Gefahr für Leib, Leben oder Freiheit. Es muss sich um eine individuelle Gefahr handeln, da allgemeine Gefahren für die Bevölkerung oder eine Bevölkerungsgruppe grundsätzlich durch einen Erlass nach § 60a I AufenthG zu berücksichtigen sind, und allgemeine Gefahren wie bisher durch Satz 3 ausgeschlossen werden sollen (§ 60 VII 3 AufenthG). Nur dann, wenn eine Allgemeinregelung nicht ergangen ist, aber eine extreme Gefahrenlage vorliege, hat die bisherige Dogmatik bei allgemeinen Gefahren (die aber immer noch individuell drohen müssen) Ausnahmen zugelassen. Die drohenden Gefahren müssten nach Art, Ausmaß und Intensität von einem solchen Gewicht sein, dass sich daraus bei objektiver Betrachtung für den Ausländer die begründete Furcht ableiten lässt, selbst in erheblicher Weise ein Opfer der extremen, allgemeinen Gefahrenlage zu werden. Bezüglich des Eintritts der drohenden Gefahr sei ein erhöhter Maßstab zugrunde zu legen. Die Gefahren müssten dem Ausländer mit hoher Wahrscheinlichkeit drohen, eine Abschiebung müsse verfassungsrechtlich unzumutbar erscheinen. Es müsse auch ein unmittelbarer zeitlicher Zusammenhang zwischen Abschiebung und drohender Rechtsgutverletzung bestehen. Der Ausländer müsse mit hoher Wahrscheinlichkeit alsbald nach seiner Rückkehr in eine lebensgefährliche Situation geraten, aus der er sich weder allein noch mit Hilfe Anderer befreien könne.

Der Zynismus dieser Rechtsprechung spricht für sich und sei deshalb nicht weiter kommentiert. Klar ist, dass damit das Verbot des Satzes 2 bei sog. Allgemeingefahren nur im Ausnahmefall durch eine analoge Anwendung von § 60 VII 1 AufenthG überwunden werden kann. Angesichts der verhärteten Rechtsprechung bleibt Diskussionsspielraum eigentlich nur bei der Abgrenzung der „Bevölkerungsgruppe". Nicht ausreichend ist, dass es sich um eine Mehrzahl von Personen handelt, denen eine Gemeinsamkeit anhaftet. Eine Bevölkerungsgruppe sind demnach beispielsweise nicht Wehrpflichtige oder Gefängnisinsassen. Als Bevölkerungsgruppe hat das Bundesverwaltungsgericht aber bereits unbegleitete Minderjährige angesehen.

Nach der gegenwärtigen Entscheidungspraxis liegt der Hauptanwendungsbereich von § 60 VII 1 AufenthG bei Erkrankungen, die im Heimatstaat nicht behandelt werden können. Ein Abschiebungsverbot wird dann bejaht, wenn die dem Ausländer drohende Gefahr so erheblich ist, dass sein Gesundheitszustand sich in der Heimat wesentlich oder lebensbedrohlich verschlechtern würde und diese Gefahr alsbald eintreten wird. Alsbald heißt nicht sofort, sondern steht im Gegensatz zu einer in unabsehbarer Zukunft liegenden und abstrakten Verschlimmerungsgefahr.

Die Unmöglichkeit der ausreichenden Behandlung kann auf schlechten medizinischen Standards in der Herkunftsregion beruhen, aber auch auf tatsächlichen oder finanziellen Umständen. Wenn beispielsweise eine AIDS-Behandlung zwar in einem Gesundheitszentrum erfolgen kann, dieses aber überlastet ist und in absehbarer Zeit kein Platz zu bekommen ist, greift das Abschiebungsverbot ebenso ein, wie wenn zwar dort eine einmalige Erst-Behandlung stattfindet, die anschließende kontinuierliche Überwachung und Versorgung mit Medikamenten in der Heimatregion des Betroffenen (in die er aus finanziellen Gründen oder wegen der notwendigen Versorgung durch seine Familienangehörigen reisen muss) nicht gewährleistet ist. Gleiches gilt, wenn es zwar Medikamente gibt, diese aber zu teuer sind und der Betreffende sie nicht bezahlen kann.

Bei der Frage, ob das Abschiebungsverbot nach § 60 VII 1 AufenthG eingreift, sind sämtliche Umstände zu betrachten, insbesondere Alter, Bildung, Berufsausbildung, Familienstand, die wirtschaftliche Situation vor seiner Ausreise und die wirtschaftliche Situation, die ihn unter Berücksichtigung eines eventuell vorhandenen oder fehlenden Familienverbundes im Herkunftsstaat erwartet. Auch gesundheitliche Faktoren spielen eine Rolle: Kleinkinder etwa, die des erforderlichen Immunschutzes gegen Tropenkrankheiten entbehren, können unter Umständen deshalb nicht abgeschoben werden. Ein Abschiebungsverbot kann auch, etwa bei einem posttraumatischen Belastungssyndrom (PTBS), in der Gefahr einer Retraumatisierung aufgrund der Konfrontation mit den die Erkrankung verursachenden Gegebenheiten/Orten vorliegen. Anders verhält es sich mit der finanziellen Situation. Wenn im Zielstaat grundsätzlich eine Behandlungsmöglichkeit besteht, dem Betroffenen aber die finanziellen Mittel hierfür fehlen und die erforderliche Behandlung oder die Medikamente nicht sonst wie erhältlich sind oder kostenlos zur Verfügung stehen, kann auch dies ein Abschiebungsverbot begründen. Gelegentlich wird versucht, dem dadurch entgegenzuwirken, dass dem Betroffenen angeboten wird, einen Medikamentenvorrat für beispielsweise 1 Jahr mitzugeben. Damit hoffen die Behörden, die Anforderung eines baldigen Eintritts einer schwerwiegenden Verschlechterung umgehen zu können mit dem Argument, die spätere Verschlechterung sei ja, da sie in ungewisser Ferne liege, nicht mehr zu berücksichtigen und jedenfalls den deutschen Behörden nicht zuzurechnen. Abgesehen von dem beschämenden Zynismus hilft dieser Weg schon deshalb nicht weiter, weil regelmäßig allein eine Medikamentenversorgung nicht ausreicht, sondern – es geht ja stets um schwerwiegende Erkrankungen – eine adäquate ärztliche Diagnose und kontinuierliche Betreuung erforderlich ist. Hinzu kommt, dass bei derartigen Erkrankungen meist mit Spontanreaktionen oder Folgeerkrankungen zu rechnen ist. Das mögliche Gegenargument, der Eintritt derartiger Folgen sei nicht hinreichend wahrscheinlich, ist meines Erachtens deshalb verfehlt, weil die Krankheit als solche und die grundsätzlich schwerwiegenden Folgen ja unstrittig sind und durch die Medikamentengabe ja allenfalls vorübergehend unterdrückt werden, die Kausalität aber nicht grundsätzlich unterbrochen ist. Schließlich ist zu bedenken, dass manche Medikamente gekühlt, andere absolut trocken oder dunkel aufbewahrt werden müssen und diese Lagerungsbedingungen oft nicht gewährleistet sind. Weiter ist zu sehen, dass der betroffene Personenkreis schon infolge der Schwere der Erkrankung psychisch labil, wenn nicht schon krank ist und auch insoweit Folgereaktionen zu befürchten sind. Bei ihnen handelt es sich regelmäßig um Menschen, bei denen der allgemeine Gesundheitsstatus eingeschränkt ist. Oft können sie nicht arbeiten. Wenn dann die Versorgung mit Grundnahrungsmitteln, den erforderlichen Vitaminen etc. nicht sichergestellt ist, nützen auch die mitgegebenen Medikamente nichts. Einem solchen Vorhaben kann und muss deshalb nicht nur mit dem Argument der Menschenwürde entgegengetreten werden, sondern auch mit einem detaillierten Vortrag der praktischen Widrigkeiten.

VII. Inlandsbezogene Abschiebungsverbote

Von den zielstaatsbezogenen Abschiebungshindernissen sind die sog. inlandsbezogenen Abschiebungshindernisse abzugrenzen.

Hierüber entscheidet nicht das BAMF. Deshalb ergeht, wenn es wegen der Stellung eines Asylantrags zu entscheiden hat, in diesem Fall eine Ausreiseaufforderung und Abschiebungsandrohung, die vom Gericht auch dann akzeptiert werden wird, wenn es der Auffassung ist, dass inlandsbezogene Abschiebungshindernisse sehr wohl existieren. Die BAMF-Entscheidung ist ja formell ordnungsgemäß.

Manche gutwilligen Richter schreiben in ihrem klageabweisenden Urteil sicherheitshalber, dass zwar die Androhung der Abschiebung rechtmäßig ist, dass aber wahrscheinlich inlandsbezogene Abschiebungshindernisse vorlägen, die vor einer eventuellen Abschiebung noch von der Ausländerbehörde zu prüfen seien.

Derartige Klauseln sind nicht nur Belege eines schlechten Gewissens oder Kritik am Gesetzgeber, sondern auch Anhaltspunkte, aufgrund derer Sie und die Flüchtlinge die inlandsbezogenen Abschiebungshindernisse dann sozusagen in einem zweiten Schritt leichter der Ausländerbehörde klarmachen können. Denn diese hat hierüber zu befinden.

Anknüpfungspunkt der inlandsbezogenen Abschiebungsverbote sind die Grundrechte und die Menschenrechte. Abschiebungsverbote ergeben sich insbesondere aus Art. 1 GG i. V. m. Art. 2 I GG – Anspruch auf Schutz der Menschenwürde und Recht auf körperliche Unversehrtheit – und Art. 6 GG – Schutz der Ehe und Familie. Art. 8 EMRK kann unter dem Aspekt des Anspruchs auf Achtung des Privat- und des Familienlebens ebenfalls ein Abschiebungsverbot entfalten. Reiseunfähigkeit und der Abschluss einer laufenden medizinischen Behandlung sind klassische Beispiele für inlandsbezogene Abschiebungsverbote. Auch eine fortgeschrittene Schwangerschaft oder eine kurz zuvor erfolgte Entbindung und eine damit verbundene Gefahr für Mutter und Kind begründen Abschiebungsverbote. Die Fristen des Mutterschutzes von 14 Wochen (18 Wochen bei Zwillingen) sind Anhaltspunkte, doch kommt es stets auf den Einzelfall an. Liegt eine Risikoschwangerschaft vor, ist von Anfang an die Abschiebung unzulässig.

Drohende Suizidalität kann ein Abschiebungsverbot begründen. Leider gibt es jedoch die Auffassung, es wäre rechtens und mit der Menschenwürde zu vereinbaren, die Abschiebung gleichwohl zuzulassen, sofern nur durch Gewalt (Fesselung oder Drogenverabreichung/Beruhigungsmittel) die Gefahr hinauszuschieben ist, bis der Betroffene dem Herrschaftsbereich eines anderen Staates zugeführt wurde. Ein solches Vorgehen ist mit der Menschenwürde nicht vereinbar, wie zumindest einzelne Gerichte zutreffend erkennen. Sachgerecht ist es bei dieser Fallkonstellation, die Abschiebung auszusetzen, bis eine Heilung eingetreten ist, so dass zumindest ein vorübergehendes Abschiebungshindernis besteht.

Art. 6 I GG und Art. 8 EMRK, die die Ehe und Familie einem besonderen Schutz unterstellen, können eine Abschiebung verbieten.

Dies ist insbesondere bei Ehegatten von Deutschen der Fall; diese können nicht darauf verwiesen werden, im Ausland zu leben. Allenfalls dann, wenn die Ehe erst zu einem Zeitpunkt geschlossen wird, zu dem der nicht-deutsche Ehegatte bereits ausreisepflichtig war, kann eingewendet werden, dass der Deutsche ja wusste, dass er die eheliche Gemeinschaft möglicherweise nicht in Deutschland, sondern im Ausland führen müsse. In diesem Fall wird eine vorübergehende Trennung der Eheleute wohl hinzunehmen sein – der maximale Zeitraum dürfte 3 Jahre betragen. In allen anderen Fällen erzwingt der Schutz der Ehe und Familie, von einer Abschiebung des ausländischen Ehegatten Abstand zu nehmen. Entsprechendes gilt auch dann, wenn der Ehegatte Ausländer ist, aber ein dauerhaftes Aufenthaltsrecht in Deutschland besitzt. Dies ist bei EU-Bürgern der Fall und bei solchen Personen, die bereits im Besitz einer Niederlassungserlaubnis sind. Aber auch dann, wenn eine Aufenthaltsverfestigung noch nicht eingetreten ist und die Voraussetzungen eines Familiennachzugs nach §§ 27 ff. AufenthG (noch) nicht vorliegen, kann der Schutz der Ehe es gebieten, von der Abschiebung Abstand zu nehmen und das Zusammenleben der Eheleute sicherzustellen. Dies ist insbesondere dann der Fall, wenn eine sog. Beistandsgemeinschaft vorliegt, also der eine Ehepartner auf den anderen angewiesen ist. Beispielsfälle sind Krankheit, Behinderung, Schwangerschaft oder eine besondere psychische Abhängigkeit. Liegt ein solches Aufeinanderangewiesensein vor, kann auch schon ein Verlöbnis zu diesen Wirkungen führen. Gleiches gilt für eine eheähnliche Lebensgemeinschaft dann, wenn die Eheschließung daran scheitert, dass die erforderlichen Papiere nicht beigebracht werden können.

Die vorigen Ausführungen gelten auch für eine lebenspartnerschaftliche Gemeinschaft.

Abschiebungsschutz kann sich auch aus der Beziehung einer Person zu einem Kind ergeben. Regelmäßig ist dies bei einem leiblichen Kind der Fall, für das eine Sorgerechtsverpflichtung besteht. Ob es sich um ein eheliches oder ein nicht-eheliches Kind handelt, ist unerheblich, entscheidend ist ein (zumindest gemeinsames) Sorgerecht für das minderjährige Kind. Allerdings reicht die bloße formale Position nicht aus. Diese Sorgerechtsverpflichtung muss auch wahrgenommen werden. Gegebenenfalls muss detailliert vorgetragen werden, was der- (oder ausnahmsweise auch die-)jenige konkret an Fürsorge und Unterstützungsleistungen für das minderjährige Kind erbringt. Wird eine solche Unterstützungshandlung erbracht und hat das Kind ein Aufenthaltsrecht in Deutschland, weil es entweder deutsch ist oder ein Elternteil ein Aufenthaltsrecht in Deutschland besitzt oder liegt bei ihm ein nicht nur vorübergehendes Abschiebungshindernis vor, können auch die Eltern hiervon profitieren. Ihnen ist ein Aufenthalt zumindest in Form einer Duldung zum Zweck der familiären Gemeinschaft einzuräumen. Der bloße Verweis auf Besuchsreisen genügt in solchen Fällen regelmäßig nicht. Wenn die allgemeinen Voraussetzungen vorliegen, wird im Regelfall eine Aufenthaltserlaubnis zu erteilen sein.

In Ausnahmefällen ist nicht einmal ein Sorgerecht erforderlich, da auch das Umgangsrecht der biologischen Mutter und des biologischen Vaters durch Art. 6 I GG geschützt ist. Wenn dieses Umgangsrecht durch seine Ausreise in Frage gestellt wäre – etwa aufgrund der großen Entfernung und der damit verbundenen Kosten oder weil eine Ausreise aus dem Zielstaat nicht wieder erlaubt würde –, kann ausnahmsweise schon das Umgangsrecht mit dem Kind zu einem Aufenthaltsrecht führen. Allerdings bedarf es in diesen Fällen regelmäßig eines detaillierten Vortrags der Art und Intensität der Beziehung zwischen dem Elternteil und dem Kind und der Darlegung des bisherigen (intensiven) Umgangs. Allein die biologische Vaterschaft genügt ganz sicher nicht.

Ein adoptiertes Kind steht dem biologischen oder anerkannten Kind rechtlich gleich. Es kommt allerdings darauf an, dass die Adoption zu einer Zeit erfolgte bzw. beantragt wurde, als das Kind noch minderjährig war. Eine Erwachsenenadoption hingegen entfaltet nur ausnahmsweise derartige Schutzwirkungen, nämlich dann, wenn eine Beistandsgemeinschaft vorliegt. Dies kann etwa dann der Fall sein, wenn der oder die Adoptierte behindert ist und von dem Elternteil gepflegt wird, oder auch umgekehrt, wenn das adoptierte erwachsene Kind einem Elternteil Beistand leistet. Wenn der Hilfsbedürftige Deutscher ist oder ein dauerhaftes Aufenthaltsrecht in Deutschland hat, kann die Ausländerbehörde in diesen Fällen nicht darauf verweisen, dass die erforderliche Beistandsleistung auch von anderen Personen erbracht werden kann. Vielmehr ist es das Recht dieses Bedürftigen, sich die erforderliche Hilfe von demjenigen erbringen zu lassen, von dem er es wünscht. Daraus resultiert dann auch ein Aufenthaltsrecht.

VIII. Rechtsfolgen

Die ausländerrechtlichen Rechtsfolgen des materiellen Flüchtlingsrechts sind unterschiedlich, je nachdem ob eine Flüchtlingsanerkennung erfolgte (§§ 2, 3 AsylVfG), internationaler subsidiärer Schutz gewährt wurde (§ 4 AsylVfG) oder nationaler Abschiebungsschutz festgestellt wurde (§ 60 V und VII 1 AufenthG). Gemeinsam ist lediglich, dass stets ein Abschiebungsverbot besteht. Die minimale Rechtsfolge ist jedenfalls, dass ein Duldungsanspruch gemäß § 60a II 1 AufenthG aus rechtlichen Gründen besteht, im Regelfall gibt es eine Aufenthaltserlaubnis (siehe E VIII).

1. Flüchtlingsschutz

Derjenige, der Flüchtlingsschutz erhalten hat, hat einen Rechtsanspruch auf eine Aufenthaltserlaubnis; entweder nach § 25 I AufenthG im Falle der Asylanerkennung oder nach § 25 II 1 1. Alt. AufenthG im Falle der Zuerkennung der Flüchtlingseigenschaft.

2. Internationaler subsidiärer Schutz

Hat das BAMF festgestellt, dass dem Betreffenden ein ernsthafter Schaden im Sinne von § 4 AsylVfG droht, besteht ein Rechtsanspruch auf Erteilung einer Aufenthaltserlaubnis nach § 25 II 1 2. Alt. AufenthG.

3. Nationaler zielstaatsbezogener Schutz

Wurden vom BAMF die Voraussetzungen von § 60 V oder VII 1 AufenthG (direkt oder analog) festgestellt, soll nach § 25 III AufenthG eine Aufenthaltserlaubnis erteilt werden. Die Erteilung einer Aufenthaltserlaubnis ist also die Regel, will die Ausländerbehörde davon abweichen, muss sie das Vorliegen eines Ausnahmefalls darlegen und begründen.

§ 25 III 2 AufenthG normiert sodann ein gesetzliches Verbot der Erteilung einer Aufenthaltserlaubnis als Ausnahme, nämlich dann, „wenn die Ausreise in einen anderen Staat möglich und zumutbar ist, der Ausländer wiederholt oder gröblich gegen entsprechende Mitwirkungspflichten verstößt oder schwerwiegende Gründe die Annahme rechtfertigen, dass der Ausländer
   a) ein Verbrechen gegen den Frieden, ein Kriegsverbrechen oder ein Verbrechen gegen die Menschlichkeit im Sinne der internationalen Vertragswerke begangen hat, die ausgearbeitet worden sind, um Bestimmungen bezüglich dieser Verbrechen festzulegen,

b) eine Straftat von erheblicher Bedeutung begangen hat,
c) sich Handlungen zuschulden kommen ließ, die den Zielen und Grundsätzen der Vereinten Nationen, wie sie in der Präambel und den Artikeln 1 und 2 der Charta der Vereinten Nationen verankert sind, zuwiderlaufen, oder
d) eine Gefahr für die Allgemeinheit oder eine Gefahr für die Sicherheit der Bundesrepublik Deutschland darstellt."

4. Inlandsbezogene Abschiebungsverbote

Wenn die Ausländerbehörde – nicht das BAMF! – von einem inlandsbezogenen Abschiebungsverbot ausgeht (eine förmliche Feststellungsentscheidung fehlt in diesem Fall), wird im Regelfall zunächst eine Duldung gemäß § 60a II AufenthG erteilt. Wenn das Abschiebungshindernis jedoch nicht nur vorübergehend ist, ist § 25 V AufenthG in den Blick zu nehmen. Danach kann eine Aufenthaltserlaubnis erteilt werden, wenn mit dem Wegfall des Ausreisehindernisses in absehbarer Zeit nicht zu rechnen ist. Bei Krankheitsfällen und Suizidalität wird dies der Regelfall sein, so dass das Ermessen jedenfalls nach einem halben Jahr eingeschränkt ist, sieht doch das Gesetz in § 60a I 2 AufenthG selbst vor, dass nach einem Zeitraum von „länger als sechs Monaten" eine Aufenthaltserlaubnis erteilt werden soll. Auch wenn dies nur für die „Ausländergruppen" ausdrücklich normiert ist, ist die Situation bei einem individuell Schutzbedürftigen nicht grundlegend anders.

IX. Sonstige humanitäre Aufenthaltsgründe

Das Aufenthaltsgesetz enthält weitere Möglichkeiten, ein humanitäres Aufenthaltsrecht einzuräumen. Durch die Syrienkrise haben diese Bestimmungen an Aktualität gewonnen.

1. § 22 AufenthG – Aufnahme aus dem Ausland

Diese Bestimmung ermöglicht es, einem schutzbedürftigen Ausländer, der sich noch im Ausland aufhält, aus völkerrechtlichen oder dringenden humanitären Gründen eine Aufenthaltserlaubnis zu erteilen. Die Aufnahmeerklärung im Sinne von Satz 2 wird vom BMI erteilt – oder auch nicht. Es herrscht ein weites Ermessen. Ein Rechtsanspruch besteht nicht. Wird die Aufnahme erklärt, berechtigt die dann erteilte Aufenthaltserlaubnis zur Ausübung einer Erwerbstätigkeit. Eine Aufnahmezusage ergeht regelmäßig nicht gegenüber Gruppen, sondern nur gegenüber einzelnen Personen.

2. § 23 AufenthG

2.1. Aufenthaltsgewährung durch die obersten Landesbehörden

Nach § 23 AufenthG kann die oberste Landesbehörde im Einvernehmen mit dem BMI aus völkerrechtlichen oder humanitären Gründen oder zur Wahrnehmung politischer Interessen der Bundesrepublik Deutschland anordnen, dass Ausländern aus bestimmten Staaten oder in sonstiger Weise bestimmten Ausländergruppen eine Aufenthaltserlaubnis erteilt wird. In der Vergangenheit wurde von dieser Bestimmung bei Flüchtlingen aus dem Kosovo Gebrauch gemacht. Aktuelles Beispiel sind die Aufnahmen syrischer Flüchtlinge aufgrund von Länderzusagen bzw. im Rahmen des zweiten 5.000er-Kontingents des Kontingents 2014.

Im Inland fanden die Altfall- bzw. Bleiberechtsregelungen hier ihre Rechtsgrundlage. Der Aufenthaltserlaubnis vorangehen kann eine Gruppenregelung nach § 60a I AufenthG in Form einer Duldungsanordnung durch die oberste Landesbehörde für längstens 6 Monate.

Exkurs Verpflichtungserklärung:

Die Anordnung nach § 23 AufenthG kann gemäß § 23 I 2 AufenthG von der Beibringung einer Verpflichtungserklärung gemäß § 68 AufenthG abhängig gemacht werden. Mit einer solchen Erklärung nimmt eine Person oder eine Institution es auf sich, alle Lebenshaltungskosten, die während des Aufenthalts in Deutschland für den Berechtigten anfallen, zu übernehmen. Dies sind nicht nur die Kosten für den Lebensunterhalt, sondern im Regelfall auch für Wohnung, Krankheits- oder Pflegefall. Eine unbeschränkte Verpflichtungserklärung ist daher mit kaum absehbaren Risiken verbunden. Wenn keine Krankenversicherung abgeschlossen werden kann – und für ältere

Menschen findet man keine private Krankenversicherung –, können die Kosten einer solchen Verpflichtungserklärung sich schnell auf mehrere zehntausend Euro addieren. Da die Abgabe einer Verpflichtungserklärung nicht dazu führt, dass die Betreffenden keine staatlichen Leistungen erhalten, kommt es in der Praxis immer wieder vor, dass diejenigen, die Verpflichtungserklärungen abgaben, nach Jahren vom Staat für Leistungen in Anspruch genommen werden, die sie nicht verhindern konnten. Ein historisches Beispiel sind die Fälle der Bosnien-Flüchtlinge. Damals wurde breitflächig die Abgabe von Verpflichtungserklärungen verlangt. Gutherzige Menschen gaben solche ab, ohne sich der Folgen bewusst zu sein, und in dem Glauben, sie könnten durch Naturalleistungen den Flüchtlingen helfen. Ich habe damals eine Vielzahl der Betroffenen vertreten, die ein Zimmer oder eine Wohnung kostenlos zur Verfügung gestellt hatten und davon ausgingen, dass die Flüchtlinge einfach mit ihnen leben würden und es auf einen oder zwei weitere Esser schon nicht ankomme. Die Praxis war dann eine ganz andere. Die Einladenden erfuhren oft gar nicht, dass die von ihnen eingeladenen Personen nach Deutschland eingereist waren. Mit der Aushändigung eines Visums wurden die Flüchtlinge an einen anderen Ort geschickt, einer Unterkunft zugewiesen und mit Leistungen nach dem AsylbLG bedacht. Die Flüchtlinge kamen oftmals gar nicht auf die Idee, sich an diejenigen zu wenden, die sie eingeladen hatten – sie wollten ja niemandem zur Last fallen und nahmen die staatliche Großherzigkeit gerne an. Diejenigen, die Flüchtlinge eingeladen hatten, dachten wiederum – wenn sie überhaupt von der Einreise Kenntnis hatten –, die Verpflichtungserklärung sei hinfällig, nachdem der Staat die Flüchtlinge in Unterkünfte eingewiesen hatte. Erst Jahre später kamen dann die Rechnungen über manchmal mehrere zehntausend Mark an Forderungen.

Die Rechtsprechung hat diese Praxis grundsätzlich für zulässig gehalten, allerdings eine Ermessensabwägung der Behörde verlangt, die den Umfang und die Umstände des Einzelfalles berücksichtigen müsse. Das Ergebnis war im Regelfall eine deutliche Reduzierung der Forderung, seltener aber die völlige Stornierung.

Aufgrund dieser Erfahrungen bin ich gegenüber Verpflichtungserklärungen sehr skeptisch. Ich meine, sie sollten nur abgegeben bzw. verlangt werden, wenn demjenigen, dem sie abgenommen wird, dann auch die Möglichkeit gegeben wird, seine Wohlfahrtsleistung persönlich zu erbringen, und umgekehrt dem Eingeladenen die Chance gegeben wird, selbst für sich zu sorgen. Wenn aber der Staat die Wohlfahrt an sich reißt, indem er die Flüchtlinge in Lager einweist und ihnen die Erwerbstätigkeit verbietet, sind Verpflichtungserklärungen abzulehnen. Hintergrund dieses Konzeptes ist es nicht nur, staatliche Kosten zu sparen, sondern auch Kirchen und Wohlfahrtsverbände, die sich ja oft, Gott sei Dank, lautstark für Flüchtlinge einsetzen, in die Pflicht zu nehmen. Vielleicht hofft man, auf diese Weise ihren Einsatz für Schutzbedürftige zu reduzieren.

Die Wirkungen einer Verpflichtungserklärung enden in dem Zeitpunkt, in dem eine Aufenthaltserlaubnis für einen anderen Zweck erteilt wird. Heiratet der Flüchtling beispielsweise und erhält eine Aufenthaltserlaubnis aus familiären Gründen, entfaltet die Verpflichtungserklärung keine Wirkungen mehr. Gleiches gilt dann, wenn aufgrund eines Asylantrags eine Aufenthaltserlaubnis nach § 25 AufenthG erteilt wird. Da eine Aufnahmezusage nach § 23 AufenthG die Stellung eines Asylantrags nicht hindert, sollte dann, wenn mit einem individuellen Schutz nach §§ 3, 4 AsylVfG oder § 60 V oder VII 1 AufenthG gerechnet werden kann, die Stellung eines Asylantrags ernsthaft erwogen werden. Dies hat zwar den Nachteil, dass die bisherige Aufenthaltserlaubnis erlischt (§ 51 I Nr. 8 AufenthG) und der Flüchtling bis zur positiven Entscheidung des BAMF nur im Besitz einer Aufenthaltsgestattung ist (und die üblichen Nachteile – Aufenthalt in der Erstaufnahmeeinrichtung, Asylbewerberleistungsgesetz – zu ertragen hat), die Familienangehörigen sind dann aber ab dem Zeitpunkt der Anerkennung von den nicht unerheblichen Kosten entlastet.

2.2. Aufnahme bei besonders gelagerten politischen Interessen

§ 23 II AufenthG ermächtigt das Bundesministerium des Inneren zur Wahrung besonders gelagerter politischer Interessen im Benehmen mit den Bundesländern anzuordnen, dass das BAMF Ausländern aus bestimmten Staaten oder in sonstiger Weise bestimmten Ausländergruppen eine Aufnahmezusage erteilt. Sie erhalten dann entsprechend der Aufnahmezusage eine Aufenthaltserlaubnis oder sogar eine Niederlassungserlaubnis; Letztere kann mit wohnsitzbeschränkenden Auflagen versehen werden. Diese Regelung ermöglicht zum einen die Aufnahme von humanitären Kontingenten. Ein Beispiel ist die Aufnahme von 5.000 Syrern 2013 durch das Bundeskontingent. Daneben ist die Bestimmung Ersatz für das durch das Zuwanderungsgesetz aufgehobene Gesetz über Maßnahmen im Rahmen humanitärer Hilfsaktionen aufgenommene Flüchtlinge (HumHAG). In der Vergangenheit waren durch dieses Gesetz die vietnamesischen Boat-People sowie jüdische Migranten aus der ehemaligen Sowjetunion begünstigt. Für Letztere soll – wenn auch weit restriktiver als in der Vergangenheit – § 23 II AufenthG auch künftig zur Anwendung kommen. Personen, die im Besitz einer Aufenthaltserlaubnis nach § 23 II AufenthG sind, ist die Ausübung einer Erwerbstätigkeit gestattet.

§ 23 III AufenthG ermächtigt das BMI, in der Aufnahmeanordnung Regelungen entsprechend der des § 24 AufenthG vorzusehen, der die europäische Richtlinie 2001/55/EG umsetzt. Er soll bei großen Fluchtbewegungen, wie etwa im Jugoslawienkrieg, die Flüchtlingsströme auf die Länder der Europäischen Union verteilen.

Wenn – oder solange – ein solcher Beschluss nicht existiert (etwa, weil innerhalb der EU keine politische Einigkeit hergestellt werden kann), ermöglicht § 23 AufenthG, die Regelung des § 24 AufenthG entsprechend in die Aufnahmeanordnung des § 23 III AufenthG zu implantieren.

3. § 23a AufenthG – Aufenthaltsgewährung in Härtefällen

§ 23a AufenthG enthält die sog. Härtefallregelung. Sie ermöglicht den Bundesländern die Konstituierung einer sog. Härtefallkommission, die bei Vorliegen eines besonderen Härtefalls den zuständigen Ausländerbehörden die Erteilung einer Aufenthaltserlaubnis abweichend von im Aufenthaltsgesetz festgelegten Erteilungs- und Verlängerungsvoraussetzungen empfehlen kann.

Ich halte diese Regelung aus systematischen Gründen für verfehlt, auch wenn sie im Einzelfall hilfreich ist. Verfehlt ist sie deshalb, weil sie das gesetzliche System, wonach Entscheidungen in einem rechtsförmig und rechtsstaatlich überprüften Verfahren ergehen und dann auch verbindlich sind, durchbricht und Entscheidungen „nach Gutsherrenart" ermöglicht. Derartiges ist abzulehnen, weil es eines Rechtsstaats grundsätzlich unwürdig ist. Andererseits ist unstritig, dass die Einführung einer solchen Härtefallregelung nötig war, weil die Rechtspraxis immer wieder Härtefälle produzierte, die auch den Verantwortlichen in den Behörden als unsäglich erschienen. Die Lösung dieses Dilemmas müsste meines Erachtens nicht darin liegen, dass man das System durchbricht, sondern dass man entweder die gesetzlichen Regeln ändert oder sie anders auslegt. Letzteres genügt. Die Bestimmungen des deutschen Ausländerrechts enthalten – und enthielten schon immer – so viele Ermessenstatbestände und auslegungsfähige Begriffe, dass jeder Einzelfall sachgerecht hätte gelöst werden können. Wenn es trotzdem zu unerträglichen Entscheidungen kam, waren diese der üblichen engherzigen und restriktiven Gesetzesauslegung geschuldet. Hier hätte man ansetzen müssen, indem man, etwa durch die Verwaltungsvorschriften, die innenministeriellen Anweisungen oder schlicht und ergreifend durch aufsichtsrechtliches Einschreiten seitens der Ministerien eine sachgerechte Auslegung durchsetzt. Auch die – nicht selten angerufenen – Petitionsausschüsse hätten hierzu beitragen können, wenn sie – öfter als üblich –, bei einer allzu engherzigen Interpretation entsprechende Empfehlungen abgegeben hätten. Der deutsche Glaubenssatz, dass derjenige, der in asyl- und ausländerrechtlichen Fragen möglichst engstirnig entscheidet, richtig handelt, hat im Ergebnis zur Notwendigkeit der Härtefallregelung geführt. Ihre Existenz ist nichts anderes als das Eingeständnis des Scheiterns der deutschen Ausländer- und Asylrechtspraxis.

Die Härtefallregelung ermöglicht es, in Einzelfällen einen Aufenthalt einzuräumen, obwohl die zuständigen Behörden und Gerichte bereits rechtskräftig entschieden haben, dass der oder die Betreffenden das Land zu verlassen haben. Das Gesetz ermächtigt die Bundesländer, durch Rechtsverordnung eine Härtefallkommission einzurichten und die Voraussetzungen für das Verfahren und die Erteilung einer Aufenthaltserlaubnis festzulegen. Die Bundesländer haben bei der Ausgestaltung – ebenso wie bei der inhaltlichen Entscheidung, ob eine Aufenthaltserlaubnis erteilt wird – einen weiten Spielraum.

Mittlerweile haben alle Bundesländer eine Härtefallkommission ins Leben gerufen. Das Bundesland Niedersachsen hingegen hat die Aufgaben der Härtefallkommission den Petitionsausschüssen des Landesparlaments zugewiesen. Dies ist bedenklich, da damit die Aufgaben der Exekutive und der Legislative vermischt werden.

Die Härtefallverfahren, aber auch die Anwendungspraxis, unterscheiden sich von Land zu Land, teils erheblich. Einzelheiten können hier nicht dargestellt werden. Sie finden sich auf den Homepages der Flüchtlingsräte des jeweiligen Landes, von PRO ASYL e. V. sowie auf http://www.vonLoeper.de/aufenthaltsgesetz. Gemeinsam ist den Regelungen, dass die Härtefallkommissionen im Wege der Selbstbefassung tätig werden und ihre Empfehlungen nicht verbindlich sind.

Überall ist ein Ausschluss von der Härtefallregelung vorgesehen, wenn der Ausländer Straftaten von erheblichem Gewicht begangen hat oder erhebliche Ausweisungsgründe vorliegen. Dies ist nicht unproblematisch, da durchaus Fallkonstellationen vorliegen können, in denen trotz – oder wegen – einer Straftat oder des Vorliegens eines Ausweisungsgrundes ein Härtefall zu bejahen ist und ein Aufenthalt im Bundesgebiet eingeräumt werden sollte.

Bejaht die Härtefallkommission das Vorliegen von dringenden humanitären oder persönlichen Gründen, die die weitere Anwesenheit des Ausländers im Bundesgebiet rechtfertigen, kann die zuständige Landesbehörde bzw. die Ausländerbehörde entscheiden, ob sie diesem Votum folgt und eine Aufenthaltserlaubnis erteilt wird. Tut sie dies nicht, soll man – nach herrschender Auffassung – hiergegen nichts unternehmen können.

Jede Härtefallentscheidung weist daher einen Hauch von Willkür auf.

Ich halte dies für rechtswidrig, da Art. 19 IV GG dann, wenn es um die Einräumung eines subjektiven Rechts geht (und ein Aufenthaltsrecht ist ein solches) stets und immer eine gerichtliche Überprüfung garantiert. Gleichwohl ist der Streit hierüber mehr von theoretischem als von praktischem Gewicht. Denn unstritig hat die Behörde bei der Entscheidung ein weites Ermessen, so dass nur im seltenen Ausnahmefall eine Ermessensreduzierung auf null vorliegen wird. Hinzu kommt, dass eine Härtefallentscheidung ja stets am Ende eines langen Verfahrens der Aufenthaltsbeendigung steht und dem Härtefallersuchen, bzw. einer Klage gegen eine negative Härtefallentscheidung, keine aufschiebende Wirkung zukommt. Der Betreffende wird daher im Regelfall den positiven Ausgang eines eventuellen Rechtsstreits nicht mehr in Deutschland erleben.

> **Tipp**

> Bevor Sie einen Antrag bei der Härtefallkommission stellen, sollten Sie sich über die jeweilige Landespraxis informieren. Es ist ratsam, sich vorher über die Zusammensetzung der Härtefallkommission zu erkundigen und gegebenenfalls ein Mitglied vorab zu kontaktieren. Stets ist ein Antrag an die Härtefallkommission die „letzte Chance". Erkundigen Sie sich daher vorher, bevor Sie einen Antrag stellen.

> Soweit in den Bundesländern Petitionsausschüsse vorhanden sind, sollten Sie gründlich überlegen, ob Sie mit ihrem Anliegen an die Härtefallkommission oder an den Petitionsausschuss herantreten. Denn die meisten Länderregelungen schließen eine Doppelbefassung beider Gremien aus.

4. § 24 AufenthG – vorübergehender Schutz

§ 24 AufenthG setzt die EU-Richtlinie 2001/55/EG in bundesdeutsches Recht um. Die „Richtlinie über Mindestnormen für die Gewährung vorübergehenden Schutzes im Falle eines Massenzustroms von Vertriebenen und über Maßnahmen zur Förderung einer ausgewogenen Verteilung der mit der Aufnahme dieser Personen und den Folgen dieser Aufnahme verbundenen Belastungen auf die Mitgliedsstaaten" soll bei großen Fluchtbewegungen die Flüchtlinge auf die Länder der Europäischen Union gerecht verteilen. Voraussetzung ist ein entsprechender Beschluss des Rates der Europäischen Union. Im zweiten Schritt hat die Bundesregierung dann die Aufnahmekapazitäten mitzuteilen, die sie nach Konsultationen mit den Bundesländern ermittelt hat.

Eine Person findet dann Aufnahme nach der Regelung,
- wenn sie zu den vom Beschluss des Rates der Europäischen Union begünstigten Personen zählt,
- wenn sie ihre Bereitschaft erklärt hat, in Deutschland aufgenommen zu werden und
- wenn Deutschland umgekehrt seine Bereitschaft in Bezug auf diese Person erklärt hat.

Die Dauer des vorübergehenden Schutzes beträgt zunächst 1 Jahr. Sie verlängert sich, solange der Rat der Europäischen Union nicht die Beendigung des Schutzstatus erklärt hat, jeweils um 6 Monate bis zur Dauer von 2 Jahren. Nach diesen 2 Jahren kann der Rat mit qualifizierter Mehrheit den vorübergehenden Schutz nochmals um bis zu 1 Jahr verlängern. Entsprechend dieser Fristen werden auch die Aufenthaltserlaubnisse nach deutschem Recht erteilt und verlängert. Im Fall der Nicht-Verlängerung des Schutzstatus durch die EU ist die Person zur Ausreise verpflichtet, es sei denn, ein individuelles Abschiebungshindernis läge vor.

Die Gewährung von vorübergehendem Schutz nach § 24 AufenthG ist ausgeschlossen, wenn eine der Voraussetzungen des § 60 VIII AufenthG vorliegt (§ 24 II AufenthG); in diesem Fall ist die Aufenthaltserlaubnis zu versagen.

Die aufgenommenen Personen werden auf die Bundesländer verteilt und von diesen bestimmten Orten zugewiesen, wo sie Wohnung zu nehmen haben (§ 24 III, IV und V AufenthG). Bürgerkriegsflüchtlinge nach § 24 IV AufenthG dürfen eine selbstständige Erwerbstätigkeit ausüben, die nichtselbstständige Beschäftigung bedarf regelmäßig der Zustimmung der Bundesagentur für Arbeit. Der Zugang zu Bildung und Ausbildung ist nach Art. 14 der Richtlinie beschränkbar.

Die Inanspruchnahme der Bürgerkriegsregelung des § 24 AufenthG schließt die gleichzeitige Geltendmachung eines individuellen Schutzanspruches auf Asyl aus. Denn das Verfahren ruht gemäß § 32a I AsylVfG.

Endet der Status nach der Bürgerkriegsregelung, muss der Betroffene innerhalb eines Monats dem BAMF anzeigen, dass er sein Asylverfahren fortführen will (§ 32a II AsylVfG). Verletzt er diese Verpflichtung, gilt der Asylantrag als zurückgenommen, das Asylverfahren wird eingestellt.

Im Fall einer fortwirkenden, individuellen Schutzbedürftigkeit ist diese Frist unbedingt zu beachten!

Selbstverständlich ist der Schutzstatus des § 24 AufenthG nicht zwingend. Der Flüchtling also, der von Anfang an nur einen individuellen Schutzanspruch aus dem Asylrecht oder der GFK geltend machen kann, kann nicht zwangsweise dem Regelungssystem des § 24 AufenthG unterworfen und damit de facto vom Asylbegehren ausgeschlossen werden, wie Art. 3 I, Art. 17 und Art. 19 der EG-Richtlinie zeigen. Allerdings muss der Flüchtling dies von Anfang an klarmachen. Er muss dann die Nachteile des Asylverfahrens (Residenzpflicht während der Erstaufnahme, Aufenthaltsgestattung statt Aufenthaltserlaubnis für die Dauer des Asylverfahrens) in Kauf nehmen. Bei Bürgerkriegssituationen dürfte die Chance auf eine asylrechtliche Anerkennung gering sein, doch kommt subsidiärer Schutz nach § 4 I 2 Nr. 3 AsylVfG in Betracht.

5. § 25 AufenthG

§ 25 AufenthG ist der Paragraph, der einschlägig ist, wenn seitens des BAMF ein Schutz zuerkannt bzw. ein Abschiebungsverbot festgestellt wurde. Daneben gewähren einzelne Absätze temporäre Aufenthaltsrechte.

5.1. Aufenthaltserlaubnis gemäß § 25 I, II und III AufenthG

§ 25 I AufenthG sichert Asylberechtigten einen Aufenthaltstitel zu, § 25 II 2 1. Alt. AufenthG den Flüchtlingen im Sinne der Genfer Flüchtlingskonvention, § 24 II 2. Alt. AufenthG denjenigen die vom BAMF den (internationalen) subsidiären Schutzstatus erhalten haben.

§ 25 III AufenthG gewährt einen Aufenthaltstitel bei Vorliegen eines nationalen Abschiebungsverbots gemäß § 60 V oder VII 1 AufenthG.

5.2. Aufenthaltserlaubnis für einen vorübergehenden Zweck, § 25 IV 1 AufenthG

§ 25 IV 1 AufenthG ermöglicht die Erteilung einer Aufenthaltserlaubnis für einen vorübergehenden Aufenthalt. Voraussetzung ist, dass der Betreffende noch nicht vollziehbar ausreisepflichtig ist. Die Norm findet also im Regelfall keine Anwendung, wenn ein Asylverfahren vorangegangen ist, weil dann eine Ausreiseaufforderung oder Abschiebungsandrohung ergeht. Der Hauptanwendungsbereich trifft daher Personen mit Aufenthaltstiteln nicht aus dem humanitären Bereich, etwa Studenten oder Arbeitnehmer, deren regulärer Titel ausläuft, deren Aufenthalt jedoch nicht beendet werden kann. Wenn sie noch nicht vollziehbar ausreisepflichtig sind, sondern rechtzeitig einen Verlängerungsantrag gestellt haben, kann unter Umständen eine Aufenthaltserlaubnis nach § 25 IV AufenthG in Betracht kommen.

5.2.1. Voraussetzung ist das Vorliegen dringender humanitärer oder persönlicher Gründe oder ein erhebliches öffentliches Interesse, das die vorübergehende, weitere Anwesenheit des Ausländers im Bundesgebiet erfordert.

Die Prüfung, ob dringende humanitäre oder persönliche Gründe vorliegen, bedarf einer umfassenden Interessenabwägung der individuellen Umstände des Einzelfalles. Die Verwaltungsvorschriften formulieren, dass der Ausländer sich aufgrund besonderer Umstände in einer auf seine Person bezogenen Sondersituation befinden müsse, die sich deutlich von der Lage vergleichbarer Ausländer unterscheidet (Nr. 25.4.1.4 VwV-AufenthG). Schlechte Verhältnisse im Heimatland, insbesondere Arbeitslosigkeit oder allgemeine Not, oder auch die Tatsache, dass der Ausländer dort keine entsprechende Ausbildungs- oder Berufsmöglichkeit vorfindet, sind „für sich allein kein dringender humanitärer Grund".

Als Beispiele dringender humanitärer oder persönlicher Gründe benennen die Verwaltungsvorschriften:
- die Durchführung einer Operation,
- den Abschluss einer ärztlichen Behandlung, die im Heimatland nicht oder nicht in ausreichendem Maße gewährleistet ist,
- die vorübergehende Betreuung eines schwerkranken Familienangehörigen,
- eine unmittelbar bevorstehende Heirat mit einem Deutschen oder einem Ausländer, der einen Aufenthaltstitel besitzt,
- die Regelung wichtiger persönlicher Angelegenheiten, wie etwa die Teilnahme an einer Beisetzung oder an einer Gerichtsverhandlung als Zeuge,
- den Abschluss einer Schul- oder Berufsausbildung, sofern sich der Schüler oder Auszubildende bereits kurz vor dem angestrebten Abschluss, also zumindest im letzten Schul- oder Ausbildungsjahr befindet (Nr. 25.4.1.6.1 VwV-AufenthG).

5.2.2. Eine Aufenthaltserlaubnis kann auch erteilt werden, wenn erhebliche öffentliche Interessen die vorübergehende weitere Anwesenheit des Ausländers im Bundesgebiet erfordern. Als Beispielfälle nennen die Verwaltungsvorschriften die Tatsache, dass
- der Ausländer als Zeuge in einem Gerichts- oder Verwaltungsverfahren benötigt wird oder

- mit deutschen Behörden bei der Ermittlung von Straftaten vorübergehend zusammenarbeitet oder
- der Aufenthalt zur Wahrung politischer Interessen fortgesetzt werden kann, etwa wegen einer Kooperation mit den deutschen Sicherheitsbehörden, aber auch aus außenpolitischen oder sportpolitischen Interessen (Nr. 25.4.1.6.3 VwV-AufenthG).

Da sich das öffentliche Interesse nicht nur mit den Beispielfällen eines staatlichen/behördlichen Interesses erschöpft, sondern die Realisierung der Verfassungswerte, wie sie in der Präambel des Grundgesetzes und den Grundrechten zum Ausdruck gebracht werden, auch ein öffentliches Interesse darstellt, ist hier ein weites Ermessen eröffnet. Einem, der beispielsweise von rassistischen Übergriffen auf seine Person betroffen war oder durch eine Hochwasserkatastrophe all sein Hab und Gut verloren hat, kann danach ein Aufenthaltsrecht eingeräumt werden, weil zur Überwindung der dabei erlittenen Traumata bzw. Erlebnisse der weitere Aufenthalt im Bundesgebiet verfassungsrechtlich geboten ist.

Gemäß § 5 III 2. Hs. AufenthG kann von den allgemeinen Erteilungsvoraussetzungen des § 5 I und II AufenthG abgesehen werden. Bei der diesbezüglichen Ermessensausübung wird dem Grund des beabsichtigten Aufenthalts entscheidendes Gewicht zukommen. Wer etwa einen Schulabschluss machen will, wird oftmals die Voraussetzungen der Lebensunterhaltssicherung nicht erfüllen können, so dass die Bejahung dringender persönlicher Gründe regelmäßig den Verzicht auf die Lebensunterhaltssicherung impliziert; bei demjenigen, bei dem feststeht, dass er einen schwerkranken Angehörigen pflegen wird, kommt früheren Ausweisungsgründen oder einem Visumverstoß kein entscheidendes Gewicht mehr zu.

Wichtig zu wissen ist noch, dass die Rechtsprechung die Erteilung einer Aufenthaltserlaubnis nach § 25 IV 1 AufenthG dann ausschließt, wenn von einem Daueraufenthalt auszugehen ist.

5.2.3. Die Rechtsfolge der Bejahung von § 25 IV 1 AufenthG ist nach § 26 I AufenthG die Erteilung einer Aufenthaltserlaubnis „für längstens 6 Monate", so lange sich der Ausländer noch nicht mindestens 18 Monate rechtmäßig im Bundesgebiet aufgehalten hat. Die Erteilung eines längeren Aufenthalts nach dieser Bestimmung ist also nur dann möglich, wenn der Ausländer bereits vorher eine Aufenthaltserlaubnis hatte oder wenn sich eine wiederholte Aufenthaltserlaubnis nach § 25 IV 1 AufenthG zu 18 Monaten addiert hat.

5.3. Aufenthaltsverlängerung wegen außergewöhnlicher Härte, § 25 IV 2 AufenthG

§ 25 IV 2 AufenthG regelt nicht die erstmalige Erteilung der Aufenthaltserlaubnis, sondern nur ihre Verlängerung. Die Bestimmung setzt den Besitz einer Aufenthaltserlaubnis voraus. Sie ist so etwas wie eine „Verfestigungsregelung".

Voraussetzung ist, dass aufgrund besonderer Umstände das Verlassen des Bundesgebiets eine außergewöhnliche Härte bedeuten würde.

Eine außergewöhnliche Härte setzt nach der Rechtsprechung voraus, dass der Ausländer sich in einer individuellen Sondersituation befindet, aufgrund der ihn die Aufenthaltsbeendigung nach Art und Schwere des Eingriffs wesentlich schwerer treffen würde als andere Ausländer, deren Aufenthalt zu beenden wäre (Nr. 25.4.2.4.1 VwV-AufenthG).

Sie muss nicht notwendigerweise aus Umständen in seiner Person resultieren, sondern kann sich auch aus besonderen Verpflichtungen ergeben, die der Ausländer gegenüber dritten Personen besitzt. Ein Beispiel ist die Fürsorge für nahe Verwandte, wobei eine eventuell bestehende Möglichkeit eines Familiennachzugs natürlich Vorrang hätte. Generell gilt, dass eine Aufenthaltsverlängerung nach § 25 IV 2 AufenthG nur in Betracht kommt, wenn eine Verlängerung des bisherigen Aufenthaltstitels nicht in Frage kommt – sei es, dass der bisherige Aufenthaltszweck erreicht ist (z. B. Studium), sei es, dass der Aufenthaltszweck nur ein vorübergehender war (z. B. gemäß § 25 IV 1 AufenthG) und eine Aufenthaltsbeendigung, die nun eigentlich eintreten müsste, die Belange des Ausländers in erheblicher Weise tangieren würde.

Der Anwendungsbereich beschränkt sich also nicht auf die Fälle, in denen zuvor eine Aufenthaltserlaubnis nach § 25 IV 1 AufenthG für einen vorübergehenden Aufenthalt erteilt worden ist. Dies ergibt sich zum einen aus dem Wortlaut, der von „einer Aufenthaltserlaubnis" spricht und nicht von „der" nach Satz 1, zum anderen aber auch daraus, dass die Bestimmung den früheren § 30 II AuslG ersetzt. Eine Verlängerung der Aufenthaltserlaubnis nach § 25 IV 2 AufenthG kommt beispielsweise auch dann in Betracht, wenn Studenten das Studium abgebrochen haben und die Aufenthaltserlaubnis nach § 8 AufenthG i. V. m. § 16 AufenthG nicht mehr verlängert werden kann, oder wenn die ursprünglichen humanitären Gründe – etwa ein Abschiebungsverbot – weggefallen sind, sofern die Voraussetzung einer außergewöhnlichen Härte aufgrund besonderer Umstände des Einzelfalles bejaht werden kann.

Grundsätzlich müssen die allgemeinen Erteilungsvoraussetzungen des § 5 AufenthG erfüllt sein, zwingende Versagungsgründe oder Erteilungsverbote kommen zur Anwendung, die Ausländerbehörde kann nach Ermessen von § 5 I und II AufenthG, nicht aber von § 5 IV AufenthG abweichen.

Die Aufenthaltserlaubnis nach § 25 IV 2 AufenthG wird grundsätzlich nur für den Zeitraum erteilt, der für die Erreichung des Zwecks erforderlich ist; sie ist jedoch einer Verfestigung durch die Erteilung einer Niederlassungserlaubnis nach § 26 IV AufenthG zugänglich.

5.4. Aufenthaltserlaubnis für Opfer einer Straftat, § 25 IVa AufenthG

Opfern einer der in § 25 IVa AufenthG genannten Straftat kann eine Aufenthaltserlaubnis für einen vorübergehenden Zweck erteilt werden. Voraussetzung ist, dass die Staatsanwaltschaft oder das Gericht den vorübergehenden Aufenthalt für sachgerecht erachten, dass der Betreffende jede Verbindung zu den Personen, die der Straftat beschuldigt sind, abgebrochen hat und er seine Bereitschaft erklärt hat, in dem Strafverfahren als Zeuge auszusagen. Auf die Erteilung einer Aufenthaltserlaubnis auf dieser Grundlage besteht nicht nur kein Anspruch, vielmehr sind die Betroffenen auf das Wohlwollen der Ermittlungsbehörden oder des Gerichts angewiesen: solange diese ein Interesse an der Zeugenaussage haben, dürfen die Opfer hierbleiben, sind sie „abgeschöpft", oder kooperieren sie nicht im gewünschten Umfang, kann es mit der Aufenthaltserlaubnis schnell vorbei sein. Zu kritisieren ist darüber hinaus auch, dass nach der Aussage die Opfer oftmals schutzlos sind und von Deutschland im Stich gelassen werden. Einer Zwangsprostituierten oder einem sonstigen Opfer von Menschenhandel ist wenig geholfen, wenn sie nach ihrer Aussage in den Herkunftsstaat zurückkehren muss und dort von dem Täterumfeld für ihre Aussage bestraft wird. Zu Recht fordern die Opferschutzverbände ein über § 25 IVa AufenthG hinausgehendes Aufenthaltsrecht.

5.5. Aufenthaltserlaubnis für Opfer der Schwarzarbeit, § 25 IVb AufenthG

Entsprechend der Regel für Opfer von Straftaten können auch Opfer der Arbeitsausbeutung nach dem Schwarzarbeitsbekämpfungsgesetz oder dem Arbeitnehmerüberlassungsgesetz einen vorübergehenden Aufenthalt erhalten. Auch hier ist erforderlich, dass der Betreffende sich als Zeuge zur Verfügung stellt und die Strafverfolgungsbehörden seine vorübergehende Anwesenheit für erforderlich halten. Die Bemerkungen zu § 24 IVa AufenthG gelten entsprechend. Allerdings enthält § 25 IVb 3 AufenthG eine Erweiterung: die Aufenthaltserlaubnis kann verlängert werden, wenn der Ausländer die ihm zustehende Vergütung noch nicht vollständig erhalten hat und es für den Ausländer eine besondere Härte darstellen würde, seinen Vergütungsanspruch aus dem Ausland zu verfolgen. Ihm wird also ein Aufenthaltsrecht eingeräumt, bis er seinen Vergütungsanspruch gerichtlich durchgesetzt hat.

5.6. Aufenthaltserlaubnis bei rechtlicher oder tatsächlicher Unmöglichkeit der Ausreise, § 25 V AufenthG

§ 25 V AufenthG erlaubt die Erteilung einer Aufenthaltserlaubnis für einen nicht nur vorübergehenden Aufenthalt an den Ausländer, der vollziehbar ausreisepflichtig ist, wenn seine Ausreise aus rechtlichen oder tatsächlichen Gründen unmöglich ist und mit dem Wegfall der Ausreisehindernisse in absehbarer Zeit nicht zu rechnen ist. Nicht ausreichend ist, dass eine Abschiebung nicht möglich ist.

Nicht die Unfähigkeit des Staates, den Ausländer außer Landes zu bringen, sondern die Tatsache, dass es dem Individuum unmöglich ist, auszureisen, soll das Kriterium sein, das zum Aufenthaltstitel führt.

Entgegen dem Wortlaut, der verlangt, dass die Ausreise „aus rechtlichen oder tatsächlichen Gründen unmöglich ist", spielen dabei Zumutbarkeitsabwägungen eine Rolle, auch wenn dies von der Rechtsprechung bestritten wird. Eine Unmöglichkeit einer Ausreise aus rechtlichen Gründen liegt im Wortsinn nämlich nur dann vor, wenn ein Ausreiseverbot nach § 46 II AufenthG i. V. m. § 10 I und II PassG vorliegt – eine Fallkonstellation, die in der Praxis kaum vorkommt. Gleiches gilt für die Unmöglichkeit einer Ausreise aus tatsächlichen Gründen. Selbst wenn jemand bewusstlos oder schwer krank ist, kann der

Betroffene – mit Hilfe von Dritten oder Hilfsorganisationen – immer noch ausreisen bzw. „ausgereist werden". Verunfallte deutsche Urlauber werden ja auch aus Mallorca nach Deutschland geflogen, ohne dass man behaupten würde, dass deren Ausreise aus Mallorca nicht möglich sei. Nicht unmöglich – im Wortsinne – ist eine Ausreise auch dann, wenn ein aufnahmebereiter Drittstaat existiert oder der Heimatstaat den Betreffenden nicht einreisen lassen will. Denn dies hindert ihn nicht unbedingt an der Ausreise aus Deutschland, sondern bestenfalls am legalen Transit oder an der Einreise im Zielstaat. Es entspricht allgemeiner Erfahrung, dass viele Menschen es immer wieder schaffen, illegal und ohne Papiere mehrere Grenzen zu überschreiten und in den Zielstaat zu gelangen.

Eine am Wortlaut orientierte Interpretation würde damit den Anwendungsbereich sehr einschränken und die Regelung praktisch aushebeln.

Erforderlich ist stattdessen eine am Regelungszweck orientierte Interpretation der Norm. Sie will denjenigen die Aufenthaltserlaubnis verweigern, die die zumutbare Möglichkeit haben, ein bestehendes Ausreisehindernis zu beseitigen, dies aber nicht tun. Entscheidend ist – und dies hält auch die Gesetzesbegründung fest –, ob eine Ausreise zumutbar ist, bzw. die Ausreisemöglichkeit von zumutbaren Voraussetzungen abhängt. Die Gesetzesbegründung formuliert, dass bei der Frage, ob eine Ausreisemöglichkeit besteht, „... auch die subjektive Möglichkeit – und damit implizit auch die Zumutbarkeit – der Ausreise zu prüfen" ist. Den Behörden ist jedenfalls abzuverlangen, die verlangten Mitwirkungshandlungen so konkret wie möglich vorher zu benennen und sich gegebenenfalls auch der Diskussion der Sinnhaftigkeit ihres Verlangens zu stellen.

Möglich in diesem Sinn ist eine freiwillige Ausreise dann, wenn der Ausländer auf legalem Weg und ohne besondere finanzielle Sonderopfer in den Zielstaat gelangen kann, sofern er erforderliche Handlungen vornimmt. Wenn beispielsweise Bestechungsgelder gezahlt werden müssen, um einen Heimatpass oder ein Transitvisum zu erhalten, liegt ein Fall der Unzumutbarkeit vor. Gleiches gilt, wenn Pass oder Papiere nur um den Preis der Gefährdung von anderen Familienangehörigen im Heimatstaat erlangt werden können. Zumutbar ist hingegen die wahrheitsgemäße Ausfüllung von Formularen und Beantwortung von Fragen, um einen Pass oder Heimreisedokumente zu erhalten. Manche Heimatvertretungen verlangen eine so genannte ‚Freiwilligkeitserklärung', bevor sie einen Pass oder ein Laissez-Passer ausstellen. Darunter verstehen sie nicht, dass der Betreffende persönlich den Antrag stellt, sondern, dass die Erklärung nicht auf Veranlassung oder Druck der deutschen Behörden erfolgt ist. Sie wollen die entsprechenden Papiere nur dann ausstellen, wenn die Heimreise einem inneren Wunsch des Ausländers entspricht, etwa, weil er von sich aus zurückkehren möchte oder weil er kranke Angehörige besuchen möchte etc. Eine derartige Freiwilligkeitserklärung kann dem Ausländer nicht abverlangt werden, wenn sie nicht seinem inneren Willen entspricht. Ein solches Verlangen wäre nichts anderes als die Forderung, die Heimatbehörden zu täuschen, weil diese zwischen einer „erzwungenen" freiwilligen Heimreise oder dem Wunsch auf Passausstellung und einer echten Freiwilligkeit bewusst unterscheiden wollen. Dass die deutschen Behörden und die meisten Gerichte diese Unterscheidung nicht akzeptieren wollen, sei nicht verschwiegen. Auch die Verwaltungsvorschriften behaupten apodiktisch, dass in der Weigerung, eine vom Herkunftsstaat geforderte Freiwilligkeitserklärung abzugeben, eine verschuldete Nichtvornahme einer zumutbaren Handlung liege (Nr. 25.5.4.2 VwV-AufenthG). Überzeugende Argumente, warum es zumutbar sein soll, die Heimatbehörden anzulügen, habe ich noch keine gehört. Immerhin aber differenziert die Strafjustiz: Die Versuche, ein solches Verhalten auch noch zu pönalisieren, sind gescheitert; wenn die Passbeschaffung an der Verweigerung einer Freiwilligkeitserklärung scheitert, liegt kein strafbares Verhalten vor, denn eine Lüge sei nicht zumutbar, so die Strafjustiz.

Zulässig ist es hingegen, den Ausländer auf eine bestimmte Reisemöglichkeit zu verweisen – etwa auf den Landweg, wenn keine Flugverbindungen bestehen. Wenn jedoch die erforderlichen Transitpapiere von den Nachbarstaaten nicht erlangt werden können, ist auch dieser Weg unzumutbar.

Hat aber beispielsweise ein Staat generell erklärt, dass er eine bestimmte Personengruppe nicht mehr zurücknimmt oder dass er Angehörigen eines bestimmten Staates kein Transitvisum erteilt, ist das Verlangen, sich gleichwohl um Heimreisedokumente oder ein Transitvisum zu bemühen, selbst dann unzumutbar, wenn die Ausländerbehörde vortragen kann, dass in Einzelfällen trotz der generellen Aussage entsprechende Papiere ausgestellt wurden. Denn die Tatsache, dass der Staat oder einzelne seiner Beamten Regeln übertreten, beseitigt nicht die Regel als solche. Diese belegt aber die Unmöglichkeit der freiwilligen Ausreise bzw. die Unzumutbarkeit eines weiteren Bemühens. Zumindest greift in diesem Fall eine Beweislastumkehr ein: die Ausländerbehörde hat zu beweisen, dass der konkreten Person entgegen der öffentlichen Erklärungen das begehrte Papier ausgestellt werden wird.

Über die Frage, welche Handlung noch verlangt werden kann oder schon unzumutbar ist, wird man im Einzelfall trefflich streiten können. Wie oft ein Ausländer bei der Botschaft vorsprechen muss, lässt sich ebenso wenig abstrakt beantworten, wie die Frage, welche Antworten er verweigern darf.

5.6.1. Im Regelfall ist eine freiwillige Ausreise dann unmöglich, wenn rechtliche Abschiebungshindernisse vorliegen. Da sog. zielstaatsbezogene Abschiebungsverbote bereits von § 25 I, II und III AufenthG spezialgesetzlich geregelt sind, betrifft § 25 V AufenthG im Wesentlichen die sog. inlandsbezogenen Abschiebungsverbote. Hauptanwendungsfälle sind zum einen Erkrankungen, besonders psychischer Art. Wenn sich durch die Ausreise der Gesundheitszustand des Betroffenen erheblich verschlechtert, sei es durch den Abbruch einer Behandlung, sei es durch die Ausreise als solche oder die Umstände (z. B. zwangsweise Ausreise), liegt ein rechtliches Abschiebungshindernis vor.

Der zweite Hauptanwendungsbereich von inlandsbezogenen Abschiebungsverboten ist das Schutzgebot der Ehe und Familie aus Art. 6 GG und Art. 8 EMRK. Hauptanwendungsfall ist die Trennung enger Familienangehöriger bei denen eine wechselseitige Beistandspflicht besteht. Die Trennung einer Familie wird nur ausnahmsweise zulässig sein, sie ist ausgeschlossen, wenn kleine Kinder oder kranke und bedürftige Familienmitglieder hiervon betroffen werden.

5.6.2. Der zweite Anwendungsfall von § 25 V AufenthG ist der, dass eine Ausreise aus tatsächlichen Gründen unmöglich ist. Beispiele der tatsächlichen Unmöglichkeit sind Fälle der Reiseunfähigkeit, unverschuldeter Passlosigkeit oder unterbrochener oder fehlender Verkehrsverbindungen (so die Verwaltungsvorschriften, Nr. 25.5.1.2.). Hinzu kommen die Fallkonstellationen, bei denen es zwar theoretisch möglich ist, tatsächlich auszureisen, aber die Umstände so sind, dass die Rechtsordnung dies nicht verlangen kann, etwa wenn Bestechungsgelder bezahlt werden

müssen, um einen Heimatpass oder ein Transitvisum zu erhalten. Denn unsere Rechtsordnung, deren höchstes Gebot die Achtung der Würde des Menschen ist, kann niemandem abverlangen, eine strafbare Handlung zu begehen.
Ob rechtliche oder tatsächliche Abschiebungshindernisse vorliegen, ist oft nicht eindeutig (siehe etwa eine Reiseunfähigkeit, die die Ausreise sowohl aus tatsächlichen, aber auch aus rechtlichen Gründen hindert). Zu den Grenzfällen zählen auch die Fälle, in denen die zwangsweise Durchsetzung der Ausreisepflicht als nicht mehr verhältnismäßig angesehen werden kann mit der Folge, dass dann auch die freiwillige Ausreise als unzumutbar oder – weil mit dem Verhältnismäßigkeitsgrundsatz kollidierend – rechtlich unmöglich angesehen werden kann. Der Erlass des rheinland-pfälzischen Innenministeriums vom 17.12.2004 hat diesen Gesichtspunkt berücksichtigt und als Beispielsfälle benannt:

- Besonders gelagerte Problemfälle, bei denen die Ausländerbehörden unter Berücksichtigung der Umstände des Einzelfalles im Ermessensweg über einen längeren Zeitraum erkennbar von der Durchsetzung der Ausreisepflicht abgesehen haben.
- Fallgestaltungen, bei denen aufgrund von vom Ausländer nicht zu vertretenden Umständen ein langjähriger Aufenthalt und eine vollständige Integration in die Lebensverhältnisse in der Bundesrepublik eingetreten ist.
- Die Tatsache, dass der Ausländer aufgrund seiner gesamten Entwicklung faktisch zu einem Inländer geworden ist und ihm wegen der Besonderheiten des Falles ein Leben im Staat seiner Staatsangehörigkeit, zu dem er keinen Bezug mehr hat, nicht zuzumuten ist. „Dies kann insbesondere bei Personen der Fall sein, die in der Bundesrepublik geboren sind oder als Minderjährige in die Bundesrepublik eingereist sind und ausschließlich hier die Schule besucht haben bzw. noch besuchen oder sich bereits in einer Ausbildung befinden."

Folgt man diesem auch in der Gesetzesbegründung enthaltenen Gedanken, der insbesondere bei Minderjährigen und Personen mit langjährigem Aufenthalt den Verhältnismäßigkeitsgrundsatz tangiert, ist das Ergebnis in diesen Fällen, dass eine freiwillige Ausreise im Rechtssinne unmöglich ist.
Die Beweislast für die Unmöglichkeit trägt der Betroffene, der ja ausreisepflichtig ist und aus der Unmöglichkeit der Aus-

reise eine für ihn günstige Rechtsfolge ableiten will. An den Beweis dürfen jedoch keine zu hohen Anforderungen gestellt werden. So ist beispielsweise ein voller Nachweis, dass eine Ausreise unmöglich ist, kaum denkbar, weil es fast immer eine noch nicht erprobte, theoretisch denkbare Möglichkeit gibt. Verlangt werden kann daher nur, dass der Ausländer darlegt, dass er die nach den Umständen möglichen und zumutbaren Anstrengungen zur Ausreise unternommen hat, insbesondere dass er die von ihm verlangten (und zumutbaren) Handlungen vorgenommen hat.

5.6.3. Die weitere Voraussetzung, dass mit dem Wegfall der Ausreisehindernisse in absehbarer Zeit nicht zu rechnen ist, verlangt eine Prognose-Entscheidung. Dabei geht der Gesetzgeber von der Erwartung aus, dass die Ausreisehindernisse fortdauern. Nur dann, wenn mit dem Wegfall der Ausreisehindernisse in absehbarer Zeit zu rechnen ist, also die gesetzliche Annahme widerlegt wird, kann eine Aufenthaltserlaubnis verweigert werden. Die Prognoseentscheidung sollte sich dabei auf einen Zeitraum von 6 Monaten erstrecken – den Zeitraum, den der Gesetzgeber als Höchstdauer für eine Duldung angesehen hat (§ 60a I AufenthG).

5.6.4. Nach § 25 V 2 AufenthG soll eine Aufenthaltserlaubnis erteilt werden, wenn die Abschiebung seit 18 Monaten ausgesetzt ist. Das Ermessen der Ausländerbehörde ist in diesem Fall also reduziert. Die Auslegung dieser Bestimmung ist strittig. Die wohl herrschende Meinung und jedenfalls die Anwendungspraxis verstehen diese Bestimmung nur als Konkretisierung/Beschränkung des Satzes 1. Dementsprechend formulieren die Verwaltungsvorschriften zum Aufenthaltsgesetz (VwV-AufenthG) ausdrücklich, dass diese Regelbestimmung nur Anwendung findet „bei Vorliegen der Voraussetzungen des Satzes 1" und betonen, dass „insbesondere ... mit dem Wegfall der Ausreisehindernisse in absehbarer Zeit nicht zu rechnen sein" darf (Nr. 25.5.2. VwV-AufenthG). Diese Interpretation entwertet Satz 2 vollständig. Zwar ist es sicherlich richtig, dass die Grundvoraussetzung für die Unmöglichkeit der Ausreise auch nach 18 Monaten noch vorliegen muss, andererseits macht die Bestimmung nur Sinn, wenn man sie dahingehend versteht, dass das weitere Kriterium der Fortdauer als im Regelfall widerlegt angesehen werden soll. Denn wenn über einen Zeitraum von 18 Monaten die Ausreise unmöglich war, kann davon ausgegangen werden, dass sie – im Regelfall! – auch künftig unmöglich ist, mit der Konsequenz, dass dann die Aufenthaltserlaubnis auch erteilt werden soll. Liegt der Ausnahmefall vor, dass man jetzt nach 18 Monaten mit einem Wegfall rechnet, mag anderes gelten. Richtig erscheint mir deshalb nur die Interpretation des Satzes 2, dass dann, wenn die Ausreise seit 18 Monaten nicht stattfinden konnte, eine Aufenthaltserlaubnis erteilt werden soll, sofern keine Ausnahme vorliegt. Diese Interpretation wird jedoch von der herrschenden Meinung abgelehnt.

5.6.5. § 25 V 3 AufenthG bestimmt, dass eine Aufenthaltserlaubnis nur erteilt werden darf, wenn der Ausländer unverschuldet an der Ausreise gehindert ist. Er enthält also ein Erteilungsverbot, Satz 4 definiert das Verschulden.

Zu beachten ist, dass der Gesetzgeber bei beiden Sätzen das Präsens verwendet. Er spricht davon, dass „der Ausländer unverschuldet an der Ausreise gehindert ist" und in Satz 4 davon, dass ein Verschulden vorliege, wenn der Ausländer falsche Angaben macht (und nicht: gemacht hat). Es wird also nicht früheres Handeln bestraft. Entscheidend ist vielmehr, ob jetzt ein Handeln des Ausländers die Ausreise behindert, ob er jetzt falsche Angaben macht, ob er jetzt über seine Identität täuscht oder jetzt zumutbare Anforderungen zur Beseitigung der Ausreisehindernisse nicht erfüllt. Ein früheres Verhalten führt nicht zu einem Erteilungsverbot nach Absatz 5 Satz 3, bzw. nur dann, wenn der Ausländer aktuelle zumutbare Handlungen unterlässt, die imstande wären, die Konsequenzen eines früheren Verhaltens zu beseitigen. Derjenige, der früher getäuscht hat und zumutbare Anforderungen nicht erfüllt hat, kann gleichwohl eine Aufenthaltserlaubnis erhalten, wenn er nun nicht mehr täuscht und die erforderlichen und zumutbaren Mitwirkungshandlungen vornimmt – auch wenn diesen kein Erfolg beschieden ist.

Die Beweislast trifft bei Satz 3 und 4 nicht den Ausländer. Es handelt sich hierbei um Ausschlusstatbestände, deren Voraussetzungen die Ausländerbehörde darlegen und gegebenenfalls beweisen muss. Die in diesen Fällen stets gegebene Unsicherheit, ob die jetzt erfolgten Angaben der Wahrheit entsprechen, geht zulasten der Ausländerbehörde.

5.6.6. Eine Aufenthaltserlaubnis nach § 25 V AufenthG kann abweichend von § 11 I AufenthG erteilt werden. Eine frühere

Ausweisung, Zurück- oder Abschiebung hindert nicht. Von den allgemeinen Erteilungsvoraussetzungen des § 5 I und II AufenthG kann nach § 5 III AufenthG abgesehen werden. Auch die Erteilung einer Aufenthaltserlaubnis nach Absatz 5 ist gemäß § 10 III 2 AufenthG ausgeschlossen, wenn ein gemäß § 30 III AsylVfG als offensichtlich unbegründet abgelehnter Asylantrag vorliegt, es sei denn, man geht im Fall einer Ermessensreduzierung auf null von einem „gesetzlichen Anspruch" aus.

5.6.7. Zu beachten ist, dass in den Fällen der Absätze 4 und 5 gemäß § 29 III 2 AufenthG ein Familiennachzug ausgeschlossen ist. Erst dann, wenn – nach 7 Jahren – gemäß § 26 IV AufenthG eine Niederlassungserlaubnis erteilt wurde, kommt in diesen Fällen ein Familiennachzug in Betracht.

Ein solcher genereller und auch zeitlich weit reichender Ausschluss des Familiennachzugs ist mit Art. 6 GG und Art. 8 EMRK nicht zu vereinbaren. Um zu einem verfassungskonformen Ergebnis zu kommen, muss auf § 22 S. 1 AufenthG (Aufnahme aus dem Ausland aus völkerrechtlichen oder humanitären Gründen) zurückgegriffen werden. Das generelle Verbot steht auch in einem Wertungswiderspruch zu § 23a AufenthG („Härtefallregelung"), bei welchem der Familiennachzug nicht ausgeschlossen ist.

X. Dauer der Aufenthaltstitel, § 26 AufenthG

1. Aufenthaltserlaubnis

§ 26 AufenthG regelt die Dauer der zu erteilenden Aufenthaltserlaubnisse. Ist der Flüchtling als Asylberechtigter anerkannt (§ 2 AsylVfG) oder hat er die Rechtsstellung eines Flüchtlings nach der GFK (§ 3 I AsylVfG), ist die Aufenthaltserlaubnis zwingend für 3 Jahre zu erteilen (§ 26 I 2 AufenthG). Subsidiär Schutzberechtigten im Sinne von § 4 I AsylVfG wird die Aufenthaltserlaubnis für 1 Jahr erteilt, bei Verlängerung für 2 weitere Jahre (auch dies ist ein Rechtsanspruch). Ausländern, die die Voraussetzungen des § 25 III AufenthG erfüllen, also jene, bei denen ein nationales Abschiebungsverbot nach § 60 V oder VII 1 AufenthG festgestellt wurde, erhalten eine Aufenthaltserlaubnis für „mindestens 1 Jahr".

Aufenthaltserlaubnisse nach § 25 IVa und IVb AufenthG werden für jeweils 6 Monate erteilt und verlängert, in begründeten Fällen auch länger (§ 26 I 5 AufenthG). Die Höchstdauer der möglichen Aufenthaltserlaubnis beträgt nach § 26 I 1 AufenthG 3 Jahre, in den Fällen von § 25 IV 1 oder V AufenthG jedoch längstens 6 Monate, solange sich der Ausländer noch nicht mindestens 18 Monate rechtmäßig im Bundesgebiet aufgehalten hat. Eine komplizierte und unnötig differenzierte Regelung.

§ 26 II AufenthG stellt klar, dass bei Wegfall des Ausreisehindernisses oder sonstigen, einer Aufenthaltsbeendigung entgegenstehenden Gründe eine Verlängerung nicht mehr erfolgen darf. Lediglich § 25 IV 2 AufenthG sieht von diesem Grundsatz eine Ausnahme vor.

2. Niederlassungserlaubnis gemäß § 26 III AufenthG

Nach § 26 III AufenthG ist einem Ausländer, der seit 3 Jahren eine Aufenthaltserlaubnis nach § 25 I oder II AufenthG besitzt, eine Niederlassungserlaubnis zu erteilen, wenn das Bundesamt für Migration und Flüchtlinge gemäß § 73 IIa AsylVfG mitgeteilt hat, dass die Voraussetzungen für einen Widerruf oder eine Rücknahme nicht vorliegen. Asylberechtigte und Flüchtlinge im Sinne der GFK haben danach einen Rechtsanspruch auf Erteilung einer Niederlassungserlaubnis.

Voraussetzungen sind lediglich der 3-jährige Besitz der Aufenthaltserlaubnis und die Entscheidung des BAMF. Die allgemeinen Erteilungsvoraussetzungen des § 5 I und II AufenthG müssen nicht vorliegen (§ 5 III AufenthG), die allgemeinen Voraussetzungen von § 9 II AufenthG sind durch die Spezialregelungen des § 26 III AufenthG verdrängt.

2.1. Anrechenbare Zeiten

In die 3-Jahres-Frist einzurechnen ist die Zeit der Aufenthaltsfiktion nach § 25 I 3, II 2. Hs. AufenthG. Dies ergibt sich zum einen aus der Gesetzesbegründung, die nicht auf den Besitz abstellt, sondern ausführt, dass den begünstigten Personen „nach 3 Jahren eine Niederlassungserlaubnis erteilt wird", zum anderen daraus, dass der wesentliche Zweck der Aufenthaltsfiktion nach § 25 I 3 AufenthG überhaupt nur darin, nämlich in der Anrechnung als Aufenthaltszeiten liegen kann. Denn rechtmäßig war der Aufenthalt des später anerkannten Asylsuchenden ja auch schon vorher – eine Aufenthaltsgestattung vermittelt einen rechtmäßigen Aufenthalt. Die ausdrücklich zugesprochene Aufenthaltsfiktion des § 25 I 3 AufenthG gewinnt erst durch § 26 III AufenthG ihren Sinn.

3. Niederlassungserlaubnis gemäß § 26 IV AufenthG

§ 26 IV AufenthG ermöglicht es – dies ist eine Ermessensregelung –, den Inhabern einer Aufenthaltserlaubnis nach Abschnitt 5 (also aus humanitären Gründen) eine Niederlassungserlaubnis zu erteilen. Die Norm begünstigt damit sowohl Asylberechtigte und GFK-Flüchtlinge (ungeachtet der Regelung des § 26 III AufenthG) sowie alle anderen, die aus humanitären Gründen eine Aufenthaltserlaubnis erhalten haben.

3.1. Allgemeine Voraussetzungen

Voraussetzung ist zunächst das Vorliegen der Voraussetzungen des § 9 II 1 Nr. 2 bis 9 AufenthG. Verlangt werden grundsätzlich die Sicherung des Lebensunterhalts, der Nachweis von 60 Pflichtbeiträgen zur gesetzlichen Rentenversicherung, keine entgegenstehenden Gründe der öffentlichen Sicherheit und Ordnung, ausreichende Kenntnisse der deutschen Sprache, Grundkenntnisse der Rechts- und Gesellschaftsordnung und der Lebensverhältnisse im Bundesgebiet sowie ausreichender Wohnraum und der Besitz der erforderlichen Erlaubnisse für die Erwerbstätigkeit. Durch den Verweis auf § 9 II 2 bis 5 AufenthG ist klargestellt, dass ausreichende Sprachkenntnisse und Kenntnisse der Rechts- und Gesellschaftsordnung durch den Abschluss eines Integrationskurses nachgewiesen werden können. Wichtig ist, dass von diesen Voraussetzungen und der Anforderung der Lebensunterhaltssicherung abzusehen ist, wenn der Ausländer sie wegen einer körperlichen, geistigen oder seelischen Krankheit oder Behinderung nicht erfüllen kann. Auch zur Vermeidung einer Härte kann von den Voraussetzungen ausreichender Sprachkenntnisse sowie Grundkenntnissen der Rechts- und Gesellschaftsordnung und der Lebensverhältnisse abgesehen werden. § 9 III 3 AufenthG bestimmt weiter, dass es bei Ehegatten, die in ehelicher Lebensgemeinschaft leben, genügt, wenn die Voraussetzungen nach § 9 II Nr. 3, 4 und 6 AufenthG durch einen Ehegatten erfüllt werden.

3.2. Zeitliche Voraussetzungen

In zeitlicher Hinsicht verlangt Absatz 4 Satz 1, dass der Ausländer seit 7 Jahren eine Aufenthaltserlaubnis besitzt. Anzurechnen sind Zeiten des Besitzes

- einer Aufenthaltserlaubnis nach §§ 22 bis 25 AufenthG, § 104a und b AufenthG,
- einer Fiktionsbescheinigung nach § 81 IV AufenthG zu einer Aufenthaltserlaubnis aus humanitären Gründen,
- einer Aufenthaltsbefugnis oder Duldung vor dem 01.01.2005 und anschließende Duldungszeiten, wenn sich an sie nahtlos eine Aufenthaltserlaubnis aus humanitären Gründen anschloss,
- einer Aufenthaltserlaubnis nach altem Recht, wenn während dieser Zeit zugleich die Voraussetzungen für die Verlängerung einer Aufenthaltsbefugnis oder Duldung vor dem 01.01.2005 oder einer Aufenthalterlaubnis nach dem 01.01.2005 vorlagen oder
- der vorangegangenen Aufenthaltsgestattung gemäß § 26 IV 3 AufenthG.

Strittig ist, ob die Aufenthaltszeiten von früheren, erfolglos betriebenen Asylverfahren anrechnungsfähig sind. Die Verwaltungsvorschriften verneinen dies generell (Nr. 26.4.8). Richtig erscheint mir, die Zeiten dann anzurechnen, wenn das Asylfolgeverfahren zum Erfolg führte. Denn ein Folgeverfahren ist nichts anderes als ein Wiederaufnahmeverfahren. Die Konsequenz müsste sein, dass dann auch die Zeiten des vorangegangenen Asylverfahrens anzurechnen sind, wenn der Asylfolgeantrag Erfolg hat.

4. Niederlassungserlaubnis für Kinder, § 26 IV AufenthG i. V. m. § 35 AufenthG

§ 26 IV 4 AufenthG enthält eine Sonderregelung für Kinder, die vor dem 18. Lebensjahr nach Deutschland eingereist sind. Sie erhalten in entsprechender Anwendung von § 35 AufenthG eine Niederlassungserlaubnis bereits dann, wenn sie seit

5 Jahren im Besitz einer Aufenthaltserlaubnis aus humanitären Gründen sind (die einzelnen Voraussetzungen im Hinblick auf Schule, Deutschkenntnisse und Lebensunterhaltssicherung sind § 35 AufenthG in entsprechender Anwendung zu entnehmen). Die Vorschrift gilt auch für inzwischen volljährig gewordene Kinder, die vor Vollendung des 18. Lebensjahrs nach Deutschland eingereist sind. Für in Deutschland geborene Kinder ist § 26 IV 4 AufenthG im Erst-Recht-Schluss anzuwenden (so auch Nr. 26.4.10 VwV-AufenthG).

5. Duldungen

Die Duldung ist die Bescheinigung über die „Aussetzung der Abschiebung". Sie ist daher kein Aufenthaltstitel (weil sie nicht zu einem rechtmäßigen Aufenthalt führt, sondern nur die Strafbarkeit des Aufenthalts ausschließen), dennoch kommt ihr in der Praxis große Relevanz zu (siehe Teil O).

Die Geltungsdauer der Duldungsbescheinigung ist nur für die Fallkonstellation des § 60a I AufenthG mit der Höchstdauer von 1 Jahr vorgeschrieben, also für die Aussetzung der Abschiebung durch die oberste Landesbehörde aus völkerrechtlichen oder humanitären Gründen für Ausländer aus bestimmten Staaten oder bestimmte Ausländergruppen. In allen übrigen Fällen richtet sich die Gültigkeitsdauer der Duldungsbescheinigung nach dem Zweck und der voraussichtlichen Notwendigkeit, den Aufenthalt trotz bestehender Ausreiseverpflichtung zu regeln. Ist absehbar, dass eine baldige Ausreisemöglichkeit gegeben sein wird, ist es üblich, die Duldungen für jeweils 1 Monat auszustellen. Ist eine baldige Abschiebung oder Ausreise zu erwarten, aber noch nicht absehbar, wird die Duldung meist für 3 Monate erteilt. Ist alles offen, entspricht es der Üblichkeit, Duldungen für 6 Monate auszustellen. Hier besteht ein weites Ermessen der Ausländerbehörden, das nicht selten als Druckmittel verwendet wird, um bestimmte Handlungen (etwa die Vorsprache bei einem Konsulat) zu erzwingen. Denkbar, wenn auch selten, sind auch Duldungen von 1 Jahr und mehr. Letztere gibt es allenfalls in Form der sog. Bewährungsduldung. Hiervon spricht man dann, wenn jemand z. B. wegen einer Straftat ausreisepflichtig ist, man aber aus humanitären oder familiären Gründen nach einer Phase der Bewährung den Aufenthalt ohne vorherige Ausreise wieder ermöglichen will.

Nach Ablauf der Duldungen können diese jederzeit entsprechend der vorgenannten Kriterien verlängert werden.

Die Aussetzung der Abschiebung kann auch widerrufen werden, wenn die Gründe entfallen sind; ebenso kann die Geltungsdauer einer laufenden Duldung verkürzt werden. Erlischt die Duldung oder wird sie nicht verlängert, kann der Ausländer ohne erneute Androhung und Fristsetzung abgeschoben werden. War jedoch die Abschiebung länger als 1 Jahr ausgesetzt, muss sie mindestens 1 Monat vorher angekündigt werden (§ 60a V AufenthG).

F Die Entscheidung des BAMF

Am Ende des asylrechtlichen Prüfverfahrens ergeht durch das BAMF eine das Verwaltungsverfahren abschließende Entscheidung. Es gibt viele Entscheidungsmöglichkeiten. Dies ergibt sich schon aus der Vielzahl von Schutzmöglichkeiten, die nicht stets sämtlich vorliegen müssen, sodass auch die positiven Entscheidungen meist differenziert sind. Auch die den Schutz verweigernden Entscheidungsmöglichkeiten sind vielfältig.

In allen Fällen gilt, dass die Entscheidung schriftlich ergeht, schriftlich zu begründen ist und den Beteiligten mit Rechtsbelehrung zuzustellen ist (§ 31 I 1 und 2 AsylVfG). Selbst für die Zustellung macht jedoch § 31 I 4 AsylVfG für die Entscheidungen auf der Grundlage der §§ 26a und 27a AsylVfG wiederum Ausnahmen.

I. Grundsätzliches

Das BAMF hat im Regelfall über die Asylberechtigung nach Art. 16a GG, die Zuerkennung der Flüchtlingseigenschaft nach § 3 AsylVfG, die Gewährung (internationalen) subsidiären Schutzes nach § 4 AsylVfG und das Vorliegen von zielstaatsbezogenen Abschiebungsverboten nach § 60 V und VII 1 AufenthG (auch: nationaler subsidiärer Schutz) zu entscheiden. Die Entscheidung ist eine Amtsentscheidung. Sie ergeht nicht mehr – wie früher – in Weisungsunabhängigkeit des Einzelentscheiders, vielmehr ist dieser weisungsgebunden. Positive Entscheidungen erwachsen deshalb mit Zustellung in Bestandskraft. Meist ist die Bestandskraftmitteilung in den Bescheiden schon enthalten, oft ist auch eine Bestandskraftmitteilung beigefügt. Da die positiven Entscheidungen des BAMF mit Zustellung bestandskräftig sind und nicht mehr angefochten werden können, kann der zuerkannte Teil sofort beansprucht werden. Wer beispielsweise das Abschiebungsverbot des § 60 V oder VII 1 AufenthG erhalten hat, kann von der Ausländerbehörde eine Aufenthaltserlaubnis nach § 25 III AufenthG verlangen, auch wenn er noch um asylrechtlichen Schutz streitet. Es ist ratsam, dann beim BAMF eine Teil-Abschlussmitteilung zu verlangen – wenn sie nicht schon mitgeschickt worden ist -, da manche

Ausländerbehörden das Vorliegen einer solchen zur Voraussetzung für die Erteilung einer Aufenthaltserlaubnis machen, auch wenn dies unsinnig ist, da es ja niemanden gibt, der gegen eine positive Entscheidung des BAMF klagen könnte. Viele Ausländerbehörden verweigern jedoch vor dem Abschluss des asylrechtlichen Verfahrens eine Aufenthaltserlaubnis unter Hinweis auf § 10 I, § 51 I Nr. 8 AufenthG.

Der Flüchtling steht dann vor der Alternative, entweder auf die Fortführung des Begehrens auf den Flüchtlingsstatus/Asylrecht zu verzichten oder weiterhin mit einer Aufenthaltsgestattung zu leben.

Anders ist die Rechtslage jedoch, wenn das BAMF internationalen subsidiären Schutz gemäß § 4 AsylVfG zugebilligt hat und der Flüchtling seinen Anspruch auf Zuerkennung der Flüchtlingseigenschaft nach § 3 AsylVfG weiterverfolgt. In diesem Fall hat er trotz des laufenden Klageverfahrens einen Rechtsanspruch auf Erteilung einer Aufenthaltserlaubnis nach § 25 II 1 2. Alt. AufenthG. Dies ergibt sich schon aus dem Gesetzeswortlaut, der einen unbedingten Rechtsanspruch vorsieht und ebenso aus § 24 II Qualifikations-Richtlinie. Danach ist „so bald wie möglich nach Zuerkennung des internationalen Schutzes" eine Aufenthaltserlaubnis zu erteilen, wenn nicht zwingende Gründe der nationalen Sicherheit oder der öffentlichen Ordnung dem entgegenstehen. Die Verfolgung eines vermeintlich weiterreichenden Schutzanspruchs erfüllt diesen Ausschlussgrund nicht.

Gegenstand der BAMF-Entscheidung sind sämtliche Schutzansprüche, also

- die Anerkennung als Asylberechtigter gemäß Art. 16a GG,
- die Zuerkennung der Flüchtlingseigenschaft gemäß § 3 AsylVfG,
- die Gewährung (internationalen) subsidiären Schutzes gemäß § 4 AsylVfG und
- die Feststellung von (nationalen) Abschiebungsverboten gemäß § 60 V und/oder VII 1 AufenthG.

Wird asylrechtlicher Schutz nach Art. 16a GG oder § 3 AsylVfG gewährt, unterbleibt im Regelfall eine Entscheidung über das Vorliegen von Abschiebungsverboten nach § 60 V und VII 1 AufenthG. Ansonsten aber gilt der Grundsatz, dass alles zu verbescheiden ist.

Die Entscheidung des BAMF ergeht schriftlich. Am Anfang steht der sog. Tenor, also die eigentliche Entscheidungsformel

(z. B. „Der Antrag auf Anerkennung als Asylberechtigter wird abgelehnt ..." oder „Der Antragsteller wird als Asylberechtigter anerkannt ..."), dem sodann eine mehr oder weniger ausführliche Begründung folgt. Im Fall der positiven Entscheidung ist die Begründung meist kursorisch und knapp, im Fall einer negativen hingegen ausführlich. Meist allerdings besteht sie nur aus Textbausteinen und nur wenigen individualisierten Sätzen, die sich mit dem individuellen Fall befassen.

Am Ende steht die Rechtsbehelfsbelehrung, die den Asylsuchenden darüber informiert, welche Rechtsmittel gegeben sind und innerhalb welcher Frist sie bei welchem Gericht einzureichen sind. Fehlt – was selten vorkommt – eine Rechtsbehelfsbelehrung, ist gemäß § 58 II VwGO die Klage innerhalb eines Jahres zulässig.

Manchmal ist die Rechtsbehelfsbelehrung, besonders, bezüglich des zuständigen Verwaltungsgerichtes, falsch. Man hüte sich davor, in diesem Fall klüger zu sein als das BAMF. Verlässt man sich auf die Rechtsbehelfsbelehrung, kann einem kein Vorwurf gemacht werden. Meint man klüger zu sein als das BAMF und hat man sich geirrt, trifft die "Besserwisser" der Vorwurf des Verschuldens. Deshalb mein Rat: Folgen Sie stets der Rechtsbehelfsbelehrung, auch wenn sie Ihnen falsch erscheint.

Die BAMF-Entscheidung muss förmlich zugestellt werden. Erst mit der ordnungsgemäßen Zustellung beginnen die Fristen zu laufen.

Im Regelfall wird der Flüchtling sämtliche negativen Entscheidungen des BAMF angreifen, zumal sich die Kosten wegen der Gerichtskostenfreiheit im Asylverfahren im Rahmen halten. Nur dann, wenn eine Asylberechtigung nach der ständigen Rechtsprechung ausgeschlossen ist, etwa, weil der Flüchtling sich nur auf sog. subjektive Nachfluchtgründe beruft oder die Einreise auf dem Landweg unstrittig ist, sollte die Klage auf den Flüchtlingsstatus gemäß § 3 AsylVfG, hilfsweise subsidiären Schutz nach § 4 AsylVfG bzw. das Vorliegen von Abschiebungsverboten nach § 60 V und VII 1 AufenthG beschränkt werden. Vor einer Beschränkung der Klage sollte man sich anwaltlichen Rat holen. Im Zweifel sollte die gesamte negative Entscheidung des BAMF angegriffen werden. Eine Rücknahme oder Beschränkung der Klage ist jederzeit möglich.

Wird gegen die Entscheidung des BAMF kein Rechtsmittel ergriffen, liegt Bestandskraft vor. Das BAMF muss eine „Abschlussmitteilung" zusenden.

Ist nur ein Teil der Entscheidung bestandskräftig geworden (z. B. über § 60 V oder VII 1 AufenthG), muss es eine „Teil-Abschlussmitteilung" ausstellen.

II. Dublin III: Unzulässiger Asylantrag

1. Dublin-Verfahren, § 27a AsylVfG

Nach § 27a AsylVfG ist ein Asylantrag unzulässig, wenn ein anderer Staat aufgrund von Rechtsvorschriften der Europäischen Gemeinschaft oder eines völkerrechtlichen Vertrags für die Durchführung des Asylverfahrens zuständig ist. Dies ist geregelt in der sog. Dublin-III-Verordnung.

In diesem Fall teilt das BAMF dem Ausländer in der Entscheidung mit, welcher andere Staat für die Durchführung des Asylverfahrens zuständig ist (§ 31 VI AsylVfG). Gleichzeitig ordnet es die Abschiebung in diesen Staat an (§ 34a I 1 AsylVfG). Der Tenor einer solchen Entscheidung lautet also beispielsweise:

1. *Der Asylantrag ist unzulässig.*
2. *Die Abschiebung nach ... wird angeordnet.*

Eine Entscheidung über das Vorliegen eines nationalen, zielstaatsbezogenen Abschiebungsverbots nach § 60 V und VII 1 AufenthG ist nicht vorgesehen und wird im Regelfall vom BAMF auch nicht getroffen.

Meines Erachtens liegt hier eine gesetzgeberische Lücke vor. Wenn im zuständigen Dublin-Staat ein Asylverfahren im Sinne von § 13 II 1 AsylVfG durchgeführt wird und es zu einem negativen Ergebnis führt, aber dieser Staat kein dem deutschen Rechtssystem vergleichbares, ergänzendes, nationales Schutzsystem besitzt, ist der Betreffende benachteiligt. Es wäre widersinnig und mit der Gerechtigkeit nicht zu vereinbaren, wenn zwar derjenige, der über einen anderen Dublin-Staat eingereist ist und nur eine Aufenthaltserlaubnis z. B. zu Studienzwecken begehrt (und nicht erhält), wegen des nationalen subsidiären Schutzes nach § 60 V und VII 1 AufenthG hierbleiben dürfte, nicht aber derjenige, der auch einen Asylantrag im Sinne von § 13 II 1 AsylVfG gestellt hat. Wenn also ein nationaler subsidiärer Schutz in Frage kommt, müsste er auch gewährt werden, wenn für den Asylantrag ein anderer Dublin-Staat zuständig ist. Dies wird aber eine eher seltene Konstellation sein.

Im Regelfall ist zu prüfen, ob man die Dublin-Entscheidung akzeptiert oder nicht. Die Erfolgschancen sind nicht allzu groß. Sie sind nach der – noch nicht abschließenden – Meinung der Rechtsprechung nur dann vorhanden, wenn sog. systemische Mängel vorliegen oder aufgrund einer besonderen Fallkonstellation (z. B. schwerwiegende akute Erkrankung oder Verfolgung oder eine schwerwiegende Schädigung im Dublin-Staat) eine Überstellung dorthin als menschenrechtswidrig und unverhältnismäßig erscheint. Einzelheiten siehe Kapitel D II.

Gegen die Entscheidung, die sofort vollziehbar ist, kann neben einer Klage auch ein Antrag gemäß § 80 V VwGO innerhalb 1 Woche nach Bekanntgabe eingereicht werden (§ 34 II 1 AsylVfG). Die Klagefrist beträgt 2 Wochen (§ 74 I 1. Hs. AsylVfG). Die Stellung eines Eilantrags (also des Antrags nach § 80 V VwGO) muss in Dublin-Fällen besonders sorgfältig überlegt werden. Auf der einen Seite droht, wenn der Eilantrag nicht eingereicht wurde, die umgehende Überstellung in den Dublin-Staat; die Hauptsacheentscheidung (also das Ergebnis des Klageverfahrens) wird nicht abgewartet. Gerade, wenn es um vulnerable Personen geht oder um eine Überstellung in einen Staat, in dem die menschenrechtliche Lage nicht in Ordnung ist, drängt es einen, sofort den Eilantrag einzureichen. Auf der anderen Seite muss man wissen, dass (nach überwiegender Meinung) die Stellung eines Eilantrags dazu führt, dass die Überstellungsfrist (im Regelfall 6 Monate) nicht weiterläuft, sondern nach der negativen Entscheidung neu zu laufen beginnt (umstritten!). Diese rechtliche Lage zwingt die Betreuer zu überlegen, ob es wirklich ratsam ist, einen Eilantrag einzureichen (und damit eine neue Halbjahresfrist zu schaffen) oder darauf zu hoffen, dass eine Überstellung innerhalb des Restes der noch verbleibenden Frist doch nicht stattfinden wird. Nicht selten fehlen nur noch einige Wochen oder Monate bis zum Ablauf der 6-Monats-Frist. Ist der Flüchtling beispielsweise reiseunfähig krank, kann man es fast als Kunstfehler bezeichnen, wenn ein Eilantrag eingereicht wird, statt in Ruhe abzuwarten, ob er während der verbleibenden Überstellungsfrist wieder genest oder nicht. Gleiches gilt es bei einem offenen Kirchenasyl (siehe Kapitel J) zu bedenken: Wird das Kirchenasyl voraussichtlich respektiert werden, ist ein Eilantrag überflüssig und eher schädlich.

Auch wenn auf einen Eilantrag verzichtet wird, sollte die Entscheidung selbst nicht akzeptiert und Klage eingereicht werden. Zum einen kann es ja durchaus sein, dass sich das Gericht Ihrer Ansicht anschließt und der Auffassung ist, dass bei dem konkreten Dublin-Staat systemische Mängel vorhanden sind oder eine individuelle besondere Situation die eine Überstellung verhindert. Zum Zweiten ist es auch in rechtlicher Hinsicht unklar, wie zu verfahren ist, wenn die Entscheidung kampflos akzeptiert wird und die Überstellungsfrist abgelaufen ist: Kann das Verfahren dann nach den Regeln des Erst-Verfahrens fortgesetzt werden, obwohl es ja eigentlich bereits bestandskräftig (als unzulässig) beendet ist, oder richtet sich das weitere Verfahren dann nach den Regeln des Asylfolgeverfahrens? Diesen Problemen entgeht man, wenn das unzulässig-Verdikt mit einer Klage angegriffen ist, weil dann nach Ablauf der Überstellungsfrist das BAMF diesen Bescheid aufhebt und das Verfahren in nationaler Zuständigkeit fortführt.

In der Sache selbst muss der Schwerpunkt der Argumentation die Darlegung systemischer Mängel im Dublin-Staat sein bzw. der individuellen Besonderheiten des Schicksals des Flüchtlings. War er im Dublin-Staat obdachlos oder erhielt keine Behandlung, obwohl er krank war, muss man dies möglichst konkret schildern und nicht nur darauf verweisen, dass es allen in dem Staat so geht. Wenn dies der Fall ist, sind dies natürlich wichtige Informationen, die auf systemische Mängel hindeuten, gleichwohl ist auch hier der Einzelfall in den Mittelpunkt zu stellen, da systemische Mängel alleine nicht reichen, sondern auch eine individuelle schwerwiegende menschenrechtliche Betroffenheit vorliegen muss. Dies gilt vor allem für das eventuelle Eilverfahren.

▶ Formularmuster 6 (Klage und Eilverfahren)

2. Antragsrücknahme, § 32 AsylVfG; Verzichtserklärung gemäß § 14a AsylVfG

Das Verfahren ist einzustellen, wenn der Asylbewerber seinen Asylantrag zurückgenommen hat (§ 32 AsylVfG). Eine Einstellung findet jedoch auch dann statt, wenn der Asylbewerber bzw. sein gesetzlicher Vertreter gemäß § 14a III AsylVfG auf die Durchführung des Asylverfahrens verzichtet hat. Der

Einstellungsbeschluss ist nicht konstitutiv, sondern deklaratorisch, es kann also darüber gestritten werden, ob er richtig ist, also eine Rücknahme des Asylantrags oder ein Verzicht auf Durchführung des Asylverfahrens vorliegt.

Gleichzeitig mit dieser Entscheidung hat das BAMF über das Vorliegen von Abschiebungsverboten gemäß § 60 V und VII 1 AufenthG zu befinden und erforderlichenfalls eine Abschiebungsandrohung zu erlassen. Die nach § 38 AsylVfG zu erlassende Ausreisefrist beträgt im Fall der Rücknahme des Asylantrags vor der Entscheidung des BAMF 1 Woche (§ 38 II AsylVfG), ansonsten 30 Tage (§ 38 I AsylVfG).

Im Fall einer Einstellung des Verfahrens ist binnen 1 Woche eine Klage nebst Eilantrag beim zuständigen Verwaltungsgericht zu erheben, weil § 75 AsylVfG anordnet, dass die Klageerhebung nur in den Fällen des § 38 I AsylVfG und § 73 AsylVfG aufschiebende Wirkung hat.

▶ Formularmuster 4

3. Rücknahmefiktion gemäß § 33 I AsylVfG

Wichtig ist die Bestimmung des § 33 I AsylVfG. Danach gilt ein Asylantrag als zurückgenommen, wenn der Ausländer das Verfahren trotz Aufforderung des BAMF länger als einen Monat nicht betreibt und er in der Betreibensaufforderung auf diese Rechtsfolge hingewiesen wurde. Der Hinweis erfolgt formblattmäßig; meldet sich der Asylbewerber nicht, gilt der Asylantrag als zurückgenommen; das Verfahren wird eingestellt. Früher hat das BAMF von dieser Möglichkeit rege Gebrauch gemacht. Heute sind Einstellungen nach § 33 I AsylVfG zum Ausnahmefall geworden.

Bei einer Einstellung des Verfahrens nach § 33 AsylVfG sind binnen 1 Woche Klage und Eilantrag gemäß § 80 V VwGO zum zuständigen Verwaltungsgericht zu stellen, weil § 75 AsylVfG anordnet, dass die Klageerhebung nur in den Fällen der § 38 I und § 73 AsylVfG aufschiebende Wirkung besitzt.

▶ Formularmuster 4

Das Formularmuster ist insoweit anzupassen, als in der Begründung ausgeführt werden muss, dass und warum der Flüchtling seine Mitwirkungspflichten nicht verletzt, sondern das Verfahren betrieben hat.

Die entscheidenden Tatsachen (also z. B. die Mitteilung der Adresse) müssen glaubhaft gemacht werden, etwa durch eine eidesstattliche Versicherung oder eine Kopie des Schreibens an das BAMF.

Daneben sollte hilfsweise auch kurz auf die materiellen Asylgründe eingegangen werden. Diese sollten jedenfalls skizzenhaft vorgetragen und ausdrücklich erklärt werden, dass man, falls das Gericht dies für erforderlich hält, zu einem detaillierten Vortrag der Asylgründe jederzeit bereit ist.

4. Rücknahmefiktion gemäß § 33 II AsylVfG

Nach § 33 II AsylVfG gilt der Asylantrag ferner als zurückgenommen, wenn der Ausländer während des Asylverfahrens in seinen Herkunftsstaat reist. Der Gesetzgeber geht davon aus, dass dadurch die Nicht-Verfolgung dokumentiert wird und es damit kein Rechtsschutzbedürfnis für eine Entscheidung gibt.

Bestreitet der Asylbewerber, in den Herkunftsstaat gereist zu sein, muss er sich gegen die Einstellung mit einer Klage zur Wehr setzen. Im Rahmen des Rechtsstreits ist dann gegebenenfalls Beweis zu erheben. Entweder wird dann die Einstellung des Verfahrens wegen der vom Gesetz fingierten Rücknahme bestätigt oder das Gericht erlässt ein inhaltliches Urteil (entweder ein Verpflichtungsurteil auf Schutzgewährung oder ein klageabweisendes). Auch in diesem Fall sind binnen der Wochenfrist eine Klage und ein Eilantrag einzureichen.

▶ Formularmuster 4

In der Begründung ist darzulegen, dass die Annahme, der Flüchtling sei in seinen Herkunftsstaat gereist, unzutreffend ist. Dies ist gegebenenfalls zu belegen. Meist handelt es sich hierbei um Fallkonstellationen, in denen der Flüchtling in einen Nachbarstaat des Herkunftslandes gereist ist. Dann wird unterstellt, dass er illegal die Grenze überschritten hat und im Herkunftsstaat war. Eine solche Unterstellung ist jedoch nicht rechtens. Die Beweislast für die Einreise in den Verfolgerstaat trifft das BAMF und nicht den Schutzsuchenden. Es genügt bei einer solchen Fallkonstellation, wenn der Antragsteller glaubhaft vorträgt, dass er nur in den Nachbarstaat gereist ist (und sich dort beispielsweise mit Verwandten getroffen hat), dass er aber nicht die Grenze zum Verfolgerstaat überschritten hat. Das Gegenteil muss ihm das BAMF beweisen! Hat der Betreffende Dokumente über seinen legalen Aufenthalt im Nachbarstaat oder sonstige Papiere, die den Aufenthalt in einem Drittstaat glaubhaft machen, sollen diese natürlich als indiziell wichtig vorgelegt werden.

Ist aufgrund einer Einstellungsentscheidung das Verfahren eingestellt worden und die Wochenfrist für die Klage versäumt, kann das Verfahren nur fortgeführt werden, wenn ein Antrag auf Wiedereinsetzung in den vorigen Stand (Frist: 2 Wochen!) gestellt wurde, was die unverschuldete Fristversäumnis voraussetzt.

Ist auch diese Frist versäumt (oder liegt ein Verschulden vor), kann das Verfahren nur als Asylfolgeantrag fortgeführt werden.

Exkurs:

Wird der Asylsuchende bei einem Einreiseversuch an der Grenze festgehalten, weil die Bundespolizei davon ausgeht, dass er während des Asylverfahrens in seinen Heimatstaat gereist ist, wird regelmäßig unterstellt, dass kein Schutzbedürfnis mehr besteht und der Betroffene de facto seinen Asylantrag zurückgenommen hat (sog. Rücknahmefiktion). Eine Einstellungsentscheidung ergeht in diesem Fall nicht, der Ausländer wird schlicht zurückgewiesen (§ 33 III AsylVfG). In diesem Fall ist allerdings zu prüfen, ob Abschiebungsverbote nach § 60 V bis VII AufenthG vorliegen. Ist dies der Fall und kann der Betroffene nicht an einen sicheren Drittstaat verwiesen werden, ist ihm gleichwohl die Einreise zu gestatten. Umgekehrt kann, wenn die Rückführung in einen sicheren Drittstaat möglich erscheint, Abschiebungshaft gemäß § 62 AufenthG angeordnet werden. Wird die Einreise verweigert und droht eine Zurückschiebung, muss Eilrechtsschutz nach § 123 VwGO auf Gestattung der Einreise und Unterlassung der Rückführung beantragt werden. Selbst wenn jedoch die Einreise gestattet wird, weil das Vorliegen von Abschiebungsverboten angenommen wird, ändert dies nichts an der Rücknahmefiktion des Asylantrags nach § 33 II AsylVfG. Da das Gesetz in diesem Fall ausdrücklich bestimmt, dass es einer Entscheidung des BAMF nach § 32 AsylVfG nicht bedarf (§ 33 III 2 AsylVfG) und die Rücknahmefiktion kraft Gesetzes eintritt, ist in diesem Fall eine Verpflichtungsklage auf Fortführung des Asylverfahrens nötig. Sie sollte zweckmäßigerweise mit einem Hilfsantrag auf Anerkennung als Asylberechtigter, auf Gewährung des Flüchtlingsschutzes nach § 3 AsylVfG bzw. subsidiären

Schutzes nach § 4 AsylVfG verbunden werden.
Die Fallkonstellation ist nicht nur selten, sondern auch kompliziert. Anwaltlicher Rat sollte in diesem Fall unbedingt in Anspruch genommen werden.

III. Unterschiedliche Formen negativer Entscheidungen des Bundesamtes

Das BAMF hat bei einer Ablehnung mehrere Möglichkeiten. Es kann den Asylantrag
- als unbeachtlich oder unzulässig behandeln,
- als offensichtlich unbegründet ablehnen,
- als unbegründet ablehnen.

1. Unbeachtliche und unzulässige Asylanträge

Nach § 29 I AsylVfG ist ein Asylantrag unbeachtlich, wenn offensichtlich ist, dass der Ausländer bereits in einem sonstigen Drittstaat, also nicht in einem sicheren Drittstaat im Sinne von § 26a AsylVfG oder einem Vertragsstaat im Sinne von § 27a AsylVfG, vor politischer Verfolgung sicher war. Die anderweitige Sicherheit im Sinne von § 27 AsylVfG muss offensichtlich sein. Es dürfen keine vernünftigen Zweifel hieran bestehen. Eine eindeutige und widerspruchsfreie Beurteilung durch Auskünfte und Stellungnahmen muss vorliegen.

Hinzutreten muss als zweite Voraussetzung auch die Möglichkeit der Rücküberstellung entweder in den sicheren Drittstaat oder einen anderen verfolgungssicheren Staat. Der verfolgungssichere Drittstaat muss auch Hilfe zur Überwindung der fluchtbedingten existenziellen Nöte bieten, damit der Asylantrag als unbeachtlich gewertet werden darf.

Ist der Asylantrag nach § 29 I AsylVfG unbeachtlich, droht das BAMF dem Ausländer die Abschiebung in den sicheren Drittstaat an (§ 35 AsylVfG). Die Entscheidung enthält keine Ausführungen zum Flüchtlingsschutz (§ 3 AsylVfG) oder subsidiären Schutz (§ 4 AsylVfG). Gleiches gilt im Regelfall für Abschiebungsverbote nach § 60 V und VII 1 AufenthG.

Die dem Ausländer zu setzende Ausreisefrist beträgt 1 Woche (§ 36 I AsylVfG). Die Entscheidung ist sofort vollziehbar, eine Klage hat keine aufschiebende Wirkung. Wenn der Ausländer nicht nach Ablauf der Wochenfrist ausreisen will, muss er neben der Klage einen Antrag nach § 80 V VwGO stellen, also beantragen, dass die aufschiebende Wirkung der Klage hergestellt wird.

▶ Formularmuster 5

Inhaltlich sollte ein solcher Antrag zunächst Ausführungen enthalten, warum eine anderweitige Sicherheit nicht bestand bzw. dass und warum die Rückführung in einen anderen Staat nicht möglich ist oder Deutschland zuständig ist. Daneben sollten hilfsweise auch Ausführungen zum Fluchtschicksal selbst gemacht werden. Wenn Abschiebungshindernisse im Hinblick auf den Drittstaat geprüft wurden, sind auch insoweit inhaltliche Ausführungen zu machen, warum dort der erforderliche Schutz nicht gewährleistet ist.

2. Offensichtlich unbegründete Asylanträge

2.1. Allgemeines

Nach § 30 I AsylVfG ist ein Asylantrag offensichtlich unbegründet, wenn die Voraussetzungen für eine Anerkennung als Asylberechtigter und die Zuerkennung der Flüchtlingseigenschaft offensichtlich nicht vorliegen. Ist nur der auf die Asylberechtigung zielende Antrag, nicht aber der Antrag auf Flüchtlingsschutz offensichtlich unbegründet, darf der Asylantrag nicht insgesamt als offensichtlich unbegründet abgelehnt werden, sondern muss als einfach unbegründet verbeschieden werden. Geschieht dies gleichwohl oder verkennt das BAMF die Offensichtlichkeitskriterien im Hinblick auf §§ 3, 4 AsylVfG, ist allein schon deshalb einem Eilantrag stattzugeben. Wurde der Asylantrag jedoch auf die Gewährung des Flüchtlingsstatus gemäß § 3 AsylVfG beschränkt, kann insoweit eine offensichtlich-unbegründet-Entscheidung ergehen. Eine ou-Entscheidung ist aber auch dann ausgeschlossen, wenn die Voraussetzungen für subsidiären Schutz oder nationale Abschiebungsverbote gem. § 60 V und VII AufenthG vorliegen, wie das BVerfG in mehreren Entscheidungen ausgeführt hat (z. B. BVerfG vom 10.07.1997, BVerfGE 94,166; vom 14.05.1996, EZAR 043 Nr. 23).

Der Tenor einer solchen Entscheidung lautet beispielsweise:

1. *Der Antrag auf Anerkennung als Asylberechtigter wird als offensichtlich unbegründet abgelehnt.*

2. *Die Voraussetzungen für die Zuerkennung der Flüchtlingseigenschaft liegen offensichtlich nicht vor.*
Die Kriterien der Ablehnung als offensichtlich unbegründet sind dann zu bejahen, wenn nach vollständiger Erforschung des Sachverhalts im maßgeblichen Zeitpunkt der Entscheidung des Bundesamts an der Richtigkeit der tatsächlichen Feststellungen vernünftigerweise kein Zweifel bestehen kann und bei einem solchen Sachverhalt (nach dem Stand der Rechtsprechung und Lehre) sich die Verneinung des Asylanspruches geradezu aufdrängt. Diese von der Rechtsprechung entwickelte Formel stellt also hohe Hürden auf – theoretisch. In der Praxis wird diese Formel leider oft nicht ernst genommen. Bei Asylsuchenden aus bestimmten Ländern wird allzu leicht eine ou-Entscheidung gefällt, obwohl bei einer ernsthaften Erforschung durchaus vernünftige Zweifel auftreten müssten. Letztlich muss es sich immer um eine Einzelfallentscheidung handeln.

2.2. Offensichtlich unbegründet nach § 30 II AsylVfG

Nach § 30 II AsylVfG ist ein Asylantrag insbesondere dann offensichtlich unbegründet, wenn nach den Umständen des Einzelfalles offensichtlich ist, dass der Ausländer nur aus wirtschaftlichen Gründen oder um einer allgemeinen Notsituation oder einer kriegerischen Auseinandersetzung zu entgehen, nach Deutschland kam. Die Bestimmung hat, vor allem demonstrativen und rechtspolitischen Charakter hat. Dies zeigt die Tatsache, dass 2014 die Westbalkanstaaten in die Liste der sicheren Herkunftsstaaten aufgenommen wurden – und schon vorher Asylsuchende aus diesen Staaten oft als offensichtlich-unbegründet abgelehnt wurden, obwohl es z. B. Minderheiten dort nicht nur wirtschaftlich schlecht geht. Auch wenn nicht jede Diskriminierung einen Asylgrund darstellt, kann bei einer nicht selten gegeben Häufung die Schwelle der Asylrelevanz erreicht sein. Um die Zahl der Schutzsuchenden aus diesen Ländern zu begrenzen, wurde die Möglichkeit einer offensichtlich-unbegründet Entscheidung zu einer Waffe, die jetzt durch die Definition der drei Westbalkanstaaten als sicherer Herkunftsstaat ersetzt wurde. Die praktischen Konsequenzen für die Menschen zeigen sich gegenwärtig vor allem darin, dass es schwerer ist, in der Kürze der Zeit eine sachgerechte Vertretung bei Gericht zu organisieren und finanzieren, worunter dann auch die Erfolgschancen bei Gericht leiden. Denn ohne – am besten anwaltliche – Betreuung ist es für die Flüchtlinge schwer, die wesentlichen Gesichtspunkte zu erkennen und vorzutragen.

2.3. Offensichtlich unbegründet nach § 30 III AsylVfG

Liegen die dort normierten Voraussetzungen vor, ist ein unbegründeter Asylantrag zwingend als offensichtlich unbegründet abzulehnen. Das Gesetz verlangt in diesen Fällen also eine doppelte Prüfung. Auf der ersten Stufe ist zu prüfen, ob sich der Asylantrag – sowohl hinsichtlich des grundrechtlichen Asylrechtsanspruches als auch hinsichtlich des Flüchtlingsstatus – insgesamt als unbegründet erweist. Nur wenn diese Voraussetzung bejaht wird, mithin feststeht, dass der Antragsteller nicht asylrechtlich relevant verfolgt ist, rechtfertigt die in den nachstehenden Nummern aufgezählte Pflichtverletzung die qualifizierte Ablehnung und damit die Konsequenz, das vorläufige Bleiberecht bis zur Rechtskraft der Entscheidung zu verlieren.

Die Qualifizierung eines Asylantrags als offensichtlich unbegründet gemäß § 30 III AsylVfG hat zur Folge, dass nach § 10 III 3 2. Hs. AufenthG diesem Ausländer vor seiner Ausreise nur ein Aufenthaltstitel gemäß § 25 III AufenthG erteilt werden darf.

Eine weitere Ausnahme vom Verbot greift dann, wenn ein Rechtsanspruch auf eine Aufenthaltserlaubnis besteht.

Droht eine offensichtlich-unbegründet-Entscheidung, gibt es in diesem Fall aber möglicherweise die Chance, einen Aufenthaltstitel etwa nach § 25 V AufenthG oder einer anderen Bestimmung des 5. Abschnitts des 2. Kapitels des Aufenthaltsgesetzes zu erhalten, sollte erwogen werden, den Asylantrag zurückzunehmen. In diesem Fall muss das Bundesamt das Asylverfahren einstellen. Das offensichtlich-unbegründet-Verdikt ist auf diese Weise verhindert. Für die Erteilung einer Aufenthaltserlaubnis z. B. wegen des Vorliegens von inlandsbezogenen Abschiebungsverboten ist dann Raum!

Der Gesetzgeber hat folgende Sachverhalte als offensichtlich unbegründet im Sinne von § 30 III AsylVfG definiert:

- Wenn in wesentlichen Punkten das Vorbringen des Asylbewerbers nicht substantiiert oder in sich widersprüchlich ist, offenkundig den Tatsachen nicht entspricht oder auf gefälschte oder verfälschte Beweismittel gestützt wird (Nr. 1).
- Wenn der Ausländer im Asylverfahren über seine Identität oder Staatsangehörigkeit täuscht oder diese Angaben verweigert (Nr. 2).

- Wenn er unter Angabe anderer Personalien einen weiteren Asylantrag oder ein weiteres Asylbegehren anhängig gemacht hat (Nr. 3).
- Wenn er den Asylantrag gestellt hat, um eine drohende Aufenthaltsbeendigung abzuwenden, obwohl er zuvor ausreichend Gelegenheit hatte, einen Asylantrag zu stellen (Nr. 4).
- Wenn er folgende Mitwirkungspflichten verletzt hat:
  - Wenn er nicht unverzüglich nach einer illegalen Einreise um Asyl nachgesucht hat (§ 13 III 2 AsylVfG) oder
  - er nach § 15 II Nr. 3 - 5 AsylVfG die für das Verfahren erforderlichen Papiere nicht vorlegt bzw. behördlichen Anordnungen nicht Folge leistet oder
  - er die nach § 25 I AsylVfG erforderlichen Angaben bei der persönlichen Anhörung vor dem BAMF verweigert oder er nicht erscheint.
- Die jeweilige Pflichtverletzung muss jedoch „gröblich" sein, also von objektivem Gewicht und auch subjektiv schwerwiegend (Nr. 5).
- Wenn er bereits vorher nach § 53 AufenthG (zwingende Ausweisung) oder § 54 AufenthG (Regel-Ausweisung) ausgewiesen war (Nr. 6).
- Wenn der Asylantrag für einen nach diesem Gesetz handlungsunfähigen Ausländer gestellt wird, nachdem zuvor Asylanträge der Eltern oder des allein personensorgeberechtigten Elternteils unanfechtbar abgelehnt worden sind (Nr. 7). Hierbei handelt es sich um die Fallkonstellation eines fingierten Asylantrags nach Geburt oder späterer Einreise eines Kindes ohne dass auf das Asylverfahren verzichtet wurde. Mittlerweile hat das Bundesverwaltungsgericht klargestellt, dass allein ein fingierter Asylantrag nach § 14a AsylVfG nicht zum offensichtlich-unbegründet-Verdikt führen kann. Dem BAMF bleibt jedoch die Möglichkeit, auch in diesem Fall einen Asylantrag nach § 30 I, II oder IV AsylVfG abzulehnen.

Bei allen Fallkonstellationen des § 30 III AsylVfG gilt zu beachten, dass nicht schon die Tatbestandserfüllung automatisch zu einer offensichtlich-unbegründet-Entscheidung führt.

Vielmehr greifen die Beispiele nur dann ein, wenn eine schwerwiegende und im Hinblick auf das Asylbegehren auch kausale Pflichtverletzung vorliegt. In einzelnen der Regelbeispiele ist dies ausdrücklich hervorgehoben, wenn es etwa in § 30 III Nr. 1 AsylVfG heißt, dass das Vorbringen „in wesentlichen Punkten" unsubstantiiert sein muss, oder in § 30 III Nr. 5 AsylVfG, wenn eine „gröbliche" Verletzung der Mitwirkungspflichten verlangt wird.

Die Fallgruppen des Absatzes III unterstellen eine missbräuchliche Inanspruchnahme des Asylrechts. Ist dies im Einzelfall nicht zutreffend, wie etwa, wenn eine Täuschung über die Identität oder die Vorlage falscher Papiere aus asylirrelevanten Gründen erfolgt ist – z. B. um aus dem Land flüchten zu können – oder die Verletzung der Pflicht nicht kausal wurde, darf keine offensichtlich-unbegründet-Entscheidung ergehen.

2.4. Offensichtlich unbegründet nach § 30 IV AsylVfG und § 3 II AsylVfG

Nach § 30 IV AsylVfG ist ein Asylantrag als offensichtlich unbegründet abzulehnen, wenn die Voraussetzungen von § 60 VIII AufenthG vorliegen. Nach dieser Bestimmung greift der Asylrechtsschutz dann nicht ein, wenn der Betreffende aus schwerwiegenden Gründen als eine Gefahr für die Sicherheit der Bundesrepublik Deutschland anzusehen ist oder eine Gefahr deswegen bedeutet, weil er wegen eines Verbrechens oder eines besonders schweren Vergehens rechtskräftig zu einer Freiheitsstrafe von mindestens drei Jahren verurteilt worden ist. § 60 VIII AufenthG ist einengend auszulegen, damit er überhaupt als verfassungskonform akzeptiert werden kann. Die Abschiebung eines politisch Verfolgten in den Verfolgerstaat kann nur als ultima ratio in Betracht kommen. Dementsprechend rechtfertigt alleine die Erfüllung der tatbestandlichen Voraussetzungen von § 60 VIII AufenthG noch nicht die Zulässigkeit einer Abschiebung in den Verfolgerstaat. Vielmehr muss aufgrund konkreter Umstände feststehen, dass eine Wiederholungsgefahr besteht. Insbesondere ist zu prüfen, ob nicht allein aufgrund der Verurteilung eine Wiederholungsgefahr ausgeschlossen ist oder aus sonstigen Gründen eine günstige Sozialprognose gegeben ist.

Offensichtlich unbegründet ist ein Asylantrag weiterhin, wenn die Voraussetzungen von § 3 II AsylVfG vorliegen. Ein Ausländer ist danach nicht Flüchtling, wenn aus schwerwiegenden Gründen die Annahme gerechtfertigt ist, dass er ein Verbrechen gegen den Frieden, ein Kriegsverbrechen oder ein Verbrechen gegen die Menschlichkeit begangen hat oder vor seiner Aufnahme als Flüchtling eine schwere nicht-politische Straftat außerhalb des Bundesgebiets begangen hat oder den Zielen und Grundsätzen der Vereinten Nationen zuwidergehandelt hat.

Die Regelung des § 30 IV AsylVfG ist rechtlich fragwürdig. Bei dieser Fallkonstellation handelt es sich oft um Fälle des sog. politischen Terrorismus, also solche, bei denen die politische Implikation offenkundig vorliegt. Über die Schutzwürdigkeit kann in manchen Fällen mit Fug und Recht gestritten werden, in anderen Fällen gilt es eine Abwägung zu treffen zwischen der öffentlichen Sicherheit einerseits und dem Individualschutz andererseits. Das Ergebnis ist meist gerade nicht „offensichtlich", sondern höchst strittig. Gleichwohl ist der Rechtsweg verkürzt, da binnen 1 Woche nicht nur eine Klage, sondern auch der Eilantrag eingereicht werden muss, und auch das Gericht zunächst auf das Eilverfahren verwiesen ist.

Ungeachtet dieser Kritik sei zur Klarstellung jedoch hervorgehoben, dass auch dann, wenn bei einer solchen Fallkonstellation die Offensichtlichkeits-Entscheidung Bestand hat und eine Abschiebung wegen § 60 VIII AufenthG für zulässig gehalten wird, stets zu prüfen ist, ob nicht ein Abschiebungsverbot nach Art. 3 EMRK oder § 60 V und VII 1 AufenthG besteht. Liegen deren Voraussetzungen vor, darf auch ein Schwerverbrecher, dem etwa Folter droht, nicht abgeschoben werden. Die Menschenrechte gelten auch für ihn.

2.5. Offensichtlich unbegründet nach § 30 V AsylVfG

Nach § 30 V AsylVfG schließlich ist ein beim Bundesamt gestellter Asylantrag auch dann als offensichtlich unbegründet abzulehnen, wenn es sich seinem Inhalt nach nicht um einen Asylantrag handelt. Die Regelung hat geringe praktische Bedeutung. Im Zweifel ist jedes Schutzersuchen als Asylbegehren zu interpretieren.

2.6. Offensichtlich unbegründet nach § 29a AsylVfG

Ein Sonderfall einer offensichtlich-unbegründet-Entscheidung ist in § 29a AsylVfG geregelt, der Bestimmung über sichere Herkunftsstaaten. Der Asylantrag eines Ausländers, der aus einem in der Anlage II zum AsylVfG als sicher definierten Herkunftsstaaten einreist (derzeit Ghana und Senegal sowie Serbien, Bosnien und Herzegowina sowie Mazedonien), ist nach § 29a I AsylVfG als offensichtlich unbegründet abzulehnen, wenn nicht Tatsachen vorgetragen oder Beweismittel vorgelegt werden können, die die Annahme belegen, dass dem konkreten Flüchtling abweichend von der allgemeinen Lage im Herkunftsstaat Verfolgung droht. Es erfolgt in diesen Fällen eine „Umkehr der Beweislast", d. h., der Flüchtling hat zu beweisen, dass die vom Gesetz aufgestellte Regelvermutung der Nicht-Verfolgung in seinem Falle nicht zutrifft. Auch hier kommt es also darauf an, die Besonderheiten des Einzelfalles vorzutragen, die Abweichung deutlich zu machen. Oftmals wird es dabei ratsam sein, den Schwerpunkt nicht auf das Asylrecht zu legen, sondern auf die Gefahr einer sonstigen menschenrechtswidrigen Behandlung. Es macht wenig Sinn, die Aufnahme eines Landes in die Liste der sicheren Herkunftsstaaten zu kritisieren. Denn der Richter ist an diese Einstufung gebunden. Erforderlich ist es vielmehr aufzuzeigen, dass beim Flüchtling eine Ausnahmesituation vorgelegen hat, dass er abweichend von der gesetzlichen Annahme verfolgt wurde. Gehört er einer Minderheit oder besonderen Gruppe an, die zwar nicht verfolgt, wohl aber diskriminiert wird, sollte deren Lage dargestellt werden und das konkrete Schicksal des Flüchtlings hierin eingebettet werden. Ist beispielsweise der Zugang zum Schulbesuch und zum Gesundheitswesen bei diesen Bevölkerungsteilen erschwert und konnte der Flüchtling die Schule nur zwei Jahre besuchen und wurde im Krankheitsfall nicht behandelt, sollten diese Benachteiligungen (sowie weitere) dargestellt werden. Vor dem Hintergrund der Benachteiligung seiner Gruppe ist dieser Vortrag dann glaubhaft und kann möglicherweise im Einzelfall als Vorverfolgung angesehen werden. Denn eine Verfolgungshandlung im Sinne von Art. 9 Qualifikations-Richtlinie liegt auch bei einer „Kumulierung unterschiedlicher Maßnahmen" vor, wenn diese Kumulierung so gravierend ist, dass sie einer Menschenrechtsverletzung gleichkommt. Dabei ist zu beachten, dass als Verfolgungshandlung nach Art. 9 IIb Qualifikations-Richtlinie auch „gesetzliche, administrative, polizeiliche und/oder justizielle Maßnahmen, die als solche diskriminierend oder in diskriminierender Weise angewandt werden" definiert sind. Hierunter leiden oft Minderheiten aus den sicheren Herkunftsstaaten. Es kommt dann darauf an, diese diskriminierenden Maßnahmen und Benachteiligungen im Einzelnen konkret zu benennen und darzustellen, damit aus ihrer Vielzahl eine Verfolgungshandlung im Sinne des Gesetzes folgt.

Diese dritte Säule des Asylkompromisses (neben der Drittstaatenregelung und der Flughafenregelung) hat hinsichtlich der asylrechtlichen Beurteilung den Scharfmachern keine nennenswerten Erfolge gebracht. Die offensichtlich-unbegründet-Entscheidungen sind gegenüber früher nicht gestiegen, weil die Entscheider und Richter schon immer eine Art Liste der sicheren Herkunftsstaaten im Kopf hatten. Gebracht hat die Einführung der sicheren Herkunftsstaaten vor allem einen Verlust an Rechtskultur und Empfindsamkeit hinsichtlich Menschenrechtsfragen. Hierunter leiden vor allem verfolgte Minderheiten in den als sicher definierten Herkunftsstaaten.

2.7. Rechtsfolgen der offensichtlich-unbegründet-Entscheidung

Tenoriert das Bundesamt einen Asylantrag als offensichtlich unbegründet, beträgt die zu setzende Ausreisefrist gemäß § 36 I AsylVfG 1 Woche. Auch hier gilt: Die Entscheidung ist sofort vollziehbar, d. h. eine Klage entfaltet keine aufschiebende Wirkung. Wenn der Ausländer nicht nach Ablauf der Wochenfrist ausreisen will, muss er neben der Klage einen Antrag nach § 80 V VwGO stellen, also beantragen, dass die aufschiebende Wirkung der Klage hergestellt wird. Die Frist beträgt in diesem Fall 1 Woche (Zugang beim Gericht), endet also mit Ablauf der Ausreisefrist. Gelegentlich kann das Probleme machen, etwa wenn man den Eilantrag erst kurz vor 24 Uhr des letzten Tages per Telefax einreicht.

▶ Formularmuster 3

Das Gewicht der Argumentation muss hier darauf liegen, dass und warum das Asylbegehren nicht „offensichtlich" unbegründet ist. Es kommt weniger darauf an, darzulegen, dass der Flüchtling tatsächlich verfolgt ist, als vielmehr darauf, kundzutun, dass man mit guten Argumenten darüber streiten kann, ob der Betreffende nun anzuerkennen ist oder nicht. Unter Umständen ist es taktisch klüger, auf den individuellen Vortrag noch nicht detailliert einzugehen und den Richter so nicht zu zwingen, sich mit den angeblichen Widersprüchen auseinanderzusetzen, als vielmehr aufzuzeigen, dass andere Gerichte bei einer solchen Fallkonstellation zugunsten des Asylsuchenden entschieden haben, etwa, weil sie eine Gruppenverfolgung annehmen oder die Lage im Herkunftsstaat generell kritischer sehen. Denn ein Teilerfolg im gerichtlichen Eilverfahren hat unter Umständen auch im Hinblick auf den Richter einen psychologischen Effekt. Wenn ihn die Argumentation nicht zwingt, sich schon im Eilverfahren ein Vor-Urteil über die Glaubwürdigkeit zu bilden (weil man ihm Möglichkeiten aufzeigt, aus allgemeinen Argumenten zu einem positiven Ergebnis zu kommen), kann er im Hauptverfahren offen an die Sache herangehen und seine Meinung auch aufgrund des persönlichen Eindruckes und nicht nur aufgrund der Schriftstücke bilden. Ist aber die Glaubwürdigkeit das zentrale Kriterium, etwa weil das BAMF behauptet, das Vorbringen sei in wesentlichen Punkten in sich widersprüchlich (§ 30 III Nr. 1 AsylVfG), bleibt nichts anderes übrig, als sich dem schon im Eilverfahren zu stellen und die Widersprüche aufzuklären bzw. zumindest zu erklären und den richtigen Sachverhalt zu unterbreiten. Denken Sie daran und argumentieren Sie auch in diese Richtung, dass schon Zweifel an der Richtigkeit der offensichtlich-unbegründet-Entscheidung dazu führen müssen, dass diese nicht mehr haltbar ist und darum eine vertiefende Untersuchung im Rahmen des Hauptverfahrens von der verfassungsgerichtlichen Rechtsprechung verlangt wird.

3. Unbegründete Asylanträge

Lehnt das Bundesamt den Asylantrag im Sinne von Art. 16a GG, § 3 AsylVfG und § 4 AsylVfG lediglich als unbegründet ab, beträgt die Ausreisefrist nach § 38 I AsylVfG 30 Tage. Im Falle der Klageerhebung endet die Ausreisefrist 30 Tage nach dem unanfechtbaren negativen Abschluss des Asylverfahrens. Die Klage muss gemäß § 74 AsylVfG innerhalb 2 Wochen erhoben, also beim Gericht eingegangen, sein. Für die Begründung gilt eine Monatsfrist. Gleiches gilt für einen Teilerfolg (subsidiärer Schutz wurde gewährt).
- ▶ Formularmuster 1
- ▶ Formularmuster 2 (nach Teilerfolg)

IV. Entscheidungen bei Eingreifen der Drittstaatenregelung

Die Drittstaatenregelung des Art. 16a II GG, § 26a AsylVfG verbietet es, selbst denjenigen, der politisch verfolgt ist, als Asylberechtigten anzuerkennen (§ 26a I 2 AsylVfG). In diesen Fällen wird festgestellt, dass der Flüchtling sich nicht auf das Asylgrundrecht berufen kann. Die Abschiebung in den sicheren Drittstaat wird angeordnet (§ 34a I 1 AsylVfG). Einer vorherigen Anhörung und Fristsetzung bedarf es nicht.

Der Erlass einer Abschiebungsanordnung in den Drittstaat steht unter der Voraussetzung der Durchführbarkeit. Es wird daher vom BAMF vorab geprüft, ob der Drittstaat zur Rückübernahme bereit ist. Ist dies nicht der Fall, oder steht der Drittstaat nicht fest, ist der Erlass einer Abschiebungsanordnung ausgeschlossen, weil § 34a I 1 AsylVfG die Bezeichnung des sicheren Drittstaates, in den abgeschoben werden soll, verlangt. Wenn die Benennung des sicheren Drittstaates nicht möglich ist oder die Abschiebung nicht möglich ist, weil der Drittstaat die Rückübernahme verweigert, ist ein Asylverfahren durchzuführen, wobei sich in diesem Falle die Prüfung auf das Vorliegen der Voraussetzungen für den Schutz nach §§ 3 und 4 AsylVfG beschränkt.

Diese mit Wirkung vom 01.07.1993 eingeführte Drittstaatenklausel hat mittlerweile für Asylsuchende, die keinen Schutz erhalten haben, gegenüber der Dublin-III-Regelung nur noch geringe Relevanz.

Eine Klage und ein erforderlicher Eilantrag gemäß § 80 V VwGO – innerhalb 1 Woche – verspricht nur dann Erfolg, wenn qualifiziert vorgetragen werden kann, dass der Flüchtling nicht aus dem sicheren Drittstaat eingereist ist oder wenn die konkrete Befürchtung droht, dass der Flüchtling im Drittstaat nicht sicher ist, also entweder dort verfolgt oder menschenrechtswidrig behandelt wird, oder in einen Viertstaat weiter geschoben wird. Bei dieser seltenen Ausnahmekonstellation kann es erforderlich sein, daneben noch einen Antrag nach § 123 VwGO zu stellen, weil der Antrag auf aufschiebende Wirkung der Klage selbst noch nicht zur Anordnung der aufschiebenden Wirkung führt und erst ein Eilantrag gemäß § 123 VwGO auf Verbot der Abschiebung in den Drittstaat die Dringlichkeit und den Ausnahmecharakter dieses Antrages hinreichend deutlich macht.

Falls irgend möglich, ziehen Sie bei dieser Konstellation einen Anwalt bei!

Wird, wie regelmäßig, die Abschiebung in einen sicheren Drittstaat angeordnet, ist auch ein Antrag gemäß § 80 V VwGO (innerhalb 1 Woche!) zu stellen.

▶ Formularmuster 5

V. Rechtsfolgen der Entscheidungen des BAMF

1. Asylberechtigte gemäß Art. 16a GG und Flüchtlinge gemäß § 3 I AsylVfG

Aufenthaltserlaubnis	Asylberechtigte	Rechtsanspruch, § 25 I 1 AufenthG, für 3 Jahre, § 26 I 2 AufenthG
	Flüchtlinge	Rechtsanspruch, § 25 II 1 AufenthG, für 3 Jahre, § 26 I 2 AufenthG
		Ausschlussgründe, § 25 I 2 AufenthG, § 25 II 2 AufenthG.
		Nach 3 Jahren und Mitteilung des BAMF, dass kein Widerruf/Rücknahme: Niederlassungserlaubnis, § 26 III AufenthG
Pass		Anspruch auf Flüchtlingspass gemäß Art. 28 GFK.
Familiennachzug	Ehegatten	privilegierter Rechtsanspruch (3-Monats-Frist), § 29 II 2 AufenthG i. V. m. § 30 I Nr. 3c AufenthG
		regulärer Rechtsanspruch, § 30 I Nr. 3c AufenthG
	Kinder (minderjährig und ledig)	privilegierter Rechtsanspruch (3-Monats-Frist), § 29 II 2 AufenthG i. V. m. § 32 I AufenthG
		regulärer Rechtsanspruch, § 32 AufenthG
	Elternnachzug zu minderjährigem ledigem Flüchtling	Rechtsanspruch § 36 I AufenthG
	Nachzug sonstiger Familienangehöriger	bei Vorliegen einer außergewöhnlichen Härte, § 36 II AufenthG
Auszug aus Unterkunft bzw. eigene Wohnung		erlaubt
Wohnsitzauflage / Umzug		erlaubt, auch bei Bezug öffentlicher Mittel
Reisen ins Ausland		erlaubt, aber: Erlöschensgrund § 72 I Nr. 1a AsylVfG; Erlöschensgründe § 51 I AufenthG!
Arbeit und Ausbildung		erlaubt, § 25 I 4 AufenthG und § 25 II 2 AufenthG
Soziale Absicherung	Arbeitslosengeld I	ja, wenn Voraussetzungen
	Arbeitslosengeld II	ja, falls erwerbsfähig
	SGB XII	bei Erwerbsunfähigkeit oder unter 15 Jahre oder älter als 65 Jahre
Krankenversicherung		ja
Kindergeld, Elterngeld, Unterhaltsvorschuss		ja

Schule und Studium	Schule	ja; Schulpflicht (12 Jahre inklusive Berufsschule)
	Anspruch auf Integrationskurs	§ 44 AufenthG
	Studium	ja
	BAFöG	ja, § 8 II Nr. 1 BAFöG

2. Subsidiär Schutzberechtigte, § 4 I AsylVfG

Aufenthaltserlaubnis		Rechtsanspruch, § 25 II 2 AufenthG, für 1 Jahr, § 26 I 3 AufenthG, dann 2 weitere Jahre
		Ausschlussgründe: § 25 II 2 i. V. m. § 25 I 2 AufenthG
		Niederlassungserlaubnis, § 26 IV AufenthG, nach 7 Jahren
		Gegebenenfalls Erlaubnis zum Daueraufenthalt-EU, § 9a AufenthG, nach 5 Jahren
Pass		Passpflicht, § 3 AufenthG (Heimatpass)
		gegebenenfalls: Reiseausweis für Ausländer, § 5 I AufenthVO
Familiennachzug	Ehegatten	Kein Rechtsanspruch, gemäß § 29 III 1 AufenthG nur ausnahmsweise
		Rechtsgrundlage: § 30 I 1 Nr. 3 c) AufenthG
	Kinder (minderjährig und ledig)	Kein Rechtsanspruch, nur ausnahmsweise, § 29 III 1 AufenthG
		Rechtsgrundlage: § 32 AufenthG
	Elternnachzug zu minderjährigem subsidiär Schutzberechtigten	ja, § 36 I AufenthG
	Nachzug sonstiger Familienangehöriger	bei Vorliegen einer außergewöhnlichen Härte, § 36 II AufenthG
Auszug aus Unterkunft bzw. eigene Wohnung		wohl erlaubt
		bei Lebensunterhaltssicherung: erlaubt
Wohnsitzauflage / Umzug		wohl erlaubt
Reisen ins Ausland		erlaubt, unter Umständen Probleme bei Reisen in den Verfolgerstaat
		Erlöschensgründe § 51 AufenthG
Arbeit und Ausbildung		erlaubt, § 25 II 2 AufenthG i. V. m. § 25 I 4 AufenthG
Soziale Absicherung	Arbeitslosengeld I	ja, wenn Voraussetzungen
	Arbeitslosengeld II	ja, falls erwerbsfähig
	SGB XII	bei Erwerbsunfähigkeit oder unter 15 Jahre oder älter als 65 Jahre
Krankenversicherung		ja

Kindergeld, Elterngeld, Unterhaltsvorschuss		Ja
Schule und Studium	Schule	ja; Schulpflicht (12 Jahre inklusive Berufsschule)
	Anspruch auf Integrationskurs	§ 44 AufenthG
	Studium	ja
	BAFöG	ja, § 8 II Nr. 1 BAFöG

3. Nationale Abschiebungsverbote, § 60 V und VII 1 AufenthG

Aufenthaltserlaubnis		ja, Soll-Regelung, § 25 III 1 AufenthG Dauer: mindestens 1 Jahr, § 26 I 4 AufenthG
		Ausschlussgründe: § 25 III 2 AufenthG
Pass		Passpflicht, § 3 AufenthG (Heimatpass)
		gegebenenfalls: Reiseausweis für Ausländer, § 5 I AufenthVO
Familiennachzug	Ehegatten	Kein Rechtsanspruch, gemäß § 29 III 1 AufenthG nur ausnahmsweise
		Rechtsgrundlage: § 30 I 1 Nr. 3 c) AufenthG
	Kinder (minderjährig und ledig)	Kein Rechtsanspruch, nur ausnahmsweise, § 29 III 1 AufenthG
		Rechtsgrundlage: § 32 AufenthG
	Elternnachzug zu minderjährigen national Schutzberechtigter	keine Regelung des Elternnachzugs, deshalb § 36 II AufenthG
	Nachzug sonstiger Familienangehöriger	bei Vorliegen einer außergewöhnlichen Härte, § 36 II AufenthG
Auszug aus Unterkunft bzw. eigene Wohnung		Einzelfallentscheidung; maßgeblich: Lebensunterhaltssicherung
Wohnsitzauflage / Umzug		Einzelfallentscheidung; maßgeblich: Lebensunterhaltssicherung
Reisen ins Ausland		ja, unter Umständen Probleme bei Reisen in den Verfolgerstaat Erlöschensgründe § 51 AufenthG
Arbeit und Ausbildung		ja, zustimmungsfrei, § 31 BeschVO
Soziale Absicherung	Arbeitslosengeld I	ja, wenn Voraussetzungen
	Arbeitslosengeld II	ja, falls erwerbsfähig
	SGB XII	bei Erwerbsunfähigkeit oder unter 15 Jahre oder älter als 65 Jahre
Krankenversicherung		ja
Kindergeld, Elterngeld, Unterhaltsvorschuss		nur nach 3-jährigem Aufenthalt und Erwerbstätigkeit, § 1 III Nr. 3 BKGG, § 62 II Nr. 3 EStG, § 1 VII Nr. 3 BEEG, § 1 IIa Nr. 3 UnterhVG

Schule und Studium	Schule	ja; Schulpflicht (12 Jahre inklusive Berufsschule)
	Anspruch auf Integrationskurs	kein Anspruch
	Studium	ja
	BAFöG	nach 4 Jahren Aufenthalt, § 8 II BAFöG

4. Ablehnende Entscheidungen des BAMF: Ausreisepflichtige / Geduldete

Aufenthaltserlaubnis		keine Aufenthaltserlaubnis, Duldung § 60a AufenthG, Beschränkung des Aufenthalts auf das Bundesland für die ersten 3 Monate, danach Anordnung im Einzelfall möglich
Pass		Passpflicht, § 3 AufenthG (Heimatpass)
		gegebenenfalls: Reiseausweis für Ausländer, § 5 I AufenthVO
Familiennachzug		nein
Auszug aus Unterkunft bzw. eigene Wohnung		Einzelfallentscheidung; maßgeblich: Lebensunterhaltssicherung
Wohnsitzauflage / Umzug		In der Regel: nein; Umzug: Einzelfallentscheidung des Ziel-Bundeslandes
Reisen ins Ausland		nein, Duldung erlischt, § 60a V 1 AufenthG
Arbeit und Ausbildung		nach 3 Monaten, § 32 BeschVO; weitere 12 Monate Vorrangprinzip
		Ausnahmen, § 32 II BeschVO zustimmungsfrei nach 4 Jahren, § 32 III BeschVO
		Versagungsgrund, § 33 BeschVO!
Soziale Absicherung	Arbeitslosengeld I	ja, wenn Voraussetzungen
	Arbeitslosengeld II	ja, falls erwerbsfähig
	Asylbewerberleistungsgesetz	
Krankenversicherung		gegebenenfalls über Arbeitslosengeld I oder II
		sonst § 4 AsylbLG
Kindergeld, Elterngeld, Unterhaltsvorschuss		nein, verfassungsrechtlich fraglich bei Dauergeduldeten
Schule und Studium	Schule	ja; Schulpflicht (12 Jahre inklusive Berufsschule)
	Anspruch auf Integrationskurs	kein Anspruch
	Studium	in der Regel: nein
	BAFöG	nach 4 Jahren Aufenthalt, § 8 IIa BAFöG (ab 01.08.2016 nach 15 Monaten)

G Das gerichtliche Verfahren

Das gerichtliche Verfahren ist für Asylsuchende von großer Bedeutung; viele müssen sich ihr Recht erst erkämpfen. Da viele der Flüchtlinge sich einen Anwalt nicht leisten können und, mit Ihrer Hilfe als ehrenamtliche Betreuer oder der Rechtsantragstelle beim Verwaltungsgericht, selbst die Klage einreichen wollen, hole ich etwas weiter aus. Denn das deutsche Verwaltungsverfahren und Verwaltungsprozessverfahren unterscheidet sich schon vom österreichischen und erst recht natürlich von dem in Ländern Asiens oder Afrikas. Werden Sie also bitte bei der Lektüre nicht ungeduldig. Ihnen mag Vieles selbstverständlich sein, dem Flüchtling aber ist möglicherweise die Relevanz der angesprochenen Punkte nicht bekannt.

Gegen die Entscheidung des BAMF kann der Asylbewerber Klage einreichen, wenn er mit ihr nicht zufrieden ist. Da die BAMF-Entscheidung nunmehr in Weisungsabhängigkeit ergeht, also die Behördenleitung ebenso wie das Innenministerium durch Weisungen auf ihren Inhalt Einfluss nehmen kann, ist die Entscheidung für die Behördenseite verbindlich. Die früher gegebene Klagemöglichkeit durch den weggefallenen Bundesbeauftragten für Asylangelegenheiten gibt es nicht mehr.

Der Bescheid muss förmlich zugestellt werden (§ 31 I 2 AsylVfG). Dies erfolgt entweder durch persönliche Übergabe an den Betroffenen oder seinen Bevollmächtigten oder, falls die Entscheidung beim Postamt niedergelegt wird, mit dem Tag der Benachrichtigung über die Niederlegung, also dem Tag, an dem der Benachrichtigungszettel vom Briefträger abgegeben wurde. Eine ordnungsgemäße Zustellung liegt auch vor, wenn die Sendung an einen zur Familie gehörenden, erwachsenen Mitbewohner ausgehändigt wird. Nicht genügend ist jedoch die Übergabe an eine andere Person, etwa einen Landsmann.

Eine vertretungsweise Zustellung an den Lagerleiter oder Hausmeister einer Gemeinschaftsunterkunft ist nicht ohne weiteres zulässig. Ihm kann jedoch der Benachrichtigungszettel über die Niederlegung übergeben werden. Eine Ersatzzustellung an den Leiter der Gemeinschaftsunterkunft ist ausnahmsweise dann zulässig, wenn vorher versucht wurde, die

Postsendung persönlich zuzustellen. Es reicht also nicht, wenn der Postbote alle Zustellungen an den Heimleiter abgibt und es diesem überlässt, die Briefe zu verteilen (anders in der Erstaufnahmeeinrichtung!). Vielmehr muss der Briefträger das Zimmer aufsuchen und dort versuchen, den Brief persönlich zu übergeben. Erst wenn er das erfolglos versucht hat, darf die Postsendung im Wege der Ersatzzustellung an den Heimleiter übergeben werden.

Es wird in der Praxis schwierig oder unmöglich sein, dies nachzuweisen. Nur dann, wenn der Briefträger generell und nie die einzelnen Zimmer aufsucht, sondern stets die Post dem Heimleiter übergibt, hat man in diesem Fall eine Chance, die mangelhafte Zustellung glaubhaft zu machen. In diesem Fall müsste die übliche Praxis durch schriftliche Aussagen glaubhaft gemacht werden.

Von diesen Grundsätzen gibt es eine wichtige Ausnahme für die Asylbewerber, die noch in einer Erstaufnahmeeinrichtung wohnen. Nach § 10 IV AsylVfG ist es Aufgabe der Erstaufnahmeeinrichtungen, die Zustellungen vorzunehmen und Mitteilungen weiterzugeben. Dies erfolgt in der Praxis durch den Heimleiter, der üblicherweise bestimmte Ausgabezeiten bekannt gibt und/oder an einer Anschlagtafel verkündet, für wen Post eingetroffen ist. Dies muss nicht in der Sprache der Asylbewerber geschehen.

Die Zustellung gilt kraft Gesetzes mit dem 3. Tag nach der Übergabe an die Erstaufnahmeeinrichtung als bewirkt. Der Asylbewerber muss sich also spätestens jeden 3. Tag beim Heimleiter und/oder der Postausgabestelle bzw. Aushängetafel informieren.

Das Zustellungsrecht ist kompliziert. Dem Bundesamt und der Post passieren immer wieder Fehler. Suchen Sie daher sofort einen Anwalt auf, wenn die Frist versäumt erscheint – zumal dann ein Wiedereinsetzungsgesuch angebracht werden muss, was ebenfalls einer anwaltlichen Beratung bedarf.

I. Fristen

Den meisten von Ihnen ist bekannt oder gar selbstverständlich, dass man sich gegen Entscheidungen einer Behörde oder eines Gerichts, die man für falsch hält und gegen die man vorgehen will, innerhalb einer bestimmten Frist, der Rechtsmittelfrist, wehren muss. Wir wissen, dass schon eine Verspätung von 1 Tag regelmäßig dazu führt, dass die Entscheidung nicht mehr angegriffen werden kann mit der Folge, dass sie dann als richtig gilt. Von Bestandskraft spricht man übrigens, wenn es sich um die Entscheidung einer Behörde handelt, von Rechtskraft dann, wenn es um eine gerichtliche Entscheidung geht.

Schon deutlich weniger von Ihnen werden wissen, dass es nicht darauf ankommt, wann Sie das Rechtsmittel abgeschickt haben, sondern darauf, wann es bei der zuständigen Stelle angekommen ist. Es obliegt dem Betroffenen, dafür Sorge zu tragen, dass die Frist gewahrt wird, also entweder die Post rechtzeitig abzuschicken oder den Brief persönlich innerhalb der Frist abzugeben.

Eine Klage oder ein Eil-Antrag muss vor Ablauf der Frist beim zuständigen Verwaltungsgericht eingegangen sein. Gegebenenfalls ist eine Sendung per Telefax zu empfehlen. Eine Klageeinreichung per E-Mail ist nicht möglich. Zulässig ist jedoch die Einreichung per E-Mail, wenn die Original-Klage mit Unterschrift eingescannt ist und per Telekopie versandt wird. Der Grund hierfür: Eine Klage muss eigenhändig unterzeichnet sein, um gegebenenfalls überprüfen zu können, ob sie vom Betroffenen erhoben wurde.

Ist die Frist versäumt, ist zugleich mit der Klage und gegebenenfalls dem Antrag nach § 80 V VwGO ein Antrag auf Wiedereinsetzung in den vorigen Stand zu stellen.

Da Sie und der Flüchtling oft nicht sicher beurteilen können, ob nun die Frist versäumt ist bzw. ob die Zustellung wirksam war, rate ich dazu, bei Zweifelsfällen „vorsorglich" den Antrag auf „Wiedereinsetzung in den vorigen Stand" zu stellen. Ein solcher Antrag muss nämlich innerhalb einer Frist von zwei Wochen ab Wegfall des Hindernisses gestellt werden. Die Frist beginnt an dem Tag, an dem man auf irgendeine Weise davon erfährt, dass behauptet wird, es existiere eine negative Entscheidung oder ein Verwaltungsakt. Der Flüchtling erfährt dies meist von der Ausländerbehörde (z. B. wenn er sich seine Aufenthaltsgestattung verlängern lassen will und ihm die Ausländerbehörde dann – zu seiner Überraschung – die Verlängerung verweigert und ihm mitteilt, das Asylverfahren sei ja schon längst beendet). In diesem Falle sollte man versuchen, den Bescheid zu erhalten oder zumindest die Daten (also Aktenzeichen, Datum und Inhalt der Entscheidung) zu erfragen, damit umgehend ein sachgerechter

Antrag gestellt werden kann. Gegebenenfalls kann man auch beim BAMF nachfragen. Wegen der Zwei-Wochen-Frist ist Eile geboten!

Ist die Frist versäumt oder hält man dies für möglich, ist ein Antrag auf Wiedereinsetzung in den vorigen Stand zu stellen.

▶ Formularmuster 4; Näheres siehe im nächsten Kapitel

▶ Tipp

Weisen Sie den Asylsuchenden eindringlich darauf hin, wie wichtig es ist, sich um die Post zu kümmern, vor allem, wenn noch keine Entscheidung vorliegt.

Weisen Sie ihn auch darauf hin, dass er, wenn er eine Benachrichtigung erhält, die Post umgehend abholen muss, weil schon mit der Benachrichtigung die Fristen zu laufen beginnen!

Raten Sie ihm, den Briefumschlag aufzuheben, da dort der maßgebliche Zeitpunkt der Zustellung vermerkt ist.

Machen Sie ihm klar, wie wichtig die Beachtung der Fristen in Deutschland ist!

Erklären Sie ihm, dass man durch eine Fristüberschreitung sein Recht verlieren kann, also unter Umständen der Schutz allein deshalb verweigert wird, weil das Rechtsmittel zu spät eingelegt wurde.

Wenn Sie den Eindruck haben, dass der Asylsuchende nicht oder nicht stets in der Unterkunft lebt, raten Sie ihm dazu, einen Zustellungsbevollmächtigten zu benennen (im Regelfall einen Rechtsanwalt, ausnahmsweise auch Sie).

Am Ende der Bescheide findet sich regelmäßig eine Rechtsbehelfsbelehrung. Richten Sie sich nach dieser und legen Sie das dort angeführte Rechtsmittel ein.

1. Exkurs: Widerspruchsfrist

Im regulären Verwaltungsverfahren kann man gegen eine behördliche Entscheidung (man nennt sie, wenn sie eine verbindliche Regelung trifft, einen Verwaltungsakt,) Widerspruch einlegen. Meist beträgt die Widerspruchsfrist 1 Monat.

Im Asylrecht gibt es keinen Widerspruch. Der Widerspruch wurde abgeschafft, es muss sogleich Klage eingereicht werden.

Im Ausländerrecht gilt dies ebenfalls für die meisten Bundesländer (z. B. Bayern); andere haben noch ein Widerspruchsverfahren. Erkundigen Sie sich ggf. bei der Behörde oder einem RA nach der Lage in Ihrem Bundesland.

Im Sozialrecht hingegen findet ein Widerspruch (der hier manchmal auch Einspruch heißt) statt.

Regelmäßig ist den Bescheiden eine Rechtsmittelbelehrung angefügt. Richten Sie sich nach dieser – auch wenn Sie nach Ihrer Meinung falsch ist.

Fehlt eine Rechtsmittelbelehrung, fordern Sie eine an.

Wenn Sie sicher sind, dass sie fehlt, können Sie unbesorgt sein – in diesem Fall beträgt die Rechtsmittelfrist 1 Jahr!

2. Klagefrist

Von einer Klagefrist spricht man, wenn gegen die Entscheidung nur eine Klage eingereicht werden kann. Dies kann (im Asylverfahren) der BAMF-Bescheid sein oder der Ausgangsbescheid der Ausländerbehörde, aber auch ein Widerspruchsbescheid (dann, wenn gegen den Erst-Bescheid ein Widerspruch zulässig war). Allgemein ist die Klagefrist vor dem Verwaltungsgericht und dem Sozialgericht ein Monat. Anders ist es im Asylverfahren. Dort beträgt die reguläre Klagefrist – wenn der BAMF-Bescheid den Asylantrag als „unbegründet" abgelehnt hat – lediglich zwei Wochen. Ist jedoch ein Antrag auf Anordnung der aufschiebenden Wirkung nach § 80 V VwGO gemäß § 36 III 1 AsylVfG innerhalb einer Woche zu stellen, muss auch die Klage innerhalb dieser Woche erhoben werden (§ 74 I 2. Hs. AsylVfG; mit einer Ausnahme bei einem Dublin-Bescheid). Dies ist insbesondere der Fall bei Asylanträgen, die als unbeachtlich oder als offensichtlich unbegründet abgelehnt wurden. Erlässt das BAMF im Asylfolgeverfahren eine Abschiebungsandrohung, beträgt die Klagefrist ebenfalls nur eine

Woche, da die Klage keine aufschiebende Wirkung hat (§ 75 AsylVfG) und wegen des Verweises in § 74 I 2. Hs. AsylVfG auf § 36 III 1 AsylVfG ein eventueller Eilantrag binnen Wochenfrist einzureichen ist. Bei Dublin-Verfahren beträgt die Frist für den Antrag gemäß § 80 V VwGO ebenfalls eine Woche (§ 34a II AsylVfG), bei der Klagefrist hingegen bleibt es bei den regulären zwei Wochen.

Nicht eindeutig klar ist die Klagefrist im Flughafenverfahren des § 18a AsylVfG. Denn einerseits muss im Flughafenverfahren der Eilantrag gegen die Entscheidungen des BAMF und der Grenzbehörde innerhalb von 3 Tagen gestellt werden (§ 18a IV AsylVfG), so dass ein Erst-Recht-Schluss es nahelegen würde, auch hier für die Klage eine Wochenfrist anzunehmen; andererseits hat der Gesetzgeber in § 74 I 2. Hs. AsylVfG einen entsprechenden Verweis unterlassen, so dass nach dem Grundsatz, dass keine Analogie zu Lasten des Rechtsuchenden zulässig ist, von der Zwei-Wochen-Frist auszugehen sein dürfte – so jedenfalls die herrschende Meinung. Ich rate, die Klage zusammen mit dem Eilantrag einzureichen – notfalls zunächst ohne Begründung.

3. Fristbeginn – Zustellung – Wiedereinsetzung

Die Rechtsmittelfristen beginnen mit ihrer Bekanntgabe, im Regelfall also mit der Zustellung. Nicht nur im Fall eines BAMF-Bescheids, sondern auch bei anderen bedeutsamen Verfahrenshandlungen, insbesondere Verwaltungsakten, ist eine förmliche Zustellung vorgeschrieben. Ist die Zustellung nicht ordnungsgemäß erfolgt, ist der Verwaltungsakt nicht wirksam.

Der Frage einer wirksamen Zustellung kommt daher regelmäßig große Bedeutung zu.

In der Praxis haben Zustellungsfragen jedoch meist nur dann Bedeutung, wenn strittig ist, ob eine wirksame Zustellung oder sonstige förmliche Bekanntgabe vorliegt. Ist nämlich unstreitig nicht wirksam zugestellt, wird die Verfahrenshandlung wiederholt, der Fehler damit geheilt und die Frist neu eröffnet.

Wenn darüber gestritten wird, ob eine Zustellung wirksam ist, ist das Verfahren meist kompliziert und eine anwaltliche Beratung ratsam. Aus diesem Grunde, verzichte ich auf eine detaillierte Darstellung der Zustellungsproblematik. Ich begnüge mich damit, Ratschläge zur „Ersten Hilfe" zu geben, also dazu, was zu tun ist, wenn nach dem ersten Eindruck möglicherweise eine Frist versäumt ist. In diesem Falle lautet der erste und dringende Rat, sofort, also noch am gleichen Tag einen kundigen Anwalt aufzusuchen. Weil Anwälte aber nicht immer sofort erreichbar sind, mein zweiter Rat: Es sollte sogleich und ungeachtet der Frage, ob nun die Frist versäumt ist oder nicht, das in der Rechtsbehelfsbelehrung angegebene Rechtsmittel eingelegt werden.

Da Sie vermutlich nicht sicher beurteilen können, ob nun die Frist versäumt ist bzw. die Zustellung wirksam war, sollte gleichzeitig und „vorsorglich" ein „Antrag auf Wiedereinsetzung in den vorigen Stand" gestellt werden. Ein solcher Antrag muss innerhalb einer Frist von 2 Wochen ab Wegfall des Hindernisses eingereicht sein. Die Frist beginnt an dem Tag, an dem man davon erfährt, dass eine negative Entscheidung oder ein Verwaltungsakt vorliegt.

Fürs Erste genügt es also, wenn

a) die versäumte Rechtsmittelhandlung nachgeholt wird (also Widerspruch, Klage oder ein zusätzlicher Eilantrag eingereicht wird)

b) der Wiedereinsetzungsantrag gestellt wird und

c) schlüssig behauptet wird, dass der Flüchtling erst an dem und dem Tag von der Entscheidung Kenntnis erhalten hat (und selbstverständlich die Zwei-Wochen-Frist gewahrt ist) und mit kurzen Sätzen ausgeführt ist, dass er ohne sein Verschulden von dem Bescheid keine Kenntnis erlangt hat. Es reicht, wenn z. B. angegeben ist, dass er unter der angegebenen Adresse tatsächlich wohnhaft war und nicht für längere Zeit verreist war.

Innerhalb der Zwei-Wochen-Frist für den Wiedereinsetzungsantrag müssen dann die Tatsachen, die das Verschulden an der Fristversäumnis ausschließen sollen, detailliert vorgetragen werden. Der Wiedereinsetzungsantrag allein genügt nicht.

Das Minimum ist die Darlegung, dass der Asylbewerber unter der angegebenen Adresse tatsächlich wohnhaft war und nicht für längere Zeit verreist war. Weiß man zu diesem Zeitpunkt schon, dass kein persönlicher Zustellungsversuch unternommen wurde, kann man auch hierauf eingehen, indem beispielsweise vorgetragen wird, dass die Praxis in der Unterkunft so ist, dass die Post generell dem Heimleiter übergeben wird. Kann man dies glaubhaft machen, läge keine wirksame Zustellung (Ausnahme: Erstaufnahmeeinrichtung! siehe oben vor 1.) vor, da die vorgenommene Ersatzzustellung an den Heimleiter nicht wirksam wäre. Kann eine solche rechtswidrige Praxis nicht behauptet werden, wird man im Regelfall davon ausgehen müssen, dass die Ersatzzustellung wirksam war (weil man kaum glaubhaft machen kann, dass der Flüchtling an dem Tag des Zustellungsversuchs tatsächlich die ganze Zeit in seinem Zimmer war – es sei denn, er wäre bettlägerig gewesen) und muss dann vortragen, dass man sich um die Post gekümmert hat, also nachgefragt hat (und eine falsche Auskunft erhalten hat!?), auf den Postaushang geblickt hat (aber nicht auf der Liste stand!?) oder was sonst man unternommen hat. Sie sehen, wenn jemand in einer Gemeinschaftsunterkunft leben muss und alles korrekt läuft, kann es schwierig sein, einen Wiedereinsetzungsantrag durchzubringen. Daher nochmals mein Rat: Machen Sie dem Flüchtling eindringlich deutlich, dass er sich um die Post kümmern muss, wenn er noch keinen Bescheid erhalten hat.

Lebt der Flüchtling hingegen in einer Privatwohnung, sind Postversehen weitaus häufiger. Nicht erst seit der Privatisierung der Post – aber seitdem öfter – machen sich die Zusteller nicht allzu viel Mühe. Ich habe die Erfahrung gemacht, dass die Postsendungen an Mandanten, die in Appartementhäusern oder Wohnsiedlungen mit vielen Ausländern wohnen, auffallend oft zurückkommen. Die oftmals ähnlichen Namen oder die Tatsache, dass in einer Wohnung mehrere Personen leben, scheinen manche Briefträger zu verwirren. Hat die Zustellung in einem derartigen Fall nicht geklappt, hat man größere Chancen. Dann muss allerdings auch vorgetragen werden, dass am Briefkasten – ein solcher sollte vorhanden sein – oder an der Wohnungstür der Name ordnungsgemäß angebracht war. Vielleicht fertigen Sie auch ein Foto von dem Namensschild. Allerdings ist, wenn man den Sachverhalt noch nicht vollständig kennt und insbesondere keine Akteneinsicht genommen hat, Zurückhaltung angesagt. Ergibt sich nämlich später, dass die Behauptung, der Flüchtling habe tatsächlich in der angegebenen Straße gewohnt, nicht zutreffend ist, wird nicht nur das Wiedereinsetzungsgesuch abgelehnt werden, sondern ist auch die Glaubwürdigkeit des Flüchtlings insgesamt erschüttert.

Zu beachten ist auch, dass es unter Umständen nicht auf das Verschulden des Flüchtlings, sondern das seines Bevollmächtigten ankommt, wenn er einen solchen hat. Es hilft also nichts, wenn man sagt, man habe sich darauf verlassen, dass der Bevollmächtigte – sei es ein Anwalt oder ein sonstiger Beistand

– schon von sich aus eine Klage einreichen werde. Bei einer solchen Konstellation muss man zumindest vortragen, dass und wie man sich bemüht hat, den Bevollmächtigten zur fristgerechten Klageeinreichung zu veranlassen und warum das dann ohne dessen Verschulden gescheitert ist.

Die Wiedereinsetzungsgründe müssen glaubhaft gemacht werden. Dies geschieht etwa durch die Vorlage von Urkunden (z. B. der Anmeldung beim Einwohnermeldeamt), durch schriftliche Erklärungen von Zeugen oder auch durch eidesstattliche Versicherungen von Zeugen oder vom Flüchtling selbst. Eidesstattliche Versicherungen müssen wahr sein, sonst machen sich die sie Abgebenden strafbar. Idealerweise sollen diese „Mittel der Glaubhaftmachung" der Antragsschrift beigefügt werden. Ist man sich aber nicht sicher, wie der Sachverhalt tatsächlich ist, sollte vorher Akteneinsicht genommen werden. Dann sollte angekündigt werden, dass sie nachgereicht werden, damit der Richter nicht vorher negativ entscheidet und zwar mit dem Argument, die Fristversäumnis sei nicht hinreichend entschuldigt, da keine Urkunden zur Glaubhaftmachung vorgelegt wurden.

Da das Ganze, wie schon gesagt, nicht unkompliziert ist, sollte spätestens in diesem Verfahrensstadium ein Anwalt zu Rate gezogen werden.

Da manche Flüchtlinge und ihre Freunde dazu neigen, aus falsch verstandener Solidarität, Leichtgläubigkeit oder auch, weil sie nicht gründlich nachgedacht oder recherchiert haben, eidesstattliche Erklärungen ins Blaue abzugeben, mein dringender Rat: Legen Sie eine eidesstattliche Erklärung erst dann vor, wenn Sie nach Akteneinsicht den Sachstand wissen, den auch das Gericht aus den Akten gewinnt. Sonst stolpern möglicherweise mehrere Personen noch in ein Strafverfahren wegen falscher eidesstattlicher Versicherung, weil ihre, subjektiv zutreffende Aussage nicht geglaubt wird und durch den objektiven Akteninhalt tatsächlich oder scheinbar widerlegt wird.

Wie schnell man in einem solchen Verfahren landet, mag ein Beispiel deutlich machen: Ein Zeuge hatte erklärt, dass sein Zimmernachbar während der fraglichen drei Wochen in der Asylbewerberunterkunft lebte. Später stellte sich dann heraus, dass der Unterkunftsleiter den Flüchtling abgemeldet hatte, weil er sein Essenspaket einmal nicht abgeholt hatte und er ihn auch seit mehreren Tagen nicht mehr gesehen hatte. Es kam dann zu einem Strafverfahren gegen den Zeugen, in dem dieser nur deshalb freigesprochen wurde, weil seine Aussage, er habe mit der pauschalen Erklärung, der Flüchtling habe während der drei Wochen im Heim gewohnt, nur aussagen wollen, dass er nicht längere Zeit verreist gewesen sei, sondern prinzipiell da war. Da der Heimleiter nicht ausschließen konnte, dass der Flüchtling im Heim wohnhaft war und er nur keine Lust hatte, das Essenspaket abzuholen und er ihn deshalb nicht sah, weil der Asylbewerber während seiner Bürostunden auf Arbeitssuche war – was teilweise durch Dokumente bewiesen werden konnte – kam es zum Freispruch. Die Sache hätte aber genauso gut mit einer Verurteilung enden können! Hätte der Asylbewerber vorher – über seinen Anwalt – Akteneinsicht genommen, hätte man in der eidesstattlichen Versicherung von vorneherein auf die kritischen Punkte eingehen können (also die Nicht-Abholung des Essenspaketes und die Tatsache, dass er vom Heimleiter circa eine Woche nicht gesehen wurde), und sich darauf konzentriert, diese zu entkräften.

Natürlich setzt ein Wiedereinsetzungsantrag voraus – und genau das muss der Inhalt der Glaubhaftmachung sein –, dass die Frist unverschuldet versäumt wurde. Nachlässigkeit und Gleichgültigkeit, aber auch ein Verschulden von Helfern oder des Rechtsanwalts, wird dem Flüchtling als eigenes Verschulden angerechnet.

II. Die Klage

1. Allgemeines

Die Klage oder ein Eilantrag sind schriftlich oder zur Niederschrift des Urkundsbeamten der Geschäftsstelle beim Verwaltungsgericht zu erheben (§ 81 I VwGO). Der Urkundsbeamte hat dem Flüchtling, der ohne Anwalt bei ihm erscheint, behilflich zu sein und für eine sachgerechte Antragstellung und eine eventuell erforderliche Mindestbegründung zu sorgen. Tut er dies nicht, kann dies dem Flüchtling nicht als Verschulden angelastet werden.

Die Gerichtssprache ist Deutsch. Die Klage und sonstige Anträge sind in deutscher Sprache abzufassen (§ 55 VwGO, § 184 GVG). Gegebenenfalls muss der nicht sprachkundige Ausländer sich irgendwie zu behelfen wissen. Geht er zum Gericht und weist seinen ablehnenden Bescheid vor und gibt er irgendwie zu erkennen, dass er damit nicht einverstanden ist, wird ihm dort die Klage geschrieben werden. Er kann sich aber auch der Hilfe von Freunden oder ehrenamtlichen Helfern bedienen, die ihm dann behilflich dabei sind, in seinem Namen die Klage einzureichen. Die Minimalerfordernisse sind, dass die Klage den Kläger, den Beklagten und den Gegenstand des Klagebegehrens erkennen lässt und eigenhändig unterschrieben ist (§ 82 VwGO). Ein bestimmter Antrag soll, muss aber nicht formuliert sein. Das Gericht hat beim anwaltlich nicht vertretenen Kläger das ihm zugegangene Schreiben so zu interpretieren, dass es den mutmaßlichen Willen erforscht und seiner Auslegung zugrunde legt. Beispielsweise wurde als wirksame Klageerhebung der Einwurf des negativen Bescheids bei Gericht mit einem handschriftlichen und unterzeichneten Vermerk: „Nicht einverstanden" angesehen. Die Unterschrift muss zwar nicht lesbar, aber individualisierbar sein. Ein bloßes Häkchen genügt nicht, wohl aber die Aneinanderreihung von signifikanten Zeichen oder Buchstaben. Fehlt die Unterschrift, ergibt sich aber aus anderen Anhaltspunkten eine der Unterschrift vergleichbare Gewähr für die Urheberschaft und den Willen, Klage zu erheben, kann dies genügen. So wurde beispielsweise ein Klageformularschreiben, auf dem weder eine Unterschrift noch ein Name angebracht war, sondern lediglich die Daten des Bescheids als ausreichende Klage angesehen, weil der Briefumschlag an das Verwaltungsgericht adressiert war und handschriftlich den Absender auswies, den der Bescheid betraf. Ist die Identität hinreichend geklärt und die Schriftform gewahrt, ist die ladungsfähige Anschrift des Klägers keine notwendige Voraussetzung; wird sie aber nicht im Lauf des Verfahrens mitgeteilt, fehlt es der Klage am Rechtsschutzbedürfnis.

Eine Klageerhebung per Telefax wird mittlerweile als zulässig anerkannt, nicht aber eine solche per E-Mail (es sei denn, die Original-Klage mit Unterschrift ist eingescannt). Den Absender trifft auch hier die Verpflichtung, für den ordnungsgemäßen und fristgerechten Zugang zu sorgen. Ein Absender-Telefax-Protokoll ist hierfür noch kein Beweis (weil es auf den Zugang ankommt), sondern allenfalls ein Indiz für die Rechtzeitigkeit der Absendung. Angemerkt sei, dass dieses Indiz auch nicht allzu gewichtig ist, da ja Datum und Uhrzeit beliebig einstellbar sind.

2. Klageinhalt und Klagebegründung; gerichtliche Anordnungen zur Vorbereitung der Verhandlung

2.1. Klagebegründung

Selbstverständlich soll die Klage nicht nur die notwendigen Mindestangaben enthalten, sondern auch eine individuelle Auseinandersetzung mit den Argumenten des Bundesamtsbescheides, gegebenenfalls mit den Fehlern des Bundesamts-Protokolls und dem persönlichen Schicksal des Asylsuchenden. Diese Einzelfallbegründung hat bei einem Antrag nach § 80 V VwGO innerhalb der Wochenfrist, bei einer Klage innerhalb eines Monats ab Zustellung der Entscheidung zu erfolgen (§ 74 II AsylVfG). Selbst dann, wenn diese Begründungsfrist versäumt wurde, muss das Gericht das, was vom Asylbewerber gegenüber dem Bundesamt vorgebracht wurde, ebenso von Amts wegen beachten wie allgemeinkundige Tatsachen (das ist insbesondere die Lage im Herkunftsland). Die Klagebegründungsfrist hat daher praktische Bedeutung insbesondere im Falle einer offensichtlich-unbegründet-Entscheidung (weil dann das Gericht das Eilverfahren selbst innerhalb einer Woche entscheiden muss) und dann, wenn der Flüchtling neue Tatsachen oder Beweismittel vorbringen will. Solche neuen Tatsachen und Beweismittel müssen, wenn sie innerhalb der Begründungsfrist bereits bekannt sind, unbedingt vorgetragen oder vorgelegt werden – notfalls unübersetzt. Wenn die Begründungsfrist versäumt wurde, ist dies bei einer regulären Klage („einfach unbegründet") in den meisten Fällen gleichwohl unschädlich. Denn der Vortrag ist nur dann wegen Verspätung unbeachtlich, wenn das Gericht der Überzeugung ist, durch den verspäteten Vortrag würde die Erledigung des Rechtsstreits verzögert. Hiervon kann allenfalls dann die Rede sein, wenn der Vortrag erst im Termin zur mündlichen Verhandlung oder kurz vorher erfolgt. Es sei jedoch nicht verschwiegen, dass es Richter gibt, die versuchen, unter Berufung auf diese (oder andere) Formalien für einen schnellen Prozess zu sorgen. Begründen Sie deshalb die Klage so rasch und umfangreich wie möglich.

Zu beachten ist stets, dass bei offensichtlich-unbegründet-Entscheidungen alles Wesentliche innerhalb einer Woche vorgetragen wird.

2.2. Richterliche Begründungsfristen

Das Gericht kann dem Flüchtling auch aufgeben, zu bestimmten Vorgängen Tatsachen anzugeben oder Beweismittel zu bezeichnen, Urkunden oder andere Dinge vorzulegen und kann zur Erledigung eine Frist setzen. Meist setzen Richter mit der Terminierung nochmals eine (oft nur einwöchige) Frist zur abschließenden Klagebegründung. Diese Fristen sollten unbedingt ernst genommen werden. Oft hat sich ja während des laufenden Verfahrens etwas getan: Der Flüchtling hat möglicherweise Beweise aus der Heimat erhalten, er hat Zeugen in Deutschland aufgetrieben oder er hat Nachfluchtaktivitäten entfaltet. Trägt man diese neuen Tatsachen nicht spätestens innerhalb der gesetzten Frist vor, kann das Gericht diesen verspäteten Vortrag unberücksichtigt lassen, wenn hierdurch die Erledigung des Rechtsstreits verzögert würde und die Verspätung nicht genügend entschuldigt ist. Gegebenenfalls muss der Grund für die Entschuldigung glaubhaft gemacht werden – z. B. durch eine eidesstattliche Versicherung, ein ärztliches Attest oder eine schriftliche Erklärung einer dritten Person. Es sei aber festgehalten, dass das Gericht nicht verpflichtet ist, verspäteten Vortrag zurückzuweisen. Vielmehr besteht ein weites Ermessen und ein Spannungsfeld der verschiedenen Interessen: Einerseits nämlich dient die Frist der Verfahrensstraffung und Beschleunigung, andererseits aber ist das Gericht von Amts wegen verpflichtet, grundsätzlich jeden relevanten Vortrag zu beachten und von Amts wegen Ermittlungen anzustellen. Da sich meist der neue Vortrag des Flüchtlings aus den früheren Angaben speist, also nur eine Präzisierung darstellt, ist in vielen Fällen die Berufung des Gerichts auf die Ausschlussfrist rechtswidrig. Denn bei Wahrnehmung seiner Ermittlungspflicht hätte der Richter ohnedies, von Amts wegen, den jetzt (angeblich verspäteten) Beweis erheben können und müssen! Hierauf sollte man sich jedoch nicht verlassen. Bitte drängen Sie den Flüchtling, möglichst alle Unterlagen so rasch wie möglich zu beschaffen und sie auch dem Gericht möglichst frühzeitig zu unterbreiten!

In der Praxis erlebt man es immer wieder, dass Flüchtlinge und selbst deren Anwälte Beweismittel trotz der Begründungsfrist oder einer ausdrücklich gesetzten Frist nicht rechtzeitig vorlegen, sondern darauf vertrauen, diese in der mündlichen Verhandlung übergeben zu können. Hiervor kann nur gewarnt werden. Obwohl die „Offizialmaxime" das Gericht verpflichtet, erkennbare Tatsachen von Amts wegen zu berücksichtigen, was nach der diesseitigen Rechtsmeinung auch beinhaltet, dass verspätet vorgelegte Beweise zur Kenntnis zu nehmen sind, ziehen sich manche Richter hinter die Formalien zurück und behandeln solche Beweisstücke als nicht existent. In dem einzig verbleibenden Rechtsmittel des Antrags auf Zulassung der Berufung kann dann die Nichtbeachtung dieses Beweismittels meist nicht mehr wirksam gerügt werden, weil entweder das Urteil überhaupt nicht hierauf eingeht oder sich hinter der Formalie verschanzt, dass das Beweismittel unentschuldigt verspätet vorgelegt worden sei. Das einzig verbleibende Argument, dass der Grundsatz der materiellen Gerechtigkeit (nicht nur wegen des Offizialprinzips, sondern auch aus verfassungsrechtlichen Gründen) den Vorrang verdiene gegenüber der formellen Gerechtigkeit, ist beim Oberverwaltungsgericht nur sehr schwer durchzusetzen. Oft bleibt dann der Flüchtling auf der Strecke. Deshalb nochmals in aller Eindringlichkeit: Wenn Sie Einfluss darauf haben, sorgen Sie dafür, dass möglichst alles möglichst bald dem Gericht zur Kenntnis gebracht wird, was von Relevanz sein kann. Die Anhänger einer „Überraschungs-Strategie" verkennen, dass der Richter schon deshalb am längeren Hebel sitzt, weil er im Asylrecht im Regelfalle nicht mehr der Kontrolle eines Obergerichtes unterliegt.

Neue Tatsachen und Beweismittel können aber jederzeit vorgebracht werden (§ 74 II 4 AsylVfG). Es sollte dann mitgeteilt werden, wann und wie man die Beweismittel erhalten oder von den neuen Tatsachen Kenntnis erlangt hat.

2.3. Betreibensaufforderung

Nach § 81 AsylVfG gilt die Klage als zurückgenommen, wenn der Kläger das Verfahren trotz Aufforderung des Gerichts länger als einen Monat nicht betreibt. Das Verfahren wird eingestellt, der Kläger hat die Kosten zu tragen.

Voraussetzung dieser Folge ist jedoch, dass das Gericht den Kläger förmlich unter Hinweis auf die Rechtsfolgen (und die Gesetzesbestimmung) zum Betreiben des Verfahrens auffordert. Eine allgemeine Aufforderung, die Klage zu begründen, auch wenn eine Frist genannt ist, erfüllt die Voraussetzungen dieser Bestimmung nicht. Das Gericht muss vielmehr konkrete Anforderungen stellen, also beispielsweise verlangen, bestimmte Verfolgungsmaßnahmen oder Aktivitäten, Mitgliedschaften bei Organisationen, staatliche Reaktionen etc. konkret und im Detail darzulegen oder Widersprüche aufzuklären. In Frage kommt auch, dass dem Kläger aufgegeben wird, Dokumente vorzulegen oder Zeugen oder deren Anschrift zu benennen. Der Hauptanwendungsfall der Betreibensaufforderung ist jedoch der, dass die Angabe der aktuellen Adresse verlangt wird, weil dem Richter eine sog. Abgängigkeitsmeldung der Unterkunft vorliegt.

Die Vorschrift soll dem Richter die Möglichkeit geben, für einen rechtzeitigen Vortrag und damit für die Vorbereitung oder gar Durchführung einer Beweiserhebung schon vor dem Termin zu sorgen und so das Verfahren zu beschleunigen. Diesem Zweck müssen Betreibensaufforderungen dienen und auch dienen können. Sie dürfen nicht als Schikanen missbraucht werden oder als bequeme Möglichkeit, die Fälle schlampiger Asylsuchender oder Anwälte auf einfache Weise abzuhaken. Leider zeigt die Praxiserfahrung, dass einzelne Richter – und oft gerade die, bei denen die Verfahren besonders lange dauern – auf eine Fristversäumnis hoffen und die Bestimmung dazu missbrauchen, durch wiederholte Betreibensaufforderungen Verfahren rasch formell, ohne inhaltliche Entscheidung, zu beenden.

Wurde das Verfahren nach § 81 AsylVfG vom Gericht eingestellt, muss ein Antrag auf Fortsetzung des Verfahrens gestellt werden. Das Gericht muss dann über die Einstellung oder Fortsetzung des Verfahrens durch Urteil entscheiden.

Beruft sich der Flüchtling im Falle der fiktiven Klagerücknahme darauf, dass er die gesetzte Frist ohne sein Verschulden versäumt hat, muss er neben dem Fortsetzungsantrag einen Antrag auf Wiedereinsetzung in den vorigen Stand stellen und dies auch glaubhaft machen.

2.4. Fortführung des Verfahrens nach Ausreise

Hat der Asylsuchende aufgrund eines negativen Eilbeschlusses z. B. nach einer offensichtlich-unbegründet-Entscheidung Deutschland bereits verlassen, muss das Verfahren trotzdem vom Gericht fortgeführt werden. Im Regelfall wird es sich hierbei nur noch um ein Phantomverfahren handeln, weil der außer Landes gebrachte Asylbewerber gar nicht mehr imstande ist, sich um sein Verfahren zu kümmern und Sie oder der Anwalt meist keinen Kontakt zum Flüchtling mehr haben. Gleichwohl gibt es gelegentlich Fallkonstellationen, bei denen der Flüchtling etwa von einem Drittland aus Kontakt hält und von dort aus Argumente und Beweismittel zum Verfahren beisteuern kann. Als erstes sollte dem Gericht dann die Anschrift mitgeteilt werden, damit das anhängige Verfahren nicht mangels Rechtsschutzbedürfnis eingestellt wird. Ist der Flüchtling im Verfolgerstaat, hat man natürlich nur dann Erfolg mit der Klage, wenn er vortragen kann, dass er sich dort verbergen muss oder verfolgt wurde, nachdem er wieder zurückgekommen ist. Nicht selten werden Flüchtlinge bei der Wiedereinreise in den Heimatstaat erst einmal festgenommen und mitunter auch peinlich befragt. Auch wenn sie dann wieder freigelassen werden, sind der glaubhafte Vortrag einer Inhaftierung oder Festhaltung oder gar die Existenz eines Haftbefehls oder der Nachweis eines laufenden Verfahrens gewichtige Indizien für eine aktuelle Verfolgungsgefahr. Wenn die Beweismittel oder Indizien dann so gewichtig sind, dass ein Erfolg in der Hauptsache möglich erscheint, kann mit einem Antrag nach § 80 VII VwGO auf Änderung des negativen Eilbeschlusses nachträglich die aufschiebende Wirkung der Klage erreicht werden, verbunden mit dem Recht auf Wiedereinreise (welches als Umkehrschluss aus dem früheren Sofortvollzug folgt). Dieses Recht muss allerdings erst, meist durch einen Visumantrag, geltend gemacht werden und ist (leider!) oft nicht schnell durchsetzbar. Denn meist verweigert die Ausländerbehörde die erforderliche Zustimmung zur Visumerteilung; nur selten wird im einstweiligen Anordnungsverfahren die Einreise gerichtlich ermöglicht. Anwaltliche Hilfe wird in diesem Fall unausweichlich sein.

Gewinnt der Flüchtling den Asylrechtsstreit, hat er auch dann einen Wiedereinreiseanspruch, wenn er sich zwischenzeitlich unbehelligt in einem Drittstaat aufhielt. Denn die nachträgliche Sicherheit im Drittstaat beseitigt nicht die ursprüngliche Schutzbedürftigkeit und die ursprüngliche Zuständigkeit Deutschlands für das Schutzbegehren.

3. Der Verfahrensgang, die Verhandlung

Das Gericht hat über die Klage (nicht aber den Eilantrag nach § 80 V VwGO; hierüber wird meist schriftlich entschieden) grundsätzlich aufgrund einer mündlichen Verhandlung zu entscheiden, es sei denn, alle Beteiligten verzichten hierauf. Dem Flüchtling ist ein solcher Verzicht jedoch nur dann anzuraten, wenn das Gericht sich eindeutig zu seinen Gunsten geäußert hat, etwa, indem es auf eine ständige Rechtsprechung der Kammer hingewiesen hat. Ein Verzicht auf die mündliche Verhandlung wird dann das Verfahren beschleunigen. Im Regelfalle sollte jedoch ein Verzicht auf mündliche Verhandlung nicht ausgesprochen werden, sondern auf deren Durchführung beharrt werden, selbst wenn das Gericht das gerne hätte. Schweigen führt zum selben Ergebnis, weil es keinen Verzicht darstellt. Diejenigen, die fürchten, den Richter zu verärgern, sollten bedenken, dass ein Verzicht auf mündliche Verhandlung nur schaden kann. Will der Richter ablehnen, wird er sich durch einen Verzicht auf die mündliche Verhandlung nicht von seinem Vorhaben abbringen lassen, sondern sich nur freuen, dass es so einfach geht. Will der Richter aber anerkennen, wird er entweder einen Hinweis hierauf geben und selbst dann, wenn er sich über die Mehrarbeit ärgert, bei der für den Flüchtling positiven Einschätzung bleiben. Er sieht ja, dass der Flüchtling in großer Sorge ist.

Ist das Gericht negativ festgelegt, sollte der Versuch unternommen werden, es in der mündlichen Verhandlung umzustimmen. Im direkten Gespräch mit dem Richter kann vielleicht der eine oder andere Punkt überzeugend aufgeklärt und damit ein Meinungsumschwung erzielt werden, der bei einem bloßen schriftlichen Vortrag nicht erreichbar wäre.

Eine weitere Möglichkeit ohne mündliche Verhandlung zu urteilen eröffnet der Gerichtsbescheid. Der Flüchtling erhält in diesem Fall ein Schreiben des Gerichts, in dem ihm mitgeteilt wird, dass beabsichtigt sei, durch Gerichtsbescheid zu entscheiden. Ihm wird eine Frist zur Stellungnahme eingeräumt. Wie bei einem Verzicht auf mündliche Verhandlung sollte auch hier nur dann, wenn eine positive Entscheidung erwartet werden kann, zugestimmt werden.

Schweigt man oder verweigert man die Zustimmung, hindert dies das Gericht nicht, gleichwohl durch Gerichtsbescheid zu entscheiden. Die Parteien haben aber das Recht, die Durchführung einer mündlichen Verhandlung zu beantragen. Diese ist dann durchzuführen.

Die mündliche Verhandlung findet entweder vor dem Einzelrichter oder vor der ganzen Kammer, bestehend aus drei Berufsrichtern und zwei Laienrichtern, statt. Letzteres, also die volle Kammerbesetzung, ist heute die Ausnahme. Sie wird nur noch dann praktiziert, wenn eine Grundsatzentscheidung getroffen werden soll. Ansonsten entscheidet heute meist der Einzelrichter.

Der Flüchtling wird in der mündlichen Verhandlung angehört und mit kritischen Fragen des Gerichtes konfrontiert. Manche Gerichte versuchen, den Flüchtling in Widersprüche zu verwickeln, weil sich mit dem Argument der Unglaubwürdigkeit die Klageabweisung am leichtesten begründen lässt. Der Asylsuchende sollte sich daher auf die mündliche Verhandlung vorbereiten, alle seine bisherigen Angaben nochmals lesen und übersetzen lassen und sich insbesondere die Daten einprägen. Auch wenn es lächerlich erscheint, ist es eine bedauerliche Tatsache, dass manche Richter dem Asylsuchenden deshalb keinen Glauben schenken, weil er ein bestimmtes Ereignis einmal auf den 10. Mai und Jahre später auf den 11. Mai datiert hat. Wie schon bei der Anhörung durch das BAMF ist auch bei der gerichtlichen Anhörung der persönliche Eindruck entscheidend. Ist der Richter nicht schon – wie allzu oft – aufgrund des Akteninhalts oder aufgrund einer gefestigten Rechtsprechung von vorneherein auf einen bestimmten Ausgang festgelegt, kommt es entscheidend darauf an, ihn vom Vortrag des Flüchtlings zu überzeugen. Widersprüche und Ungereimtheiten dürfen nicht unter den Tisch gekehrt werden. Sie müssen angesprochen und – soweit wie möglich – aufgeklärt und erklärt werden.

Versuchen Sie, wenn Sie ihn als Betreuer oder Beistand zum Termin begleiten, eine vertrauensvolle, offene Atmosphäre zu schaffen, die es dem Flüchtling ermöglicht, eventuelle Fehler auszuräumen und andererseits seinen Standpunkt fest und bestimmt vorzutragen. Seien Sie als Beistand aber auch selbstbewusst und tragen Sie einen evtl. aufkommenden Konflikt mit dem Gericht aus – Ihnen fällt das leichter als dem Asylsuchenden.

3.1. Der Richter

An dieser Stelle möchte ich eine Frage beantworten, die mir oft gestellt wird: Was für Menschen sind eigentlich die Asylrichter, worauf muss ich mich einstellen? Diese Frage lässt sich nicht einfach beantworten.

Es gibt Richter wie aus dem Lehrbuch: Unabhängig, gewissenhaft, nur der Wahrheit verpflichtet und im Bewusstsein der Tatsache, dass sie im Asylrecht über Menschenschicksale entscheiden. Bei ihnen ist der Flüchtling in besten Händen. Sie oder auch wir als Anwälte haben bei solchen Richtern vornehmlich die Funktion einer Vertrauensperson des Flüchtlings oder bestenfalls des (juristischen) Mittlers. Leider ist dies nicht die Mehrzahl der Richter.

Es gibt Richter, die von ihren persönlichen und/oder politischen Vorurteilen negativ befangen sind und nicht willens oder in der Lage sind, über ihren Schatten zu springen. Bei diesen ist „Hopfen und Malz verloren". Auch das beste Argument oder der schlüssigste Beweis wird nur dazu dienen, ihr Vorurteil zu bestätigen, dass der Asylsuchende so infam ist, mit angeblichen Beweisen das, was der Richter besser weiß, zu erschüttern. Zu dieser Gruppe zählt auch der Richtertypus, dem es nur um seine Bequemlichkeit geht. Er versucht seinen Job möglichst schnell, effektiv und ohne großen Aufwand zu erledigen. In Asylsachen geht dies, indem man Argumente für die Unglaubwürdigkeit findet. Die Entscheidung ist dann einfach. Sie ist individuell begründbar und praktisch unangreifbar. Der Richter hat infolge dessen eine gute Statistik vorzuweisen.

Beide Gruppen beschreiben Extreme und nicht den Typus. Der typische Asylrichter kommt aus der Mitte der Gesellschaft und ist daher auch mit den typischen Vorurteilen dieser Gesellschaft behaftet. Er unterliegt gesellschaftlichen Stimmungen. Dies heißt: Er ist nicht unbeeinflusst von Stimmungsmache, unter der Asylsuchende und Ausländer zu leiden haben. Er ist nicht frei von gesellschaftlichem Druck, der auch auf die Richterschaft seitens der Politik, seitens der Gerichtspräsidenten und seitens der Ministerialen ausgeübt wird. Er sieht sich manchmal als „Kämpfer" an der Front des angeblichen tausendfachen Asylmissbrauches und meint, nunmehr die „Spreu" vom „Weizen" trennen zu müssen. Ebenso nimmt er aber auch positive Stimmungen aus der Gesellschaft auf, etwa die Wertschätzung von Integrationserfolgen. Er ist nicht böswillig, aber beeindruckt von Statistiken, der Stimmung in seinem Gericht und meist geleitet von der „herrschenden Meinung". Obwohl er sich als unabhängig sieht und durchaus gewillt ist, unabhängig zu entscheiden, unterliegt er dem Gruppendruck und dem gesamtgesellschaftlichen Stimmungsbild. Oft ist er auch bequem und geht den Weg des geringsten Widerstands, folgt also der Meinung „seines" Gerichts oder „seiner" Kammer oder der „Prozessökonomie". Hierauf gilt es sich einzustellen. Er darf nicht als „Feind" begriffen werden, auch wenn einige wenige objektiv diese Funktion erfüllen. Es darf aber auch nicht die Illusion geschürt werden, dass er wirklich unabhängig über den Dingen schwebe, auch wenn dies für einige wenige zutrifft. Der typische Asylrichter will ein richtiges und gerechtes Urteil sprechen und tut dies vielleicht deshalb nicht, weil wir es nicht schaffen, ihn aus seiner Eingebundenheit herauszulösen und davon zu überzeugen, was in diesem Fall das Richtige ist. Feindbilder und Generalisierungen taugen nur dazu, ihn in den sicheren Hafen der „herrschenden Meinung" zu geleiten; Aggressionen und Vorurteile bekräftigen nur die jeweils vorgefasste Meinung. Richtig erscheint mir demgegenüber, ihn als Person ernst zu nehmen und seine Rolle als unabhängiger Wahrer des Rechts, der er ja sein sollte, zu kräftigen. Dies beinhaltet nicht, ihm unterwürfig und schmeichelnd gegenüberzutreten, sondern im Gegenteil: Man sollte sicher und argumentativ auftreten und ihm deutlich machen, dass man daran glaubt, ihn überzeugen zu können (selbst wenn die Erfahrung lehrt, dass man bei dem konkreten Richter kaum eine Chance hat). Nur eine solche Haltung ermöglicht es auch, glaubwürdige Gegenpositionen nachhaltig aufzubauen. Zwingen Sie ihn durch Argumente und Anträge, sich Ihren Argumenten zu stellen. Nur dadurch hat er die Chance, seinem eigenen Anspruch, richtig zu urteilen, gerecht zu werden. Wenn Sie im Recht sind, werden Sie ihn entweder – früher oder später – überzeugen oder ihn in das Lager der unverbesserlichen Opportunisten der Macht drängen. Gegen diese helfen die Rechtsmittel eines Rechtsstaates ebenso wenig wie Aggressionen oder Anbiederung.

3.2. Der Beweisantrag

Das Asylgerichtsverfahren findet in einer relativ unförmlichen Atmosphäre statt. Wichtig ist jedoch eine Formalie: ein Beweisantrag muss in der mündlichen Verhandlung gestellt werden, d. h., ins Protokoll aufgenommen werden. Es genügt also nicht, in der Klage oder einem vorbereitenden Schriftsatz einen Zeugen zum Beweis einer bestimmten Tatsache anzubieten. Vielmehr muss der Asylsuchende ausdrücklich zur Niederschrift bei Gericht beispielsweise beantragen:

„Ich beantrage, Frau X, Adresse ..., als Zeugin dafür zu hören, dass ich im Januar 2014 im Gefängnis in Y-Stadt eingesperrt war".

Beweisanträge können dabei nicht nur zur persönlichen Situation des Flüchtlings, sondern auch zur allgemeinen Lage im Herkunftsland gestellt werden.

Allerdings wird oft versucht, den Asylsuchenden von letzterem durch den Hinweis abzuhalten, man habe ja schon zahlreiche Auskünfte beigezogen und sei über die allgemeine Situation im Herkunftsland bestens informiert.

Auch die beim Verwaltungsgericht meist übliche „Lässigkeit" der Verhandlungsatmosphäre kann davon abhalten, die nötigen Formalitäten zu beachten. Nicht nur aus diesem Grund ist anwaltlicher Beistand im gerichtlichen Verfahren ratsam.

Wenn das Gericht einem Beweisantrag folgt, wird die mündliche Verhandlung meistens vertagt, damit eventuell eine Auskunft eingeholt werden kann oder zu einem späteren Termin der angebotene Zeuge geladen werden kann. Nach einer Vertagung muss – wenn der Flüchtling nicht ausdrücklich verzichtet – erneut mündlich verhandelt werden. Eine solche Vertagung kann vermieden werden, indem man den angebotenen Zeugen als präsenten Zeugen zur mündlichen Verhandlung mitbringt. Dies ist dann ratsam, wenn man eine rasche Entscheidung wünscht und davon ausgehen kann, dass der Zeuge die Beweisbehauptung sicher und überzeugend bestätigen wird. Hat man hieran jedoch Zweifel oder glaubt man, dass die Sache eigentlich auch ohne die Einvernahme des Zeugen positiv entschieden werden kann, sollte ein nicht geladener Zeuge nicht so ohne weiteres zum Termin mitgebracht werden.

Ist der Richter vom Vortrag des Flüchtlings bereits überzeugt, kann es nur schaden, wenn ein präsenter Zeuge mitgekommen ist. Möglicherweise will der Richter seine Zweifel noch absichern, hört den Zeugen und ändert dann seine Meinung, weil der Zeuge nicht glaubwürdig erscheint. Ist der Zeuge aber nicht anwesend, wird er, wenn er zu einer positiven Tendenz gelangt ist, die Verzögerung, die mit einer Zeugenladung verbunden ist, im Regelfall nicht auf sich nehmen und statt dessen sofort anerkennen. Ist der Richter aber vorurteilsbeladen und will ablehnen, wird ihn davon auch ein „präsenter Zeuge" nicht abhalten. Nicht selten verärgert man auch Richter, weil ein mitgebrachter präsenter Zeuge seinen Terminplan durcheinander wirft. Aufgrund dieser Überlegungen sollte man im Regelfall davon absehen, einen Zeugen dem Gericht als präsenten Zeugen zu präsentieren. Braucht der Richter den Zeugen, um sich eine Meinung zu bilden, wird er die Sache vertagen; glaubt er ihn nicht zu brauchen, hat man im Falle der Ablehnung des Beweisantrages auf Einvernahme dieses Zeugen wenigstens ein Argument mehr.

Die Flüchtlinge verstehen dies oft nicht und sind enttäuscht, wenn man davon abrät, den Verwandten, der angeblich alles bestätigen kann, mitzunehmen. Erklären Sie dem Flüchtling deshalb die Zusammenhänge, weisen Sie auch darauf hin, dass viele Richter ärgerlich sind, wenn man einfach präsente Zeugen mitbringt, weil sie sich den engen Zeitplan einer halbstündigen Terminierung nicht durch die Einvernahme von Zeugen durcheinander bringen lassen wollen und dass deren Kosten inklusive des Verdienstausfalls normalerweise nicht erstattet werden, wenn man ohne gerichtliche Ladung jemanden zu Gericht mitbringt. Vielleicht genügen diese Argumente, damit der Flüchtling sich mit einem Beweisantrag begnügt und auf die Präsentation des Zeugen in der mündlichen Verhandlung verzichtet.

Tut er dies nicht, sollten Sie unbedingt versuchen, vorher mit dem Zeugen zu sprechen, um in Erfahrung zu bringen, was er weiß. Eine solche Befragung ist zulässig und braucht nichts mit Zeugenbeeinflussung zu tun zu haben. Unzulässig ist es natürlich, den Zeugen zu „präparieren" und ihm eine bestimmte Aussage zu suggerieren oder eine andere auszureden. Der Zeuge ist bei Strafe zur wahrheitsgemäßen Aussage verpflichtet. Dies sollten Sie stets im Auge haben.

Die vorherige Befragung des Zeugen hat die Funktion, abzuklären, ob er überhaupt etwas weiß bzw. was er bekunden kann. Oftmals behaupten Flüchtlinge, ein Zeuge wisse „alles" über ihre Aktivitäten und Verfolgungen. Wenn Sie den Flüchtling dann fragen, ob der Zeuge etwa die Festnahme vom soundsovielten beobachtet habe, bestätigt er dies. Stellt sich bei einer späteren Befragung durch das Gericht dann aber jedoch heraus, dass der Zeuge gerade dies nicht gesehen hat und auch nicht sehen konnte, weil er gar nicht am Ort des Geschehens war, war diese Beweisaufnahme nicht nur überflüssig, sondern möglicherweise auch schädlich, weil sie zur Unglaubwürdigkeit des Asylbewerbers beiträgt. Der Asylsuchende muss dabei keineswegs gelogen haben, als er Ihnen im Brustton der Überzeugung erklärte, der Zeuge wisse alles. Möglicherweise hat er sich einfach geirrt, möglicherweise glaubte er, der Zeuge wisse Kraft seiner Funktion (z. B. als örtlicher Parteiführer) Bescheid. Hinzu kommt, dass er sich sicher nicht auskennt mit den Beweisanforderungen (kein Zeuge vom Hörensagen) und den Beweisgrundsätzen (detaillierte und konkrete Angabe der einzelnen beweiserheblichen Tatsache).

Lassen Sie also im Falle eines Beweisantrages den Zeugen nicht ins Messer laufen, sondern fragen Sie vorher den angeblichen Zeugen und konzentrieren Sie sich dabei auf die konkreten, zu beweisenden Tatsachen, also z. B. eine bestimmte Demonstration, einen bestimmten Polizeiübergriff, die Festnahme des Flüchtlings etc. Weiß er hierzu konkrete Details anzugeben, können Sie ihn als Zeugen anbieten. Kann er nur vom Hörensagen berichten oder weiß er nur die allgemeinen Hintergründe, sollten Sie eher auf ihn verzichten. Das gleiche gilt natürlich dann, wenn schon Sie den Eindruck haben, dass der Zeuge nicht glaubwürdig ist oder sich in Widersprüche verwickelt. In diesem Falle sollten Sie darauf verzichten, dieses Beweismittel überhaupt zu benennen. Es gibt zwar die Verpflichtung, vorhandenes Beweismaterial nicht zu unterdrücken, aber natürlich keine Verpflichtung, ungeeignete, weil unwissende oder unglaubwürdige Zeugen zu benennen. Entgegen einer weit verbreiteten Auffassung kommen als Zeugen auch Ehegatten und nahe Angehörige in Betracht. Ihre Aussage ist prinzipiell nicht weniger Wert als die eines Fremden. Allerdings wird das Gericht natürlich besonders sorgfältig prüfen, ob die Aussage nicht subjektiv gefärbt ist, zumal sie ja oft auch dem Zeugen selbst nutzt. Die von Ihnen anzustellende, vorherige Prüfung der Zeugen hat in diesem Falle besonders sorgfältig zu erfolgen. Sie beginnt mit einem Vergleich der Aussagen des Familienangehörigen mit denen des betreffenden Flüchtlings. Stimmen die Aussagen – auch in Nebensächlichkeiten – überein? Erscheint es überhaupt glaubwürdig, dass die Ehefrau jetzt eine bestimmte Tatsache bestätigen soll, obwohl sie sich im Anhörungsprotokoll als Person präsentiert hatte, die mit der Politik nichts zu tun hat und von den Aktivitäten ihres Mannes nichts weiß?

Veranstalten Sie ruhig einen Probe-Lauf der Zeugen-Einvernahme. Stellen Sie alle Fragen, die das Gericht vermutlich stellen wird, halten Sie dem Zeugen angebliche Widersprüche vor, gehen Sie ihn ruhig hart an, nehmen Sie ihn ins Gebet, wie dies schlimmstenfalls auch vor Gericht der Fall sein kann. Nur wenn der Verwandte oder Ehegatte diese Probe besteht, sollten Sie ihn als Zeugen präsentieren.

Wenn ein Beweisantrag gestellt wird, versuchen manche Gerichte, Sie dazu zu bringen, ihn „hilfsweise" zu stellen, also nur für den Fall, dass es auf diesen Beweisantrag für die Entscheidung ankommt. Diesem Ansinnen sollten Sie sich – im Regelfall – widersetzen und stattdessen den Beweisantrag „unbedingt" stellen. Hierfür sprechen zwei Überlegungen:

Der unbedingte Beweisantrag muss noch in der mündlichen Verhandlung verbeschieden werden, der Hilfsbeweisantrag erst zusammen mit dem Urteil. Wenn Sie sich auf einen Hilfsbeweisantrag einlassen, verzichten Sie also auf die Möglichkeit vom Richter seine Einschätzung zu einer Zeit zu erfahren, zu der Sie noch reagieren können. Unter Umständen können Sie, lehnt er den Beweisantrag ab, aus der Begründung ersehen, worauf es dem Gericht ankommt und gegebenenfalls einen weiteren Beweisantrag stellen oder jedenfalls in der Argumentation darauf eingehen.

Der zweite Grund, warum Sie sich auf einen „Hilfsbeweisantrag" nicht einlassen sollten, ist der, dass Sie damit unter Umständen auf eine Rügemöglichkeit für den Antrag auf Zulassung der Berufung verzichtet haben, weil nicht alle erforderlichen Schritte zur Durchsetzung des Rechts – also die Stellung eines unbedingten Beweisantrags – in der 1. Instanz wahrgenommen wurden.

3.3. Das Protokoll der mündlichen Verhandlung

Von der mündlichen Verhandlung muss ein Protokoll gefertigt werden, das dem Kläger auch zugestellt werden muss. In vielen Asylverfahren unterbleibt dies. Beantragen Sie daher ausdrücklich die Zustellung des Protokolls. Es wird bei einem eventuellen Antrag auf Zulassung der Berufung regelmäßig gebraucht.

Wenn der Richter das Protokoll laut diktiert (entweder einer Schreibkraft oder ins Diktiergerät), sollten Sie aufpassen, ob alles richtig aufgenommen ist und gegebenenfalls auch widersprechen und eine Richtigstellung verlangen. Geht das Gericht hierauf nicht ein, erklären Sie diese Rüge dann zu Protokoll. Manche Richter führen das Protokoll dergestalt, dass sie mitschreiben, so dass Sie erst zu einem späteren Zeitpunkt, meist am Schluss der mündlichen Verhandlung, schlimmstenfalls erst zusammen mit dem Urteil, überhaupt wissen, was der Richter protokolliert hat. Ist das Protokoll in diesem Fall Ihrer Auffassung nach falsch, kann – und muss gegebenenfalls – ein Protokollberichtigungsantrag gestellt werden.

4. Die Entscheidung

4.1. Entscheidung durch Gerichtsbescheid

In der Regel ergeht die Entscheidung nach einer mündlichen Verhandlung. Das Gericht kann jedoch auch durch einen Gerichtsbescheid ohne mündliche Verhandlung entscheiden, wenn der Sachverhalt geklärt erscheint und die Sache einfach gelagert ist. Wenn der Flüchtling mit dem Gerichtsbescheid nicht zufrieden ist, hat er die Wahl zwischen einem Antrag auf Durchführung der mündlichen Verhandlung oder einem Antrag auf Zulassung der Berufung. Je nachdem, ob dem Flüchtling mehr an einer Beschleunigung des Verfahrens oder am Zeitgewinn gelegen ist, wird er entweder den Antrag auf Berufungszulassung oder auf Durchführung der mündlichen Verhandlung wählen. Der Antrag auf Zulassung der Berufung wird dabei die Ausnahme bleiben, da die Ablehnungsquote enorm hoch ist und diesen Antrag nur ein Rechtsanwalt einreichen kann. Er bietet sich nur dann an, wenn ganz offenkundig eine Abweichung von der obergerichtlichen Rechtsprechung vorliegt oder wirklich eine Grundsatzfrage zur Entscheidung ansteht. Ansonsten wird man regelmäßig die Durchführung einer mündlichen Verhandlung beantragen.

4.2. Das Urteil

Nach Beendigung der mündlichen Verhandlung wird diese geschlossen. Dann ergeht das Urteil. Es wird entweder unmittelbar am Ende der mündlichen Verhandlung verkündet oder der Richter beraumt einen neuen Termin zur Verkündung der Entscheidung an oder er fällt einen Beschluss, wonach eine Entscheidung zugestellt wird. Ein Urteil am Ende der mündlichen Verhandlung – genannt „Stuhlurteil" – ist heute eher die Ausnahme. Ob dies seinen Grund darin hat, dass sich die meisten Richter scheuen, den Betroffenen ihre meist negative Entscheidung ins Gesicht zu sagen oder aus Zeitersparnisgründen (weil sie in diesem Fall das Urteil ja auch noch extra mündlich begründen müssen), sei dahingestellt. Jedenfalls weiß man nach einem Stuhlurteil, woran man ist. Dies ist nicht der Fall, wenn der Richter einen Termin „zur Verkündung der Entscheidung" anberaumt. Ein Richter tut dies meist dann, wenn er sich noch nicht ganz sicher ist, ob er ein Urteil fällen wird oder noch einen Beweisbeschluss erlassen soll, denn auch dies ist eine Entscheidung. In diesem Fall wissen Sie also, dass der Richter noch unsicher und die Sache zumindest noch offen ist. In der Praxis lautet der Schlusssatz des Gerichts meist: „Eine Entscheidung wird zugestellt." In diesem Falle hat der Richter noch zwei Wochen Zeit, sich das Urteil zu überlegen und muss erst dann den Tenor (also das Ergebnis ohne die Gründe) schriftlich in der Geschäftsstelle niederlegen. Erst später wird das Urteil geschrieben und den Parteien zugeschickt.

Auch das Gericht kann, wie das Bundesamt, die Klage als „offensichtlich unzulässig" oder „offensichtlich unbegründet" abweisen. Hat es dies getan, ist ein weiteres ordentliches Rechtsmittel ausgeschlossen. Mit Zustellung dieses Urteils beginnt die Ausreisefrist zu laufen. Es gibt nur noch die Möglichkeit einer Verfassungsbeschwerde – gegebenenfalls verbunden mit einem Antrag auf Erlass einer einstweiligen Anordnung.

4.3. Entscheidung über den Antrag auf Herstellung der aufschiebenden Wirkung nach § 80 V VwGO

Der Antrag auf Herstellung der aufschiebenden Wirkung (Eilantrag; der gestellt werden muss, falls die Klage keine aufschiebende Wirkung hat) wird normalerweise im schriftlichen Verfahren vor der Klage entschieden. Wird dieser Antrag abgelehnt, beginnt die Ausreisefrist zu laufen. Ein Rechtsmittel hiergegen gibt es nicht. Der Asylsuchende muss dann die Bundesrepublik Deutschland auch vor der Entscheidung über die Klage (und vor der mündlichen Verhandlung hierüber) verlassen. Ihm bleibt nur noch die Möglichkeit einer Verfassungsbeschwerde, die jedoch keine aufschiebende Wirkung hat. Möglich ist zusätzlich ein Antrag auf Erlass einer einstweiligen Anordnung durch das Bundesverfassungsgericht. Beides sollte jedoch nur mit anwaltlicher Hilfe in die Wege geleitet werden, wobei auch kritisch die Erfolgsaussichten zu bedenken sind (siehe Ausführungen zur Verfassungsbeschwerde).

5. Rechtsmittel

Hat das Gericht die Klage lediglich als einfach unbegründet oder als unzulässig abgewiesen, gibt es die Möglichkeit, einen Antrag auf Zulassung der Berufung zu stellen. Der Antrag ist innerhalb eines Monats nach Zustellung des vollständigen Urteils durch einen Rechtsanwalt beim Erstgericht einzureichen und zu begründen. Die Erfolgschancen sind sehr gering, wahrscheinlich liegen sie bundesweit unter 1 %. Eine genaue Statistik hierüber gibt es nicht.

Die Zeitspanne, die auch bei ein und demselben Oberverwaltungsgericht verstreicht, bis eine Entscheidung über den Antrag auf Zulassung der Berufung ergeht, ist sehr unterschiedlich. Sie reicht von einigen wenigen Wochen bis zu mehreren Jahren. Nach meinem Eindruck hängt die Verfahrensdauer davon ab, ob das Oberverwaltungsgericht zu dem betroffenen Herkunftsland bereits eine gefestigte Rechtsprechung hat. Ist dies der Fall, neigen manche Obergerichte dazu, auch fehlerhafte erstinstanzliche Urteile in großzügiger Interpretation zu tolerieren, weil ja „unter dem Strich nichts herauskommt". Ich halte dies für einen Verfall der Rechtskultur, der seinen tieferen Grund nicht nur in der Geringachtung des Asylrechtes hat, sondern in der verbreiteten Rechtspraxis, die Fälle weniger nach dem Einzelschicksal, als vielmehr nach allgemeinen Kriterien zu entscheiden. Das, was man allgemein lauthals beklagt, nämlich die Standardisierung der Argumente, wird durch eine solche Praxis gefördert.

Der Antrag auf Zulassung der Berufung ist nur Erfolg versprechend, wenn entweder eine Abweichung von einem obergerichtlichen Urteil vorgetragen werden kann, eine Frage von grundsätzlicher Bedeutung zu klären ist oder ein sog. absoluter Revisionsgrund nach § 138 VwGO gegeben ist. Letzteres ist der Fall, wenn das erkennende Gericht nicht vorschriftsmäßig besetzt war, ein befangener Richter an der Entscheidung mitgewirkt hat, einem Beteiligten das rechtliche Gehör verweigert wurde, ein Beteiligter nicht ordnungsgemäß vertreten war, das Urteil auf eine mündliche Verhandlung hin ergangen ist, bei der die Vorschriften über die Öffentlichkeit verletzt worden sind oder die Entscheidung nicht mit Gründen versehen ist.

Zur Einreichung eines Antrages auf Zulassung der Berufung ist nur der Rechtsanwalt befugt. Wenn das Oberverwaltungsgericht (in Bayern, Baden-Württemberg, Hessen und Sachsen: Verwaltungsgerichtshof) dem Antrag stattgegeben hat, findet eine Berufung, d. h., eine nochmalige Überprüfung des Sachverhalts in tatsächlicher und rechtlicher Hinsicht wie beim erstinstanzlichen Verfahren statt. Das Oberverwaltungsgericht kann eine mündliche Verhandlung anberaumen und eine Beweisaufnahme durchführen. Hier gelten die Darlegungen zum erstinstanzlichen Verfahren entsprechend. Das Berufungsverfahren unterscheidet sich nicht grundlegend von dem erstinstanzlichen Verfahren beim Verwaltungsgericht. Der wesentliche Unterschied liegt in der Besetzung: beim Berufungsgericht entscheiden drei Berufsrichter die Sache, beim Verwaltungsgericht im Regelfall der Einzelrichter, manchmal, vorwiegend in Grundsatzfragen die „Kammer", die aus drei Berufsrichtern und zwei Laienrichtern besteht.

Oftmals jedoch verzichtet das Oberverwaltungsgericht auf eine mündliche Verhandlung und entscheidet ohne, weil es die

Berufung einstimmig für begründet bzw. unbegründet und eine mündliche Verhandlung deshalb für entbehrlich hält. Auf diese Absicht muss es im Rahmen des rechtlichen Gehörs vorher hinweisen und eine Frist zum weiteren Vortrag und zur Stellung von Beweisanträgen einräumen. Diese Frist muss dann unbedingt beachtet werden, eventuelle Beweisanträge müssen gestellt werden und dann, bleibt das Gericht bei seiner Absicht, ohne mündliche Verhandlung zu entscheiden, im Urteil verbeschieden werden.

Gegen das Berufungsurteil kann Revision dann eingelegt werden, wenn sie vom Berufungsgericht zugelassen worden ist (dies ist nur selten der Fall) oder auf Beschwerde vom Bundesverwaltungsgericht zugelassen wurde. Die Nichtzulassungsbeschwerde ist von einem Rechtsanwalt beim Berufungsgericht innerhalb eines Monats nach Zustellung des vollständigen Urteils einzulegen und innerhalb von zwei Monaten (nach Zustellung des vollständigen Urteils) zu begründen. Für die Zulassungsgründe gilt das oben Gesagte. Die Revision wird nur zugelassen, wenn die Sache grundsätzliche Bedeutung hat, von einer Entscheidung des Bundesverwaltungsgerichts oder des gemeinsamen Senates der obersten Gerichtshöfe der Bundesrepublik Deutschland abweicht und auf dieser Abweichung beruht oder ein Verfahrensmangel geltend gemacht wird und auf ihm die Entscheidung beruhen kann. Daneben ist die Revision bei Vorliegen eines absoluten Revisionsgrundes zuzulassen.

Wird die Revision zugelassen, findet meist eine Revisionsverhandlung statt. Hierbei geht es jedoch nur noch um Rechtsfragen und nicht mehr um tatsächliche Feststellungen. Die vom Berufungsgericht festgestellten Tatsachen sind, auch wenn sie falsch sind, für das Revisionsgericht bindend festgestellt.

Liegen schwere Mängel vor, kann das Bundesverwaltungsgericht ohne mündliche Verhandlung entscheiden und die Sache an das Oberverwaltungsgericht zurückverweisen. Ansonsten findet eine mündliche Verhandlung statt, in der das Bundesverwaltungsgericht entweder in der Sache abschließend entscheidet, also Asyl oder Abschiebungsschutz gewährt oder ablehnt, oder die Sache zur weiteren Aufklärung an das Oberverwaltungsgericht zurückverweist. Dann findet ein erneutes Berufungsverfahren statt.

Hat das Bundesverwaltungsgericht durchentschieden, ist das Asylverfahren mit dieser Entscheidung rechtskräftig abgeschlossen.

Ebenfalls rechtskräftig abgeschlossen ist das Asylverfahren natürlich auch dann, wenn bereits vorher die Berufung oder die Revision nicht zugelassen wurde. Gegen alle rechtskräftigen Entscheidungen gibt es nur noch die Möglichkeit einer Verfassungsbeschwerde.

Das Asylrecht ist heute durch viele europarechtliche Vorgaben gelenkt und begrenzt. Nicht alle europarechtlichen Bestimmungen sind perfekt ins deutsche Recht umgesetzt, manche Streitfragen sind noch offen. Bei solchen Fallkonstellationen kann es geboten sein, die Frage dem EuGH vorzulegen. Dies kann nur der Richter, gegebenenfalls ist er hierzu verpflichtet. Der Flüchtling kann sich nicht selbst an den EuGH wenden, sondern nur eine Vorlage anregen.

▶ Tipp

Im gerichtlichen Verfahren ist eine anwaltliche Vertretung stets zu empfehlen. Ausnahmsweise, insbesondere als Betreuer oder Vormund eines Jugendlichen können Sie als „Beistand" vor Gericht auftreten und den Flüchtling unterstützen.

Reichen Sie bei einer (einfach unbegründeten) Ablehnung die Klage ohne Begründung ein. Nutzen Sie die Monatsfrist für die Klagebegründung zur sorgfältigen Recherche!

Im Fall einer Ablehnung als offensichtlich unbegründet oder unbeachtlich muss die Begründung innerhalb der Frist von 1 Woche erfolgen!

Erlässt das Gericht eine Betreibensaufforderung oder setzt es eine Frist zur Stellungnahme/Begründung gemäß § 81 AsylVfG, beachten Sie diese Frist unbedingt!

Der Flüchtling hat ein Recht auf Durchführung der mündlichen Verhandlung. Auf sie sollte nur dann verzichtet werden, wenn das Gericht eindeutig eine positive Entscheidung in Aussicht stellt.

Beweisanträge müssen in der mündlichen Verhandlung förmlich gestellt und anschließend vom Gericht entschieden werden. Beweisanträge sollten im Regelfall „unbedingt" gestellt werden.

Befragen Sie – wenn möglich – einen Zeugen über sein Wissen, bevor Sie ihn dem Gericht präsentieren. Oft kann der Zeuge das nicht aussagen, was der Flüchtling glaubt und erschüttert damit dessen Glaubwürdigkeit.

Im Regelfalle ist von der Mitbringung sog. präsenter Zeugen abzuraten.

Achten Sie darauf, was das Gericht protokolliert. Wenn Sie damit nicht einverstanden sind, rügen Sie dies sofort in der mündlichen Verhandlung und stellen Sie notfalls den Antrag, Ihre Kritik zu protokollieren. Verlangen Sie, dass das Gericht das Protokoll dem Flüchtling auch zuschickt! Stellen Sie später Unrichtigkeiten des Protokolls fest, beantragen Sie unverzüglich eine Protokollberichtigung.

H Verfassungsbeschwerde

Sind die ordentlichen Rechtsmittel ausgeschöpft, gibt es nur noch die Möglichkeit, eine Verfassungsbeschwerde beim Bundesverfassungsgericht einzureichen. Da es gegen eine Eil-Entscheidung auf dem Gebiet des Asylrechtes keine Beschwerde gibt, kann auch gegen einen negativen 80-V-er-Beschluss des Verwaltungsgerichtes eine Verfassungsbeschwerde eingereicht werden. Obwohl eine anwaltliche Vertretung nicht vorgeschrieben ist, ist sie dringend zu empfehlen. Da mit der Rechtskraft der gerichtlichen Entscheidung meist auch die Ausreisefrist zu laufen begonnen hat, bedarf es oft parallel zur Verfassungsbeschwerde noch eines Antrages auf Erlass einer einstweiligen Anordnung durch das Bundesverfassungsgericht. Meist sind die Ausländerbehörden – wenn überhaupt – nur bereit, die Vollziehung der Abschiebung auszusetzen, wenn ein solcher Eilantrag gestellt wurde. Damit die Verfassungsbeschwerde nicht ins Leere geht, weil der Flüchtling bereits abgeschoben wurde, sollte unbedingt mit der Ausländerbehörde vorher Kontakt aufgenommen werden, die Einreichung der Verfassungsbeschwerde mitgeteilt, wenn nicht gar in Kopie übermittelt werden und geregelt werden, ob und dass von einer Vollziehung bis zur Entscheidung des Bundesverfassungsgerichtes abgesehen wird. Ist das Ausländeramt hierzu nicht bereit, muss hierauf im Antrag auf Erlass einer einstweiligen Anordnung hingewiesen werden und gegebenenfalls durch telefonische Kontaktaufnahme mit dem Bundesverfassungsgericht versucht werden, die drohende Abschiebung zu verhindern.

Die Verfassungsbeschwerde muss binnen einer Notfrist von einem Monat (gerechnet ab Zustellung der kritisierten Entscheidung) beim Bundesverfassungsgericht in Karlsruhe eingegangen sein. Da jedoch schon vorher die Abschiebung droht, kann diese Frist manchmal nicht ausgeschöpft werden.

Zu beachten ist, dass die Verfassungsbeschwerde nur zulässig ist, wenn der Rechtsweg vollständig ausgeschöpft ist. Dies verlangt nicht nur die Einlegung beispielsweise eines Antrags auf Zulassung der Berufung bzw. einer Beschwerde auf Zulassung der Revision, sondern unter Umständen auch – bei einer Verfassungsbeschwerde in einem Eilverfahren – die Einlegung des Antrags nach § 80 VII VwGO (also eines Antrags auf Änderung eines vorangegangenen negativen Beschlusses nach § 80 V VwGO beim selben Gericht). Wurde die Verletzung des rechtlichen Gehörs gerügt oder ein sonstiger offenkundiger Fehler, ist gegebenenfalls zuvor ein Abhilfeverfahren beim Ausgangsgericht durchzuführen.

Die Verfassungsbeschwerde ist (ebenso wie der Antrag auf Erlass einer einstweiligen Anordnung beim Bundesverfassungsgericht) kein ordentliches Rechtsmittel, sondern ein außerordentlicher Rechtsbehelf. Sie ist nur zulässig und Erfolg versprechend, wenn ein spezifischer Verfassungsverstoß vorliegt und ein schwerwiegender Nachteil droht. Bei Missbrauchsfällen kann das Bundesverfassungsgericht sogar eine Strafgebühr gegen den Beschwerdeführer verhängen. Einfache Rechts- und Verfahrensfehler rechtfertigen nicht die Erhebung einer Verfassungsbeschwerde. Auch wenn nicht verkannt wird, dass die Abgrenzung gerade im Bereich des Asylrechtes sehr schwierig ist, weil hier sehr oft einfache Rechtsverstöße unmittelbar die Grundrechte des Asylgrundrechtes, auf Leben, Freiheit und körperliche Unversehrtheit tangieren, sollte stets sorgfältig und kritisch geprüft werden, ob die Verfassungsbeschwerde Aussicht auf Erfolg hat. Der inflationäre Gebrauch von derartigen außerordentlichen Rechtsmitteln hat nur den Effekt, diese zu entwerten: Beim Bundesverfassungsgericht könnte ein Ermüdungseffekt auftreten und bei den Ausländerbehörden tritt mit Sicherheit die Wirkung ein, dass die Einlegung von Verfassungsbeschwerden nicht mehr ernst genommen wird.

Ich habe den Eindruck, dass beim Bundesverfassungsgericht – seit der Änderung des Asylgrundrechtes des Art. 16 II 2 GG a. F. – strengere Maßstäbe als früher angelegt werden. Das Bundesverfassungsgericht wehrt sich dagegen, in die Rolle einer letzten Instanz gedrängt zu werden und nimmt, mehr als früher, Verfahrensfehler hin, ohne einzugreifen. Das Bundesverfassungsgerichtsgesetz bietet hierzu die Grundlage, weil eine Verfassungsbeschwerde den Dreierausschuss, der eine Vorprüfung vornimmt, nur dann überwindet, wenn die Verfassungsbeschwerde grundsätzliche Bedeutung besitzt, dem Beschwerdeführer ein besonders schwerer Nachteil droht oder das Gericht die Annahme zur Durchsetzung der Grundrechte für angezeigt hält. Es bleibt also dem Gericht ein erheblicher Spielraum, sich die Fälle, die es entscheiden will, selbst auszusuchen; ein Spielraum, den das Gericht auch nutzt. In der Flughafenentscheidung vom 14.05.1996 hat sich das Bundesverfassungsgericht selbst deutliche Zurückhaltung beim Erlass einer einstweiligen Anordnung auferlegt. Aus all dem folgt, dass in eine Verfassungsbeschwerde nicht allzu viel Hoffnung gelegt werden darf; nur im Ausnahmefall wird sie Erfolg haben.

Wenn Sie und der Flüchtling jedoch der Auffassung sind, hier sei eine Verfassungsbeschwerde gerechtfertigt, sollten Sie sich auch alle Mühe geben, um zum Erfolg zu kommen. Hierzu ist nicht nur erforderlich, dass der gesamte Sachverhalt einschließlich der Entscheidungsgründe (des Bundesamtes und der jeweiligen Gerichtsentscheidungen) dem Gericht innerhalb der Frist mitgeteilt werden, sondern auch herauszuarbeiten, warum nicht nur ein Verstoß gegen einfaches Recht (z. B. das Asylverfahrensgesetz) vorliegt, sondern spezifisches Verfassungsrecht verletzt ist.

Auch wenn beim BVerfG kein Anwaltszwang herrscht, sondern jeder das Gericht anrufen kann, ist eine anwaltliche Vertretung durch einen Fachanwalt zu empfehlen.

Hat die Verfassungsbeschwerde Erfolg, wird meist die vorangegangene Entscheidung aufgehoben und die Sache an das frühere Gericht zur erneuten Entscheidung zurückverwiesen. Leider zeigt die Praxis, dass eine solche Aufhebung manche Richter nicht (mehr) beeindruckt; sie vermeiden den vom Verfassungsgericht gerügten Fehler und entscheiden dann genauso wie vorher. Im Bereich des Asylrechtes ist bei manchen Richtern eine Abstumpfung zu beobachten. Der Richter, der sich nach einer Aufhebung durch das Bundesverfassungsgericht grübelnd Rechenschaft über sein Rechtsverständnis ablegt, ist leider die Ausnahme. Es gibt Richter, die eine Vielzahl von erfolgreichen Verfassungsbeschwerden gegen ihre Entscheidungen sogar als Auszeichnung verstehen: Sie sehen sich als besonders effizient nach dem Motto: „Wo viel gehobelt wird, gibt es eben viel Späne".

I Petitionen und Eingaben

Oftmals wird versucht, mit Petitionen und Eingaben an den Bürgermeister, den Landrat, das Kommunalparlament, das Landesparlament oder den Ministerpräsidenten eines Landes, den Bundespräsidenten oder den Bundestag eine drohende Abschiebung zu stoppen. Solche Eingaben versprechen nur in Ausnahmefällen, und meist nur dann, wenn sie an den Petitionsausschuss des Landtages oder des Bundestages adressiert sind, Erfolg und bedeuten in vielen Fällen nicht einmal einen Zeitgewinn.

Gleichwohl gibt es zahlreiche Fallkonstellationen, in denen die abstrakt-starre Regelung des AsylVfG und des AufenthG dazu führt, dass der Mensch auf der Strecke bleibt und dem menschlichen Schicksal nicht ausreichend Aufmerksamkeit geschenkt wird. Hierauf hinzuweisen und den Blick der politisch Verantwortlichen vom Abstrakt-Politischen auf das konkrete Einzelschicksal zu lenken und sie auf diese Weise anzuregen, Änderungen vorzunehmen oder zumindest ihre Sensibilität für diese Themen zu stärken, ist sinnvoll. Allein deshalb rechtfertigen sich viele Eingaben.

In allen Bundesländern existiert mittlerweile eine **Härtefallkommission** gemäß § 23a AufenthG. An diese sollte man sich zunächst wenden. Denn die Anrufung dieses Gremiums verspricht mehr Erfolg. In manchen Bundesländern ist dies jedoch ausgeschlossen, wenn vorher eine Petition oder Eingabe gestellt wurde (s. Synopse zur Arbeit der Härtefallkommissionen http://www.asyl.net/index.php?id=343)

Es gibt aber auch Fallkonstellationen, bei denen man zunächst an eine Petition denken sollte. Dies ist insbesondere dann der Fall, wenn es um ein humanitäres Einzelschicksal geht oder eine generelle Problematik (wie etwa, wenn ein Abschiebestopp für eine Gruppe von Menschen gefordert wird) und der Schwerpunkt nicht so sehr auf einer bereits erfolgten Integration liegt.

Petitionsausschüsse sind keine Superrevisionsinstanzen, die die Rechtsprechung der Gerichte korrigieren könnten. Eine Urteilsschelte ist daher generell verfehlt. Konzentrieren Sie sich auf die humanitären Besonderheiten des Einzelfalles und bauen Sie eine Brücke für eine individuelle Entscheidung im Wege der Petition.

Natürlich sind auch Petitionen für ganze Personengruppen möglich und manchmal sinnvoll - etwa dann, wenn ein Abschiebestopp nach § 60a AufenthG aufgehoben werden soll und konkrete Gefahren weiterhin vorhanden sind. In diesem Beispiels-Fall kann gefordert werden, dass die Landesregierung die Auffassung des Petenten übernimmt und in die Innenministerkonferenz hineinträgt.

Nach meinem Rechtsverständnis der Petition als außerjustizielle Maßnahme sollte sie im Regelfall nicht vom Anwalt eingereicht werden, sondern vom Flüchtling selbst oder von Personen bzw. Gruppen, die ihm nahe stehen und ihm helfen wollen. Stets muss eine Petition gut dokumentiert sein, also den gesamten Sachverhalt schildern und durch Beifügung der wesentlichen Unterlagen belegt sein. Die Petition sollte grundsätzlich die getroffene gerichtliche Entscheidung akzeptieren und den Blick auf Besonderheiten des Falles lenken, die vom Gericht nicht berücksichtigt wurden. Wenn es aber Gerechtigkeitsdefizite gibt, etwa dergestalt, dass andere Gerichte in ständiger Rechtsprechung bei vergleichbaren Fallkonstellationen ein Asylrecht zubilligen und eine Gefährdung infolge dessen keineswegs ausgeschlossen erscheint, halte ich es für sachgerecht, durch eine Petition darauf aufmerksam zu machen. Vor dem Hintergrund unserer Geschichte geht es nicht an, sich hinter einer formell ordnungsgemäß zustande gekommenen Entscheidung zu verstecken, wenn es um Menschenleben geht.

Oft halten sich die Länderparlamente nicht für zuständig und behaupten eine generelle Zuständigkeit des Bundes, weil nach Asylantragstellung auch Abschiebungshindernisse vom Bundesamt geprüft werden. Dies halte ich für eine Flucht aus der eigenen Verantwortung. Nach ständiger Rechtsprechung hat jede mit einer Abschiebung befasste Behörde eigenständig und jederzeit (inzident) zu prüfen, ob eine Abschiebung eine Gefährdung an Leib und Leben nach sich zieht. Besteht diese Gefahr, darf das Ausländeramt, und dieses ist eine Landesbehörde, auch wenn es nur noch reines Vollzugsorgan ist, aufgrund der eigenen Grundrechtsbindung nicht abschieben. Die Vollzugsbehörde hat nicht nur das Recht, sondern die Pflicht, sich bei einer solchen Fallkonstellation zu weigern, an der möglichen menschenrechtswidrigen Behandlung durch den Vollzug einer Bundesentscheidung mitzuwirken. Dementsprechend sind auch die Länder-Petitionsausschüsse prinzipiell zuständig – zumindest insoweit, dass sie für eine vorläufige Aussetzung des Vollzugs sorgen, bis das evtl. zuständige Bundesamt entschieden hat.

Für sog. inlandsbezogene Abschiebungshindernisse sind die Landesparlamente autonom zuständig, können sich also nicht hinter dem Bund verschanzen.

Die Grenze zwischen auslandsbezogenen und inlandsbezogenen Abschiebungshindernissen ist fließend. Der Schutz der Ehe und Familie – konkret wird dies meist eine drohende Trennung von Familienangehörigen sein – wird typischerweise als inlandsbezogenes Abschiebungshindernis definiert. Auch eine Krankheit kann ein inlandsbezogenes Abschiebungshindernis darstellen. Nach herkömmlicher Dogmatik wird die ungenügende Behandlungsmöglichkeit im Ausland als auslandsbezogen definiert, so dass das BAMF zuständig ist. Dies ist oft fragwürdig: Es ist nicht recht einzusehen, warum man bei einer schweren Krankheit auf die Unmöglichkeit der Behandlung im Herkunftsstaat abstellt (= auslandsbezogen) und nicht (zumindest auch) darauf, dass der Abbruch einer laufenden Behandlung in Deutschland (= inlandsbezogen) zu einer Verschlimmerung führt. Hier gibt es jedenfalls Raum für eine Argumentation, insbesondere dann, wenn noch weitere, psychologische Faktoren die Anwesenheit im Bundesgebiet erfordern, etwa die Betreuung durch hier lebende Angehörige oder Freunde.

Ähnlich ist die Lage bei unbegleiteten Minderjährigen, Folteropfern und anderen traumatisierten Personen oder Menschen, die schwere sexuelle Demütigungen erfahren haben. Man kann auf der einen Seite, wie die herrschende Meinung, darauf abstellen, dass der Minderjährige im Herkunftsstaat keine adäquate Betreuung erhält oder die Traumata bei einer Konfrontation mit der Situation im Herkunftsstaat wieder aufbrechen (= auslandsbezogen), andererseits aber auch auf die soziale Einbindung, Betreuung und damit die Heilung der Folgen der Flucht und der Traumata im Inland (= inlandsbezogen), die eine weitere Anwesenheit im Bundesgebiet erfordern. Da es sich bei Petitionen nicht um Rechtsmittel handelt, sondern letztlich um einen Gnadenakt, sollte man sich von der asylrechtlichen Dogmatik nicht allzu sehr fesseln lassen. Man sollte sie allerdings im Kopf haben, damit den Parlamentariern durch einen kurzen Hinweis dargelegt werden kann, dass auch sie zu einer Entscheidung berufen sind und die Verantwortung nicht an das Bundesamt oder den Petitionsausschuss des Deutschen Bundestages delegieren sollten.

Der Petitionsausschuss des Bundestages ist dann unmittelbar zuständig, wenn es um die Entscheidung des Bundesamtes selbst geht. Vor allem dann, wenn Verfahrensfehler vorliegen, also die Anhörung nicht ordnungsgemäß durchgeführt worden ist oder gar nicht stattfand, weil z. B. der Flüchtling aus entschuldbaren Gründen hiervon keine Kenntnis hatte und eine gerichtliche Überprüfung nicht stattfand, macht eine Petition zum Bundestag Sinn. Wenn jedoch die Entscheidung des Bundesamtes von den Gerichten überprüft wurde – wie meist – versteckt sich auch dieser Ausschuss gern hinter dem Argument, der Respekt vor der Unabhängigkeit der Dritten Gewalt verbiete es dem Parlament, die gerichtliche Entscheidung abzuändern. In Einzelfällen gab es in der Vergangenheit aber durchaus Empfehlungen des Petitionsausschusses, das BAMF möge den einen oder anderen Aspekt nochmals prüfen.

Auch wenn es darum geht, eine Überstellung in einen Dublin-III-Staat zu verhindern bzw. zu erreichen, dass Deutschland von seinem Selbsteintrittsrecht Gebrauch macht, ist eine Petition ein geeignetes Mittel, allerdings mehr in der Theorie als in der Praxis. Denn die kurzen Fristen im Dublin-III-Verfahren einerseits und die generelle Praxis, bei Petitionen von einer Überstellung im Regelfall nicht abzusehen, haben dazu geführt, dass der Petitionsausschuss in Dublin-III-Fällen nur selten hilfreich ist. Gleichwohl meine ich, dass man sich nicht scheuen sollte, das Instrument der Petition einzusetzen. Das Dublin-III-System ist ein unsinniges und menschenverachtendes System (weil die Menschen als Objekt behandelt werden). Es muss auf allen Ebenen angeprangert werden. Nur dann, wenn auch die Parlamentarier in ihrer täglichen Praxis (mittelbar) erfahren, zu welchen unbilligen Ergebnissen dieses Instrument führt, werden sie zu Änderungen bereit sein. Da Deutschland die Nation ist, die am wenigsten zu einer Reform des Dublin-III-Systems bereit ist, gilt es hier in besonderem Maße Druck zu machen auf die Entscheidungsträger. Dies ist zwar unmittelbar die Bundesregierung, doch kann natürlich ein parlamentarischer Ausschuss mehr bewirken als viele Proteste von PRO ASYL und anderen. Auch Dublin-III-Probleme sollten deshalb an den Petitionsausschuss herangetragen werden, selbst wenn ein kurzfristiger Erfolg eher unwahrscheinlich ist.

Wenn Sie eine Petition eingereicht haben, suchen Sie den Kontakt, am besten in Form eines persönlichen Gesprächs, zu den Abgeordneten des Petitionsausschusses. Werben Sie Unterstützer – je mehr das Anliegen mittragen, desto besser! Auch Presse kann nicht schaden.

Generell darf man auf Petitionen keine allzu große Hoffnung setzen. Sie besänftigen das Gewissen der gutwilligen Helfer, bekräftigen das Selbstbewusstsein der Parlamentarier, aber helfen kaum den Flüchtlingen. Dies vor allem deshalb, weil sie keine aufschiebende Wirkung entfalten und die frühere Praxis, aus Respekt vor dem Parlament eine Entscheidung abzuwarten, in den meisten Bundesländern kaum mehr üblich ist.

Gleichwohl sollte man bei geeigneten Fällen, also solchen, bei denen ein Gerechtigkeitsdefizit offenkundig oder das Ergebnis unerträglich ist, nicht zögern, das Mittel der Petitionen einzusetzen. Auch wenn es dem Flüchtling nicht hilft, tragen solche Eingaben dazu bei, den Parlamentariern klarzumachen, dass trotz eines förmlichen Anhörungsverfahrens und des Rechtsschutzsystems Fehler vorkommen, die manchmal unerträgliche Folgen haben. Selbst wenn im konkreten Fall nicht geholfen wird, wird die Bereitschaft gefördert, beim nächsten Fall eine Lücke zu finden, und die Erkenntnis, dass eine gesetzliche Änderung dringend erforderlich ist, um bei Härtefällen wirksam helfen zu können. Den Parlamentariern, die ja so nah nicht an der asylrechtlichen Problematik dran sind wie die ehrenamtlichen Helfer, wird das Problem so jedenfalls in der konkreten Ausprägung nahegebracht. Sie können sich nicht darauf hinausreden, sie hätten von den Problemen vor Ort nichts gewusst.

▶ Tipp

1. Prüfen Sie, bevor Sie eine Petition einreichen, ob nicht ein Härtefallantrag gem. § 23a AufenthG sinnvoller ist.

2. Werben Sie Unterstützer – je mehr das Anliegen mittragen, desto besser!

3. Suchen Sie den persönlichen Kontakt zu den Abgeordneten des Petitionsausschusses!

4. Entlassen Sie die Länder-Petitionsausschüsse nicht aus der Verpflichtung darauf zu achten, dass Landesbehörden nicht an einer menschenrechtswidrigen Behandlung mitwirken – etwa durch einen „blinden Vollzug" der Entscheidungen von Bundesbehörden.

J Kirchenasyl

In den letzten Jahren hat die Zahl der Kirchenasylfälle wieder zugenommen. Hierfür gibt es zwei Gründe. Der erste liegt in der steigenden Zahl der Asylsuchenden, die dazu geführt hat, dass viele Flüchtlinge wieder dezentral untergebracht werden müssen. Sie sind auf die Gemeinden verteilt und leben dort in alten Gasthäusern, Pensionen oder auch Containersiedlungen. Die Einheimischen haben auf diesen Zuzug überwiegend nicht mit Protest reagiert, sondern mit Verständnis. Der Krieg in Afghanistan, Syrien, Somalia, Sudan oder allen Ecken und Enden dieser Erde, der über Fernsehen und Internet in die Wohnstuben übertragen wird, hat zu Verständnis für die hiervon betroffenen Menschen geführt. Spontan haben sich an vielen Orten Unterstützergruppen gebildet, deren Mitarbeiter durch die Verankerung in Kirchengemeinden und Vereinen teilweise ein breites Unterstützernetz flechten konnten. Die Helfer organisieren nicht nur Möbel und Fahrgemeinschaften oder Sprachkurse, sondern entwickeln auch persönliche Beziehungen zu den Flüchtlingen. Wenn diese dann das Land verlassen sollen, regt sich Protest, der bis zum zivilen Ungehorsam reicht.

Der zweite Grund ist der Rigorismus des Dublin-III-Systems. Die Unterstützer verstehen es nicht, dass Menschen, die über Monate unter menschenunwürdigen Bedingungen auf der Flucht waren und jetzt in Deutschland mit ihrer Hilfe aufatmen und zur Ruhe kommen können, nun in ein Transitland zurückgeschickt werden sollen, in dem sie zuvor nicht willkommen waren. Es empört die Unterstützer, wenn sie hören, dass Schutzsuchende etwa nach Ungarn oder Bulgarien, Malta oder Italien oder gar Zypern und Griechenland zurückgeschickt werden sollen, wo die Aufnahmebedingungen teils unakzeptabel waren. Auch dass sich Deutschland nicht für die Fluchtgründe interessiert, befremdet die Mitbürger zu Recht.

Diese beiden Aspekte, zum einen die lebendige Erfahrung der Flüchtlinge als Menschen, als Nachbarn, als Freunde und die Erfahrung eines bürokratischen Systems, das die Menschen nicht einmal hören will, sondern nur auf abstrakte Zuständigkeitskriterien abstellt, hat nach meiner Einschätzung zum Wiedererstarken des Kirchenasyls geführt.

J Kirchenasyl

Unter dem schillernden Begriff des Kirchenasyls werden Fälle der Schutzgewährung durch Kirchengemeinden, durch kirchliche Gruppen, aber auch durch Asylinitiativen oder Individuen zusammengefasst, bei welchem den betroffenen Flüchtlingen der „Schutz" in einem kirchlichen Raum gewährt wird. Die Menschen werden in einem Pfarrheim, in einem kirchlichen Gemeinderaum oder notfalls auch in einer Kirche untergebracht und dann dort betreut. Der Begriff des Kirchenasyls ist kein justizieller. Weder kennt das kirchliche Recht ein institutionalisiertes, eigenes Asyl noch akzeptiert der Staat das Kirchenasyl als Akt der kirchlichen Autonomie. Im Gegenteil: Der Staat bestreitet ein individuelles Recht auf Schutzgewährung (sowohl seitens der Kirchengemeinden als auch einzelner Mitglieder oder Individuen. Kirchenasyl ist ein Akt des zivilen Ungehorsams. Er findet seine Rechtfertigung aus einer Gewissens- oder Glaubensentscheidung. Wer es unternimmt (als Kirchengemeinde oder als Einzelner), Flüchtlinge vor der Abschiebung zu schützen und dem staatlichen Zugriff zu entziehen, ist bewusst ungehorsam. Er macht sich unter Umständen strafbar. Die Auffassung, Kirchenasyl finde seine staatliche Rechtfertigung in der Freiheit des Gewissens oder der Religionsausübung und einer Nothilfe für den Schutz des Lebens und der körperlichen Unversehrtheit, ist eine Mindermeinung geblieben und wird vor staatlichen Institutionen kaum durchgesetzt werden können. Ob derjenige, der am Kirchenasyl mitwirkt, auf der Grundlage dieser herrschenden Meinung dann bestraft werden kann, ist eine Frage des Einzelfalls. Dies sollte allen klar sein, die am Kirchenasyl mitwirken: Sie riskieren eine Strafe, auch wenn sie unter Umständen auf Milde hoffen können.

Schon hieraus ergibt sich, dass Kirchenasyl das letzte eingesetzte Mittel sein muss. Vorher sind alle staatlichen, nicht nur rechtlichen Wege mit Phantasie und Zähigkeit zu beschreiten.

Gemeinden, die Kirchenasyl gewähren, müssen auch eine klare, illusionslose Zielvorstellung haben. Im Regelfall wird es nicht möglich sein, den Staat durch Kirchenasyl zu einer asylrechtlichen Schutzgewährung, also der Gewährung von Flüchtlingsschutz, zu zwingen. Realistisch ist allenfalls die Hoffnung auf ein Wiederaufgreifen des Falles und damit die Durchführung eines Folgeverfahrens evtl. mit dem Ergebnis eines humanitären Schutzes, unter Umständen darauf, dem Flüchtling Zeit für eine geordnete Ausreise oder die Organisation einer anderweitigen Lösung zu verschaffen. Die Fälle der „Lampedusa"- und „Libyen-Flüchtlinge" haben eine weitere Funktion zutage treten lassen, nämlich die Isolierung des Einzelnen zu durchbrechen und aufzuzeigen, dass systemische Mängel des europäische Systems existieren, unter denen ganze Gruppen von Flüchtlingen leiden. Dies ruft nach politischen Lösungen!

In der Praxis haben sich zwei Formen des Kirchenasyls herausgebildet. Einmal das sog. ‚offene Kirchenasyl' und das ‚verdeckte'. Beim offenen Kirchenasyl wird den Behörden der Aufenthalt der Flüchtlinge im kirchlichen Schutzraum mitgeteilt. Die Behörden hätten damit die Gelegenheit, die Ausreiseaufforderung und Abschiebungs- oder Überstellungsandrohung durchzusetzen. Machen sie hiervon keinen Gebrauch, können für den Flüchtling positive Effekte eintreten, wie etwa der Zuständigkeitsübergang bei der Dublin-III-Regelung, aber auch negative, nämlich der des „Aushungerns". Diese Strategie scheint das BAMF jetzt bei den Dublin-III-Fällen zu verfolgen, weil es zunehmend argumentiert, selbst bei einem offenen Kirchenasyl sei der Betroffene „flüchtig", weshalb sich die Überstellungsfrist auf 18 Monate verlängere. Ein so lange andauerndes Kirchenasyl ist nicht nur für die Flüchtlinge, sondern auch für die Helfer eine enorme, nicht nur psychische Belastung. Denn irgendwann erträgt es auch der langmütigste Flüchtling nicht mehr, den kirchlichen Raum nicht verlassen zu können, nicht in die Schule gehen zu können, nicht arbeiten zu dürfen und selbst bei einem Arztbesuch Angst haben zu müssen. Diese Konsequenzen sollten beide Seiten veranlassen, das Gespräch zu suchen, um eine humanitäre Lösung zu finden. Ob sich die Strategie des BAMF, bei Dublin-III-Fällen von einem „Untertauchen" auszugehen, durchsetzen wird und ob hiergegen wirksame Gegenmittel entwickelt werden, wird die Zeit zeigen.

Beim verdeckten Kirchenasyl geht es darum, den Flüchtling dem staatlichen Zugriff zu entziehen, ihn „zu verstecken". Bei einer Dublin-III-Konstellation hat dies zwangsläufig die Konsequenz, dass die Überstellungsfrist auf 18 Monate verlängert wird (Art. 29 II 2 2. Hs. Dublin-III-VO), so dass ein verdecktes Kirchenasyl bei Dublin-III-Fällen fragwürdig erscheint. Auch ansonsten macht das verdeckte Kirchenasyl nur Sinn, wenn man Zeit braucht (die vom Staat nicht mehr gegeben wird), um eine Lösung zu erarbeiten, die dann auch konkret vorgewiesen werden kann.

Auch wenn Kirchenasyl keine Patentlösungen bietet und immer eine Ausnahme sein wird, führte es in ca. 4/5 der Fälle zu einer Lösung.

Wenn Sie in der Situation stehen, Kirchenasyl zu überlegen, sollten Sie sich gründlich informieren. Sie sollten unbedingt auch Kontakt aufnehmen mit der Bundesarbeitsgemeinschaft „Asyl in der Kirche" oder einer ihrer Gliederungen.

▶ Tipp

1. Ein Kirchenasyl ist nur sinnvoll, wenn es eine Perspektive gibt. Diese kann in einem Asylverfahren in Deutschland, einem Asylfolgeverfahren, der Erteilung einer Duldung oder Aufenthaltserlaubnis, einem Petitions- oder Härtefallantrag oder auch einer Weiterwanderung in einen Drittstaat, gegebenenfalls auch in einer geordneten Rückführung bestehen.

2. Beschließt eine Kirchengemeinde Kirchenasyl, müssen sich die handelnden Personen der Konsequenzen klar sein:

- Es können gegen die Unterstützer Strafverfahren eingeleitet werden.
- Es wird behördlicher Druck aufgebaut.
- Für die Flüchtlinge ist Kirchenasyl eine große psychische Belastung, da sie weitgehend und unter Umständen längere Zeit von Außenkontakten abgeschnitten und isoliert sind. Sie müssen deshalb betreut werden.
- Die Versorgung und Betreuung der Flüchtlinge macht viel Arbeit und muss kontinuierlich geleistet werden.
- Auch in der Kirchengemeinde können Spannungen auftreten – insbesondere wenn das Kirchenasyl sich länger hinzieht als erwartet.
- Beim offenen Kirchenasyl sind sofort nach Beginn die zuständigen Behörden (Ausländeramt und BAMF) zu unterrichten und die Adresse ist mitzuteilen. Es sollte Kontakt aufgenommen werden zur Bundesarbeitsgemeinschaft „Asyl in der Kirche" bzw. Länder-Kirchenasylnetzen.
- Eine Betreuung durch einen Rechtsanwalt ist empfehlenswert.

K Endlich anerkannt!

Die Überschrift täuscht, weil ja nicht nur die Anerkennung als Asylberechtigter, sondern auch die anderen Entscheidungen des BAMF das Asylverfahren zum Abschluss bringen. Welche Rechte die Flüchtlinge dann jeweils haben, will dieses Kapitel erläutern.

Der Abschluss des Asylverfahrens wird durch eine Abschlussmitteilung/Bestandskraftmitteilung des BAMF dokumentiert. Diese wird erstellt, wenn feststeht, dass gegen die Entscheidung kein Rechtsmittel mehr möglich ist. Wurde dem Antrag insgesamt stattgegeben, also das Asylrecht und die Flüchtlingseigenschaft zuerkannt, wird die Abschlussmitteilung zusammen mit der Entscheidung zugestellt. Wurde dem Antrag nur teilweise stattgegeben, ist die Lage komplizierter, da ja noch nicht klar ist, ob sich der Flüchtling mit der positiven Teil-Entscheidung zufrieden gibt. Denkbar ist beispielsweise, dass das Asylrecht abgelehnt wurde, aber die Flüchtlingseigenschaft nach § 3 AsylVfG festgestellt wurde. Möglich ist auch, dass der Flüchtlingsschutz insgesamt verweigert wurde (also der Asylantrag und Antrag auf Zuerkennung der Flüchtlingseigenschaft negativ beschieden wurden), dass aber internationaler subsidiärer Schutz nach § 4 AsylVfG zugebilligt wurde. In diesen Fällen ergeht regelmäßig eine Teil-Abschlussmitteilung der schon bestandskräftigen Entscheidung. Üblicherweise schreibt das BAMF auch in den Bescheid selbst hinein, dass ein Teil schon bestandskräftig geworden ist. Dies soll dazu dienen, dass der Flüchtling die Rechtsposition, die er schon hat, auch wahrnehmen kann. Oft aber zögern die Ausländerbehörden, dies umzusetzen und beharren darauf, dass zusätzlich eine Teil-Abschlussmitteilung durch das BAMF erteilt wird. In diesen Fällen ist zu raten, eine solche Teil-Abschlussmitteilung zu erbitten, auch wenn im übrigen Klage eingereicht wird. Wird von der Ausländerbehörde eine Teil-Bestandskraftmitteilung verlangt, bevor eine Aufenthaltserlaubnis ausgestellt wird, kann es manchmal erforderlich sein, einen Antrag auf Erlass einer einstweiligen Anordnung gemäß § 123 VwGO auf Ausstellung einer Teil-Abschlussmitteilung beim zuständigen Verwaltungsgericht einzureichen. Meist aber reicht schon die Drohung mit einem solchen Antrag, um diese zu erhalten.

Im Falle der Zuerkennung der Flüchtlingseigenschaft oder des subsidiären Schutzes gemäß § 4 AsylVfG hat der Flüchtling einen Rechtsanspruch auf eine Aufenthaltserlaubnis, auch wenn er noch um die Asylberechtigung oder die Flüchtlingseigenschaft (wenn nur subsidiärer Schutz zuerkannt wurde) streitet. Dies ergibt sich aus der Qualifikations-Richtlinie, die dem Flüchtling einen Aufenthaltstitel „sobald wie möglich" (Art. 24 I Qualifikations-Richtlinie) verspricht. Nicht alle Ausländerbehörden wissen oder beachten dies. Sie müssen darauf bestehen und notfalls gerichtliche Hilfe androhen oder durchsetzen (gegebenenfalls im Wege eines Antrags auf Erlass einer einstweiligen Anordnung gemäß § 123 VwGO). Anders ist die Rechtslage dann, wenn der Flüchtling nur nationalen subsidiären Schutz gemäß § 60 V oder VII 1 AufenthG erhalten hat und noch Flüchtlingsschutz (gemäß §§ 3 oder 4 AsylVfG) oder die Asylanerkennung beansprucht. Dies ergibt sich aus § 10 I AufenthG, der bestimmt, dass einem Ausländer, der einen Asylantrag gestellt hat, vor dem bestandskräftigen Abschluss des Asylverfahrens ein Aufenthaltstitel außer in Fällen des gesetzlichen Anspruchs nur mit Zustimmung der obersten Landesbehörde und nur dann erteilt werden darf, wenn wichtige Interessen der Bundesrepublik Deutschland dies erfordern.

Ein Anspruch in diesem Sinne soll nach der herrschenden Meinung ein unbedingter Rechtsanspruch sein, wie er beispielsweise bei einer Deutschverheiratung vorliegt, nicht aber schon dann, wenn das Ermessen auf Erteilung einer Aufenthaltserlaubnis (z. B. wegen der Zubilligung des Abschiebungsschutzes) auf null reduziert ist. Die andere Ausnahme, nämlich die Zustimmung der obersten Landesbehörde, wird sehr restriktiv gehandhabt. In der Praxis ist damit der Flüchtling in einer Zwickmühle. Er hat die Wahl, um sein Recht auf Asyl oder internationalen Schutz zu streiten und weiterhin im Status der Aufenthaltsgestattung zu leben oder darauf zu verzichten, damit er eine Aufenthaltserlaubnis nach § 25 III AufenthG erhält. Da sich ein Rechtsstreit über Jahre hinziehen kann, ist guter Rat teuer. Es gilt in diesem Fall, kritisch zu überlegen, wie hoch einerseits die Chancen einer Klage sind und wie schwer andererseits die Nachteile für den Flüchtling wiegen, der weiterhin im Asylbewerberstatus bleiben muss. Da die Aufenthaltserlaubnis nach § 25 III AufenthG insbesondere im sozialen Bereich Nachteile mit sich bringt (z. B.

Kindergeld, Erziehungsgeld, Asylbewerberleistungsgesetz), hängt der Rat von der individuellen Situation des Betroffenen ab. Einem alleinstehenden jungen Mann wird man beispielsweise dann, wenn es gute Chancen gibt, Flüchtlingsschutz zu erhalten, leichter raten können, um sein Recht zu kämpfen, als einer Familie mit Kindern, weil vielleicht das Sicherheits- und Ruhebedürfnis wichtiger als eine Statusverbesserung ist. Dass das deutsche Recht eine solche Zwangslage vorsieht, ist ebenso schlimm wie typisch.

Nicht selten ist die Konstellation, dass trotz vollständiger Ablehnung der Schutzanträge Abschiebungen nicht vorgenommen werden. Der Flüchtling hat in diesem Fall dann einen Rechtsanspruch auf Ausstellung einer Duldung, die, wenn nicht zu erwarten ist, dass sich die Situation in absehbarer Zeit verändert, früher oder später dazu führen müsste, dass eine Aufenthaltserlaubnis erteilt wird. Dauerduldungen will das Gesetz verhindern. Auch wenn dies bislang von der Verwaltungspraxis weitgehend ignoriert wurde, hat sich allmählich eine gewisse Sensibilisierung herausgebildet. Wenn die Abschiebung in ein Land über längere Zeit unmöglich war und der Flüchtling bereits integriert ist, insbesondere arbeitet, wird gelegentlich trotz des negativen BAMF-Bescheids eine Aufenthalterlaubnis nach § 25 V AufenthG erteilt. Auch ist zu hoffen, dass künftig Bleiberechtsregelungen zu einer Verbesserung führen. Gegenwärtig befinden sie sich im Gesetzgebungsverfahren. Unter Umständen kann es daher ratsam sein, die negative Entscheidung zu akzeptieren, um zunächst eine Duldung und dann später einen Aufenthaltstitel zu bekommen, weil der Flüchtling anderenfalls noch – möglicherweise über Jahre – mit den Restriktionen der Aufenthaltsgestattung leben muss.

Wie Sie sehen, kann die Rechtslage kompliziert sein. Hüten Sie sich deshalb vor vorschnellen Festlegungen. Andererseits: Eine Klage kann man jederzeit zurücknehmen. Wenn Sie nicht wissen, was für den Flüchtling das Beste ist, kann es nicht schaden, zunächst zur Fristwahrung Klage einzureichen und nach Einholung fachkundigen Rates erst die endgültige Entscheidung zu treffen. Ist die Frist erst versäumt, ist dies unabänderlich, während umgekehrt die Verzögerung der Bestandskraft und die Erteilung einer Aufenthaltserlaubnis um zwei oder drei Wochen nicht allzu schwerwiegend ist.

I. Aufenthaltsrechtliche Situation

Die aufenthaltsrechtliche Situation hängt davon ab, welchen Status der Schutzsuchende bekommen hat. Die Situation derer, die als Flüchtlinge im Sinne der GFK anerkannt wurden, unterscheidet sich grundlegend von der jener, die nur einen subsidiären Schutz erhalten haben. Schlecht ist die Situation jener, denen ein Schutzstatus verwehrt wurde.

1. Asylberechtigte und Flüchtlinge im Sinne der GFK

Das Zuwanderungsgesetz hat 2005 die Rechtsstellung von Flüchtlingen im Sinne der GFK und Asylberechtigten weitgehend angeglichen. Während früher Asylberechtigte sofort eine unbefristete Aufenthaltserlaubnis (nach altem Recht) erhalten haben, erhalten sie nunmehr ebenso wie Flüchtlinge im Sinne der GFK (gemäß § 3 AsylVfG) nur eine auf drei Jahre befristete Aufenthaltserlaubnis gemäß § 25 I AufenthG (Asylberechtigte) bzw. § 25 II 1 1. Alt. AufenthG (Flüchtlinge nach der GFK). Dies gilt nicht, wenn der Ausländer aus schwerwiegenden Gründen der öffentlichen Sicherheit und Ordnung ausgewiesen wurde.

Nach drei Jahren haben sie einen Rechtsanspruch auf Erteilung einer Niederlassungserlaubnis, wenn das BAMF mitgeteilt hat, dass die Voraussetzungen für einen Widerruf oder eine Rücknahme nicht vorliegen (§ 26 III AufenthG). Das BAMF hat also zum Ablauf der 3-Jahres-Frist zu überprüfen, ob sich die Situation so grundlegend geändert hat, dass der zugebilligte Status nicht mehr gerechtfertigt ist. Verneint es dies, dann besteht – nach drei Jahren – ein Rechtsanspruch auf Erteilung einer Niederlassungserlaubnis.

2. Zubilligung von internationalem subsidiären Schutz gemäß § 4 AsylVfG

Hat das BAMF subsidiären Schutz gemäß § 4 AsylVfG gewährt, hat der Flüchtling einen Rechtsanspruch auf Erteilung einer Aufenthaltserlaubnis nach § 25 II 1 2. Alt. AufenthG. Ausgeschlossen ist dies auch hier, wenn der Ausländer aus schwerwiegenden Gründen der öffentlichen Sicherheit und Ordnung ausgewiesen worden ist.

Eine Niederlassungserlaubnis gibt es in diesem Fall nach § 26 IV AufenthG. Hierbei handelt es sich jedoch nicht um einen Rechtsanspruch, sondern um eine Ermessensentscheidung. Voraussetzung ist der 7-jährige Besitz einer Aufenthaltserlaubnis aus humanitären Gründen und das Vorliegen der Voraussetzungen von § 9 II 1 Nr. 2 - 9 AufenthG (mit den dort vorgesehenen Ausnahmen). Die Zeiten des Asylverfahrens werden angerechnet.

Für Kinder, die vor Vollendung des 18. Lebensjahrs nach Deutschland eingereist sind, gilt § 35 AufenthG entsprechend. Sie können bereits nach 5-jährigem Besitz einer Aufenthaltserlaubnis und den dort normierten Voraussetzungen eine Niederlassungserlaubnis erhalten. Ebenso ist die Erteilung einer Erlaubnis zm Daueraufenthalt-EU gem. §§ 9a-9c AufenthG möglich.

3. Nationaler subsidiärer Schutz gemäß § 60 V und VII 1 AufenthG

Personen, bei denen Abschiebungsverbote nach §§ 60 V oder/und VII 1 AufenthG festgestellt wurden, sollen nach § 25 III AufenthG eine Aufenthaltserlaubnis erhalten. Dies bedeutet, dass im Regelfall eine Aufenthaltserlaubnis zu erteilen ist. Nur ausnahmsweise darf eine solche versagt werden, etwa dann, wenn sich zwischen der Entscheidung des BAMF und der Ausstellung der Aufenthaltserlaubnis die Rechtslage grundlegend geändert hat, also beispielsweise durch eine Revolution im Herkunftsstaat die Entscheidung offenkundig unzutreffend ist oder das BAMF ein Widerrufsverfahren eingeleitet hat. Weitere Ausnahmefälle benennt das Gesetz in Satz 2 von § 25 III AufenthG. Dann nämlich, wenn die Ausreise in einen anderen Staat möglich oder zumutbar ist – was selten der Fall sein wird, weil ein Drittstaat kaum bereit ist, jemandem die Einreise zu gestatten – oder der Betroffene wiederholt oder gröblich gegen Mitwirkungspflichten verstoßen hat, die eine Ausreise ermöglicht hätten, darf die Aufenthaltserlaubnis verweigert werden. Gleiches gilt dann, wenn schwerwiegende Gründe die Annahme rechtfertigen, dass der Ausländer ein Verbrechen gegen den Frieden, ein Kriegsverbrechen oder ein Verbrechen gegen die Menschlichkeit begangen hat, eine Straftat von erheblicher Bedeutung, oder er eine Gefahr für die Allgemeinheit oder Sicherheit der Bundesrepublik

Deutschland darstellt oder er Handlungen begangen hat, die den Zielen und Grundsätzen der Vereinten Nationen zuwiderlaufen. Greift eine dieser Klauseln ein, wird die Aufenthaltserlaubnis versagt; der Betreffende ist auf den Duldungsstatus verwiesen.

4. Duldung

Diese Personen und die, die nach § 25 I 2 AufenthG und § 25 II 2 AufenthG wegen einer vorangegangenen Ausweisung keinen Aufenthaltstitel erhalten können, und jene, die aufgrund einer negativen Entscheidung des BAMF vollziehbar ausreisepflichtig sind, aber nicht abgeschoben werden können, haben einen Rechtsanspruch auf Ausstellung einer Duldung nach § 60a AufenthG. Eine solche Duldung ist kein Aufenthaltstitel, sondern nur eine förmliche Bescheinigung, dass der Ausländer derzeit nicht abgeschoben werden kann. Gleichwohl sollte auf der Ausstellung einer solchen Duldung bestanden werden, wenn sie (was manche Ausländerbehörden nach wie vor tun) nicht ausgestellt wird. Denn ohne Duldung hat der Betroffene jede Menge Probleme bei Polizeikontrollen, bis hin zur Einleitung von Strafverfahren. Eine Grenzübertrittsbescheinigung, die manche Ausländerbehörden in derartigen Fällen ausstellen, ist nur dann akzeptabel, wenn eine Abschiebung konkret, das heißt, in absehbarer Zeit, bevorsteht. Ist dies, wie meist, nicht der Fall, ist eine Duldung auszustellen!

Der Gesetzgeber hat nicht vorgesehen, dass man aus der Duldung in einen Aufenthaltstitel hineinwächst, wenn man nur lange genug geduldet wird. Dies ist der Grund für die sog. Ketten- oder Dauer-Duldungen. Ausnahmen davon gibt es jedoch in der Praxis durchaus: Wenn die Duldung z. B. wegen Reiseunfähigkeit erteilt wird und dieser Zustand über einen längeren Zeitraum anhält oder andere unverschuldete Ereignisse auf Dauer die Ausreise verhindern, kann eine Aufenthaltserlaubnis nach § 25 V AufenthG erteilt werden. Auch Härtefall- oder Bleiberechtsregelungen wie sie es in der Vergangenheit auf der Basis von Beschlüssen der Innenministerkonferenz, §§ 104a oder b AufenthG gab und sie nun in §§ 25a AufenthG enthalten sind und hoffentlich bald auch in einer - von der Großen Koalition versprochenen -, rollierenden Altfallregelung, können den Weg aus einer Duldung in einen regulären Aufenthalt weisen. Bei erheblichen Straftaten oder dann, wenn die Abschiebung aufgrund falscher

Angaben oder Täuschungen über die Identität oder Staatsangehörigkeit oder wegen fehlender Mitwirkungshandlungen nicht möglich war, ist ein solcher Übergang in die Normalität meist ausgeschlossen.

II. Reiseausweise nach der GFK

1. Reiseausweise nach der GFK

Wer als Asylberechtigter oder Flüchtling gemäß § 3 AsylVfG anerkannt wurde, hat einen Rechtsanspruch auf Ausstellung eines Reisepasses nach der GFK. Dieser Anspruch besteht auch dann, wenn der Flüchtling mit seinem Heimatpass eingereist ist. Regelmäßig verlangt dann die Ausländerbehörde die Hinterlegung des Passes. Tut sie dies nicht, ist der Flüchtling dennoch gut beraten, wenn er seinen Heimatpass nicht benutzt und vor allem nicht verlängern lässt oder sich gar einen neuen Pass vom Verfolgerstat beschafft. Denn solche Handlungen können gemäß § 72 AsylVfG als Grund für das Erlöschen des Status angesehen werden, mit der Folge, dass die ganze Mühe umsonst war. Dr Flüchtlingspass gilt für alle Länder mit Ausnahme des Verfolgerstaaes . Der elektronische Aufenthaltstitel verweist hierauf.

2. Passbeschaffung bei subsidiärem Schutz.

Wurde der Schutzsuchende nicht als Flüchtling anerkannt, ist er verpflichtet, sich einen Heimatpass zu beschaffen. Dies gilt auch dann, wenn er subsidiären Schutz nach § 4 AsylVfG oder § 60 V oder VII 1 AufenthG erhalten hat. Dies zu betonen ist wichtig, da die meisten der hiervon Betroffenen aus nachvollziehbaren Gründen zögern, sich an ihre Heimatbotschaften und -konsulate zum Zweck einer Passausstellung zu wenden. Denn sie sehen sich ja als von ihrem Staat verfolgt, wenn auch nicht aus asylrelevanten Gründen.

In Einzelfällen hat die Rechtsprechung deshalb auch die Weigerung, sich einen Heimatpass zu besorgen, akzeptiert. Die herrschende Meinung allerdings beharrt auf einem Passantrag. Richtigerweise wird man differenzieren müssen: In den Fallkonstellationen, in denen der subsidiäre Schutz auf einer Bürgerkriegslage beruht oder der nationale Schutz wegen gesundheitlichen Problemen zugesprochen wurde, gibt es keinen sachlichen Hinderungsgrund, sich um einen Heimatpass zu kümmern. Wenn aber festgestellt wurde, dass dem Flüchtling eine menschenrechtliche Gefährdung im Sinne von Art. 3 EMRK i. V. m. § 4 AsylVfG oder § 60 V AufenthG droht, unterscheidet sich diese Situation eigentlich nicht von der eines Flüchtlings gemäß §§ 2 oder 3 AsylVfG. Andererseits zeigt die Erfahrung, dass es vielen Heimatbotschaften gleichgültig ist, ob ihr Landsmann einen Schutzanspruch in Deutschland besitzt (oder als Arbeitnehmer oder Familienangehöriger hier lebt). Im Gegensatz hierzu gibt es dann wiederum einige eifrige Auslandsvertretungen, die alles in die Heimat melden und damit nicht nur den Flüchtling, sondern auch dessen Familienangehörige gefährden. Was also ist zu tun? Da die deutschen Ausländerbehörden regelmäßig darauf beharren, dass ein Heimatpass beschafft wird und anderenfalls die Ausstellung eines Aufenthaltstitels – jedenfalls aber einer Niederlassungserlaubnis – verweigern und der Kampf gegen diese Auffassung zeitraubend und teuer ist, rate ich dazu, sich um einen Pass dann zu bemühen, wenn es keine konkreten Anhaltspunkte dafür gibt, dass die Heimatvertretung diesen Passantrag zum Anlass einer Verfolgung von Familienangehörigen nehmen wird. Hat man diese Sorge – und kann sie aus Parallelfällen oder anhand der deutschen Rechtsprechung belegen –, muss man um die Ausstellung eines Reiseausweises für Ausländer kämpfen. Gibt es hingegen im Regelfall keine Probleme bei der Passausstellung, ist dem Ausländer zu raten, sich den Heimatpass zu beschaffen.

▶ Tipp

Es ist wichtig, demjenigen, der einen subsidiären Schutzanspruch nach § 4 AsylVfG oder § 60 V oder VII 1 AufenthG erhalten hat, zu erklären, dass er sich im Regelfall ohne Sorge um seinen Status an seine Auslandsvertretung mit der Bitte um Ausstellung eines Passes wenden kann, ja sogar muss, damit er eine Aufenthaltserlaubnis erhält, während der Asylberechtigte oder Flüchtling im Sinne von § 3 AsylVfG dies nicht tun darf, da er sonst seinen Status wieder verlieren kann.

3. Passbeschaffung und Ausreisepflicht

Die Personen, die keinen Schutzstatus erhalten haben und damit ausreisepflichtig sind, sind objektiv in einer Zwickmühle. Der Passbesitz ist auf der einen Seite erforderlich, damit sie mehr als eine Duldung erhalten, da der Passbesitz regelmäßig Voraussetzung für die Erteilung einer Aufenthaltserlaubnis ist. Andererseits führt der Besitz eines Passes auch dazu, dass eine Abschiebung möglich wird. Die Behörden unterstellen daher vielen der hier Betroffenen, dass sie, um die Abschiebung zu verhindern, an der Passausstellung nicht mitwirken. Will man dem Flüchtling helfen, muss man sich der Situation stellen. Auch wenn eine Abschiebung droht – konkret oder jedenfalls in absehbarer Zeit –, sollten Sie Ihn objektiv informieren. Sie müssen ihm also klarmachen, dass er – trotz der drohenden Abschiebung – verpflichtet ist, sich einen Pass zu beschaffen und dass er sich widrigenfalls strafbar macht. Andererseits dürfen Sie keine Illusionen schüren, dass, wenn er einen Pass beschafft habe, er mit dem Wohlwollen der Behörden rechnen könne (manche Ausländerbehörden erwecken einen solchen Eindruck) – denn die Behörden sind in diesem Fall verpflichtet, die bestandskräftig verfügte Ausreiseverpflichtung auch durchzusetzen, den Betroffenen also abzuschieben. Den daraus resultierenden Gewissenskonflikt zwischen Gesetzesgehorsam und möglicher Gefährdung kann ich nicht wegdiskutieren. Ihre Pflicht als Helfer ist es, dem Flüchtling seine Lage klarzumachen, denn er hat die Konsequenz zu tragen, die entweder in einer möglichen Gefährdung im Fall einer Abschiebung oder in einer Bestrafung und weiteren ausländerrechtlichen Sanktionen besteht.

III. Freizügigkeit, Auslandsreisen

1. Schutzberechtigte mit Aufenthaltserlaubnis

Mit Erteilung einer Aufenthaltserlaubnis genießt der Betroffene grundsätzlich Freizügigkeit in Deutschland. Er kann sich frei bewegen und auch Auslandsreisen unternehmen.

1.1. Umzug in Deutschland

Mittlerweile ist anerkannt, dass Asylberechtigte und Flüchtlinge gemäß § 3 AsylVfG auch ihren Wohnsitz in Deutschland verlegen können. Die Wohnsitzverpflichtung ist jetzt beendet!

Strittig ist die Situation bei nach § 4 AsylVfG subsidiär Schutzberechtigten. Ich bin der Rechtsauffassung, dass auch diese Freizügigkeit innerhalb Deutschlands beanspruchen können. Dies ergibt sich meines Erachtens aus Art. 33 Qualifikations-Richtlinie, die die Flüchtlinge und subsidiär Schutzberechtigten anderen Drittstaatsangehörigen gleichstellt. Eine gefestigte Rechtsprechung hierzu gibt es noch nicht. Jedenfalls dann, wenn es auch triftige Gründe für einen Umzug in ein anderes Bundesland gibt, muss dieser erlaubt werden – aber nicht alle Behörden sehen das so. Ein Rechtsstreit kann unumgänglich sein. Ist der Lebensunterhalt gesichert, ist ein Umzug zulässig.

Wer (nur) eine Aufenthaltserlaubnis nach § 25 III AufenthG oder § 25 V AufenthG besitzt, und noch nicht seinen Lebensunterhalt dauerhaft sichern kann – auch in dem Bundesland, in das man will - unterliegt dem „Umzugsverbot" des § 23 V 2 SGB XII. Er erhält keine Sozialhilfe außerhalb des Bundeslandes, in dem ihm die Aufenthaltserlaubnis erteilt worden ist. Die Einschränkung gilt jedoch nicht für Asylberechtigte und andere Konventionsflüchtlinge. Eine Ausnahme sieht das Gesetz nur dann vor, wenn der Wechsel in ein anderes Bundesland zum Schutz der Ehe und Familie nach Art. 6 GG oder aus vergleichbar wichtigen Gründen gerechtfertigt ist (§ 23 V 3 SGB XII). Mit anderen Worten: Nur Asylberechtigte und Flüchtlinge im Sinne der GFK, und jene, die nicht auf Sozialhilfeleistungen angewiesen sind, können problemlos innerhalb Deutschlands umziehen. Kann nachgewiesen werden, dass der Lebensunterhalt des Betroffenen (und gegebenenfalls seiner Familie) durch Arbeit oder sonstiges Einkommen an dem Wunschort dauerhaft gesichert ist, ist die Wohnsitzauflage zu streichen. Die Ausländerbehörde wird sich in diesem Fall jedoch zunächst mit der Ausländerbehörde des Zielortes in Verbindung setzen und deren Zustimmung einholen. Sie wird nicht nur die Arbeitsplatzzusicherung überprüfen, sondern auch den Nachweis ausreichenden Wohnraums verlangen. Oft zieht sich die Prüfung so lange hin, bis die Wohnung bzw. der Arbeitsplatz wieder weg ist. In der Praxis kann man empfehlen, einen von mehreren Familienangehörigen vorzuschicken, der dann arbeitet und eine

Wohnung organisiert und später seine Familienangehörigen nachholt.

Diese schwierige Situation gilt dann nicht, wenn der Schutz der Ehe und Familie eingreift: Ist der Betroffene verheiratet und wohnt der Ehegatte in einem anderen Bundesland, ist die Zusammenführung zu gestatten. Das Schlimmste, was dann passieren kann, ist, dass die Ausländerbehörden darüber streiten, ob A zu B oder B zu A zieht. Wenn es keine objektiven Gesichtspunkte gibt, den einen Ort dem anderen vorzuziehen, ist das Wahlrecht der Betroffenen ausschlaggebend. Aber auch das muss nicht selten erst bei Gericht erstritten werden.

1.2. Auslandsreisen

Auslandsreisen sind dann, wenn eine Aufenthaltserlaubnis erteilt wurde, nach deutschem Recht generell möglich.

Flüchtlinge im Sinne der GFK, also solche, die einen Flüchtlingspass besitzen, benötigen kein Visum für diese Auslandsreisen, soweit das Europäische Übereinkommen über die Aufhebung des Sichtvermerkszwangs für Flüchtlinge Besuchsreisen von weniger als drei Monaten ohne Visum gestattet. Die EU-Visumverordnung Nr. 539/2001 des Rates vom 15.03.2001 und das Schengener Durchführungsübereinkommen vom 14.06.1985 erlauben im Schengenraum ebenfalls Besuchsreisen für die Dauer von weniger als 3 Monaten innerhalb von 6 Monaten ohne Visum.

Für Reisen in andere Staaten wird ein Visum benötigt.

Der Flüchtling muss bei Auslandsreisen bedenken, ob er nicht möglicherweise von seinem Verfolgerstaat über Interpol zur Fahndung ausgeschrieben ist. Manche Staaten tun dies, insbesondere wenn es sich um herausragende Gegner handelt, gerne. In diesem Falle besteht die Gefahr, im Ausland in Auslieferungshaft genommen zu werden. Theoretisch kann er dann auch in den Verfolgerstaat ausgeliefert werden, weil die deutsche Anerkennung als Flüchtling für den Drittstaat nicht rechtsverbindlich ist. Da der Anerkennung jedoch eine große Indizwirkung hinsichtlich der Verfolgungsgefahr im Heimatstaat zukommt, ist die Gefahr der Auslieferung nicht allzu hoch.

▶ Tipp

> Befürchtet der Flüchtling, dass der Verfolgerstaat nach ihm fahndet, sollte man sich vor einer Auslandsreise bei der deutschen Staatsanwaltschaft erkundigen, ob eine Interpol-Fahndung existiert. Dies kann man nicht deutlich genug jedem „Aktivisten" ans Herz legen.

Ein längerer oder dauerhafter Aufenthalt im Ausland erfordert regelmäßig eine Visumerteilung durch den Drittstaat. Nach einem erlaubten, zweijährigen Aufenthalt in einem Drittstaat geht auf diesen die Verantwortung für Flüchtlinge über, so dass Deutschland dann die Verlängerung des Flüchtlingspasses verweigern kann. Verweigert der Drittstaat seinerseits die Verlängerung des Passes, weil er Deutschland weiter für zuständig hält – was nicht selten vorkommt –, sitzt der Flüchtling zwischen allen Stühlen.

Bei einem längeren Auslandsaufenthalt ist stets zu bedenken, dass jede Aufenthaltsgenehmigung, also auch die Aufenthaltserlaubnis oder die Niederlassungserlaubnis, erlischt, wenn der Ausländer aus einem seiner Natur nach nicht nur vorübergehenden Grunde ausreist (was insbesondere dann der Fall ist, wenn er seine Wohnung in Deutschland auflöst oder sich abmeldet) oder sich mehr als sechs Monate am Stück im Ausland aufhält, ohne dass die Ausländerbehörde einer Verlängerung des Aufenthalts im Ausland zugestimmt hätte. Bei einem als Flüchtling oder als asylberechtigt Anerkannten gilt dies aber nicht, solange er im Besitz eines gültigen Flüchtlingspasses ist.

Eine Reise in den Verfolgerstaat birgt die Gefahr des Erlöschens der Rechtsstellung (siehe Kapitel N „Erlöschen").

Ein Umzug aus Deutschland in einen anderen Staat, auch einen Unionsstaat, ist äußerst schwierig. Zwar erkennen alle europäischen Staaten den Flüchtlingsstatus an, doch ist mit diesem nicht die Freizügigkeit verbunden. Frühestens nach 5 Jahren kann gemäß § 9a AufenthG eine Daueraufenthaltserlaubnis-EU erworben werden und damit das Recht in einen anderen EU-Staat zu ziehen, sofern die Voraussetzungen vorliegen. Im Ausnahmefall kommt jedoch auch vorher ein Umzug ins Ausland in Betracht, so etwa dann, wenn die Voraussetzungen eines Familiennachzugs oder eines Zuzugs wegen besonderer beruflicher Kenntnisse nach den Vorschriften des anderen Staats vorliegen oder im Rahmen eines Einwanderungskontingents. In diesem Fall ist zu bedenken, dass nach 2-jährigem regulären Aufenthalt im anderen Staat die Verantwortung für den Flüchtlingsschutz auf diesen übergeht und Deutschland sich dann weigern wird, den Flüchtlingspass oder eine noch befristete Aufenthaltserlaubnis zu verlängern oder auch einer Rückkehr (ohne weiteres) zuzustimmen.

2. Personen mit Duldung oder Grenzübertrittsbescheinigung

Wer nur im Besitz einer Duldung ist, darf Deutschland hingegen nicht verlassen. Reist er aus, erlischt die Duldung. Er darf nicht wieder einreisen. Tut er es trotzdem, ist die Einreise illegal und strafbar.

Auch innerhalb Deutschlands ist die Bewegungsfreiheit beschränkt. Gemäß § 61 I AufenthG ist die Duldung räumlich auf das ausstellende Bundesland beschränkt. Sie erlischt, wenn sich der Ausländer seit 3 Monaten ununterbrochen erlaubt, geduldet oder gestattet im Bundesgebiet aufhält. Im Fall einer rechtskräftigen Verurteilung wegen einer Straftat, die nicht nur von Ausländern verwirklicht werden kann, bei einem auf Tatsachen gegründeten Verdacht eines Verstoßes gegen das Betäubungsmittelgesetz und dann, wenn konkrete Maßnahmen zur Aufenthaltsbeendigung bevorstehen, kann eine räumliche Beschränkung auch danach angeordnet werden. Ist die Bewegungsfreiheit beschränkt, ist selbst eine Besuchsreise in ein anderes Bundesland verboten und als Ordnungswidrigkeit durch § 98 III Nr. 2 AufenthG mit Bußgeld und im Wiederholungsfall als Straftat gemäß § 95 I Nr. 7 AufenthG sanktioniert. Der Betreffende muss sich, will er das Bundesland verlassen, eine Erlaubnis holen, die er für eine Besuchsreise regelmäßig auch erhält.

Noch eingeschränkter ist derjenige, der nur eine Grenzübertrittsbescheinigung nach § 50 AufenthG besitzt. Will er den Bezirk der Ausländerbehörde für mehr als 3 Tage verlassen, hat er dies vorher anzuzeigen (§ 50 V AufenthG). Gleiches gilt, wenn er seine Wohnung wechseln will.

IV. Integrationskurse

Asylberechtigte, Konventionsflüchtlinge und international subsidiär Schutzberechtigte können an Integrationskursen teilnehmen (§§ 43, 44 AufenthG, § 4 I IntV). Liegen die Voraussetzungen von § 44a I 1 AufenthG vor, kann sich der Flüchtling also nicht auf einfache Art in Deutsch mündlich verständigen, ist er zur Teilnahme verpflichtet. Entsprechende Bescheinigungen werden von den Ausländerbehörden ausgestellt.

Personen mit einer Aufenthaltserlaubnis nach § 25 III AufenthG oder § 25 V AufenthG haben keinen Anspruch auf Teilnahme an einem Integrationskurs. Sie können aber im Rahmen verfügbarer Kursplätze zur Teilnahme zugelassen werden (§ 44 IV AufenthG, § 4 I 1 Nr. 3 IntV). Sie können jedoch auch nach § 44a I 1 Nr. 2 AufenthG bei Bezug von SGB II vom Leistungsträger und nach § 44a I 1 Nr. 3 AufenthG von der Ausländerbehörde zur Teilnahme an einem Integrationskurs verpflichtet werden.

Geduldete haben keinen Anspruch auf Teilnahme an einem Integrationskurs. Sie können jedoch im Rahmen verfügbarer Kursplätze zur Teilnahme zugelassen werden.

V. Erwerbstätigkeit, Studium

1. Asylberechtigte und international Schutzberechtigte

Asylberechtigten und international Schutzberechtigten gemäß §§ 3 und 4 AsylVfG ist die Aufnahme einer Erwerbstätigkeit (also die selbstständige und die unselbstständige Beschäftigung) gestattet (§ 25 I 4 AufenthG, § 25 II 2 AufenthG). Sie können ohne Rücksprache mit der Arbeitsagentur jede freie Stelle annehmen. Dies ist gesetzlich geregelt. Findet sich in der Aufenthaltserlaubnis ein entsprechender Eintrag nicht, sollte man – zur Klarstellung – auf einem Vermerk, dass die Erwerbstätigkeit erlaubt ist, bestehen. Eine berufliche Ausbildung gilt als Aufnahme einer nichtselbstständigen Erwerbstätigkeit und ist diesem Personenkreis ohne weiteres gestattet.

Auch für eine selbstständige Erwerbstätigkeit benötigen sie keine besondere Erlaubnis. Selbstverständlich ist jedoch, dass sie – wie Deutsche auch – die für die jeweilige Tätigkeit erforderlichen Berufsausbildungen, Zulassungen etc. benötigen. Der Arzt braucht also eine Approbation, der Anwalt die Zulassung und der Fahrer einen Führerschein.

Entsprechendes gilt für das Studium. Asylberechtigte und international Schutzberechtigte dürfen studieren, ohne dass sie eine Erlaubnis benötigen. Was sie brauchen, ist die Hochschulreife und gegebenenfalls die Zulassung zu einem Numerus-Clausus-Fach sowie Deutschkenntnisse (Test DaF oder DSH)

Ob der erworbene Schulabschluss gleichwertig ist und den Hochschulzugang ermöglicht, wird von den Bundesländern durch sog. Zeugnisanerkennungsstellen geprüft.

2. Personen mit humanitärer Aufenthaltserlaubnis

Personen mit humanitärem Abschiebungsschutz gemäß § 25 III, IV und V AufenthG hingegen benötigen zur Aufnahme einer nichtselbstständigen Erwerbstätigkeit eine Erlaubnis der Ausländerbehörde. Eine Zustimmung der Bundesagentur für Arbeit ist nicht erforderlich (§ 31 BeschV).

Die Ausländerbehörde wird die Erlaubnis zur Aufnahme einer nichtselbstständigen Tätigkeit im Fall des § 25 III AufenthG im Regelfall erteilen. Da die Erlaubnis oder Versagung einer nichtselbstständigen Erwerbstätigkeit eine Ermessensentscheidung ist, kommt es auf sämtliche Umstände des Einzelfalls an. Eine Orientierung, wann das Ermessen zu Gunsten der Betroffenen anzuwenden ist, gibt § 32 BeschV, der für geduldete Personen gilt und in seinem Absatz 2 z. B. eine Berufsausbildung für zustimmungsfrei erklärt Manchmal gibt es bei denjenigen, die eine Aufenthaltserlaubnis nach § 25 V AufenthG haben, Probleme, insbesondere dann, wenn die Ausländerbehörde meint, die Betroffenen würden ihren Mitwirkungspflichten nicht nachkommen, insbesondere keine Pässe beschaffen oder die Identität nicht klären.

Eine selbstständige Erwerbstätigkeit erlaubt die Ausländerbehörde diesem Personenkreis grundsätzlich nur dann, wenn die angefragte zuständige Fachbehörde, also die Industrie- und Handelskammer oder die Handwerkskammer, keine Bedenken gegen die Erwerbstätigkeit angemeldet hat. Bedenken äußert sie, wenn es an der fachlichen Qualifikation mangelt oder die Wirtschaftlichkeit mehr oder weniger offenkundig nicht gegeben ist. Im Regelfall verlangt die Ausländerbehörde konkrete Nachweise, etwa über den angemieteten Gewerberaum, das erforderliche Kapital und unter Umständen einen Wirtschaftsplan, bevor sie eine selbstständige Erwerbstätigkeit erlaubt. Manche Ausländerbehörden gestatten eine selbstständige Erwerbstätigkeit regelmäßig erst dann, wenn eine Niederlassungserlaubnis vorliegt (dies gilt nicht bei Flüchtlingen mit einer Aufenthaltserlaubnis gemäß § 25 I und II AufenthG).

Die Aufnahme eines Studiums ist grundsätzlich erlaubt, sofern – siehe oben – die besonderen Voraussetzungen erfüllt sind.

3. Geduldete Personen

Bei geduldeten Personen ist grundsätzlich die Erwerbstätigkeit untersagt. Sie kann aber nach § 32 I BeschV von der Ausländerbehörde mit Zustimmung der Agentur für Arbeit erlaubt werden, wenn der Betreffende sich seit 3 Monaten hier aufhält. Ob und wann die Arbeitsaufnahme erlaubt wird, hängt von den Umständen des Einzelfalles ab.

Die Bundesagentur für Arbeit führt grundsätzlich die sog. Vorrangprüfung durch, wobei zuerst geprüft wird, ob für den (vom Betroffenen ausgewählten und vorgeschlagenen) Arbeitsplatz Deutsche oder andere bevorrechtigte Ausländer zur Verfügung stehen. Daneben wird geprüft, ob die Arbeitsbedingungen den tariflichen Regelungen oder der Üblichkeit entsprechen: Ist der Lohn zu niedrig oder der Urlaub zu kurz, wird die Erlaubnis verweigert. Das Vorrangprinzip führt dazu, dass in manchen Bundesländern geduldete Personen (oder auch Asylbewerber) überhaupt keine Chance auf Erwerbstätigkeit haben, in anderen Bundesländern dazu, dass ihnen nur eine Teilzeitarbeit erlaubt wird. Letzteres hat den Zweck, die vorhandene knappe Ressource Arbeit gleichmäßig zu verteilen – so die Wohlmeinenden – aber auch den, möglichst allen zu ermöglichen, so viel zu verdienen, dass Sozialhilfeleistungen nicht in Anspruch genommen werden können und sie die Unterkunftsgebühren bezahlen können – so die anderen. Beide haben Recht.

Keiner Zustimmung bedarf die Erteilung einer Erlaubnis zur Ausübung einer Berufsausbildung in einem staatlich anerkannten oder vergleichbar geregelten Ausbildungsberuf und in sonstigen Ausnahmefällen (§ 32 II BeschV).

Hält sich der Ausländer seit 15 Monaten ununterbrochen erlaubt, geduldet oder mit einer Aufenthaltserlaubnis im Bundesgebiet auf, kann die Arbeitserlaubnis ohne Vorrangprüfung erteilt werden (§ 32 V BeschV). Das Gleiche gilt auch für eine Beschäftigung nach § 2 II BeschV (Hochqualifizierte), § 6 BeschV (Ausbildungsberufe) und § 8 BeschV (längere Vorbeschäftigungszeiten).

Nach § 33 BeschV ist die Erteilung einer Arbeitsgenehmigung jedoch ausgeschlossen, wenn der Ausländer nach Deutschland eingereist ist, um Leistungen nach dem Asylbewerberleistungsgesetz zu erlangen oder er die Gründe, die seiner Abschiebung entgegenstehen, selbst zu vertreten hat. Ob dies der Fall ist, entscheidet in der Praxis die Ausländerbehörde, die dann den Antrag auf Gestattung der Erwerbstätigkeit meist gar nicht an die Arbeitsagentur weiterreicht, sondern von sich aus ablehnt. Nach § 33 II BeschV hat ein Ausländer die Gründe insbesondere dann zu vertreten, wenn er das Abschiebungshindernis durch Täuschung über seine Identität, seine Staatsangehörigkeit oder durch eigene falsche Angaben herbeiführt. Die dem Betroffenen angelasteten Handlungen müssen allerdings kausal sein. Wenn beispielsweise eine Abschiebung in den (unstrittigen) Herkunftsstaat generell unmöglich ist (z. B. weil es keine Flugverbindungen gibt), scheitern aufenthaltsbeendende Maßnahmen nicht an der Weigerung des Ausländers, einen Pass zu beantragen. Manche Ausländerbehörden sind sehr „großzügig" zu Lasten der Flüchtlinge bei der Bejahung der Voraussetzungen dieser Versagungsgründe. Leider ist man hiergegen weitgehend machtlos: bis man eine Hauptsacheentscheidung erstritten hat, ist der Arbeitsplatz meist weg; einstweilige Verfügungen werden meist nicht erlassen, weil dies eine Vorwegnahme der Hauptsache (bei zumindest strittigem Sachverhalt) wäre.

VI. Führerschein

Der Erwerb eines deutschen Führerscheins setzt keinen bestimmten Aufenthaltstitel voraus. Nicht nur anerkannte Flüchtlinge oder Personen mit Aufenthaltserlaubnis, sondern auch geduldete Personen oder solche mit einer Aufenthaltsgestattung können grundsätzlich den Führerschein erwerben. Das Problem ist ein anderes. Nach überwiegender Auffassung ist der Führerschein eine Urkunde, die auch die Identität nachweist. Deshalb werden in der Praxis Führerscheine nur dann ausgestellt, wenn der Betreffende vorher seine Identität belegt hat. Verlangt wird hierzu die Vorlage einer Geburtsurkunde mit Lichtbild oder eines Heimatpasses. Hat der Betreffende solche Papiere nicht, erhält er, auch wenn er die praktische und die theoretische Fahrprüfung bestanden hat, keinen deutschen Führerschein.

Ein deutscher Flüchtlingspass oder Reiseausweis für Ausländer genügt als Nachweis der Identität nur dann, wenn die Ausländerbehörde bestätigt, dass die Identität geklärt ist. Tut sie dies nicht oder enthält gar der Pass den Eintrag „Identität nicht geklärt" oder „Daten beruhen auf eigenen Angaben", verweigert eine verbreitete Praxis die Ausstellung eines Führerscheins. Ich persönlich halte dieses Ergebnis für nicht tragbar. Wenn – und diese Fälle gibt es – der Betreffende keine Identitätspapiere beschaffen kann, er aber unter einer bestimmten Identität in Deutschland geführt wird, muss auch die Ausstellung eines Führerscheins unter dieser Identität erfolgen – gegebenenfalls mit einem ähnlichen Zusatz, wie er bei Pässen angebracht wird.

Zwischenzeitlich gibt es Rechtsprechung, etwas des Bayerischen Verwaltungsgerichtshofs, dass auch mit einem von deutschen Behörden ausgestellten Flüchtlingspass die Führerscheinprüfung ermöglicht werden muss, selbst wenn die Identität nicht geklärt ist. Entscheidend sei nämlich, ob die Prüfungsstelle anhand des Lichtbilds überprüfen könne, ob die richtige Person an der Fahrprüfung teilnehme oder eine andere.

Kann ein Asylberechtigter oder GFK-Flüchtling eine Geburtsurkunde oder einen Heimatpass beschaffen und tut er dies zu dem Zweck, hierdurch seine Identität für den Führerscheinerwerb nachzuweisen, erlischt seine Rechtsstellung nicht gemäß § 72 AsylVfG. Denn hierin ist keine Schutzunterstellung zu sehen. Sicherheitshalber sollte man dies aber auch dokumentieren, sei es, indem man sich vorher an die Ausländerbehörde um Rat wendet und sich am besten eine schriftliche Aufforderung zur Beschaffung eines Identitätspapiers geben lässt. Ein auf diese Weise beschaffter Pass sollte anschließend bei der Ausländerbehörde hinterlegt werden.

VII. Soziale Leistungen

1. Asylberechtigte und Flüchtlinge im Sinne der GFK, §§ 25 I und 25 II 1 1. Alt. AufenthG

Asylberechtigte und GFK-Flüctlinge sind weitgehend Deutschen gleichgestellt. Sie erhalten Leistungen nach dem Bundesausbildungsförderungsgesetz (§ 8 II 1 BAföG) und haben Anspruch auf Leistungen im Rahmen der Grundsicherung für Arbeitsuchende (§§ 7 I, 8 II SGB II). Ebenso haben sie einen Anspruch auf Sozialhilfe (§ 23 I 4 SGB XII).

Mit der Ausstellung einer Aufenthaltserlaubnis nach § 25 I oder II AufenthG hat dieser Personenkreis auch Anspruch auf Kindergeld und Erziehungsgeld.

Hinsichtlich der Krankenversicherung und auch der anderen sozialen Leistungen, wie etwa bei Unterhaltsvorschüssen (§ 1 IIa 1 Nr. 2a UnterhaltsvorschussG), der Kinder- und Jugendhilfe (§ 6 II SGB XIII) sind sie ebenfalls Deutschen gleichgestellt. Beim Opferentschädigungsgesetz hingegen ist die Höhe der Entschädigung von der Aufenthaltsdauer abhängig. Halten sich die Opfer seit mindestens 3 Jahren rechtmäßig im Bundesgebiet auf (unter Hinzurechnung der Zeiten des Asylverfahrens), erhalten sie Leistungen wie Deutsche (§ 1 V 1 OEG), bei kürzerem rechtmäßigen Aufenthalt nur die einkommensunabhängigen Entschädigungen (§ 1 V 1 Nr. 2 OEG).

2. International subsidiär Schutzberechtigte gem. § 4 AsylVerfG, § 25 II 1 2. Alt. AufenthG

Ihre Rechte entsprechen denen der Personen mit Flüchtlingsstatus.

3. Personen mit subsidiärem Aufenthaltsstatus gemäß § 60 V und VII 1 AufenthG i. V. m. § 25 III AufenthG

Inhaber einer Aufenthaltserlaubnis nach § 25 III AufenthG sind nicht im Sinne von § 1 AsylbLG leistungsberechtigt und, sofern sie erwerbsfähig sind, grundsätzlich auch zur Erwerbstätigkeit berechtigt, so dass sie einen Anspruch auf Grundsicherung für Arbeitsuchende und auf Sozialhilfe nach SGB XII besitzen (also nicht auf Leistungen nach dem AsylbLG verwiesen sind). Allerdings unterliegt der Inhaber einer Aufenthaltserlaubnis nach § 25 III AufenthG dem „Umzugsverbot" des § 23 V 2 SGB XII. Der Betreffende erhält Sozialhilfe nur in dem Bundesland, in dem ihm die Aufenthaltserlaubnis erteilt wurde. Dies gilt nur dann nicht, „wenn der Wechsel in ein anderes Land zur Wahrnehmung der Rechte zum Schutz der Ehe und Familie aus Art. 6 GG oder aus vergleichbar wichtigen Gründen gerechtfertigt ist" (§ 23 V 3 SGB XII).

Personen mit einer Aufenthaltserlaubnis nach § 25 III AufenthG haben nach § 8 II Nr. 2 BAFöG einen Anspruch auf BAFöG-Leistungen nach einem mindestens 4-jährigen (ab 01.08.2016: 15-monatigem) ununterbrochenen, rechtmäßigen gestatteten oder geduldeten Aufenthalt.

Ein Anspruch auf Kindergeld ist nach der Gesetzeslage gegeben, wenn die Betreffenden sich seit 3 Jahren rechtmäßig oder mit Aufenthaltsgestattung oder Duldung im Bundesgebiet aufgehalten haben, erwerbstätig waren oder Leistungen nach SGB III erhalten haben oder in Elternzeit waren. Die Verfassungskonformität dieser Einschränkung ist fraglich - mehrere Verfassungsbeschwerden sind anhängig. Beim Erziehungsgeld hat das BVerfG die Bedingung Arbeit bereits gekippt (BVerfG vom 10.07.2012; 1 BvL 2/10). Bei der Kinder- und Jugendhilfe sind sie Deutschen gleichgestellt (§ 6 II SGB XIII), für das Opferentschädigungsgesetz gelten die vorherigen Ausführungen entsprechend.

4. Personen mit Aufenthaltserlaubnis nach § 25 V AufenthG

Personen mit einer Aufenthaltserlaubnis nach § 25 V AufenthG haben keinen Anspruch auf Leistungen der Grundsicherung für Arbeitsuchende (SGB II) oder Sozialhilfe (SGB XII). Vielmehr sind sie auf Leistungen nach dem Asylbewerberleistungsgesetz angewiesen (§ 1 I Nr. 3 AsylbLG). Erst nach 15-monatigem Bezug der Grundleistungen nach § 3 AsylbLG können sie gemäß § 2 I AsylbLG Leistungen analog SGB XII erhalten, sofern sie die Dauer des Aufenthalts nicht rechtsmissbräuchlich selbst beeinflusst haben.

Hinsichtlich des BAFöG, des Kinder- und Erziehungsgeldes, der Kinder- und Jugendhilfe sowie der Opferentschädigung gelten die Ausführungen zu § 25 III AufenthG entsprechend. Leider hat der Gesetzgeber die deutliche Kritik an der Höhe der Leistungen nicht zum Anlass einer grundlegenden Revision des Asylbewerberleistungsgesetzes genommen, sondern bei der Überarbeitung im Dezember 2014 nur das Allernötigste korrigiert. Eine Abschaffung dieses Sondergesetzes wäre besser gewesen. Die Forderung bleibt auf der Tagesordnung!

5. Personen mit Duldungen

Grundsicherung für Arbeitsuchende und Leistungen nach dem SGB XII erhalten Geduldete nicht. Vielmehr erhalten sie nur Leistungen nach dem Asylbewerberleistungsgesetz (§ 1 I Nr. 3 AsylbLG). § 1a AsylbLG ermöglicht bei Geduldeten Kürzungen, wenn sie sich in den Geltungsbereich des Gesetzes begeben haben, um Leistungen nach dem Asylbewerberleistungsgesetz zu erlangen oder aufenthaltsbeendende Maßnahmen aus von ihnen zu vertretenden Gründen nicht vollzogen werden können. Seit der Entscheidung des BVerfG ist die Verfassungskonformität dieser Bestimmung mehr als fraglich – auch nach Auffassung vieler Sozialgerichte und Landessozialgerichte.

Auch sie erhalten nach 15 Monaten höhere Leistungen „in entsprechender Anwendung des SGB XII" (§ 2 I AsylbLG). Ausgeschlossen von diesen höheren Leistungen des Asylbewerberleistungsgesetzes sind jedoch diejenigen, die die Dauer ihres Aufenthalts „rechtsmissbräuchlich selbst beeinflusst haben". Verlangt ist mehr als ein bloßer Pflichtenverstoß, vielmehr ist eine missbräuchliche Ausnutzung von Rechten und Vorschriften, etwa durch falsche Angaben, eine Identitätstäuschung etc. Voraussetzung.

Diese sind von bestimmten Leistungen, wie etwa dem Kinder- und Elterngeld, im Regelfall ausgeschlossen. Ausnahmen gibt es aufgrund internationaler Abkommen, z. B. für Personen aus der Türkei, Algerien, Tunesien und Marokko und den Staaten des ehemaligen Jugoslawiens, sofern die Betreffenden erwerbstätig sind.

Ein Kinder- und Jugendhilfeanspruch besteht, sofern sie ihren gewöhnlichen Aufenthalt in Deutschland haben. Ein BAFöG-Anspruch besteht gemäß § 8 IIa BAFöG nach 4-jährigem ununterbrochenem, rechtmäßigem, gestattetem oder geduldeten Aufenthalt im Bundesgebiet. Die Höhe der Opferentschädigung ist, wie oben dargestellt, von der Dauer des Aufenthalts abhängig.

▶ Tipp

Hat der Flüchtling internationalen subsidiären Schutz gemäß § 4 AsylVfG erhalten, hat er einen Rechtsanspruch auf eine Aufenthaltserlaubnis, auch wenn er Klage auf asylrechtlichen Schutz eingereicht hat. Dies ergibt sich aus Art. 24 I 1 Qualifikations-Richtlinie.

Wenn eine Abschiebung nicht umgehend durchgesetzt werden kann, besteht ein Rechtsanspruch auf Ausstellung einer Duldung. Er darf nicht mit einer Grenzübertrittsbescheinigung abgespeist werden oder ganz ohne Papier bleiben.

Wer als Asylberechtigter anerkannt worden oder den Flüchtlingsstatus nach § 3 AsylVfG erhalten hat, hat einen Rechtsanspruch auf Ausstellung eines Flüchtlingspasses nach der GFK. Er darf sich in diesem Fall keinen Heimatpass beschaffen, sonst besteht die Gefahr des Erlöschens seines Rechtsstatus!

Hat er subsidiären Schutz gemäß § 4 AsylVfG oder § 60 V oder VII 1 AufenthG erhalten, ist er grundsätzlich verpflichtet, sich einen Heimatpass zu beschaffen. Ihm entstehen dadurch keine Nachteile. Gibt es konkrete Hinweise (aus Parallelfällen oder der Rechtsprechung), dass nahe Familienangehörige verfolgt werden, wenn der Auslandsaufenthalt bekannt wird, kann eine Ausnahme vorliegen. In diesem Fall sollte ein (deutscher) Reiseausweis für Ausländer beantragt werden.

L Familiennachzug zu Flüchtlingen

Die Regelungen über den Familiennachzug hängen vom Status des hier lebenden Ausländers ab.

I. Familiennachzug zu Asylberechtigten und GFK-Flüchtlingen

1. Ehegatten und minderjährige Kinder

Ehegatten und minderjährige Kinder von Personen mit einer Aufenthaltserlaubnis nach § 25 I oder II 1. Alt. AufenthG oder einer Niederlassungserlaubnis nach § 26 III AufenthG (also Asylberechtigte und Flüchtlinge) haben einen privilegierten Rechtsanspruch auf Familiennachzug. Da das Gesetz auf den Aufenthaltstitel abstellt (§ 25 I und II AufenthG) sind auch Personen, die Familienasyl erhalten haben, einbezogen. Voraussetzung dieses privilegierten Anspruchs ist, dass der Antrag auf Familiennachzug innerhalb von 3 Monaten nach unanfechtbarer Anerkennung als Asylberechtigter oder Zuerkennung der Flüchtlingseigenschaft gestellt wird und die Herstellung der familiären Gemeinschaft in einem Drittstaat nicht möglich ist. Grundsätzlich ist bei einem Familiennachzug aus dem Ausland bei der zuständigen deutschen Botschaft (im Regelfall im Heimatland) ein Visumantrag zu stellen. Zur Fristwahrung genügt es jedoch, wenn der sog. Stammberechtigte (also derjenige, der in Deutschland den Status besitzt) diesen Antrag stellt. Für die Praxis empfiehlt es sich, dass der hier lebende Flüchtling den Antrag per Telefax an die Botschaft adressiert (gegebenenfalls auch über das Auswärtige Amt) und darin unter Vorlage des Anerkennungsbescheids und/oder seiner Aufenthaltserlaubnis den Familiennachzug der Angehörigen geltend macht. Bei Wahrung der 3-Monats-Frist müssen für den Familiennachzug des Ehegatten und der minderjährigen Kinder keine weiteren Voraussetzungen erfüllt werden. Weder muss der Lebensunterhalt gesichert sein noch ausreichender Wohnraum vorliegen, noch werden vom Ehegatten deutsche Sprachkenntnisse erwartet. Die Einschränkung, dass die Herstellung der familiären Lebensgemeinschaft nicht in einem Drittstaat möglich sein dürfe, hat kaum Praxisrelevanz. Sie greift nur bei der Fallkonstellation, dass Deutschland den Flüchtling darauf verweist, zu dem Ehegatten, der im Drittstaat außerhalb der EU mit gefestigtem Rechtsstatus (z. B. selbst mit Flüchtlingsanerkennung) lebt, zu ziehen, wenn der dortige Staat dem zugestimmt hat. Gleichwohl ist die Bestimmung zu kritisieren: sie stimmt nicht mit der EU-Familienzusammenführungsrichtlinie überein, weil dort eine solche Beschränkung nicht vorgesehen ist und ist deshalb rechtswidrig.

Wenn der Antrag auf Familiennachzug nicht innerhalb von 3 Monaten gestellt wurde, muss auch bei einem Flüchtling grundsätzlich der Lebensunterhalt gesichert sein bzw. ausreichender Wohnraum vorliegen. Hiervon kann jedoch gemäß § 29 II 1 AufenthG abgesehen werden. In der Vergangenheit war man diesbezüglich großzügig. Deutschkenntnisse sind nicht verlangt, wenn die Ehe bereits bei Einreise bestand (§ 30 I 2 Nr. 1 AufenthG) .

Zuständige Auslandsvertretung ist im Regelfall die des Heimatstaates des Nachziehenden. Hält sich dieser in einem anderen Staat auf, sehen sich die deutschen Auslandsvertretungen nur dann als zuständig an, wenn die Antragsteller eine Aufenthaltsgenehmigung für dieses Land besitzen oder eine Bescheinigung des UNHCR dieses Landes über die Flüchtlingseigenschaft. Wenn die Familienangehörigen, was nicht selten ist, aus dem Verfolgerstaat in einen Nachbarstaat geflüchtet sind und sich dort illegal aufhalten, müssen sie also entweder dort einen Aufenthaltstitel mit mindestens 6–monatiger Gültigkeit haben oder sich beim UNHCR als Flüchtling registrieren lassen oder – nolens volens – in den Verfolgerstaat zurückkehren um dort den Antrag zu stellen, denn es wird eine persönliche Vorsprache bei der deutschen Auslandsvertretung verlangt.

Bei einem Antrag auf Familiennachzug ist die Ausländerbehörde zu beteiligen. Sie erhält die Visumsunterlagen vom Konsulat zugesandt und muss dem Antrag zustimmen, damit eine Aufenthaltserlaubnis erteilt werden kann. Im Regelfall prüft die Ausländerbehörde die Lebensunterhaltssicherung und die Wohnraumverhältnisse. Bei fristgerecht gestelltem Antrag (innerhalb der 3-Monats-Frist) auf privilegierten Nachzug entfällt dieser Prüfungsgegenstand. Zu prüfen bleibt die Abstammung beim Kindernachzug (oft wird ein DNA-Test verlangt) oder die gültige Eheschließung, was die Überprüfung der Heiratsurkunde nach sich zieht. Verweigert die Ausländerbehörde die

Zustimmung, kann die Auslandsvertretung das Visum nicht erteilen; es bleibt nur der Klageweg zum hier bundesweit allein zuständigen Verwaltungsgericht in Berlin. Aus diesem Grund ist es ratsam, sich nach Stellung des Antrags auf Familiennachzug mit der Ausländerbehörde in Verbindung zu setzen, und mit ihr kritische Punkte zu klären. Ist die 3-Monats-Frist versäumt worden, kann man auch mit der Ausländerbehörde darüber verhandeln, ob nicht ausnahmsweise von der vollständigen Lebensunterhaltssicherung abgesehen werden kann.

▶ Tipp

Weisen Sie den Flüchtling darauf hin, dass er (und/oder auch der Ehegatte) innerhalb von 3 Monaten nach Bestands- bzw. Rechtskraft der Anerkennung als Asylberechtigter oder GFK-Flüchtling einen Antrag auf Gewährung des Familiennachzugs für den Ehegatten und die minderjährigen Kinder stellt.

Der Antrag ist bei der zuständigen Auslandsvertretung, gegebenenfalls (per Telefax) über das Auswärtige Amt, zu stellen. Er sollte die Bitte um Zusendung einer Bestätigung der fristwahrenden Antragstellung enthalten.

Helfen Sie ihm, den Antrag an die deutsche Auslandsvertretung zu schicken, legen Sie Kopien des BAMF-Bescheids und gegebenenfalls der Aufenthaltserlaubnis bei.

Helfen Sie ihm bei der Ausländerbehörde, indem Sie auf eine Zustimmung drängen und eventuell nötige Unterlagen (DNA-Test, Heiratsurkunde) vorlegen. Legen Sie der Ausländerbehörde die Bestätigung der Auslandsvertretung über die Fristwahrung in Kopie vor!

2. Elternnachzug zu minderjährigen Flüchtlingen und Asylberechtigten, § 36 Abs.1 AufenthG

Die Eltern eines minderjährigen Ausländers, der als Flüchtling eine Aufenthaltserlaubnis nach § 25 I oder II AufenthG oder eine Niederlassungserlaubnis nach § 26 III AufenthG besitzt, haben einen Rechtsanspruch auf Familiennachzug, ohne dass die Lebensunterhaltssicherung oder ausreichender Wohnraum verlangt werden. Einzige Voraussetzung ist, dass sich kein personensorgeberechtigter Elternteil im Bundesgebiet aufhält. Das Bundesverwaltungsgericht hat mit Urteil vom 18.04.2013 (BVerwG 10 C 9.12) entschieden, dass es möglich ist, für beide Eltern gemeinsam den Familiennachzug durchzuführen, jedoch weiter festgehalten, dass der Familiennachzug nur bis zum Eintritt der Volljährigkeit gewährt wird. Maßgeblicher Zeitpunkt sei hierbei der Zeitpunkt der Entscheidung der Botschaft bzw. des Gerichts und nicht der der Antragstellung auf Familiennachzug. Dieses Urteil bedeutet, dass nur Eltern eines relativ kleinen Kindes von der gesetzlichen Regelung profitieren, da der Elternnachzug zu 17-Jährigen wenig Sinn macht, wenn – was der Logik der Entscheidung entspricht – die Eltern bei Eintritt der Volljährigkeit ihres Kindes Deutschland wieder verlassen müssen. Haben die Eltern jedoch eigene Asylgründe (oder liegt die Situation einer generellen Verfolgung im Herkunftsland vor), macht natürlich auch der Elternnachzug zu einem knapp 18-Jährigen Kind noch Sinn, weil die Eltern nach Volljährigkeit einen eigenen Schutzanspruch geltend machen können. In der Praxis ist es aber oft schwierig, das Verfahren vor Eintritt der Volljährigkeit abzuschließen (die Behörden haben es bei derartigen Fällen nicht eilig, gelegentlich wird auch getrickst). Droht dies, ist ggf. – was das BVerwG ausdrücklich zugelassen hat - ein Antrag auf Erlass einer Einstweiligen Anordnung gem. § 123 VwGO beim VG Berlin zu stellen, der schon dann erfolgreich sein wird, wenn die gesetzlichen Voraussetzungen vorliegen und ein Rechtsverlust allein deshalb droht, weil der Nachziehende bald volljährig wird.

Die Rechtsprechung des Bundesverwaltungsgerichts überzeugt nicht, da die auf die Familienzusammungsführungs-Richtlinie zurückgehende Bestimmung nicht nur, wie das Bundesverwaltungsgericht meint, dem Schutz des minderjährigen Flüchtlings dient, sondern, so die Richtlinie explizit (im Erwägungsgrund 4) auch der Integrationsförderung und der Förderung des Familienlebens.

§ 36 I AufenthG ist auch auf subsidiär Schutzberechtigte gemäß § 4 AsylVfG anwendbar, auch zu ihnen können Eltern nachziehen. Dies war zunächst als Versehen des Gesetzgebers angesehen worden. Der jetzt vorliegende Entwurf eines Gesetzes zur Neubestimmung des Bleiberechts und der Aufenthaltsbeendigung nimmt jedoch hier keine Veränderung vor. Er sieht im Gegenteil eine Erweiterung des privilegierten Familiennachzugs auf international subsidiär Schutzberechtigte vor. Es ist zu hoffen, dass dies im Gesetzgebungsverfahren nicht wieder gestrichen wird.

3. Sonstige Familienangehörige von Flüchtlingen und Asylberechtigten

Unter sonstigen Familienangehörigen versteht das Aufenthaltsgesetz sowohl erwachsene Kinder als auch die Eltern (sofern nicht § 36 I AufenthG eingreift) und erst recht entferntere Verwandte. Für sie bestimmt § 36 II AufenthG, dass eine Aufenthaltserlaubnis zum Familiennachzug erteilt werden kann, wenn es zur Vermeidung einer außergewöhnlichen Härte erforderlich ist. Verlangt ist also nicht nur eine einfache Härte oder eine besondere Härte (wie z. B. in § 31 II AufenthG), sondern eine außergewöhnliche Härte. Der Normalfall und die vorhersehbaren typischen Härten (wie z. B. Alter und damit zusammenhängende Krankheiten) müssen also übertroffen sein. Hinzu kommt als weitere Voraussetzung, dass die Erteilung der Aufenthaltserlaubnis zur Vermeidung dieser Härte „erforderlich" ist; die Härte darf also nicht auf andere Art und Weise beseitigt werden können (etwa durch finanzielle Transferleistungen). Eine Privilegierung des Familiennachzugs dieses Personenkreises zu Asylberechtigten, Flüchtlingen oder international subsidiär Schutzberechtigten kennt das Gesetz nicht; der den Stammberechtigten zugebilligte Status allein führt also nicht zur Gewährung des Familiennachzugs für sonstige Angehörige. Gegebenenfalls können aber Schikanen, die Angehörige wegen der missliebigen Tätigkeit des Flüchtlings treffen, eine außergewöhnliche Härte begründen oder eine anderweitige Hilfsmöglichkeit ausschließen.

Das Ergebnis dieser engen Gesetzesvorgaben wird nicht verwundern: die Vorschrift hat kaum Praxisrelevanz – dies gilt auch für Notsituationen wie etwa der aktuellen Bürgerkriegssituation in Syrien.

II. Familiennachzug zu subsidiär Schutzberechtigten gemäß § 4 AsylVfG

Obwohl das EU-Recht eine Annäherung des subsidiären Schutzstatus an den Flüchtlingsstatus vorsieht, hat sich der deutsche Gesetzgeber dem beim Familiennachzug verweigert. Für subsidiär Schutzberechtigte mit einer Aufenthaltserlaubnis gemäß § 25 II 1 2. alt. AufenthG gilt die Privilegierung des § 29 II 2 AufenthG nicht. Auch beim Familiennachzug von Ehegatten und Kindern muss im Regelfall der Lebensunterhalt sowie ausreichender Wohnraum nachgewiesen werden. Dem Wortlaut nach gilt für sie sogar die Einschränkung des § 29 III AufenthG. Danach darf eine Aufenthaltserlaubnis zum Familiennachzug nur aus völkerrechtlichen oder humanitären Gründen oder zur Wahrung politischer Interessen der Bundesrepublik Deutschland erteilt werden. Diese Bestimmung wird zu Recht als Beschränkung des Familiennachzugs kritisiert. Jedenfalls für die Fälle der international subsidiär Schutzberechtigten trifft diese Kritik nach Auffassung des Gesetzgebers jedoch nicht zu. In der Begründung zum Umsetzungsgesetz (BT-Drs. 17/16036, S. 24) hat der Gesetzgeber expressis verbis erklärt: „Von dem Vorliegen eines humanitären Grundes ist danach insbesondere dann auszugehen, wenn die Herstellung der Familieneinheit im Ausland unmöglich oder unzumutbar ist." Bei international subsidiär Schutzberechtigten wird diese Voraussetzung im Regelfall vorliegen, so dass hieran der Familiennachzug nicht scheitern wird.

Der Entwurf eines Gesetzes zur Neubestimmung des Bleiberechts und der Aufenthaltsbeendigung stellt international subsidiär Schutzberechtigte nach § 4 AsylVfG den Flüchtlingen nach § 3 AsylVfG und Asylberechtigten gleich: Ehegatten und minderjährige Kinder haben danach einen Anspruch auf privilegierten Familiennachzug, sofern die 3-Monats-Frist gewahrt ist. Noch ist das aber nicht Gesetz!

Ein Elternnachzug zu international subsidiär Schutzberechtigten findet nach § 36 I AufenthG statt. Für den Nachzug sonstiger Familienangehöriger gem. § 36 II AufenthG gelten die obigen Ausführungen.

III. Familiennachzug zu Personen mit einer Aufenthaltserlaubnis gemäß § 25 III AufenthG, § 22 AufenthG oder § 23 I AufenthG

Auch bei diesem Personenkreis ist nach § 29 III AufenthG ein Familiennachzug nur bei aus völkerrechtlichen oder humanitären Gründen oder zur Wahrung politischer Interessen der Bundesrepublik Deutschland zugelassen. Die Interpretation des Bundestags zu § 25 II 1 2. Alt. AufenthG gilt jedoch auch hier: im Regelfall sollte hieran ein Familiennachzug nicht scheitern.

Hat man die Hürde des § 29 III AufenthG genommen, richtet sich der Familiennachzug nach den allgemeinen Bestimmungen.

Ein Rechtsanspruch auf Ehegattennachzug besteht dann, wenn der hier lebende Ausländer seit 2 Jahren eine Aufenthaltserlaubnis besitzt (§ 30 I 1 Nr. 3d AufenthG) oder eine Aufenthaltserlaubnis besitzt und die Ehe bei deren Erteilung bereits bestand und die Dauer des Aufenthalts im Bundesgebiet voraussichtlich noch über 1 Jahr betragen wird (§ 30 I 1 Nr. 3e AufenthG). Besteht im Fall von § 30 I 1 Nr. 3d AufenthG die Ehe noch keine 2 Jahre, kann im Wege des Ermessens eine Aufenthaltserlaubnis erteilt werden. Die allgemeinen Voraussetzungen, also insbesondere die Lebensunterhaltssicherung, das Mindestalter von 18 Jahren und Deutschkenntnisse müssen selbstverständlich auch in diesen Fällen vorliegen.

Nach § 32 I AufenthG hat ein minderjähriges lediges Kind unter 16 Jahren dann einen Rechtsanspruch auf Familiennachzug, wenn beide Elternteile oder der allein personensorgeberechtigte Elternteil eine Aufenthalts- oder eine Niederlassungserlaubnis besitzen. Hat das minderjährige ledige Kind das 16. Lebensjahr bereits vollendet, besteht ein Rechtsanspruch nur dann, wenn das Kind die deutsche Sprache beherrscht oder gewährleistet erscheint, dass es sich aufgrund seiner bisherigen Ausbildung und Lebensverhältnisse in die Lebensverhältnisse in der Bundesrepublik Deutschland einfügen kann und beide Eltern oder der allein personensorgeberechtigte Elternteil eine Aufenthalts- oder eine Niederlassungserlaubnis besitzen (§ 32 II AufenthG). Bei dieser Fallkonstellation besteht also zwar ein Rechtsanspruch, andererseits aber ein sehr weiter Beurteilungsspielraum der Ausländerbehörde. Denn wann ist gewährleistet, dass sich das Kind aufgrund seiner bisherigen Ausbildung und Lebensverhältnisse in die hiesigen Verhältnisse einfügen kann?

Bei einem gemeinsamen Sorgerecht soll eine Aufenthaltserlaubnis nach Abs.1 oder 2 zu nur einem sorgeberechtigten Elternteil erteilt werden, wenn der andere sein Einverständnis erklärt hat oder eine entsprechende Gerichtsentscheidung vorliegt (§ 32 III AufenthG).

§ 32 IV AufenthG enthält schließlich noch eine Ermessensbestimmung, wonach im Übrigen dem minderjährigen ledigen Kind eine Aufenthaltserlaubnis erteilt werden kann, wenn es aufgrund der Umstände des Einzelfalles zur Vermeidung einer besonderen Härte erforderlich ist. Hierbei sind das Kindeswohl und die familiäre Situation zu berücksichtigen. Bei einem Familiennachzug nach diesen Bestimmungen müssen die allgemeinen Voraussetzungen vorliegen, insbesondere muss der Lebensunterhalt gesichert sein und ausreichender Wohnraum vorliegen.

IV. Sonstiger „humanitärer" Familiennachzug

Besitzt der Betreffende eine Aufenthaltserlaubnis nach § 25 IV und V AufenthG, § 25a I und II AufenthG, § 104a I 1 AufenthG oder § 104b AufenthG, verbietet § 29 III 2 AufenthG einen Familiennachzug. Die große Koalition will diesen Ausschluss noch erweitern. Ich halte die Regelung für verfassungswidrig. Jedermann weiß, dass es nicht selten ist, dass zunächst vorhandene vorübergehende Abschiebungshindernisse sich zu dauerhaften ausweiten und dass faktische Abschiebungshindernisse, wie etwa eine Bürgerkriegssituation, eine schwerwiegende Erkrankung etc. oft Jahre andauern können. Das gesetzliche Verbot, in solchen Fällen die familiäre Einheit zwischen Ehegatten und minderjährigen Kindern wiederherzustellen, ist verfassungswidrig und unmenschlich obendrein.

Das Argument, der Familiennachzug könne ja nach Erhalt einer Niederlassungserlaubnis durchgeführt werden, ignoriert, dass eine solche im Regelfall erst nach 7 Jahren (§ 26 IV AufenthG) erteilt wird; nur die wenigsten Ehen werden eine so lange Trennung aushalten, die Kinder sind dann vielleicht schon erwachsen.

Wenn keine Aufenthaltserlaubnis erteilt wurde, sondern der Betreffende nur eine Duldung besitzt, findet ein Familiennachzug nicht statt.

M Widerrufs- und Rücknahmeverfahren der Statusentscheidungen

Die Anerkennung als Asylberechtigter und die Zuerkennung der Flüchtlingseigenschaft sind unverzüglich zu widerrufen, wenn die Voraussetzungen nicht mehr vorliegen, bestimmt § 73 I 1 AsylVfG. Entsprechendes regelt § 73 b AufenthG für subsidiär Schutzberechtigte. Von einem Widerruf spricht man, wenn die Voraussetzungen, die zur Gewährung der Rechtsstellung geführt haben, infolge einer Änderung der Verhältnisse nachträglich weggefallen sind. Eine Rücknahme liegt dann vor, wenn die ursprüngliche Entscheidung aufgrund unrichtiger Angaben oder aufgrund des Verschweigens wesentlicher Tatsachen objektiv unrichtig war.

I. Prüfung des Widerrufs/der Rücknahme

Die Prüfung, ob ein Widerruf oder eine Rücknahme zu erfolgen hat, hat spätestens nach Ablauf von 3 Jahren nach Unanfechtbarkeit der Anerkennungsentscheidung zu erfolgen. Die Ausländerbehörde ist vom Ergebnis zu unterrichten. Ist nach der durchgeführten Prüfung ein Widerruf oder eine Rücknahme nicht erfolgt, ist eine spätere, erneute Prüfung keineswegs ausgeschlossen, sondern liegt im Ermessen des BAMF, sofern nicht schon nach § 60 VIII AufenthG oder § 3 II AsylVfG ein Widerruf oder eine Rücknahme geboten ist. Dies gilt auch für die Angehörigen, die Familienasyl nach § 26 I bis III und V AsylVfG erhalten haben. Deren Rechtsstellung ist im Übrigen dann zu widerrufen, wenn die Statusentscheidung des Stammberechtigten erloschen, widerrufen oder zurückgenommen wurde und der Familienangehörige selbst keinen Anspruch auf Schutz hat.

Der Ausländer ist vor der beabsichtigten Entscheidung zu hören. Ihm ist Gelegenheit zu geben, sich innerhalb 1 Monats schriftlich zu äußern.

Erhält der Flüchtling ein solches Schreiben, ist Besonnenheit die erste Pflicht. Denn der Widerruf oder die Rücknahme der Anerkennung führt keineswegs automatisch dazu, dass er nunmehr das Bundesgebiet zu verlassen hätte. Zum einen ist ein Rechtsmittel gegen die Entscheidung gegeben, zum anderen gilt generell, dass eine solche Entscheidung keine direkten Auswirkungen auf das Aufenthaltsrecht hat. Unmittelbar betrifft sie nur den Status, mittelbar sind allerdings Auswirkungen auf das Aufenthaltsrecht möglich.

II. Widerruf und Rücknahme des asylrechtlichen Schutzes

Ein **Widerruf** findet dann statt, wenn sich die Verhältnisse gegenüber der früheren Entscheidung grundlegend geändert haben. Die asyl- und abschiebungsrechtliche Lage muss zum Zeitpunkt der Widerrufsentscheidung eine grundlegend andere sein, als sie es zum Zeitpunkt der früheren, positiven Entscheidung war. Es ist also zunächst kritisch zu prüfen, ob tatsächlich eine grundlegende Änderung der Verhältnisse im Verfolgerstaat vorliegt, wobei dieselben Grundsätze über die Verfolgungswahrscheinlichkeit anzuwenden sind wie bei der Erstentscheidung. Dies bedeutet, dass bei einer bereits erlittenen Vorverfolgung ein Widerruf nur in Frage kommt, wenn mit hinreichender Sicherheit eine Wiederholung der Verfolgung ausgeschlossen ist. Die früheren Feststellungen (z. B. über die Vorverfolgung und die Verfolgungsprognose) sind im Falle eines Widerrufes prinzipiell bindend, es kann also lediglich argumentiert werden, dass die seinerzeitige Verfolgungsprognose infolge geänderter Umstände nicht mehr zutrifft (nicht aber, dass sie bereits früher falsch war). Besonderes Gewicht kommt diesem Grundsatz dann zu, wenn die frühere Entscheidung auf einer gerichtlichen Entscheidung beruhte, das Verwaltungsgericht also das BAMF zur Anerkennung als asylberechtigt oder Zuerkennung der Flüchtlingseigenschaft verpflichtet hat. Ein Widerrufsverfahren durchbricht nämlich nicht die Rechtskraft des gerichtlichen Verpflichtungsurteils. Hierzu bedürfte es eines eigenen – meist nicht zulässigen – Wiederaufnahmeverfahrens gemäß § 153 VwGO. Ist also eine gerichtliche Entscheidung Grundlage der Anerkennung gewesen, gilt es sorgfältig zu prüfen, welche Tatsachen das Gericht seinerzeit seiner Verpflichtungsentscheidung zugrunde gelegt hat. Hat sich die tatsächliche Situation im Herkunftsland nicht wesentlich verändert, entfaltet diese gerichtliche Einschätzung auch weiterhin Bindungswirkung. Dies gilt auch dann, wenn sich die Einschätzung der dortigen Verhältnisse oder die Bewertung der Folgen durch die Rechtsprechung inzwischen geändert hat und heute eine positive Entscheidung nicht mehr ergehen würde. Eine Meinungsänderung ist, selbst wenn sich nunmehr die Beurteilung eindeutig zu Lasten des Flüchtlings entwickelt hat, kein Widerrufsgrund! Ging man z. B. vor zehn Jahren, davon aus, dass eine Glaubens-Konversion generell zu einer Verfolgung führt und denkt man heute, dass dies nur in Einzelfällen geschieht, ist ein Widerruf erst zulässig, wenn mit überwiegender Wahrscheinlichkeit feststeht, dass dem konkreten Menschen im Falle einer Rückkehr keine Gefahr droht.

Selbst dann jedoch, wenn eine Verfolgungsgefahr heute nicht mehr besteht, scheidet ein Widerruf aus, wenn „sich der Ausländer auf zwingende, auf früheren Verfolgungen beruhenden Gründe berufen kann, um die Rückkehr ... abzulehnen" (§ 71 I 3 AsylVfG). Diese Norm wird in der Praxis sehr restriktiv ausgelegt. Richtig ist demgegenüber, dass eine Unzumutbarkeit der Rückkehr bei vorangegangener Vorverfolgung jedenfalls dann vorliegt, wenn die Vorverfolgung trotz einer Änderung der Verhältnisse noch nachwirken; sei es, dass noch eine feindliche Haltung besteht, sei es, dass dem Einzelnen wegen des ausgelösten Traumas eine Rückkehr einfach nicht angesonnen werden darf. Gleiches müsste meines Erachtens auch dann gelten, wenn sich zwar die Verfolgungssituation geändert hat, nunmehr aber eine völlig anders geartete Notlage existiert – etwa Hungersnot etc. – und eine Rückkehr den Flüchtling ungleich härter trifft als die ortsansässig gebliebene Bevölkerung.

Die Rechtsprechung sieht dies jedoch anders. Man sollte sie nicht widerspruchslos akzeptieren, sondern zumindest dagegen anschreiben – ohne dem Flüchtling allerdings Illusionen zu machen.

Die **Rücknahme** der früheren Entscheidung kommt dann in Betracht, wenn sie auf unrichtigen Angaben oder darauf beruht, dass wesentliche Tatsachen verschwiegen wurden.

Beweispflichtig für das Vorliegen der Voraussetzungen des Widerrufs und der Rücknahme ist prinzipiell das BAMF. Verbleibende Zweifel sind zugunsten des Flüchtlings zu werten.

Nach der Rechtsprechung des Bundesverwaltungsgerichtes kann ein eingeleitetes Rücknahmeverfahren jederzeit in ein Widerrufsverfahren umgedeutet und als solches abgeschlossen werden. Die Rechtsfolge sei dieselbe. Ich halte dies für fragwürdig, weil nach den allgemeinen Grundsätzen des Verwaltungsrechts Widerruf und Rücknahme einander ausschließen.

Zumindest der umgekehrte Fall, also die Umdeutung eines Widerrufsverfahrens in ein Rücknahmeverfahren, dürfte nicht möglich sein, weil hier auch die Rechtsfolge eine weitere ist: Die Rücknahme führt zum Wegfall der früheren Rechtsstellung ex tunc – mit anderen Worten war der Betreffende nie anerkannt –, während der Widerruf nur Rechtswirkungen für die Zukunft entfaltet. Zudem sind die Voraussetzungen für eine Rücknahme ungleich härter als für einen Widerruf, so dass der Flüchtling nicht erst im Gerichtsverfahren damit konfrontiert werden darf.

III. Rücknahme des subsidiären Schutzes nach § 4 AsylVfG

Auch die Gewährung des subsidiären Schutzes ist zu widerrufen, wenn die Umstände, die zu dessen Zuerkennung geführt haben, nicht mehr bestehen oder sich so verändert haben, dass ein solcher Schutz nicht mehr nötig ist. Erforderlich ist jedoch, dass die Änderung so wesentlich und nicht nur vorübergehend ist, so dass der Ausländer tatsächlich „nicht länger Gefahr läuft, einen ernsthaften Schaden im Sinne des § 4 I AsylVfG zu erleiden".

Eine Rücknahme des subsidiären Schutzes ist auszusprechen, wenn der Betroffene von der Gewährung hätte ausgeschlossen werden müssen oder ausgeschlossen ist oder eine falsche Darstellung oder das Verschweigen von Tatsachen oder die Verwendung falscher Dokumente für die Gewährung des subsidiären Schutzes ausschlaggebend waren.

IV. Ausländische Anerkennung als Flüchtling, § 73a AufenthG

Nach § 73a AsylVfG wird dem Ausländer, dessen Status von einem fremden Staat festgestellt wurde und der später in die deutsche Obhut übernommen wurde und deshalb hier den Flüchtlingsstatus genießt, die Rechtsstellung als Flüchtling entzogen, wenn die Voraussetzungen für die Zuerkennung der Flüchtlingseigenschaft nicht oder nicht mehr vorliegen. § 73 AsylVfG gilt entsprechend. Mit anderen Worten: Die Tenorierung lautet auf einen Entzug der Flüchtlingseigenschaft, in der Sache müssen aber die Voraussetzungen des Widerrufs oder der Rücknahme vorliegen.

V. Rechtsmittel

Gegen die Widerrufs- oder Rücknahmeentscheidung des BAMF ist im Regelfall die Anfechtungsklage zum Verwaltungsgericht gegeben. Die Klage hat aufschiebende Wirkung. Dies bedeutet, dass der Widerruf und die Rücknahme erst mit der Rechtskraft des Widerrufs oder der Rücknahme wirksam werden. Bis zu diesem Zeitpunkt ist der Betreffende Flüchtling und kann alle Rechte in Anspruch nehmen. Es hat sich gezeigt, dass ein Widerrufsverfahren oftmals von der Ausländerbehörde angestoßen wird und dass diese schon mit Zustellung des Bundesamtsbescheides die Pässe nach der Genfer Konvention einzieht. Dies ist rechtswidrig. Gegebenenfalls kann mit Hilfe eines Antrags auf Erlass einer einstweiligen Anordnung erreicht werden, dass der Pass wieder ausgehändigt und die Niederlassungserlaubnis bzw. die Aufenthaltserlaubnis bis zur Rechtskraft der Entscheidung über den Widerruf/die Rücknahme wieder erteilt wird.

Theoretisch ist es auch möglich, die sofortige Vollziehung der Rücknahme- oder Widerrufsentscheidung anzuordnen. Dies ist nach allgemeinem Verwaltungsrecht jedoch nur zulässig, wenn ein besonderes öffentliches Interesse am Sofortvollzug besteht und im Bescheid schon dargelegt ist. Nach § 75 S. 2 AsylVfG entfällt die aufschiebende Wirkung jedoch, wenn Rechtsgrund das Vorliegen der Voraussetzungen von § 60 VIII 1 AufenthG ist.

In diesem Fall ist auch ein Antrag gemäß § 80 V VwGO zu stellen ist. Die Frist hierfür – und für die Klage – beträgt 1 Woche (§ 36 III 1 AsylVfG und § 74 I 2. Hs. AsylVfG).

▶ Formularmuster 12

VI. Rechtsfolgen

Widerruf bzw. Rücknahme führen nicht automatisch dazu, dass der Betreffende die Bundesrepublik Deutschland zu verlassen hat. Vielmehr bleibt ein vorhandener Aufenthaltstitel bestehen; erst in einem weiteren Schritt ist zu prüfen, ob und welche Konsequenzen der Widerruf bzw. die Rücknahme aufenthaltsrechtlich hat.

1. Pflicht zur Rückgabe des GFK-Passes und des Anerkennungsbescheids

Wenn rechtskräftig feststeht – aber erst dann! –, dass die frühere Asylanerkennung oder die Flüchtlingseigenschaft zurückgenommen oder widerrufen ist, ist der Flüchtling verpflichtet, den Anerkennungsbescheid und den Reiseausweis unverzüglich bei der Ausländerbehörde abzugeben (§ 73 VI i. V. m. § 72 II AsylVfG).

In der Praxis hat sich dann, wenn unstrittig eine generelle Veränderung der Lage vorliegt und in Parallelfällen bereits Widerrufe erfolgen, die Vorgehensweise herausgebildet, dass die Ausländerbehörde den Widerruf nicht abwartet, sondern schon dann, wenn sie meint, dass die Voraussetzungen für einen asylrechtlichen Schutz nicht mehr vorliegen, den Flüchtling auffordert, sich einen Heimatpass zu besorgen und anbietet, in diesen die bisherige Aufenthaltserlaubnis oder Niederlassungserlaubnis zu übertragen. Wer noch keine Niederlassungserlaubnis besitzt, sollte skeptisch sein (weil eine Passbeschaffung unter Umständen einen Erlöschensgrund darstellen kann oder so interpretiert wird) und zumindest die schriftliche Zusicherung der künftigen Erteilung einer Aufenthaltserlaubnis verlangen. Denn nicht selten erfolgt zwar die Übertragung der (noch einige Monate gültigen) Aufenthaltserlaubnis, anschließend aber keine Verlängerung.

Kann man davon ausgehen, dass der Aufenthalt auch künftig ermöglicht wird, ist es in diesen Fällen eine Frage des Einzelfalles, ob man um den Flüchtlingsstatus kämpft oder nicht. Es gilt die Erfolgsaussichten einerseits und die Vorteile und Nachteile des Flüchtlingsstatus andererseits gegeneinander abzuwägen. Oft wird der förmliche Status nicht von entscheidendem Gewicht sein, weshalb dann, wenn der weitere Aufenthalt gesichert ist, sich die Auseinandersetzung um den Status nicht lohnt.

2. Aufenthaltsbeendigung

Ist der Asyl- oder Flüchtlingsstatus beendet, muss die Ausländerbehörde prüfen, ob der Aufenthalt weiter hingenommen wird oder eine Aufenthaltsbeendigung im Raum steht. Ist der Betreffende im Besitz einer Niederlassungserlaubnis oder einer Aufenthaltserlaubnis, die noch länger gültig ist, kann zu diesem Zweck ein Widerruf der Niederlassungs- bzw. Aufenthaltserlaubnis in Betracht kommen; läuft der Aufenthaltstitel demnächst ab oder ist er schon abgelaufen und der Ausländer nur noch im Besitz einer Fiktionsbescheinigung kann die Verlängerung abgelehnt werden und eine Ausreiseaufforderung und Abschiebungsandrohung ergehen. Erforderlich ist jedenfalls der Erlass eines förmlichen Bescheids durch die Ausländerbehörde, der eine Abwägung der verschiedenen Interessen enthalten muss. Zu Gunsten des Ausländers sind dabei insbesondere seine Integrationsleistungen zu bedenken, also die Dauer des bisherigen Aufenthaltes, eine eventuelle Erwerbstätigkeit und wirtschaftliche Integration sowie familiäre Bindungen. Auch die Verhältnisse im Heimatland sind von Bedeutung: Auch wenn Abschiebungsverbote (gemäß § 60 V und VII 1 AufenthG) nicht mehr vorliegen sollten, eine Reintegration jedoch aufgrund kultureller Gegebenheiten oder des Alters (Jugendliche oder Senioren) nicht mehr möglich erscheint, ist unter Umständen eine Ausreiseaufforderung und Abschiebungsandrohung rechtswidrig.

Das Ergebnis einer solchen Abwägung kann vielfältig sein: In Frage kommt sowohl die Erteilung einer bis dahin noch nicht vorliegenden Niederlassungserlaubnis, die Verlängerung der Aufenthaltserlaubnis, aber auch die nachträgliche Verkürzung einer schon erteilten Aufenthaltserlaubnis oder die Ablehnung der weiteren Verlängerung einer Aufenthaltserlaubnis. Insbesondere das Vorliegen von erheblichen Straftaten oder anderer denkbarer erheblicher öffentlicher Interessen (Terrorismusverdacht) und die Frage der Lebensunterhaltssicherung sind die wesentlichen Faktoren dieser Entscheidung. Sogar der Widerruf einer Niederlassungserlaubnis ist im Ausnahmefall möglich, wobei einer bereits erfolgten Integration und der Aufenthaltsdauer in Deutschland besonderes Gewicht zukommt. Selbstverständlich hat die Ausländerbehörde auch zu prüfen, ob nicht andere Aufenthaltszwecke eingreifen, ob also aus familiären Gründen ein Anspruch auf eine Aufenthaltserlaubnis besteht oder die Voraussetzungen eines Aufenthaltstitels zur Arbeitsaufnahme oder zum Studium gegeben sind.

Beabsichtigt die Ausländerbehörde eine weitere Verlängerung des Aufenthalts abzulehnen oder den Aufenthalt zu beendigen, hat sie vorher rechtliches Gehör zu gewähren. Gegen den dann ergehenden förmlichen Bescheid ist Widerspruch bzw. Klage möglich.

▶ Tipp

Ein Widerruf des Status ist nur zulässig, wenn sich die Verhältnisse gegenüber der früheren Entscheidung grundlegend geändert haben. Ein bloßer Meinungsumschwung in der Beurteilung der Verhältnisse im Herkunftsland rechtfertigt einen Widerruf nicht!

Insbesondere dann, wenn die frühere positive Entscheidung auf einem gerichtlichen Urteil beruht, ist eine genaue Analyse der früheren Entscheidung und damals zugrunde gelegten Verhältnisse erforderlich. Der Widerruf darf die Rechtskraft des gerichtlichen Verpflichtungsurteils nicht durchbrechen.

Ein Widerruf des Flüchtlingsstatus ist dann unzulässig, wenn sich der Ausländer auf zwingende Gründe berufen kann, um die Rückkehr in den früheren Verfolgerstaat abzulehnen. Dieser Gesichtspunkt wird viel zu wenig beachtet.

Die Klage gegen den Widerruf bzw. die Rücknahme einer positiven Entscheidung hat im Regelfall aufschiebende Wirkung. Bis zur Rechtskraft der Entscheidung kann der Flüchtling alle Rechte nach der GFK in Anspruch nehmen, insbesondere darf er seinen GFK-Pass behalten.

Der Widerruf des Schutzstatus führt nicht automatisch zum Erlöschen des Aufenthaltsrechts. Vielmehr hat die Ausländerbehörde anschließend zu prüfen, ob weiterhin ein Aufenthalt eingeräumt wird. Wenn der Aufenthaltstitel aufgrund dieser Prüfung widerrufen oder zurückgenommen bzw. die Verlängerung abgelehnt wird, kann auch gegen diese Entscheidung Klage erhoben werden.

N Das Erlöschen der Rechtsstellung eines Flüchtlings

Die Asylberechtigung und die Flüchtlingsanerkennung können auch ohne Widerruf oder Rücknahme erlöschen. § 73 AsylVfG nennt die Voraussetzungen. Liegen sie vor, treten die Wirkungen gleichsam automatisch ein. Es bedarf also keines Verwaltungsaktes oder einer sonstigen behördlichen Aktivität.

Nach § 72 I Nr. 1 AsylVfG erlischt die Rechtsstellung, wenn sich der Flüchtling „freiwillig durch Annahme oder Erneuerung eines Nationalpasses oder durch sonstige Handlungen" erneut dem Schutz des Heimatstaates unterstellt hat. Das Merkmal der „Freiwilligkeit" stellt klar, dass eine aufgezwungene (vom Heimatstaat automatisch erteilte) oder aufgedrängte (auf Verlangen der Ausländerbehörde) Ausstellung eines Heimatpasses nicht genügt. Vielmehr muss eine freie und autonome Willensentscheidung des Flüchtlings vorliegen.

Ein sonstiges „Unterschutzstellen" unter die Behörden des Heimatlandes liegt noch nicht vor, wenn der Betroffene Vorteile oder allgemeine Leistungen der Botschaft oder des Konsulates des Heimatstaates entgegennimmt, etwa, wenn er sich wegen Personenstandsurkunden (Geburtsurkunden, Heiratsurkunden) an die Heimatbehörden wendet. Entscheidend ist vielmehr, dass der konkreten Handlung des Flüchtlings entnommen werden kann, dass er jetzt wieder seinen Heimatstaat als denjenigen ansieht, der ihm Schutz und Sicherheit gibt. Beispielsweise kann dies der Fall sein, wenn er sich bei einem Aufenthalt in einem Drittstaat nicht an die deutsche Auslandsvertretung mit der Bitte um Schutz und Hilfe wendet, sondern an den ursprünglichen Heimatstaat.

Nach § 72 I Nr. 1a AsylVfG erlischt die Rechtsstellung bei einer freiwilligen Rückkehr und Niederlassung im Verfolgerstaat. Allein die Einreise und ein kurzfristiger Besuchsaufenthalt führen noch nicht zum Erlöschen, erforderlich ist die Dauerhaftigkeit des Aufenthalts. Das Problem dieser Norm ist, dass allein die freiwillige, kurzfristige Rückkehr in den Verfolgerstaat als eine Schutzunterstellung im Sinne von § 72 I Nr. 1 AsylVfG durch eine sonstige Handlung gesehen werden kann. Jedenfalls führt jede Rückkehr zu einem entsprechenden Verdacht und unter Umständen erheblichen Schwierigkeiten. Sie sollten deshalb von einer Rückkehr in den Verfolgerstaat schon aus diesem Grund abraten und empfehlen, den Familien-Kontakt in einem Nachbarstaat zu pflegen.

Weiter erlischt die Rechtsstellung, wenn der Flüchtling seine alte Staatsangehörigkeit, die er bereits verloren hatte, freiwillig – also aufgrund eines Antrags – wiedererlangt hat (§ 72 I Nr. 2 AsylVfG).

Ein weiterer Erlöschenstatbestand ist der Erwerb einer anderen, neuen Staatsangehörigkeit (eines Drittstaates), sofern dieser Drittstaat seinem neuen Staatsbürger Schutz gewährt (wie dies meist der Fall sein wird). Im Umkehrschluss macht diese Bestimmung jedoch auch deutlich, dass der bloße, auch lang andauernde, rechtmäßige Aufenthalt in einem Drittstaat (ohne Erwerb der Staatsangehörigkeit) nicht zum Erlöschen der Rechtsstellung führt.

Schließlich kann auf die Rechtsstellung als Flüchtling auch verzichtet werden.

Leider kennen oder beachten viele anerkannte Flüchtlinge diese Bestimmung nicht. Immer wieder gibt es Fälle, in denen Asylberechtigte sich an die Heimatbehörden wenden oder gar in den Herkunftsstaat reisen, um dort die Ehe zu schließen, weil die deutsche Bürokratie die Eheschließung erschwert. Gelegentlich ziehen Flüchtlinge auch den Besitz eines Heimatpasses dem des Konventionspasses vor, weil sie sich mit Verwandten im Nachbarstaat leichter treffen können. Welche Folgen solche Handlungen haben können, bedenken sie dabei meist nicht.

Die Rechtsfolge des Erlöschens ist, dass der Betreffende den Schutz des Asylrechtes und des Flüchtlingsstatus nicht mehr beanspruchen kann. Er befindet sich dann in derselben Position wie nach dem rechtskräftigen Widerruf oder der rechtskräftigen Rücknahme. Der Anerkennungsbescheid und der Reiseausweis sind unverzüglich bei der Ausländerbehörde abzugeben. Nur wenn sonstige Aufenthaltsgründe bestehen – hierzu verweise ich auf das zum Widerruf Ausgeführte – ist Ergebnis des Erlöschens nicht die Ausreisepflicht.

Für die Feststellung, dass das Erlöschen eingetreten ist, ist ein besonderes Verfahren nicht vorgesehen. In der Praxis verlangen die Ausländerbehörden meist gemäß § 72 II AsylVfG die Rückgabe des Anerkennungsbescheides und des Reiseausweises. Dem Flüchtling ist dann dringend zu raten, den Pass der Ausländerbehörde nicht freiwillig auszuhändigen.

Behauptet die Ausländerbehörde weiterhin das Erlöschen, wird sie regelmäßig einen Bescheid erlassen, in dem die Aushändigung des Konventionspasses verlangt wird. Hiergegen ist eine Anfechtungsklage zulässig.

▶ Formularmuster 14

Enthält dieser Bescheid auch noch eine Feststellung, dass der Flüchtlingsstatus erloschen ist, ist auch diese Feststellung mit der Klage anzugreifen (Antrag z. B.: „Es wird festgestellt, dass die Voraussetzungen für die Zuerkennung der Flüchtlingseigenschaft weiterhin vorliegen.").

Oft erlässt die Ausländerbehörde jedoch keinen förmlichen Bescheid, sondern behauptet einfach das Vorliegen von Erlöschenstatbeständen und verlängert beispielsweise die Aufenthaltserlaubnis oder den Flüchtlingspass nicht mehr, zieht den Pass formlos ein oder weist auf die gesetzliche Pflicht nach § 72 II AsylVfG hin. In diesem Falle ist eine isolierte Feststellungsklage zulässig, dass die Rechtsstellung nicht erloschen ist. Richtiger Beklagter ist die Ausländerbehörde (in manchen Bundesländern auch das Land bzw. die kreisfreie Gemeinde), selbst wenn Grundlage der behördlichen Auffassung ein (internes) Gutachten des BAMF sein sollte.

Nur dann, wenn ausnahmsweise das BAMF selbst in Form eines förmlichen Bescheides das Erlöschen festgestellt hat, ist die Klage gegen die Bundesrepublik Deutschland zu richten (dann als Anfechtungsklage). Dies ist aber die große Ausnahme, weshalb ich von einem Formularmuster absehe.

In der Klage selbst ist vorzutragen, dass und warum die Erlöschenstatbestände nicht vorliegen. Die Klage hat keine aufschiebende Wirkung (§ 75 AsylVfG), so dass gegebenenfalls ein Antrag nach § 80 V VwGO auf Anordnung der aufschiebenden Wirkung zusätzlich gestellt werden muss. Die Frist für Klage und Eilantrag nach § 80 V VwGO beträgt, wenn gleichzeitig eine Abschiebungsanordnung ergeht, 1 Woche (§ 36 III 1 AsylVfG und § 74 I 2. Hs. AsylVfG). Ansonsten beträgt die Frist 2 Wochen.

Der Eilantrag wird stets Erfolg haben müssen, wenn das Vorliegen eines Erlöschenstatbestandes streitig ist, da der Flüchtling ansonsten nicht nur (einstweilen) seinen Status verliert, sondern ihm sogar die Abschiebung droht. Die Abschiebung darf jedenfalls bis zur rechtskräftigen Feststellung des Erlöschens nicht durchgesetzt werden, weil so lange nicht feststeht, ob sich der Flüchtling nicht doch auf den Abschiebungsschutz aus Art. 32 und 33 GFK berufen kann.

Ist der Reisepass bereits eingezogen worden, kann daneben ein Antrag auf Erlass einer einstweiligen Anordnung gemäß § 123 VwGO auf Wiederaushändigung des Passes bis zur Rechtskraft des anhängigen Rechtsstreits geboten sein. Dies ist keine seltene Fallkonstellation. Vielmehr wird in der Praxis oft bei der Wiedereinreise von der Bundespolizei der Pass einbehalten und an die Ausländerbehörde wegen des Erlöschens des Flüchtlingsstatus weitergeleitet.

Nach § 73a AufenthG gelten die obigen Ausführungen entsprechend für die Flüchtlinge, deren Status von einem fremden Staat festgestellt wurde und für die die Bundesrepublik Deutschland die Verantwortung übernommen hat.

▶ Tipp

Raten Sie einem Flüchtling davon ab, in den Verfolgerstaat zu reisen, auch wenn es sich nur um einen kurzfristigen Besuchsaufenthalt handelt: er riskiert in jedem Fall erhebliche Schwierigkeiten und unter Umständen auch den Wegfall seines Schutzstatus.

Oftmals gehen die Behörden vorschnell von einem Erlöschenstatbestand aus. Da nicht jede Annahme oder Erneuerung eines Nationalpasses und schon gar nicht jede Rückkehr in den Verfolgerstaat zu einem Erlöschen führt, das Erlöschen des Schutzstatus aber dazu führen kann, dass der Betroffene Deutschland verlassen muss, sollte bei dieser Fallkonstellation stets anwaltliche Unterstützung gesucht werden.

O Übersicht über das allgemeine Ausländerrecht

Dieser Leitfaden wendet sich an Flüchtlinge und ihre Beraterinnen und Berater. Er will das Flüchtlingsrecht und damit zusammenhängende ausländer- und sozialrechtliche Probleme klarstellen und erläutern. Er kann und will nicht das Ausländerrecht als solches darstellen. Da sich jedoch Flüchtlings- und Ausländerrecht überschneiden und einige der ausländerrechtlichen Problemstellungen auch für Asylsuchende und anerkannte Schutzberechtigte von Belang sind, soll das Ausländerrecht kurz dargestellt werden. Auf Spezialprobleme, wie etwas das Unionsrecht, das Assoziationsrecht, das Staatsangehörigkeitsrecht, das Staatenlosenrecht, aber auch eine vertiefende Darstellung spezieller Normen des Ausländerrechts muss hier verzichtet werden. Mehr als eine Übersicht will ich nicht geben.

Das Aufenthaltsgesetz, das durch das Zuwanderungsgesetz zum 01.01.2005 eingeführt wurde und mittlerweile fortlaufend, manchmal mehrfach im Jahr, weiterentwickelt wird, hat das frühere Ausländergesetz abgelöst.

I. Ausgangssituation und gesetzliche Systematik

Es ist das allgemeine Gesetz, das stets dann zur Anwendung kommt, wenn nicht Spezialgesetze existieren. Solche sind z. B. das Asylverfahrensgesetz für Asylbewerber oder das Freizügigkeitsgesetz/EU für EU-Bürger. Regelungen, die für Ausländer gelten, enthalten auch fachliche Spezialgesetze wie etwa die Sozialgesetzbücher, das Asylbewerberleistungsgesetz, das Bundeskindergeldgesetz, um nur einige zu erwähnen.

Zu beachten sind weiter die hierzu erlassenen Rechtsverordnungen, wie etwa die Aufenthaltsverordnung, die Arbeitsgenehmigungsverordnung, die Beschäftigungsverordnung oder die Integrationskursverordnung.

Die zum Aufenthaltsgesetz erlassenen Allgemeinen Verwaltungsvorschriften (AufenthG-VwV) erläutern die Paragraphen des Aufenthaltsgesetzes aus der Sicht der Verwaltung. Diese Bestimmungen sind weit detaillierter als der Gesetzestext. Es empfiehlt sich, zunächst die Allgemeinen Verwaltungsvorschriften zu lesen, wenn man mit einem Problem konfrontiert ist. Meist wird man feststellen, dass sich die Entscheidung der Ausländerbehörde an den Vorgaben der Verwaltungsvorschriften orientiert: man kann dann die Erfolgschancen besser einschätzen, denn nur selten korrigieren die Gerichte die in den Verwaltungsvorschriften wiedergegebenen Rechtsmeinungen. Gelegentlich kann man jedoch auch die Auffassung der Ausländerbehörde mit einem Hinweis auf die Verwaltungsvorschriften widerlegen. Bei manchen Ausländerbehörden hat sich eine bestimmte Praxis über die Jahre eingeschliffen, ohne dass diese mit den (die Verwaltung bindenden) Verwaltungsvorschriften konform geht. Neben den Allgemeinen Verwaltungsvorschriften, die bundesweit gelten, haben die Länder eigene Auslegungsvorschriften, teils in Form von Erlassen, herausgegeben. Diese sind teils veröffentlicht, teils werden sie als Geheimsache behandelt und nur im Ausnahmefall mitgeteilt. Es ist zu empfehlen, dass man sich, soweit wie möglich, auch diese Ländererlasse beschafft und diese ergänzend heranzieht.

Das Freizügigkeitsgesetz/EU regelt die Einreise und den Aufenthalt von Staatsangehörigen anderer Mitgliedsstaaten der Europäischen Union sowie der Staatsangehörigen der EWR-Staaten und ihrer Familienangehörigen (§ 1 FreizügG/EU). Daneben entfalten auch Richtlinien und Verordnungen des Rates der Europäischen Gemeinschaften zunehmende Bedeutung, so etwa

- die Verordnung Nr. 1612/68 über die Freizügigkeit der Arbeitnehmer,
- die Richtlinie Nr. 64/221/EWG zur Koordinierung der Sondervorschriften für die Einreise und den Aufenthalt,
- die Richtlinie Nr. 68/360/EWG zur Aufhebung der Reise- und Aufenthaltsbeschränkungen.

Für Schweizer ist das Abkommen zwischen der Europäischen Gemeinschaft und ihren Mitgliedsstaaten einerseits und der Schweiz andererseits vom 21.06.1999 maßgeblich, das den Schweizern Freizügigkeit zur Aufnahme einer selbstständigen oder unselbstständigen Erwerbstätigkeit gewährt.

Weiter sind das Assoziierungsabkommen der EU mit der Türkei und der hierauf beruhende Beschluss Nr. 1/80 des Assoziationsrates EWG/Türkei für türkische Arbeitnehmer von großer Bedeutung.

Die europarechtlichen Bestimmungen – und es kommen laufend neue hinzu – sind für die deutsche Praxis von zunehmender Bedeutung. Gleiches gilt für die Entscheidungen europäischer Gerichte. Der Europäische Gerichtshof (EuGH), der das Unionsrecht bindend auslegt, tritt den nationalen Borniertheiten entschlossen entgegen, fördert die Angleichung der rechtlichen und tatsächlichen Verhältnisse innerhalb der Europäischen Gemeinschaften und damit auch die Internationalisierung des Rechtes.

Der Europäische Gerichtshof für Menschenrechte (EGMR), dessen Prüfungsgegenstand die EMRK ist, hat im Hinblick auf die Achtung der Menschenrechte bei der Anwendung des nationalen Rechts zunehmend Gewicht, und zwar in allen Staaten des Europarates, nicht nur in der EU.

Nicht nur die Fülle der Rechtsvorschriften, die nicht immer harmonisch aufeinander abgestimmt sind (dies gilt insbesondere für das Unionsrecht im Verhältnis zum nationalen Recht), sondern auch die Vielzahl von obergerichtlichen Entscheidungen, auch der europäischen Gerichte, die mehr oder weniger bindende Vorgaben gemacht haben, machen das Ausländerrecht so schwer durchschaubar – auch für die Ausländerbehörden. Hieraus erklären sich viele Fehler und Unzulänglichkeiten, die im Alltag zu beobachten sind. Die rigide Reaktion mancher Sachbearbeiterinnen und Sachbearbeiter mag so erklärt werden können.

Gleichwohl dürfen Sie den/die einzelne/n Sachbearbeiter/in nicht als Feind ansehen – es gibt darunter auch sehr nette und hilfsbereite Menschen. Vorsicht ist jedoch angesagt. Bevor Sie einen schwierigen Fall eines Flüchtlings in aller Offenheit dem zuständigen Sachbearbeiter unterbreiten, sollten Sie sich zunächst – und gegebenenfalls anonym – erkundigen. Schon oft hat z. B. die naive Anfrage nach einem Aufenthaltsrecht im Falle einer Eheschließung dazu geführt, später einen Scheinehenverdacht zu begründen. Manche Nachfrage nach der Verlängerung eines Besuchsvisums hat dem/der Betreffenden einen Stempel „zur Ausreise aufgefordert" eingebracht. Nicht selten kommt es vor, dass die Frage, ob es nicht möglich sei, einen Verwandten einzuladen, garantiert, dass dieser Verwandte die nächste Zeit ganz sicher kein Visum bekommt. Seien Sie also lieber skeptisch, erkundigen Sie sich zunächst allgemein, bevor Sie den konkreten Fall dem zuständigen Sachbearbeiter unterbreiten. Ist der Fall nicht klar und sieht das Gesetz keinen

Rechtsanspruch (sondern ein Ermessen) vor, holen Sie lieber fachkundigen Rat ein. Gerade weil die Spielräume im Ausländerrecht vielfach sehr eng sind, lohnt diese Investition.

II. Einreise und Aufenthalt – Allgemeines

Ausländer dürfen in das Bundesgebiet nur einreisen und sich darin aufhalten, wenn sie im Besitz eines gültigen Passes oder Passersatzes sind (§ 3 I AufenthG).

Für die Einreise und den Aufenthalt benötigen sie grundsätzlich einen Aufenthaltstitel, sofern nicht Ausnahmen vorgesehen sind.

1. Aufenthaltstitel

Aufenthaltstitel sind:

Das Visum (§ 6 AufenthG), die Aufenthaltserlaubnis (§ 7 AufenthG) oder die Niederlassungserlaubnis (§ 9 AufenthG), die Erlaubnis zum Daueraufenthalt-EU (§ 9a AufenthG) und die Blaue Karte EU (§ 19a AufenthG).

Jeder Aufenthaltstitel muss, so § 4 II 2 AufenthG ausdrücklich, erkennen lassen, ob die Ausübung einer Erwerbstätigkeit erlaubt ist. Dies ist der Fall, wenn dies im Aufenthaltsgesetz ausdrücklich bestimmt ist oder der Aufenthaltstitel die Ausübung einer Erwerbstätigkeit ausdrücklich erlaubt. Wann dies der Fall ist, regeln § 39 AufenthG und vor allem die Beschäftigungsverordnung.

Das Zuwanderungsgesetz hat das frühere System, wonach Ausländer neben der Aufenthaltserlaubnis auch eine Arbeitserlaubnis bei der Arbeitsagentur einholen müssen, abgeschafft und durch ein internes Zustimmungsverfahren ersetzt. Die Arbeitsgenehmigung wird in einem Akt mit dem Aufenthaltstitel von der Ausländerbehörde erteilt, wenn die Bundesagentur für Arbeit intern zugestimmt hat (§ 39 I AufenthG) oder eine Zustimmung nicht erforderlich ist.

1.1. Allgemeine Voraussetzungen

§ 5 AufenthG stellt klar, welche Voraussetzungen in der Regel vorliegen müssen, damit ein Aufenthaltstitel erteilt werden kann.

Verlangt wird
- die Erfüllung der Passpflicht nach § 3 AufenthG,
- die Sicherung des Lebensunterhalts, § 5 I Nr. 1 AufenthG,
- die Klärung der Identität bzw. der Rückkehrberechtigung, § 5 Ia AufenthG,
- das Nicht-Vorliegen eines Ausweisungsgrundes, § 5 I Nr. 2 AufenthG, sowie
- dass, soweit kein Anspruch auf Erteilung eines Aufenthaltstitels besteht, der Aufenthalt des Ausländers nicht aus einem sonstigen Grund die Interessen der Bundesrepublik Deutschland beeinträchtigt oder gefährdet, § 5 I Nr. 3 AufenthG.

Schließlich verlangt Absatz 2, dass der Ausländer
- mit dem erforderlichen Visum eingereist ist und
- die für die Erteilung maßgeblichen Angaben bereits im Visumantrag gemacht hat.

Von beiden Voraussetzungen kann abgesehen werden, wenn die Voraussetzungen eines Anspruchs auf Erteilung erfüllt sind und es aufgrund besonderer Umstände des Einzelfalles nicht zumutbar ist, das Visumverfahren nachzuholen.

Der Begriff der Lebensunterhaltssicherung ist in § 2 III AufenthG legaldefiniert. Der Lebensunterhalt ist danach gesichert, wenn der Ausländer ihn einschließlich ausreichenden Krankenversicherungsschutzes ohne Inanspruchnahme öffentlicher Mittel bestreiten kann. Einzelheiten siehe dort.

Die Identität ist geklärt, wenn der Ausländer über einen Pass oder über andere Identitätspapiere, etwa einen Personalausweis oder einen Führerschein, verfügt.

Ein Ausweisungsgrund liegt schon dann vor, wenn die Tatbestände von §§ 53 bis 55 AufenthG erfüllt sind. Nicht erforderlich ist es, dass eine Ausweisung tatsächlich verfügt worden ist oder verfügt werden kann. Andererseits rechtfertigt nicht jede formale Erfüllung eines Ausweisungsgrundes schon die Versagung einer Aufenthaltserlaubnis, vielmehr müssen Gründe von gewissem Gewicht gegeben sein.

Von all diesen Voraussetzungen ist (zwingend) abzusehen, wenn ein Aufenthaltstitel nach §§ 24, 25 I bis III oder § 26 III AufenthG erteilt werden soll. Soll ein humanitärer Aufenthalt nach anderen Bestimmungen erteilt werden, kann davon abgesehen werden – das Ermessen muss ausgeübt werden, § 5 III AufenthG.!

1.2. Versagungsgründe

Nach § 5 IV AufenthG ist die Erteilung eines Aufenthaltstitels zu versagen, wenn einer der Ausweisungsgründe nach § 54 Nr. 5 oder 5a AufenthG vorliegt, der Ausländer also eine Gefahr für die Sicherheit der Bundesrepublik Deutschland darstellt. Nach Satz 2 können in begründeten Einzelfällen Ausnahmen zugelassen werden, wenn sich der Ausländer gegenüber den Behörden offenbart und glaubhaft von seinem sicherheitsgefährdenden Handeln Abstand nimmt.

Nach § 10 III 2 AufenthG darf dem Ausländer vor der Ausreise kein Aufenthaltstitel außer nach § 25 III AufenthG erteilt werden, sofern ein Asylantrag nach § 30 III AsylVfG (und nicht nach einem anderen Absatz!) als offensichtlich unbegründet abgelehnt wurde. Dies gilt jedoch nicht im Fall eines Anspruchs auf Erteilung eines Aufenthaltstitels oder wenn der Ausländer die Voraussetzungen für die Erteilung einer Aufenthaltserlaubnis nach § 25 III AufenthG erfüllt.

Ein Ausländer, der ausgewiesen, zurückgeschoben oder abgeschoben worden ist, darf nicht erneut in das Bundesgebiet einreisen und sich darin aufhalten. Auch bei Vorliegen der Voraussetzungen eines Anspruchs wird ihm kein Aufenthaltstitel erteilt, § 11 I AufenthG.

Diese Wirkungen sind zu befristen, jedoch beginnt die Frist erst mit der Ausreise. Eine Befristung erfolgt dann nicht, wenn ein Ausländer wegen eines Verbrechens gegen den Frieden, eines Kriegsverbrechens oder eines Verbrechens gegen die Menschlichkeit oder aufgrund einer Abschiebungsanordnung nach § 58a AufenthG aus dem Bundesgebiet abgeschoben wurde, sofern nicht die oberste Landesbehörde im Einzelfall Ausnahmen zugelassen hat.

2. Visum

Ausländer benötigen für die Einreise grundsätzlich ein Visum, das als Schengen-Visum (§ 6 I AufenthG) oder als nationales Visum (§ 6 II und IV AufenthG) erteilt wird. Das Schengen-Visum ermöglicht die Durchreise durch das Bundesgebiet oder den Aufenthalt bis zu 90 Tagen pro Halbjahr. Es hat im Regelfall Gültigkeit für das gesamte Schengen-Gebiet.

Die §§ 31 ff. AufenthV regeln, wann ein Visum der Zustimmung, meist durch die Ausländerbehörde, bedarf. Der Hauptanwendungsfall ist ein Zuzug ins Bundesgebiet (§ 31 I Nr. 1 AufenthV). Die Zustimmung ist kein Verwaltungsakt, sondern ein Verwaltungsinternum. Auch wenn das Visum nur an der fehlenden Zustimmung der Ausländerbehörde scheitert, muss eine Verpflichtungsklage gegen die Bundesrepublik Deutschland, vertreten durch das Auswärtige Amt, beim VG Berlin erhoben werden.

Für Aufenthalte über 3 Monate pro Halbjahr ist ein nationales Visum erforderlich. Auch ein solches nationales Visum berechtigt regelmäßig zur Einreise und zum vorübergehenden Aufenthalt in einem anderen Schengen-Vertragsstaat.

3. Aufenthaltserlaubnis

§ 7 I AufenthG definiert die Aufenthaltserlaubnis als einen befristeten Aufenthaltstitel, der zu den in den nachfolgenden Abschnitten genannten Aufenthaltszwecken erteilt wird. Gleichzeitig enthält jedoch § 7 I 3 AufenthG eine Generalklausel, nach der in begründeten Fällen eine Aufenthaltserlaubnis auch für einen von diesem Gesetz nicht vorgesehenen Aufenthaltszweck erteilt werden kann. Voraussetzung ist, dass der Aufenthaltszweck nicht bereits in anderen Bestimmungen des Aufenthaltsgesetzes abschließend geregelt ist. Diese vorrangigen Regelungen befinden sich in den Abschnitten 3 bis 7 (§§ 16 bis 38 AufenthG).

4. Niederlassungserlaubnis

Die Niederlassungserlaubnis ist der unbefristete (nationale) Aufenthaltstitel. Die allgemeine Niederlassungserlaubnis ist in § 9 AufenthG geregelt; daneben gibt es noch Niederlassungserlaubnisse aufgrund von Sondervorschriften, etwa für Flüchtlinge (§ 26 III und IV AufenthG), humanitäre Aufenthaltsgewährung (§ 23 II AufenthG), Absolventen deutscher Hochschulen (§ 18b AufenthG), Hochqualifizierte (§ 19 AufenthG), Familienangehörigge von Deutschen (§ 28 II AufenthG) und ehemalige Deutsche (§ 38 AufenthG). Teilweise verweisen diese Sondernormen auf § 9 AufenthG.

4.1. Niederlassungserlaubnis gemäß § 9 AufenthG

Die Niederlassungserlaubnis berechtigt zur Ausübung einer Erwerbstätigkeit, also zu einer selbstständigen Tätigkeit und einer Arbeitnehmertätigkeit (§ 2 II AufenthG), ist zeitlich und räumlich unbeschränkt und darf nicht mit einer Nebenbestimmung (Ausnahme: Verbot der politischen Betätigung, § 47 AufenthG und bei der Niederlassungserlaubnis nach § 28 II auch die Wohnsitzauflage) versehen werden.

Die Voraussetzungen für die Erteilung einer Niederlassungserlaubnis sind:
- 5-jähriger Besitz der Aufenthaltserlaubnis
- Sicherung des Lebensunterhalts
- 60 Monate Pflichtbeiträge zur Rentenversicherung oder vergleichbare freiwillige Leistungen
- Gründe der öffentlichen Sicherheit und Ordnung unter Berücksichtigung der Schwere und Art des Verstoßes oder der vom Ausländer ausgehenden Gefahr unter Berücksichtigung der Dauer des bisherigen Aufenthalts und dem Bestehen von Bindungen im Bundesgebiet nicht entgegenstehen
- Erlaubnis zu einer Beschäftigung oder sonstigen Erwerbstätigkeit
- Ausreichende Deutschkenntnisse (B1 GERR)
- Grundkenntnisse der Rechts- und Gesellschaftsordnung und der Lebensverhältnisse im Bundesgebiet
- Nachweis ausreichenden Wohnraums für sich und die in häuslicher Gemeinschaft lebenden Familienangehörigen

§ 9 AufenthG enthält eine sehr detaillierte Regelung der Einzelheiten und auch einzelner Ausnahmen – so etwa bei Vorliegen einer Krankheit oder Behinderung.

Grundsätzlich bestimmt § 9 II 2 AufenthG, dass die Voraussetzungen der erforderlichen Deutschkenntnisse und der Grundkenntnisse der Rechts- und Gesellschaftsordnung und der Lebensverhältnisse durch den erfolgreichen Abschluss eines Integrationskurses nachgewiesen werden.

4.2. Niederlassungserlaubnis nach § 26 AufenthG

Auch § 26 AufenthG ist Grundlage für die Erteilung einer Niederlassungserlaubnis. Nach § 26 III AufenthG ist einem Ausländer, der seit 3 Jahren eine Aufenthaltserlaubnis nach § 25 I oder II S.1 1. Alt. AufenthG besitzt (Asylberechtigter oder Flüchtling nach § 3 AsylVfG) eine Niederlassungserlaubnis zu erteilen, wenn das BAMF mitgeteilt hat, dass die Voraussetzungen für den Widerruf oder eine Rücknahme nicht vorliegen.

Nach § 26 IV AufenthG können die Ausländer, die aus humanitären Gründen eine Aufenthaltserlaubnis erhalten haben, eine Niederlassungserlaubnis erhalten, wenn die in § 9 II 1 Nr. 2 bis 9 AufenthG bezeichneten Voraussetzungen vorliegen. Die Aufenthaltszeiten des letzten vorangegangenen Asylverfahrens werden angerechnet. Für Altfälle, also diejenigen, die bereits vor dem 01.01.2005 im Bundesgebiet waren, sehen die Übergangsbestimmungen Ausnahmen vor. So genügen einfache deutsche Sprachkenntnisse. Grundkenntnisse der Rechts- und Gesellschaftsordnung und der Lebensverhältnisse im Bundesgebiet werden ebenso wenig verlangt wie der Nachweis von 60 Monaten Pflichtbeiträgen zur Rentenversicherung (§ 104 II AufenthG). Auch die Duldungszeiten vor dem 01.01.2005 werden angerechnet (§ 102 II AufenthG).

5. Erlaubnis zum Daueraufenthalt-EU

Dieser Aufenthaltstitel beruht auf den Vorgaben der Daueraufenthalt-Richtlinie-EU. Sie will EU-weit einen einheitlichen Aufenthaltstitel für „langfristig Daueraufenthaltsberechtigte" schaffen. Der wesentliche Unterschied zur nationalen Niederlassungserlaubnis besteht darin, dass der langfristig Daueraufenthaltsberechtigte im Sinne von § 9a AufenthG mit Mobilitätsrechten in der EU ausgestattet ist. Im Übrigen ist er, soweit das Gesetz nichts anderes regelt, dem Inhaber einer Niederlassungserlaubnis gleichgestellt (§ 9a I 2 AufenthG). Die Erlaubnis zum Daueraufenthalt-EU kann neben einer Niederlassungserlaubnis erteilt werden. Auch subsidiär Schutzberechtigte können sie unter Umständen schneller als eine Niederlassungserlaubnis nach § 26 IV AufenthG, erwerben.

§ 9a II AufenthG regelt die Voraussetzungen für die Erteilung. Diese sind:
- 5-jähriger Aufenthalt mit Aufenthaltstitel im Bundesgebiet
- Lebensunterhaltssicherung für sich und die unterhaltsberechtigten Angehörigen durch feste und regelmäßige Einkünfte
- Ausreichende Kenntnisse der deutschen Sprache
- Grundkenntnisse der Rechts- und Gesellschaftsordnung und der Lebensverhältnisse im Bundesgebiet

- keine entgegenstehenden Gründe der öffentlichen Sicherheit und Ordnung
- ausreichender Wohnraum für sich und die in familiärer Gemeinschaft lebenden Familienangehörigen

§ 9a III AufenthG schließt einige Personen von der Anwendung aus; bezüglich der Einzelheiten wird auf den Gesetzestext verwiesen.

§ 9b AufenthG enthält eine detaillierte Regelung der anrechenbaren Aufenthaltszeiten. § 9c AufenthG definiert die „festen und regelmäßigen Einkünfte" im Sinne von § 9a II Nr. 2 AufenthG für den Regelfall.

6. Blaue Karte EU, § 19a AufenthG

Die sog. Hochqualifizierten-Richtlinie (RL 2009/50/EG) hat den neuen Aufenthaltstitel „Blaue Karte EU" eingeführt. Hochschulabsolventen und vergleichbar Hochqualifizierte können nun unter den dort normierten Voraussetzungen eine befristete Aufenthaltserlaubnis erhalten, die rascher und unter erleichterten Voraussetzungen in eine Niederlassungserlaubnis umgewandelt werden kann.

III. Die Aufenthaltserlaubnisse

Nach § 7 I 2 AufenthG wird eine Aufenthaltserlaubnis als befristeter Aufenthaltstitel zu einem in den nachfolgenden Abschnitten des Aufenthaltsgesetzes genannten Aufenthaltszweck erteilt.

1. Aufenthaltserlaubnis zur Ausbildung

Das Aufenthaltsgesetz regelt in Kapitel 2, 3. Abschnitt in den §§ 16 und 17 eine Aufenthaltserlaubnis zum Studium, für Sprachkurse, zum Schulbesuch und sonstige Ausbildungszwecke.

Nach erfolgreichem Abschluss des Studiums kann die Aufenthaltserlaubnis bis zu einem weiteren Jahr zur Suche eines diesem Abschluss angemessenen Arbeitsplatzes verlängert werden, sofern der Arbeitsplatz von Ausländern besetzt werden darf.

2. Aufenthaltserlaubnis zur Erwerbstätigkeit

In Kapitel 2, 4. Abschnitt des Aufenthaltsgesetzes wird in den §§ 18 - 21 der Aufenthalt zum Zweck der Erwerbstätigkeit geregelt.

2.1. Aufenthalt zur Beschäftigung, § 18 AufenthG

§ 18 AufenthG stellt den Grundsatz auf, dass sich die Zulassung ausländischer Beschäftigter an den Erfordernissen des Wirtschaftsstandortes Deutschland unter Berücksichtigung der Verhältnisse auf dem Arbeitsmarkt und dem Erfordernis, die Arbeitslosigkeit wirksam zu bekämpfen, orientiert. Eine Aufenthaltserlaubnis zum Zwecke der Beschäftigung kann danach erteilt werden, wenn ein konkretes Arbeitsplatzangebot (§ 18 V AufenthG) und die Zustimmung der Bundesagentur für Arbeit vorliegt (§ 39 AufenthG) oder ausnahmsweise entbehrlich ist (siehe BeschV).

Die Arbeitsagentur kann gemäß § 39 II AufenthG einer Aufenthaltserlaubnis zur Ausübung einer Beschäftigung dann zustimmen, wenn

- sich durch die Beschäftigung des Ausländers keine nachhaltigen Auswirkungen auf den Arbeitsmarkt, insbesondere hinsichtlich Beschäftigungsstruktur, Regionen und Wirtschaftszweige ergeben (§ 39 II S. 1 Nr. 1a AufenthG),
- kein Arbeitnehmer mit vorrangigem Zugangsrecht zum Arbeitsmarkt zur Verfügung steht (§ 39 II S. 1 Nr. 1b AufenthG) oder
- die Besetzung der offenen Stellen mit ausländischen Bewerbern aufgrund der für einzelne Berufsgruppen und Wirtschaftszweige durchgeführten Prüfung der vorgenannten Punkte arbeitsmarktpolitisch und integrationspolitisch verantwortbar ist (§ 39 II S. 1 Nr. 2 AufenthG).

Weitere Voraussetzung ist, dass der Ausländer nicht zu ungünstigeren Arbeitsbedingungen als vergleichbare deutsche Arbeitnehmer beschäftigt wird. Die Einzelheiten der Erwerbstätigkeit sind in der Beschäftigungsverordnung geregelt.

2.2. Aufenthalt zur qualifizierten Beschäftigung, §§ 18a bis 20 AufenthG

§§ 18a bis 20 AufenthG ermöglicht es Absolventen deutscher Hochschulen, Hochqualifizierten oder Forschern, eine Aufenthaltserlaubnis oder die Blaue Karte EU zu erteilen. Einzelheiten siehe dort.

2.2.1. § 18a AufenthG erlaubt die Erteilung einer Aufenthaltserlaubnis für qualifizierte Geduldete zum Zweck der Beschäftigung. Danach kann einem Geduldeten eine Aufenthaltserlaubnis zur Ausübung einer der beruflichen Qualifikation entsprechenden Beschäftigung erteilt werden, wenn die Bundesagentur für Arbeit zugestimmt hat und der Ausländer eine qualifizierte Berufsausbildung von mindestens 2 Jahren abgeschlossen hat, sowie sonstige, dort normierte Voraussetzungen vorliegen. Diese lobenswerte Vorschrift ermöglicht es insbesondere den sog. unbegleiteten minderjährigen Flüchtlingen, auch nach einem negativen Ausgang des Asylverfahrens zu einem Aufenthaltstitel zu gelangen und so eine Lebensperspektive zu entwickeln.

3. Aufenthaltserlaubnis aus humanitären Gründen

Kapitel 2, 5. Abschnitt des Aufenthaltsgesetzes regelt in den §§ 22 bis 26 den Aufenthalt aus völkerrechtlichen, humanitären oder politischen Gründen. Im Zentrum der Regelung steht dabei § 25 AufenthG. Er ist die zentrale Bestimmung, um im Einzelfall einem Individuum aus humanitären Gründen einen Aufenthalt zu erteilen.

Die Voraussetzungen für die einzelnen Paragraphen sind bereits im Kapitel E) unter V) und VI) teilweise ausführlich dargestellt. Damit die gesetzliche Systematik deutlich wird, wiederhole ich die einzelnen Regelungen nochmals kurz.

3.1. Übernahme aus dem Ausland, § 22 AufenthG

§ 22 AufenthG ermöglicht die Aufnahme aus dem Ausland aus völkerrechtlichen oder dringenden humanitären Gründen.

Völkerrechtliche Gründe für die Erteilung einer Aufenthaltserlaubnis liegen – so die Gesetzesbegründung – insbesondere vor, wenn die Aufnahme aufgrund internationaler Verpflichtungen erfolgt.

Dringende humanitäre Gründe liegen vor, „wenn die Aufnahme im Hinblick auf eine Sondersituation gegenüber anderen Ausländern gerechtfertigt ist" (Gesetzesbegründung). Die Allgemeinen Verwaltungsvorschriften zum Aufenthaltsgesetz benennen als Beispielsfälle „humanitäre Hilfeleistungen in einer Notsituation".

Der Antrag ist als Visumantrag zu stellen, die Zustimmung der Ausländerbehörde ist erforderlich.

Satz 2 enthält eine Aufnahmebefugnis für den Bundesinnenminister oder eine von ihm bestimmte Stelle. Zwingende Rechtsfolge ist die Erteilung einer Aufenthaltserlaubnis, die nach Satz 3 zur Ausübung einer Erwerbstätigkeit berechtigt. Politische Interessen der Bundesrepublik Deutschland sind vornehmlich außenpolitische; es können aber auch innenpolitische sein, so z. B. die Durchsetzung verfassungsrechtlicher Grundsätze oder Belange der Bundesländer. Obwohl § 22 die Aufnahme von einzelnen, individuellen Fällen regelt, schließt dies eine Gruppenregelung (wenn auch mit der Folge einer individuellen Visumerteilung) nicht aus. Ein Beispiel für die Anwendung von 22 II AufenthG ist die Aufnahme gefährdeter afghanischer Dolmetscher, die für die Bundeswehr gearbeitet hatten.

3.2. Länderregelung, Übernahme, § 23 AufenthG

Nach § 23 AufenthG kann die oberste Landesbehörde im Einvernehmen mit dem BMI aus völkerrechtlichen oder humanitären Gründen oder zur Wahrung politischer Interessen der Bundesrepublik Deutschland anordnen, dass Ausländern aus bestimmten Staaten oder in sonstiger Weise bestimmten Ausländergruppen eine Aufenthaltserlaubnis erteilt wird.

Nach Satz 2 kann die Anordnung unter der Maßgabe erfolgen, dass eine Verpflichtungserklärung nach § 68 AufenthG abgegeben wird.

Die Länderkontingente für syrische Flüchtlinge beruhen zum Beispiel auf dieser Norm.

Die Verlängerung einer so erteilten Aufenthaltserlaubnis richtet sich gemäß § 8 I AufenthG nach den Vorschriften für deren Erteilung. Für jede Verlängerung muss daher erneut das Einvernehmen des BMI eingeholt werden, sofern nicht das BMI schon bei der erstmaligen Erteilung der Aufenthaltserlaubnis generell einer späteren Verlängerung zugestimmt hat.

Auch ohne Einvernehmen kann jedoch – wenn die Voraussetzungen vorliegen – von einer Aufenthaltserlaubnis nach § 23 AufenthG in eine solche nach § 25 IV AufenthG oder einen anderen Absatz dieser Bestimmung gewechselt werden.

§ 23 I AufenthG korrespondiert mit § 60a I AufenthG. Danach kann – ohne dass ein Einvernehmen mit dem BMI herzustellen wäre – die oberste Landesbehörde die Abschiebung für die Höchstdauer von 6 Monaten aussetzen. Wie Satz 2 von § 60a I AufenthG klarstellt, gilt „für einen Zeitraum von länger als 6 Monaten ... § 23 I", sieht also danach eine Aufenthaltserlaubnis vor. Die Praxis ignoriert diese Vorschrift weitgehend.

3.2.1. Das Bundesministerium des Inneren kann zur Wahrung besonderer politischer Interessen Deutschlands im Benehmen mit den obersten Landesbehörden anordnen, dass das BAMF Ausländern aus bestimmten Staaten oder in sonstiger Weise bestimmten Ausländergruppen eine Aufnahmezusage erteilt (§ 23 Abs. 2 AufenthG). Diese Bestimmung ersetzt das Gesetz über Maßnahmen für im Rahmen humanitärer Hilfsaktionen aufgenommene Flüchtlinge" (HumHAG oder auch Kontingentflüchtlingsgesetz), das in analoger Anwendung die Aufnahme jüdischer Zuwanderer regelt. Ein anderes Beispiel ist die Aufnahme syrischer Bürgerkriegsflüchtlinge durch Bundeskontingente. Einzelheiten regelt die zwischen Bund und Ländern bestimmte Anordnung. Je nachdem wird dem Ausländer eine Aufenthaltserlaubnis oder eine Niederlassungserlaubnis erteilt, wobei Letztere mit einer wohnsitzbeschränkenden Auflage versehen werden kann.

3.3. Aufenthaltsgewährung in Härtefällen, § 23a AufenthG

Das Zuwanderungsgesetz hat in § 23a die obersten Landesbehörden ermächtigt, aufgrund einer Empfehlung der Härtefallkommission eine Aufenthaltserlaubnis zu erteilen. Die Einzelheiten sind oben (Kapitel E VI) 3.) dargestellt.

3.4. Aufenthaltsgewährung zum vorübergehenden Schutz, § 24 AufenthG

Die Regelung ist die Übernahme der EU-Richtlinie zur Gewährung von vorübergehendem Schutz (Richtlinie 2001/55/EG des Rates vom 20.07.2001) in das deutsche Recht (siehe oben Kapitel E VI) 4.). Sie hat bisher keine Anwendung gefunden.

3.5. Aufenthaltserlaubnis gemäß § 25 I und II 1 1. Alt. AufenthG

Nach § 25 I AufenthG ist einem Ausländer eine Aufenthaltserlaubnis zu erteilen, wenn er unanfechtbar als Asylberechtigter anerkannt ist.

Das Gleiche bestimmt § 25 II S.1 1. Alt. AufenthG für Ausländer, bei denen das BAMF unanfechtbar die Flüchtlingseigenschaft gemäß § 3 AsylVfG festgestellt hat. Für beide besteht mithin ein Rechtsanspruch auf Erteilung einer Aufenthaltserlaubnis. Damit sind die Rechtsfolgen der Asylberechtigung und der Zuerkennung der Flüchtlingseigenschaft dieselben. Beide Personengruppen erhalten eine befristete Aufenthaltserlaubnis für 3 Jahre (§ 26 I AufenthG).

3.6. Aufenthaltserlaubnis gemäß § 25 II 1 2. Alt. AufenthG

Personen, denen das BAMF den internationalen subsidiären Schutzstatus nach § 4 AsylVfG zugebilligt hat, haben einen Rechtsanspruch auf Erteilung einer Aufenthaltserlaubnis für 1 Jahr, bei Verlängerung für 2 weitere Jahre.

3.7. Aufenthaltserlaubnisse gemäß § 25 III AufenthG

Nach § 25 III AufenthG soll eine Aufenthaltserlaubnis erteilt werden, wenn ein Abschiebungsverbot nach § 60 V oder VII 1 AufenthG vorliegt. Im Regelfall, wenn also ein Asylverfahren voranging, wird dies durch das BAMF festgestellt. Die Feststellung ist bindend (§ 42 S. 1 AsylVfG) mit der Folge, dass die Soll-Regelung einem Anspruch gleichkommt. Nur wenn die Ausnahmevorschrift des § 25 III 2 AufenthG eingreift, also eine Ausreise in einen anderen Staat möglich und zumutbar ist oder der Ausländer wiederholt oder gröblich gegen entsprechende (also auf die Ausreisepflicht zielende) Mitwirkungspflichten verstößt (nicht: verstoßen hat!) oder schwerwiegende sicherheitsrechtliche Gründe vorliegen, kommt eine Ausnahme in Betracht.

3.8. Aufenthaltserlaubnisse gemäß § 25 IV AufenthG

§ 25 IV AufenthG ermöglicht die Erteilung von Aufenthaltserlaubnissen für einen vorübergehenden Zweck. Voraussetzung ist, dass der Ausländer nicht vollziehbar ausreisepflichtig ist. Die Norm ist eine allgemeine Härtefallklausel, die dann eingreift, wenn die bisherige Aufenthaltserlaubnis nicht verlängert werden kann, eine Ausreise aber eine außergewöhnliche Härte darstellen würde.

3.9. Aufenthaltserlaubnis nach § 25 IVa und b AufenthG

Opfer bestimmter Straftaten oder von Schwarzarbeit können – zum Zwecke der Aufklärung und Strafverfolgung – kurzfristige Aufenthaltserlaubnisse erhalten.

3.10. Aufenthaltserlaubnis nach § 25 V AufenthG

Die Norm ermöglicht die Erteilung von Aufenthaltserlaubnissen an vollziehbar ausreisepflichtige Ausländer, sofern die Ausreise aus rechtlichen oder tatsächlichen Gründen unmöglich ist und der Ausländer an der Ausreise unverschuldet gehindert ist.

3.11. Aufenthaltserlaubnis gemäß § 25a AufenthG

Die Vorschrift ermöglicht es, geduldeten Ausländern, die in Deutschland geboren oder vor Vollendung des 14. Lebensjahrs eingereist sind, unter den dort genannten Voraussetzungen eine Aufenthaltserlaubnis zu erteilen.

4. Aufenthaltserlaubnis aus familiären Gründen

Das Verfassungsgebot des Schutzes der Ehe und Familie nach Art. 6 GG, das grundsätzlich verlangt, dass auch einem ausländischen Familienangehörigen zur Herstellung und Wahrung der familiären Lebensgemeinschaft eine Aufenthaltsgenehmigung zu erteilen ist, ist in § 27 ff. AufenthG umgesetzt. Gemäß § 27 II finden die Bestimmungen bei einer lebenspartnerschaftlichen Gemeinschaft entsprechende Anwendung.

Vom Schutzbereich umfasst ist grundsätzlich nur die Ehe bzw. lebenspartnerschaftliche Gemeinschaft. Sog. Schein- oder Zweckehen sind vom Schutzzweck nicht umfasst. Das Gesetz zur Umsetzung aufenthalts- und asylrechtlicher Richtlinien der Europäischen Union (2. Änderungsgesetz zum Aufenthaltsgesetz 2007) hat dies durch einen neuen Absatz a bekräftigt. Damit wird ein Familiennachzug nicht zugelassen, wenn

1. feststeht, dass die Ehe oder das Verwandtschaftsverhältnis zu dem Zweck geschlossen oder begründet wurde, dem Nachziehenden die Einreise ins und den Aufenthalt im Bundesgebiet zu ermöglichen und
2. tatsächliche Anhaltspunkte die Annahme begründen, dass einer der Ehegatten zur Eingehung der Ehe genötigt wurde.

Die Neufassung gibt das schon vorher geltende Recht wieder. Bei Feststellung, dass eine sog. Schein- oder Zweckehe vorliegt, durfte auch bisher eine Aufenthaltserlaubnis nicht erteilt werden. Leider ignoriert eine verbreitete Praxis die Differenzierung, die das Gesetz eigentlich vorsieht, da es bei einer Scheinehe verlangt, dass eine solche „feststehen" müsse, während es bei einer Zwangsehe (§ 27 Ia Nr. 2 AufenthG) genügt, wenn „tatsächliche Anhaltspunkte die Annahme" einer Nötigung zur Ehe begründen. In der Praxis reicht schon ein großer Altersunterschied oder Differenzen bei der durchgeführten „Ehegattenbefragung" aus, um einen Ehegattennachzug auszuschließen. Aus der Formulierung, „wenn feststeht", hat die ausländerrechtliche Praxis ein „wenn vermutet wird" gemacht; leider mit Billigung der Verwaltungsgerichtsbarkeit.

Nach § 27 III AufenthG kann eine Aufenthaltserlaubnis zum Zwecke des Familiennachzuges versagt werden, wenn derjenige, zu dem der Familiennachzug stattfindet, für den Unterhalt des anderen Familienangehörigen oder anderen Haushaltsangehörigen auf Sozialhilfe angewiesen ist. Von der allgemeinen Erteilungsvoraussetzung, dass kein Ausweisungsgrund vorliegen darf, kann abgesehen werden.

Das der Ausländerbehörde danach zukommende Ermessen ist im Lichte des Verfassungsauftrages von Art. 6 GG und der Bedeutung des Individualgrundrechtes auszuüben. Eine dauerhafte Verhinderung der Herstellung der Familieneinheit ist unzulässig, so dass jedenfalls in diesem Falle das Ermessen auf null reduziert ist.

Nach § 30 I Nr. 1 AufenthG findet ein Ehegattennachzug zu Ausländern nur statt, wenn beide Ehegatten das 18. Lebensjahr vollendet haben und sich der (nachziehende) Ehegatte zumindest auf einfache Art in deutscher Sprache verständigen kann (A1 GERR). Zur Vermeidung einer besonderen Härte kann vom Alterserfordernis eine Ausnahme zugelassen werden (§ 30 II AufenthG). Das Erfordernis einer Sprachvoraussetzung ist nach wie vor europarechtlich strittig; immerhin hat die Praxis bei langandauerndem Bemühen und Unzumutbarkeit Ausnahmen zugelassen. Beim privilegierten Ehegattennachzug zu Flüchtlingen gilt das Spracherfordernis dann nicht, wenn die Ehe bereits bei der Einreise des Flüchtlings bestand.

Auch beim Nachzug zu türkischen Staatsangehörigen, die dem Assoziationsratsbeschluss vom 19.09.1980 über die Entwicklung der Assoziation (ARB 1/80) unterfallen, muss auf den Nachweis der Sprachkenntnisse verzichtet werden, wie der EuGH am 10.07.2014 entschied (C-138/13, Dogan vs. Bundesrepublik Deutschland). Ob sich die erhobenen Forderungen konservativer Politiker, dieses Urteil einengend dahin zu interpretieren, dass lediglich eine Ausnahmeregelung für Härtefälle notwendig sei, durchsetzen, wird man sehen. Die gegenwärtige Regelung ist jedenfalls bei einem Ehegattennachzug zu türkischen Staatsangehörigen, die den Regelungen des ARB unterfallen, nicht anwendbar.

4.1 Ehegattennachzug zu Ausländern

4.1.1. Allgemeine Bestimmungen, § 29 AufenthG
§ 29 AufenthG enthält allgemeine Bestimmungen für den Familiennachzug zu Ausländern. Er bestimmt zunächst, dass für den Familiennachzug zu einem Ausländer dieser im Besitz einer Niederlassungserlaubnis oder Aufenthaltserlaubnis sein und ausreichender Wohnraum zur Verfügung stehen muss. Dies ist der Wohnraum, der auch im Fall der Unterbringung eines Wohnungsuchenden in einer öffentlich geförderten Sozialwohnung als angemessen gesehen wird. Kinder bis zur Vollendung des 2. Lebensjahres werden bei der Berechnung nicht mitgezählt (§ 2 IV AufenthG).

Daneben müssen die allgemeinen Voraussetzungen von § 5 AufenthG vorliegen.

Für Asylberechtigte, GFK-Flüchtlinge, international subsidiär Schutzberechtigte und Personen mit einem humanitären Aufenthaltstitel gelten teilweise Vergünstigungen, die oben unter L dargestellt sind.

4.1.2. Ehegattennachzug, § 30 AufenthG
Nach § 30 I AufenthG ist dem Ehegatten eines Ausländers eine Aufenthaltserlaubnis zu erteilen, wenn

- beide Ehegatten das 18. Lebensjahr vollendet haben,
- der (nachziehende) Ehegatte sich zumindest auf einfache Art in deutscher Sprache verständigen kann (Ausnahmen siehe oben Nr. 4),
- der (hier lebende) Ausländer eine Niederlassungserlaubnis besitzt oder eine Erlaubnis zum Daueraufenthalt-EU oder eine Aufenthaltserlaubnis nach § 20 AufenthG oder § 25 I oder II AufenthG besitzt oder seit 2 Jahren eine Aufenthaltserlaubnis besitzt und die Aufenthaltserlaubnis nicht mit einer Nebenbestimmung nach § 8 II AufenthG, die eine Verfestigung ausschließt, versehen ist oder die spätere Erteilung einer Niederlassungserlaubnis nicht aufgrund einer Rechtsnorm ausgeschlossen ist oder

- die Ehe bereits bei Erteilung der Aufenthaltserlaubnis bestand und die Dauer des Aufenthalts des Nachzugsberechtigten voraussichtlich noch über 1 Jahr betragen wird oder
- der Ausländer eine Aufenthaltserlaubnis nach § 38a AufenthG besitzt (Aufenthaltserlaubnis für in anderen Mitgliedsstaaten der EU langfristig Aufenthaltsberechtigte) und die Ehe bereits in dem anderen EU-Staat bestand oder
- der Ausländer eine Blaue Karte EU besitzt.

Schon diese Aufzählung, die in den nachfolgenden Absätzen noch detailliert bzw. relativiert wird, macht die Kompliziertheit der Regelung deutlich. Die Politik predigt den Abbau von Bürokratie und vermehrt sie mit jeder Neuregelung.

4.1.3. Eigenständiges Aufenthaltsrecht der Ehegatten, § 31 AufenthG

Im Fall der Aufhebung der ehelichen Lebensgemeinschaft (nicht erst der Scheidung!) hat der nachgezogene Ehegatte unter den Voraussetzungen des § 31 AufenthG ein eigenständiges Aufenthaltsrecht. Nach Absatz 1 muss die eheliche Lebensgemeinschaft im Bundesgebiet 3 Jahre rechtmäßig geführt worden sein. Es genügt also nicht, dass man 3 Jahre verheiratet war, vielmehr muss die Ehe tatsächlich und ununterbrochen über einen Zeitraum von 3 Jahren im Bundesgebiet geführt und der Aufenthalt durch eine Aufenthaltserlaubnis als Ehegatte legalisiert worden sein. Wurde die Ehezeit nicht nur ganz kurzfristig unterbrochen, beginnen die Fristen neu zu laufen.

Ein eigenständiges Aufenthaltsrecht tritt auch ein, wenn der Ausländer während des Bestands der ehelichen Lebensgemeinschaft im Bundesgebiet gestorben ist, sowie dann, wenn eine besondere Härte im Sinne von § 31 II AufenthG vorliegt. Eine solche liegt insbesondere dann vor, wenn das weitere Festhalten an der ehelichen Lebensgemeinschaft unzumutbar war, etwa aufgrund häuslicher Gewalt oder wegen eines mit dem Ehegatten in familiärer Lebensgemeinschaft lebenden Kindes.

Wenn ein eigenständiges Aufenthaltsrecht bejaht wird, wird die Aufenthaltserlaubnis zunächst um 1 Jahr verlängert, ohne dass es auf die Lebensunterhaltssicherung ankäme.

Auf lebenspartnerliche Gemeinschaften findet die Bestimmung entsprechende Anwendung.

4.2. Kindernachzug zu Ausländern, § 32 AufenthG

Nach § 32 AufenthG ist den minderjährigen, ledigen Kindern eines Ausländers eine Aufenthaltserlaubnis zu erteilen, wenn
- der Ausländer eine Aufenthaltserlaubnis nach § 25 I oder II AufenthG oder eine Niederlassungserlaubnis nach § 26 III AufenthG besitzt oder
- der Ausländer oder sein mit ihm in familiärer Lebensgemeinschaft lebende Ehegatte eine Niederlassungserlaubnis nach § 19 AufenthG oder eine Blaue Karte EU besitzt oder
- beide Eltern oder der allein personensorgeberechtigte Elternteil eine Aufenthaltserlaubnis, eine Blaue Karte EU, eine Niederlassungserlaubnis oder eine Erlaubnis zum Daueraufenthalt/EU besitzen.

Hat das minderjährige Kind bereits das 16. Lebensjahr vollendet und verlegt es seinen Lebensmittelpunkt nicht zusammen mit seinen Eltern oder dem allein personensorgeberechtigten Elternteil ins Bundesgebiet, besteht ein Rechtsanspruch nur dann, wenn das Kind die deutsche Sprache beherrscht oder gewährleistet erscheint, dass es sich aufgrund seiner bisherigen Ausbildung und Lebensverhältnisse in die Lebensverhältnisse der Bundesrepublik Deutschland einfinden kann. Ausgenommen hiervon sind Kinder, die zu Asylberechtigten oder GFK-Flüchtlingen (§ 25 I oder II AufenthG bzw. § 26 III AufenthG) nachziehen wollen oder zu Ausländern, die eine Niederlassungserlaubnis nach § 19 AufenthG oder eine Blaue Karte EU besitzen.

Die Praxis stellt an die Tatbestandsvoraussetzungen relativ hohe Anforderungen.

Dem minderjährigen, ledigen Kind eines Ausländers hingegen, das das 16. Lebensjahr noch nicht vollendet hat, ist bereits dann eine Aufenthaltserlaubnis zu erteilen, wenn beide Eltern oder der allein sorgeberechtigte Elternteil eine Aufenthaltserlaubnis oder Niederlassungserlaubnis besitzt. Darauf, wann und warum dem einen Elternteil das Personensorgerecht übertragen wurde, kommt es nicht an.

Im Übrigen kann nach § 32 IV AufenthG dem minderjährigen, ledigen Kind eines Ausländers eine Aufenthaltserlaubnis erteilt werden, wenn es aufgrund der Umstände des Einzelfalls zur Vermeidung einer besonderen Härte erforderlich ist. Das Kindeswohl und die familiäre Situation sind hierbei zu berücksichtigen.

4.2.1. Geburt eines Kindes im Bundesgebiet, § 33 AufenthG
§ 33 AufenthG hatte in der früheren Fassung einem Kind, das im Bundesgebiet geboren wurde, einen Anspruch auf eine Aufenthaltserlaubnis eingeräumt, wenn die Mutter eine Aufenthaltserlaubnis oder Niederlassungserlaubnis besaß. Dies wurde vom Bundesverfassungsgericht als gleichheitswidrig gerügt. Der Gesetzgeber hat nun die Gleichbehandlung dadurch hergestellt, dass er auch das von der Mutter abgeleitete Aufenthaltsrecht beseitigte. Jetzt ist daraus eine Ermessensregelung in Bezug auf den Vater und die Mutter geworden. Nur wenn zum Zeitpunkt der Geburt beide Elternteile oder ein allein sorgeberechtigter Elternteil eine Aufenthaltserlaubnis, Niederlassungserlaubnis oder Daueraufenthaltserlaubnis-EU besitzt, wird dem im Bundesgebiet geborenen Kind die Aufenthaltserlaubnis von Amts wegen erteilt.
Der Familiennachzug eines volljährigen Kindes hingegen richtet sich nach § 36 II AufenthG.

4.2.2. Eigenständiges Aufenthaltsrecht des Kindes, § 35 AufenthG
Grundsätzlich ist das Aufenthaltsrecht der Kinder vom Aufenthaltsrecht der Eltern abhängig. Dies gilt dann nicht, wenn das Kind im Falle seiner Ausreise ein Wiederkehrrecht gemäß § 37 AufenthG hätte (§ 34 I letzter Hs. AufenthG).
Mit dem Eintritt der Volljährigkeit jedoch wird die dem Kind erteilte Aufenthaltserlaubnis zu einem eigenständigen, vom Familiennachzug unabhängigen Aufenthaltsrecht. Das Gleiche gilt bei Erteilung einer Niederlassungserlaubnis oder der Erlaubnis zum Daueraufenthalt-EU oder wenn die Aufenthaltserlaubnis in entsprechender Anwendung von § 37 AufenthG verlängert wird.

4.2.3. Niederlassungserlaubnis nach § 35 AufenthG
Ein minderjähriger Ausländer hat einen Rechtsanspruch auf Erteilung einer Niederlassungserlaubnis, wenn er zum Zeitpunkt der Vollendung seines 16. Lebensjahres seit 5 Jahren im Besitz der Aufenthaltserlaubnis ist.
Das gleiche gilt, wenn der Ausländer volljährig ist und seit 5 Jahren eine Aufenthaltserlaubnis besitzt, er über ausreichende Deutschkenntnisse verfügt und sein Lebensunterhalt gesichert ist oder er sich in einer Ausbildung befindet, die zu einem anerkannten schulischen oder beruflichen Bildungsabschluss führt.

Von den letztgenannten Voraussetzungen ist abzusehen, wenn sie der Ausländer wegen einer körperlichen, geistigen oder seelischen Krankheit oder Behinderung nicht erfüllen kann (§ 35 IV AufenthG).

Der Anspruch auf Niederlassungserlaubnis ist jedoch dann ausgeschlossen, wenn

- ein auf dem persönlichen Verhalten des Ausländers beruhender Ausweisungsgrund vorliegt
- er in den letzten 3 Jahren wegen einer Vorsatzstrafe zu einer Jugend- oder Freiheitsstrafe von mindestens 6 Monaten oder einer Geldstrafe von mindestens 180 Tagessätzen verurteilt worden war oder die Verhängung einer Jugendstrafe ausgesetzt ist oder
- der Lebensunterhalt nicht ohne Sozial- oder Jugendhilfe gesichert ist, es sei denn, der Ausländer befindet sich in einer Ausbildung oder kann diese Voraussetzungen wegen einer körperlichen, geistigen oder seelischen Krankheit oder Behinderung nicht erfüllen.

Unabhängig davon kann auch bei Kindern und Jugendlichen die Niederlassungserlaubnis nach § 9 AufenthG erteilt werden. Dies wird von der Praxis weitgehend ignoriert.

4.3. Familiennachzug zu Deutschen

§ 28 I AufenthG begründet einen Rechtsanspruch auf Erteilung einer Aufenthaltserlaubnis, wenn der Lebensunterhalt gesichert ist und zwar für

- den Ehegatten eines Deutschen
- das minderjährige, ledige Kind eines Deutschen
- den Elternteil eines minderjährigen, ledigen Deutschen zur Ausübung der elterlichen Sorge, wenn der Deutsche seinen gewöhnlichen Aufenthalt im Bundesgebiet hat.

Ist der Lebensunterhalt nicht gesichert, besteht ein Rechtsanspruch nur für das minderjährige ledige Kind eines Deutschen bzw. das Elternteil eines minderjährigen ledigen deutschen Kindes zur Ausübung der elterlichen Sorge, wenn der Deutsche seinen gewöhnlichen Aufenthalt im Bundesgebiet hat.

Dem nicht-sorgeberechtigten Elternteil kann eine Aufenthaltserlaubnis erteilt werden, wenn die familiäre Gemeinschaft im Bundesgebiet gelebt wird, ohne dass es auf die Lebensunterhaltssicherung ankommt.

Beide Ehegatten müssen grundsätzlich das 18. Lebensjahr vollendet haben, ebenso werden einfache deutsche Sprachkenntnisse verlangt. Die Ausnahmen nach § 30 II AufenthG gelten entsprechend.

Die Aufenthaltserlaubnis berechtigt zur Ausübung einer Erwerbstätigkeit. Andere als die oben genannten Familienangehörigen können nur in entsprechender Anwendung von § 36 II AufenthG eine Aufenthaltserlaubnis erhalten.

5. Besondere Aufenthaltstitel

5.1. Wiederkehroption, § 37 AufenthG

Das Gesetz räumt dem Ausländer, der als Minderjähriger rechtmäßig seinen Aufenthalt im Bundesgebiet hatte, unter den Voraussetzungen des § 37 AufenthG ein Recht auf Wiederkehr ein, das auch zur Erwerbstätigkeit berechtigt.

5.2. Aufenthaltserlaubnis für ehemalige Deutsche, § 38 AufenthG

§ 38 AufenthG bestimmt, wann und unter welchen Voraussetzungen einem ehemaligen Deutschen eine Niederlassungs- bzw. eine Aufenthaltserlaubnis zu erteilen ist. Hintergrund dieser Neuregelung ist, dass das StAG jetzt auch dann den Verlust der Staatsangehörigkeit vorsieht, wenn der Ausländer bei einem gewöhnlichen Inlandsaufenthalt eine fremde Staatsangehörigkeit erwirbt. Hauptanwendungsfall ist der Wiedererwerb der türkischen Staatsangehörigkeit nach vorheriger Einbürgerung.

5.3. Aufenthaltserlaubnis für langfristig Aufenthaltsberechtigte aus anderen Unionsstaaten

§ 38a AufenthG regelt den Aufenthalt für solche Ausländer, die in anderen Mitgliedsstaaten der EU die Rechtsstellung als langfristig Aufenthaltsberechtigte besitzen. Sie erhalten unter den dort normierten Voraussetzungen eine Aufenthaltserlaubnis, wenn sie sich länger als 3 Monate im Bundesgebiet aufhalten wollen.

5.4. Aufenthaltserlaubnis gemäß § 7 I 3 AufenthG

§ 7 I 3 AufenthG enthält eine Generalklausel. Nach dieser Bestimmung kann eine Aufenthaltserlaubnis „für einen von diesem Gesetz nicht vorgesehenen Aufenthaltszweck" erteilt werden. Er erfasst also Sonderkonstellationen, ist aber nicht geeignet, eine Aufenthaltserlaubnis herbeizuführen, wenn bei einem geregelten Sachverhalt die dortigen Voraussetzungen nicht vorliegen.

5.5. Altfallregelungen, §§ 104a und b AufenthG

Die jahrelange Praxis der Behörden, Personen, die nicht abgeschoben werden konnten, keinen rechtmäßigen Aufenthalt zu erteilen, sondern sie mit Duldungen abzuspeisen, hatte zu einem Berg von 200.000 Geduldeten im Jahr 2006 geführt. Die Politik entschloss sich daraufhin 2007 zur Einführung von stichtagsabhängigen Altfallregelungen durch § 104a und § 104b AufenthG. Mittlerweile kommt diesen Bestimmungen kaum noch Praxisrelevanz zu, sodass auf eine nähere Darstellung verzichtet und auf die Vorauflage verwiesen wird. Eine sog. rollierende, also Stichtags-unabhängige Altfallregelung ist seit Jahren gefordert, von der Großen Koalition auch versprochen und im Entwurf eines Gesetzes zur Neubestimmung des Bleiberechts und der Aufenthaltsbeendigung in §§ 25a und 25b AufenthG-E auch vorgesehen. Da der Gesetzentwurf noch umstritten ist und die Erfahrung lehrt, dass im Gesetzgebungsverfahren nicht selten eine großzügige durch Streichung einer repressiven Passage geopfert wird, unterbleibt hier eine Darstellung der vorgesehenen Regelungen, da zu ungewiss ist, was Gesetz werden wird.

6. Die Fiktionsbescheinigung

Nicht stets kann über eine Aufenthaltserlaubnis sofort entschieden werden. Manchmal fehlen Unterlagen, manchmal müssen noch Nachfragen getätigt werden und manchmal ist die Ausländerbehörde einfach überlastet. In diesen Fällen wird eine sog. Fiktionsbescheinigung ausgestellt. Die Fiktionsbescheinigung gewährt einen rechtmäßigen Aufenthalt und wird, wenn später eine Aufenthaltserlaubnis erteilt wird, bei der Niederlassungserlaubnis oder einer Einbürgerung voll angerechnet, wenn anschließend eine Aufenthaltserlaubnis erteilt wird.

Nach § 81 III AufenthG gilt der Aufenthalt des Ausländers, der sich rechtmäßig im Bundesgebiet aufhält, ohne einen Aufenthaltstitel zu besitzen, bis zur Entscheidung der Ausländerbehörde als erlaubt. Wird der Antrag jedoch verspätet gestellt, gilt der Aufenthalt nur als geduldet. Diese Erlaubnisfiktion gibt es sowohl für sog. Positivstaater (also Personen, die sichtvermerkfrei einreisen dürfen) als auch für anerkannte Flüchtlinge bis zu Erteilung einer Aufenthaltserlaubnis nach § 25 I und 25 II S.1 1.Alt. AufenthG.

Nach § 81 IV AufenthG gilt der bisherige Aufenthaltstitel als fortbestehend, wenn seine Verlängerung oder an seiner Statt ein anderer Aufenthaltstitel beantragt wurde.

IV. Die Duldung

Von den oben genannten Aufenthaltstiteln unterscheidet sich grundsätzlich die Duldung. Die Bescheinigung über die Aussetzung der Abschiebung gemäß § 60a IV AufenthG (= Duldung) ist keine Aufenthaltserlaubnis, sondern erklärt lediglich, wie schon das Wort selbst sagt, dass der Aufenthalt des Ausländers hingenommen wird. Der Aufenthalt ist als nicht ordnungsgemäß definiert. Der Betreffende ist vollziehbar ausreisepflichtig. Diese bestehende Ausreisepflicht wird jedoch vom Staat nicht durchgesetzt, d. h., der Betroffene wird nicht abgeschoben, weil und solange seine Abschiebung aus rechtlichen oder tatsächlichen Gründen unmöglich ist.

Zwischen einer Aufenthaltserlaubnis und einer Duldung besteht also ein Qualitätsunterschied. Auch eine nur kurzfristige Aufenthaltserlaubnis und eine solche, die nicht zu einer Verfestigung führen kann, vermittelt einen rechtmäßigen Aufenthalt, der unter Umständen bei einer Einbürgerung zu berücksichtigen ist. Selbst eine jahrzehntelange Duldung hingegen kann im Regelfalle nicht zu einer Verfestigung führen. So werden Duldungszeiten regelmäßig nicht als anrechenbare Zeiten akzeptiert, wenn es um die Erteilung einer Niederlassungserlaubnis geht; ebenso wenig im Fall einer Einbürgerung. Ausnahmen gibt es für Duldungen, die noch unter der Geltung des früheren Ausländergesetzes erteilt wurden. § 102 II AufenthG schreibt hier die Anrechnung auf die Frist für die Erteilung einer Niederlassungserlaubnis nach § 26 IV AufenthG vor. Dies dürfte sich aber durch Zeitablauf (Zeiten vor dem 1.1.2005) erledigt haben.

Es ist daher wichtig, um die Erteilung einer Aufenthaltserlaubnis nach § 25 III - V AufenthG zu kämpfen und sich nicht mit einer Duldung abspeisen oder hinhalten zu lassen.

Dies ist auch deshalb anzuraten, weil der Duldungsstatus regelmäßig mit weiterreichenden Auflagen als eine Aufenthaltserlaubnis verknüpft wird.

Ein Familiennachzug zu Geduldeten findet nicht statt.

Die Erwerbstätigkeit ist zunächst ausgeschlossen. Sie ist unter Beachtung des Vorrangprinzips nach § 32 BeschV nach 3 Monaten gestattet. Nach weiteren 12 Monaten entfällt das Vorrangprinzip, doch bleibt eine Genehmigung durch die Arbeitsagentur erforderlich. Eine Erwerbstätigkeit darf jedoch dann nicht erlaubt werden, wenn der Ausländer sich ins Bundesgebiet begeben hat, um Leistungen nach dem AsylbLG zu erlangen oder wenn bei diesem Ausländer aus von ihm zu vertretenden Gründen aufenthaltsbeendende Maßnahmen nicht vollzogen werden können (§ 33 BeschV). Der Hauptanwendungsfall dieser Ausschlussklausel ist die Behauptung, der Ausländer wirke nicht energisch genug an der Beschaffung von Heimreisedokumenten mit. Die Versagung jeder Erwerbstätigkeit ist dann ein beliebtes Druckmittel, um den Flüchtling zu einer angeblich möglichen Kooperation anzuhalten. Da es selten eindeutig beweisbar ist, ob die Bemühungen des Flüchtlings hinreichend waren oder ob nicht das Desinteresse der Auslandsvertretung überwiegt, geht ein Streit hierüber stets zu Lasten des Betroffenen. Er darf nicht arbeiten, die Arbeitsagentur darf ihm eine Erwerbstätigkeit nicht gestatten, selbst wenn ein Arbeitsplatz vorhanden wäre. Bis dann auf dem Weg eines Verwaltungsrechtsstreits das ausländerrechtliche Arbeitsverbot beseitigt ist, ist der Job meist weg. Geduldete unterliegen bis zu einer Dauer von insgesamt 15 Monaten auch den Restriktionen des AsylbLG. Wenn behauptet wird, sie hätten die Dauer des Aufenthalts selbst rechtsmissbräuchlich beeinflusst, gilt dies sogar über diese Zeit hinaus.

V. Die Grenzübertrittbescheinigung

Eine Grenzübertrittbescheinigung (auch Grenzübertrittschein oder Ausreiseschein genannt) erhält der Ausländer, der das Bundesgebiet verlassen muss, dem aber gemäß § 50 II 1 AufenthG eine Ausreisefrist eingeräumt wurde.

Obwohl eine Grenzübertrittbescheinigung im eigentlichen Sinne keinen Status vermittelt, sondern lediglich aufzeigt, bis zu welchem Zeitpunkt dem Ausländer eine Ausreisefrist eingeräumt wurde, wird sie von manchen Ausländerbehörden wie eine Duldung verwendet. Dies ist problematisch, da sich nach dem Wortlaut von § 95 I Nr. 2 AufenthG strafbar macht, wer sich ohne erforderlichen Aufenthaltstitel im Bundesgebiet aufhält oder vollziehbar ausreisepflichtig ist und dessen Abschiebung nicht ausgesetzt ist. Da die Aussetzung der Abschiebung als Duldung definiert ist (§ 60a AufenthG) und derjenige, der nur einen Grenzübertrittschein hat, eben gerade keine Duldung hat, liegt nach dem Wortlaut eine Straftat vor. Dementsprechend kommt es auch immer wieder zu Strafbefehlen.

▶ Tipp

Beharren Sie auf der Ausstellung einer Duldungsbescheinigung, sofern kein konkreter, baldiger Ausreisetermin feststeht.

Gleichwohl ist diese Praxis falsch. Das Bundesverfassungsgericht hat entschieden, dass eine Strafbarkeit dann nicht vorliegt, wenn ein Rechtsanspruch auf Duldung besteht. Ein solcher Rechtsanspruch besteht jedenfalls dann, wenn eine Abschiebung nicht innerhalb einer konkret absehbaren Zeit – für die eine Ausreisefrist eingeräumt wurde – vollzogen werden soll. Bei wiederholten Erteilungen bzw. Verlängerungen von Grenzübertrittbescheinigungen liegt daher in Wahrheit eine Duldung vor; es fehlt lediglich an der Ausstellung der richtigen Bescheinigung. Im Fall einer erstmaligen oder kurzfristigen Ausstellung einer Grenzübertrittbescheinigung hingegen liegt schon deshalb keine Straftat vor, weil dem Ausländer ja ausdrücklich noch dieser Zeitraum zur Ausreise eingeräumt wurde, eine Zeit, die er nutzen kann und darf, um seine Angelegenheiten im Bundesgebiet zu regeln. Nur für diese Zwecke, also nur einmalig und kurzfristig, darf eine Grenzübertrittbescheinigung erteilt werden. Ist eine Ausreise nicht innerhalb eines konkret absehbaren Zeitraums möglich oder durchsetzbar, muss eine Duldung erteilt werden!

VI. Erwerb der deutschen Staatsangehörigkeit

Systematisch gehört die Darstellung des Erwerbs der deutschen Staatsangehörigkeit nicht zum Ausländerrecht. Mit dem Erwerb der deutschen Staatsangehörigkeit endet die Ausländereigenschaft, die Regelungen des Ausländerrechtes gelten nicht mehr.

Der frühere Ausländer ist nun „vollwertiger" Staatsbürger. Der Unsitte manche „Neubürger" dadurch zu etikettieren, dass man von „Deutschen mit Migrationshintergrund" oder von „Deutschen ausländischer Herkunft/Abstammung" und ähnlichem spricht, kann nur heftig widersprochen werden. Es gibt keine Staatsbürger zweiter Klasse. Es darf sie auch in den Köpfen nicht geben!

Das Recht des Staatsbürgerschaftserwerbs kann nicht Gegenstand dieses Leitfadens sein. Es seien aber einige Grundsätze skizziert:

1. Staatsangehörigkeitserwerb durch Geburt

Die deutsche Staatsangehörigkeit wird durch Geburt erworben, wenn ein Elternteil die deutsche Staatsangehörigkeit besitzt (§ 4 I 1 StAG). Ist bei der Geburt des Kindes nur der Vater Deutscher, bedarf es einer wirksamen Vaterschaftsanerkennung oder -feststellung. Ein erforderliches Verfahren ist einzuleiten, bevor das Kind das 23. Lebensjahr vollendet hat. Frühere Differenzierungen danach, ob es sich um ein eheliches oder nichteheliches Kind handelte oder ob der Vater oder die Mutter Deutsche waren, sind überholt. Es genügt, wenn ein Elternteil die deutsche Staatsangehörigkeit besitzt!

Aber auch ein Kind von zwei Ausländern kann durch Geburt die deutsche Staatsangehörigkeit erwerben. § 4 III StAG hat das sog. jus-soli-Prinzip, das festlegt, dass der Geburtsort die Staatsangehörigkeit bestimmt, in ersten Ansätzen eingeführt. Danach muss mindestens ein Elternteil weitere Voraussetzungen erfüllen, nämlich

- seit 8 Jahren rechtmäßig seinen gewöhnlichen Aufenthalt im Inland haben und
- freizügigkeitsberechtigter EU-Bürger oder diesem gleichgestellt sein oder eine Niederlassungserlaubnis besitzen.

Liegen beide Voraussetzungen vor, trägt das für die Geburt zuständige Standesamt (nach Rücksprache mit der Ausländerbehörde) die deutsche Staatsangehörigkeit ein.

2. Die Einbürgerung

Das deutsche Einbürgerungsrecht kennt im Wesentlichen zwei Tatbestände, die Anspruchseinbürgerung gemäß § 10

StAG und die Ermessenseinbürgerung gemäß § 8 StAG. Liegen die Voraussetzungen einer Anspruchseinbürgerung vor, muss die Einbürgerung erfolgen; bei einer Ermessenseinbürgerung hingegen kann die Einbürgerung immer noch verweigert werden, hier gibt es nur einen Anspruch auf sachgerechte Abwägung der maßgeblichen Gesichtspunkte.

2.1. Die Anspruchseinbürgerung, § 10 StAG

Die Anspruchseinbürgerung nach § 10 StAG verlangt
- einen wirksamen Antrag,
- einen 8-jährigen, rechtmäßigen und gewöhnlichen, regelmäßig ununterbrochenen Aufenthalt im Inland,
- ein Bekenntnis zur freiheitlich demokratischen Grundordnung,
- die Sicherung des Lebensunterhalts für sich und die unterhaltsberechtigten Familienangehörigen,
- die Aufgabe der bisherigen Staatsangehörigkeit,
- die Straflosigkeit und dass keine Maßregel der Besserung und Sicherung wegen Schuldunfähigkeit verhängt wurde und
- ausreichende Kenntnisse der deutschen Sprache und Kenntnisse der Rechts- und Gesellschaftsordnung in Deutschland, die regelmäßig durch einen Einbürgerungstest nachgewiesen werden.

Ausgeschlossen ist der Anspruch (§ 11 StAG), wenn
- tatsächliche Anhaltspunkte die Annahme von verfassungsfeindlichen Bestrebungen rechtfertigen oder
- ein Ausweisungsgrund nach § 54 Nr. 5 und 5a AufenthG vorliegt.

Ein Anspruch auf Einbürgerung besteht nach § 10 StAG dann, wenn jemand seit 8 Jahren seinen rechtmäßigen und gewöhnlichen Aufenthalt im Bundesgebiet hat. Der Betroffene muss also nicht nur 8 Jahre in Deutschland aufhältig sein, vielmehr muss während des gesamten Zeitraums der Aufenthalt
- rechtmäßig und
- gewöhnlich

gewesen sein. Dies ist nach der herrschenden Interpretation nur dann der Fall, wenn er über 8 Jahre einen Aufenthaltstitel besaß, der einer Verfestigung zugänglich war.

Für den hier betroffenen Personenkreis von Schutzsuchenden heißt dies, dass die Zeiten, in denen der Betroffene Asylbewerber war, nur dann angerechnet werden, wenn er als Asylberechtigter nach Art. 16a GG oder als international Schutzberechtigter gemäß §§ 3 oder 4 AsylVfG (letzteres ist noch nicht gesichert) anerkannt wurde. Nur dann zählen die Zeiten der Aufenthaltsgestattung mit. In anderen Fällen werden nur die Zeiten berücksichtigt, in denen der Betreffende eine Aufenthaltsbefugnis nach altem Recht oder eine Aufenthaltserlaubnis besessen hat. Erst wenn dann 8 Jahre zusammengekommen sind, ist die erste Voraussetzung des 8-jährigen, rechtmäßigen und gewöhnlichen Aufenthalts erfüllt.

Vom Grundsatz der Aufgabe der bisherigen Staatsangehörigkeit macht das Gesetz in einigen Fällen Ausnahmen (siehe § 12 StAG). Wichtig ist hier, dass Flüchtlinge, die im Besitz eines Reiseausweises nach der Genfer Konvention sind, ihre Staatsangehörigkeit nicht aufgeben müssen (§ 12 I Nr. 6 StAG). Was sich so schön anhört, kann zum Problem werden. Beantragt ein Asylberechtigter oder Flüchtling gemäß § 3 AsylVfG nämlich die Einbürgerung, erfolgt als erstes eine Nachfrage der Staatsangehörigkeitsstelle beim BAMF, ob nicht ein Widerruf erfolgen kann. Diese verkappte Aufforderung führt dann im Ergebnis oft dazu, dass die Stellung eines Einbürgerungsantrags zum Verlust des Asylstatus führt. Der Wunsch des Ausländers, sich durch eine Einbürgerung voll und ganz zu integrieren, führt dann manchmal zum Gegenteil, nämlich zum Verlust des Asylstatus und im Extremfall infolge dessen zu einer Aufenthaltsbeendigung. Personen, die nur einen subsidiären Schutzstatus erhalten haben (gleich ob international oder national), müssen im Regelfall ihre bisherige Staatsangehörigkeit aufgeben. Da sie sich deshalb mit den Verfolgerstaaten ins Benehmen setzen müssen, kann dies in der Praxis Schwierigkeiten bereiten und berechtigte Ängste auslösen. Manche Bundesländer nehmen darauf Rücksicht, andere nicht. In einigen Bundesländern hat der Grundsatz der Vermeidung der Mehrstaatigkeit hohes Gewicht.

Wird vom Einbürgerungsbewerber erwartet, dass er die frühere Staatsangehörigkeit aufgibt, erhält er zunächst eine Einbürgerungszusicherung, die im Regelfall auf 2 Jahre befristet ist. Erst wenn die Entlassung aus der bisherigen Staatsangehörigkeit nachgewiesen wird, wird er eingebürgert.

Nach § 12a StAG bleiben bei der Einbürgerung Erziehungsmaßregeln oder Zuchtmittel nach dem JGG, Geldstrafen bis zu 90 Tagessätzen oder Bewährungsstrafen bis zu 3 Monaten außer Betracht, sofern letztere erlassen worden sind. Das 2. Änderungsgesetz hat hier erhebliche Verschärfungen eingeführt.

2.2. Die Ermessenseinbürgerung, § 8 StAG

Eine Ermessenseinbürgerung nach § 8 StAG ermöglicht, auch wenn – oder gerade weil – für den Staat ein größerer Spielraum besteht, für den hier betroffenen Personenkreis eine Einbürgerung unter erleichterten Voraussetzungen. Nach den Verwaltungsvorschriften (Nr. 8.1.3.5 StAG-VwV) sollen die anerkannten Flüchtlinge und Staatenlose als „staatsangehörigkeitsrechtlich schutzbedürftige Personen" bereits nach 6 Jahren eingebürgert werden.

Eine Ermessenseinbürgerung setzt voraus, dass der Ausländer
- einen wirksamen Einbürgerungsantrag stellt
- sich im Inland niedergelassen hat
- nicht vorbestraft ist und gegen ihn keine Maßregel der Besserung und Sicherung wegen Schuldunfähigkeit angeordnet worden ist,
- eine eigene Wohnung oder ein Unterkommen gefunden hat und
- sich und seine Angehörigen zu versorgen imstande ist

Die Niederlassung verlangt die erkennbare Absicht, sich in Deutschland nicht nur vorübergehend aufzuhalten. Der Schwerpunkt der Lebensverhältnisse muss im Inland liegen. Das Gesetz setzt keine bestimmten Aufenthaltszeiten voraus. Die Einbürgerungsrichtlinien verlangen jedoch einen 8-jährigen, rechtmäßigen Aufenthalt, der nicht immer gewöhnlich gewesen sein muss. Für Flüchtlinge mit tatsächlichem oder rechtlichem Abschiebungsschutz ist daher oft § 8 StAG die Grundlage für eine Einbürgerung, da die Zeiten des Asylverfahrens bzw. der Duldung nicht als gewöhnlicher Aufenthalt berücksichtigt werden (und damit § 10 StAG als Anspruchsgrundlage ausscheidet). Es genügt, dass zum Zeitpunkt der Einbürgerung eine Aufenthalts- oder Niederlassungserlaubnis vorliegt, die nicht nur zum vorübergehenden Aufenthalt berechtigt. Bei Flüchtlingen und Staatenlosen genügt eine Aufenthaltsdauer von 6 Jahren, bei ehemaligen deutschen Staatsangehörigen und ihren Abkömmlingen können auch kürzere Aufenthaltszeiten akzeptiert werden. Die staatsbürgerlichen Voraussetzungen sind dieselben wie bei der Anspruchseinbürgerung, doch führt das grundsätzlich weite staatliche Ermessen im Ergebnis dazu, dass hier strengere Voraussetzungen verlangt werden. Andererseits ermöglicht die Ermessenseinbürgerung auch zugunsten des Betroffenen Abwägungen anzustellen; so können etwa – insbesondere bei Asylberechtigten und GFK-Flüchtlingen – Einbürgerungen trotz Sozialhilfebezugs vorgenommen werden. Inwieweit die Praxis Erleichterungen auch bei international subsidiär Schutzberechtigten gem. § 4 AsylVfG gewährt, wird sich zeigen.

Für Ehegatten und gleichgeschlechtliche Lebenspartner von Deutschen bestimmt § 9 StAG, dass diese ebenfalls eingebürgert werden sollen. Das staatliche Ermessen ist hier also reduziert. Allgemein wird ein Inlandsaufenthalt des einzubürgernden Ehegatten von drei Jahren verlangt bei einem Ehebestand von zwei Jahren.

Mehrstaatigkeit ist grundsätzlich unerwünscht, nach Ermessen kann sie hingenommen werden, wobei die Bestimmungen von § 12 StAG entsprechend anzuwenden sind.

Geringfügige Straftaten bleiben nach § 12a StAG außer Betracht.

▶ Tipp

Das Einbürgerungsverfahren ist meist ein reines Routineverfahren, bei dem das Vorliegen der Voraussetzungen abgehakt wird. Für den Regelfall braucht es daher für das Einbürgerungsverfahren keine Betreuung oder anwaltliche Vertretung.

Erforderlich ist eine solche jedoch dann, wenn die Einbürgerungsbehörde der Auffassung ist, die Voraussetzungen lägen nicht vor. Da oftmals eine restriktive Interpretation vorgenommen wird, sollten Sie in diesem Fall anwaltlichen Rat einholen.

Finden Sie sich nicht von vornherein damit ab, dass dem Betroffenen schon die Aushändigung der Einbürgerungsunterlagen verweigert wird, wenn die Mindestvoraussetzungen vorzuliegen scheinen!

Bevor ein Asylberechtigter oder Flüchtling im Sinne der GFK einen Einbürgerungsantrag einreicht, sollte er qualifizierten Rat einholen, ob ein Widerruf der Flüchtlingseigenschaft droht.

Personen, die nur subsidiären Abschiebungsschutz erhalten haben, müssen ihre frühere Staatsangehörigkeit aufgeben, was in der Praxis oft Probleme verursacht.

VII. Die Adoption

Die Frage, wann eine Adoption aufenthaltsrechtliche Wirkungen entfaltet, könnte genauso gut auch im Kapitel „Familiennachzug" dargestellt werden. Wenn ich dies hier tue, dann um Ihre Aufmerksamkeit auf eine erfreuliche Wirkung einer Adoption zu lenken, nämlich den Erwerb der deutschen Staatsangehörigkeit durch die Adoption bei bestimmten Fallkonstellationen. Allgemein bekannt ist, dass die Adoption eines Minderjährigen durch eine/n Deutsche/n zum automatischen Erwerb der deutschen Staatsangehörigkeit durch den adoptierten, früher ausländischen, Minderjährigen führt. Kaum bekannt hingegen ist, dass auch eine Erwachsenenadoption diesen Effekt hat, wenn nur der Adoptionsantrag zu einer Zeit gestellt wurde, also beim Amtsgericht einging, in der der Anzunehmende noch minderjährig war. Eine erst nach der Volljährigkeit eingeleitete Erwachsenenadoption mit den Wirkungen einer Minderjährigenannahme gem. § 1772 BGB führt hingegen nicht zum Erwerb der deutschen Staatsbürgerschaft.

Die Adoption eines Minderjährigen durch einen ausländischen Staatsangehörigen führt hingegen nicht zur deutschen Staatsangehörigkeit; ob sie zum Erwerb der Staatsangehörigkeit von Adoptivvater oder Adoptivmutter führt, richtet sich nach dem Recht des Landes ihrer Staatsangehörigkeit. Da die adoptierten Minderjährigen dann ausländerrechtlich Kinder des Ausländers sind, richtet sich ihr weiterer Aufenthalt nach den Familiennachzugsregelungen.

Das Bundesverfassungsgericht hat in mehreren Entscheidungen den Grundsatz aufgestellt, dass eine Erwachsenenadoption nur dann die ausländerrechtlichen Grundsätze verdränge, wenn zwischen Eltern und Kindern eine „Beistandsgemeinschaft" bestehe. Das Verhältnis zwischen erwachsenen Kindern und Eltern verändere sich mit zunehmendem Alter und Selbständigkeit von einer Beistandsgemeinschaft hin zu einer „Begegnungsgemeinschaft". Es entspreche dem typischen Lebensbild, dass erwachsene Kinder nicht mehr bei ihren Eltern und oftmals auch nicht im selben Land leben würden. Dementsprechend verlange auch der Schutz der Ehe und Familie nicht zu gewährleisten, dass erwachsene Kinder in dem Land ihrer Eltern leben müssten. Nur dann, wenn ausnahmsweise zwischen den erwachsenen Kindern und den Eltern eine Beistandsgemeinschaft bestehe, weil ein gegenseitiges Aufeinanderangewiesensein gegeben sei, würden die ausländerrechtlichen Grundsätze verdrängt. Dann können die Eltern bzw. Kinder nicht darauf verwiesen werden, dass die notwendige Hilfe auch von Dritten oder Organisationen übernommen werden könne. Vielmehr sei es ihr individuelles Recht, diese Hilfe selbst zu erbringen oder von dem gewünschten Verwandten zu empfangen.

Es gibt kein objektives Maß dafür, wann von einer Beistandsgemeinschaft gesprochen werden kann. Erforderlich ist also nicht etwa, dass einer der beiden zu 100 % schwerbehindert oder bettlägerig ist, vielmehr kann auch ein psychisches Aufeinanderangewiesensein ausreichen. Allerdings warne ich vor Illusionen. In diesem Falle muss nicht nur eine sehr enge Beziehung zwischen den betreffenden Menschen vorliegen, sondern die psychische Abhängigkeit schon einen gewissen „Krankheitswert" aufweisen.

Damit beantwortet sich die oft gestellte Frage gutmeinender Leute, ob nicht eine Adoption zum Bleiberecht des erwachsenen Ausländers führen könne, meist von selbst.

Nur dann, wenn das Adoptivkind oder ein Adoptiv-Elternteil pflege- oder betreuungsbedürftig im vorgenannten Sinne ist, kann in der Praxis die Erwachsenenadoption ein Aufenthaltsrecht vermitteln. Die Rechtsprechung des Europäischen Gerichtshofes für Menschenrechte in Straßburg zu dem Art. 6 GG entsprechenden Art. 8 I EMRK scheint demgegenüber etwas flexibler. Zwar hält auch der Europäische Gerichtshof die Existenz rechtlicher Familienbande allein für nicht ausreichend, doch genügt eine faktische Familieneinheit, die „zusätzliche Elemente einer Abhängigkeit aufweist, die über normale, gefühlsmäßige Verbindungen hinausgehen" (Beschwerde Nr. 10375/83, S. u. S. v. Vereinigtes Königreich, Kommissionsentscheidung vom 10.12.84, DR 40, Seite 198).

VIII. Staatenlosigkeit

Manche Flüchtlinge hoffen, durch eine Aufgabe ihrer bisherigen Staatsangehörigkeit ein Bleiberecht in Deutschland zu erhalten.

Sie irren!

Der Irrtum liegt schon darin, dass sie das Aufenthaltsrecht mit dem Staatsangehörigkeitsrecht (bzw. dem Passrecht) verwechseln. Sie meinen, als Staatenlose einen Rechtsanspruch auf einen Staatenlosenpass zu besitzen und damit in Deutschland bleiben zu dürfen. Tatsächlich ist es meist jedoch so, dass ein Staatenlosenpass nur dann erteilt wird, wenn dem Betroffenen vorher eine Aufenthaltserlaubnis erteilt wurde.

Auch ein Staatenloser erhält eine Aufenthaltserlaubnis nur, wenn er nach dem Ausländerrecht die Voraussetzungen erfüllt. Er muss also entweder Asylberechtigter oder Flüchtling gemäß § 3 AsylVfG sein oder einen humanitären Aufenthaltstitel oder eine Aufenthaltserlaubnis als Familienangehöriger oder ausnahmsweise als Arbeitnehmer oder Selbstständiger besitzen. Die manchmal verbreitete Auffassung, weil ein Staatenloser keine Heimat habe und deshalb nicht abgeschoben werden könne, müsse er auch eine Aufenthaltserlaubnis erhalten, ist nicht zwingend. Nur unter besonderen Umständen – und die lange Zeit des bisherigen Aufenthaltes alleine ist ein solcher Umstand noch nicht – kann aus der Staatenlosigkeit eine Aufenthaltserlaubnis folgen. Grundvoraussetzung ist stets, dass der Betreffende nicht in den Herkunftsstaat abgeschoben werden kann. Kann der Betreffende jedoch die Ausreise dadurch ermöglichen, dass er einen Antrag auf Wiedereinbürgerung stellt und ist ihm ein solcher Antrag zumutbar, ist das Ausreisehindernis selbst verschuldet und führt damit nicht – jedenfalls zunächst nicht – zur Erteilung einer Aufenthaltserlaubnis.

Eine Abschiebung kann auch trotz Staatenlosigkeit möglich sein, wenn der frühere Staat bzw. bei dem Zerfall einer Staatengemeinschaft ein Teilstaat, zur Rückübernahme des nun Staatenlosen bereit ist. Aus der Sicht des deutschen Staates ist allein entscheidend, ob ein Staat existiert, in den der Flüchtling abgeschoben werden kann. Ist dies nicht der Heimatstaat, darf es auch ein Drittstaat sein. Zu fordern ist jedoch, dass der Betreffende nicht nur die Möglichkeit zu einem legalen Aufenthalt erhält, sondern ihn als auch mehr als ein Dahinvegetieren am Rande des Existenzminimums zu erwarten hat. Ist dies nicht der Fall und ist deshalb oder aus anderen Gründen die Ausreise nicht zumutbar oder ist sie auf Dauer nicht durchsetzbar oder ist der Betreffende, insbesondere als Angehöriger der 2. oder 3. Generation zum sog. faktischen Inländer geworden, dem eine Rückkehr in den Herkunftsstaat (seiner Eltern oder Großeltern) nicht mehr zugemutet werden kann, kann hieraus, mittelbar also auch aus der Staatenlosigkeit, ein Aufenthaltsanspruch entstehen. Dies ist aber ein mühsamer und vor allem langwieriger Weg. Die Staatenlosigkeit allein begründet keinen derartigen Anspruch.

P Die Aufenthaltsbeendigung

I. Zurückweisung und Zurückschiebung

Manchmal endet ein Aufenthalt, bevor er begonnen hat. Dies sind die Fälle der Zurückweisung und Zurückschiebung an der Grenze. Eine Zurückweisung liegt dann vor, wenn die Einreise nicht erlaubt wird. Von Zurückschiebung spricht man, wenn der Betroffene noch in unmittelbarem Zusammenhang mit der Einreise in Grenznähe angetroffen wurde und er sofort wieder in den Nachbarstaat zurückgeschickt wird.

Eine Zürückweisung oder Zurückschiebung erfolgt dann, wenn die Einreise nicht erlaubt ist, also ein erforderliches Visum nicht vorliegt. Die Zurückweisung wird durch einen Stempel im Pass dokumentiert mit dem Resultat, dass auch spätere Einreisen nicht mehr möglich sind. Mit diesem „Makel" erhält man kein Visum oder wird im Falle der sichtvermerkfreien Einreise später wieder zurückgewiesen.

Rechtsmittel hiergegen sind theoretisch möglich, praktisch aber erfolglos, zumindest aber sinnlos, weil eine positive Entscheidung innerhalb angemessener Zeit nicht zu erwarten ist.

Wichtiger für Sie als Betreuer der hier lebenden Ausländer ist das 5. Kapitel des Aufenthaltsgesetzes, das die „Beendigung des Aufenthalts" regelt. Der 1. Abschnitt regelt die Begründung der Ausreisepflicht (nachstehend unter II. und III. abgehandelt), der 2. Abschnitt seine Durchsetzung (hier: IV.).

II. Begründung der Ausreisepflicht, §§ 50 bis 56 AufenthG

1. Die Ausreisepflicht

Die Grundnorm ist § 50 AufenthG, der die Ausreisepflicht definiert, während die nachfolgenden Paragraphen des 1. Abschnitts einzelne Fälle abhandeln.

1.1. Grundsätzliches zur Ausreisepflicht

§ 50 I AufenthG bestimmt, dass ein Ausländer ausreisepflichtig ist, wenn er einen erforderlichen Aufenthaltstitel nicht oder nicht mehr besitzt. Wenn also das Aufenthaltsgesetz oder andere Gesetze (z. B. das Freizügigkeitsgesetz-EU oder das Asylverfahrensgesetz) bzw. hierzu ergangene Verordnungen oder supranationale Übereinkommen keine Ausnahmen zulassen, ist jeder Ausländer ausreisepflichtig, wenn er nicht (mehr) im Besitz eines Aufenthaltstitels ist. Ich sehe hierin einen grundlegenden Systemfehler, auch wenn dieser historisch begründet und daher nachvollziehbar ist. Das System der Nationalstaaten führte zwangsläufig dazu, nur dem jeweiligen Staatsbürger ein Aufenthaltsrecht zuzubilligen und den Gebietsfremden als prinzipiell nicht aufenthaltsberechtigt zu behandeln. Heute ist dieses Konzept überholt. Staaten sind, wenn sie es je waren, keine homogenen, durch eine gemeinsame Ethnie und Geschichte verbundenen und durch das Band der Nation geeinten Gebilde mehr. Nicht nur die großen, durch Kriege und Anwerbung als Arbeitskräfte hervorgerufenen Wanderungsbewegungen, sondern auch die Internationalisierung aller Lebensbereiche, die Mobilität breiter Bevölkerungsschichten und die grenzenlose (Tele-) Kommunikation, sowie die zumindest in Europa zu beobachtende Auflösung des Nationalstaatenkonzeptes zugunsten einer europäischen Einigung, stellen das überkommene Konzept in Frage. Die Staaten sind nicht mehr nationale Schicksalsgemeinschaften, sondern begreifen sich als Organisationsformen des Zusammenlebens. Jedenfalls mehrheitlich ist unser Denken und Handeln nicht mehr von Begriffen wie „Volk" und „Nation" entscheidend geprägt, sondern von den Interessen des Einzelnen. Wir betrachten es als selbstverständlich, nicht nur in Italien und Spanien, sondern auch auf den Antillen und auf Sri Lanka Urlaub machen zu können. Deutsche Firmen verkaufen ihre Waren in China ebenso wie amerikanische und japanische Konzerne bei uns. Unserer Reisefreiheit und der universellen Freiheit des Güter- und Warenverkehrs steht mit dem geltenden Ausländerrecht ein anachronistisches System gegenüber, weil es eine nicht existente, statische Idylle der Einheit von „Volk" und „Staat" voraussetzt. Die Realität einer weltumfassenden, nicht auf Waren und Güter beschränkten Mobilität wird geleugnet. Auch wenn dieser Widerspruch die gegenwärtigen Machtverhältnisse zwischen der Bundesrepublik Deutschland und anderen Industriestaaten einerseits und den ärmeren Staaten, vor allem der sogenannten Dritten Welt, widerspiegelt, muss sich langfristig auch das Ausländerrecht ändern, weil Recht nicht nur den ökonomischen Bedürfnissen der Gesellschaft entsprechen muss. Die bestehende Internationalität aller Beziehungen kann nicht dauerhaft als Einbahnstraße ausgestaltet bleiben, die den einen Reisefreiheit beschert, den anderen aber durch eine restriktive Visapolitik und Abweisungen den Weg versperrt. Eine in allen Bereichen interaktive Welt erträgt auf die Dauer keine nationale Abschottungspolitik. Auch der Versuch Europas, sich als Block gegen die „Dritte Welt" abzuschotten, wird früher oder später scheitern.

1.2. Beendigung der Rechtmäßigkeit des Aufenthalts

Ein Ausländer ist ausreisepflichtig, wenn er einen Aufenthaltstitel nicht oder nicht mehr besitzt. Ausreisepflichtig ist also nicht nur derjenige, der nie einen Aufenthaltstitel hatte, sondern auch derjenige, bei dem ein erteilter Aufenthaltstitel später entfällt. Das Gesetz nennt in § 51 AufenthG folgende Fälle:

- Ablauf der Geltungsdauer
- Eintritt einer auflösenden Bedingung
- Rücknahme des Aufenthaltstitels
- Widerruf des Aufenthaltstitels
- Ausweisung des Ausländers
- Bekanntgabe einer Abschiebungsanordnung nach § 58a AufenthG
- nicht nur vorübergehende Ausreise
- Ausreise und nicht-rechtzeitige Rückkehr
- Stellung eines Asylantrags nach Erteilung eines Aufenthaltstitels nach §§ 22, 23 oder 25 III bis V AufenthG

Das Erlöschen tritt also in einigen Fällen automatisch ein (z. B. beim Ablauf einer Aufenthaltserlaubnis oder der nichtrechtzeitigen Rückkehr aus dem Ausland), in anderen Fällen bedarf es hierfür eines Verwaltungsaktes (z. B. der Rücknahme des Aufenthaltstitels).

1.3. Beendigung des rechtmäßigen Aufenthalts beim Asylbewerber

Ein Asylbewerber erwirbt grundsätzlich mit der Asylantragstellung ein Aufenthaltsrecht in Form der Aufenthaltsgestattung, wie § 55 AsylVfG bestimmt. Diese erlischt, wenn die Voraussetzungen von § 67 AsylVfG vorliegen. Einzelheiten siehe oben (D VII). Damit ist auch der Asylbewerber gemäß

§ 50 AufenthG ausreisepflichtig. In den meisten Fällen ergeht ein Verwaltungsakt in Form einer Ausreiseaufforderung mit einer Abschiebungsandrohung, die im Regelfall vom BAMF zusammen mit der asylrechtlichen Entscheidung erlassen wird.

2. Ausreisepflicht nach Besitz eines Aufenthaltstitels

Eine Ausreisepflicht kann nicht nur entstehen, wenn jemand illegal einreist oder erfolglos ein Asylverfahren betreibt und dann zur Ausreise aufgefordert wird, sondern auch nach Erwerb einer Aufenthaltserlaubnis oder sogar einer Niederlassungserlaubnis. Auch ein Asylberechtigter oder GFK-Flüchtling kann so den Aufenthaltstitel verlieren, wenn die in § 51 AufenthG geregelten Tatbestände eingreifen. Systematisch ist dabei zu unterscheiden zwischen der Beendigung der Rechtmäßigkeit des Aufenthalts und der Beendigung des Schutzstatus. Nicht selten endet der rechtmäßige Aufenthalt (z. B. durch Ablauf einer befristeten Aufenthaltserlaubnis), obwohl der gewährte Schutzstatus, also etwa das Asylrecht, weiter besteht. Umgekehrt kann aber auch die Beendigung des Schutzstatus zu einer Ausreiseaufforderung führen. Zwischen beiden besteht eine Wechselwirkung. Wichtig an dieser Stelle ist zu wissen, dass es um zwei verschiedene Dinge geht.

2.1. Beseitigung eines Aufenthaltstitels nach Beendigung des Schutzstatus

Zum Erlöschen der Rechtsstellung ist auf die obigen Ausführungen (Kapitel M und N) zu verweisen. In diesem Kapitel geht es nicht um die Statusbeseitigung, sondern um die Frage, ob der Widerruf der Schutzberechtigung zur Beseitigung des Aufenthaltstitels führt. Dabei ist zu unterscheiden: Ist der Betroffene nur im Besitz einer Aufenthaltserlaubnis (und noch keiner Niederlassungserlaubnis), stellt sich als erstes die Frage, ob die Aufenthaltserlaubnis verlängert werden kann, oder ob – wenn sie noch längere Zeit gültig ist – sie sogar nachträglich verkürzt oder widerrufen wird. Dabei ist zu beachten, dass bei einer Verlängerung einer Aufenthaltserlaubnis grundsätzlich dieselben Voraussetzungen vorliegen müssen, wie bei der erstmaligen Erteilung (§ 8 I AufenthG). Ist der Schutzstatus aufgrund eines Widerrufs, einer Rücknahme oder einer Erlöschensbestimmung weggefallen, bedeutet dies, dass grundsätzlich die Voraussetzungen für eine Aufenthaltserlaubnis auf der Grundlage von § 25 I, II oder III AufenthG nicht mehr vorliegen. Eine Aufenthaltserlaubnis kann aufgrund dieser Bestimmungen dann nicht verlängert werden. Die Ausländerbehörde hat dann zu prüfen, ob eine Verlängerung auf der Grundlage anderer Normen in Frage kommt, insbesondere aufgrund § 25 IV oder V AufenthG oder anderer Aufenthaltszwecke (Familiennachzug, Erwerbstätigkeit etc.). Wenn dies der Fall ist, wird die Aufenthaltserlaubnis auf der Grundlage dieser Bestimmungen verlängert. Entsprechendes gilt, wenn zum Zeitpunkt des Wegfalls der Statusentscheidung der Aufenthaltstitel noch gültig ist und geprüft wird, ob er nachträglich befristet oder widerrufen werden soll. Die Entscheidung hat dabei sämtliche Aspekte des Einzelfalles zu bedenken und zu berücksichtigen: Auf Seiten des Betroffenen sind maßgeblich die bisherige Dauer des Aufenthalts, seine Integration in Deutschland, eine eventuelle Entfremdung vom Herkunftsstaat, die familiären Verhältnisse hier und im Herkunftsstaat, die Folgen einer Aufenthaltsbeendigung für ihn und eine Familie.

Entsprechendes gilt auch dann, wenn der Flüchtling bereits eine Niederlassungserlaubnis erworben hat. Obwohl die Niederlassungserlaubnis eigentlich per definitionem „zweckfrei" ist, also der Wegfall des Aufenthaltsgrunds (= die Statusentscheidung) eigentlich systematisch unbeachtlich ist, meint das Bundesverwaltungsgericht im Fall des Asylrechts eine Ausnahme machen zu müssen. Diese Niederlassungserlaubnis aufgrund § 26 III AufenthG sei, anders als alle anderen, nicht streng zweckunabhängig, vielmehr könne sie bei Wegfall des Schutzstatus widerrufen werden. Allerdings sei dann eine umfassende Prüfung aller Umstände geboten, wie oben dargestellt. Im Ergebnis bedeutet dies, dass der Widerruf einer Niederlassungserlaubnis auch beim Wegfall des Schutzstatus nur dann in Betracht kommt, wenn erhebliche öffentliche Interessen, also schwere Straftaten, gegen den weiteren Aufenthalt des ehemaligen Flüchtlings sprechen und seine individuellen Interessen weniger schwer wiegen.

Ein Widerruf ist nicht schon dann gerechtfertigt, weil beim Betreffenden nicht sämtliche Voraussetzungen des § 9 AufenthG vorliegen. Fehlt eine der dortigen Voraussetzungen (z. B. die Pflichtversicherungszeiten, § 9 II Nr. 3 AufenthG), kommt es darauf an, ob der Ausländer dies zu vertreten hat. Wenn er beispielsweise aufgrund des langen Asylverfahrens ein Jahr lang nicht arbeiten durfte und ihm deshalb 12 Monate fehlen, sollte dies zugunsten des Betreffenden berücksichtigt werden. Indiziell ist auch § 26 III AufenthG, der bestimmt, dass ein Flüchtling nach 3 Jahren eine Niederlassungserlaubnis erhalten soll. Der Gesetzgeber hat damit meines Erachtens zum Ausdruck gebracht, dass er bei einem Flüchtling nach Ablauf dieser Zeit von einer Verfestigung und von Vertrauensschutz ausgeht. Denn die Erteilung einer Niederlassungserlaubnis ist die höchste ausländerrechtliche Verfestigungsstufe und dokumentiert einen Daueraufenthalt.

Die Zeiten des Asylverfahrens sind in diesem Fall zu berücksichtigen (Argument aus § 55 III AsylVfG); gleiches gilt dann, wenn der Betreffende über § 26 IV AufenthG eine Niederlassungserlaubnis erhalten hat. Da aber nach § 9 AufenthG im Regelfall jedoch ein 5-jähriger Aufenthalt zur Erteilung einer Niederlassungserlaubnis ausreicht, sollte nach einem 5-jährigen Aufenthalt ein Widerruf regelmäßig ausgeschlossen sein.

3. Erlöschen eines Aufenthaltstitels nach Ausreise, § 51 I AufenthG

Dass eine Aufenthaltserlaubnis nach einer Ausreise erlöschen kann, ist vielen Ausländern unbekannt.

3.1. Endgültige Ausreise, § 51 I Nr. 6 AufenthG

Gemäß § 51 I Nr. 6 AufenthG erlischt jeder Aufenthaltstitel – und damit auch eine Niederlassungserlaubnis! –, wenn der Ausländer aus einem, seiner Natur nach nicht nur vorübergehenden Grund ausreist.

Es kommt also nur auf die – objektiv dokumentierte – Motivation bei der Ausreise an: Bricht der Ausländer seine Zelte hier ab, um für immer in seine Heimat zurückzukehren oder in einen Drittstaat weiterzuwandern, erlischt jeder Aufenthaltstitel. Das Gesetz enthält jedoch zahlreiche Ausnahmen.

3.2. Ausnahmen

3.2.1. § 51 VII AufenthG bestimmt, dass im Fall der Ausreise eines Asylberechtigten oder eines Ausländers, dem das BAMF unanfechtbar die Flüchtlingseigenschaft zuerkannt hat, der

Aufenthaltstitel nicht erlischt, solange er im Besitz eines gültigen, von einer deutschen Behörde ausgestellten Reiseausweises für Flüchtlinge ist. Im Umkehrschluss bedeutet dies, dass dann, wenn der Flüchtlingspass abgelaufen ist, der Aufenthaltstitel erloschen ist. Dies hat für den Flüchtling ernsthafte Folgen vor allem dann, wenn gleichzeitig seine Rechtsstellung aufgrund § 72 AsylVfG erloschen ist, etwa, weil er sich einen Heimatpass besorgt hat. Ist der Status nicht erloschen, erschöpfen sich die Konsequenzen in faktischen Widrigkeiten: Der Flüchtling muss dann bei der deutschen Auslandsvertretung ein Visum beantragen, das er erst nach Rücksprache mit der zuständigen Ausländerbehörde und gegebenenfalls Kontakt mit dem BAMF erhält. Die Wiedererteilung einer Aufenthaltserlaubnis – auch in Form eines Visums – kommt jedoch dann nicht in Betracht, wenn die Zuständigkeit für die Ausstellung eines GFK-Passes auf einen anderen Staat übergegangen ist. Dies ist dann der Fall, wenn ein anderer Staat bereits einen Flüchtlingspass ausgestellt hat und schließlich auch dann, wenn sich der Betreffende mindestens 2 Jahre rechtmäßig (im Regelfall also mit einem Aufenthaltstitel) in einem anderen Staat aufgehalten hat. In der Praxis ist bei letzterer Fallkonstellation mit Streit und Schwierigkeiten zu rechnen: Deutschland behauptet oft den Übergang der Verantwortlichkeit, der Drittstaat bestreitet. Im Fall einer Wiedereinreise mit dem ungültig gewordenen Flüchtlingspass droht die Zurückweisung; hat der Betroffene Glück, wird die Wiedereinreise nach Kontaktaufnahme mit dem Ausländeramt und dem BAMF erlaubt.

3.2.2. Die Niederlassungserlaubnis des Ausländers, der sich mindestens 15 Jahre rechtmäßig im Bundesgebiet aufgehalten hat, sowie die Niederlassungserlaubnis seines mit ihm in ehelicher Lebensgemeinschaft lebenden Ehegatten erlöschen nicht, wenn deren Lebensunterhalt gesichert ist. Gleiches gilt für den Ausländer, der mit einem Deutschen in ehelicher Lebensgemeinschaft lebt. Zum Nachweis des Fortbestehens der Niederlassungserlaubnis stellt die Ausländerbehörde am Ort des letzten gewöhnlichen Aufenthalts auf Antrag eine Bescheinigung aus. Denjenigen, bei denen diese Voraussetzungen vorliegen und die – beispielsweise – eine Weltreise machen wollen oder eine Altersresidenz in der Türkei oder auf Mallorca besitzen, ist dringend anzuraten, sich eine solche Bescheinigung abzuholen. Denn ansonsten besteht die Gefahr, dass ihnen die Wiedereinreise verwehrt wird. Haben sie das Pech, dass die Grenzbeamten in das Ausländerzentralregister sehen und findet sich dort ein Vermerk „ins Ausland verzogen" oder eine Abmeldung, die längere Zeit zurückliegt, kann es große Probleme geben.

3.3. Erlöschen bei 6-monatigem Auslandsaufenthalt, § 51 I Nr. 7 AufenthG

Ein anderer Erlöschensgrund ist in § 51 I Nr. 7 AufenthG normiert. Reist der Ausländer aus und kehrt er nicht innerhalb von 6 Monaten ins Bundesgebiet zurück, ohne sich – vorher oder vom Ausland aus – von der Ausländerbehörde eine längere Frist zubilligen zu lassen, ist sein Aufenthaltstitel ebenfalls erloschen. § 51 IV AufenthG bestimmt, dass in der Regel eine längere Frist einzuräumen ist, wenn der Ausländer aus einem seiner Natur nach vorübergehenden Grund ausreisen will und eine Niederlassungserlaubnis besitzt oder wenn der Aufenthalt außerhalb des Bundesgebiets den Interessen der Bundesrepublik Deutschland dient. Insbesondere für Studienaufenthalte oder Entwicklungshilfeeinsätze werden diese Voraussetzungen zu bejahen sein.

3.3.1 Auch hier greift die oben erwähnte Ausnahme nach 15-jährigem Aufenthalt ein. Eine weitere Ausnahme enthält § 51 III AufenthG. Danach erlischt die Aufenthaltserlaubnis nicht nach Nr. 7, wenn sie lediglich wegen Erfüllung der gesetzlichen Wehrpflicht im Heimatstaat überschritten wird und der Ausländer innerhalb von 3 Monaten nach der Entlassung aus dem Wehrdienst wieder einreist. Für Flüchtlinge ist jedoch zu bedenken, dass die Erfüllung des Wehrdienstes regelmäßig zum Erlöschen der Rechtsstellung nach § 72 AsylVfG führen wird. Auch wenn die Aufenthaltserlaubnis gemäß § 51 III AufenthG nicht automatisch erloschen ist, kommt in diesem Fall aufgrund des Wegfalls des Schutzstatus ein Widerruf in Frage.

3.4. Erlöschen bei Daueraufenthalt-EU

Die Erlaubnis zum Daueraufenthalt-EU erlischt nach § 51 IX AufenthG nur, wenn
1. die Erteilung wegen Täuschung, Drohung oder Bestechung zurückgenommen wird,
2. der Ausländer ausgewiesen oder ihm eine Abschiebungsanordnung nach § 58a AufenthG bekannt gegeben wird oder

3. sich der Ausländer für einen Zeitraum von 12 aufeinanderfolgenden Monaten außerhalb des EU-Gebietes aufgehalten hat oder
4. sich der Ausländer für einen Zeitraum von 6 Jahren außerhalb des Bundesgebietes aufgehalten hat oder
5. der Ausländer die Rechtsstellung eines langfristig Aufenthaltsberechtigten in einem anderen Mitgliedsstaat der Europäischen Union erwirbt.
6. In den Fällen der Nummern 3 und 4 enthalten die Absätze 2 bis 4 Ausnahmen (entsprechend den unter 3.2).

3.5. Rechtsfolgen des Erlöschens

Ist der Aufenthaltstitel erloschen, geht der Betreffende sämtlicher bisher erworbener Rechte verlustig. Die bisherigen Zeiten sind verloren und nicht – etwa im Hinblick auf eine Niederlassungserlaubnis oder eine Einbürgerung – anzurechnen. Der Ausländer muss einen neuen Antrag auf Erteilung eines Aufenthaltstitels stellen, der nur dann erfolgreich sein wird, wenn jetzt die Voraussetzungen für eine Erteilung und damit gegebenenfalls für einen Zuzug vorliegen – denn rechtlich gesehen handelt es sich jetzt um einen Neuzuzug. Asylberechtigte und GFK-Flüchtlinge haben – wenn nicht die Verantwortlichkeit für den Schutz auf einen anderen Staat übergegangen ist – einen Anspruch auf Wiedererteilung der Aufenthaltserlaubnis. Gleiches gilt für subsidiär Schutzberechtigte, bei denen ein förmliches Abschiebungsverbot festgestellt war. Wer jedoch lediglich eine Aufenthaltserlaubnis erhalten hatte, weil die Ausreise nicht durchgesetzt werden konnte, muss fürchten, nicht wieder eingelassen zu werden, wenn er an der Grenze steht, oder, wenn er schon im Inland ist, längere Zeit mit einer Duldung leben zu müssen, bevor er wieder einen Aufenthaltstitel bekommt. Arbeitnehmer, Auszubildende oder Inhaber einer anderen Aufenthaltserlaubnis werden eine solche nur dann wieder erhalten, wenn die Erteilungsvoraussetzungen noch vorliegen.

3.6. Rechtsmittel

Gegen die – gegebenenfalls auch indirekte (z. B. durch Wegnahme des Flüchtlingspasses) – Feststellung des Erlöschens kraft Gesetzes ist ein Widerspruch bzw. eine Feststellungsklage zulässig. Oft tritt in diesen Fällen das Erlöschen dadurch zutage, dass entweder der Aufenthaltstitel ungültig gestempelt oder die Wiedereinreise versagt wird. In diesen Fällen wird es meist erforderlich sein, einen Antrag nach § 123 VwGO auf einstweilige Wiederherstellung des Aufenthaltstitels zu stellen. Insgesamt ist das Rechtsmittelsystem kompliziert. Es empfiehlt sich, auf die Rechtsbehelfsbelehrung zu achten und anwaltliche Hilfe zu suchen.

▶ Tipp

Informieren Sie den Flüchtling, um den Sie sich kümmern, darüber, dass er rechtzeitig einen Antrag auf Verlängerung der Aufenthaltserlaubnis stellt. Will der Ausländer längere Zeit verreisen, weisen Sie ihn darauf hin, dass er nicht länger als 6 Monate im Ausland bleiben darf. Erklären Sie ihm, dass er, falls etwas Unvorhergesehenes passiert – etwa eine längere Krankheit oder eine Inhaftierung – vom Ausland aus einen Verlängerungsantrag stellen soll.

Will er längere Zeit im Ausland bleiben (z. B. zu einem Studium oder zur Erledigung eines Arbeitsauftrags), muss er sich vorher eine Erlaubnis der Ausländerbehörde holen.

Erwägt er einen Umzug ins Ausland, ist er aber nicht sicher, ob er wirklich auf Dauer im Ausland bleiben will, sollte er in Deutschland gemeldet bleiben und nicht alle Zelte abbrechen.

Bei einer längeren Reise sollte der Flüchtling darauf achten, dass der GFK-Pass noch möglichst lange gültig ist.

4. Rücknahme und Widerruf eines Aufenthaltstitels

Von einer Rücknahme spricht man, wenn ein rechtswidriger, von Widerruf, wenn ein rechtmäßiger Verwaltungsakt beseitigt werden soll. War der Aufenthaltstitel rechtswidrig erteilt, wird er im Regelfall zurückzunehmen sein mit der Folge seines Erlöschens gemäß § 51 I Nr. 3 AufenthG. Ein Widerruf hingegen steht im pflichtgemäßen Ermessen der Ausländerbehörde, die sämtliche Umstände des Einzelfalles zu berücksichtigen hat. § 52 AufenthG zählt die Gründe des Widerrufs abschließend auf.

Ein Widerruf ist nach § 51 I Nr. 4 AufenthG auch dann möglich, wenn die Anerkennung als Asylberechtigter oder die Rechtsstellung als Flüchtling wegfallen. Die Statusänderung allein führt nicht automatisch zum Verlust der Aufenthaltsgenehmigung, vielmehr ist eine Ermessensentscheidung erforderlich. Bei dieser Entscheidung kommt es nicht auf die Verlustgründe an, sondern auf die Gesamtumstände, insbesondere auf die bisherige Aufenthaltsdauer, die erbrachten Integrationsleistungen und die Situation im Heimatstaat. Der Besitz einer Niederlassungserlaubnis oder der Anspruch auf Erteilung einer Niederlassungserlaubnis ist keine Garantie, dass ein Widerruf nicht stattfindet, gleichwohl ist in diesem Fall das Ermessen zugunsten des Ausländers reduziert. Einzelheiten zum Widerruf bei Schutzberechtigten siehe oben Nr. 2.

4.1. Rechtsmittel

Rücknahme und Widerruf sind Verwaltungsakte, gegen die Widerspruch bzw. Klage zulässig sind. Zu beachten ist jedoch, dass § 84 II AufenthG bestimmt, dass Widerspruch und Klage unbeschadet ihrer aufschiebenden Wirkung die Wirksamkeit der Ausweisung und eines sonstigen Verwaltungsakts, der die Rechtmäßigkeit des Aufenthalts beendet, unberührt lässt. Lediglich für Zwecke der Aufnahme oder Ausübung der Erwerbstätigkeit gilt der Aufenthaltstitel als fortbestehend, so lange die Frist noch läuft bzw. die aufschiebende Wirkung angeordnet ist. Die Folge dieser Bestimmung ist, dass im negativen Fall die so erkämpfte Zeit nicht berücksichtigt wird. Gewinnt man jedoch, tritt eine Unterbrechung der Rechtmäßigkeit des Aufenthalts nicht ein (§ 84 II 3 AufenthG).

Da Widerspruch und Klage gegen die Ablehnung eines Antrags auf Erteilung oder Verlängerung des Aufenthaltstitels keine aufschiebende Wirkung haben (§ 84 I Nr. 1 AufenthG), ist stets auch ein Antrag nach § 80 V VwGO erforderlich. Nach Landesrecht ist zudem teilweise das Vorverfahren ausgeschlossen, so dass ein Widerspruch unzulässig ist und man sofort klagen muss.

5. Die Ausweisung

Nach § 51 I Nr. 5 AufenthG erlischt ein Aufenthaltstitel mit der Ausweisung. Auch wenn die Ausweisung zur Ausreisepflicht führt, ist sie von dieser zu unterscheiden. Denn sie erzeugt nicht nur eine Verlassenspflicht, sondern begründet auch ein Betretensverbot. Die Ausweisung ist eine ordnungsrechtliche Maßnahme, die einer künftigen Störung der öffentlichen Sicherheit und Ordnung oder sonstiger Belange der Bundesrepublik Deutschland vorbeugen will.

Zu diesem Zweck wird der störende Ausländer ausgewiesen, also aufgefordert, Deutschland innerhalb einer bestimmten Frist zu verlassen und Deutschland bis zum Ablauf einer festzusetzenden Einreisesperre nicht wieder zu betreten. Die Schengen-Regelungen führen dazu, dass der Wirkungsbereich der Ausweisung heute die meisten Staaten Europas umfasst. Denn der Betreffende wird im Regelfall im Schengen-Informations-System ausgeschrieben und erhält damit praktisch für den gesamten Schengen-Raum kein Visum mehr.

Ihm wird auch dann, wenn ein Anspruch auf einen Aufenthaltstitel besteht, ein solcher nicht erteilt (allenfalls eine Duldung). Diese Wirkungen sind grundsätzlich zu befristen. Die regelmäßige Höchstfrist beträgt 5 Jahre. Sie darf nur überschritten werden, wenn der Ausländer aufgrund einer strafrechtlichen Verurteilung ausgewiesen worden ist oder wenn von ihm eine schwerwiegende Gefahr für die öffentliche Sicherheit und Ordnung ausgeht. Nach der Rechtsprechung des Bundesverwaltungsgerichts ist eine Zukunftsprognose lediglich für den Zeitraum von 10 Jahren möglich, so dass de facto die Obergrenze der Sperre 10 Jahre beträgt. Allerdings ist die Ausländerbehörde nicht nur berechtigt, sondern verpflichtet, den weiteren Verlauf zu beobachten und gegebenenfalls eine schon festgesetzte Frist nachträglich zu verkürzen oder auch zu verlängern. Der Ausländer kann einen Antrag auf Verkürzung der Sperrfrist stellen, der förmlich zu verbescheiden ist und mit Rechtsmitteln angegriffen werden kann.

Das derzeit gültige Gesetz kennt 3 Formen der Ausweisung:

An erster Stelle nennt es in § 53 AufenthG die „zwingende Ausweisung", die auch „Ist-Ausweisung" genannt wird. § 54 AufenthG enthält die „Ausweisung im Regelfall" und § 55 AufenthG die „Ermessensausweisung".

Ich will an dieser Stelle das Ausweisungsrecht nicht detailliert vorstellen. Es befindet sich im Wandel. Herausgehoben sei nur, das Asylberechtigte und Flüchtlinge, wie auch Unionsbürger und Assoziationsberechtigte einen besonderen Ausweisungsschutz genießen. Entsprechendes gilt für Personen, die in Deutschland „verwurzelt" sind. In all diesen Fällen ist eine strenge Verhältnismäßigkeitsprüfung erforderlich. Zu berücksichtigen ist die bereits erfolgte soziale und kulturelle Integration in Deutschland und der Stand der Beziehungen zum Herkunftsland, die persönliche und insbesondere familiäre Situation des Betroffenen, die Dauer des Aufenthalts auf der einen Seite die Gefahr, die von ihm ausgeht auf der anderen Seite. Da eine Ausweisung auch bei Flüchtlingen zum Verlust des Aufenthaltsrechts und unter Umständen (§ 60 VIII AufenthG, § 3 II AsylVfG) zum Verlust seiner Rechtsstellung als Flüchtling führt, ist in jedem Fall anwaltliche Hilfe vonnöten.

Der aktuell im Gesetzgebungsverfahren diskutierte Entwurf eines Gesetzes zur Neubestimmung des Bleiberechts und der Aufenthaltsbeendigung will das Ausweisungsrecht neu regeln. Zwar baut der Entwurf auf der bisherigen Praxis und Rechtsprechung auf, doch soll die Systematik umgestellt werden; das Ermessen der Ausländerbehörden wird reduziert, statt dessen werden mehr oder weniger unbestimmte Rechtsbegriffe Beurteilungsspielräume eröffnen, die dann von der Rechtsprechung ausgefüllt werden müssen. Die konkrete Ausgestaltung und vor allem die Anwendungspraxis bleiben abzuwarten.

6. Die Abschiebungsanordnung, § 58a AufenthG

Das AufenthG enthält mit der Abschiebungsanordnung gem. § 58a AufenthG ein neues, gegenüber der Ausweisung noch schärferes Instrument zur Bekämpfung einer terroristischen Gefahr.

Die oberste Landesbehörde kann danach aufgrund einer auf Tatsachen gestützten Prognose zur Abwehr einer besonderen Gefahr für die Sicherheit der Bundesrepublik Deutschland oder einer terroristischen Gefahr auch ohne vorhergehende Ausweisung eine Abschiebungsanordnung erlassen. Einer vorherigen Androhung der Abschiebung bedarf es nicht. Die Anordnung ist sofort vollziehbar.

Die Abschiebungsanordnung darf nicht vollzogen werden, wenn die Voraussetzungen für ein Abschiebungsverbot nach § 60 I bis VII AufenthG gegeben sind, also auch nicht bei Asylberechtigten und Flüchtlingen nach § 3 AsylVfG und subsidiär Schutzberechtigten nach § 4 AsylVfG.

Der Bundesinnenminister kann die Übernahme der Zuständigkeit erklären, wenn ein besonderes Interesse des Bundes besteht. Die Abschiebungsanordnung wird dann von der Bundespolizei vollzogen (§ 58a II AufenthG).

Ein Antrag auf Gewährung vorläufigen Rechtsschutzes ist innerhalb von 7 Tagen nach Bekanntgabe der Abschiebungsanordnung beim Bundesverwaltungsgericht, das die Alleinzuständigkeit besitzt (§ 50 I 3 VwGO), zu stellen. Die Abschiebung darf bis zum Fristablauf und im Falle der rechtzeitigen Antragstellung bis zur Entscheidung des Gerichts über den Antrag auf vorläufigen Rechtsschutz nicht vollzogen werden (§ 58a IV 3 AufenthG). Nach Bekanntgabe der Abschiebungsanordnung ist dem Ausländer unverzüglich Gelegenheit zu geben, zu einem Rechtsanwalt seiner Wahl Verbindung aufzunehmen, soweit er nicht schon anwaltlich vertreten ist.

III. Die Vollziehbarkeit der Ausreisepflicht

Durch die oben geschilderten Maßnahmen wird die Ausreisepflicht des § 50 AufenthG begründet. Sie tritt mit der Bekanntgabe, also schon vor Unanfechtbarkeit des Verwaltungsaktes, ein (§ 84 II AufenthG).

Vom Eintritt der Ausreisepflicht zu unterscheiden ist die Vollziehbarkeit. Die Vollziehbarkeit tritt nach § 58 II AufenthG ein, wenn

- der Ausländer unerlaubt eingereist ist,
- der Aufenthalt nicht gemäß § 81 III AufenthG als erlaubt gilt, weil er visumfrei einreisen konnte und
- er noch keinen Antrag auf Erteilung eines Aufenthaltstitels gestellt oder nach Ablauf der Geltungsdauer eines Aufenthaltstitels noch nicht die Verlängerung beantragt hat,
- der Ausländer aufgrund einer Rückführungsentscheidung nach Art. 3 der Richtlinie 01/40/EG des Rates vom 28.05.2001 ausreisepflichtig wird und eine Ausreisefrist nicht gewährt oder abgelaufen ist.

Im Übrigen ist die Ausreisepflicht erst vollziehbar, wenn die Versagung des Aufenthaltstitels oder der sonstige Verwaltungsakt, durch den der Ausländer ausreisepflichtig wird, vollziehbar wird, etwa der negative Bescheid aus dem Asylverfahren. Dies ist bei einem Verwaltungsakt dann der Fall, wenn er bestands- oder rechtskräftig ist oder er kraft Gesetzes sofort vollziehbar ist und nicht ausnahmsweise der Vollzug – gegebenenfalls durch das Gericht nach einem Antrag gemäß § 80 V VwGO

– ausgesetzt wurde. In diesem Fall tritt die Vollziehbarkeit mit dem Ablauf der Aussetzung ein.

Erst mit der Vollziehbarkeit der Ausreisepflicht ist eine Abschiebung möglich.

Der Ausländer kommt seiner Ausreisepflicht mit Überschreiten der bundesdeutschen Grenzen nach, er muss also nicht in seinen Heimatstaat zurückkehren. Bei Einreise in einen anderen EU-Staat tritt diese Wirkung jedoch nur ein, wenn ihm Einreise und Aufenthalt dort erlaubt sind (§ 50 III AufenthG). Um die Ausreise sicherzustellen, soll der Pass des Ausländers in Verwahrung genommen werden (§ 50 VI AufenthG). Diese Vorschrift und eine strenge Handhabung führen zu dem Ergebnis, dass oftmals Pässe vernichtet werden und die Ausreise hierdurch verzögert wird, weil ohne den (offiziellen) Passbesitz die Rückkehr unmöglich gemacht oder erschwert wird. Kann dem Ausländer das Verschwinden des Passes angelastet werden, kann er hierfür jedoch einen hohen Preis bezahlen: Abschiebehaft könnte die Folge sein.

IV. Die Abschiebungsandrohung und die Abschiebung

Ist die Ausreisepflicht vollziehbar und die freiwillige Erfüllung durch die Einräumung einer Ausreisepflicht nicht gesichert oder ist aus Gründen der öffentlichen Sicherheit und Ordnung eine Überwachung der Ausreise erforderlich, wird die Ausreisepflicht durch die Abschiebung durchgesetzt (§ 58 I AufenthG). Das Gesetz regelt in Absatz 2, wann die Ausreise vollziehbar ist und in Absatz 3, wann eine Überwachung der Ausreise erforderlich ist.

1. Die Abschiebungsandrohung

Gemäß § 59 AufenthG soll die Abschiebung schriftlich unter Bestimmung einer Ausreisefrist angedroht werden. In der Androhung soll der Staat bezeichnet werden, in den der Ausländer abgeschoben werden soll. Das Vorliegen von Abschiebungsverboten steht der Androhung der Abschiebung nicht entgegen, doch ist dann in der Androhung der Staat zu bezeichnen, in den der Ausländer nicht abgeschoben werden darf. Die Abschiebung darf nur nach Maßgabe von § 60a AufenthG zeitweise durch die Erteilung einer Duldung ausgesetzt werden. Grundsätzlich ist es die Pflicht der Ausländerbehörde, eine vollziehbare Ausreisepflicht auch umgehend durchzusetzen, also den Betroffenen auch abzuschieben.

2. Der Zielstaat

Die Abschiebungsandrohung soll einen konkreten Zielstaat benennen. Fehlt es hieran oder ist der Zielstaat nicht hinreichend identifizierbar oder ist ein falscher Zielstaat gewählt, ist die Abschiebungsandrohung im Regelfall aufzuheben und die Abschiebung damit nicht vollziehbar. Der Zielstaat muss nicht der Heimatstaat des Ausländers sein, doch kann andererseits nicht ein beliebiger Staat angegeben werden, vielmehr muss ein konkreter Bezug (etwa ein früherer Aufenthalt) zu dem angegebenen Staat existieren. Allerdings soll es, insbesondere in Fällen der Verschleierung der Herkunft, genügen, wenn die Abschiebung „in den Herkunftsstaat" angedroht wird. Meines Erachtens ist dies jedoch nur in Ausnahmefällen zulässig.

Wie § 59 II AufenthG deutlich macht, garantiert die Angabe des richtigen Zielstaates dem Ausländer jedoch nicht, dass er auch in diesen abgeschoben wird. Er kann auch in jeden anderen Staat abgeschoben werden, wenn dieser einwilligt. Diese Vorschrift ist wegen der Unmöglichkeit für einen Ausländer, Abschiebehindernisse in Bezug auf alle Staaten geltend zu machen, rechtsstaatlich fragwürdig – es sei denn, es gibt einen konkreten Bezug aufgrund eines früheren Aufenthaltes oder familiärer Bindungen. Derartige Bindungen kennt auch der Ausländer. Er kann sich daher auch im Hinblick auf diesen möglichen Staat einer Abschiebung widersetzen.

3. Rechtsmittel

Gegen die Abschiebungsandrohung und die Abschiebungsanordnung kann Anfechtungswiderspruch und -klage erhoben werden; gegen eine bevorstehende Abschiebung kann vorbeugender Rechtsschutz (auch im einstweiligen Verfahren) in Anspruch genommen werden. Da die Abschiebung nach herrschender Meinung eine Maßnahme des Vollstreckungsverfahrens ist, kommt solchen Rechtsmitteln in den meisten Bundesländern, auch wenn kein Sofortvollzug angeordnet ist, keine aufschiebende Wirkung zu, so dass ein Antrag nach § 80 V VwGO notwendig ist. Außerdem gibt es die Möglichkeit eines vorbeugenden Rechtsschutzes nach § 123 VwGO. Da die Abschiebungsandrohung und -anordnung meist mit dem Verwaltungsakt verbunden sind, mit dem die Ausreisepflicht begründet wird (z. B. der Ausweisung oder der Ablehnung oder dem Widerruf des Aufenthaltstitels oder der Ablehnung des Asylantrags), also ein einheitlicher Bescheid ergeht, ist das Rechtsmittel gegen die Abschiebungsandrohung oder -anordnung meist Teil dieser Klage.

4. Duldung

Liegen die Voraussetzungen für eine Abschiebung vor, ist die Ausländerbehörde verpflichtet, diese auch so rasch wie möglich durchzuführen. Nach § 60a I AufenthG kann die oberste Landesbehörde aus völkerrechtlichen oder humanitären Gründen oder zur Wahrung politischer Interessen anordnen, dass die Abschiebung von Ausländern aus bestimmten Staaten für längstens 6 Monate ausgesetzt wird. Nach § 60a II AufenthG ist die Abschiebung eines Ausländers auszusetzen, so lange die Abschiebung aus tatsächlichen oder rechtlichen Gründen unmöglich ist und keine Aufenthaltserlaubnis erteilt wird.

Rechtlich unmöglich ist eine Abschiebung, wenn Abschiebungsverbote nach § 60 V und VII AufenthG vorliegen. Wie § 60a II 2. Hs. AufenthG deutlich macht, ist in diesen Fällen aber zu prüfen, ob nicht eine Aufenthaltserlaubnis nach § 25 Abs. 4a und 4b AufenthG erteilt wird.

Tatsächliche Abschiebehindernisse und damit Duldungsgründe sind vor allem Krankheit und ähnliche in der Person des Ausländers liegende Umstände, aber auch Passlosigkeit, die Sperre des Flughafens oder die Unmöglichkeit, einen aufnahmebereiten Staat zu finden. Personen ohne ausreichende Dokumente werden von vielen Staaten, mit dem Argument, die Staatsbürgerschaft oder auch nur der vorherige Aufenthalt im angeblichen Herkunftsstaat sei keineswegs nachgewiesen oder glaubhaft, nicht zurückgenommen. Dass dies für die Ausländerbehörden eine unangenehme Situation ist, liegt auf der Hand: Sie können eine bestehende Ausreiseverpflichtung nicht durchsetzen. Unangenehmer ist jedoch die Situation für die Betroffenen. Denn manche Ausländerbehörden reagieren darauf mit Anträgen auf Abschiebungshaft. Obwohl diese nur angeordnet werden darf, wenn anschließend die Abschiebung tatsächlich durchgeführt werden kann, gibt es aber auch einige wenige Fälle, in denen auch nach dem Vollzug der Höchstdauer der Abschiebungshaft (1 ½ Jahre) die Abschiebung unmöglich blieb und die Betroffenen weiterhin mit Duldungen leben mussten. Eine Legalisierung des Aufenthalts und damit die Möglichkeit der Integration bleiben diesen Personen verwehrt.

Gegen die Versagung einer Duldung ist der Widerspruch nicht statthaft, § 83 II AufenthG. Es bedarf der Einreichung einer Verpflichtungsklage und, zur Gewährung effektiven Rechtsschutzes, meist auch eines Antrags nach § 123 VwGO.

Die Erteilung einer Duldung führt nicht dazu, dass die Ausreisepflicht beseitigt wird oder eine Abschiebungsandrohung sich erledigt hätte. Vielmehr wird die Ausreisefrist lediglich unterbrochen (§ 50 III AufenthG, § 60a II AufenthG). Ist die Duldung abgelaufen oder wurde sie widerrufen, weil die der Abschiebung entgegenstehenden Gründe entfallen sind (§ 60a V 2 AufenthG), wird der Ausländer unverzüglich ohne erneute Androhung und Fristsetzung abgeschoben. Wenn jedoch der Ausländer länger als 1 Jahr geduldet war, ist dem Ausländer die Abschiebung mindestens 1 Monat vorher anzukündigen. Die Ankündigung ist zu wiederholen, wenn die Duldung für mehr als 1 Jahr erneuert wurde (§ 60a V AufenthG).

Die Duldung wird grundsätzlich befristet erteilt, wobei die Frist 1 Jahr nicht überschreiten soll. In der Praxis werden Duldungen für längstens ½ Jahr erteilt. Sie ist kraft Gesetzes (§ 61 AufenthG) die ersten drei Monate ununterbrochenen Aufenthalts auf das Gebiet des jeweiligen Bundeslandes beschränkt und kann mit weiteren Auflagen versehen werden. Bei einer Ausreise erlischt die Duldung. Eine Wiedereinreise ist grundsätzlich nicht möglich, da ja eine Ausreisepflicht existiert.

5. Der Vollzug der Abschiebung

Soll die Abschiebungsanordnung oder -androhung vollzogen werden, weil der Betroffene innerhalb der gesetzten Ausreisefrist oder zum Ablauf der Duldung nicht ausgereist ist, erfolgt eine Abschiebung. Sie kann als sog. „Direktabschiebung" durchgeführt werden. Hiervon spricht man, wenn der Betroffene auf Aufforderung bei der Polizei erscheint oder zu Hause von der Polizei abgeholt wird und direkt in den sog. Zielstaat überstellt wird. Oft erfolgt die Abschiebung nach vorher angeordneter Abschiebungshaft.

Q Abschiebungshaft

I Einführung

Die in § 62 AufenthG geregelte Abschiebungshaft ist eines der bedrückendsten Kapitel des deutschen Ausländerrechtes. Abschiebungshaft bedeutet, eingesperrt zu sein, ohne etwas verbrochen zu haben. Eine strafrechtliche Verurteilung ist nicht Voraussetzung. Die Abschiebungshaft ist nichts anderes als ein Zwangsmittel, um durch sichere Verwahrung die Durchführung von Abschiebungen zu gewährleisten. Nach wie vor wird in Deutschland Abschiebungshaft zu schnell, zu leicht und zu oft verhängt. Manche Ausländerbehörden bzw. zentrale Abschiebestellen versuchen nicht nachhaltig genug, die Betroffenen zur freiwilligen Einhaltung ihrer Ausreisepflicht anzuhalten, sondern glauben im Gegenteil, es sei richtig, durch eine überraschende Inhaftierung den Vollzug der Ausreise sicherzustellen. Oft finden sich auch Richter, die ohne gründliche Überprüfung des Vorliegens der Voraussetzungen die Abschiebungshaft verhängen.

In vielen Bundesländern genügen die Haftbedingungen rechtsstaatlichen und menschenrechtlichen Mindeststandards nicht. Obwohl der Haftzweck – Sicherstellung der Abschiebung – die üblichen Beschränkungen in normalen Justizvollzugsanstalten wie Briefzensur, Einschränkung des Besuchsverkehrs und sonstigen Kontaktes zur Außenwelt, die Unterwerfung unter eine rigide Anstaltsordnung unnötig macht, gibt es solche Restriktionen nach wie vor. Die erforderliche umfassende soziale Betreuung ist oft nicht gewährleistet. Nicht zuletzt auch deshalb kam es in der Vergangenheit zu zahlreichen Todesfällen in der Abschiebungshaft. Nicht verschwiegen sei jedoch, dass sich in den letzten Jahren die Verhältnisse verbessert haben. Nur noch selten werden Abschiebehäftlinge in Justizvollzugsanstalten inhaftiert – und wenn, dann getrennt von Strafgefangenen. Die Entscheidung des EuGH vom Juli 2014 wird nun auch Deutschland und auch die einzelnen Bundesländer, zwingen, Abschiebungshaft in speziellen Einrichtungen zu vollziehen.

Ein effektiver Rechtsschutz ist oft nicht gewährleistet. Viele der Abschiebungshäftlinge sind nicht anwaltlich vertreten und nicht genügend informiert. Der Staat, der die Menschen wegsperrt, müsste durch eine Beiordnung von Anwälten für ein faires Verfahren sorgen. Oft werden Abschiebungshaftsachen von den Haftrichtern nicht mit der gebotenen Sorgfalt und Dringlichkeit bearbeitet. Der Rechtsmittelschutz greift manchmal ins Leere, weil vor Ablauf der angeordneten Haft keine Beschwerdeentscheidung ergeht und für die gleichwohl angeordnete Verlängerung der Abschiebungshaft erneut der Instanzenweg von vorne gegangen werden muss.

Die Haftdauer ist oft zu lang. Dem Beschleunigungsgebot wird nicht ausreichend Rechnung getragen. Manchmal wird Abschiebungshaft angeordnet oder verlängert, obwohl es völlig ungewiss ist, ob bzw. wann und wohin eine Abschiebung stattfinden kann. Die gesetzliche Höchstdauer der Abschiebungshaft in Form der Sicherungshaft von 18 Monaten ist ein Skandal, auch die Regeldauer der 6-monatigen Sicherungshaft viel zu lang.

Die Inhaftierung von Kindern und Jugendlichen, von Alten, Kranken, Schwangeren oder stillenden Müttern ist durch den Haftzweck nicht gedeckt.

Die vorstehenden Ausführungen die im Wesentlichen aus den Vorauflagen übernommen sind, sind nach wie vor aktuell. Dennoch hat sich seit der letzten Auflage im Jahr 2007 die Situation verbessert. Dies hat zum einen mit dem FGG-Reformgesetz von 2007 zu tun, das ab dem 01.09.2009 die Freiheitsentziehungssachen in das Gesetz über das Verfahren in Familiensachen und in den Angelegenheiten der freiwilligen Gerichtsbarkeit (FamFG) eingliederte und die höchstrichterliche Zuständigkeit dem Bundesgerichtshof (BGH) zuwies. Die Regelung war seinerzeit mit Argwohn beäugt worden, weil befürchtet wurde, dass die damit verbundene Zentralisierung (BGH statt Oberlandesgerichte) zu einer Verschärfung führen könnte. Das Gegenteil ist eingetreten. Der BGH hat in den bisherigen Jahren seiner Tätigkeit nicht nur viele strittige Rechtsfragen geklärt, sondern durch eine stringent-rechtsstaatliche Entscheidungspraxis viele Schludrigkeiten abgestellt, die sich vor allem die Amtsgerichte erlaubt hatten. Galt früher der Grundsatz, dass ein Abschiebungshaftantrag vom Amtsrichter meist unterschrieben, vom Landgericht unter Umständen korrigiert wird und erst beim Oberlandesgericht oder gar beim Bundesverfassungsgericht rechtsstaatliche Überlegungen ernst genommen wurden, hat sich heute in etlichen Amtsgerichtsstuben herumgesprochen, dass der BGH den Grundsatz „Im Zweifel Haft." nicht teilt. Seitdem nehmen auch fast alle Landgerichte ihre Aufgabe als Kontrollinstanz ernst, so dass sich die Situation im justiziellen Bereich seit 2009 eindeutig verbessert hat. Die zweite Verbesserung ist dem Unionsrecht geschuldet. Die

Rückführungs-Richtlinie (RL 2008/115/EG) führte zur Änderung des § 62 AufenthG und der Einführung des § 62a AufenthG und auch weiteren Verbesserungen, die allerdings nicht alle umgesetzt sind: Nach wie vor gibt es Bundesländer, in denen das unionsrechtliche Trennungsgebot (Art. 16 I Rückführungs-Richtlinie) zwischen Abschiebungs- und Untersuchungs-/Strafhaft nicht eingehalten wird. Dies wird sich nach der EuGH–Entscheidung ändern müssen.

Die rechtlichen Voraussetzungen der Abschiebungshaft sind in § 62 AufenthG geregelt, der Vollzug in § 62a AufenthG.

II. Allgemeines zu den Anforderungen

Die Anordnung von Abschiebungshaft setzt einen Haftantrag voraus (§ 417 I FamFG). Er muss von der zuständigen Behörde gestellt werden und den Begründungsanforderungen des § 417 II FamFG genügen. Angegeben werden muss, welche Haft angestrebt wird (Vorbereitungs- oder Sicherungshaft nach § 62 II AufenthG oder § 62 III AufenthG). Dargelegt werden muss als Erstes die Erforderlichkeit der Haft und die erforderliche Dauer. Die in § 62 AufenthG festgelegten Zeiträume von 6 Wochen für die Vorbereitungshaft und 3 Monaten für die Sicherungshaft sind Obergrenzen, so dass auch bei Beantragung dieser Zeiträume eine detaillierte Begründung nicht entbehrlich ist. War der Betroffene bereits in Strafhaft, muss dargelegt werden, wieso die Strafhaft nicht zur Vorbereitung der Abschiebung ausgereicht hat. Soll die Haft über 3 Monate hinaus ausgedehnt werden, muss erklärt werden, wann mit der Beseitigung des der Abschiebung bisher entgegenstehenden Hindernisses gerechnet werden kann.

Im Antrag ausgeführt werden muss das Bestehen einer Verlassenspflicht bzw. gegebenenfalls einer Rückkehrentscheidung. Ist ein Ermittlungsverfahren anhängig, muss geschildert werden, dass die Staatsanwaltschaft ihr Einvernehmen erteilt hat, und zwar konkret, wer und wann. Dargelegt werden muss weiter, dass die Abschiebung durchgeführt werden kann und der hierfür erforderliche Zeitbedarf aufgrund bisher gemachter Erfahrungen.

Die vom Bundesverfassungsgericht in früherer Rechtsprechung verlangte Aktenvorlage ist nun in § 417 II 2 Nr. 3 FamFG als Soll-Vorschrift enthalten. Daraus leitet der BGH ab, dass die Nicht-Vorlage der Akten als solche nicht zur Rechtswidrigkeit der angeordneten Haft führt, umgekehrt aber, dass Haft nur dann angeordnet werden kann, wenn die Behörde zumindest die Unterlagen in Kopie dem Haftantrag beigefügt hat, die der Richter für eine erforderliche Prüfung der Voraussetzungen benötigt. Fehlen sie, darf Haft nicht angeordnet werden; ist eine Verletzung des Beschleunigungsgebots gerügt, müssen die Ausländerakten vollständig vorgelegt werden.

Für das gesamte Haftverfahren gilt das Beschleunigungsgebot. Die Ausländerbehörde muss mit der Beschaffung von Passersatzpapieren beginnen, sobald eine Abschiebung vorhersehbar wird und muss hierfür auch die Zeit evtl. vorangegangener Straf- oder Untersuchungshaft nutzen. Dazu muss sie den Verlauf der Strafhaft im Auge behalten und sich z. B. erkundigen, ob sie vorzeitig endet. Stets ist der Verhältnismäßigkeitsgrundsatz zu beachten. Haft ist unzulässig, wenn der Zweck durch ein milderes, ebenfalls ausreichendes Mittel erreicht werden kann. So wurde beispielsweise Abschiebungshaft bei einer Mutter mit Kindern abgelehnt und durch eine Wohnsitzbeschränkung mit Meldeauflage ersetzt. Generell ist bei Minderjährigen und Familien mit minderjährigen Kindern zu beachten, dass diese nur im äußersten Fall und für die kürzest möglich angemessene Dauer inhaftiert werden dürfen (§ 62 I 3 AufenthG), wobei auch eine faktische Lebensgemeinschaft ohne förmliche Ehe genügt.

Ist ein wirksamer Haftantrag gestellt, ist der Betroffene grundsätzlich gemäß § 420 FamFG persönlich anzuhören (Ausnahmen siehe § 420 II und III FamFG). Ein Verzicht ist nicht möglich, ein Verstoß nicht heilbar. Dies gilt auch vor Erlass einer einstweiligen Anordnung, sofern nicht Gefahr in Verzug droht. Ein Verfahrensbevollmächtigter ist am Verfahren zu beteiligen, sofern er sich im Abschiebungshaftverfahren bestellt hat. Einem der deutschen Sprache nicht ausreichend mächtigen Betroffenen ist ein Dolmetscher zu stellen. Dem Betroffenen ist der Haftantrag in Kopie auszuhändigen, er muss mündlich übersetzt werden, danach ist dem Betroffenen Gelegenheit zu geben, sich von sich aus zu äußern, anschließend kann er vom Richter befragt werden, wobei den Richter die Amtsermittlungspflicht des § 26 FamFG trifft. Der Verlauf der Anhörung ist zu dokumentieren.

Diese Grundsätze gelten im Wesentlichen auch vor dem Beschwerdegericht. Auf die persönliche Anhörung kann dort jedoch verzichtet werden, wenn keine neuen Erkenntnisse zu erwarten sind; die Beschwerdegerichte nehmen dies allzu oft an und übersehen dabei, dass eine neue Anhörung schon dann erforderlich ist, wenn möglicherweise erstinstanzliche Verfahrensfehler vorliegen oder dass neue Erkenntnisse oft schon aufgrund des Zeitablaufes entstehen können.

Gegen die Beschwerdeentscheidung kann schließlich Rechtsbeschwerde zum BGH eingelegt werden, wenn sie zugelassen wird.

Erledigt sich die Haft – durch Freilassung oder Abschiebung während des Verfahrens – kann gemäß § 62 FamFG beantragt werden, die Rechtswidrigkeit der Anordnung festzustellen. Die Entscheidung kann dann Grundlage eines Schadenersatzanspruches sein.

In Dublin Verfahren ist derzeit Abschiebungshaft unzulässig, weil die von der Rückführungsrichtlinie verlangte detaillierte gesetzliche Regelung im deutschen Ausländerrecht fehlt. Es ist davon auszugehen, dass der Gesetzgeber dem bald abhelfen wird.

III. Vorbereitungshaft

Sie ist nach § 62 II Nr. 1 AufenthG zulässig, wenn eine Ausweisung in Vorbereitung ist, über sie aber noch nicht sofort entschieden werden kann und die Abschiebung ohne die Inhaftnahme wesentlich erschwert werden würde. Eine bereits bestehende Ausreiseverpflichtung muss in diesem Fall nicht vorliegen. Voraussetzungen der Vorbereitungshaft sind
- die Unmöglichkeit einer sofortigen Entscheidung über die Ausweisung,
- die Vereitelung oder Erschwerung der Abschiebung ohne Haftanordnung,
- das Erfordernis der Abschiebung,
- die Möglichkeit und Zulässigkeit der Abschiebung.

Der Haftrichter hat diese Voraussetzungen zu bejahen, damit Haftbefehl erlassen werden kann. Die Höchstdauer der Vorbereitungshaft beträgt 6 Wochen.

IV. Sicherungshaft

§ 62 III AufenthG regelt die Sicherungshaft.

1. Reguläre Sicherungshaft

Diese ist in § 62 III 1 AufenthG detailliert abgehandelt. Voraussetzung ist eine bestehende Ausreisepflicht und die Gefahr der Vereitelung der Abschiebung. In § 62 III 1 Nr. 1 und 5 AufenthG sind einzelne Haftgründe aufgeführt. Eine Art Generalklausel und der am weitesten reichende Sachverhalt ist die Annahme einer Entziehungsabsicht gemäß § 62 III 1 Nr. 5 AufenthG. Ein solcher Verdacht muss sich auf konkrete Umstände stützen, etwa Äußerungen oder Verhaltensweisen des Betroffenen, die den Rückschluss nahelegen, dass er untertauchen wolle oder eine Abschiebung so behindert werde, dass nur Haft in Frage kommt. Beispiele sind die Verschleierung der Identität, die Nicht-Einhaltung von Auflagen; als Gegenbeispiel sei die freiwillige Vorsprache bei der Behörde genannt. Ein weiterer häufiger Haftgrund ist in § 62 III 1 Nr. 3 AufenthG beschrieben: Die Vollziehbarkeit der Ausreisepflicht aufgrund einer unerlaubten Einreise. Ist danach aber ein Aufenthaltsrecht entstanden (etwa aufgrund eines Erstasylantrags gemäß § 55 AsylVfG) ist die Nr. 1 nicht mehr einschlägig.

Stets setzt Abschiebungshaft voraus, dass die Abschiebung durchführbar und zulässig ist. Nach § 62 III 4 AufenthG ist Sicherungshaft unzulässig, wenn feststeht, dass aus Gründen, die der Ausländer nicht zu vertreten hat, die Abschiebung nicht innerhalb der nächsten 3 Monate durchgeführt werden kann. Insbesondere dann, wenn der vermeintliche Herkunftsstaat sich weigert, Papiere (generell oder im Einzelfall) auszustellen, ist diese Bestimmung einschlägig. Viele Ausländerbehörden verschweigen ihre in anderen Fällen gemachten Erfahrungen, dass die drei Monate nicht ausreichen. Wenn Sie Parallelfälle kennen, sollten Sie darauf hinweisen!

2. Kleine Sicherungshaft, § 62 III 2 AufenthG

Eine spezielle Art der Sicherungshaft enthält § 62 III 2 AufenthG. Voraussetzung ist nach dem Wortlaut nur, dass die Ausreisefrist abgelaufen ist und feststeht, dass die Abschiebung innerhalb der nächsten 2 Wochen durchgeführt werden kann. Diese Bestimmung, die insbesondere bei Sammelabschiebungen oder in sonstigen Fällen, in denen die Abschiebung einen erheblichen organisatorischen Aufwand erfordert, zur Anwendung kommt, ist verfassungsrechtlich bedenklich. Sie ist daher einengend auszulegen. Eine bloße Verwaltungsvereinfachung und Kostenersparnis rechtfertigen die Freiheitsentziehung noch nicht. Erforderlich ist jedenfalls eine gewisse Wahrscheinlichkeit, dass sich der Betroffene der Abschiebung entziehen wird. Der Haftrichter hat dabei das Vollzugsinteresse des Staates und das Freiheitsinteresse des Betroffenen gegeneinander abzuwägen. Hierbei handelt es sich um eine Ermessensausübung, die aus der Entscheidung hervorgehen muss. Fehlt es hieran, ist die Entscheidung rechtswidrig.

3. Dauer der Abschiebungshaft

Nach § 62 IV AufenthG ist die Sicherungshaft im Regelfall auf 6 Monate begrenzt. Sie kann um höchstens 12 Monate – also auf 18 Monate – verlängert werden, wenn der Ausländer seine Abschiebung verhindert (§ 62 IV 2 AufenthG).

Gleichwohl darf die Abschiebungshaft nicht den Charakter einer Beugehaft erhalten. Grundvoraussetzung ist auch in diesem Fall, dass die Ausländerbehörde die Abschiebung tatsächlich und ernsthaft betreibt und konkrete Vorbereitungen zur Abschiebung trifft bzw. treffen kann. Sind alle Möglichkeiten, den seine Identität Verschleiernden zu identifizieren erschöpft und können deshalb keine konkreten Maßnahmen zur Vorbereitung der Abschiebung mehr getroffen werden, ist auch weitere Abschiebungshaft unzulässig.

Der Gesetzentwurf zur Neubestimmung des Bleiberechts und der Aufenthaltsbeendigung wird eine weitgehende Neuregelung der Abschiebungshaft vornehmen. Einerseits wird die geltende Rechtsprechung übernommen, andererseits lassen die vorgesehenen Formulierung eine bedenkliche Ausweitung, vor allem bei Dublin-Fällen, zu. Es bleibt abzuwarten, was hiervon Gesetz wird.

4. Übersicht

Zur Verdeutlichung der Systematik übernehme ich wie in den Vorauflagen das leicht überarbeitete Schema aus der Broschüre „Anmerkungen zum Recht der Abschiebungshaft" des Rechtsdienstes des Diakonischen Werks der Evangelischen Kirchen von Lothar Hinz und Gerhard Reith. Dort sind die Haftvoraussetzungen aufgezeigt; daneben gilt es unbedingt auf die sonstigen Formalien (z. B. mündliche Anhörung, Dolmetscher etc.) zu achten!

4.1. Vorbereitungshaft, § 62 II AufenthG

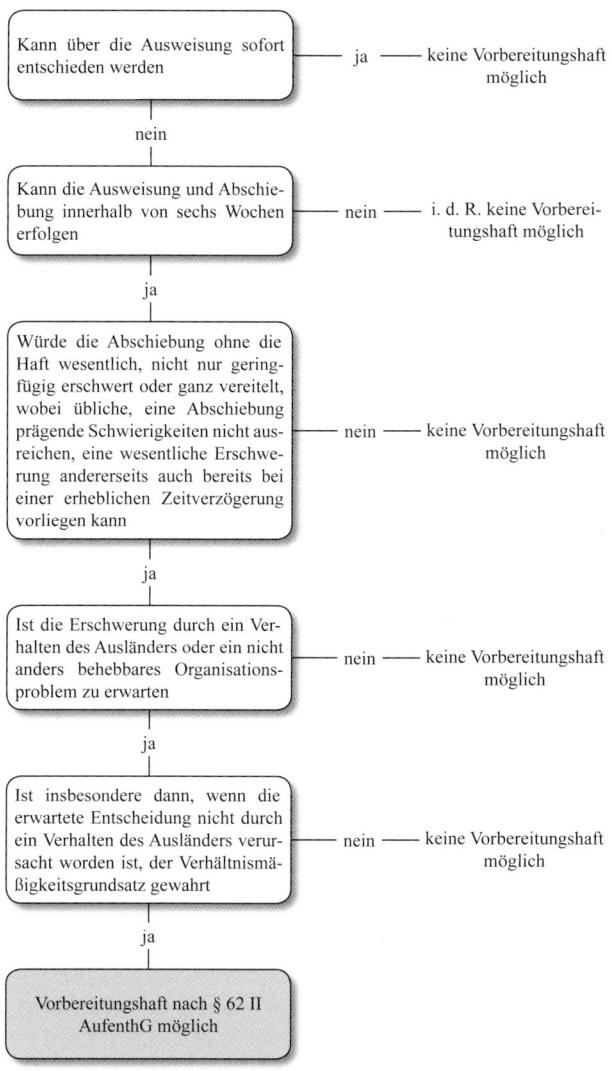

4.2. Sicherungshaft

a) kurzfristige Sicherungshaft, § 62 III 2 AufenthG

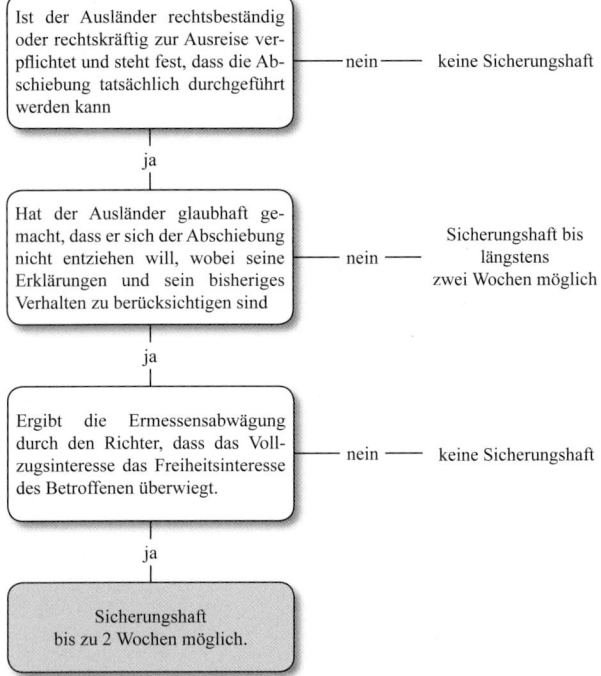

Q ABSCHIEBUNGSHAFT

b) reguläre Sicherungshaft, § 62 III 1 AufenthG

```
┌─────────────────────────────────────────┐
│ Steht fest, dass die Abschiebung aus    │
│ Gründen, welche der Ausländer nicht zu  │
│ vertreten hat innerhalb der nächsten    │─ ja ─ keine Sicherungshaft
│ drei Monate nicht durchgeführt werden   │       möglich
│ kann, ist der Ausländer also seinen     │
│ Pflichten – soweit er konnte – nachge-  │
│ kommen                                  │
└─────────────────────────────────────────┘
                    nein
┌─────────────────────────────────────────┐
│ Ist der Ausländer vollziehbar ausreise- │─ nein ─ keine Sicherungshaft
│ pflichtig                               │        möglich
└─────────────────────────────────────────┘
                    ja
┌─────────────────────────────────────────┐
│ Ist der Ausländer aufgrund einer uner-  │
│ laubten Einreise vollziehbar ausreise-  │─ ja ─ Sicherungshaft nach
│ pflichtig, hat also niemals ein Aufent- │       Abs. 3 S. 1 Nr. 1
│ haltsrecht bestanden                    │
└─────────────────────────────────────────┘
                    nein
┌─────────────────────────────────────────┐
│ Ist eine Abschiebungsandrohung nach     │─ ja ─ Sicherungshaft nach
│ § 58a AufenthG ergangen.                │       Abs. 3 S. 1 Nr. 1a
└─────────────────────────────────────────┘
                    nein
┌─────────────────────────────────────────┐
│ Ist die Ausreisefrist abgelaufen und    │
│ hat der Ausländer seinen Aufenthaltsort │
│ gewechselt, ohne der Ausländerbehörde   │─ ja ─ Sicherungshaft nach
│ oder einer sonstigen Behörde (z. B.     │       Abs. 3 S. 1 Nr. 2
│ polizeiliche Meldebehörde) seine er-    │
│ reichbare Anschrift anzugeben           │
└─────────────────────────────────────────┘
                    nein
┌─────────────────────────────────────────┐
│ Ist er schuldhaft zum Abschiebetermin   │─ ja ─ Sicherungshaft nach
│ am von der Ausländerbehörde ange-       │       Abs. 3 S. 1 Nr. 3
│ gebenen Ort nicht erschienen            │
└─────────────────────────────────────────┘
                    nein
┌─────────────────────────────────────────┐
│ Hat sich der Ausländer bereits in       │─ ja ─ Sicherungshaft nach
│ anderer Weise, als durch bloßes nicht   │       Abs. 3 S. 1 Nr. 4
│ Erscheinen der Abschiebung entzogen     │
└─────────────────────────────────────────┘
                    nein
┌─────────────────────────────────────────┐
│ Besteht der begründete Verdacht, dass   │─ ja ─ Sicherungshaft nach
│ sich der Ausländer der Abschiebung      │       Abs. 3 S. 1 Nr. 5
│ entziehen will                          │
└─────────────────────────────────────────┘
                    nein
┌─────────────────────────────────────────┐
│ Allenfalls kurzfristige Sicherungshaft  │
│ bis zu zwei Wochen möglich.             │
└─────────────────────────────────────────┘
```

5. Behördliches Festnahmerecht

Das 2. Änderungsgesetz hat 2007 in § 62 V AufenthG eine Ermächtigungsnorm für eine Festhaltung und vorläufige Gewahrsamsnahme durch die Behörden eingeführt. Die Regelung ist verfassungsrechtlich bedenklich und verstößt gegen den Richtervorbehalt des Art. 104 GG, weil fast immer im Wege einer einstweiligen Anordnung eine vorherige richterliche Anordnung beantragt werden kann. Damit sind planbare Festnahmen durch § 62 V AufenthG nicht legitimiert. Der in der Gesetzesbegründung angeführte Fall, dass ein Ausländer bei der Ausländerbehörde zur Verlängerung seiner Duldung vorspricht, ist ein Beispiel dafür, dass kein Haftgrund vorliegt: Durch die Vorsprache macht der Ausländer ja deutlich, dass er sich einer Abschiebung nicht entziehen will, sondern den Behörden für erforderliche Maßnahmen zur Verfügung steht. Im seltenen Ausnahmefall einer Spontan-Festnahme bei Vorliegen eines Haftgrundes und der Unmöglichkeit, eine richterliche Entscheidung einzuholen, ist zu beachten, dass der Ausländer dann unverzüglich dem Richter zur Entscheidung vorzuführen ist, also noch am selben Tag und ungeachtet der Geschäftszeiten der Gerichte.

V. Abschiebungshaft und Asylantragstellung

Wenn ein Ausländer sich bereits in Haft befindet und dann einen Asylantrag stellt, steht die Asylantragstellung und die damit prinzipiell erworbene Aufenthaltsgestattung (§ 55 I AsylVfG) der Anordnung oder dem weiteren Vollzug der Abschiebungshaft nicht entgegen (§ 14 III AsylVfG).

Dem Ausländer ist nach § 14 III 2 AsylVfG im Falle der Anordnung der Abschiebungshaft unverzüglich Gelegenheit zu geben, mit einem Rechtsbeistand seiner Wahl Verbindung aufzunehmen.

Die Abschiebungshaft endet jedoch spätestens 4 Wochen nach Eingang des Asylantrages beim Bundesamt oder mit der Zustellung der Entscheidung des Bundesamtes, sofern nicht der Asylantrag als unbeachtlich oder offensichtlich unbegründet abgelehnt wurde oder ein Auf- oder Wiederaufnahmeersuchen an einen Dublin-III-Staat gestellt wurde. Nach Art. 28 Dublin-

III-VO beträgt die Antwortfrist in diesem Fall 2 Wochen, die Überstellung ist spätestens innerhalb von 6 Wochen nach ausdrücklicher oder stillschweigender Annahme durchzuführen. Ist die 6-Wochen-Frist versäumt, ist der Betroffene aus der Haft zu entlassen (Art. 28 III 3 Dublin-III-VO).

Ein Asylfolgeantrag steht nach § 71 VIII AsylVfG der Anordnung von Abschiebungshaft nicht entgegen. Eine eventuelle Abschiebungshaft endet jedoch mit einer positiven Entscheidung des BAMF oder des Gerichtes über die Durchführung eines Asylfolgeverfahrens. Selbstverständlich müssen auch in diesem Fall sämtliche Voraussetzungen der Abschiebungshaft vorliegen.

VI. Dublin-III-Verfahren und Haft

Bei Dublin-Fällen ist derzeit eine Inhaftierung zum Zweck der Sicherstellung einer Überstellung in den zuständigen Staat unzulässig. Art. 28 I Dublin-III-VO verbietet ausdrücklich jemanden allein deshalb zu inhaftieren, weil er der VO unterfällt. Erforderlich ist vielmehr im Einzelfall die Feststellung einer erheblichen Fluchtgefahr nach gesetzlich festgelegten Kriterien – die es derzeit (noch) nicht gibt. Weiteres siehe oben…

VII. Rechtsmittel

Die Abschiebungshaft wird durch den Haftrichter angeordnet.

Dieser hat dem Ausländer grundsätzlich vorher rechtliches Gehör zu gewähren. Selbstverständlich muss bei der persönlichen Anhörung ein Dolmetscher anwesend sein, falls der Betroffene nicht ausreichend deutsch spricht. Unterlässt er dies, kann dieser Mangel durch eine nachträgliche Anhörung nicht mehr geheilt werden. Von der richterlichen Entscheidung sind ein Angehöriger des Ausländers oder eine Person seines Vertrauens unverzüglich zu benachrichtigen (Art. 104 IV GG).

Gegen die negative Entscheidung des Haftrichters, also den Erlass eines Haftbefehls, kann das Rechtsmittel der sofortigen Beschwerde ergriffen werden.

▶ Formularmuster 15

Sie muss innerhalb von 2 Wochen nach Verkündigung des Haftbefehls beim zuständigen Amtsgericht eingegangen sein. In der sofortigen Beschwerde sind alle Argumente, die gegen die Anordnung der Haft sprechen, vorzutragen. Eine anwaltliche Vertretung ist geboten.

Über die Beschwerde entscheidet das Landgericht, das regelmäßig dem Ausländer durch eine erneute Anhörung rechtliches Gehör zu gewähren hat.

Gegen die Beschwerdeentscheidung des Landgerichts kann eine Rechtsbeschwerde zum BGH eingelegt werden, wenn sie zugelassen wird. Hier können nur die beim BGH zugelassenen Anwälte auftreten.

► **Tipp**

Wichtig: In allen Instanzen kann, auch nach Rechtskraft der Erst- oder der Verlängerungsentscheidung, ein Aufhebungsantrag gestellt werden. Dieser kann nicht nur auf neue Gesichtspunkte, sondern auch auf Einwände gegen die Anordnung der Haft selbst gestützt werden. Im Erfolgsfall führt dies zur Aufhebung der Haft ab dem Zeitpunkt des Aufhebungsantrags.

Setzen Sie sich mit den Mitarbeitern des Jesuiten-Flüchtlingsdienst, amnesty international oder anderer Wohlfahrtsverbände, die in der jeweiligen Haftanstalt die „Schüblinge" betreuen, in Verbindung. Sie können nicht nur praktische und psychologische Hilfen leisten, sondern kennen auch die örtliche Gerichtspraxis und die vor Ort tätigen Rechtsanwälte.

R Verstoß gegen das Verbot der Rechtsberatung

In den Vorauflagen war dem Problem einer unerlaubten Rechtsberatung durch ehren- oder hauptamtliche Helfer, die keine Volljuristen waren, breiter Raum eingeräumt. Grund waren einige Strafverfahren gegen Helfer.

Mittlerweile ist das Problem entschärft. Dies hat einerseits damit zu tun, dass Asylsuchende nicht mehr wie früher angefeindet und ausgegrenzt werden. Vielmehr herrscht heute Konsens darüber, dass es wünschenswert ist, die Asylsuchenden in der deutschen Gesellschaft positiv aufzunehmen. An vielen Orten haben sich Helferkreise gebildet, die die Flüchtlinge betreuen und ihnen nicht nur in Alltagsfragen, sondern auch bei Behördengängen helfen. So werden nicht nur Spannungen mit der ortsansässigen Bevölkerung vermieden, sondern positive Beziehungen aufgebaut, die zur schnelleren Integration (auch auf dem Arbeitsmarkt!) beitragen. Die früher eingeleiteten Strafverfahren gegen ehren- oder hauptamtliche Helfer waren einem Abschreckungsgeist geschuldet, der heute so nicht mehr existiert.

Auch die neue Rechtslage hat die Probleme entschärft. Das Rechtsberatungsgesetz wurde durch das Rechtsdienstleistungsgesetz abgelöst. Nunmehr dürfen unentgeltliche außergerichtliche Rechtsdienstleistungen von jedermann erbracht werden (§ 6 I RDG), sofern sie innerhalb familiärer, nachbarschaftlicher oder ähnlich enger persönlicher Beziehungen erbracht werden. Über diesen Kreis hinaus sind unentgeltliche außergerichtliche Rechtsdienstleistungen generell erlaubt, sofern sie unter der Anleitung einer Person, die die Befähigung zum Richteramt hat, geschehen. Gleiches gilt für berufliche oder zur Wahrung gemeinschaftlicher Interessen gegründeter Vereinigungen und deren Zusammenschlüsse und die Verbände der Freien Wohlfahrtspflege. Generell sind Rechtsdienstleistungen als Nebenleistungen, die in Zusammenhang mit einer anderen Tätigkeit erbracht werden, zulässig, soweit sie zum Berufs- oder Tätigkeitsbild oder zur vollständigen Erfüllung der Hauptpflicht gehören (§ 5 I RDG). Gesetzlich geklärt und erweitert ist auch die Befugnis von Mitarbeitern der Kirchen und kirchlichen Verbände (Caritas, Diakonie, Innere Mission), der Verbände der Freien Wohlfahrtspflege und Träger der freien Jugendhilfe sowie der Verbände zur Förderung der Belange von Menschen mit Behinderung (siehe § 8 RDG).

Kurz gesagt, die haupt- und ehrenamtlichen Helfer brauchen sich keine Sorgen wegen einer strafrechtlichen Verfolgung ihrer Tätigkeiten mehr zu machen. Gleichwohl sei daran erinnert, dass die Vertretung vor Gericht grundsätzlich in die Hände fachkundiger Volljuristen – also von Rechtsanwälten – gehört.

S Unbegleitete minderjährige Flüchtlinge

2012 kamen 4.316, 2011 3.782 und 2010 4.216 sog. unbegleitete minderjährige Flüchtlinge (UMF) nach Deutschland. 2013 beantragten etwa 4.500 UMF Asyl. Für 2014 weist die Statistik des BAMF 3.391 Erstantragstellungen von UMF zwischen 16 und 17 Jahren aus. Krieg und Bürgerkrieg und die damit zusammenhängende Verfolgung der Eltern oder der Kinder selbst, Not und Elend und Perspektivlosigkeit sind die Hauptgründe für die minderjährigen Schutzsuchenden. Die meisten stammen aus Afghanistan, Syrien, Somalia und Irak. Manchmal sind es Kinder von 10 Jahren, die einem Schlepper mitgegeben wurden, die meisten sind 15 bis 17 Jahre alt. Fast allen aber ist eines gemeinsam: sie sind traumatisiert, wenn sie hier ankommen. Das Trauma wurzelt manchmal in Erlebnissen in der Heimat, oft in den Erfahrungen auf der Flucht und stets auch in der Tatsache des Verlustes der Eltern. Denn es sind Kinder und Jugendliche, die ein Schicksal zu ertragen haben, dem auch viele Erwachsene nicht standhalten würden. Ausgrenzung und Diskriminierung, Vertreibung und Ermordung der Stammes- oder Familienangehörigen haben sie erlebt, die Flucht über das Mittelmeer auf hoher See oder über Land in verschlossenen Lastwagen überstanden, Übergriffe, auch sexueller Art, über Wochen, Monate und manchmal sogar Jahre ertragen, bevor sie in Deutschland angekommen sind. Es gibt kaum einen UMF, der ohne seelische Beschädigung hier ankommt.

I. Aufnahme

Die Aufnahme beginnt oft mit einem polizeilichen Aufgriff: Die Kids werden von der Bundespolizei aus einem Zug oder Auto gefischt und festgehalten. Nach einer polizeilichen Einvernahme wird das Jugendamt verständigt, das die Kinder (nach Art. 1 UN-Kinderrechtskonvention [UN-KRK] sind alle Menschen unter 18 Jahren Kinder) in Obhut nimmt (§ 42 I 3 SGB VIII). Gleiches gilt, wenn die Kinder direkt beim Bundesamt für Migration und Flüchtlinge (BAMF) vorsprechen oder in einer Aufnahmeeinrichtung registriert werden.

II. Clearing-Verfahren

Die Inobhutnahme erfolgt in diesem Fall in Jugendhilfeeinrichtungen, in denen als Erstes ein Clearing-Verfahren durchgeführt wird. Hierbei sollen der spezifische Jugendhilfebedarf und das Alter ermittelt werden. Dieses steht im Regelfall nicht fest, da fast alle Flüchtlinge ohne Personaldokumente nach Deutschland kommen, wenn es denn in den Herkunftsstaaten solche überhaupt gibt. Wenn der Flüchtling sie mit sich führte, wurden sie oft von den Schleusern weggenommen, teils, um die Einreisewege zu verschleiern, teils, weil echte Personaldokumente versilberbares Kapital für andere, künftige Schleusungen darstellen. Die Altersschätzung erfolgt heute nicht mehr so oft auf der Grundlage der fragwürdigen Handwurzeluntersuchung, sondern zunehmend aufgrund ganzheitlicher Bewertung und ist damit weniger zweifelhaft als früher. Gleichwohl sei festgehalten, dass Röntgenaufnahmen in der Altersfeststellung außerhalb von Strafverfahren „keine juristische Legitimation" – so ausdrücklich das Oberlandesgericht München im Beschluss vom 12.03.2012 (26 UF 308/12) – haben, selbst wenn eine Einwilligung vorliegt, die das Oberlandesgericht für „sehr problematisch" hält.

16-Jahres-Grenze

Noch gibt es im Ausländerrecht im Umgang mit UMF eine ominöse 16-Jahres-Grenze. In § 12 AsylVfG ist vorgesehen, dass Ausländer, die das 16. Lebensjahr vollendet haben, verfahrensfähig sind. Gleiches bestimmt § 80 AufenthG für nicht-asylsuchende Ausländer. Diese Normen widersprechen der UN-KRK, die in Artikel 1 als Kind alle Personen unter 18 Jahren definiert. Die Große Koalition hat beschlossen, diese beiden Normen zu streichen und damit ausländische Kinder und Jugendliche wie deutsche erst ab dem 18. Lebensjahr als verfahrensfähig anzusehen. Damit wird das zwischen dem Aufenthalts- und Asylrecht einerseits und dem Kinder- und Jugendhilferecht (SGB VIII) andererseits bestehende in den beiden Normen verortete Spannungsfeld ansatzweise aufgelöst. Denn das Jugendhilferecht kennt eine 16-Jahres-Grenze nicht. Vielmehr orientiert es sich ausschließlich am Kindeswohl und dem vorhandenen Erziehungs- und Hilfebedarf.

III. Nach der Clearing-Phase

Parallel zum Clearing-Verfahren wird den Kindern ein Vormund bestellt (§ 1773 BGB), der sich um die rechtlichen Angelegenheiten zu kümmern hat und auch an der Erstellung des Jugendhilfeplans und den erforderlichen Maßnahmen mitwirkt. Meist wird das Jugendamt, manchmal auch ein Verein und eher selten ein Einzelner als Vormund vom Familiengericht bestellt. Aufgabe des Vormunds ist es unter anderem, sich auch um das weitere aufenthaltsrechtliche Schicksal der Mündel zu kümmern. Die zentrale Weichenstellung ist dabei die Frage, ob ein asylrechtliches Verfahren einzuleiten und gegebenenfalls fortzuführen ist.

Die Frage ist bei über 16-Jährigen meist schon beantwortet, weil sie nach (noch) geltendem Recht verfahrensmündig sind und die Routine der die Flüchtlinge aufnehmenden Beamten meist zur Einleitung eines Asylverfahrens führt.

Asylverfahren: ja oder nein

Im Zentrum der Überlegungen muss dabei das Kindeswohl stehen. Auf der einen Seite ist zu eruieren, ob es Eltern gibt, zu denen eine Rückführung in Betracht kommt. Die Fallkonstellation, dass Kinder ihren Eltern davongelaufen sind, um ein Leben zu führen, das sie bislang nur aus dem Fernsehen kannten, ist zwar selten, aber existent. Sind Eltern vorhanden und ist eine Rückführung nicht aus anderen Gründen unverantwortlich (z. B. Gewalterlebnisse), ist dies die erste Option.

Der Regelfall bei UMF ist allerdings der, dass Eltern nicht vorhanden oder nicht feststellbar sind oder eine Rückführung trotz der Existenz von Eltern aufgrund der Kriegs-, Bürgerkriegssituation oder sonstigen Notlage nicht ohne weiteres verantwortbar ist. In diesem Fall gilt es zu prüfen, ob ein asylrechtliches Schutzbegehren nach Art. 16a GG oder § 3 AsylVfG sachgerecht ist, denn dies setzt die Glaubhaftmachung einer Gefährdung aus politischen, religiösen, geschlechtsspezifischen, ethnischen oder sonstigen vergleichbaren Gründen voraus. Bei vielen UMF lässt sich eine individuelle Betroffenheit nur schwer belegen, je jünger die Kinder sind, desto schwieriger wird es. Naheliegend sind Gefahren, die durch einen (Bürger-)Krieg herrühren, die Gefahren einer unmenschlichen oder erniedrigenden Behandlung oder eine sonstige Gefahr an Leib und Leben, vor der § 4 AsylVfG und § 60 V und VII 1 AufenthG schützen. Auch die Minderjährigkeit für sich kann einen Schutzanspruch in diesem Sinne auslösen (wohl gemäß § 60 V AufenthG), wenn in dem Herkunftsstaat dem Kind eine Gefährdung an Leib und Leben droht und ihm ohne (konkret in Aussicht stehende) Hilfe nur ein Dahinvegetieren am Rande des Existenzminimums bleibt. Die konkrete Situation zu erfragen und den daraus resultierenden Schutzbedarf zu ermitteln und den dafür zuständigen Behörden dann sachgerecht vorzutragen, ist die erste Aufgabe des Vormunds, die er gemeinsam mit den Betreuern der Jugendhilfeeinrichtung zu lösen hat.

Ist ein UMF über einen Dublin-III-Staat eingereist und wird er bald volljährig, sollte in jedem Fall ein Asylantrag gestellt werden, damit er in den Genuss der Rechtsprechung des EuGH kommt, dass er nicht überstellt wird. Wird nämlich der Asylantrag in solchen Fällen nach allzu sorgfältiger Abklärung erst nach Vollendung des 18. Lebensjahrs gestellt, ist nach Auffassung des BAMF das Dublin-Verfahren durchzuführen mit der Folge, dass gegebenenfalls eine Rücküberstellung erfolgt. Dies droht nicht, wenn der Antrag noch während der Minderjährigkeit gestellt wurde – selbst wenn sich dann später herausstellt, dass Asylgründe im Sinne von § 13 AsylVfG nicht vorliegen und der Schutzanspruch auf Abschiebungsverbote nach § 60 V und VII 1 AufenthG beschränkt wird.

IV. Situation im Verfahren

Während des Asylverfahrens erhalten die UMF – wie alle anderen Asylsuchenden auch – Aufenthaltsgestattungen, verbunden mit denselben Beschränkungen wie bei Erwachsenen. Sie erhalten Jugendhilfe nach SGB VIII. Damit ist die Situation dieser Kinder besser als jener, die mit ihren Eltern in den Erstaufnahmeeinrichtungen alleingelassen sind. Denn jener Kinder nimmt sich kein Vormund und kein Betreuer einer Jugendhilfeeinrichtung an. Auch die gesundheitliche Versorgung und die Zuführung zu einer oft erforderlichen psychotherapeutischen Behandlung kann dank der Unterstützung durch Vormünder und Betreuer leichter erreicht werden. Die Behandlung scheitert hier eher an den Kapazitäten der Therapieplätze und nicht schon an den restriktiven Vorgaben des Asylbewerberleistungsgesetzes.

Schulpflicht

UMF unterliegen, wie alle Kinder, unabhängig von ihrem Status der Schulpflicht. Rechtlicher Anknüpfungspunkt ist ein gewöhnlicher Aufenthalt, von dem man nach 3 Monaten ausgeht. Die Kinder werden dem regulären Schulsprengel zugewiesen und dort beschult. Je nach Größe der Schule und Anzahl der Flüchtlingskinder gibt es eigene Förderklassen oder einen „Mitlauf" in den herkömmlichen Klassen, ergänzt durch eine Einzelbetreuung.

Obwohl die Lehrerinnen und Lehrer sich meist engagiert dieser Kinder annehmen, scheitern manche an den erforderlichen Deutschkenntnissen, erst recht, wenn noch eine Alphabetisierung erforderlich ist. Hier braucht es Spezialeinrichtungen und Schulen, die es erst vereinzelt gibt. Ähnliches gilt für die Kinder, die der Berufsschulpflicht unterliegen. Nicht in allen Bundesländern wird diese eingefordert, obwohl dies eine Pflicht ist, die den Kindern hilft. Auch hier müssen spezielle Förderklassen gebildet – und wo es sie nicht gibt eingefordert – werden, damit die Schulpflicht auch etwas bringt.

V. Schutz der UMF

UMF haben eine statistisch höhere Schutzquote als die Asylsuchenden insgesamt. 2012 errechnete das BAMF eine Gesamtschutzquote von 56,2 % und für die UMF unter 16 Jahren eine von 65,8 % gegenüber der Gesamtschutzquote aller Erstantragsteller von 32,1 %. Sie resultiert vor allem aus dem deutlich höheren Anteil des sog. subsidiären Schutzes (§ 4 AsylVfG und § 60 V und VII 1 AufenthG). Die Tatsache, dass es sich um elternlose Kinder handelt, dürfte dabei eine große Rolle spielen. Zwar führt allein die Tatsache, dass es sich um ein unbegleitetes minderjähriges Kind handelt noch nicht zu einem Abschiebungsschutz, doch kommt ein solcher nach § 60 V AufenthG dann in Frage, wenn in dem Herkunftsland keine geordneten Verhältnisse herrschen und dem Kind im Fall einer Rückkehr eine Verwahrlosung droht, weil weder Eltern noch aufnahmebereite nahe Verwandte noch entsprechende Einrichtungen vorhanden sind. In der Praxis haben sich die Kriterien, wann ein solcher Schutz zu gewähren ist, noch nicht herausgebildet; es lohnt sich deshalb, um jedes „Kind" zu kämpfen.

§ 58 (1a) AufenthG

Einen weiteren relevanten Unterschied zwischen den UMF und den anderen Flüchtlingskindern macht das Gesetz in § 58 (1a) AufenthG. Diese Bestimmung schreibt vor, dass sich die deutschen Behörden vor der Abschiebung eines UMF zu vergewissern haben, dass dieser im Rückkehrstaat einem Mitglied seiner Familie, einer zur Personensorge berechtigten Person oder einer geeigneten Aufnahmeeinrichtung übergeben wird. Die Rechtsprechung verlangt eine individuelle Einzelfallprüfung, also gegebenenfalls die Klärung der Umstände und der Geeignetheit der Aufnahmeeinrichtung. Das Ergebnis dieser Regelung ist, dass vor Vollendung des 18. Lebensjahrs UMF keine Abschiebung zu befürchten haben, selbst wenn der Schutzantrag abgelehnt wurde und die Abschiebungsanordnung rechtkräftig ist. Denn die erforderlichen Überprüfungen können faktisch nicht durchgeführt werden. Anders geht es den Kindern, die mit ihren Eltern im Bundesgebiet sind. Für sie gibt es keine vergleichbare Schutzbestimmung. Auch wenn sie mit ihren Eltern in der Gosse oder am Bettelstab landen, werden sie zurückgeschickt. Um ihr Kindeswohl sorgt sich der deutsche Staat nicht, hierfür werden die Eltern in die Verantwortung genommen, auch wenn sie ihr voraussichtlich nicht gerecht werden können.

VI. Aufenthalt nach dem Asylverfahren

Für einen Großteil der UMF endet das Schutzersuchen mit einem Erfolg und sie erhalten dann eine Aufenthaltserlaubnis. Rechtsgrund ist – wie bei Erwachsenen – Art. 16a GG oder § 3 AsylVfG bei einer „politischen Verfolgung" (im weitesten Sinne), § 4 AsylVfG wenn eine Bürgerkriegslage oder die Gefahr einer menschenrechtswidrigen Behandlung vorliegt und § 60 V AufenthG (siehe oben) sowie § 60 VII 1 AufenthG, wenn eine Krankheit oder Traumatisierung vorliegt. Letzteres ist bei UMF keine Seltenheit, sondern fast die Regel. Ungeachtet der Fluchtgründe sind oft schon die Trennung von Eltern und Familie, die Erlebnisse auf der manchmal monatelangen Flucht und die Fremdheit im Aufnahmeland ausreichend, ein Trauma auszulösen.

UMF in Ausbildung

Aber auch für diejenigen, bei denen das Schutzersuchen erfolglos blieb, gibt es Chancen: Die eine beschreibt § 18a AufenthG, der den Abschluss einer mindestens 2-jährigen Ausbildung in Deutschland voraussetzt. Auch wenn bislang nur wenige Aufenthaltserlaubnisse auf dieser Rechtsgrundlage ausgestellt wurden, ist die Norm von immenser Bedeutung. Denn die Verwaltungspraxis der meisten Ausländerbehörden honoriert das Bemühen der Kinder um eine Ausbildung dadurch, dass sie geduldet werden, wenn sie auf dem Weg zu einem erfolgreichen Abschluss sind. Solange sie das 18. Lebensjahr noch nicht beendet haben, sind sie ohnedies gemäß § 58 (1a) AufenthG gegen eine Abschiebung geschützt und können ihre Ausbildung fortsetzen, aber auch danach erhalten die meisten eine Duldung nach § 60a AufenthG, damit sie ihre Ausbildung abschließen können. Zu beklagen ist jedoch, dass diese verbreitete Praxis keine normative Fixierung, auch nicht in Verwaltungsvorschriften oder Dienstanweisungen gefunden hat. Da die rechtliche Voraussetzung für die Erteilung einer Duldung die vollziehbare Ausreiseverpflichtung ist, nutzen manche Sachbearbeiter mancher Ausländerbehörden die Lage aus, indem sie Druck erzeugen. Sie drohen den Heranwachsenden mit der Abschiebung, produzieren auf diese Weise Unsicherheit, behindern so nicht selten die Lernmotivation und schwächen das erforderliche Durchhaltevermögen. Resignation und Hoffnungslosigkeit und daran anknüpfend jugendtypische Verhaltensweisen und Probleme sind manchmal die Folge.

▶ Tipp

Die Altersfeststellung/-schätzung bestimmt, ob jemand als Kind oder Erwachsener behandelt wird. Wird es (nach Angaben des UMF) falsch eingetragen, kann man sich wehren, gegebenenfalls durch eine Klage.

Im Regelfall sollte kein Einverständnis mit einer Röntgenuntersuchung zum Zwecke der Altersfestsetzung erklärt werden, sondern im Gegenteil hiergegen protestiert werden. Eine Ganzkörperuntersuchung hingegen ist zulässig.

Wird das Kind als Erwachsener beurteilt und deshalb nicht in eine Jugendhilfe-, sondern in eine Erstaufnahmeeinrichtung oder reguläre (Erwachsenen-)Unterkunft zugewiesen, sollte man sich auch hiergegen durch eine Klage, verbunden mit einem Antrag nach § 80 V VwGO, wehren.

Viele Kinder sind allein durch den Verlust der Eltern und die Fluchtumstände traumatisiert. In diesen Fällen sollte für fachärztliche Behandlung gesorgt werden. Fachärztliche Atteste sollten beschafft und vorgelegt werden.

Auch Flüchtlingskinder unterliegen der Schul- und der Berufsschulpflicht. Achten Sie darauf, dass sie ordnungsgemäß beschult werden und nicht irgendwo pro forma die Schulpflicht nur absitzen. Wenn es keine Förderklassen gibt, fordern Sie die Schaffung solcher und bis dahin eine gezielte, individuelle Förderung.

Machen Sie den Kindern klar, dass es besser sein kann, eine gute Ausbildung zu machen, als das schnelle Geld zu verdienen, weil dies zu einem Aufenthalt in Deutschland führen kann.

Bei allen UMF liegen Asylgründe im Sinne von § 13 AsylVfG vor. Eine Beschränkung auf nationale Abschiebungsverbote gemäß § 60 V AufenthG wegen der Minderjährigkeit oder § 60 VII 1 AufenthG wegen einer Traumatisierung und psychischen Problemen ist oft sachgerecht. Wenn jedoch eine Dublin-Konstellation vorliegt und die Volljährigkeit bald eintritt, sollte ein Asylantrag gestellt werden, der gegebenenfalls später zurückgenommen werden kann. Generell gilt: Im Zweifel sollte ein Asylantrag gestellt und gegebenenfalls (nach vollständiger Information) später beschränkt werden.

Formularmuster

Vorbemerkung und Übersicht zu den Formularmustern:
Den Formularmustern liegen die häufigsten Fallkonstellationen zugrunde. Sie sind nicht immer passend und können deshalb nicht ungeprüft übernommen werden. Gegebenenfalls müssen sie angepasst werden. So wird beispielsweise im Formularmuster 1 die Anerkennung als Asylberechtigter, die Zuerkennung der Flüchtlingseigenschaft gemäß § 3 AsylVfG, hilfsweise die Gewährung subsidiären Schutzes gemäß § 4 AsylVfG und weiter hilfsweise die Feststellung des Vorliegens von Abschiebungsverboten gemäß § 60 V und VII 1 AufenthG beantragt. Wird das Asylrecht des Art. 16a GG nicht begehrt, etwa wegen einer Einreise auf dem Landweg, und auch der Flüchtlingsstatus nicht, etwa, weil nur eine Bürgerkriegssituation vorliegt, beschränkt man den Antrag auf die Gewährung subsidiären Schutzes nach § 4 AsylVfG oder gar auf Feststellung eines nationalen Abschiebungsverbots nach § 60 V und VII 1 AufenthG. Die weitergehenden Anträge sind dann wegzulassen.

Gegebenenfalls sind einzelne Teile der verschiedenen Formulare zu kombinieren. Ein Prozesskostenhilfeantrag ist beispielsweise im Formularmuster 15 enthalten. Dieser Teil kann natürlich bei jedem anderen Formularmuster eingefügt werden.

Gleiches gilt beispielsweise für einen Wiedereinsetzungsantrag im Fall einer Fristversäumnis. Einen solchen enthält das Formularmuster 3.

Generell sollten die Formularmuster – selbst, wenn es nur um die Fristwahrung geht – möglichst individualisiert werden, also zumindest in wenigen Sätzen auf den konkreten Fall eingehen.

Formularmuster 1
Muster für Klage bei Ablehnung des Asylantrages und Abschiebungsandrohung

Absender ..... Datum .....

Verwaltungsgericht .....

Klage

der Frau / des Herrn ..... – Kläger/in –

gegen

Bundesrepublik Deutschland

vertreten durch den Bundesminister des Innern,

dieser vertreten durch den Präsidenten des Bundesamtes

für Migration und Flüchtlinge, 90343 Nürnberg

Az. ..... – Beklagte –

wegen Asylrecht

Ich/wir erhebe/n **Klage** und **beantrage/n**:

1. Der Bescheid des Bundesamtes für Migration und Flüchtlinge (Az. ...) vom ... wird in Ziffer ... aufgehoben.
2. Die Beklagte wird verpflichtet, mich/uns als Asylberechtigte/n anzuerkennen und die Flüchtlingseigenschaft gemäß § 3 AsylVfG zuzuerkennen, hilfsweise, subsidiären Schutz gemäß § 4 AsylVfG zu gewähren, weiter hilfsweise, festzustellen, dass Abschiebungsverbote gemäß § 60 V und VII 1 AufenthG vorliegen.
3. Die Beklagte trägt die Kosten des Rechtsstreits.

Begründung:

Zur Begründung beziehe ich mich/beziehen wir uns auf die bisherigen Angaben. Eine detaillierte Begründung erfolgt mit gesondertem Schriftsatz.

Im Termin zur mündlichen Verhandlung wird ein Dolmetscher für die Sprache ..... benötigt.

Unterschrift

Anmerkung:

Falls möglich, soll bereits in der Klage – spätestens aber in einem nachzureichenden Schriftsatz innerhalb der 1-monatigen Klagebegründungsfrist gemäß § 74 II AsylVfG – eine detaillierte Kritik an der BAMF-Entscheidung geübt werden. Dabei sollten zunächst die Argumente des BAMF widerlegt werden (meist Glaubwürdigkeitszweifel). Sodann sollte ergänzender Vortrag (nicht unbedingt neuer) ergehen, also die eigenen Argumente dargelegt und erläutert werden. Soweit Dokumente oder Materialen vorliegen, sollten diese mit vorgelegt werden. Gegebenenfalls ist ein Beweisantrag zu stellen auf Einvernahme einer bestimmten Person als Zeuge oder Erholung eines Sachverständigengutachtens durch Amnesty International oder anderer sachkundiger Stellen.

Wenn die Einreise auf dem Landweg erfolgt ist, kann der Antrag auf Anerkennung als Asylberechtigter weggelassen werden.

Formularmuster 2
Muster für Klage auf Asylanerkennung oder Flüchtlingsstatus bei Teilerfolg (Gewährung von subsidiärem Schutz gemäß § 4 AsylVfG und Feststellung von Abschiebungsverboten nach § 60 V und VII 1 AufenthG)

Absender ..... Datum .....

Verwaltungsgericht .....

Klage

der Frau / des Herrn ..... – Kläger/in –

gegen

Bundesrepublik Deutschland

vertreten durch den Bundesminister des Inneren,

dieser vertreten durch den Präsidenten des Bundesamtes

für Migration und Flüchtlinge, 90343 Nürnberg

Az. ..... – Beklagte –

wegen Anerkennung als Asylberechtigte/r

(gegebenenfalls:

wegen Feststellung von Abschiebungsverboten nach § 60 I AufenthG)

Ich/wir erhebe/n **Klage** und **beantrage/n**:

1. Der Bescheid des Bundesamtes für Migration und Flüchtlinge (Az. ...) vom ... wird in Ziffer ... aufgehoben.
2. Die Beklagte wird verpflichtet, mich/uns als Asylberechtigte/n anzuerkennen.
 bzw.:
3. Die Beklagte wird verpflichtet, bei mir/uns die Flüchtlingseigenschaft gemäß § 3 AsylVfG zuzuerkennen.
4. Die Beklagte trägt die Kosten des Rechtsstreits.

Begründung:

Zur Begründung beziehe ich mich/beziehen wir uns auf die bisherigen Angaben. Das Bundesamt hat meinem/unserem Antrag nur teilweise stattgegeben und mir/uns nur subsidiären Schutz bzw. Abschiebungsschutz nach § 60 V und VII 1 AufenthG zugebilligt. Ich/wir begehren jedoch die Anerkennung als Asylberechtigte/r (bzw.: „die Zuerkennung der Flüchtlingseigenschaft gemäß § 3 AsylVfG").

Das BAMF hat dies zu Unrecht verweigert. Dies ergibt sich ...
*(**Anmerkung**: Ausführungen zu den Gründen).*

Für die mündliche Verhandlung wird ein Dolmetscher für die Sprache ... benötigt.

Unterschrift

Hinweis:

Wenn die Einreise auf dem Landweg erfolgt ist, kann der Antrag auf Anerkennung als Asylberechtigter weggelassen werden.

Formularmuster 3
Muster für Klage und Antrag nach § 80 V VwGO bei Ablehnung des Asylantrages (als unbeachtlich oder offensichtlich unbegründet) mit Abschiebungsandrohung und (vorsorglichem) Wiedereinsetzungsantrag

Absender ..... Datum .....

Verwaltungsgericht .....

Klage und
Antrag nach § 80 V VwGO

der Frau / des Herrn .....   – Kläger/in und Antragsteller/in –

gegen

Bundesrepublik Deutschland,

vertreten durch den Bundesminister des Innern,

dieser vertreten durch den Präsidenten des Bundesamtes

für Migration und Flüchtlinge, 90343 Nürnberg

Az. .....   – Beklagte und Antragsgegnerin –

wegen Asylrecht

Ich/wir erhebe/n **Klage** und **beantrage/n**:

1. Der Bescheid des Bundesamtes für Migration und Flüchtlinge (Az. ...) vom ... wird in Ziffer ... aufgehoben.

2. Die Beklagte wird verpflichtet, mich/uns als Asylberechtigte/n anzuerkennen und die Flüchtlingseigenschaft gemäß § 3 AsylVfG zuzuerkennen, hilfsweise, subsidiären Schutz gemäß § 4 AsylVfG zu gewähren, weiter hilfsweise, festzustellen, dass Abschiebungsverbote gemäß § 60 V und VII 1 AufenthG vorliegen.

3. Die Beklagte trägt die Kosten des Rechtsstreits.

Gleichzeitig **beantrage/n** ich/wir:

Die aufschiebende Wirkung dieser Klage wird angeordnet.

Begründung:

I.

Zur Begründung beziehe ich mich/beziehen wir uns auf die bisherigen Angaben. Eine detaillierte Begründung erfolgt mit gesondertem Schriftsatz.

II. *(Bei Ablehnung als unbeachtlich oder offensichtlich unbegründet)*

Jedenfalls ist mein/unser Asylantrag nicht offensichtlich unbegründet. Die von der Rechtsprechung des Bundesverfassungsgerichtes entwickelten strengen Kriterien einer Offensichtlichkeits-Entscheidung liegen nicht vor. Insbesondere trifft es nicht zu, dass ... *(**Anmerkung**: Hier konkret darauf eingehen, warum der Asylantrag als offensichtlich unbegründet abgelehnt wurde.)*

Infolge dessen ist die aufschiebende Wirkung anzuordnen.

Zur Glaubhaftmachung im Eilverfahren überreiche/n ich/wir folgende Unterlagen: ...

III.

Die Ausreiseaufforderung und Abschiebungsandrohung ist auch deshalb nicht gerechtfertigt, weil die Voraussetzungen des subsidiären Schutzes gemäß § 4 AsylVfG vorliegen und mir/uns in meinem/unserem Heimatstaat eine menschenrechtswidrige Behandlung im Sinne von § 60 V und VII 1 AufenthG droht. Konkret befürchte/n ich/wir ...

Gegebenenfalls: Auch in .... war/en ich/wir nicht in Sicherheit. Dies ergibt sich schon daraus, dass ...

IV. *(**Hinweis**: nur bei möglicher Versäumung der Klagefrist)*

Vorsorglich für den Fall, dass die Klage- und Antragsfrist versäumt sein sollte, **beantrage/n** ich/wir die **Wiedereinsetzung in den vorigen Stand** wegen der Versäumung der Frist.

Der Wiedereinsetzungsantrag ist vorsorglich gestellt. Sollte das Gericht der Meinung sein, dass die Fristen versäumt sind, bitte/n ich/wir um einen Hinweis und **beantrage/n**, mir/uns in diesem Falle **Akteneinsicht** zu gewähren oder zumindest die Aktenteile zuzusenden, aus welchen die Art und Weise, der Zeitpunkt und die Wirksamkeit der Zustellung hervorgeht.

Für die mündliche Verhandlung wird ein Dolmetscher für die Sprache ... benötigt.

Unterschrift

Formularmuster 4
Muster für Klage und Antrag nach § 80 V VwGO bei Einstellung des Verfahrens sowie vorsorglicher Wiedereinsetzungsantrag

Absender ..... Datum .....

Verwaltungsgericht .....

Klage und
Antrag nach § 80 V VwGO

der Frau / des Herrn .....   – Kläger/in und Antragsteller/in –

gegen

Bundesrepublik Deutschland

vertreten durch den Bundesminister des Innern,

dieser vertreten durch den Präsidenten des Bundesamtes

für Migration und Flüchtlinge, 90343 Nürnberg

Az. .....   – Beklagte und Antragsgegnerin –

wegen Anerkennung als Asylberechtigte/r

Ich/wir erhebe/n **Klage** und **beantrage/n**:

1. Der Bescheid des Bundesamtes für Migration und Flüchtlinge (Az. ...) vom ... wird in aufgehoben.

2. Die Beklagte wird verpflichtet, mich/uns als Asylberechtigte/n anzuerkennen und die Flüchtlingseigenschaft gemäß § 3 AsylVfG zuzuerkennen, hilfsweise, subsidiären Schutz gemäß § 4 AsylVfG zu gewähren, weiter hilfsweise, festzustellen, dass Abschiebungsverbote gemäß § 60 V und VII 1 AufenthG vorliegen.

3. Die Beklagte trägt die Kosten des Rechtsstreits.

Gleichzeitig **beantrage/n** ich/wir gemäß § 80 V VwGO:

Die aufschiebende Wirkung dieser Klage wird angeordnet.

Hinweis: Folgendes nur, wenn eine Fristversäumung im Raum steht.

Vorsorglich, für den Fall, dass die Klagefrist und Antragsfrist versäumt sein sollte, **beantrage/n** ich/wir

die Gewährung der Wiedereinsetzung in den vorigen Stand wegen der Versäumung der genannten Frist.

Begründung:

I.

Das Bundesamt hat im oben genannten Bescheid das Asylverfahren in meinem/unserem Fall eingestellt und mich/uns zur Ausreise aufgefordert. Die Einstellung ist zu Unrecht erfolgt, weil ich/wir meine/unsere Mitwirkungspflicht nicht verletzt haben ... (Anmerkung: Jetzt Ausführungen machen).

Und/oder: „Ich/wir habe/n zwar den Anhörungstermin beim Bundesamt versäumt, das Ladungsschreiben habe/n ich/wir aber nicht erhalten. Dies ist nicht mein/unser Verschulden ... (Anmerkung: Jetzt Ausführungen machen).

Der Bundesamtsbescheid ist deshalb aufzuheben. Nach meiner/unserer Ansicht muss das Bundesamt das Verfahren fortführen, wenn der jetzige Bescheid vom Gericht aufgehoben wird (Antrag Nr. 1). Ansonsten müsste das Gericht die Sache ausdrücklich wieder an das Bundesamt zurückverweisen.

Wenn das Gericht der Meinung ist, dass es in der Sache selbst entscheiden will, bitte/n ich/wir um entsprechende Mitteilung. Die notwendigen Anträge sind hilfsweise schon gestellt worden; ich/wir werden in diesem Fall zu meinem/unserem Asylbegehren noch ausführlich Stellung nehmen und gegebenenfalls entsprechende Beweisanträge stellen.

II.

Nachdem die Einstellung des Verfahrens zu Unrecht erfolgt ist, ist auch die aufschiebende Wirkung dieser Klage anzuordnen.

III.

Der Wiedereinsetzungsantrag ist vorsorglich gestellt. Sollte das Gericht der Meinung sein, dass die Fristen versäumt sind, bitte/n ich/wir um einen Hinweis und beantrage/n mir/uns in diesem Falle Akteneinsicht zu gewähren oder zumindest die Aktenteile zuzusenden, aus welchen die Art und Weise, der Zeitpunkt und die Wirksamkeit der Zustellung hervorgeht.

Für die mündliche Verhandlung wird ein Dolmetscher für die Sprache ... benötigt.

Unterschrift

Formularmuster 5
Muster für Klage und Eilrechtsschutz bei Erlass einer Abschiebungsanordnung gem. § 34a und 35 AsylVfG und Ablehnung des Asylantrages als unbeachtlich nach § 29 I AsylVfG wegen Offensichtlichkeit der Verfolgungssicherheit im sonstigen Drittstaat, bzw. Einreise aus einem sicheren Drittstaat gem. § 26a AsylfG.

Absender .....   Datum .....

Verwaltungsgericht .....

Klage und
Antrag nach § 80 V VwGO

der Frau / des Herrn .....   – Kläger/in und Antragsteller/in –

gegen

Bundesrepublik Deutschland

vertreten durch den Bundesminister des Inneren,

dieser vertreten durch den Präsidenten des Bundesamtes

für Migration und Flüchtlinge, 90343 Nürnberg

Az. .....   – Beklagte und Antragsgegnerin –

wegen Asylrecht

Ich/wir erhebe/n **Klage** und **beantrage/n**:

1. Der Bescheid des Bundesamtes für Migration und Flüchtlinge (Az. ...) vom ... wird in aufgehoben.

2. Die Beklagte wird verpflichtet, das Asylverfahren fortzuführen, hilfsweise, mich/uns als Asylberechtigte/n anzuerkennen und die Flüchtlingseigenschaft gemäß § 3 AsylVfG zuzuerkennen, hilfsweise, subsidiären Schutz gemäß § 4 AsylVfG zu gewähren, weiter hilfsweise, festzustellen, dass Abschiebungsverbote gemäß § 60 V und VII 1 AufenthG vorliegen.

3. Die Beklagte trägt die Kosten des Rechtsstreits

Gleichzeitig **beantrage/n** ich/wir:

Die aufschiebende Wirkung der Klage gegen die Abschiebungsandrohung des Bundesamtes vom ... wird angeordnet.

Begründung:

Die Voraussetzungen einer anderweitigen Verfolgungssicherheit in einem sonstigen Drittstaat im Sinne von § 29 I AsylVfG

(*alternativ*: der Einreise aus einem sicheren Drittstaat gem. § 26a AsylVfG liegen nicht vor (**Anmerkung**: Jetzt Ausführungen machen.).

Gemäß § 29 II 1 AsylVfG ist das Asylverfahren daher fortzuführen.

(*alternativ*: die Voraussetzungen von § 26a AsylVfG liegen nicht vor, weil ...)

zusätzlich, falls über das Vorliegen von Abschiebungsverboten entschieden wurde: Jedenfalls liegen Abschiebungsverbote gemäß § 60 II - VII AufenthG im Hinblick auf ... vor, denn ....

Der Eilantrag ist begründet. Mein/Unser Aussetzungsinteresse überwiegt das öffentliche Vollzugsinteresse, weil der angegriffene Bescheid rechtswidrig ist; zumindest aber ist der Ausgang des Hauptsacheverfahrens als offen anzusehen (*Jetzt weitere Begründung.*)

Für die mündliche Verhandlung wird ein Dolmetscher für die Sprache ... benötigt.

Unterschrift

Formularmuster 6
Muster für Klage und Antrag gemäß § 80 V VwGO bei Dublin-III-Verfahren (Ablehnung als unzulässig und Überstellungsanordnung)

Absender ..... Datum .....

Verwaltungsgericht

Klage und
Antrag nach § 80 V VwGO

der Frau / des Herrn ..... – Kläger/in und Antragsteller/in –

gegen

Bundesrepublik Deutschland,

vertreten durch den Bundesminister des Inneren,

dieser vertreten durch den Präsidenten des Bundesamtes

für Migration und Flüchtlinge, 90343 Nürnberg

Az. ..... – Beklagte und Antragsgegnerin –

wegen Asylrecht

Ich/wir erhebe/n **Klage** und **beantrage/n**:

1. Der Bescheid des Bundesamtes für Migration und Flüchtlinge (Az. ...) vom ... wird aufgehoben.

    Hilfsweise: Die Beklagte wird verpflichtet, das Asylverfahren fortzuführen.

    Weiter hilfsweise: Die Beklagte wird verpflichtet, mich/uns als Asylberechtigte/n anzuerkennen und die Flüchtlingseigenschaft gemäß § 3 AsylVfG zuzuerkennen, hilfsweise, subsidiären Schutz gemäß § 4 AsylVfG zu gewähren, weiter hilfsweise, festzustellen, dass Abschiebungsverbote gemäß § 60 V und VII 1 AufenthG vorliegen.

2. Die Beklagte trägt die Kosten des Rechtsstreits.

Hinweis: Obwohl die Klage keine aufschiebende Wirkung hat, muss im Einzelfall geprüft werden, ob nicht dennoch auf einen Eilantrag verzichtet und nur eine Klage eingereicht wird (siehe hierzu die Erläuterungen im Kapitel Dublin-Verfahren D II).

Gleichzeitig **beantrage/n** ich/wir:

Die aufschiebende Wirkung der Klage vom .....

gegen die Abschiebungsanordnung des BAMF vom ..... wird angeordnet.

Begründung:

Der angefochtene Bescheid ist rechtswidrig. Ich/Wir haben einen Rechtsanspruch auf Durchführung des Asylverfahrens in Deutschland und Gewährung von Asyl/Flüchtlingsschutz/subsidiärem Schutz/Abschiebungsverboten. *(**Anmerkung**: Jetzt darlegen, warum Deutschland zuständig ist, bzw. dass es vom Selbsteintrittsrecht hätte Gebrauch machen müssen, bzw. dass im Dublin-III-Staat systemische Mängel vorliegen und die Gefahr einer erheblichen konkreten Menschenrechtsverletzung bei Überstellung droht.)*

Gegebenenfalls:

Der Eilantrag ist begründet. Mein/Unser Aussetzungsinteresse überwiegt das öffentliche Vollzugsinteresse, weil der angegriffene Bescheid rechtswidrig ist; zumindest aber ist der Ausgang des Hauptsacheverfahrens als offen anzusehen *(Jetzt weitere Begründung.)*

Für die mündliche Verhandlung wird ein Dolmetscher für die ... Sprache benötigt.

Unterschrift

Formularmuster 7
Muster für Klage und Antrag gemäß § 123 VwGO beim Flughafenverfahren

Absender .....   Datum .....

Verwaltungsgericht .....

Klage und
Antrag gemäß § 123 VwGO

der Frau / des Herrn .....   – Antragsteller/in –

gegen

1. Bundesrepublik Deutschland, vertreten durch den Leiter der Außenstelle des Bundesamtes für Migration und Flüchtlinge am Flughafen .....
   – Beklagte und Antragsgegnerin zu 1 –

2. Bundesrepublik Deutschland, vertreten durch den Leiter der Bundespolizei am Flughafen .....
   – Beklagte und Antragsgegnerin zu 2 –

Ich/wir erhebe/n **Klage(n)** und werde/n **beantragen**:

1. Der Bescheid des Bundesamtes für Migration und Flüchtlinge (Az. ...) vom ... wird aufgehoben.

2. Die Beklagte wird verpflichtet, mich/uns als Asylberechtigte/n anzuerkennen und die Flüchtlingseigenschaft gemäß § 3 AsylVfG zuzuerkennen, hilfsweise, subsidiären Schutz gemäß § 4 AsylVfG zu gewähren, weiter hilfsweise, festzustellen, dass Abschiebungsverbote gemäß § 60 V und VII 1 AufenthG vorliegen.

3. Die Beklagte wird verpflichtet, mir/uns unter Aufhebung der Einreiseverweigerung der Bundespolizei ... vom ... die Einreise zu gestatten.

4. Die Beklagte trägt die Kosten des Rechtsstreits.

Gleichzeitig **beantrage/n** ich/wir:

Die Antragsgegnerin wird im Wege der einstweiligen Anordnung gemäß § 123 VwGO verpflichtet, mir/uns die Einreise zu gestatten.

Begründung:

Zur Begründung beziehe/n ich/wir mich/uns auf die bisherigen Angaben. Ich/wir **beantrage/n**, mir/uns die vom Bundesverfassungsgericht eingeräumte Nachfrist von weiteren vier Tagen zur wirksamen Wahrnehmung meiner Rechte einzuräumen.

Bereits jetzt trage/n ich/wir gegen den angefochtenen Bescheid vor:

*(**Anmerkung**: Jetzt detaillierter Vortrag soweit möglich, der zugleich zur Begründung des Eilantrages dient; insbesondere muss auf Widersprüche etc. eingegangen werden und zur Glaubwürdigkeit Stellung bezogen werden).*

Aufgrund vorstehenden Vortrages bestehen jedenfalls an der Rechtmäßigkeit der Einreiseverweigerung ernstliche Zweifel ...

*(**Anmerkung**: Jetzt ausführen, insbesondere eventuelle Mittel der Glaubhaftmachung, z. B. eidesstattliche Versicherung, beifügen).*

Für die mündliche Verhandlung wird ein Dolmetscher für die Sprache ... benötigt.

Unterschrift

Formularmuster 8
Muster für Antrag auf einstweilige Anordnung auf Weiterleitung des Asylsuchenden an das Bundesamt beim Flughafenverfahren

Absender ..... Datum .....

Verwaltungsgericht .....

Antrag gemäß § 123 VwGO

der Frau / des Herrn .....– Antragsteller/in –

gegen

Bundesrepublik Deutschland, vertreten durch den Leiter der Bundespolizei am Flughafen ... – Antragsgegnerin –

Ich/wir **beantrage/n** hiermit:

5. Die Antragsgegnerin wird im Wege der einstweiligen Anordnung gemäß § 123 VwGO verpflichtet, mich/uns zur Stellung des Asylantrages an die Außenstelle des Bundesamtes für Migration und Flüchtlinge am Flughafen ... weiterzuleiten und von einer Zurückschiebung einstweilen abzusehen.

6. Die Antragsgegnerin trägt die Kosten des Verfahrens.

Begründung:

Die Antragsgegnerin hat mir/uns zu Unrecht die Einreise verweigert, obwohl die Voraussetzungen von § 18 II AsylVfG in meinem/unserem Fall nicht vorliegen ... (wird ausgeführt; *Anmerkung*: Ist die Zurückweisung nicht nach § 18 II AsylVfG erfolgt, sondern nach § 15 AufenthG, sind entsprechende Ausführungen zu machen).

Da ich ein Asylbegehren geäußert habe, ist die Antragsgegnerin demgemäß verpflichtet, mich/uns zur Stellung des Asylantrages an die Außenstelle des Bundesamtes am Flughafen ... weiterzuleiten (§ 18 a I 3 AsylVfG). Bis zur Entscheidung ist der Vollzug der Zurückweisung unzulässig.

Für die mündliche Verhandlung wird ein Dolmetscher für die Sprache ... benötigt.

Unterschrift

Formularmuster 9
Muster für vorbeugenden einstweiligen Rechtsschutz bei einem Folgeverfahren

Absender .....   Datum .....

Verwaltungsgericht .....

Antrag auf Erlass einer einstweiligen Anordnung

der Frau / des Herrn .....   – Antragsteller/in –

gegen

... (**Anmerkung**: Antragsgegner ist entweder das Bundesland oder die Kreisverwaltungsbehörde/kreisfreie Stadt, die die Abschiebung durchführt)   – Antragsgegnerin –

wegen Abschiebung

Ich/wir beantrage/n hiermit, wegen der Dringlichkeit ohne mündliche Verhandlung einstweilen zu beschließen:

1. Dem/der Antragsgegner/in wird geboten, von Abschiebungsmaßnahmen bis zur Entscheidung des Bundesamtes über die Beachtlichkeit meines/ unseres Asylfolgeantrages bzw. des Antrags auf Wiederaufnahme der Feststellung, dass Abschiebungsverbote nach § 60 V und VII 1 AufenthG vorliegen, abzusehen.
2. Der/die Antragsgegner/in trägt die Kosten des Verfahrens.

Begründung:

Ich/wir habe/n am ... einen Asylfolgeantrag (auf Anerkennung als Asylberechtigte/r / Zuerkennung der Flüchtlingseigenschaft gemäß § 3 AsylVfG / Gewährung von subsidiärem Schutz gemäß § 4 AsylVfG) gestellt.

Alternativ:

Ich/wir habe/n am ... einen Antrag auf Wiederaufgreifen des Verfahrens bezüglich der Feststellung von Abschiebungsverboten nach § 60 V und VII 1 AufenthG gestellt.

Eine Entscheidung des BAMF ist noch nicht ergangen. Es ist zu befürchten, dass der/die Antragsgegner/in vor einer Entscheidung des BAMF vollstreckt, d. h. mich/uns .... abschiebt.

Diese Besorgnis ergibt sich aus ... (**Anmerkung**: Schilderung der Gründe bzw. Erklärung, dass die Ausländerbehörde erklärt hat ...)

Dieser Antrag enthält auch einen Antrag auf erneute Überprüfung (Wiederaufnahme) des Vorliegens von Abschiebungsverboten nach § 60 II bis V und VII AufenthG.

Alternativ:

Ich/wir habe/n am ... einen Antrag auf Wiederaufgreifen des Verfahrens bezüglich der Feststellung von Abschiebungsverboten nach § 60 V und VII 1 AufenthG gestellt.

Eine Entscheidung des Bundesamtes ist noch nicht ergangen.

Es ist zu befürchten, dass der/die Antragsgegner/in vor einer Entscheidung des Bundesamtes vollstreckt, d. h., mich/uns abschiebt.

Diese Besorgnis ergibt sich aus .... (**Anmerkung**: Schilderung der Gründe, also z. B. Erklärung, dass die Ausländerbehörde erklärt hat, die Entscheidung nicht abzuwarten, oder es ständige Praxis in der Vergangenheit war, sofort, gegebenenfalls sogar in Nacht- und Nebelaktionen abzuschieben, so dass ohne einstweilige Anordnung ein effektiver Rechtsschutz nicht möglich ist).

Zur Glaubhaftmachung: Eidesstattliche Versicherung

(**Anmerkung**: Entweder eigene eidesstattliche Versicherung beifügen oder, noch besser, die einer dritten Person)

Der Grundsatz der Gewährung eines effektiven Rechtsschutzes gebietet den Erlass einer einstweiligen Anordnung. Mein/Unser Antrag/Anträge auf Durchführung eines weiteren Folgeverfahrens würden ins Leere gehen, wenn die Entscheidung des Bundesamtes nicht abgewartet wird. Dieser Antrag ist zulässig, da neue Tatsachen/Beweismittel vorliegen und dem Bundesamt vorgetragen wurden.

Zur Glaubhaftmachung: Eidesstattliche Versicherung (oder Abschrift des Asylfolgeantrages mit eventuellen Anlagen)

Mein/unser Asylfolgeantrag ist beachtlich ist. ... (*Ausführungen, warum dies der Fall ist.*) Jedenfalls aber greift zu meinen/unseren Gunsten § 60 V und VII 1 AufenthG ein, weil ... (*Begründen*)

Für die mündliche Verhandlung wird ein Dolmetscher für die ... Sprache benötigt.

Unterschrift

Formularmuster 10
Muster für Klage und Eilantrag bei Ablehnung eines Asylfolgeantrages ohne neue Ausreiseaufforderung und Abschiebungsandrohung

Absender .....   Datum .....

Verwaltungsgericht .....

Klage und Eilantrag nach § 123 VwGO bzw. § 80 V VwGO

der Frau / des Herrn .....   – Kläger/in und Antragsteller/in –

gegen

Bundesrepublik Deutschland

vertreten durch den Bundesminister des Inneren,

dieser vertreten durch den Präsidenten des Bundesamtes

für Migration und Flüchtlinge, 90343 Nürnberg

Az. .....   – Beklagte und Antragsgegnerin –

wegen Asylfolgeverfahren

Ich/wir erhebe/n **Klage** und **beantrage/n**:

1. Der Bescheid des Bundesamtes für Migration und Flüchtlinge (Az. ...) vom ... wird in Ziffer ... aufgehoben.
2. Die Beklagte wird verpflichtet, mich/uns als Asylberechtigte/n anzuerkennen und die Flüchtlingseigenschaft gemäß § 3 AsylVfG zuzuerkennen, hilfsweise, subsidiären Schutz gemäß § 4 AsylVfG zu gewähren, weiter hilfsweise, festzustellen, dass Abschiebungsverbote gemäß § 60 V und VII 1 AufenthG vorliegen.
3. Die Beklagte trägt die Kosten des Rechtsstreits.

Gleichzeitig **beantrage/n** ich/wir gemäß § 123 VwGO zu beschließen:

1. Der Antragsgegnerin wird aufgegeben, die Mitteilung gemäß § 71 V 2 AsylVfG einstweilen zurückzunehmen und der Ausländerbehörde mitzuteilen, dass ein Asylfolgeverfahren durchgeführt wird, hilfsweise, dass das Vorliegen von Abschiebungsverboten gemäß § 60 V und VII 1 AufenthG geprüft wird.

2. Die Antragsgegnerin trägt die Kosten des Rechtsstreits.

Sollte das Gericht jedoch der Auffassung sein, dass auch hier ein Antrag nach § 80 V VwGO das richtige Rechtsmittel ist, wird hiermit hilfsweise **beantragt**:

1. Die aufschiebende Wirkung dieser Klage wird angeordnet.
2. Die Antragsgegnerin trägt die Kosten des Rechtsstreits.

Sollte das Gericht der Rechtsmeinung sein, dass einstweiliger Rechtsschutz nur durch einen Eilrechtsantrag gegenüber der Ausländerbehörde zu erreichen ist, bitte/n ich/wir um einen umgehenden gerichtlichen Hinweis.

Ungeachtet der Formulierung des Eilantrags und ungeachtet der Frage, welcher Antrag der richtige ist und wer der richtige Antragsgegner ist, bitte/n ich/wir das Gericht, meine/unsere Anträge so auszulegen, dass das erkennbare Rechtsschutzziel, bis zur Entscheidung in der Hauptsache einstweilen nicht abgeschoben zu werden, erreicht wird.

Begründung:

Das Bundesamt hat mit dem angefochtenen Bescheid die Durchführung eines weiteren Asylverfahrens abgelehnt, ohne eine neue Ausreiseaufforderung und Abschiebungsandrohung zu erlassen.

Hiergegen richtet sich die Klage.

I.

Der Eilantrag ist begründet.

Die Klage hat gemäß § 75 AsylVfG keine aufschiebende Wirkung. Es bedurfte daher eines Eilrechtsschutzes. Der vorliegende Antrag berücksichtigt die hierzu vertretenen Meinungen.

Die Voraussetzungen für die Durchführung eines Asylfolgeverfahrens liegen vor, weil seit der letzten Entscheidung neue Tatsachen und Beweismittel existieren, die auch innerhalb der 3-Monats-Frist vorgelegt wurden. Aufgrund dessen ergibt sich die Möglichkeit einer positiven Sachentscheidung. *(Nun Ausführungen zu den neuen Tatsachen und Beweismitteln.)* Jedenfalls ist das Vorliegen eines Abschiebungsverbots nach § 60 V und VII 1 AufenthG naheliegend, weil ... *(ausführen).*

II.

Die Klage selbst ist begründet. Zu Unrecht hat das Bundesamt meinen/unseren Asylantrag als unbeachtlichen Folgeantrag angesehen und die Durchführung eines weiteren Asylverfahrens abgelehnt. Tatsächlich steht mir/uns asylrechtlicher und abschiebungsrechtlicher Schutz zu. *(**Anmerkung**: jetzt Ausführungen machen).*

Jedenfalls liegt ein nationales Abschiebungsverbot gemäß § 60 V bzw. VII 1 AufenthG vor. *(Begründen)*

Für die mündliche Verhandlung wird ein Dolmetscher für die Sprache ... benötigt.

Unterschrift

HINWEIS: Ist zunächst nur Klage eingereicht worden, weil keine Abschiebung drohte (etwa wegen Krankheit etc.,) hat aber jetzt die Ausländerbehörde die baldige Abschiebung angedroht, kann/muss ein isolierter Antrag auf Erlass einer Einstweiligen Anordnung gem. oben stehendem Muster eingereicht werden. Dabei sollte auf das bereits anhängige Klageverfahren hingewiesen werden.

Formularmuster 11
Muster für Klage und Eilantrag bei Ablehnung eines Asylfolgeantrags

mit neuer Ausreiseaufforderung und Abschiebungsandrohung

Absender .....   Datum .....

Verwaltungsgericht .....

Klage und
Eilantrag nach § 80 V VwGO

der Frau / des Herrn .....   – Kläger/in und Antragsteller/in –

gegen

Bundesrepublik Deutschland

vertreten durch den Bundesminister des Inneren,

dieser vertreten durch den Präsidenten des Bundesamtes

für Migration und Flüchtlinge, 90343 Nürnberg

Az. .....   – Beklagte und Antragsgegnerin –

wegen Asylfolgeverfahren

Ich/wir erhebe/n **Klage** und **beantrage/n**:

1. Der Bescheid des Bundesamtes für Migration und Flüchtlinge (Az. ...) vom ... wird in Ziffer ... aufgehoben.

2. Die Beklagte wird verpflichtet, mich/uns als Asylberechtigte/n anzuerkennen und die Flüchtlingseigenschaft gemäß § 3 AsylVfG zuzuerkennen, hilfsweise, subsidiären Schutz gemäß § 4 AsylVfG zu gewähren, weiter hilfsweise, festzustellen, dass Abschiebungsverbote gemäß § 60 V und VII 1 AufenthG vorliegen.

3. Die Beklagte trägt die Kosten des Rechtsstreits.

*(**Anmerkung**: Je nachdem, was begehrt wurde, ist der Antrag in Nr. 2 zu variieren: Wurde – wie meistens – nur die Flüchtlingsanerkennung gemäß § 3 AsylVfG begehrt, ist der Antrag auf Asylanerkennung wegzulassen.)*

Gleichzeitig **beantrage/n** ich/wir gemäß § 80 V VwGO zu beschließen:

1. Die aufschiebende Wirkung dieser Klage wird angeordnet.
2. Die Antragsgegnerin trägt die Kosten des Rechtsstreits.

Begründung:

Das BAMF hat mit dem angefochtenen Bescheid die Durchführung eines weiteren Asylverfahrens abgelehnt und eine neue Ausreiseaufforderung und Abschiebungsandrohung erlassen.

Hiergegen richtet sich die Klage.

Die Klage hat keine aufschiebende Wirkung. Ein Eilantrag ist daher erforderlich.

I.

Der Eilantrag ist begründet.

Die Voraussetzungen für die Durchführung eines Asylfolgeverfahrens liegen vor, weil seit der letzten Entscheidung neue Tatsachen und Beweismittel existieren, die auch innerhalb der 3-Monats-Frist vorgelegt wurden. Aufgrund dessen ergibt sich die Möglichkeit auf eine neue Sachentscheidung. *(Nunmehr Ausführungen zu den neuen Tatsachen und Beweismitteln.)*

Jedenfalls ist das Vorliegen eines Abschiebungsverbots nach § 60 V und VII 1 AufenthG naheliegend, weil ... *(ausführen)*.

II.

Die Klage selbst ist begründet. Zu Unrecht hat das Bundesamt meinen/unseren Asylantrag als unbeachtlichen Folgeantrag angesehen und die Durchführung eines weiteren Asylverfahrens abgelehnt. Tatsächlich steht mir/uns asylrechtlicher und abschiebungsrechtlicher Schutz zu. *(**Anmerkung**: jetzt Ausführungen machen)*.

Jedenfalls liegt ein nationales Abschiebungsverbot gemäß § 60 V bzw. VII 1 AufenthG vor. *(Begründen)*

Für die mündliche Verhandlung wird ein Dolmetscher für die Sprache ... benötigt.

Unterschrift

Formularmuster 12
Muster für Klage bei Wiederaufnahmeantrag im Hinblick auf § 60 II bis VII AufenthG (isolierter Wiederaufnahmeantrag)

Absender .....   Datum ...

Verwaltungsgericht .....

Klage

der Frau / des Herrn .....   – Kläger/in und Antragsteller/in –

gegen

Bundesrepublik Deutschland

vertreten durch den Bundesminister des Innern,

dieser vertreten durch den Präsidenten des Bundesamtes

für Migration und Flüchtlinge, 90343 Nürnberg

Az. .....   – Beklagte und Antragsgegnerin –

wegen Asylfolgeverfahren

Ich/wir erhebe/n **Klage** und **beantrage/n**:

1. Der Bescheid des Bundesamtes für Migration und Flüchtlinge (Az. ...) vom ... wird aufgehoben.
2. Die Beklagte wird verpflichtet, festzustellen, dass bei mir/uns Abschiebungsverbote gemäß § 60 V und VII 1 AufenthG vorliegen.
3. Die Beklagte trägt die Kosten des Rechtsstreits.

Begründung:

Ich/wir habe/n einen Antrag auf Wiederaufgreifen des Verfahrens hinsichtlich des Vorliegens der Voraussetzungen von § 60 V und VII 1 AufenthG gestellt. Das Bundesamt hat diesen Antrag abgelehnt. Hiergegen richtet sich die Klage.

Der Bescheid ist rechtswidrig. Richtigerweise hätten Abschiebungsverbote festgestellt werden müssen.

Zur Begründung beziehe/n ich/wir mich/uns auf die bisherigen Angaben. Mir/uns droht im Falle einer Abschiebung die in § 60 V und VII 1 AufenthG genannten Gefahren. Konkret droht mir/uns ... *(nun ausführen)*

Auch die 3-Monats-Frist ist gewahrt. Ich/wir habe/n von den neuen Tatsachen erst am ... Kenntnis erhalten. *(ausführen)*

oder: Ich/wir habe/n die neuen Beweismittel erst am ... erhalten.

oder: Das Bundesamt war verpflichtet, das Verfahren gemäß § 51 V VwVfG durchzuführen. Denn die frühere Entscheidung ist inhaltlich unrichtig. Im Fall der Abschiebung droht mir/uns eine erhebliche Gefahr für Leib und Leben, weil ich/wir einer extremen Gefahrensituation ausgesetzt wäre/n, was bei der früheren Entscheidung nicht berücksichtigt wurde.

Darüber hinaus trage/n ich/wir noch vor: ... *(ausführen)*

Für die mündliche Verhandlung wird ein Dolmetscher für die Sprache ... benötigt.

Unterschrift

Formularmuster 13
Muster für Klage gegen den Widerruf oder die Rücknahme der Asylanerkennung und/oder der Flüchtlingseigenschaft und/oder der Zuerkennung subsidiären Schutzes und/oder der Feststellung des Vorliegens von nationalen Abschiebungsverboten

Absender .....   Datum .....

Verwaltungsgericht .....

Klage

der Frau / des Herrn .....   – Kläger/in –

gegen

Bundesrepublik Deutschland

vertreten durch den Bundesminister des Inneren,

dieser vertreten durch den Präsidenten des Bundesamtes

für Migration und Flüchtlinge, 90343 Nürnberg

Az. .....   – Beklagte –

wegen Asylrecht

Ich/wir erhebe/n **Klage** und **beantrage/n**:

1. Der Bescheid des Bundesamtes für Migration und Flüchtlinge (Az. ...) vom ... wird aufgehoben.
2. Die Beklagte trägt die Kosten des Rechtsstreits.

Begründung:

Mit dem angefochtenen Bescheid hat das BAMF den Bescheid vom ..., mit dem ich/wir als Asylberechtigte/r anerkannt wurde/n und/oder mir/uns die Flüchtlingseigenschaft zuerkannt wurde und/oder mir/uns subsidiärer Schutz zuerkannt wurde und/oder bei mir/uns das Vorliegen von nationalen Abschiebungsverboten festgestellt wurde, widerrufen bzw. zurückgenommen.

Gegebenenfalls: Gleichzeitig wurde/n ich/wir zur Ausreise aufgefordert und die Abschiebung angedroht.

Der Bescheid ist rechtswidrig.

Die früher festgestellte Gefährdungslage besteht nach wie vor. Im Fall einer Rückkehr in meine/unsere Heimat droht mir/uns auch weiterhin politische Verfolgung bzw. die früher festgestellte Gefährdung. *(Jetzt Ausführungen zur Sache)*

Jedenfalls liegen die Voraussetzungen von § 73 I 3 AsylVfG vor. Danach ist von einem Widerruf abzusehen, wenn sich der Ausländer auf zwingende, auf früheren Verfolgungen beruhende Gründe berufen kann, um die Rückkehr in den Heimatstaat abzulehnen. Dies ist hier der Fall. *(Jetzt Ausführungen)*

Für die mündliche Verhandlung wird ein Dolmetscher für die Sprache ... benötigt.

Unterschrift

Formularmuster 14
Muster für Klage gegen das Herausgabeverlangen des GFK-Passes bzw. des Anerkennungsbescheids wegen angeblichen Erlöschens gemäß § 72 AsylVfG

Absender .....   Datum .....

Verwaltungsgericht .....

Klage

der Frau / des Herrn .....   – Kläger/in –

gegen

{Anmerkung: Beklagter ist entweder das Bundesland oder die Kreisverwaltungsbehörde/kreisfreie Stadt}

– Beklagter –

wegen Asylrecht

Ich/wir erhebe/n **Klage** und **beantrage/n**:

1. Die Verfügung der Stadt/des Landkreises ... vom ..., mit dem ich/wir verpflichtet wurde/n, den/die GFK-Pass/Pässe bzw. den/die Anerkennungsbescheid/e des Bundesamtes vom ... herauszugeben, wird aufgehoben.

2. Die Beklagte trägt die Kosten des Rechtsstreits.

Begründung:

Mit dem angefochtenen Bescheid/mündlicher Verfügung wurde/n ich/wir verpflichtet, den GFK-Reisepass/den Anerkennungsbescheid des Bundesamtes herauszugeben, da die Anerkennung als Asylberechtigte/r bzw. Zuerkennung der Flüchtlingseigenschaft gemäß § 72 AsylVfG erloschen sei.

Der angefochtene Bescheid ist rechtswidrig.

Ein Erlöschensgrund liegt nicht vor.

(Jetzt Ausführungen zur Sache, warum die Voraussetzungen von § 72 I Nr. 1 bis 4 AsylVfG nicht vorliegen; gegebenenfalls Beweismittel anbieten, z. B., dass man sich nicht dem Schutz des Verfolgerstaates unterstellt hat, sondern lediglich zur Eheschließung bzw. zur Führerscheinausstellung einen Heimatpass benötigte.)

Für die mündliche Verhandlung wird ein Dolmetscher für die Sprache ... benötigt.

Unterschrift

Formularmuster 15
Muster für sofortige Beschwerde (mit Prozesskostenhilfeantrag) bei Abschiebungshaft

Absender..... Datum.....

(bitte alle Namen und Adressen gut leserlich angeben)

An das Amtsgericht

(in dessen Bezirk ich/wir inhaftiert bin/sind)

...

...

Abschiebehaftbefehl gegen mich/ uns

Aktenzeichen .....

Eilt sehr – Haftsache

Hiermit wird gegen den Abschiebehaftbefehl des Gerichts vom ...

sofortige Beschwerde

eingelegt.

Gleichzeitig beantrage/n ich/wir vorsorglich die Aufhebung der Haft. Selbst wenn die Anordnung gerechtfertigt gewesen sein sollte, liegt jetzt ein Haftgrund nicht mehr vor, denn ... *(jetzt Ausführungen)*

Es wird darum gebeten, dieser Beschwerde entweder unverzüglich abzuhelfen oder sie ohne weiteren Verzug dem Beschwerdegericht vorzulegen.

Ein Haftgrund liegt bei mir/uns nicht vor, da Haft zur Sicherung der Abschiebung nicht erforderlich ist. *(jetzt detaillierte Ausführungen; z. B.: Ich/wir habe/n einen festen Wohnsitz; dieser ist auch der Ausländerbehörde bekannt. Ein Versuch, mich/uns der Abschiebung zu entziehen, ist nicht unternommen worden.)*

Bei dieser Sachlage existieren keine konkreten Anzeichen, dass ich/wir mich/uns der Abschiebung entziehen wollen. *(Eventuell weitere Ausführungen.)*

Auch aus folgenden Gründen ergibt sich, dass ein Untertauchen nicht beabsichtigt war und ist: *(z. B. Verlöbnis; regelmäßiger Kontakt mit der Ausländerbehörde ...)*

Für eine eventuelle mündliche Verhandlung benötige/n ich/wir einen Dolmetscher für die ... Sprache.

Es wird ferner

beantragt:

Mir/Uns wird für das vorliegende Verfahren Prozesskostenhilfe bewilligt und einen Rechtsanwalt – oder Herrn Rechtsanwalt/ Frau Rechtsanwältin ... beizuordnen, sowie die Kosten des Verfahrens dem Antragsteller aufzuerlegen.

Unterschrift

Abkürzungsverzeichnis

§ 1 I 1 bedeutet	§ 1 Absatz 1 Satz 1
§ 1 I 1 1. Hs. bedeutet	§ 1 Absatz 1 Satz 1 1. Halbsatz
§ 1 I 1 Nr. 1 bedeutet	§ 1 Absatz 1 Satz 1 Nummer 1
§ 1 I 1. Hs. bedeutet	§ 1 Absatz 1 1. Halbsatz
§ 1 I Nr. 1 bedeutet	§ 1 Absatz 1 Nummer 1
§ 1 Nr. 1 bedeutet	§ 1 Nummer 1
a. a. O.	am angegebenen Ort
a. A.	anderer Ansicht
a. F.	alte Fassung
a. M.	anderer Meinung
Abs.	Absatz
ÄndG	Änderungsgesetz
AA	Auswärtiges Amt
AEUV	Vertrag über die Arbeitsweise der Europäischen Union
ARB	Beschluss des Assoziationsrates EWG/Türkei
Art.	Artikel
AsylbLG	Asylbewerberleistungsgesetz
AsylVfG	Asylverfahrensgesetz
AufenthG	Aufenthaltsgesetz
AufenthG-E	Gesetzentwurf zur Neubestimmung des Bleiberechts und der Aufenthaltsbeendigung
AufenthV	Aufenthaltsverordnung
Az.	Aktenzeichen
AZR	Ausländerzentralregister
BAföG	Bundesausbildungsförderungsgesetz
BAMF	Bundesamt für Migration und Flüchtlinge
BErzGG	Bundeserziehungsgeldgesetz
BeschV	Beschäftigungsverordnung
BGB	Bürgerliches Gesetzbuch
BGBl.	Bundesgesetzblatt
BGH	Bundesgerichtshof
BKA	Bundeskriminalamt
BMI	Bundesministerium des Inneren
BMJ	Bundesministerium der Justiz
BR	Bundesrat
BR-Drs.	Bundesrats-Drucksache
BSG	Bundessozialgericht
BT	Bundestag
BT-Drs.	Bundestags-Drucksache
BVerfG	Bundesverfassungsgericht

ABKÜRZUNGSVERZEICHNIS

BVerfGE	Entscheidungssammlung des BVerfG
BVerwG	Bundesverwaltungsgericht
BVerwGE	Entscheidungssammlung des BVerwG
EASO	Europäisches Asylunterstützungsbüro
EG	Europäische Gemeinschaft
EGMR	Europäischer Gerichtshof für Menschenrechte
EMRK	Konvention zum Schutz der Menschenrechte und Grundfreiheiten
ENA	Europäisches Niederlassungsabkommen
EU	Europäische Union
EuGH	Europäischer Gerichtshof
EUVisumsVO	EU-Visumsverordnung
EWR	Europäischer Wirtschaftsraum
FamFG	Gesetz über das Verfahren in Familiensachen und in den Angelegenheiten der freiwilligen Gerichtsbarkeit
ff.	fortfolgende
FGG-Reformgesetz	siehe FamFG
FreizügG/EU	Freizügigkeitsgesetz/EU
GEAS	Gemeinsames Europäisches Asylsystem
GERR	Gemeinsamer Europäischer Referenzrahmen
GFK (auch: GK)	Genfer Flüchtlingskonvention (Genfer Konvention; Abkommen über die Rechtsstellung von Flüchtlingen)
GG	Grundgesetz
h. A.	herrschende Ansicht
h. L.	herrschende Lehre
h. M.	herrschende Meinung
Hs.	Halbsatz
HumHAG	Gesetz über Maßnahmen für im Rahmen humanitärer Hilfsaktionen aufgenommene Flüchtlinge (Kontingentflüchtlingsgesetz)
IMK	Ständige Konferenz der Innenminister und -senatoren der Länder und des Bundes
InfAuslR	Informationsbrief Ausländerrecht
IntV	Integrationskursverordnung
i.V.m.	in Verbindung mit
JGG	Jugendgerichtsgesetz
Kl.	Kläger(in)
m. E.	meines Erachtens
OEG	Opferentschädigungsgesetz
OLG	Oberlandesgericht

ABKÜRZUNGSVERZEICHNIS

OVG	Oberverwaltungsgericht
PKH	Prozesskostenhilfe
PTBS	Posttraumatische Belastungsstörung
QL	Qualifikationsrichtlinie
RA	Rechtsanwalt
RDG	Rechtsdienstleistungsgesetz
RL	Richtlinie
Rn.	Randnummer
Rspr.	Rechtsprechung
S.	Satz
SDÜ	Schengener Übereinkommen vom 19.06.1990 zur Durchführung des Übereinkommens vom 14.06.1985 betreffend den schrittweisen Abbau der Kontrollen an den gemeinsamen Grenzen (Schengener Durchführungsübereinkommen)
SG	Sozialgericht
SGB	Sozialgesetzbuch; die Sozialgerichtsbarkeit
SGB II	Sozialgesetzbuch 2. Buch (II; Grundsicherung für Arbeitsuchende)
SGB XII	Sozialgesetzbuch 12. Buch (XII; Sozialhilfe)
StAG	Staatsangehörigkeitsgesetz
StGB	Strafgesetzbuch
UMF	unbegleitete minderjährige Flüchtlinge
UN	United Nations (Vereinte Nationen)
UNHCR	United Nations High Commissioner for Refugees
UN-KRK	UN-Kinderrechtskonvention
UNO	United Nations Organization
VA	Verwaltungsakt
VG	Verwaltungsgericht
VGH	Verwaltungsgerichtshof (= OVG in Bayern, Baden-Württemberg, Hessen und in Sachsen)
VO	Verordnung
VwGO	Verwaltungsgerichtsordnung
VwV-AufenthG	Verwaltungsvorschrift Aufenthaltsgesetz
VwVfG	Verwaltungsverfahrensgesetz
ZPO	Zivilprozessordnung
ZuwG	Zuwanderungsgesetz
ZuwGÄndG = 2. Änderungsgesetz	Zuwanderungsänderungsgesetz Gesetz zur Umsetzung aufenthalts- und asylrechtlicher Richtlinien der EU = EU-Richtlinien-Umsetzungsgesetz

Linkliste

Adressensuche Migrationsberatungsstellen
www.bamf.de/SiteGlobals/Functions/WebGIS/DE/WebGIS_
Migrationserstberatung.html
(Suchfunktion für Migrationsberatungsstellen in der Nähe)

Adressverzeichnisse: Beratungsstellen in Bundesländern
www.asyl.net/index.php?id=64
(Übersicht über Adressverzeichnisse von Beratungsstellen in den einzelnen Bundesländern)

Adressen und Links: International, Europa, National
www.proasyl.de/de/service/links

Arbeitsmigrationsmöglichkeiten: kurzer Test
www.make-it-in-germany.com/make-it/quick-check
(kurzer Test über Arbeitsmigrationsmöglichkeiten)

Aufenthaltstitel und Rechte:
www.nds-fluerat.org/leitfaden
(Übersicht über Rechte verknüpft mit verschiedenen Aufenthaltstiteln)

Dublinstaaten: Berichte
www.ecoi.net
(Herkunftsländerrecherche / Berichte zu Dublinstaaten)

Dublinstaaten: Berichte
www.asylumineurope.org
(Berichte zu Dublinstaaten)

Dublin-Verordnung
w2eu.info/dublin2.en.html
(Informationen zu Dublin II für Flüchtlinge)

ECRE – Elena-Index: Flüchtlingsinitiativen und Anwält_innen in Europa
www.ecre.org/component/downloads/downloads/266.html
(„Elena-Index" mit Adressen von Flüchtlingsinitiativen und Anwält_innen in europäischen Ländern)

Eheschließung: Infos
www.verband-binationaler.de
(Verband binationaler Familien und Partnerschaften, Infos zu Eheschließung)

Europa: Situation der Flüchtlinge
bordermonitoring.eu
(Berichte zur Situation von Flüchtlingen in verschiedenen europäischen Ländern)

Flüchtlingsberatung: Qualifizierung
www.volker-maria.de
(Projekt Qualifizierung der Flüchtlingsberatung)

Herkunftsländerrecherche
www.ecoi.net
(Berichte zu Dublinstaaten)

Herkunftsländerrecherche
www.refworld.org
(Herkunftsländerrecherche)

Kirchenasyl
www.kirchenasyl.de
(Bundesarbeitsgemeinschaft Asyl in der Kirche)

Landesflüchtlingsräte
www.fluechtlingsrat.de
www.asyl.net/index.php?id=65#c253
(Übersicht über die Kontaktdaten der Landesflüchtlingsräte)

Migrationsrecht
www.migrationsrecht.net

PRO ASYL
www.proasyl.de

Psychosoziale Zentren
www.asyl.net/index.php?id=66
(Übersicht über die Mitgliedszentren der Bundesweiten Arbeitsgemeinschaft der psychosozialen Zentren für Flüchtlinge und Folteropfer)

Psychosoziale Zentren in Deutschland
www.baff-zentren.org
(Psychosoziale Zentren in Deutschland)

Rechtsberaterkonferen: Liste der Mitglieder
www.asyl.net/index.php?id=349
(Liste der Mitglieder der Rechtsberaterkonferenz)

Studium: Infos
www.daad.de
(Infos zum Studium)

Studium: Infos zu Studium mit Gestattung/Duldung
fluechtlingsinfo-berlin.de/fr/gesetzgebung/Studium_mit_Duldung.html
(Infos zu Studium mit Gestattung/Duldung)

Unbegleitete minderjährige Flüchtlinge
www.b-umf.de
(Bundesfachverband unbegleitete minderjährige Flüchtlinge)

Visa: Infos
www.auswaertiges-amt.de/DE/Infoservice/FAQ/Fragenkatalog_node.html
(Infos zu Visa)

Literaturhinweise

Von der Fülle der Fachliteratur und Fachzeitschriften will ich einige für die Praxis relevante mitteilen:

Asylmagazin
Zeitschrift für Flüchtlings- und Migrationsrecht,
Zehn Ausgaben pro Jahr, Karlsruhe: von Loeper Literaturverlag

AusländerRecht 2015/2016
Gesetzessammlung, mit einer Einführung von Hubert Heinhold, 6., überarbeitete Auflage, Karlsruhe:
von Loeper Literaturverlag 2015 (ISBN: 978-3-86059-446-9) [erscheint im 2. Halbjahr 2015]

EuropaRecht Asyl & Migration
Die Richtlinien und Verordnungen der EU auf aktuellem Stand, Karlsruhe: von Loeper Literaturverlag 2015
(ISBN: 978-3-86059-441-4)

Hofmann, Rainer M. (Hg.): Ausländerrecht
2. Auflage, Baden-Baden: Nomos Verlagsgesellschaft 2015
(ISBN 978-3-8329-5871-8) [erscheint im 3. Quartal 2015]

Informationsbrief Ausländerrecht
Zehn Ausgaben pro Jahr, Neuwied: Luchterhand Verlag

Marx, Reinhard (Hg.): Ausländer- und Asylrecht
Verwaltungsverfahren - Prozess, 3. Auflage, Baden-Baden:
Nomos Verlagsgesellschaft 2015 (ISBN: 978-3-8487-2042-2)
[erscheint im August 2015]

Stichwortverzeichnis

A

Ablauf der Geltungsdauer	431
Ablehnende Entscheidungen des BAMF	309
Ablehnung	153
Abschiebehäftling	448
Abschiebehindernis	445
Abschiebung	360, 443, 446
Abschiebungsandrohung	432, 443–444, 446
Abschiebungsanordnung	138, 431, 441–442, 446
Abschiebungshaft	99, 102, 170, 446–448, 450–451, 454, 458–459
Abschiebungshaftantrag	449
Abschiebungshaftsachen	449
Abschiebungshindernis	176, 254, 345, 444
Abschiebungsschutz	230, 234, 256, 353
Abschiebungsverbot	56, 103, 175–176, 190, 252, 254, 259, 286, 308, 356
Abschlussmitteilung	352
Adoption	426
Adressänderung	132
Adresse	132
Adressmitteilung	106
AIDS-Behandlung	252
Allgemeine Erklärung der Menschenrechte	184–185
Altersfestsetzung	469
Altersfeststellung	464, 469
Altersschätzung	469
Altfallregelungen	417
Anderweitige Sicherheit	209
Anerkennung	352, 385
Anfechtungsklage	392
Anhörung	84, 107–108, 115, 117
Anordnung	487
Anordnung der Haft	460
Anrechenbare Zeiten	281
Anschrift	132
Anspruchseinbürgerung	422
Antrag auf Erlass einer einstweiligen Anordnung	487
Antrag auf Wiedereinsetzung in den vorigen Stand	312
Antrag auf Zulassung der Berufung	335–336
Antrag gemäß § 123 VwGO	486
Antragsrücknahme	291
Antragstellung	99, 170, 376
Anwalt	39

Apostasie	175
Arbeitsagentur	368
Arbeitsaufnahme	404
Arbeitsgenehmigung	397
Arbeitsuchende	371
Arbeitsverbot	419
Assoziationsratsbeschluss	410
Assoziierungsabkommen	395
Asylantrag	91, 99, 101, 105, 289, 295–296, 304
Asylantragstellung	107, 136, 458
Asylbeantragung	91
Asylberechtigter	306, 352, 355, 365, 373
Asylberechtigte und GFK-Flüchtlinge	355, 365, 374, 407
Asylberechtigung	286
Asylbewerberleistungsgesetz	144
Asylerhebliche Merkmale	196
Asylersuchen	91, 95
Asylfolgeantrag	103, 136, 170, 177
Asylfolgeantragsteller	102
Asylfolgeverfahren	96, 160, 181, 459
Asylgrundrecht	184, 190, 193–194
Asylkompromiss	302
Asylprovokation	172
Asylrecht	192
Asylrechtlicher Schutz	192
Asylrelevanz	198
Asylsuchender	105
Asylverfahren	56, 89, 161
Asylverfahrens-Richtlinie	189
Asylzweitantrag	136
Aufenthalt	68, 397
Aufenthaltsbeendende Maßnahme	419
Aufenthaltsbeendigung	79, 102, 138, 387, 429, 454
Aufenthaltsberechtigte	416
Aufenthaltserlaubnis	280, 356, 366, 371, 373, 397, 400, 403
Aufenthaltserlaubnis aus familiären Gründen	409
Aufenthaltserlaubnis für ehemalige Deutsche	416
Aufenthaltserlaubnis für langfristig Aufenthaltsberechtigte aus anderen Unionsstaaten	416
Aufenthaltsgestattung	135, 137
Aufenthaltsgewährung durch die obersten Landesbehörden	260
Aufenthaltsgewährung in Härtefällen	263, 407
Aufenthaltsgrund	259
Aufenthaltsrechtliche Situation	355
Aufenthaltsstatus	370
Aufenthaltstitel	67, 280, 397, 416, 434, 438
Aufenthaltsverbot	103
AufenthG-E	79

Auflagen	148
Aufnahme aus dem Ausland	259
Aufnahmeeinrichtung	96
Aufnahmegesuch	74
Aufnahme-Richtlinie	97, 188
Ausbildung	403
Ausbildungsberuf	368
Ausland	259, 405
Ausländer	359, 373, 413
Ausländerbehörde	35
Ausländerrecht	394
Ausländerrechtliches Arbeitsverbot	419
Ausländerzentralregister	154, 436
Ausländische Anerkennung als Flüchtling	385
Auslandsaufenthalt	436
Auslandsreisen	360, 362
Auslieferungshaft	362
Ausreise	273, 324, 434
Ausreiseaufforderung	432
Ausreisefrist	103
Ausreisepflicht	170, 309, 360, 429–430, 442
Ausreiseverpflichtung	445
Ausschlussgrund	228, 230
Außergewöhnliche Härte	271, 378
Ausstellung eines Heimatpasses	129
Ausweisung	299, 431, 439–440
Ausweisung im Regelfall	440
Ausweisungsgrund	422
Ausweisungsschutz	440

B

BAföG	372
BAMF	35, 56, 105, 286
BAMF-Bescheid	86
BAMF-Entscheidung	288
Beachtlichkeit des Asylfolgeantrags	136
Begründete Furcht	215
Begründungsfristen	322
Behandlungsschein	145
Behörde	33, 36
Behördliches Festnahmerecht	458
Beistand	37, 101, 338
Beistandsgemeinschaft	257, 426
Belehrung	106, 132
Beratungshilfe	45
Berufsausbildung	367
Berufsschulpflicht	470
Berufung	335–336

Berufungsgericht	337
Berufungsurteil	337
Beschäftigung	404
Beschäftigungsverordnung	404
Beschränkung	138
Beschränkung der Klage	288
Beschwerde	460, 499
Beschwerdeentscheidung	460
Besondere Aufenthaltstitel	416
Bestandskraftmitteilung	352
Bestimmte soziale Gruppe	222
Besuchsreisen	362
Betreibensaufforderung	292, 323, 338
Betretensverbot	440
Beurteilungsspielraum	53
Bevollmächtigter	107
Beweisantrag	329, 331, 337, 339
Beweislast	301
Beweismaterial	332
Beweismittel	124, 130, 135, 163, 323
Beweisnotstand	202
Beziehung einer Person zu einem Kind	256
Blaue Karte EU	397, 403
Bleiberecht	79, 102, 417
Bundesagentur für Arbeit	366, 397
Bundesamt für Migration und Flüchtlinge (BAMF)	35, 56, 105, 286
Bundesamtsbescheid	122
Bundesgerichtshof	449
Bundespolizei	150
Bundesverfassungsgericht	340
Bundesverwaltungsgericht	337
Bürgerkrieg	238
Bürgerkriegsflüchtling	267
Bürgerkriegsregelung	267

C

Christen	107
Clearing-Phase	465
Clearing-Verfahren	464–465

D

Darlegungslast	202
Daueraufenthalt	397, 436
Daueraufenthalt-EG	402
Daueraufenthalt-EU	436
Daueraufenthalts-Richtlinie	89, 188
Dauer der Aufenthaltstitel	280
Detailschilderung	119

Deutsche	415
Direktabschiebung	446
Diskriminierung von Volksgruppen	213
Dolmetscher	108, 112, 116, 127
Drei-Monats-Frist	165, 376
Drittstaat	98, 148–149, 151, 206–209, 212, 304
Drittstaatenklausel	212
Drittstaatenregelung	208, 304
Dublin-Entscheidung	85
Dublin-III-Abkommen	160
Dublin-III-Regelung	59
Dublin-III-Verfahren und Haft	459
Dublin-III-Verordnung	57, 208, 289
Dublin-Regelung	123
Dublin-Verfahren	56, 70, 84, 87, 289
Duldung	284, 357, 364, 372–373, 417–418, 445
Duldungsanspruch	136
Duldungsbescheinigung	420
Duldungszeiten	418

E

Ehe	276
Ehegatte	374
Ehegattennachzug	411
Ehegattennachzug zu Ausländern	411
Ehemalige Deutsche	416
Eidesstattliche Versicherung	318, 322
Eigenständiges Aufenthaltsrecht des Kindes	414
Eilantrag	86, 179, 290, 312, 335
Eilrechtsschutz	171
Einbürgerung	421, 423
Einbürgerungstest	422
Einbürgerungsverfahren	425
Einbürgerungszusicherung	423
Eingabe	343
Einreise	68, 98, 101, 103–104, 288, 397
Einreise auf dem Landweg	288
Einreisebefragung	153
Einreisekontrolle	151
Einreiseverbot	103
Einreiseverweigerung	152
Einstellungsbeschluss	292
Einstellungsentscheidung	294
Einstweiliger Rechtsschutz	106
Einzelrichter	326
Eltern	245
Elternnachzug	376
EMRK	217, 232, 250, 255

Endgültige Ausreise	434
Entscheidung	106, 213, 286, 296, 303, 309, 333, 335
Entscheidungsformel	287
Erhebliche Fluchtgefahr	459
Erlaubnisfiktion	417
Erlaubnis zum Daueraufenthalt-EU	397
Erlöschen bei 6-monatigem Auslandsaufenthalt	436
Erlöschen bei Daueraufenthalt-EU	436
Erlöschen der Aufenthaltsgestattung	137
Erlöschen der Rechtsstellung	390, 432
Erlöschen des Flüchtlingsstatus	393
Erlöschen eines Aufenthaltstitels	434
Erlöschensbestimmung	432
Erlöschenstatbestand	391–392
Ermessen	53
Ermessensausweisung	440
Ermessenseinbürgerung	422, 424
Ermessensklausel	71
Ermittlungspflicht	322
Ersatzzustellung	317
Erstaufnahmeeinrichtung	105, 137, 140
Erwachsenenadoption	426
Erwerb der deutschen Staatsangehörigkeit	420
Erwerbstätigkeit	147, 365, 368
Erziehungsgeld	371–372
EU-Bürger	421
EU-Freizügigkeitsrecht	59
Eurodac-Verordnung	100
Europäische Menschenrechtskonvention (EMRK)	217, 232, 250, 255
Europäischer Gerichtshof für Menschenrechte	396
Europäisches Asylunterstützungsbüro	189
Europarechtlicher subsidiärer Schutz	175

F

Familiäre Lebensgemeinschaft	375
Familie	276
Familienabschiebungsschutz	247
Familienasyl	56, 241, 248
Familienasyl für die Eltern	245
Familienasyl für Geschwister	246
Familienasyl für Kinder	244
Familieneinheit	94
Familiengericht	465
Familiennachzug	374–376, 379–381, 410, 419, 426
Familiennachzug zu Deutschen	415
Familienverfahren	66
Familienzusammenführungsrichtlinie	188, 375
Festhaltung	156, 458

Festhaltung im Transitverfahren	156
Festnahmerecht	458
Feststellung der Identität	100
Fiktionsbescheinigung	417
Fiktionswirkung	136
Fingerabdruckvergleich	100
Flucht	199
Fluchtalternative	204
Fluchtgefahr	459
Flüchtling	28, 385
Flüchtlingseigenschaft	214, 286, 352
Flüchtlingskinder	467, 470
Flüchtlingspass nach der GFK	373
Flüchtlingsrecht	182–183
Flüchtlingsschutz	231, 258
Flüchtlingsstatus	287, 393
Fluchtweg	122
Flughafenentscheidung	155, 341
Flughafensozialdienst	152
Flughafenverfahren	148–149, 152, 156, 158
Folgeantrag	103, 159, 161, 165
Folgeverfahren	97, 175, 178
Folter	237
Folteropfer	113
Folterverbot	217, 233
Förderklassen	470
Formularmuster	471
Formularmuster 1	304, 472
Formularmuster 2	304, 474
Formularmuster 3	303, 476
Formularmuster 4	292–293, 313, 478
Formularmuster 5	296, 305, 480
Formularmuster 6	155, 291, 482
Formularmuster 7	154, 484
Formularmuster 8	486
Formularmuster 9	172, 179–180, 487
Formularmuster 10	178–180, 489
Formularmuster 11	179–180, 492
Formularmuster 12	386, 494
Formularmuster 13	496
Formularmuster 14	392, 498
Formularmuster 15	459, 499
Fortsetzung des Verfahrens	324
Fragebogen	107
Freiheitsentziehung	156, 453
Freiheitsentziehungssachen	449
Freiwilligkeitserklärung	114
Freizügigkeit	58, 360

Freizügigkeitsberechtigter EU-Bürger	421
Fristbeginn	315
Fristen	311
Fristen im Dublin-Verfahren	70
Fristverlängerung	81
Fristversäumnis	294
Fristwahrende Antragstellung	376
Frontex	189
Führerschein	368

G

Ganzkörperuntersuchung	469
Geburt	421
Geburt eines Kindes im Bundesgebiet	414
Geduldete Personen	367
Geduldeter	309, 417
Gefahr für Leib und Leben	251
Geldstrafe	104
Geltungsdauer	431
Gemeinsames europäisches Asylsystem	188
Gemeinschaftsunterkunft	139, 143
Genfer Flüchtlingskonvention (GFK)	184, 358, 373, 387
Gerichtlicher Rechtsschutz	154
Gerichtliches Verfahren	310
Gerichtsaufbau	33
Gerichtsbescheid	326, 333
Gerichtssprache	319
Geschlechtsspezifischer Verfolgungsgrund	223
Geschwister	246
Gesteigerter Vortrag	126, 129
Gesteigertes Vorbringen	118
Gewahrsamsnahme	458
Gewillkürte Nachfluchttatbestände	172
Gewissensentscheidung	174
GFK	184, 358, 373, 387
GFK-Flüchtlinge	355, 365, 374, 407
Glaubensübertritt	175
Glaubhaftmachung	318–319
Glaubwürdigkeit	116, 126, 304, 339
Grenzbeamte	436
Grenzbehörde	154
Grenzschutzbehörde	153
Grenzübertrittsbescheinigung	357, 364, 373, 419–420
Grenzübertrittschein	420
Grundgesetzänderung	206
Grundsatzfragen	336
Grundsicherung für Arbeitsuchende	371
Gruppenverfolgung	200

H

Haft	459–460
Haftantrag	450–451
Haftbedingungen	448
Haftbefehl	459
Haftdauer	449
Haftrichter	449, 459
Haftsache	499
Haftzweck	448
Härte	271, 378
Härtefallantrag	347
Härtefälle	263, 407
Härtefallkommission	264, 266, 343, 407
Härtefallregelung	263–265
Härtefallverfahren	265
Hauptsacheentscheidung	290
Heimatland	390
Heimatpass	129, 358, 373
Herkunftsland	149
Herkunftsstaat	102, 151, 204, 212, 301
Hilfsbeweisantrag	333
Hochqualifizierte	368, 404
Honorar	42, 44
Humanitäre Aufenthaltserlaubnis	366
Humanitäre Aufenthaltsgründe	259
Humanitäre Gründe	405
Humanitäre Klausel	62, 71
Humanitärer Familiennachzug	381

I

Identität	100
Identitätstäuschung	372
Illegale Einreise	68, 101, 103–104
Illegaler Aufenthalt	68
Individuelle Betroffenheit	218
Inhaftnahme	79
Inländische Fluchtalternative	204
Inlandsbezogenes Abschiebungshinderniss	345
Inlandsbezogenes Abschiebungsverbot	254, 259
Inobhutnahme	464
Integrationskurse	365
Internationaler Pakt über bürgerliche und politische Rechte	185
Internationaler Pakt über wirtschaftliche, soziale und kulturelle Rechte	186
Internationaler Schutz	56
Internationaler Schutzberechtigter	235, 370
Internationaler subsidiärer Schutz	232, 236, 258, 355

Internationales Übereinkommen zur Beseitigung jeder
    Form von Rassendiskriminierung 186
Interne Fluchtalternative 226
Interner Schutz 226
Ist-Ausweisung 440

J

Jugendhilfe 466
Jugendhilfeeinrichtung 466
Jus-soli-Prinzip 421

K

Kammerbesetzung 326
Kausalität zwischen Verfolgung und Flucht 199
Ketten-Duldung 357
Kind 244, 256, 414
Kindergeld 371–372
Kindernachzug zu Ausländern 413
Kinder- und Jugendhilfe 371
Kindeswohl 62, 381, 464–465, 468
Kirchenasyl 81, 290, 348, 351
Klage 86, 288, 310, 319, 472, 474, 494, 496, 498
Klagebegründung 321, 338
Klageerhebung 320
Klagefrist 290, 314
Klageinhalt 321
Klage und Antrag gemäß § 123 VwGO 484
Klage und Antrag nach § 80 V VwGO 476, 478, 480, 482
Klage und Eilantrag nach § 80 V VwGO 492
Klage und Eilantrag nach § 123 VwGO bzw. § 80 V VwGO 489
Konventionsflüchtling 365
Konvention zum Schutz der Menschenrechte und Grundfreiheiten 186
Krankenversicherung 370

L

Ladung zur Anhörung 107
Länder-Petitionsausschuss 344
Länderregelung 406
Landessozialgericht 372
Landgericht 449, 460
Landweg 288
Lebensgemeinschaft 375
Lebensunterhalt 143
Lebensunterhaltssicherung 388, 398
Leistungseinschränkung 145
Lissaboner Vertrag 187
Lufteinreise 212

M

Mandäer	107
Maßnahme	419
Medikamente	253
Medizinische Behandlung	255
Medizinische Versorgung	145
Mehrstaatigkeit	425
Meldefrist	98
Menschenrechtsschutz	185
Menschenrechtsverletzung	218
Minderjährige	62–63, 113, 156, 374, 463
Mitgliedsstaat	73
Mitteilungspflicht	132
Mitwirkungshandlung	358
Mitwirkungspflicht	105, 117, 128–130, 134, 299
Mündliche Verhandlung	325–326, 338

N

Nachfluchtaktivität	166
Nachfluchtgrund	173
Nachfluchttatbestand	97, 124, 172
Nationaler Schutzantrag	235
Nationaler subsidiärer Schutz	249, 356
Nationaler zielstaatsbezogener Schutz	258
Nationales Abschiebungsverbot	308
Nationalität	221
Neue Tatsachen	164
Nichtzulassungsbeschwerde	337
Niederlassungserlaubnis	281, 355, 397, 400–401, 433

O

Offensichtlich unbegründet	102, 128, 155, 213, 296–298, 300–301, 335, 338
Offensichtlich-unbegründet-Ablehnung	153
Offensichtlich-unbegründet-Entscheidung	106, 213, 296, 303
Offensichtlich unbegründeter Asylantrag	296
Offensichtlich unzulässig	335
Opfer der Schwarzarbeit	273
Opfer einer Straftat	272
Opferentschädigung	372
Opferentschädigungsgesetz	370–371
Ordnungswidrigkeit	139

P

Passbeschaffung	358, 360
Passersatzpapier	100
Passpapier	100

Persönliche Antragstellung	99, 170
Persönlicher Werdegang	123
Persönliches Gespräch	87
Petition	343
Petitionsausschuss	343, 345, 347
Pflichten des Asylsuchenden	105
Politische Überzeugung	224
Politische Verfolgung	194
Postaushang	317
Posttraumatisches Belastungssyndrom (PTBS)	253
Prognoseentscheidung	227
Protokoll	109, 119, 121, 128, 333, 339
Protokollberichtigung	339
Protokollierung	119
Prozesskostenhilfe	45–46
Prozesskostenhilferecht	47
Prüfungsschema Flüchtlingsschutz	231
Prüfungsschema internationaler subsidiärer Schutz	240
Psychologie der Anhörung	117

Q
Qualifikations-Richtlinie	56, 97, 189, 214, 232, 238, 353

R
Räumliche Beschränkung	138
Rechtliche Unmöglichkeit der Ausreise	273
Rechtsbehelfsbelehrung	288, 313
Rechtsberatung	150, 461
Rechtsdienstleistung	461
Rechtsdienstleistungsgesetz	461
Rechtsfolge des Erlöschens	391, 437
Rechtsfolgen	303, 306, 386
Rechtsgutverletzung	198, 252
Rechtshilfefonds	48
Rechtskräftig abgeschlossen	337
Rechtsmittel	77, 335, 386, 459
Rechtsmittelfrist	315
Rechtsschutz	106, 154, 177, 181
Rechtsschutzbedürfnis	320
Rechtsstellung	390, 432
Regelvermutung	200–201
Reguläre Sicherungshaft	457
Reiseausweise nach der GFK	358
Reiseausweis für Ausländer	359, 373
Reiseunfähigkeit	357
Reiseweg	100, 122
Reisewegbefragung	151
Religion	220

Residenzpflicht	139
Retraumatisierung	253
Revision	337
Revisionsgericht	337
Richter	327
Röntgenuntersuchung	469
Rückführung	75
Rückführungsentscheidung	442
Rückführungs-Richtlinie	450
Rückgabe des GFK-Passes	387
Rückkehrentscheidung	450
Rücknahme	382–386, 389, 431–432, 438
Rücknahmefiktion	292–294
Rücknahmeverfahren	382
Rücküberstellung	122

S

Sachleistungsprinzip	144
Sachvortrag	126
Schengener Durchführungsübereinkommen	362
Schengen-Gebiet	399
Schengen-Informations-System	440
Schengen-System	188
Schengen-Visum	399
Schilderung	121
Schriftlicher Asylantrag	105
Schulpflicht	467, 470
Schutz	56, 175, 192, 226, 232, 236, 240, 249, 258, 266, 286, 355–356, 407
Schutzanspruch	287
Schutzantrag	235
Schutzberechtigter	236, 307, 370
Schutzgebot der Ehe und Familie	276
Schutzsystem	190
Schwangerschaft	255
Schwarzarbeit	273
Schwerwiegende Menschenrechtsverletzung	218
Schwerwiegende Verletzung	218
Sechs-Monats-Frist	290
Selbsteintritt	88
Selbsteintrittsrecht	72
Sicherer Drittstaat	98, 148–149, 151, 206–207
Sicherer Herkunftsstaat	102, 151, 204, 212, 301
Sicheres Herkunftsland	149
Sicherheit	209
Sicherheitsleistung	104
Sicherungshaft	449–450, 452–453, 456–457
Sippenhaft	201

Sonstige Leistungen	146
Sonstiger Drittstaat	209
Sorgerecht	257
Sorgerechtsverpflichtung	256
Sorgfaltspflicht	105
Sozialamt	35
Soziale Leistungen	370
Sozialgericht	372
Sozialhilfe	371
Sparauflage	148
Sprachanalyse	130
Sprachtest	135
Staatenlosenpass	428
Staatenloser	427
Staatenlosigkeit	427–428
Staatliche Verfolgung	195
Staatsangehörigkeit	221, 420, 423
Staatsangehörigkeitserwerb durch Geburt	421
Strafbefehl	104
Straftat	272
Strafverfahren	103–104, 153
Studium	365
Subjektive oder selbstgeschaffene Nachfluchttatbestände	172
Subjektiver Maßstab	215
Subsidiärer Aufenthaltsstatus	370
Subsidiärer Schutz	175, 232, 236, 240, 249, 258, 286, 355–356
Subsidiär Schutzberechtigter	236, 307, 370
Systemischer Mangel	69, 82–83

T

Tatsächliches Abschiebehindernis	445
Tatsächliche Unmöglichkeit der Ausreise	273
Teil-Abschlussmitteilung	286, 352
Teil-Entscheidung	352
Telefax-Protokoll	320
Todesstrafe	236
Transit	69
Transitgewahrsam	156
Transitverfahren	156
Traumatisierendes Ereignis	112
Traumatisierte Person	156
Trennungsgebot	450

U

Übergang der Zuständigkeit	81
Übernahme aus dem Ausland	405
Überstellung	79–80
Überstellungsbescheid	76, 88

Umkehr der Beweislast	301
Umzug	361
Umzugsverbot	371
Unanfechtbarkeit	243
UN-Antifolterkonvention	237
Unbeachtlicher Asylantrag	295
Unbegleitete Minderjährige	156, 463
Unbegründeter Asylantrag	304
Unerlaubte Einreise	98
UN-Kinderrechtskonvention	93, 186, 463
Unmenschliche Behandlung	237
Unmöglichkeit der Behandlung	345
Unterbringung	140
Unterkünfte	141
Unterschutzstellen unter die Behörden des Heimatlandes	390
Unzulässiger Asylantrag	289, 295
Unzulässigkeit des Folgeantrages	165
Urheber der Verfolgung	225
Urkundsbeamter	319
Urteil	334

V

Verfahren	168, 310
Verfahren nach Ausreise	324
Verfahrensdauer	335
Verfahrensmangel	337
Verfassungsbeschwerde	335, 338, 340
Verfassungsrecht	342
Verfolgung	194–195, 199, 225
Verfolgungsbetroffenheit	200
Verfolgungsgrund	223
Verfolgungsgründe	219
Verfolgungshandlung	198, 216
Verfolgungsmaßnahme	218
Verfolgungsprognose	201, 227
Verhältnismäßigkeitsgrundsatz	451
Verhandlung	326
Verlassenserlaubnis	138
Verlassenspflicht	440
Verpflichtungserklärung	260–261
Versagungsgründe	399
Verschulden	317
Versorgung mit Medikamenten	253
Verwaltungsakt	52, 314
Verwaltungsgericht	155
Verwaltungsgerichtshof	336
Verwaltungsverfahren	51
Verzicht auf mündliche Verhandlung	326

Verzichtserklärung	291
Videoanhörung	114, 127
Visa-Politik	188
Visum	67, 362, 399
Visumfreie Einreise	68
Visumverordnung	362
Vollständige Schilderung	121
Vollziehbarkeit der Ausreisepflicht	442
Vollzug der Abschiebung	446
Vorbereitungshaft	450, 452, 455
Vorbeschäftigungszeiten	368
Vorfluchttatbestände	96
Vorläufige Gewahrsamsnahme	458
Vormund	93, 465
Vorrangprinzip	367
Vorrangprüfung	368
Vorübergehender Schutz	266, 407

W

Wahrscheinlichkeitsmaßstab	203, 205
Wechsel der Anschrift	132
Weiteres Asylverfahren	161
Widerruf	210, 382–383, 386, 389, 431–433, 438–439
Widerrufsverfahren	382
Widerspruch	126, 314
Widerspruchsfrist	314
Wiederaufgreifensantrag	176–177, 181
Wiederaufnahme des Verfahrens	168
Wiederaufnahmeersuchen	75
Wiederaufnahmegründe	161
Wiederaufnahmeverfahren	75
Wiedereinbürgerung	428
Wiedereinreise	325
Wiedereinsetzung	312, 315
Wiedereinsetzungsantrag	316–317
Wiedereinsetzungsgesuch	106, 134
Wiedereinsetzungsgründe	318
Wiederherstellung des Aufenthaltstitels	438
Wiederkehroption	416

Y

Yeziden	107

Z

Zeiten	281
Zeuge	125, 330, 339
Zeugnisanerkennungsstelle	366
Zielstaat	444

Zielstaatsbezogene Abschiebungshindernisse	254
Zielstaatsbezogenes Abschiebungsverbot	286
Zuerkennung der Flüchtlingseigenschaft	214, 286, 352
Zulassung	335–336
Zurückschiebung	429
Zurückschiebungspflicht	98
Zurückweisung	98, 152, 429
Zuständiger Mitgliedsstaat	73
Zuständigkeit	81
Zustellung	310, 315
Zustellungsbevollmächtigter	154
Zustellungsfragen	315
Zustellungsvollmacht	104
Zuwanderungsgesetz	193
Zuweisung	148
Zweitantrag	103, 159–161
Zwingende Ausweisung	440

PRO ASYL (Hg.)
Aufnehmen statt abwehren
Flucht, Asyl und zivilgesellschaftliches Engagement

Der Text- und Bildband „Aufnehmen statt abwehren" beleuchtet die Entwicklung einer immer rigoroseren Asylpolitik, aber auch, wie in der Zivilgesellschaft Widerstand gegen Abwehrmaßnahmen und menschenunwürdige Behandlung von Schutzsuchenden laut wurde. Erschienen ist das Buch anlässlich des 25-jährigen Jubiläums der Menschenrechtsorganisation PRO ASYL. Mit einem Vorwort von Ilija Trojanow.
120 Seiten, kart., ISBN 978-86059-325-7

Leona Goldstein
displaced
Flüchtlinge an Europas Grenzen

Ein Bild- und Textband über Flüchtlinge an den Grenzen Europas, die oft genug Grenzen der Menschlichkeit sind.
Wer Europa kennen lernen will, dem sei eine Reise an seine Grenzen empfohlen. Die Fotografin Leona Goldstein hat diese Reise gemacht, es ist die Reise von Flüchtlingen.
Das Medienpaket enthält den Bildband „Displaced - Flüchtlinge an Europas Grenzen" auf deutsch, englisch und französisch sowie eine DVD mit „Au clair de la lune" (Dokumentarfilm, 40 Min.), „Le Heim" (Dokumentarfilm, 16 Min.) und mit allen Bildern dieses Bandes zur Präsentation bei Veranstaltungen.
128 Seiten, Hardcover, vierfarbig, mit DVD
ISBN 978-3-86059-021-8

Asylmagazin

Zeitschrift für
Flüchtlings- und
Migrationsrecht

Das Asylmagazin ist eine der maßgeblichen Zeitschriften zu diesem Themenkomplex im deutschsprachigen Raum. Die Fachzeitschrift bringt Nachrichten mit den neuesten asylpolitischen Entwicklungen, Beiträge über rechtliche Grundlagen der Flüchtlingsberatung, Ländermaterialien, aktuelle Gerichtsentscheidungen sowie zahlreiche Hinweise zu neuen Arbeitshilfen. Weitere Informationen im Internet unter
www.ariadne.de/engagiert/zeitschrift-asyl-magazin/

Gabriele del Grande

Das Meer zwischen uns

Flucht und Migration
in Zeiten der Abschottung

Drei Jahre hat Gabriele del Grande recherchiert, eine atemberaubende Reise zwischen Erinnerungen und Aktualität, von der ersten bis zu letzten Seite spannungsgeladen. Das neue, ungeduldig erwartete Buch des Gründers von *Fortress Europe*, Autor von *Mamadous Fahrt in den Tod*, ist nun endlich auch auf Deutsch verfügbar.
216 Seiten, kart., ISBN 978-3-86059-525-1

EuropaRecht
Asyl & Migration

Die Richtlinien und Verordnungen
der EU auf aktuellem Stand

Wer sich mit der rechtlichen Situation von Flüchtlingen und Migranten beschäftigt, muss sich zunehmend mit der EU-Gesetzgebung in diesem Bereich auseinandersetzen. Der neue Band „EuropaRecht Asyl & Migration" aus der Reihe „jus it!" stellt erstmals alle relevanten Rechtsakte der EU auf dem neuesten Stand und in einem handlichen, gut lesbaren Format zusammen.
768 Seiten, kart., im praktischen Taschenbuchformat
ISBN: 978-3-86059-441-4

Mehmet Desde
Folter und Haft in der Türkei

Ein Deutscher in den
Mühlen der Willkürjustiz

Der deutsche Staatsbürger Mehmet Desde fliegt im Juni 2002 in die Türkei. Dort wird er von Beamten einer Antiterroreinheit verhaftet und vier Tage lang unter dem Vorwurf, Mitglied einer illegalen Organisation zu sein, festgehalten und gefoltert. Das Buch liefert Informationen aus erster Hand über Folterpraktiken und Haftbedingungen in der Türkei. Ergänzt werden die Schilderungen des Autors durch zahlreiche Sachinformationen.
200 Seiten, kart., ISBN 978-3-86059-334-9

AusländerRecht 2015/2016

Alle relevanten Gesetze
des Ausländerrechts
auf aktuellem Stand

Zuverlässig ediert, klar gegliedert, mit Griffregister und in handlichem Format - das sind die Markenzeichen der kompakten Gesetzessammlung „AusländerRecht" in der Reihe „jus it!". Damit steht den haupt- und ehrenamtlichen Mitarbeitern in Asyl- und Migrationsberatungsstellen eine zuverlässige Gesetzessammlung für die tägliche Arbeit zur Verfügung.
Ca. 600 Seiten, kart., im praktischen Taschenbuchformat
ISBN 978-3-86059-446-9 (erscheint im 2. Halbjahr 2015)

Dankwart von Loeper

Erfolgreiche Öffentlichkeitsarbeit für Asyl und Menschenrechte

Dieses Praxisbuch zeigt auf, wie Einrichtungen in der Asyl- und Menschenrechtsarbeit, Initiativen und Engagierte die Öffentlichkeit besser nutzen können. Praktische Checklisten erleichtern die sofortige Umsetzung. So ist ein Handbuch entstanden, aus dem Anfänger wie Fortgeschrittene in der Medienarbeit gleichermaßen Nutzen ziehen können.
228 Seiten, kart., ISBN 978-3-86059-408-7